어휘끝 블랙

CEDU 쎄듀는 A Comprehensive English eDUcation(종합적 영어교육)의 약자입니다.

Mobile & PC 동시 학습이 가능한

쎄듀런 단어 암기 서비스

학생용

문제 유형	유료 서비스		무료 서비스
	영단어 카드학습 영단어 고르기 뜻고르기 예문 빈칸 고르기	예문 빈칸 쓰기 영단어 쓰기 단어 매칭 게임	영단어 카드학습 단어 매칭 게임

어휘끝 블랙 온라인 학습 50% 할인 쿠폰 (모든 유형, 할인가 5,000원)

할인 쿠폰 번호 LFPDKWUR4D3X
쿠폰 사용기간 쿠폰 등록일로부터 90일

PC 쿠폰 사용 방법

1 쎄듀런에 학생 아이디로 회원가입 후 로그인해 주세요.
2 [결제내역→쿠폰내역]에서 쿠폰 번호를 등록하여 주세요.
3 쿠폰 등록 후 홈페이지 최상단의 [상품소개→(학생전용) 쎄듀캠퍼스]에서 할인 쿠폰을 적용하여 상품을 결제해주세요.
4 [마이캠퍼스→쎄듀캠퍼스→어휘끝 블랙 클래스]에서 학습을 시작해주세요.

유의사항

- 학습 이용 기간은 결제 후 1년입니다.
- 본 할인 쿠폰과 이용권은 학생 아이디로만 사용 가능합니다.
- 쎄듀캠퍼스 상품은 PC에서만 결제할 수 있습니다.
- 해당 서비스는 내부 사정으로 인해 조기 종료되거나 정가 등이 변경될 수 있습니다.

어휘끝 블랙 온라인 무료 학습 이용권 (일부 유형)

무료 체험권 번호 TGVLYQLWKJS3
클래스 이용기간 이용권 등록일로부터 90일

Mobile 쿠폰 등록 방법

1 쎄듀런 앱을 다운로드해 주세요.
2 쎄듀런에 학생 아이디로 회원가입 후 로그인해 주세요.
3 마이캠퍼스에서 [쿠폰등록]을 클릭하여 번호를 입력해주세요.
4 쿠폰 등록 후 [마이캠퍼스→쎄듀캠퍼스→어휘끝 블랙 무료 클래스]에서 학습을 바로 시작해주세요.

쎄듀런 모바일앱 설치

PC 쿠폰 등록 방법

1 쎄듀런에 학생 아이디로 회원가입 후 로그인해 주세요.
2 [결제내역→쿠폰내역]에서 쿠폰 번호를 등록하여 주세요.
3 쿠폰 등록 후 [마이캠퍼스→쎄듀캠퍼스→어휘끝 블랙 무료 클래스]에서 학습을 바로 시작해주세요.

쎄듀런 홈페이지
www.cedulearn.com

쎄듀런 카페
cafe.naver.com/cedulearnteacher

수능 고난도 어휘까지 해결하는 진정한 어휘력

어휘끝

블랙

BLACK

이 책을 만든 사람들

김기훈 現 (주)쎄듀 대표이사
現 메가스터디 영어영역 대표강사
前 서울특별시 교육청 외국어 교육정책자문위원회 위원
저서 천일문 〈입문편·기본편·핵심편·완성편〉 / 천일문 GRAMMAR
어법끝 / 문법의 골든룰 101 / 쎄듀 본영어
어휘끝 / The 리딩플레이어 / 빈칸백서 / 오답백서 / 독해가 된다 시리즈
첫단추 시리즈 / 파워업 시리즈 / ALL씀 서술형
수능영어 절대유형 시리즈 / 수능실감 등

쎄듀 영어교육연구센터
쎄듀 영어교육센터는 영어 콘텐츠에 대한 전문지식과 경험을 바탕으로
최고의 교육 콘텐츠를 만들고자 최선의 노력을 다하는 전문가 집단입니다.

오혜정 수석연구원 · **한예희** 책임연구원 · **이누리** 연구원

교재 개발에 도움을 주신 분 박순정

마케팅	콘텐츠 마케팅 사업본부
영업	문병구
제작	정승호
인디자인 편집	올댓에디팅
표지 디자인	윤혜영
내지 디자인	이연수
일러스트	정민영
영문교열	Stephen Daniel White, James Clayton Sharp

펴낸이	김기훈 · 김진희
펴낸곳	(주)쎄듀 / 서울시 강남구 논현로 305 (역삼동)
발행일	2023년 7월 1일 제6개정판 1쇄
내용문의	www.cedubook.com
구입문의	콘텐츠 마케팅 사업본부 Tel. 02-6241-2007 Fax. 02-2058-0209
등록번호	제22-2472호
ISBN	978-89-6806-280-3

Introduction

최근 수능에서 사용되는 어휘들의 난이도는 과거와는 비교될 수 없을 정도로 급격히 높아졌고, 수능에서는 고난도를 넘어 초고난도의 어휘들을 곳곳에서 확인할 수 있다. 고난도 어휘의 출현 빈도가 늘었을 뿐만 아니라, 그것들의 의미를 모르고서는 문제를 풀 수조차 없는, 즉 문제 풀이에 있어서 그것들이 차지하는 위상 또한 엄청나게 높아졌다. 이런 점에서 수험생들은 지금까지의 어휘 학습 패러다임을 심각하게 고민하지 않을 수 없다.

사실, 우리말을 비롯하여 모든 언어의 궁극의 실력은 어휘력에서 판가름난다고 해도 과언이 아니다. 그 어떠한 언어보다 풍부한 어휘를 자랑하는 영어에 있어서는 두말할 필요도 없다. 그런데 그렇게 중요한 영어의 어휘력을 증진하는 데 있어 가장 효율적이고 합리적인 방법론에 대한 진지한 고민 없이 '그냥 열심히 외우면 된다.'라는 생각을 하는 학습자들이 너무나도 많은 것이 심각한 문제다.

오랫동안 답습되어 온 우리의 영어교육 실정에서는 문법과 구문의 틀을 짓고, 어휘라는 벽돌을 쌓아가는 것이 올바른 방법이라는 생각이 지배해 왔다. 우리는 영어를 습득하기에 최악의 **EFL(English as a Foreign Language, 외국어로서의 영어) 환경**에 있어 영어에 관한 노출량이 모국어에 비해 터무니없이 적기 때문에, 문법과 구문을 제대로 다지는 것은 중요한 선행 과제일 수 있다. 그러나 기초, 기본과정부터 **올바른 어휘 학습 방법론**을 익히고 실천해 나가는 것이 그에 못지않게 중요하다는 것이 지난 20여년간 180만 명의 수험자들을 지도해 오면서 뼈저리게 느껴온 바다.

또한, 진정한 어휘력이 과연 무엇인가에 대한 사고의 전환이 필요하다! 어휘력은 개별적으로 그 뜻을 아는 어휘량이 척도가 아니다! 일차적으로는 실제 상황에서 듣거나 읽었을 때, 전체적 맥락에 맞게 정확하게 이해하는 데 지장이 없어야 하며, 나아가 스스로 말을 하고 글을 쓸 때, 영어를 모국어로 하는 사람처럼 적재적소에 쓸 수 있어야만 그것이 진정한 어휘력인 것이다. 그래서 '모로 가도 서울만 가면 된다.'는 생각으로 이런저런 방법과 도구로 우리말과 일대일 대응된 어휘를 머릿속에 주워 담고 가능한 한 그 기억 지속시간만을 늘리려 하는 것은 그다지 효율적인 방법이 아니다.

항상 모든 것은 문제가 무엇인지 정확하게 알면 해결책도 정확하게 알아낼 수 있다. 이 책이 어휘에 대한 모든 문제점을 해결해 주고자 한다. **진정한 어휘력을 폭넓게 집중적으로 연마**해서 곧바로 수능과 직결되는 독해력과 청해력을 향상시킬 수 있게 해주고자 한다. 이번 개정판은 최근 수능 기출 경향 또한 반영하기 위해 최선의 노력을 기울였다.

이 책으로, 그리고 저자 직강의 도움을 받아서 올바른 어휘학습 방법론을 정립하고 낭비 없는 효율적 노력을 기울이면, 제목처럼 영어어휘는 반드시 끝을 낼 수 있다고 확신한다.

저자

Composition

어휘 추론을 위한 진정한 어휘력을 길러주는, 총 7가지의 학습 전략

1 Orientation

Orientation | 1

영어어휘 학습 10계명

출제되는 어휘들이 거의 2만 단어 수준에 도달하고 있다. 쉽게 말해 '고등학교 교육과정을 정상적으로
범위 내에서 개념이해가 가능한 모든 수준의 영어어휘'로 보면 된다.

e.g. **parasitic** relationship (기생 관계)
inner **polarity** (내적 양극성)

문법, 구문, Reading Skills 등 그 모든 능력을 다 갖췄다고 하더라도 어휘력이 빈약하면 이젠 좋은
이렇게 초고난도까지 올라가버린 수능 어휘를 과학적이고 합리적인 방법론 없이 무턱대고 암기하다
아니 3분의 1도 제대로 못 끝낼 것이다. 다음에 제시되는 어휘 학습 방법론에는 어느 누구도 이론(異論
확신한다. 반드시 시키는 대로 하라!

올바른 어휘 학습을 위하여!

어휘 학습의 10계명을 비롯하여, 구체적인 학습법과 자기주도적 어휘 학습을 위한 제언이 소개됩니다.

2 Prefixes·Suffixes 접사

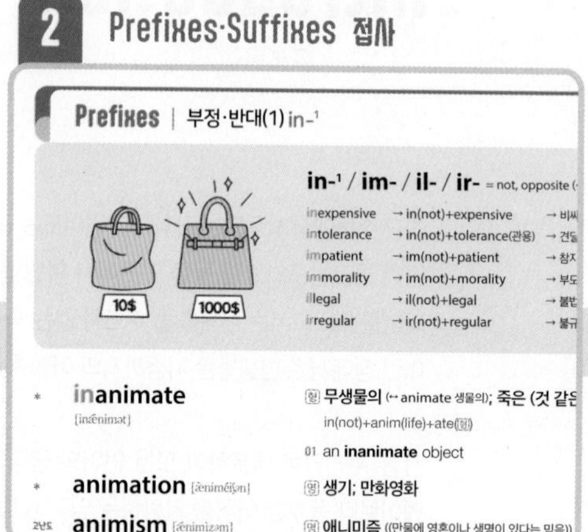

Prefixes | 부정·반대(1) in-[1]

in-[1] / im- / il- / ir- = not, opposite

inexpensive	→ in(not)+expensive	→ 비싸
intolerance	→ in(not)+tolerance(관용)	→ 견딜
impatient	→ im(not)+patient	→ 참지
immorality	→ im(not)+morality	→ 부도
illegal	→ il(not)+legal	→ 불법
irregular	→ ir(not)+regular	→ 불규

* **inanimate** [inǽnimət] 형 무생물의 (↔ animate 생물의); 죽은 (것 같은
in(not)+anim(life)+ate(형)
01 an **inanimate** object

* **animation** [ӕnəméiʃən] 명 생기; 만화영화

2년도 **animism** [ǽnimizəm] 명 애니미즘 ((만물에 영혼이나 생명이 있다는 믿음))

이해할 수 있는 어휘의 수 폭발!

특히 수능에 등장하는 많은 어휘들은 접사가 붙어 의미나 기능이 변화되므로, 무조건 암기하지 않아도 보고 이해할 수 있는 어휘의 수가 대폭 늘어납니다.

5 Phrasal Verbs 구동사

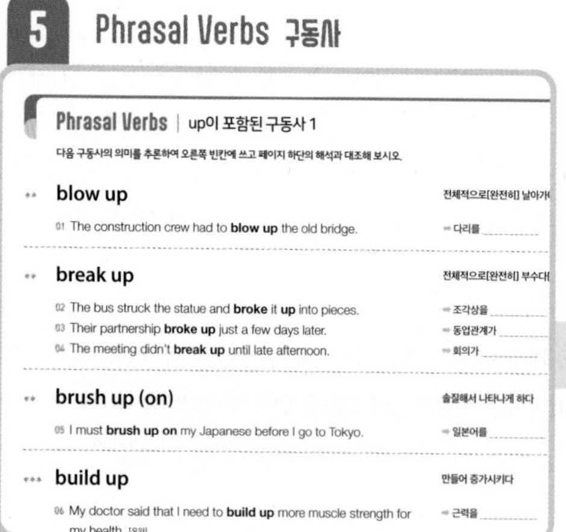

Phrasal Verbs | up이 포함된 구동사 1

다음 구동사의 의미를 추론하여 오른쪽 빈칸에 쓰고 페이지 하단의 해석과 대조해 보시오.

** **blow up** 전체적으로[완전히] 날아가
01 The construction crew had to **blow up** the old bridge. = 다리를 ______

** **break up** 전체적으로[완전히] 부수다
02 The bus struck the statue and **broke** it **up** into pieces. = 조각상을 ______
03 Their partnership **broke up** just a few days later. = 동업관계가 ______
04 The meeting didn't **break up** until late afternoon. = 회의가 ______

** **brush up (on)** 솔질해서 나타나게 하다
05 I must **brush up on** my Japanese before I go to Tokyo. = 일본어를 ______

*** **build up** 만들어 증가시키다
06 My doctor said that I need to **build up** more muscle strength for my health. = 근력을 ______

구동사의 중심 의미부터 파악하라!

구동사의 기본 의미를 이루는 구성 원리부터 학습하므로 그 원리와 개념을 한꺼번에 잡을 수 있습니다. 능동적인 학습 구조를 통해 직접 유추해보고 확인할 수 있으므로 학습 효과가 배가됩니다.

6 Themes 테마

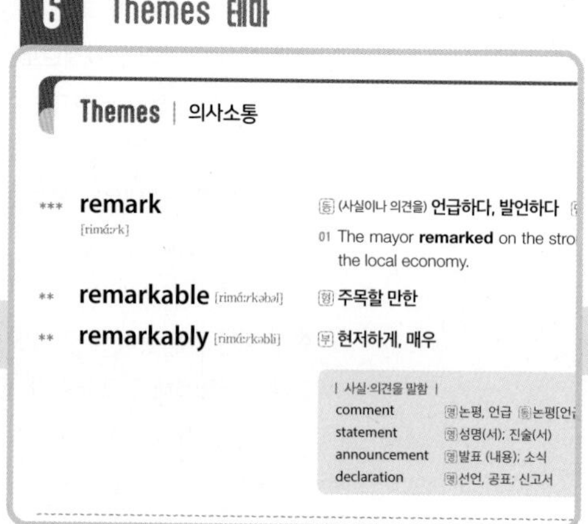

Themes | 의사소통

*** **remark** [rimɑ́ːrk] 동 (사실이나 의견을) 언급하다, 발언하다
01 The mayor **remarked** on the stro
the local economy.

** **remarkable** [rimɑ́ːrkəbəl] 형 주목할 만한

** **remarkably** [rimɑ́ːrkəbli] 부 현저하게, 매우

| 사실·의견을 말함 |

comment	명 논평, 언급 동 논평[언급
statement	명 성명(서); 진술(서)
announcement	명 발표 (내용); 소식
declaration	명 선언, 공표; 신고서

모아서 학습하면 한결 쉽다!

수능 주요 장르별, 내용 주제별로 공통적으로 등장하는 어휘를 모아서 학습하는 방식으로, 암기 지속 기간을 늘려주는 데 효과적이고, 실전 적용력까지 길러줍니다.

3 Essential Roots / Stems 어근

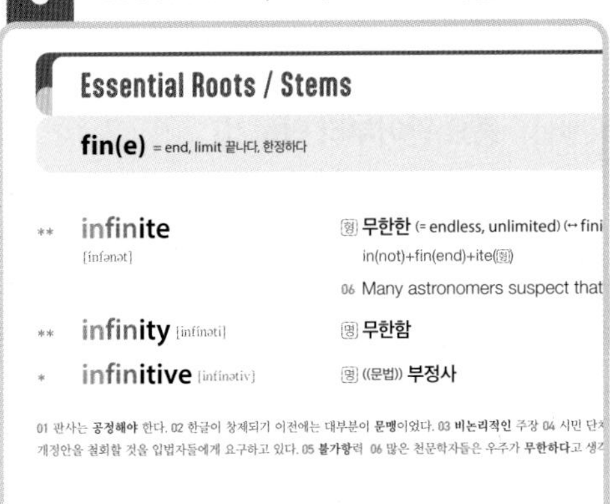

50개 어근으로 5배수 이상의 단어를 단번에!

한 어근 당 5개 이상의 어휘를 만들어 내는, 학습에 유의미하고 효과적인 어근들만을 추려 해당 어휘들의 뜻을 기계적인 암기가 아니라 이해하고 추론할 수 있게 도와줍니다.

4 Words with Multiple Meanings 다의어

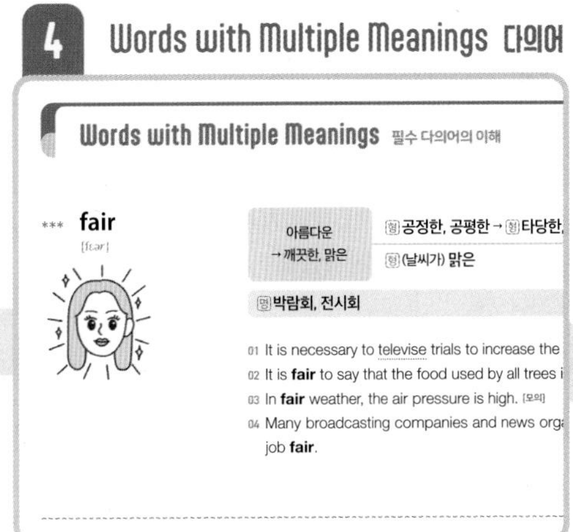

다의어 학습은 기본 개념에서부터!

다의어의 기본 개념에서부터 출발하여 문맥에 따라 우리말이 어떻게 바뀌는지를 이해할 수 있게 해줍니다. 암기 지속력이 증대되고 기계적으로 암기하지 않아도 이해와 추론을 가능하게 해줍니다.

7 어휘추론

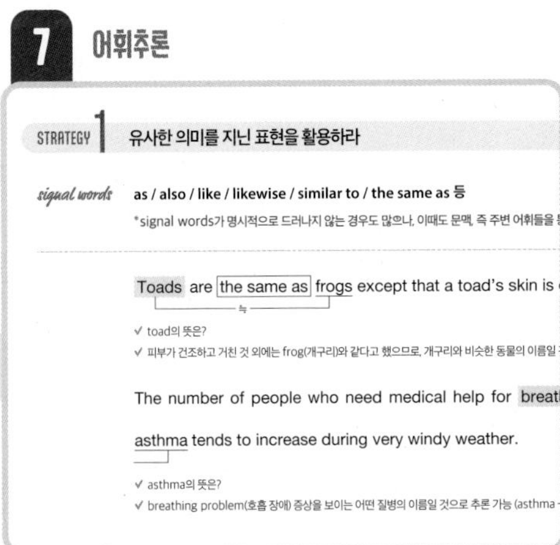

실전에서의 든든한 버팀목!

아무리 많은 어휘를 외워도 실전에서 모르는 단어는 꼭 나오기 마련입니다. 이때 당황하지 않고 의미를 자신 있게 추론해 낼 수 있는 전략을 모아서 학습하고 집중적으로 훈련합니다.

How to study 추천 학습법

Words&Phrases의 3단계 학습법

본문의 예문과 Exercises에서 알아두어야 할 고교 수준 이상의 어휘들을 모은 것입니다. 처음부터 모두 외우려고 하지 마세요. 다음 3단계 학습을 하다 보면 어느새 암기가 되어 있을 것입니다.

1단계 아는 단어는 □에 체크하고 모르는 단어는 뜻을 읽어본다.

▼

2단계 지문의 문맥을 통해 모르는 단어의 뜻을 재확인한다.

▼

3단계 학습 후 알게 된 단어의 □에 체크하고 여전히 모르는 단어는 뜻을 읽어 보는 과정을 반복한다.

Words & Phrases

앞으로 학습할 예문에 쓰인 필수 어휘 모음입니다. 예문에 해당 단어 밑에는 점선이 표시(interact)되어 있
아는 단어는 □□에 체크하고 모르는 단어는 뜻 확인을 반복하세요.

*	□□	amendment	[명] (법의) 개정; 수정(안)
**	□□	asset	[명] 자산; 이점 (= advantage)
***	□□	be supposed to-v	v하기로 되어 있다, v해야 한다
**	□□	commit	[동] (범죄 등을) 저지르다; 약속하다; 전념
**	□□	complicated	[형] 복잡한 (= complex)
**	□□	dedicate	[동] (시간 등을) 바치다, 헌신하다
**	□□	deprive A of B	A에게서 B를 박탈하다[빼앗다]
*	□□	distraction	[명] 주의 산만; 기분 전환 (= diversion)
**	□□	emerge	[동] 모습을 드러내다; 생겨나다
**	□□	eternal	[형] 영원한 ※ eternity [명] 영원, 영구
**	□□	exclusive	[형] 배타적인; 독점적인 [명] 독점기사
***	□□	feature	[명] 특색, 특징; 이목구비; 특집(기사)
*	□□	gist	[명] 요지, 요점
*	□□	hypothesis	[명] 가설; 추측
고난도	□□	incense [명] [동]	[명] (의식에 쓰이는) 향 [동] 몹시 화나게
**	□□	inherit	[동] 물려받다; 상속하다
*	□□	ingest	[동] 삼키다, 먹다
**	□□	inject	[동] 주사하다, 주입하다; (자금을) 투입하

표제어 익히기 : 나한테 맞는 학습량 설정하기

방법1 중요 단어부터 익히기

어휘 학습량이 부족한 사람은 별표가 많은 단어부터 암기하도록 하고, 고득점을 원하는 학생일수록 별표가 적은 단어, 고난도, 초고난도의 어휘까지 암기하도록 합니다.

*** 고교 기본 수준
** 고교 필수 수준
* 고교 심화 수준
고난도, 초고난도 대학 이상

학습 예시

1회차 별 2~3개짜리

▼

2회차 별 1개짜리 + 별 2~3개짜리 반복학습

▼

3회차 고난도·초고난도 + 별 1~3개짜리 반복학습

방법2 중요 학습 포인트부터 익히기

가장 중요한 학습 포인트를 우선 학습하고 부차적인 것들을 메워나가는 방식입니다.
이렇게 하면 가장 중요한 것을 자연히 반복학습하게 되어 효과적입니다.

학습 예시

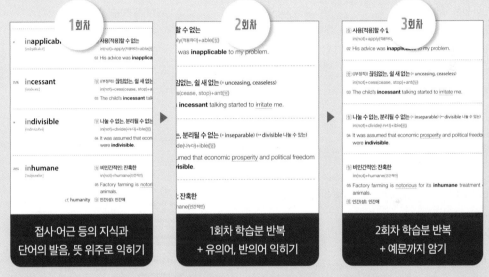

1회차

접사·어근 등의 지식과 단어의 발음, 뜻 위주로 익히기

1회차 학습분 반복 + 유의어, 반의어 익히기

2회차 학습분 반복 + 예문까지 암기

학습도우미

무료로 제공되는 부가서비스 이용 **www.cedubook.com**

1회차 학습시에는	2회차 학습시에는	3회차 학습시에는
단어 발음 숙달용 MP3 파일과 셀프 테스트용(단어-우리말 뜻) MP3 파일을 이용하세요.	어휘 테스트를 출력하여 학습 여부를 체크하세요.	예문까지 읽어주는 리스닝 훈련용 MP3 파일을 이용하세요.

막강한 반복학습 장치

어느 누구도 한 번에 어휘 학습을 완료할 수 없습니다. 하루 뒤 → 일주일 뒤 → 한 달 뒤와 같은 방식으로 복습하는 것이 기억을 오래 지속시킬 수 있는 비법입니다. 다음과 같이 제공되는 여러 서비스를 잘 활용하시기를 바랍니다.

1 총 3가지 버전의 MP3 파일

MP3 1 단어 발음 숙달용

단어 발음 2회

발음만 빠르게 익히는 코스입니다.

MP3 2 셀프 테스트용

단어 발음 2회-우리말 뜻

단어를 들으면서 우리말 뜻을 떠올린 뒤 확인하는 순서로 진행하면 셀프 테스트용으로도 활용이 가능합니다.

MP3 3 리스닝 훈련용

단어 발음 1회-예문

영어로만 구성되어 있고, 책 없이 녹음 파일만으로도 복습할 수 있습니다.

2 휴대용 영단어 암기장

휴대하고 다니면서 간편하게 반복학습할 수 있습니다.

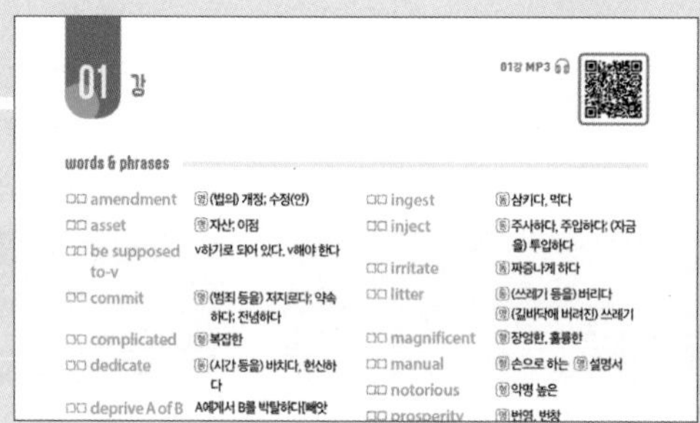

01 강

01강 MP3

words & phrases

- amendment 명 (법의) 개정; 수정(안)
- asset 명 자산; 이점
- be supposed to-v v하기로 되어 있다, v해야 한다
- commit 동 (범죄 등을) 저지르다; 약속하다; 전념하다
- complicated 형 복잡한
- dedicate 동 (시간 등을) 바치다, 헌신하다
- deprive A of B A에게서 B를 박탈하다[빼앗
- ingest 동 삼키다, 먹다
- inject 동 주사하다, 주입하다; (자금을) 투입하다
- irritate 동 짜증나게 하다
- litter 동 (쓰레기 등을) 버리다 명 (길바닥에 버려진) 쓰레기
- magnificent 형 장엄한, 훌륭한
- manual 형 손으로 하는 명 설명서
- notorious 형 악명 높은
- prosperity 명 번영, 번창

3 어휘 가리개 이용하기

교재 안에 있는 어휘 가리개를 절취한 뒤, 학습할 페이지의 오른편 뜻은 가리고 왼편 단어의 암기 여부를 체크할 수 있습니다.

4 어휘 테스트 이용하기

본교재의 Exercises만으로 부족하시면 테스트 문제를 추가로 다운로드받아 이용하실 수 있습니다.
본인이 테스트하고 싶은 강을 선택해서 풀어볼 수 있도록 마련되었습니다.

어휘끝 블랙 어휘테스트

01강

A. 다음의 우리말은 영어로, 영어는 우리말로 그 뜻을 쓰시오.

1. invariable
2. fair
3. definitive
4. immortal
5. eloquent
6. recount
7. refute
8. insatiable
9. brush up (on)
10. demonstrate
11. 문맹의; 잘 모르는; 문맹자
12. 공언하다, 맹세하다
13. (힘을) 기르다
14. 손으로 만질 수 없는, 무형의;
15. 구슬리다, 달래다
16. 불안정
17. 기억해내다
18. 권고하다, 간곡히 타이르다
19. ~을 따라잡다
20. 질 높은, 훌륭한; (알갱이가) 고운; 벌금(을 물리다)

B. 다음 우리말을 참고하여 빈칸에 들어갈 알맞은 영어를 쓰시오.

1. The mayor r___________ on the strong and sustained growth of the local economy.
   그 시장은 지역 경제가 힘차고 지속적으로 성장할 것으로 발언했다.
2. Such drugs are used to a________ the spread of the disease.
   그러한 약들이 그 질병의 확산을 막는 데 사용된다.

5 쎄듀런 학습하기

www.cedulearn.com

암기한 어휘를 쎄듀런 웹사이트와 앱을 통해 학습할 수 있습니다.

유료

· 학습 TR(Training) 제공
· 복습 TEST 제공
· 누적 TEST 제공

선생님

무료

· 온라인 TR/TEST 및 학사관리 제공
· 학교 및 학원용 TEST 인쇄 서비스 제공

Contents 목차

Orientation

영어어휘 학습 10계명

출제되는 어휘들이 거의 2만 단어 수준에 도달하고 있다. 쉽게 말해 '고등학교 교육과정을 정상적으로 이수한 학생의 지적능력 범위 내에서 개념이해가 가능한 모든 수준의 영어어휘'로 보면 된다.

e.g. **parasitic** relationship (**기생** 관계)
inner **polarity** (내적 **양극성**)

문법, 구문, Reading Skills 등 그 모든 능력을 다 갖췄다고 하더라도 어휘력이 빈약하면 이젠 좋은 점수를 받을 수 없게 됐다. 이렇게 초고난도까지 올라가버린 수능 어휘를 과학적이고 합리적인 방법론 없이 무턱대고 암기하다가는 수능 전날까지 절반, 아니 3분의 1도 제대로 못 끝낼 것이다. 다음에 제시되는 어휘 학습 방법론에는 어느 누구도 이론(異論)을 제기할 수 없을 것이라 확신한다. 반드시 시키는 대로 하라!

1ST COMMANDMENT

독해 문제를 풀 때, 절대로 어휘목록을 참조하지 마라!

저명한 영어교육학자 Stephen Krashen의 Input Hypothesis에 따르면 학습자에게 적절한 수준의 읽기자료는 학습자의 수준을 'i'라 했을 때, 'i+1', 즉, 본인의 수준보다 한 단계 더 높은 자료가 가장 적절하다고 한다. 즉, 어휘 수준으로 범위를 좁혀 말하자면 97%의 어휘를 알고 있다면 나머지 3%는 모르더라도 온전한 이해가 가능하다는 것이다. 이를 수능에 적용해보자면 하나의 단락에서 모르는 어휘가 3~5개 정도가 있더라도 대의와 핵심 정보 파악에는 무리가 없다는 것이다.

모르거나 낯선 어휘가 나올 때마다 어휘목록을 참조하거나 사전을 찾게 되면 그때까지 읽어 온 글의 흐름이 무용지물이 된다. 지엽적인 나무를 살피느라 전체 숲을 놓치는 우를 범하지 말라!

2ND COMMANDMENT

모르는 단어가 나오면 우선 무시하고, 정말 중요한 어휘라면 문맥으로 추론하라!

우선 지문이해와 문제풀이에 지장이 있는지, 없는지 판단하라. 지장이 없으면 과감히 무시하고, 지장이 있다면 문맥을 적극적으로 활용하라. 처음에는 잘 안되더라도 절대 포기하지 말고 계속해야 한다. 아무리 열심히 영어어휘를 암기해도 수능 당일 모르는 어휘는 반드시 등장할 것이며, 실전 상황에서는 어떠한 도움도 받을 수 없기 때문이다. 무엇이든 그렇지만, 하면 할수록 반드시 추론 능력이 늘게 되어 있다.

3RD COMMANDMENT

우선 필수접사부터 암기, 활용하라!

당연히 어휘는 암기가 필요하다. 그러나 그 많은 걸 어찌 무턱대고 외울 수 있겠는가? 우선 접두사, 접미사의 암기와 활용을 통해 외워야 할 어휘 수를 최대 5분의 1까지 줄여라! 어근의 앞에 붙는 접두사는 의미를 바꿔놓고, 뒤에 붙는 접미사는 품사를 바꿔 놓는다. 꼭 알아야 할 접사는 모두 다 합쳐 100개를 넘지 않는다. 그러나 이것은 수천 개의 어휘를 이해할 수 있게 해주는 막강한 위력을 발휘한다. 다음의 수능 기출어휘들은 외울 단어가 아니라 이해할 단어들이다.

e.g. **un**just
unlock
just**ify**
irrelev**ant**
overestim**ate**
commun**al**
correla**tion**
reinforce
disapprov**al**
indubit**able**
invari**ably**

4TH COMMANDMENT

다음 단계로는 어근을 외워라!

쓸데없는 것은 빼고 수능필수어휘를 5개 이상 만들어 낼 수 있는 필수어근 약 50개면 충분하다. 이것이 접사와 조합되면 수능어휘 절반 이상이 단숨에 끝난다.

e.g. in**fin**ity
intro**spect**ive

5TH COMMANDMENT

단어장은 '다의어'와 '혼동되기 쉬운 어휘'에 관한 것만 만들어라!

모든 어휘를 단어장을 만들어 정리하는 것은 시간 대비 매우 비효율적인 방법이다. 그러나 전혀 뜻밖의 새로운 뜻을 지니고 있는 다의어와 혼동되기 쉬운 어휘는 별도의 정리를 통해 틈날 때마다 반복하는 것이 효율적이다.

e.g 1. If our situation changes, we will call you to **resume**(다시 시작하다) delivery.

e.g 2. Your resolve to secure a sufficiency of food for yourself and your family will induce you to spend weary days **till**ing(경작하다) the ground and **tend**ing(돌보다) livestock.

6TH COMMANDMENT

이해 가능한 표현은 암기 대상에서 제외해라!

두 개 이상의 단어가 모여 개별적인 의미의 조합으로는 이해가 불가한 '전혀 새로운 의미를 만들어 내는 표현'만 숙어로 간주하고 외워라. 외워야 할 단어도 많은데 조금만 생각해 보면 당연히 하나의 뜻일 수밖에 없는 덩어리 표현들도 숙어라고 판단하여 무작정 암기하려 든다면 외워야 할 것이 너무나 많아지고, 다 외울 수도 없다.

e.g. take on
cave in to
be at (one's) wit's end
on edge
have (something) to do with

7TH COMMANDMENT

복합어는 개별 의미의 조합으로 뜻을 만들어 내라!

글 쓰는 사람이 얼마든 창의적으로 만들어 낼 수 있는 것이라 그냥 이해해주면 끝이다.

e.g. worst-performing
long-winded
melt-in-one's-mouth
one-size-fits-all

8TH COMMANDMENT

연어(連語, collocation) 등 말뭉치는 통째로 외워라!

우리말에도 '위험을 무릅쓰다'와 같이 특정 어휘끼리만 호응하는 표현이 있다. 영어에서도 마찬가지다. 이렇게 끼리끼리 어울리는 말뭉치를 연결되는 말, 즉 연어라 한다. 이것은 한 단어처럼 외워야 한다. 이것은 독해나 청해와 같은 수동적인 이해에는 그다지 중요하지 않은 듯 보이지만 말하기와 쓰기에서는 영어다운 영어 구사를 위해 필수적이다.

e.g. place an order
take a deep breath
beat[break] the record
critical thinking

9TH COMMANDMENT

상기 항목에
해당되지 않는 어휘는
이제 반복해서 외워라!

우선 발음을 정확하게 해두고, 발음과 철자를 대응시켜 딱 세 번만 써라. 그리고 핸드폰 메모장에 저장하거나 메모지에 써서 잘 보이는 곳에 붙여두고 수시로 보면서 반복해서 외워라. 당연히 외워진다. 난생처음 본 어휘는 누구나 외워도, 외워도 잊게 된다. 어떤 어휘가 온전히 학습자의 어휘력으로 자리매김하기 위해서는 최소 7~8번 정도 그 어휘가 사용된 각기 다른 맥락에 노출되어야 한다는 것이 정설이다. 안 외워진다고 좌절하지 말고, 모든 방법을 동원해 반복하라! 어떤 어휘든 반드시 그대에게 무릎을 꿇을 것이다.

10TH COMMANDMENT

다시 처음으로
돌아가라!

어휘를 암기하는 궁극적인 이유는 영어문장을 이해하고, 정답을 이해하기 위함이다. 독해하다 모르는 단어가 나와도 당황하지 말고 '호연지기(浩然之氣)'로 대처하라! 무시해버리거나 추론해버리면 끝이다!

e.g 1. Experienced martial artists use their experience as a filter to separate the essential from the irrelevant. When that filter mistakenly screens out something essential, then even **seasoned** masters can make mistakes.

(첫 문장은 숙련된 무술가들이 무관한 것들로부터 본질을 분리할 때 경험을 사용한다는 내용이다. 따라서, 두 번째 문장은 '숙련된(seasoned)' 고수들이라도 이 과정에서 실수할 수 있다는 내용임을 추론할 수 있다.)

e.g 2. [2022학년도 9월 모의 23번]

In Kant's view, **geometrical** shapes are too perfect to induce an aesthetic experience. Insofar as they agree with the **underlying** concept or idea — thus possessing the ***precision*** that the ancient Greeks sought and celebrated — **geometrical** shapes can **be grasped**, but they do not give rise to emotion, and, most importantly, they do not move the **imagination** to free and new (mental) lengths. Forms or phenomena, on the contrary, that possess a degree of **immeasurability**, or that do not appear **constrained**, stimulate the human imagination hence their ability to induce a **sublime** aesthetic experience. The pleasure associated with experiencing **immeasurable** objects — **indefinable** or **formless** objects — can be defined as enjoying one's own emotional and mental activity. ...

영어 어휘 학습법

1 접사 학습법

STRATEGY 1 어휘의 생성 원리를 이해한다.

un | cover (뚜껑을) 열다; 적발하다
접두사 + 어근

price | less 값을 매길 수 없는; 대단히 귀중한
어근 + 접미사

ir | resist | ible 저항할 수 없는; 불가항력적인
접두사 + 어근 + 접미사

어근(word stems)은 접사(affixes)와 조합하여 어휘가 된다. 어근은 어휘 의미의 중심이 되는 것이고 접사가 붙어 의미나 기능(즉, 품사)이 변화된다. 어근을 익히면 어휘 의미를 파악하기가 한층 쉬워진다.

STRATEGY 2 필수 접사를 통해 이해할 수 있는 어휘의 폭을 넓힌다.

대부분의 어휘는 접사가 붙어 의미나 기능(품사)이 변화된다. 접사 중에서도 특히 높은 빈도로 활용되는 것들이 있어 그 필수 접사의 뜻과 기능을 알아두면 이해할 수 있는 어휘의 수가 폭발적으로 늘어난다.

interpret 동 (의미를) 해석하다; 통역하다
interpret**ation** 명 해석, 설명, 이해
interpret**ative** 형 해석상의

misinterpret 동 잘못 해석하다, 왜곡하다
misinterpret**ation** 명 오해, 오역

reinterpret 동 재해석하다, 새롭게 해석하다
reinterpret**ation** 명 재해석

STRATEGY 3 주요 접사 지식을 더하여 아는 어휘의 수를 획기적으로 늘린다.

Meaning	Prefix	Stem		Example	Meaning
not (1)	**in-**	cure	치료하다	**incurable**	불치의
	im-	pure	순수한	**impure**	불순한
	il-	legal	합법적인	**illegal**	불법의
	ir-	resist	저항하다	**irresistible**	불가항력적인
not (2)	**un-**	bear	참다	**unbearable**	참을 수 없는
	dis-	continue	계속하다	**discontinue**	중단하다
against	**anti-**	bacteria	박테리아	**antibacterial**	항균의
together	**co-**	operation	작동	**cooperation**	협동
	con-	form	형성하다	**conform** ((to))	(~에) 순응하다
	com-	pose	두다	**compose**	구성하다
	col-	labor	일	**collaborate**	협력하다
	cor-	respond	응답하다	**correspond**((to))	(~에) 상응하다
make	**en-**	sure	확실한	**ensure**	보장하다
moving	**trans**	form	형성하다	**transform**	변형시키다
between	**inter**	national	국가의	**international**	국제적인
out	**ex-**	pose	(= put 두다)	**expose**	노출시키다
	extra-	ordinary	정상적인	**extraordinary**	비범한
	e-	value	가치	**evaluate**	평가하다
	out-	come	나오다	**outcome**	결과
beyond	**out-**	live	살다	**outlive**	~보다 오래 살다
in	**in-**	take	취하다	**intake**	섭취(량)
before	**fore-**	tell	말하다	**foretell**	예언하다
	pre-	mature	성숙한	**premature**	조숙한; 때 이른
	pro-	position	위치	**proposition**	제안
back	**re-**	pay	지불하다	**repay**	갚다
	with-	draw	끌다	**withdraw**	인출[철수, 철회]하다
again	**re-**	new	새로운	**renew**	갱신하다
over	**over-**	take	취하다	**overtake**	따라잡다
	super-	natural	자연의	**supernatural**	초자연적인
	sur-	face	얼굴	**surface**	표면
under	**under-**	lie	놓여있다	**underlying**	근본적인
	sub-	conscious	의식의	**subconscious**	잠재의식의
	de-	press	누르다	**depress**	침체시키다
too much	**over-**	confident	자신감 있는	**overconfident**	자만하는
too little	**under-**	estimate	평가하다	**underestimate**	과소평가하다
against	**ob-**	ject	(= throw)	**object** ((to))	(~에) 반대하다
	op-	pose	두다	**oppose**	반대하다
	counter-	attack	공격	**counterattack**	반격
	contra-	dict	(= tell)	**contradict**	반박하다; 모순되다

Meaning	Prefix	Stem		Example	Meaning
off	**ab-**	normal	정상적인	**abnormal**	비정상적인
	de-	code	암호, 부호	**decode**	암호[부호]를 풀다
	dis-	pose	두다	**dispose ((of))**	(~을) 없애다
self	**auto-**	graph	(= writing)	**autograph**	자필서명
bad	**mis-**	use	이용하다	**misuse**	오용하다
	mal(e)-	nutrition	영양	**malnutrition**	영양실조
good	**ben(e)-**	vol	(= will)	**benevolent**	호의적인
the same	**syn**	chron	(= time)	**synchronize**	동시화하다
after	**post**	script	(= writing)	**postscript**	추신
one	**mono-**	tone	음조	**monotony**	단조로움
	uni-	form	형태	**uniform**	제복; 획일적인
two	**bi-**	weekly	매주	**biweekly**	격주로
	du-	plic	(= fold)	**duplicate**	복제하다
three	**tri-**	ple	(= fold)	**triple**	세 배(로 증가하다)
many	**multi-**	ply	(= fold)	**multiply**	곱하다, 증가하다
far	**tele-**	scope	(= look)	**telescope**	망원경
across	**dia-**	meter	미터	**diameter**	지름

Function	Suffix	Stem		Example	Meaning
Verb	**-en**	weak	약한	**weaken**	약화시키다
	-ify	class	등급	**classify**	분류하다
	-ize	penalty	처벌	**penalize**	처벌하다
	-ate	necessity	필수	**necessitate**	필수화하다
Adjective (1)	**-able**	afford	~할 여유가 있다	**affordable**	감당할 수 있는
	-ible	vis-	(= see)	**visible**	볼 수 있는
Adjective (2)	**-ful**	respect	존경	**disrespectful**	무례한
Adjective (3)	**-less**	count	세다	**countless**	무수한
Adjective (4)	**-ic**	period	주기	**periodic**	주기적인
	-ical	type	유형	**typical**	전형적인
	-ly	cost	비용	**costly**	비싼
	-ous	vary	다양하다	**various**	다양한
	-(u)al	intellect	지성	**intellectual**	지적인
	-ant	hesitate	주저하다	**hesitant**	주저하는
	-ent	depend on	의존하다	**dependent**	의존적인
	-ate	passion	열정	**passionate**	열정적인
	-ite	oppose	반대하다	**opposite**	반대의
	-ish	yellow	노랑	**yellowish**	노르스름한
	-ar(y)	custom	관습	**customary**	관습적인
	-ory	satisfaction	만족	**satisfactory**	만족스러운
	-ive	defect	결함	**defective**	결함이 있는
	-ative	imagine	상상하다	**imaginative**	상상력이 풍부한
	-y	health	건강	**healthy**	건강한
	-like	child	어린이	**childlike**	어린애 같은; 천진한

Function	Suffix	Stem		Example	Meaning
Adverb (1)	**-ly**	quick	빠른	**quickly**	빠르게
		near	가까운	**nearly**	거의
Adverb (2): direction	**-ward**	fore-	(= before)	**forward**	앞으로
	-wise	clock	시계	**clockwise**	시계방향으로
Noun (1): doer	**-er**	manufacture	제조하다	**manufacturer**	제조업자
	-ee	employ	고용하다	**employee**	피고용인
	-or	operate	작동하다	**operator**	작업자; 기사
	-ant	consult	상담하다	**consultant**	상담가
	-ent	respond	응답하다	**respondent**	응답자
	-ist	motor	자동차	**motorist**	운전자
	-ive	represent	대표하다	**representative**	대표자; 직원
	-ary	mission	선교	**missionary**	선교사
Noun (2): action	**-ion**	inspect	조사하다	**inspection**	조사
	-(a)tion	consider	고려하다	**consideration**	고려
	-ance	perform	행하다	**performance**	수행
	-ence	prefer	선호하다	**preference**	선호
	-(e)ty	anxious	걱정하는	**anxiety**	걱정
	-ity	secure	안전한	**security**	안전
	-y	recover	회복되다	**recovery**	회복
	-ry	brave	용감한	**bravery**	용감함
	-al	approve	승인하다	**approval**	승인
	-ure	press	누르다	**pressure**	압력
	-ment	achieve	성취하다	**achievement**	성취
	-ness	ill	아픈	**illness**	질병
	-(a)cy	literate	읽고 쓸 줄 아는	**literacy**	읽고 쓸 줄 앎
	-th	wide	넓은	**width**	폭; 너비
Noun (3)	**-ship**	member	회원	**membership**	회원자격
		sportsman	운동선수	**sportsmanship**	스포츠맨십
Noun (4)	**-ism**	professional	전문가	**professionalism**	전문가 기질
		volunteer	자원봉사	**volunteerism**	자원봉사활동
Noun (5)	**-hood**	adult	성인	**adulthood**	성인기
		neighbor	이웃	**neighborhood**	이웃

2 어근 학습법

STRATEGY 1 어근의 뜻을 중심으로 어휘를 암기한다.

이때 주의할 점은 어근의 의미가 명확히 어휘의 뜻을 연상시켜줄 수 있는 것이어야 한다. 그렇지 않은 어휘의 어근을 학습하는 것은 의미가 없다.

anim = life

animal 명 동물 / **anim**ation 명 생기; 만화 영화
animate 동 생기를 불어넣다 형 살아있는, 생물의
in**anim**ate 형 무생물의; 활기 없는

STRATEGY 2 50개 어근으로 수능필수 어휘를 자동 암기한다.

01 삶

bio [=life]
vit/viv(e) [=life, live]
gen [=birth, produce; race, kind, family]
spir(e) [=breathe]

02 시·공간

terr/terrestri [=earth, land]
geo [=earth]
astro/aster [=star]
ann(u)/enn [=year]
chron(o), tempor [=time]

03 가다·단계

grad/gress/gred [=step, go]
ced(e)/ceed/cess/ceas [=go]
fer [=carry, bring]

04 이동

mov(e)/mo(b)/mot(e) [=move]
ven(t)/vene [=come]
mit/miss [=send, let go]
ped(e)/pedi [=foot]
cur(r) [=run, flow]

05 시청각

spec(t)/spic/specul [=look at, view, watch]
vis(e) [=look]
aud [=hear]

06 기록·말

scrib(e)/script [=write]
graph/gram [=write; drawing]
ply/plic [=fold]
dic(t) [=tell, say; word]

07 형성·변화

fac(t)/fec(t)/fic(t)/feit [=make, do]
man(u)/mani [=hand]
vert/vers(e) [=turn]
fin(e) [=end, limit]

08 취득·유지

cap(t) / cept / cip / ceiv(e) / cei(p)t [=take]
tain/ten [=hold]

09 견인·차단

tend/tent(e)/tens(e) [=stretch, pull]
tract [=draw, pull]
clos(e)/clude [=shut]

10 마음·신념

cor(d)/core [=heart]
path [=feel]
sens(e)/sent [=feel]
cred/creed [=believe]

11 선도·유도·강요

duc(t)/duc(e) [=lead, bring]
pel/puls(e) [=drive, push]
press [=press]

12 두다·매달다

pos(e)/pon(e) [=put, place]
pend/pens [=hang]

13 가치

val(u)/vail [=value, strong, worth]
equa(l)/equi [=equal]
preci/prais [=price, value]
nov [=new]

14 기타 어근

ject [=throw]
rupt [=break]
onym [=name; word]
medi [=middle]

3 다의어 학습법

STRATEGY 1 핵심 의미에서 확장 의미로 학습하라.

영어 단어 중에는 뜻이 여러 가지인 다의어가 많다. 대부분의 다의어는 어떤 기본적인 한 가지 의미에서 문맥에 따라 여러 의미를 파생시킨다. 따라서 그 기본적인 한 가지 의미에 주목하여 다의어 학습을 하면 학습 부담이 몇 배로 줄어든다.

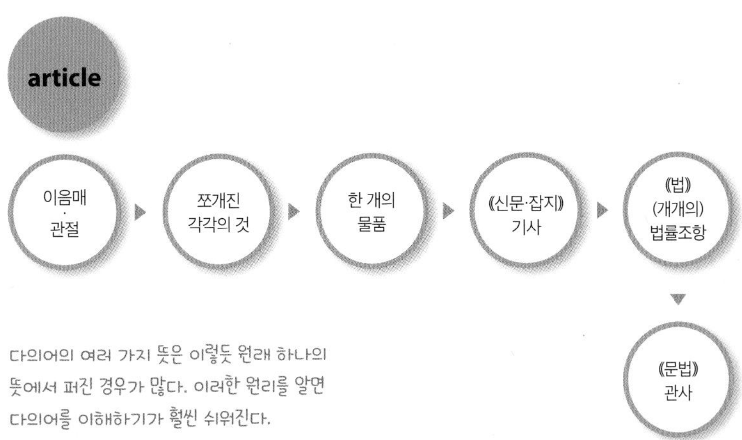

article
이음매·관절
쪼개진 각각의 것
한 개의 물품
《신문·잡지》 기사
《법》 (개개의) 법률조항
《문법》 관사
다의어의 여러 가지 뜻은 이렇듯 원래 하나의 뜻에서 퍼진 경우가 많다. 이러한 원리를 알면 다의어를 이해하기가 훨씬 쉬워진다.

can(할 수 있다; 통조림의 깡통), bill(계산서; 새의 부리), bank(은행; 둑) 등의 경우와 같이 서로 전혀 다른 의미를 가지는 것들도 있는데, 그러한 것들은 철자와 발음만 같지 전혀 다른 단어(homonym: 동철·동음이의어)라 할 수 있다.

STRATEGY 2 다의어는 반드시 문맥에서 이해하라.

1. An **article** of clothing is what they need.
2. I'm a regular reader of your magazine. The **articles** are very informative. [수능]
3. **Article** 1 of the constitution guarantees freedom of religion.
4. In English, the indefinite **article** is *a(n)* and the definite article is *the*.

4 구동사 학습법

STRATEGY 1 구동사의 유형을 이해한다.

TYPE 1 타동사 + O + 전치사

The whole family **congratulated** me **on** getting the job.
모든 가족이 내가 그 직업을 얻게 된 것에 대해 축하해 주었다.

TYPE 2 자동사 + 전치사 + O

Happiness **consists in** contentment.
행복의 본질은 만족에 있다.

TYPE 3 동사 + 부사 + 전치사 + O

I can't **put up with** him — he's always complaining.
나는 그를 참아줄 수가 없어. 그는 항상 불평하거든.

TYPE 4 타동사 + 부사 + O / 타동사 + O + 부사

The gangsters **held up** the train and stole all the passengers' money.
그 강도들이 열차를 강탈해 모든 승객들의 돈을 빼앗았다.
She **stood** me **up** again.
그녀는 나를 또 바람맞혔다.

대명사 목적어는 동사와 부사 사이에 위치한다.
Possibly the most effective way to focus on your goals is to **write them down** / write down them. [수능어법기출]

구동사를 이루는 전치사와 부사의 구별

1 전치사는 바로 뒤에 전치사의 목적어에 해당하는 명사(구)가 반드시 와야 한다.
그러므로, 구동사 뒤에 '명사(구)'가 없으면 무조건 '동사+부사' 구조의 구동사이다.

He fell **off his bike.** 그는 자전거에서 떨어졌다.
(off: 전치사, his bike: 전치사의 목적어)

He got on his bike and fell **off.** 그는 자전거에 올라탔다가 떨어졌다.
(off: 부사)

2 '구동사+명사(구)'의 형태일 경우, 명사(구)가 동사의 목적어이면 '동사+부사' 구조의 구동사이다.

The strange sound **scared off** the children. 이상한 소리 때문에 아이들이 놀라 도망갔다.
(off: 부사, the children: 동사의 목적어)

The strange sound **scared** the children **off** 장소.
(off: 전치사, 장소: 전치사의 목적어)

즉, off는 '~에서 떨어져, 벗어나'의 의미를 가지고 있는데
'전치사 off+장소'는 '(장소)에서 벗어나'란 의미를 형성하여 자연스럽지만,
'부사 off+the children'은 '어린이들에게서 떨어져'란 의미가 되므로 문맥이 어색하다.

e.g. The lid is **off** the jar. <전치사> 항아리의 뚜껑이 열려 있다.
Take **off** your shoes. = Take your shoes **off.** <부사> 신발을 벗어라.

STRATEGY 2 구동사의 학습 방법을 간파하라.

동사와 전치사의 결합인 구동사는 의미의 중심이 동사에 있다. 그러므로 동사 중심으로 의미를 파악하면 그리 어렵지 않게 이해할 수 있다.

그런데 **동사와 부사의 결합인 구동사의 경우 의미의 중심은 부사에 있다.** 부사는 문맥에 따라 기본적 의미에서부터 추상적, 관용적 의미에 이르기까지 다양한 의미를 나타낼 수 있어 더욱 심도 깊은 학습이 필요하다. 이때, 학습은 반드시 문맥 속에서 그 의미 확장 과정을 이해하는 방식으로 진행해야 한다. 동사와 부사의 결합인 구동사를 이어동사(two-word verbs)라 부르기도 하며, 구동사 학습의 주된 초점은 바로 이어동사의 추상적, 관용적 의미에 있게 된다.

bring up의 뜻은? ▶ **bring과 up의 기본 의미를 염두에 두고, 문맥에서 그 의미를 확장시켜라!**

1차적, 물리적 의미

When the doctor arrives, bring him **up** to the second floor.
→ 의사가 도착하면 그를 2층으로 <u>데려오세요</u>.

2차적, 추상적 의미

The music brought **up** memories of a simpler time.
→ 그 음악은 좀 더 단순한 시절의 추억을 <u>떠올리게 했다</u>.

Parents bring **up** their children with love and care.
→ 부모는 사랑과 관심으로 자녀를 <u>양육한다</u>.

I'd like to bring **up** the question of the reorganization of the committee.
→ 나는 그 위원회를 재구성하는 문제를 <u>제기하고</u> 싶다.

3차적, 관용적 의미

This case brings us **up** against the problem of punishment in schools.
→ 이 사건으로 인해 우리는 학교 체벌 문제에 <u>직면한다</u>.

STRATEGY 3 부사, 전치사의 기본 의미를 학습하라.

√ up

1. 상승 위치나 움직임이 상승.

- I got **up** at 7 o'clock. (나는 7시에 일어났다.)
- The sun came **up** at 6 a.m. (해가 6시에 떴다.)

2. 증가 개수, 양, 높이, 부피, 속도, 정도, 크기 등의 증가.

- I bought some balloons for the party; would you blow them **up**, please?
  (내가 파티를 위해 풍선 몇 개를 샀는데, 불어주실 수 있나요?)
- The machine helps to speed **up** the work of the employees.
  (그 기계가 직원들의 업무 속도 향상을 도와준다.)

3. 출현 없다가 나타남. 형상을 드러냄.

- The babysitter didn't show **up** today. (오늘 아이를 봐주는 사람이 오지 않았다.)
- Her belongings finally turned **up**. (그녀의 소지품이 드디어 나타났다.)

4. 접근 간격 좁힘.
접근해오면 크기가 커지기도 하고 안 보이던 것이 보이기도 하기 때문으로 이해할 수 있다.

- A man came **up** to me when I was waiting for the bus.
  (내가 버스를 기다리고 있을 때 한 남자가 나에게 접근했다.)

5. 한계 completely(완전히), 어떤 과정이 '한계점'에 이르는 것.

- The child has used **up** all the Band-Aids. (그 아이가 반창고를 다 써버렸다.)
- On the way back home he filled **up** the car.
  (그는 집에 오는 길에 차에 기름을 가득 채웠다.)

6. 전체 어떤 것의 일부가 아닌 전체에 영향을 주는 것.

- The waves began to violently break **up** the ship.
  (파도가 배를 산산조각 내기 시작했다.)

√ down

1. 하강 높은 곳에서 낮은 곳으로 위치나 움직임이 하강.

- If you feel sick, please lie **down**. (건강이 안 좋으면, 누워서 쉬세요.)
- A truck knocked the children **down**. (트럭이 아이들을 쳐서 쓰러뜨렸다.)

2. 감소 크기, 부피, 길이, 양, 속도, 정도의 감소.

- He turned **down** the television. (그는 텔레비전을 껐다.)
- I slowed **down** the car. (나는 차의 속도를 줄였다.)

3. 고정·중단 물리적으로 고정. 움직임을 정지, 중단.

- We fastened **down** the luggage with a belt. (우리는 짐을 벨트로 고정해 묶었다.)
- Remember to write **down** his phone number.
  (그의 핸드폰 번호를 적는 것을 기억해주세요.)

4. 억압　감정의 분출을 막거나 물리적으로 진압.

- My father could not keep **down** his anger. (아버지는 화를 참지 못하셨다.)
- The police put **down** the demonstration. (경찰은 시위를 진압했다.)

5. 경멸·멸시·비난

- She looks **down** on us because we are poor. (그녀는 우리가 가난하다고 해서 멸시한다.)

√ on

1. 접촉·착용·꽉 달라붙음　공간상의 표면적 접촉.

- I forgot to put **on** a swimming cap. (나는 수영모를 쓰는 것을 잊어버렸다.)
- The two vehicles crashed head **on**. (두 대의 차량이 정면으로 충돌했다.)

2. 연결　물건이 기능을 하기 위한 (전원 등의) 연결.

- She turned the gas **on**. (그녀는 가스를 틀었다.)

3. 근거·이유　의거하는 것

- You should act **on** my advice. (제 조언에 따라 행동하셔야 합니다.)

4. 의지·의존

- The young birds depend **on** their parents for food. (어린 새들은 부모에게 식량을 의지합니다.)

5. 동작의 대상　동작이 향하는 곳

- The camera was focused **on** a young man. (카메라가 한 청년에게 초점을 맞췄다.)

6. 동작의 계속

- He went **on** to the next story. (그는 다음 이야기로 넘어갔다.)
- The principal spoke **on** without hesitation. (교장 선생님은 망설임 없이 말씀하셨다.)

√ off

1. 분리·간격　두 물체가 붙어 있다가 떨어지거나, 서로 떨어져 있는 상태.

- She took the cover **off**. (그녀는 뚜껑을 벗겼다.)
- My top button has fallen **off**. (내 상의 단추가 떨어졌다.)
- The fire kept the wild animals **off**. (그 불이 야생동물들이 가까이 오지 못하게 했다.)

2. 단절·중단　작용이나 기능, 관계 등이 끊김.

- The students turned **off** the light. (학생들이 불을 껐다.)
- The umpire called **off** the game. (심판이 경기를 중단시켰다.)
- Relations between the two countries have been broken **off**. (두 나라 간의 관계가 단절되었다.)

3. 발포　총을 쏘거나 폭탄이 터지다.

- They gathered in the garden to let **off** the fireworks.
(그들은 폭죽을 쏘기 위해 정원에 모였다.)
- The bomb went **off** in the street. (폭탄이 거리에서 터졌다.)

4. 해고·제거　일이나 회사에서 떨어져 나가다, 질병이나 습관 등 눈에 보이지 않는 것을 없애다.

- The company laid **off** some workers. (회사가 직원 몇 명을 해고했다.)

5. 발산　냄새나 연기 등이 밖으로 나오다.

- It gives **off** a bad smell. (그것은 나쁜 냄새가 난다.)

6. 완료·완성　채무나 일 등의 완료나 완성을 나타낸다.

- I paid **off** all my debt. (나는 빚을 모두 갚았다.)
- The project went **off** very well. (프로젝트가 아주 잘 진행되었다.)

7. 이탈　정상의 상태 등에서 벗어나 미치지 못할 때.

- The food goes **off** in a warm climate. (음식은 더운 날씨에서 상한다.)

√ in

안에·안으로　안에 위치하거나 안으로 들어가는 방향. 대화나 계획, 모임 등 추상적인 영역의 안에 있는 것까지 확장되어 쓰인다.

- Please let me **in**. (저를 들여보내 주세요.)

√ out

1. 밖에·밖으로　한계나 경계가 있는 것의 밖에 위치하거나 밖으로 나간다는 방향. 가시적인 것 외에 추상적인 영역의 것까지 확장되어 쓰인다.

- He just stepped **out**, but he'll be back soon.
(그는 방금 밖으로 나갔지만, 곧 돌아올 것이다.)

2. 분배

- Hand **out** the exam papers. (시험 문제지를 나눠주세요.)

3. 제외·소멸　밖으로 나가 없어짐.

- I notice that the advertisement leaves **out** the price of the product.
(나는 광고에서 제품의 가격이 누락되어 있는 것을 발견했다.)

4. 확대·확장·발산　길이의 확대, 밖으로 늘어나는 것, 냄새의 발산.

- The bookstore has decided to branch **out** into offering coffee.
(그 서점은 커피 제공으로 사업을 확장하기로 했습니다.)

5. 실현·출현·문제의 해결

- He brought **out** some interesting facts. (그는 흥미로운 사실을 알려주었다.)

6. 완료·강조　완전히, 끝까지, 전부

- Fill **out** the form and leave it at the information desk.
(양식을 작성해서 안내 데스크에 놓아주세요.)

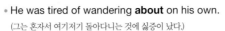

√ about 주위·가까이·대략·발생 장소의 개념(여기저기), 수치(약, 가량), 행동의 예정

- He was tired of wandering **about** on his own.
  (그는 혼자서 여기저기 돌아다니는 것에 싫증이 났다.)
- How did this economic crisis come **about**? (이 경제 위기가 어떻게 발생했을까?)

√ around 주변·대략·방향(돌아서) 곡선으로 주위를 둘러쌈, 어떤 것의 주위, 주변 또는 근접한 수치

- They drove **around** looking for the missing child.
  (그들은 실종 아동을 찾기 위해 주변을 운전하여 돌아보았다.)
- I'll be home **around** twelve. (나는 대략 12시쯤에 집에 올 거야.)
- She heard a noise and turned **around** to see what it was.
  (그녀는 소리를 듣고 그 소리가 무엇이었는지 찾기 위해 주변을 돌아보았다.)

√ away 가깝게 있다가 멀어짐 장소에서 벗어남, 시간에 따라 소멸됨.

- People had been driven **away** from their homes by the invading army.
  (침입한 군대에 의해 사람들은 자신들의 집에서 쫓겨났다.)
- The sound of their voices faded **away** into the distance.
  (그들의 목소리가 저 멀리 사라졌다.)

√ into 안으로·이동·변화 다른 상태로 변화, 또는 행동이나 과정의 시작.

- She got **into** her car and drove away. (그녀는 차를 타고 운전해 갔다.)
- Dad used to transform our garden **into** a skating rink as soon as it got cold. (아빠는 날씨가 추워지면 바로 정원을 스케이트장으로 바꿨다.)
- They entered **into** negotiations. (그들은 협상을 시작했다.)

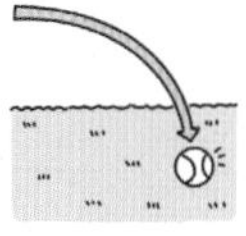

√ over 1. 위에 있음·방향(너머로)·전체 수나 양이 넘다, 모든 면에 미치다, (다 넘어가서) 끝나다, 덮는다

- We traveled **over** the country. (우리는 그 나라를 두루 여행했다.)
- Our suffering will soon be **over**. (우리의 고통은 곧 끝날 것이다.)
- She spread a pretty cloth **over** the table. (그녀는 탁자 위에 예쁜 천을 덮었다.)

2. 반복·병행 완전을 가하려고 어떤 동작을 되풀이함.

- I have read the book three times **over**. (나는 그 책을 세 번 반복해서 읽었다)
- We discussed the matter **over** a cup of coffee.
  (우리는 그 문제를 커피를 마시면서 토의했다.)

3. 양도 사물뿐만 아니라 권한, 의무 등을 넘겨주는 것.

- On his retirement, he handed the business **over** to his son.
  (그는 은퇴할 때, 그 사업을 아들에게 물려주었다.)

✓ **across** 가로질러·횡단 어근 cross(×표, +기호), 가로지르는 움직임 또는 맞은 편.

- The man quickly walked **across** the street.
  (그 남자는 빠르게 길을 건넜다.)

✓ **against** 맞서다·겨루다 진행 방향이 반대라서 힘이 맞서는 관계.

- The salmon are swimming **against** the current at a hundred kilometers or more. (연어가 급류를 거슬러 100킬로미터 이상을 수영하고 있다.)

✓ **along** 동반·~을 따라서 공간·시간적으로 선을 따라 나란히 움직이거나 진행함.

- He moved **along** in silence. (그는 조용히 길을 따라 이동했다.)

✓ **aside** 옆에 어근인 side의 의미와 연결된다.

- She stepped **aside** to let them pass.
  (그녀는 그들이 지나갈 수 있도록 옆으로 비켰다.)

✓ **by** 곁에·지나서·가까이·~에 따라

- Physicians will be standing **by** in case of emergency.
  (비상시를 위해 의사들이 대기할 것입니다.)

✓ **for** 목적·추구·대신·대리

- Students can apply **for** money to help with their living costs.
  (학생들은 생활비를 지원받기 위해 돈을 신청할 수 있다.)

✓ **through** 통과·과정·완료 뚫고 지나가거나, 과정을 거쳐 완료됨.

- It's hard to break **through** cultural differences and make friends in a new country. (새로운 나라에서 문화적 차이를 극복하고 친구를 사귀는 것은 어렵다.)

✓ **to** 도착·방향·대상

- The painter, the writer, the musician — all artists contribute **to** a better life for everyone.
  (화가, 작가, 음악가와 같은 모든 예술가는 사람들에게 더 나은 삶을 만들어 준다.)

✓ **with** 상호작용 관계

- He broke **with** his wife 2 years ago. (그는 부인과 2년 전 헤어졌다.)

5 기출 테마별 어휘

수많은 어휘라도 범주화하여 외운다면 어휘 간에 연결 고리를 만들어 쉽게 암기할 수 있다. 또한, 한 단어가 글의 주제에 따라 어떤 의미로 쓰이는지도 확인해봐야 할 중요사항이다.

STRATEGY 내용 주제별로 관련 있는 어휘를 묶어 학습한다.

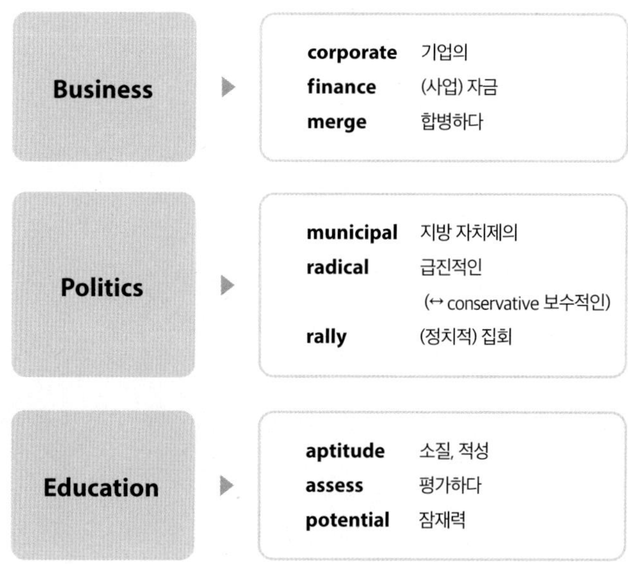

Business
corporate 기업의
finance (사업) 자금
merge 합병하다
Politics
municipal 지방 자치제의
radical 급진적인
(↔ conservative 보수적인)
rally (정치적) 집회
Education
aptitude 소질, 적성
assess 평가하다
potential 잠재력

How to learn and work with unfamiliar vocabulary

01강

Word Complete

Part

Prefixes	부정·반대(1) in-[1]
Essential Roots/Stems	fin(e) = end, limit
Words with Multiple Meanings	fair / fine / arrest / change
Phrasal Verbs	up이 포함된 구동사 1
Themes	의사소통

Words & Phrases

앞으로 학습할 예문에 쓰인 필수 어휘 모음입니다. 예문에 해당 단어 밑에는 점선이 표시(interact)되어 있습니다.
아는 단어는 □□에 체크하고 모르는 단어는 뜻 확인을 반복하세요.

*	□□	amendment [əméndmənt]	명 (법의) 개정; 수정(안)
**	□□	asset [ǽset]	명 자산; 이점 (= advantage)
***	□□	be supposed to-v	v하기로 되어 있다, v해야 한다
**	□□	commit [kəmít]	동 (범죄 등을) 저지르다; 약속하다; 전념하다 필수 다의어 | 318쪽
**	□□	complicated [kámpləkèitid]	형 복잡한 (= complex)
**	□□	dedicate [dédikèit]	동 (시간 등을) 바치다, 헌신하다
**	□□	deprive A of B	A에게서 B를 박탈하다[빼앗다]
*	□□	distraction [distrǽkʃən]	명 주의 산만; 기분 전환 (= diversion)
**	□□	emerge [imə́ːrdʒ]	동 모습을 드러내다; 생겨나다
**	□□	eternal [itə́ːrnəl]	형 영원한 ※ eternity 명 영원, 영구
**	□□	exclusive [ikisklúːsiv]	형 배타적인; 독점적인 명 독점기사
***	□□	feature [fíːtʃər]	명 특색, 특징; 이목구비; 특집(기사) 필수 다의어 | 248쪽
*	□□	gist [dʒist]	명 요지, 요점
*	□□	hypothesis [haipáθəsis]	명 가설; 추측
고난도	□□	incense 명 [ínsens] 동 [inséns]	명 (의식에 쓰이는) 향 동 몹시 화나게 하다
**	□□	inherit [inhérit]	동 물려받다; 상속하다
*	□□	ingest [indʒést]	동 삼키다, 먹다
**	□□	inject [indʒékt]	동 주사하다, 주입하다; (자금을) 투입하다
*	□□	irritate [íriteit]	동 짜증 나게 하다
**	□□	litter [lítər]	동 (쓰레기 등을) 버리다 명 (길바닥에 버려진) 쓰레기
**	□□	magnificent [mægnífəsənt]	형 장엄한, 훌륭한 (= splendid)
***	□□	manual [mǽnjuəl]	형 손으로 하는 명 설명서
*	□□	notorious [noutɔ́ːriəs]	형 악명 높은 (= infamous)
*	□□	prosperity [praspérəti]	명 번영, 번창
*	□□	realm [relm]	명 (활동·관심 등의) 영역, 범위
*	□□	sanitation [sæ̀nətéiʃən]	명 위생 시설 ※ sanitary 형 위생의 (= hygienic)
*	□□	sculpt [skʌlpt]	동 조각하다 ※ sculpture 명 조각(품)
고난도	□□	shrug off	~을 대수롭지 않게 취급하다
**	□□	strive [straiv]	동 노력하다, 분투하다 ※ strife 명 투쟁
**	□□	suspicion [səspíʃən]	명 혐의; 의심, 불신
**	□□	sustain [səstéin]	동 견디다; 지속하다 (= maintain); 뒷받침하다
**	□□	tease [tiːz]	동 놀리다, 장난하다
*	□□	televise [téləvàiz]	동 텔레비전으로 방송하다
**	□□	withdraw [wiðdrɔ́ː]	동 물러나다; (돈을) 인출하다; 철회하다 필수 다의어 | 276쪽

Prefixes | 부정·반대(1) in-[1]

in-[1] / im- / il- / ir- = not, opposite (~ 아닌, 반대)

inexpensive	→ in(not)+expensive	→ 비싸지 않은
intolerance	→ in(not)+tolerance(관용)	→ 견딜 수 없음; 편협
impatient	→ im(not)+patient	→ 참지 못하는
immorality	→ im(not)+morality	→ 부도덕
illegal	→ il(not)+legal	→ 불법의
irregular	→ ir(not)+regular	→ 불규칙한, 비정기적인

* **inanimate** [inǽnimət]

형 **무생물의** (↔ animate 생물의); **죽은 (것 같은)**
in(not)+anim(life)+ate(형)

01 an **inanimate** object

* **animation** [æ̀niméiʃən]

명 **생기; 만화영화**

고난도 **animism** [ǽnimìzəm]

명 **애니미즘** ((만물에 영혼이나 생명이 있다는 믿음))

---

* **inapplicable** [inǽplikəbəl]

형 **사용[적용]할 수 없는**
in(not)+apply(적용하다)+able(형)

02 His advice was **inapplicable** to my problem.

고난도 **incessant** [insésənt]

형 ((부정적)) **끊임없는, 쉴 새 없는** (= unceasing, ceaseless)
in(not)+cess(cease, stop)+ant(형)

03 The child's **incessant** talking started to irritate me.

---

* **indivisible** [ìndivízəbəl]

형 **나눌 수 없는, 분리될 수 없는** (= inseparable) (↔ divisible 나눌 수 있는)
in(not)+divide(나누다)+ible(형)

04 It was assumed that economic prosperity and political freedom were **indivisible**.

고난도 **inhumane** [ìnhjuːméin]

형 **비인간적인; 잔혹한**
in(not)+humane(인간적인)

05 Factory farming is notorious for its **inhumane** treatment of animals.

cf. humanity 명 인간(성); 인간애

01 **무생물** 02 그의 조언은 나의 문제에 **적용할 수 없**었다. 03 그 아이의 **끊임없는** 말이 나를 짜증 나게 하기 시작했다. 04 경제적 번영과 정치적 자유는 **분리될 수 없다**고 간주되었다. 05 공장식 농장 경영은 동물에 대한 **비인간적인** 처우로 악명 높다.

* **insatiable** [inséiʃəbəl]

형 **만족시킬 수 없는, 만족할 줄 모르는**
in(not)+sati(fill)+able(형)

01 an **insatiable** appetite

---

* **instability** [ìnstəbíləti]

명 **불안정**
in(not)+stable(안정된)+ity(명)

02 The increased inflation will inject a degree of **instability** into the economy.

* **instable** [instéibəl]

형 **불안정한** (= unstable, precarious)

---

* **intangible** [intǽndʒəbəl]

형 **손으로 만질 수 없는, 무형(無形)의** (↔ tangible 만질 수 있는, 유형(有形)의)
in(not)+tang(touch)+ible(형)

03 Leadership is an **intangible** asset to a company.

---

* **invariable** [invɛ́əriəbəl]

형 **변함없는** 명 **변치 않는 것** (↔ variable 변화를 줄 수 있는; 변하기 쉬운; 변수)
in(not)+vary(change)+able(형)

04 The day's routine is **invariable**.

---

* **immemorial** [ìməmɔ́:riəl]

형 (기억·기록에 없을 만큼) **태곳적[아득한 옛적]부터의**
im(not)+memory(기억)+al(형)

05 The landscape there has remained virtually unchanged since time **immemorial**.

* **memorial** [məmɔ́:riəl]

명 **기념비(적인 것)** 형 (죽은 사람을) **기념하기 위한, 추모의**

06 A well-known artist has sculpted a **memorial** statue dedicated to the victims of the war.

cf. memorable 형 기억할 만한

---

* **immortal** [imɔ́:rtl]

형 **죽지 않는; 불멸의** 명 **신(神), 영생하는 존재**
(↔ mortal 영원히 살 수는 없는; 인간)
im(not)+mort(death)+al(형명)

07 Some people believe that the soul is **immortal**.

* **immortality** [imɔ:rtǽləti]

명 **불사, 불멸**

cf. mortality 명 죽음을 피할 수 없음; 사망자 수

01 **채울 수 없는** 식욕 02 인플레이션이 심해지면 경제에 어느 정도의 **불안정성**이 주입된다. 03 리더십은 회사의 **무형** 자산이다. 04 하루의 일과는 **변함이 없다.** 05 그곳의 경치는 **아득한 옛적부터** 거의 변하지 않은 채로 남아 있다. 06 한 유명 예술가가 그 전쟁의 희생자들에게 바치는 **추모** 조각상을 조각했다. 07 어떤 사람들은 영혼이 **불멸한다**고 믿는다.

* **impartial**
[impɑ́ːrʃəl]

형 **공정한, 공평한** (= unbiased, just, fair) (↔ partial 부분적인; 편파적인)
im(not)+part(부분)+ial(형)

01 Judges need to be **impartial**.

---

* **illiterate**
[ilítərət]

형 **문맹의; 잘 모르는** 명 **문맹자** (↔ literate 글을 아는 (사람); 지식이 있는 (사람))
il(not)+liter(letter)+ate(형 명)

02 Before Hangeul, most people were **illiterate**.

* **illiteracy** [ilítərəsi]

명 **문맹; 무식**

---

* **illogical**
[ilɑ́dʒikəl]

형 **비논리적인, 터무니없는** (= irrational) (↔ logical 논리적인)
il(not)+logic(논리)+ical(형)

03 an **illogical** argument

cf. unreasonable 형 불합리한, 부당한 (= unfair)

** **irrelevant**
[iréləvənt]

형 **무관한** (= unrelated) (↔ relevant 관련 있는)
ir(not)+relevant(관련 있는)

04 Civic groups are asking lawmakers to withdraw an amendment that they believe is **irrelevant** to social welfare.

* **irrelevance** [iréləvəns]

명 **무관함**

---

* **irresistible**
[ìrizístəbəl]

형 **저항할 수 없는; 억누를 수 없는**
ir(not)+resist(저항하다)+ible(형)

05 an **irresistible** force

Essential Roots / Stems

fin(e) = end, limit 끝나다, 한정하다

** **infinite**
[ínfənət]

형 **무한한** (= endless, unlimited) (↔ finite 유한한, 한정된)
in(not)+fin(end)+ite(형)

06 Many astronomers suspect that the universe is **infinite**.

** **infinity** [infínəti]

명 **무한함**

* **infinitive** [infínətiv]

명 ((문법)) **부정사**

01 판사는 **공정해야** 한다. 02 한글이 창제되기 이전에는 대부분이 **문맹**이었다. 03 **비논리적인** 주장 04 시민 단체들은 그들이 생각하기에 사회복지와 **무관한** 개정안을 철회할 것을 입법자들에게 요구하고 있다. 05 **불가항력** 06 많은 천문학자들은 우주가 **무한하다**고 생각한다.

*** **final** [fáinəl] — 명 결승; 기말시험 형 마지막의

cf. semifinal(s) 명 4강, 준결승

cf. quarterfinal(s) 명 8강, 준준결승

** **finalize** [fáinəlàiz] — 동 마무리 짓다

* **finalist** [fáinəlist] — 명 결승전 진출자

*** **finale** [finǽli] — 명 마지막 부분, 피날레

01 The celebration ended with a grand **finale** of magnificent fireworks.

** **confine** [kənfáin] — 동 (활동·주제 등을) 국한하다 (= restrict); 가두다

con(강조)+fine(limit)

02 Animals that had spent large parts of the year outdoors were now **confined** to indoor facilities. [모의응용]

** **confinement** [kənfáinmənt] — 명 제한; 감금, 구금 (= captivity, imprisonment, detention)

*** **define** [difáin] — 동 (범위를) 한정하다, 규정하다; (단어 뜻을) 정의하다

de(강조)+fine(limit)

03 You need to clearly **define** the individual roles in the team.

04 Manual work is broadly **defined** as work that you do with your hands.

*** **definition** [dèfəníʃən] — 명 한정; 정의

*** **definite** [défənit] — 형 뚜렷한, 명확한 (= straightforward, unequivocal)

(↔ indefinite, imprecise 불분명한)

de(강조)+fin(limit)+ite(형)

05 a **definite** link between smoking and some types of cancer

*** **definitely** [défənitli] — 부 분명히; 절대로

cf. indefinitely 부 막연히; 무기한으로

---

* **definitive** [difínətiv] — 형 최종적인, 확정적인 (= final, conclusive); 최고의

de(강조)+fin(limit)+itive(형)

06 There was no **definitive** answer to my question.

01 기념행사는 화려한 불꽃놀이로 대단원의 **막**을 내렸다. 02 연중 많은 시간을 야외에서 보냈던 동물들이 이제 실내 시설에 **갇히게** 되었다. 03 팀에서의 개별 역할을 분명하게 **규정할** 필요가 있다. 04 수작업은 손으로 하는 일로 폭넓게 **정의된다**. 05 흡연과 몇몇 종류의 암들의 **명확한** 연관성 06 내 질문에 대한 **확정적인** 답이 없었다.

Words with Multiple Meanings 필수 다의어의 이해

*** fair
[fɛər]

아름다운 → 깨끗한, 맑은

- 형 공정한, 공평한 → 형 타당한, 온당한
- 형 (날씨가) 맑은

명 박람회, 전시회

01 It is necessary to televise trials to increase the chance of a **fair** trial. [모의]
02 It is **fair** to say that the food used by all trees is carbon dioxide.
03 In **fair** weather, the air pressure is high. [모의]
04 Many broadcasting companies and news organizations sponsored the job **fair**.

*** fine
[fain]

완성된 — 완성의 아름다움 [우수성]

- 형 질 높은, 좋은, 훌륭한
- 형 (알갱이가) 고운; (실 등이) 가는

명 벌금 동 벌금을 물리다

05 In a commercial society, cars, houses, or **fine** clothing can be considered status symbols. [수능응용]
06 Jessica, who inherited her mother's **fine** features, became an actress.
07 About twenty-five percent of the coastline is covered with **fine** sand.
08 The Department of Sanitation tried doubling the **fine** for littering. [모의응용]

01 **공정한** 재판이 될 가능성을 높이기 위해 재판을 텔레비전으로 방송하는 것이 필요하다. 02 모든 나무들이 먹는 음식이 이산화탄소라고 말하는 것은 **타당하다**. 03 날씨가 **맑을** 때는 기압이 높다. 04 많은 방송사와 언론 기관들이 취업 **박람회**를 후원했다. 05 상업적 사회에서는 자동차, 주택, 또는 **좋은** 옷이 지위의 상징으로 여겨질 수 있다. 06 제시카는 어머니의 **훌륭한** 용모를 물려받아 배우가 되었다. 07 그 해안선의 약 25%가 **고운** 모래로 덮여 있다. 08 위생과에서는 쓰레기 투기에 대한 **벌금**을 두 배로 올려보았다.

** arrest

[ərést]

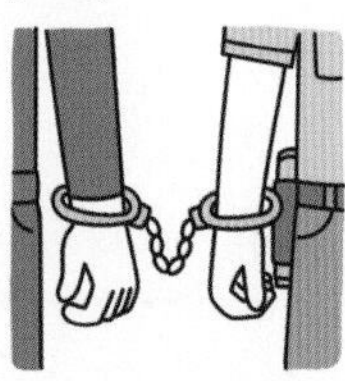

멈추게 하다

- 범인을 멈추게 하다 → 동 **체포하다** 명 **체포**
- 진행을 멈추게 하다 → 동 (무엇의 진행을) **막다, 저지하다** 명 **저지, 정지**
- 시선이 어딘가에서 멈추게 하다 → 동 (시선·관심을) **끌다**

01 He has been **arrested** on suspicion of using a stolen credit card.

02 Some drugs are used to **arrest** the spread of the disease.

03 Their cheerful expressions are the most **arresting** feature of this picture.

*** change

[tʃeindʒ]

04 Sunspots can **change** the weather by increasing the amount of ozone. [수능응용]

05 Could you tell me where I can **change** my traveler's checks?

06 If a shop gives you **change** for $10 when you only paid $5, would you return the money? [수능응용]

07 We had to **change** planes in Tokyo for our connecting flight to Sydney.

08 They didn't have time to **change** clothes before heading to the airport.

09 When parents realize they no longer need to **change** diapers, they feel relieved. [모의응용]

10 Why don't we eat out tonight for a **change**?

01 그는 도난당한 신용 카드를 사용한 혐의로 **체포되었다.** 02 일부 약들이 그 질병의 확산을 **막는** 데 사용된다. 03 그들의 활기찬 표정이 이 사진에서 가장 **시선을 끄는** 특징이다. 04 태양의 흑점은 오존의 양을 증가시켜 날씨를 **변화시킬** 수 있다. 05 여행자 수표를 어디에서 **환전할** 수 있는지 알려주시겠습니까? 06 만약 어떤 가게에서 당신이 단지 5달러를 냈는데 10달러에 대한 **거스름돈**을 준다면 당신은 그 돈을 돌려주겠습니까? 07 우리는 시드니로 가는 연결항공편을 타기 위해 도쿄에서 비행기를 **갈아타야** 했다. 08 그들은 공항으로 향하기 전에 옷을 **갈아입을** 시간이 없었다. 09 더는 기저귀를 **갈** 필요가 없다는 사실을 알게 되면 부모들은 안도감을 느낀다. 10 **기분 전환**으로 우리 오늘 저녁에 외식하는 게 어때요?

Phrasal Verbs | up이 포함된 구동사 1

다음 구동사의 의미를 추론하여 오른쪽 빈칸에 쓰고 페이지 하단의 해석과 대조해 보시오.

** blow up

전체적으로[완전히] 날아가다

01 The construction crew had to **blow up** the old bridge.

➡ 다리를 ________

** break up

전체적으로[완전히] 부수다[깨지다]

02 The bus struck the statue and **broke** it **up** into pieces.

➡ 조각상을 ________

03 Their partnership **broke up** just a few days later.

➡ 동업관계가 ________

04 The meeting didn't **break up** until late afternoon.

➡ 회의가 ________

** brush up (on)

솔질해서 나타나게 하다

05 I must **brush up on** my Japanese before I go to Tokyo.

➡ 일본어를 ________

*** build up

만들어 증가시키다

06 My doctor said that I need to **build up** more muscle strength for my health. [모의]

➡ 근력을 ________

*** burn up

완전히 타버리다[불타오르다]

07 The spacecraft **burned up** as it entered the earth's atmosphere.

➡ 우주선이 ________

08 A: I took some cold medicine this morning, but it doesn't seem to be helping.
B: You're really **burning up** right now. Why don't you go home early? [모의]

➡ ((감기)) 당신은 지금 정말 ________

** call up

불러서 나타나게 하다

09 Even sitting in a dark room, we can **call up** precious images from the past: the face of a special friend, a lover, or a moment of joy. [사관학교응용]

➡ 과거의 모습들을 ________

*** catch up with

~을 다가가서 붙잡다

10 If we hurry, we should **catch up with** her at the station.

➡ 그녀를 ________

01 건설 노동자는 오래된 다리를 **폭파시켜야** 했다. 02 버스가 조각상에 부딪혀 그것을 **산산조각 내었다.** 03 그들의 동업관계는 단 며칠 후 **끝났다.** 04 회의는 오후 늦게야 **해산했다.** 05 나는 도쿄에 가기 전에 일본어를 **복습해야** 한다. 06 의사 선생님은 내가 건강을 위해 근력을 좀 더 **길러야** 한다고 했다. 07 그 우주선은 지구의 대기권으로 들어오면서 **전소하였다.** 08 A: 제가 오늘 아침에 감기약을 좀 먹었는데 도움이 안 되는 것 같아요. B: 당신은 지금 정말 **열이 많이 나는군요.** 집에 일찍 가는 게 어때요? 09 컴컴한 방에 앉아 있더라도 우리는 특별한 친구, 연인의 얼굴이나 즐거웠던 순간들 같은 과거의 소중한 모습들을 **기억해 낼** 수 있다. 10 우리가 서두르면 그녀를 역에서 **따라잡을** 수 있을 거야.

Themes | 의사소통

*** **remark** [rimáːrk]

동 (사실이나 의견을) **언급하다, 발언하다** 명 **발언**

01 The mayor **remarked** on the strong and sustained growth of the local economy.

** **remarkable** [rimáːrkəbəl]

형 **주목할 만한**

** **remarkably** [rimáːrkəbli]

부 **현저하게, 매우**

| 사실·의견을 말함 |

comment	명 논평, 언급 동 논평[언급]하다
statement	명 성명(서); 진술(서)
announcement	명 발표 (내용); 소식
declaration	명 선언, 공표; 신고서

고난도 **blurt** [bləːrt]

동 (잘 생각해보지도 않고) **불쑥 말하다**

02 He **blurted** out the question without thinking.

고난도 **allude** [əlúːd]

동 ((to)) **암시하다, 시사하다; 넌지시 말하다**

03 He **alluded** to some problems without being specific.

고난도 **allusion** [əlúːʒən]

명 **암시**

cf. refer 동 (직접적으로) 언급하다 (= mention)

---

* **avow** [əváu]

동 **공언하다, 맹세하다** (= vow, swear, pledge)

04 They **avowed** their eternal love for each other.

* **avowal** [əváuəl]

명 **공언, 맹세**

---

* **mumble** [mʌ́mbəl]

동 **중얼거리다** 명 **중얼거림** (= murmur, mutter)

05 The old man **mumbled** in his sleep.

cf. babble 동 횡설수설하다 명 횡설수설; (아기의) 옹알이

---

* **halting** [hɔ́ːltiŋ]

형 (말이) **자꾸 끊어지는; 멈칫거리는**

06 a **halting** conversation

01 그 시장은 지역 경제의 강하고 지속적인 성장을 **언급했다.** 02 그는 생각해보지도 않고 질문을 **불쑥 했다.** 03 그는 구체적으로 말하진 않았지만 몇몇 문제가 있음을 **암시했다.** 04 그들은 서로에게 영원한 사랑을 **맹세했다.** 05 그 노인은 자다가 **중얼거렸다.** 06 자꾸 **끊어지는** 대화

* **stammer** [stǽmər]

동 **말을 더듬다** (= stutter)

01 It is cruel to tease people who **stammer**.

---

* **reserved** [rizə́:rvd]

형 (감정·의견 등에 대해) **말을 잘 하지 않는, 내성적인**

02 Unlike her expressive father, she was quiet and **reserved**.

*** **maintain** [meintéin]

동 **유지하다; 지키다;** (남들은 믿지 않는 것을 사실이라고) **주장하다**

03 Proper nutrition is essential to **maintain** your health.

04 The men **maintained** that they were camping on the mountain when the crime was committed.

** **maintenance** [méintənəns]

명 **유지, 관리; 주장**

| 주장하다 |

assert	동 주장하다; 단언하다
claim	동 (~이 사실이라고) 주장하다; (자신의 권리라고 여겨) 요구하다
insist	동 (~해야 한다고) 고집하다, 우기다; (남들은 믿지 않는 것을 사실이라고) 주장하다
allege	동 (증거 없이) 주장하다

*** **argue** [á:rgju:]

동 **논(의)하다; 말다툼하다**

05 My sisters are always **arguing** about the little things.

*** **argument** [á:rgjumənt]

명 **논의; 논거; 말다툼**

** **argumentation** [à:rgjumentéiʃən]

명 **논증**

---

* **discourse** 동 [diskɔ́:rs] 명 [dískɔ:rs]

동 **이야기하다** 명 **담론,** (진지한) **토론; 담화**

06 He **discoursed** for hours to his audience on French literature.

고난도 **refute** [rifjú:t]

동 **반박하다** (= rebut); **부인하다** (= deny)

07 to **refute** a theory

** **convince** [kənvíns]

동 **납득시키다, 확신시키다; 설득하다** (= induce, persuade)

08 I **convinced** my brother that the story was true.

** **convincing** [kənvínsiŋ]

형 **설득력 있는**

01 말을 **더듬는** 사람을 놀리는 것은 잔인하다. 02 감정 표현이 풍부한 아버지와 달리 그녀는 조용하고 **내성적이다.** 03 적당한 영양 섭취는 건강을 **유지하는** 데 필수적이다. 04 그 남자들은 범죄가 발생했을 때 산에서 캠핑하고 있었다고 **주장했다.** 05 내 여동생들은 사소한 것들로 항상 **다툰다.** 06 그는 몇 시간 동안 프랑스 문학에 관해 청중과 **이야기를 나눴다.** 07 이론을 **반박하다** 08 나는 내 남동생에게 그 이야기가 사실이라는 것을 **납득시켰다.**

** **assure** [əʃúər]

동 장담하다; (~임을) 확인하다 (= make certain, ensure); 보장하다 (= guarantee)

01 I **assure** you of his honesty.

** **assurance** [əʃúərəns]

명 보증; 확신

고난도 **eloquent** [éləkwənt]

형 웅변을 잘하는; 설득력 있는

02 a very **eloquent** speaker

고난도 **eloquence** [éləkwəns]

명 웅변; 유창한 화술; 설득력

고난도 **eloquently** [éləkwəntli]

부 웅변[능변]으로

고난도 **coax** [kouks]

동 구슬리다, 달래다 (= cajole)

03 She **coaxed** him into talking about himself.

초고난도 **exhort** [igzɔ́ːrt]

동 권고하다, 간곡히 타이르다

04 Even toothpaste companies **exhort** you not to ingest toothpaste.

초고난도 **exhortation** [ègzɔːrtéiʃən]

명 간곡한 권고

cf. urge 동 강력히 권고하다; 설득하려 하다 명 (강한) 욕구, 충동 (= impulse)

고난도 **recount** 동 [riːkáunt] 명 [ríkaunt]

동 (특히 자신이 경험한 것을) 이야기하다; (투표용지를) 재검표하다

명 (투표 등의) 재검

05 They **recounted** what had happened during those years.

*** **demonstrate** [démənstrèit]

동 (실례·증거를 들어가며) 보여주다; (사용법 등을) 설명하다; 시위에 참여하다

06 The results of the experiment **demonstrate** the hypothesis convincingly.

*** **demonstration** [dèmənstréiʃən]

명 입증; (시범) 설명; 시위

cf. illustrate 동 (예를 들어) 설명하다; 삽화를 넣다

---

* **denote** [dinóut]

동 표시하다; 의미하다

07 Flashing red lights **denote** danger or an emergency.

고난도 **denotation** [dìːnoutéiʃən]

명 명시적 의미

cf. connotation 명 함축(된 의미)

01 저는 그가 정직하다고 **장담합니다**. 02 매우 **웅변을 잘하는** 연설가 03 그녀는 그를 **구슬려** 자기 이야기를 하게 했다. 04 심지어 치약 회사도 치약을 삼키지 말라고 **권고한다**. 05 그들은 그 세월 동안에 있었던 일에 대해 **이야기했다**. 06 그 실험 결과는 그 가설을 확실히 **입증한다**. 07 깜박이는 빨간빛은 위험 혹은 위급함을 **나타낸다**.

Exercises

A 다음의 우리말은 영어로, 영어는 우리말로 그 뜻을 쓰시오.

① 마무리 짓다
② 문맹의; 잘 모르는; 문맹자
③ 공언, 맹세
④ 무관함
⑤ 태곳적[아득한 옛적]부터의
⑥ (경험을) 이야기하다; (투표 등의) 재검
⑦ 주목할 만한
⑧ 분명히; 절대로
⑨ (잘 생각해보지도 않고) 불쑥 말하다
⑩ 보증; 확신
⑪ 유지, 관리; 주장
⑫ 비인간적인; 잔혹한
⑬ 권고하다, 간곡히 타이르다
⑭ 이야기하다; 담론, (진지한) 토론
⑮ infinite
⑯ argumentation
⑰ mumble
⑱ indivisible
⑲ allude
⑳ definitive
㉑ convincing
㉒ halting
㉓ denote
㉔ coax
㉕ demonstration
㉖ irresistible
㉗ refute
㉘ insatiable

B 다음 빈칸에 들어갈 가장 적절한 어휘를 고르시오.

1. He passed streets named White, Munson, and Kimball. The names ______________ up memories of friends who had lived there so many years ago.
① broke ② built ③ burned ④ called

2. The ______________ noise from a repair crew was a real distraction during the test.
① incessant ② irrational ③ eloquent ④ reserved

3. Companies look for novel ways to ______________ customers to open their wallets.
① fine ② illustrate ③ stammer ④ convince

4. The boy did not let his physical ______________ deprive him of his passion for football.
① immortality ② confinement ③ definition ④ infinity

5. When the simplest and cheapest measures become ______________, other more expensive options must be considered.
① impatient ② inapplicable ③ logical ④ relevant

C

다음 빈칸에 들어갈 말로 가장 적절한 것을 고르시오.

Science is making the future, and nations are busy making future scientists. The more science that emerges from this investment, the greater the need for us to follow the gist of the science with sufficient understanding. In other words, if we the ordinary people are to keep pace with science, we need more science writers, and more science writing that is clear, wise and eloquent, and that demands to be read. People often feel excluded from science, convinced that it takes an advanced degree to understand what scientists do. As a result, they defensively shrug off the whole business as an exclusive realm of little relevance to their lives. One of the surest cures for scientific ____________ is great scientific literature, writing that does not merely translate technical terms into plain English or explain complicated ideas simply. [모의]

① intolerance ② immorality ③ illiteracy ④ irregularity ⑤ instability

D

각 네모 안에서 문맥에 알맞은 어휘를 고르시오.

1. If a moving object becomes motionless babies ignore it, but if an [animate / inanimate] face becomes expressionless they get upset.

2. Public broadcasting is supposed to be strictly [partial / impartial] during an election campaign.

3. To remember a great leader, thousands of supporters recently offered prayers and burned incense in [memorial / mortal] events held across the nation to mark the first anniversary of his death.

E

다음 ① ~ ⑤ 중, 문맥상 밑줄 친 낱말의 쓰임이 적절하지 않은 것을 고르시오.

① Our attention was arrested by a sudden movement.

② The effect of climate on individual diseases is highly invariable and therefore probably not as predictable as once thought.

③ His opinion is largely irrelevant and distracts us from attending to the real questions.

④ Intangible assets, such as patents, copyrights, and trademarks, are assets that lack physical existence.

⑤ The king strived to become immortal through various means, but he could not escape death.

02강

Word Complete

Part

Prefixes	부정·반대(2) un-
Essential Roots/Stems	equa(l) / equi = equal
Words with Multiple Meanings	article / assume / bar / circulate
Phrasal Verbs	up이 포함된 구동사 2
Themes	언어·문학

Words & Phrases

앞으로 학습할 예문에 쓰인 필수 어휘 모음입니다. 예문에 해당 단어 밑에는 점선이 표시(interact)되어 있습니다.
아는 단어는 □□에 체크하고 모르는 단어는 뜻 확인을 반복하세요.

**	□□	auction [ɔ́:kʃən]	명 경매 동 경매로 팔다
*	□□	biased [báiəst]	형 편향된, 선입견이 있는
*	□□	checkpoint [tʃékpɔ̀int]	명 (특히 국경의) 검문소
**	□□	conservation [kɑ̀nsərvéiʃən]	명 보존; 보호
**	□□	contribute [kəntríbju:t]	동 기부하다; 기여하다; (~의) 한 원인이 되다; 기고하다
*	□□	corpse [kɔ:rps]	명 (사람의) 시체, 송장 *cf.* carcass 명 (동물의) 사체
*	□□	counterattack [káuntərətæ̀k]	명 역습, 반격 동 역습[반격]하다
**	□□	currency [kə́:rənsi]	명 통화, 화폐; 통용
*	□□	enormity [inɔ́:rməti]	명 엄청남; 심각함
*	□□	executive [igzékjətiv]	명 경영진, 중역 형 경영의
**	□□	footwear [fútwɛ̀ər]	명 신발(류)
**	□□	furious [fjúəriəs]	형 몹시 화가 난; 맹렬한
**	□□	geographical [dʒì:əgrǽfikəl]	형 지리학의; 지리적인
고난도	□□	ghostwrite [góustràit]	동 대필을 해주다, 대신 써주다
**	□□	grip [grip]	동 움켜쥐다; 사로잡다
*	□□	have yet to-v	아직 v하지 않았다
*	□□	hypertension [hàipərténʃən]	명 고혈압
**	□□	identification [aidèntifikéiʃən]	명 신원 확인; 신분증명서
**	□□	inconvenience [ìnkənví:njəns]	명 불편(한 사람) 동 불편하게 하다
**	□□	modesty [mádəsti]	명 겸손; 보통 정도임
*	□□	panic [pǽnik]	명 (갑작스러운) 극심한 공포; 공황 (상태) 동 공황 상태에 빠지다
*	□□	populate [pápjulèit]	동 살다, 거주하다 ※ population 명 인구, 주민; 모집단 ((통계 대상의 집단 전체))
**	□□	precaution [prikɔ́:ʃən]	명 예방 조치, 사전 대책
**	□□	profession [prəféʃən]	명 전문직 ((의사·변호사 등)); 공언 ((공개적으로 말함))
*	□□	racism [réisizəm]	명 민족 우월 의식; 인종 차별(주의)
*	□□	radical [rǽdikəl]	형 근본적인; 과격한, 급진적인 (= drastic)
**	□□	registered [rédʒistərd]	형 등록한; (우편물) 등기의; 정부 허가를 받은
**	□□	remote [rimóut]	형 외딴 (= secluded); 동떨어진; 원격의
*	□□	soothing [sú:ðiŋ]	형 달래는, 진정시키는
*	□□	stockholder [stákhòuldər]	명 ((미)) 주주 (= ((영)) shareholder)
**	□□	strain [strein]	명 부담, 압박(감) 동 혹사하다, 무리하게 사용하다
*	□□	synonym [sínənim]	명 동의어, 유의어
고난도	□□	xenophobia [zènəfóubiə]	명 외국인 혐오(증)
*	□□	Yours sincerely	~ 올림 ((격식을 차리는 편지를 맺는 말))

Prefixes | 부정·반대(2) un-

un- = not, opposite (~ 아닌, 반대)

unusual → un(not)+usual → 흔치 않은; 특이한

고난도 **undue** [ʌndjúː]

형 ((명사 앞)) **지나친, 과도한** (= excessive)

01 Don't put any **undue** strain on your body.

cf. due 형 ~하기로 예정된; (돈을) 지불해야 하는; 마땅한; ~ 때문에 필수 다의어 | 206쪽

고난도 **unhindered** [ʌnhíndərd]

형 **아무 방해를[제약을] 받지 않는**

02 Governments allowed ambulances to pass **unhindered** through checkpoints if they had registered drivers.

cf. hinder 동 방해하다, ~을 못하게 하다 (= hamper, impede)

** **unwilling** [ʌnwíliŋ]

형 **꺼리는; 마지못해 하는** (= reluctant)

03 **unwilling** contributions

** **unwillingly** [ʌnwíliŋli]

부 **마지못해** (= reluctantly)

** **undisturbed** [ʌndistə́rbd]

형 **방해받지 않은** (= uninterrupted); **누구도 손대지 않은** (= intact)

04 There are treasures in the deepest parts of the ocean that have been left **undisturbed** for centuries.

고난도 **undaunted** [ʌndɔ́ːntid]

형 (곤경 등에도) **의연한, 흔들림 없는**

05 **Undaunted** by the enormity of the task, they began rebuilding the village.

---

* **unchecked** [ʌntʃékt]

형 (악화되지 않도록) **억제하지 않고 놔둔; 점검받지 않은**

06 Racism and xenophobia must not go **unchecked**.

01 신체에 어떤 **무리한** 부담도 주지 마라. 02 정부는 허가를 받은 운전자가 있다면 구급차가 **아무 제약 없이** 검문소를 통과할 수 있도록 허용했다. 03 **마지못해** 낸 기부금[성금] 04 수 세기 동안 **아무도 손대지 않은** 채로 둔 보물이 바닷속 깊은 곳에 있다. 05 그들은 엄청난 작업에도 **흔들림 없이** 마을을 재건하기 시작했다. 06 인종 차별주의와 외국인 혐오증은 **억제하지 않고 놔두어서는** 안 된다.

* **unwind**-unwound-unwound [ʌnwáind]
동 (감긴 것을) **풀다** (= uncoil, uncurl); **긴장을 풀다** (= relax)
01 Mary **unwound** her scarf from her neck.
cf. wind [waind]-wound-wound 동 구불구불하다; (실 등을) 감다

---

* **untamed** [ʌntéimd]
형 **길들지 않은** (↔ tamed, domesticated 길든)
02 a wild and **untamed** beast

** **uneven** [ʌníːvən]
형 **평평하지 않은;** (무늬 등이) **고르지 않은** (↔ even 평평한; 균등한)
03 The floor was rough and **uneven**.

---

* **unnerve** [ʌnnə́ːrv]
동 **불안하게 만들다; 용기를 잃게 하다**
04 He was **unnerved** by the way she kept staring at him.
cf. nerve 명 신경; 용기 동 용기를 내어 ~하다

---

* **unrest** [ʌnrést]
명 (사회·정치적인) **불안, 불만**
05 During war time, **unrest** gripped the city.

고난도 **unleash** [ʌnlíːʃ]
동 **속박을 풀다;** (분노 등을) **폭발시키다**
06 He **unleashed** a furious counterattack on his critics.
cf. leash 명 (개 등을 매어 두는) 가죽끈; 속박 동 (개 등을) 줄로 매어 두다

---

* **unidentified** [ʌnaidéntəfàid]
형 **정체불명의, 신원 미상의**
07 Artworks by **unidentified** artists are auctioned on the Internet.
cf. identify 동 (신원 등을) 확인하다; 발견하다 필수 다의어 | 471쪽

---

* **uninhabited** [ʌninhǽbitid]
형 **사람이 살지 않는** (= unpopulated)
08 The region is **uninhabited**.

---

* **uninhibited** [ʌninhíbitid]
형 (행동 등에) **아무 제약을 받지 않는, 거리낌이 없는** (= unrestrained)
09 **uninhibited** dancing

01 메리는 목에서 목도리를 **풀었다.** 02 야생의 **길들지 않은** 짐승 03 바닥은 거칠고 **울퉁불퉁했다.** 04 그는 그녀가 자신을 계속 뚫어지게 응시해서 **불안했다.** 05 전쟁 동안 **불안**이 그 도시를 장악했다. 06 그는 자신을 비판하는 사람들에게 맹렬한 반격을 **퍼부었다.** 07 **신원 미상인** 화가들의 작품이 인터넷에서 경매로 팔린다. 08 그 지역에는 **사람이 살지 않는다.** 09 **자기가 추고 싶은 대로** 추는 춤

* **unintentional** [ʌ̀ninténʃənəl]

형 고의가 아닌, 무심코 한 (↔ intentional, deliberate, willful 의도적인)

01 I meant no harm, and it was quite **unintentional**.

* **unintentionally** [ʌ̀ninténʃənəli]

부 무심코

* **unattended** [ʌ̀nəténdid]

형 돌보는 사람이 없는 (= alone); 내버려 둔

02 Pets should not be left **unattended** in a parked car.

Essential Roots / Stems

equa(l) / equi = equal 같은, 동일한

*** **unequal** [ʌníːkwəl]

형 (크기·양 등이) 다른 (↔ equal 같은); 불공평한 (= unfair)

03 an **unequal** size

04 an **unequal** contest

** **equalize** [íːkwəlàiz]

동 동등하게 하다; 평형을 이루다

* **equalizer** [íːkwəlàizər]

명 평형[균형] 장치; (축구 등에서의) 동점 골

** **equality** [ikwɑ́ləti]

명 평등; 균등 (↔ inequality 불평등; 불균등)

05 social **equality**

06 **equality** of opportunity

* **equate** [ikwéit]

동 동일시하다

07 A drop in grade averages can be **equated** with a loss of concentration and slowed thinking.

* **equation** [ikwéiʒən]

명 동일시; ((수학)) 등식; 방정식

* **equator** [ikwéitər]

명 ((the ~)) (지구의) 적도

* **equity** [ékwəti]

명 공평, 공정 (= fairness) (↔ inequity 불공평, 불공정)

01 해를 끼치려고 한 게 아니고 전혀 **고의가 아니었다**. 02 반려동물이 주차된 차 안에 **방치되어서는** 안 된다. 03 **다른** 크기 04 **불공평한** 시합 05 사회적 **평등** 06 기회**균등** 07 평균 점수의 하락은 집중력 감소 및 사고력 둔화와 **동일시될** 수 있다.

* **equitable**
[ékwətəbəl]

형 **공평한, 공정한** (↔ inequitable 불공평한, 불공정한)

01 an **equitable** distribution of funds

---

* **equivalent**
[ikwívələnt]

형 (가치 등이) **동등한, 맞먹는** 명 (~에) **상당하는 것**

equi(equal)+val(value)+ent(형명)

02 A reduction of just 5% of global energy use would save us the **equivalent** of over ten million barrels of oil a day. [모의]

* **equivalence** [ikwívələns]

명 **동등함**

고난도 **equilibrate**
[ikwíləbrèit]

동 **평형을 유지하다**

equi(equal)+libra(balance)+ate(동)

03 We must **equilibrate** commercial development and conservation of our natural treasures.

고난도 **equilibrium**
[ìːkwəlíbriəm, èk-]

명 **평형, 균형 (상태);** (마음의) **평정** (= stability)

04 The supply of money and demand for money must be kept in **equilibrium**.

고난도 **equivocal**
[ikwívəkəl]

형 **두 가지 뜻으로 해석되는;** (말이) **모호한;** (태도가) **애매한, 불분명한**

equi(equal)+voc(call)+al(형)

05 She gave an **equivocal** answer, "Probably," to the question.

| '모호한, 막연한'을 뜻하는 단어들 |

ambiguous 형 여러 가지로 해석할 수 있는, 모호한 (↔ unambiguous 명백한)
an **ambiguous** reply **모호한** 답변

obscure 형 보기[듣기, 이해하기] 어려운, 모호한
The contract was written in **obscure** language.
그 계약서는 **이해하기 어려운** 말로 쓰여 있었다.

vague 형 (윤곽이 뚜렷하지 않아) 희미한; 모호한, 애매한
a **vague** outline **흐릿한** 윤곽

고난도 **equilateral**
[ìːkwəlǽtərəl]

형 **등변의** ((다각형에서 각 변의 길이가 같은))

equi(equal)+later(side)+al(형)

06 an **equilateral** triangle

고난도 **equinox**
[íːkwənɑ̀ks, ékwənɑ̀ks]

명 **춘분; 추분** ((밤과 낮의 길이가 거의 같은 날))

equi(equal)+nox(night)

01 자금의 **공평한** 분배 02 전 세계 에너지 사용을 단 5%만 줄여도 하루 천만 배럴 이상의 휘발유에 **상응하는** 에너지를 절약하게 될 것이다. 03 우리는 산업 발전과 천연자원 보존 간의 **평형을 유지해야** 한다. 04 통화의 공급과 수요는 **균형** 있게 유지되어야 한다. 05 그녀는 그 질문에 "아마도."라는 **모호한** 답을 했다. 06 **정**삼각형

Words with Multiple Meanings 필수 다의어의 이해

** **article**
[ɑ́ːrtikl]

이음매, 관절 → 관절로 갈라진 개개의 것
- 문서 등에서 개개의 것
  - 명 (신문·잡지의) **글, 기사**
  - 명 (합의서·계약서의) **조항**
- 명 (특히 세트로 된 물건의 개별) **물품, 물건**
- 개개의 명사를 나타내주는 것
  - 명 ((문법)) **관사**

01 She has contributed several stories and **articles** to major magazines.
02 **Article** 10 states that one third of the members must be women.
03 Footwear has a history which goes back thousands of years, and it has long been an **article** of necessity. [수능응용]

** **assume**
[əsúːm]

~으로 (태도를) 취하다
- (~이라고) 가정하는 태도를 보이며 → 동 (사실일 것으로) **추정하다**
- 권력을 쥐고 있는 태도를 취하며 → 동 (권력·책임을) **맡다**
- 동 (특질·양상을) **띠다, 취하다** → 겉으로 양상을 띠며 → 동 **~인 척하다, 가장하다**

04 Good listening requires you not to **assume** anything about a speaker's intention. [모의응용]
05 Patrick will **assume** the role of managing director at the North American branch.
06 Time with the family has started to **assume** considerable importance.
07 Tim **assumed** an air of indifference whenever his ex-girlfriend's name was mentioned.

- assumption 명 (증거도 없이) 사실이라고 생각함, 가정; (책임 등의) 인수; (권력 등의) 장악
- -sume = take

con**sume** 완전히 취하다 → 소비하다; 섭취하다
pre**sume** 미리 취하다 → 추정하다
re**sume** 다시 취하다 → 재개하다

01 그녀는 주요 잡지에 몇몇 기삿거리와 **기사**를 기고했다. 02 제10**조**는 구성원의 3분의 1이 여성이어야 함을 명시한다. 03 신발은 수천 년 전으로 거슬러 올라가는 역사를 가지고 있으며, 오랫동안 필수**품**이었다. 04 잘 들으려면 화자의 의도에 대해 어떠한 것도 **추측해서는** 안 된다. 05 패트릭은 북미 지점에서 상무이사 직책을 **맡게** 될 것이다. 06 가족과 함께 보내는 시간이 상당한 중요성을 **띠기** 시작했다. 07 팀은 예전 여자 친구의 이름이 언급될 때마다 무관심한 **척했다.**

** **bar**
[bɑːr]

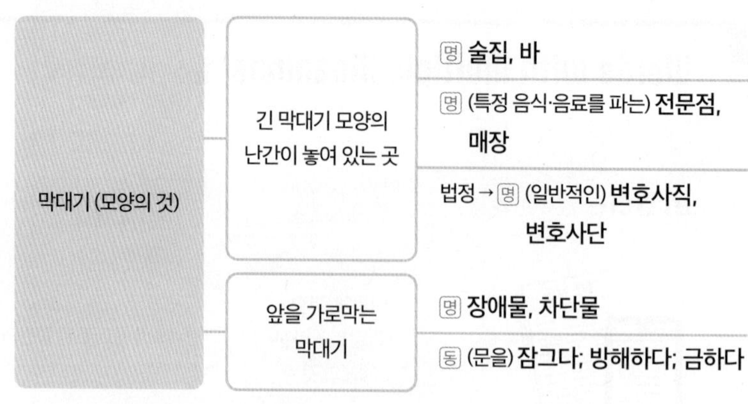

01 Last night we met at a **bar** called The Flamingo.
02 We're sorry for the inconvenience, but there is a small fire in the snack **bar**. Don't be shocked and don't panic. [수능응용]
03 He helped to found the **Bar** of the City of New York and played a key role in legal reform in the city and the state. [모의응용]
04 Being a woman should never be a **bar** to promotion in any profession.

cf. barring 전 ~을 제외하고, ~이 없다면
Barring accidents, I believe we will succeed. 사고만 **없다면** 우리가 성공할 것으로 생각한다.

** **circulate**
[sə́ːrkjəlèit]

원을 만들다, 빙빙 돌다	
	피·공기 등이 돌다 → 동 (피·공기 등이) **순환하다**
	정보·소문 등이 돌다 → 동 (정보·소문 등이) **퍼지다**
	신문 등이 돌다 → 동 (신문·책 등을) **배부하다**
	통화 등이 돌다 → 동 (통화를) **유통하다**

05 Swimming helps to get the blood **circulating** through the muscles.
06 Rumors began to **circulate** today that the famous couple had broken up.
07 The letter has been **circulated** to stockholders.
08 The US dollar is still the largest internationally **circulated** currency.

- circulation 명 (혈액) 순환; (물·공기 등의) 순환; (신문 등의) 판매 부수; 유통

01 어젯밤 우리는 '플라밍고'라는 이름의 **술집**에서 만났다. 02 불편하게 해드려 죄송하지만, 스낵**바**에 작은 화재가 발생했습니다. 놀라거나 당황하지 마세요. 03 그는 뉴욕시 **변호사협회** 창립을 도왔으며 그 도시와 주(州)의 법 개정에 중요한 역할을 했다. 04 여성이라는 점이 어떤 직업에서든 승진에 **장애**가 되어서는 안 된다. 05 수영은 혈액이 근육을 통해 **순환하도록** 돕는다. 06 그 유명한 커플이 헤어졌다는 소문이 오늘 **퍼지기** 시작했다. 07 그 편지는 주주들에게 **배부되었다.** 08 미국 달러는 여전히 국제적으로 가장 많이 **유통되는** 화폐이다.

Phrasal Verbs | up이 포함된 구동사 2

다음 구동사의 의미를 추론하여 오른쪽 빈칸에 쓰고 페이지 하단의 해석과 대조해 보시오.

** come up with

~을 가지고 올라오다

01 On the basis of your knowledge of the situation, you can evaluate the problem and **come up with** the best way to solve it. [수능]

➡ 최선책을 ________

** dress up

완전히 차려입다

02 By the time I was twenty-five, I had created my own Christmas tradition. I would **dress up** like Santa Claus, go to neighborhoods, and knock on any door. [수능응용]

➡ 산타클로스처럼 ________

03 Hi, Debbie. You look great today. Why are you so **dressed up**? [모의]

➡ 옷을 ________

*** dry up

완전히 마르다

04 Once the rivers disappear, and the lakes **dry up**, there will be no more water for cities.

➡ 호수가 ________

05 I began to recite the poem, but I suddenly lost my memory and could say only two lines before I **dried up**. [모의]

➡ 고작 두 줄만 말하고 ________

*** end up (with)

끝에 드러내다[드러나다]

06 Some college students begin planning at the beginning of their freshman year what classes they will be taking through graduate school and then where they will **end up** working. [모의]

➡ 자신들이 ________ 일하게 될 곳

07 When sampling a population, researchers may **end up with** an unrepresentative or biased sample unless the proper precautions are taken.

➡ 표본을 ________

** hang up

위에 걸다

08 I'll send you a text message as soon as I **hang up**. [모의]

➡ 전화를 ________

* 초기의 전화기는 공중전화처럼 수화기를 위의 고리에 걸어야 전화가 끊어지는 것에서 나온 표현.

01 그 상황에 대해 당신이 알고 있는 것을 근거로 문제를 평가하고 그 문제를 해결할 최선책을 **생각해 낼** 수 있다. 02 나는 25세 때 나만의 크리스마스 전통을 만들어냈다. 나는 산타클로스처럼 **변장하고** 이웃들을 찾아가 어느 문이든 두드리곤 했다. 03 데비야, 안녕. 오늘 멋져 보이는구나. 어째서 그렇게 **옷을 잘 차려입었니**? 04 일단 강이 사라지고, 호수가 **바싹 말라붙으면** 도시를 위한 물이 더는 존재하지 않을 것이다. 05 나는 시를 암송하기 시작했지만, 갑자기 기억이 나지 않아서 고작 두 줄만 말하고 **말문이 막혀버렸다**. 06 몇몇 대학생들은 대학원까지 어떤 수업을 들을지, 그러고 나서 **결국은** 어디서 일을 **하게 될지를** 대학 1학년 초반에 계획하기 시작한다. 07 모집단 표본을 정할 때 적절한 조치를 취하지 않으면 연구원들은 대표성이 없거나 편향된 표본을 **얻게 될** 것이다. 08 내가 **전화를 끊자마자** 너에게 문자를 보낼게.

Themes | 언어·문학

1. 언어

* **linguistic** [liŋgwístik] 형 언어(학)의
01 a child with poor **linguistic** skills

* **linguistics** [liŋgwístiks] 명 언어학 언어 학습·언어학 용어 | Appendix 522쪽

* **linguist** [líŋgwist] 명 언어학자; 외국어에 능통한 사람

** **derive** [diráiv] 동 ((from)) (~에서) 비롯되다; 유래하다 (= stem from)
02 The word "courage" is **derived** from the Latin word "cor", meaning "heart." [수능응용]

고난도 **lexicon** [léksikɑ̀n] 명 어휘 (목록); 사전
03 a **lexicon** of geographical terms

고난도 **lexical** [léksikəl] 형 어휘의

고난도 **semantic** [simǽntik] 형 ((언어)) 의미의; 의미론적인

** **fluent** [flúːənt] 형 유창한; 능란한
04 She is **fluent** in English, French, and German.

2. 발음 (Pronunciation)

*** **accent** 명[ǽksent] 동[æksént] 명 (출신 지역이나 계층을 나타내주는) 말씨; 강세; 강조 동 강조하다

* **accentuate** [ækséntʃuèit] 동 강조하다, 두드러지게 하다

고난도 **articulate** 동[ɑːrtíkjulèit] 형[ɑːrtíkjulət] 동 또렷이 말하다; (생각을) 분명히 표현하다 형 (말이) 또렷한
05 Ben **articulates** clearly for a two-year-old.

고난도 **articulation** [ɑːrtìkjuléiʃən] 명 (말로 하는) 표현; 발음

---

* **consonant** [kɑ́nsənənt] 명 자음
cf. vowel 명 모음

01 **언어** 능력이 떨어지는 아이 02 'courage(용기)'라는 단어는 '심장'을 뜻하는 라틴어의 'cor'에서 **유래된** 것이다. 03 지리학 용어 **사전** 04 그녀는 영어, 프랑스어, 독일어가 **유창하다**. 05 벤은 두 살짜리 아이치고는 **또렷하게 말한다**.

3. 표현

* **abbreviate** [əbríːvièit]
동 (어구 등을) **줄여 쓰다**
01 "Information technology" is usually **abbreviated** to "IT."

고난도 **abbreviation** [əbrìːviéiʃən]
명 (단어·구 등의) **축약(형), 약어**

---

* **analogy** [ənǽlədʒi]
명 **유사점; 비유; 유추**
02 to draw an **analogy** between the human heart and a pump

* **analogous** [ənǽləgəs]
형 **유사한**

| 표현법 |

irony	명 반어법; 아이러니(한 상황) *ironically 부 반어적으로; ((문장 수식)) 얄궂게도
paradox	명 역설; 모순 *paradoxically 부 역설적으로 (말하면)
allegory	명 풍유 ((비유를 통해 뜻을 암시)); 우화 (= fable, parable)
metaphor	명 은유, 비유 *metaphorical 형 은유[비유]적인
rhetoric	명 수사법; 미사여구 *rhetorical 형 수사적인; 미사여구식의
euphemism	명 완곡어법 ((정중한 표현법)) *e.g.* blind → visually impaired[challenged] 눈이 먼 → 시각 장애의
satire	명 풍자; 빈정거림; 풍자 문학 *satirical 형 풍자적인, 비꼬는
sarcastic	형 빈정대는; 풍자적인
figurative	형 비유적인

---

* **paraphrase** [pǽrəfrèiz]
동 (이해를 더 쉽게 하려고) **다른 말로 바꾸어 표현하다**
명 **다른 말로 바꾸어 표현한 것**
03 **Paraphrase** this article in 250 words or less.

*** **formal** [fɔ́ːrməl]
형 **형식상의; 격식을 차린; 공식적인** (↔ informal 격식을 차리지 않는; 비공식적인)
04 "Yours sincerely" is a **formal** way of ending a letter.

** **formality** [fɔːrmǽləti]
명 **형식상의 절차; 격식**

고난도 **excerpt** [éksəːrpt]
명 (글·음악 등의) **발췌[인용] (부분)** 동 **발췌하다, 인용하다**
05 an **excerpt** from the diary

---

* **proverbial** [prəvə́ːrbiəl]
형 **속담에 나오는; 유명한, 소문이 나 있는**
06 His modesty is **proverbial**.

01 '정보기술'은 보통 IT로 **줄여 쓴다.** 02 인간의 심장과 펌프 사이의 **유사점**을 밝히다 03 이 기사를 250단어 내외로 **바꿔 쓰시오.** 04 '~ 올림'은 편지를 끝맺는 **격식** 표현이다. 05 일기에서 **발췌한 부분** 06 그의 겸손함은 **유명하다.**

* **terminology** [tə̀:rmənɑ́lədʒi]
명 전문 용어
01 medical **terminology**
cf. jargon 명 ((대개 못마땅함)) (특정 집단의) 전문 용어, 은어

4. 문학 (Literature)

** **literary** [lítərèri]
형 **문학의;** (언어·문체가) **문학적인**
02 a respected **literary** critic
cf. literal 형 문자 그대로의; (번역 등이) 직역의

---

* **stylistic** [stailístik]
형 **문체의; 양식의**
03 **stylistic** differences among various writers

---

* **critique** [kritíːk]
명 **평론, 비평** (= criticism) 동 **평론[비평]하다** (= criticize)
04 She wrote a radical **critique** of the philosopher's early essays.
cf. commentary 명 해설(서), 논평; 실황 방송

** **verse** [və́:rs]
명 **운문, 시** (= poetry); (시의) **연;** (노래의) **절**
05 Most of the play is written in **verse**, but some of it is in prose.
cf. prose 명 산문

---

* **memoir** [mémwɑ:r]
명 ((*pl.*)) (유명인의) **회고록**
06 Her **memoirs** were ghostwritten.

고난도 **anecdote** [ǽnikdòut]
명 (주로 짧고 재미있는) **일화**

---

* **fictional** [fíkʃənəl]
형 **허구의** (= fictitious); **소설적인** fiction의 종류·동화 | Appendix 522쪽
cf. nonfiction 명 소설 외의 산문 문학 ((전기·기행문 등))

** **plot** [plɑt]
명 (극 등의) **구성; 음모** 동 **구성하다; 음모하다**

** **episode** [épisòud]
명 (소설 등에서 중요한) **사건;** (TV 등 연속 프로그램의) **1회 방송분**

01 의학**용어** 02 훌륭한 **문학** 비평가 03 여러 작가의 **문체의** 다양성 04 그녀는 그 철학자의 초기 에세이에 대해 과격한 **평론**을 썼다. 05 그 희곡의 대부분은 **운문**으로 쓰였으나 일부는 산문으로 쓰였다. 06 그녀의 **회고록**은 다른 사람이 대필했다.

A 다음의 우리말은 영어로, 영어는 우리말로 그 뜻을 쓰시오.

① 길들지 않은
② 운문, 시; (시의) 연; (노래의) 절
③ (사회·정치적인) 불안, 불만
④ 다른 말로 바꾸어 표현하다
⑤ 유창한; 능란한
⑥ 어휘 (목록); 사전
⑦ 언어학자; 외국어에 능통한 사람
⑧ (신문의) 글, 기사; 조항; 물품
⑨ (지구의) 적도
⑩ 유사점; 비유; 유추
⑪ 속담에 나오는; 유명한, 소문이 나 있는
⑫ 문학의; (언어·문체가) 문학적인
⑬ (어구 등을) 줄여 쓰다
⑭ 구성(하다); 음모(하다)
⑮ unhindered
⑯ stylistic
⑰ unnerve
⑱ excerpt
⑲ fictional
⑳ anecdote
㉑ unwillingly
㉒ equality
㉓ critique
㉔ derive
㉕ equation
㉖ terminology
㉗ formality
㉘ consonant

B 다음 빈칸에 들어갈 가장 적절한 어휘를 고르시오.

1. After each decision, the executive used to worry about it until the decision proved right. It was his constant worry and anxiety which made him ________ hypertension.
① come up with ② hang up ③ end up with ④ dry up

2. The soothing effect of the new painkiller is usually felt quickly, but the drug's strength is ________ to those of most others.
① unusual ② domesticated ③ obscure ④ equal

3. You can guess someone's hobby is traveling by looking at his or her travel photos or ________ that someone with a lot of CDs likes music. [모의]
① assume ② unleash ③ accentuate ④ equate

4. The managers handled the employees poorly and didn't treat them with respect. This stress caused the employees to make ________ errors, costing the company in the long run. [모의응용]
① uneven ② unpopulated ③ unfair ④ undue

C 다음을 읽고 문제에 답하시오.

Literal meaning has been considered less complex for second language learners. Figurative meaning, however, is rooted in the experience of native speakers, and is usually remote for learners. It is easy to find a lexical equivalent in many languages for the English word *hit* at the literal level, such as "hit my hand against the wall" or "hit the target." However, this is not the case with its figurative use: for instance, "hit the road," or "that really hit the spot."

Q. What does the underlined part, a lexical equivalent, mean?

① a word whose meaning has expanded beyond its original usage

② the literal translation of an English word in another language

③ an English synonym for an English word

④ a word that has a different meaning but the same sound

D 각 네모 안에서 문맥에 알맞은 어휘를 고르시오.

1. I am seeking an [equitable / equivocal] solution to this dispute, one which will be fair and acceptable to both sides.
2. To sleep well, you need to learn to [wind / unwind] after a busy day at work.
3. A deserted island, or [uninhabited / uninhibited] island, is an island that has yet to be populated by humans.

E 다음 ① ~ ⑤ 중, 문맥상 밑줄 친 낱말의 쓰임이 적절하지 않은 것을 고르시오.

① The firefighters were undaunted by the dangerous conditions they faced and bravely entered the burning building.

② What if the music isn't the style you enjoy? You will be greatly undisturbed by the music. In addition, there are safety issues. If you can't concentrate due to music, it can lead to serious injuries in some workplaces. [모의]

③ According to the report, most accidents occur when young children are left unattended at home.

④ Unintentional weight loss could be a sign of serious illness or disease, or it could be something as minor as a stomach virus.

⑤ The corpse was identified on the basis of dental records because other means of identification were no longer possible.

03강

Word Complete

Part

Prefixes	부정·반대(3) dis-[1], de-[1]
Essential Roots/Stems	clos(e) / clude = shut cred / creed = believe
Words with Multiple Meanings	credit / dissolve / charge / discharge
Phrasal Verbs	up이 포함된 구동사 3
Themes	인생·관계

Words & Phrases

앞으로 학습할 예문에 쓰인 필수 어휘 모음입니다. 예문에 해당 단어 밑에는 점선이 표시(interact)되어 있습니다.
아는 단어는 □□에 체크하고 모르는 단어는 뜻 확인을 반복하세요.

*	□□	ally [ǽlai]	명 동맹국 ※ the Allies (세계대전 때의) 연합국
**	□□	application [æ̀plikéiʃən]	명 지원(서); 적용, 응용; (페인트·크림 등을) 바르기
*	□□	backbone [bǽkbòun]	명 척추 (= spine); 근간
고난도	□□	capacitor [kəpǽsətər]	명 축전기 ((전기를 모으는 장치))
*	□□	conviction [kənvíkʃən]	명 유죄 선고; 확신 ※ convict 동 유죄를 선고하다
*	□□	correspondence [kɔ̀ːrəspɑ́ndəns]	명 유사함; 서신, 편지 (쓰기)
*	□□	crude [kruːd]	형 천연 그대로의, 미가공의; 조잡한 *cf.* crude oil 명 원유
*	□□	detergent [ditə́ːrdʒənt]	명 세제(洗劑)
*	□□	embrace [imbréis]	동 껴안다; (생각을) 받아들이다; 포괄하다
*	□□	ennoble [inóubl]	동 기품을 주다; 귀족에 봉하다
**	□□	issue [íʃuː]	명 문제; 발표; 발행 필수 다의어 | 346쪽
*	□□	lightning rod	명 피뢰침
고난도	□□	mission statement	명 (기업의) 강령
*	□□	monk [mʌŋk]	명 수도승, 수도자
*	□□	outweigh [àutwéi]	동 ~보다 더 크다[대단하다]
*	□□	over-the-counter	형 계산대에서의; (약을) 처방전 없이 살 수 있는
*	□□	parliament [pɑ́ːrləmənt]	명 의회, 국회; ((P-)) 영국 의회
고난도	□□	part with	(자기가 갖고 싶은 것을) 내주다
*	□□	patent [pǽtənt]	명 특허권 동 특허를 받다 형 특허의
*	□□	radiation [rèidiéiʃən]	명 (열·에너지 등의) 복사; 방사선
*	□□	recession [riséʃən]	명 불황 (= depression); 물러남
*	□□	scheme [skiːm]	명 (운영) 계획, 제도; 책략 동 책략을 꾸미다
*	□□	sewage [súːidʒ]	명 하수, 오물
*	□□	soar [sɔːr]	동 급등하다 (↔ plunge 급락하다); (하늘 높이) 날다
고난도	□□	solute [sɑ́ljuːt]	명 용질 ((용액에 녹아 있는 물질))
고난도	□□	solvent [sɑ́lvənt]	명 용매 ((물질을 녹여 용액을 만드는 액체))
*	□□	sprinter [spríntər]	명 단거리 경주 선수
**	□□	stain [stein]	명 얼룩; 오점
*	□□	subsidy [sʌ́bsədi]	명 보조금, 장려금
*	□□	summon [sʌ́mən]	동 (법원으로) 소환하다; 호출하다; (의회를) 소집하다
*	□□	testimony [téstəmòuni]	명 (법정에서의) 증언; 증거
*	□□	torture [tɔ́ːrtʃər]	명 고문 동 고문하다
**	□□	transaction [trænsǽkʃən]	명 처리; 거래, 매매
*	□□	widow [wídou]	명 미망인, 과부

Prefixes | 부정·반대(3) dis-[1] / de-[1]

dis-[1] / de-[1] = not, opposite (~ 아닌, 반대)

discontinue → dis(not)+continue → 중단하다

** **disapprove** [dìsəprúːv]
동 반대하다; 못마땅해하다
dis(not)+approve(찬성하다)
01 Why do you always **disapprove** of everything I do?

** **disapproval** [dìsəprúːvəl]
명 반대; 못마땅함

---

* **discontent** [dìskəntént]
명 불만 (= discontentment, dissatisfaction)
dis(not)+content(만족)

** **disregard** [dìsrigáːrd]
동 무시하다, 묵살하다 (= ignore) 명 무시, 묵살
dis(not)+re(강조)+gard(look, heed)
02 Safety regulations were totally **disregarded**.

---

* **disprove** [disprúːv]
동 틀렸음을 입증하다, 반박하다
dis(opposite)+prove(증명하다)
03 The theory has now been **disproved**.

* **disproof** [disprúːf]
명 반증, 논박

---

* **dissuade** [diswéid]
동 설득해서 ~하지 않도록 하다, 단념시키다 (↔ persuade 설득하다)
dis(opposite)+suade(urge)
04 The manager tried to **dissuade** her from quitting.

* **dissuasion** [diswéiʒən]
명 (설득하여) 단념시킴 (↔ persuasion 설득)

---

* **disgrace** [disgréis]
명 망신, 수치; 불명예
dis(opposite)+grace(우아함, 품위)

01 왜 당신은 내가 하는 모든 일에 언제나 **반대하는** 겁니까? 02 안전 수칙이 완전히 **무시되었다**. 03 그 이론은 이제 **틀렸음이 입증되었다**. 04 매니저는 그녀를 **설득해서** 그만두지 **않게 하려고** 노력했다.

* **disintegrate** [disíntəgrèit]

동 해체되다, 분해되다 (↔ integrate 통합되다); 붕괴시키다

dis(opposite)+integr(whole)+ate(동)

01 The plane **disintegrated** on impact and exploded.

* **disintegration** [disìntəgréiʃən]

명 분해; 붕괴

---

* **disqualify** [diskwάləfài]

동 (규칙 등을 위반하여) 자격을 박탈하다, 실격시키다

dis(opposite)+qualify(자격을 주다)

02 You could be **disqualified** from the exams for cheating.

---

* **dispassionate** [dispǽʃənət]

형 감정에 좌우되지 않는; 공정한 (= impartial)

dis(not)+passion(격렬한 감정)+ate(형)

03 a **dispassionate** analysis of the problem

---

* **decode** [diːkóud]

동 (암호를) 해독하다 (= decipher); (외국어를) 이해하다

de(opposite)+code(부호화하다)

04 The Allies were able to **decode** many enemy messages.

cf. encode 동 암호로 바꿔 쓰다, 부호화하다

** **demerit** [diːmérit]

명 단점, 결점 (= flaw, shortcomings, drawback); 벌점

de(opposite)+merit(장점)

05 the merits and **demerits** of the plan

---

* **deplete** [diplíːt]

동 고갈시키다, 격감시키다

de(opposite)+plete(fill)

06 Fossil fuels have been severely **depleted**.

* **depletion** [diplíːʃən]

명 (자원 등의) 고갈, 소모

고난도 **deranged** [diréindʒd]

형 (정신적으로) 정상이 아닌, 미친 (= insane)

de(opposite)+range(line)+ed(형)

07 He had suffered so much torture that he became **deranged**.

고난도 **detox** [díːtɑks]

명 해독; 약물[알코올] 중독 치료 (= detoxification)

de(opposite)+tox(poison)

08 He'd spent a month at a **detox** center fighting drug addiction.

01 비행기는 충돌에 **산산조각이 나서** 폭발했다. 02 부정행위로 인해 시험 **자격을 박탈당할** 수도 있다. 03 문제에 대한 **공정한** 분석 04 연합군은 적의 많은 (암호) 메시지를 **해독할** 수 있었다. 05 그 계획의 장**단점** 06 화석 연료가 심각하게 **고갈되었다**. 07 그는 너무 심한 고문을 받아서 **실성하고** 말았다. 08 그는 **약물 중독 치료** 센터에서 약물 중독을 이겨내며 한 달을 보냈다.

Essential Roots / Stems ❶

clos(e) / clude = shut 닫다

** **disclose** [disklóuz]

㊍ 드러내다; 폭로하다 (= reveal)
dis(opposite)+close(shut)

01 Steven was hesitant at first but soon **disclosed** his secret. [모의]

** **disclosure** [disklóuʒər]

㊌ 폭로

** **enclose** [inklóuz]

㊍ (울타리 등이) 둘러싸다; 동봉하다
en(in)+close(shut)

02 The swimming pool was **enclosed** by a high fence.

03 I **enclose** my completed application form.

*** **conclude** [kənklú:d]

㊍ 결론을 내리다; 끝나다
con(강조)+clude(shut)

*** **conclusion** [kənklú:ʒən]

㊌ 결론

*** **include** [inklú:d]

㊍ 포함하다
in(into)+clude(shut)

** **inclusion** [inklú:ʒən]

㊌ 포함; 함유물

** **inclusive** [inklú:siv]

㊎ 포함하는; 포괄적인

*** **exclude** [iksklú:d]

㊍ 제외하다; 배제하다 (= rule out, leave out)
ex(out)+clude(shut)

04 You can't **exclude** important details from your presentation.

** **exclusion** [iksklú:ʒən]

㊌ 제외; 배제; 추방

** **exclusive** [iksklú:siv]

㊎ 배타적인; 독점적인 ㊌ 독점 기사

고난도 **preclude** [priklú:d]

㊍ 못하게 하다, 불가능하게 하다
pre(before, ahead)+clude(shut)

05 The insufficiency of the evidence **precludes** a conviction.

---

* **seclude** [siklú:d]

㊍ (다른 사람들로부터) 은둔하다, 고립시키다 (= isolate)
se(apart)+clude(shut)

06 The monks **secluded** themselves from society.

01 스티븐은 처음에는 망설였지만 곧 그의 비밀을 **밝혔다**. 02 수영장은 높은 담에 **둘러싸여** 있었다. 03 작성 완료된 제 지원서를 **동봉합니다**. 04 발표에서 중요한 세부 사항을 **제외할** 수 없습니다. 05 증거 불충분으로 유죄 판결이 **불가능하다**. 06 그 수도승들은 사회로부터 자신을 **은둔시켰다**.

Essential Roots / Stems ❷

cred / creed = believe 믿다

*** **credit** [krédit] 동 믿다; 입금하다 명 신용 (거래); 입금; 칭찬, 인정 필수 다의어 | 065쪽

* **creditor** [kréditər] 명 채권자 (↔ debtor 채무자)

* **discredit** [diskrédit] 동 신임을 떨어뜨리다; 신용하지 않다 (= distrust)
명 불명예 (= disgrace, disrepute)

01 The lawyer tried to **discredit** the witness's testimony.

** **credible** [krédəbəl] 형 믿을 수 있는 (= reliable, plausible)

02 His statement is more **credible** than yours.

* **credibility** [krèdəbíləti] 명 신뢰성 (= reliability, plausibility)

** **incredible** [inkrédəbəl] 형 믿을 수 없는; 놀라운 (= unbelievable)

03 Soaring eagles have the **incredible** ability to see a mouse in grass from a mile away. [모의]

고난도 **credulous** [krédʒuləs] 형 잘 믿는, 잘 속는 (= gullible)

04 **Credulous** investors were persuaded to part with large sums of money.

고난도 **incredulous** [inkrédʒuləs] 형 잘 믿지 않는; 의심 많은 (= skeptical)

고난도 **credential** [kridénʃəl] 명 ((*pl.*)) 신임장; 신용증명서

---

* **accredit** [əkrédit] 동 (어떤 일을) ~가 한 것으로 믿다 (= attribute); 승인하다, 인가하다

ac(to)+cred(believe)+it(동)

05 The invention of the lightning rod is **accredited** to Benjamin Franklin.

06 an **accredited** school

---

* **creed** [kri:d] 명 교리; 신조, 신념

cf. dogma 명 교리; 독단적 주장

01 그 변호사는 목격자 증언의 **신빙성을 떨어뜨리려고** 했다. 02 그의 말이 너의 말보다 더 **믿을 만하다.** 03 높이 나는 독수리는 1마일 거리에서도 잔디밭의 쥐를 보는, **믿기 힘든** 능력을 갖고 있다. 04 **남의 말을 잘 믿는** 투자자들이 설득당해서 거액의 돈을 내놓았다. 05 피뢰침의 발명은 벤자민 프랭클린이 **한 것으로 여겨진다.** 06 **인가받은** 학교

Words with Multiple Meanings 필수 다의어의 이해

*** **credit**
[krédit]

믿다

명 신용 → 명 신용 거래 → 거래 후 돈을 넣어 놓으므로
→ 명 입금 동 입금하다

믿음에서 나오는 → 명 칭찬, 인정 → 인정한 공적을 표시하는
→ 명 크레디트 ((영화 제작에 참여한 사람들의 이름을 언급하는 것))

01 My father doesn't like buying things on **credit**.
02 After returning the product, my account was **credited** with $50.
03 We did all the work and Jamie gets all the **credit**.
04 As the film ended and the **credits** began to roll, I noticed that no one in the theater got up to leave.

- credit A with B / credit B to A A에게 B에 대한 공로를 인정하다

Eric **is credited with** inventing the system.
에릭은 그 시스템을 발명한 것에 대한 **공로를 인정받는다**.

** **dissolve**
[dizálv]

녹여 없애다

동 (고체가) 녹다; (고체를) 용해하다 → 동 분해하다
→ 동 ((away)) 분해[용해]되어 없어지다

동 (결혼생활 등을) 끝내다

동 (조직·의회 등을) 해체하다, 해산하다

05 When salt **dissolves** in water, the salt is the solute and the water is the solvent.
06 A soap made with used cooking oil is a good detergent that **dissolves** stains.
07 A six-year marriage was **dissolved** today in court.
08 The Soviet Union **dissolved** in 1991.

01 나의 아버지는 **신용 거래[카드]**로 물건을 구입하는 것을 좋아하지 않으신다. 02 그 제품을 반품한 후에 내 계좌에 50달러가 **입금되었다**. 03 우리가 모든 일을 했는데 **칭찬**은 제이미가 다 받는군. 04 영화가 끝나고 **크레디트**가 올라가기 시작했을 때, 나는 극장 안의 누구도 자리를 뜨려고 일어나지 않았다는 것을 알아차렸다. 05 소금이 물에 **녹으면**, 소금은 용질이고 물은 용매이다. 06 폐식용유로 만든 비누는 얼룩을 **분해하는** 데 좋은 세제이다. 07 6년간의 결혼생활이 오늘 법정에서 **끝났다**. 08 소련은 1991년에 **해체되었다**.

*** charge
[tʃɑːrdʒ]

무거운 짐을 지우다

- 금전상의 부담을 지우다
  - 동 (요금·값을) 청구하다 명 요금
  - 동 신용카드로 사다; (외상으로) 달아 놓다
- 일에 부담을 지우다
  - 동 책임을 맡기다 명 (사람·일에 대한) 책임, 담당
  - → 책임을 탓하며 → 동 기소하다 명 (검사의) 기소
- 전기를 지우다[채우다]
  - 동 충전하다

달려가다 → 누군가에게 달려가 공격하다 → 동 공격하다, 돌격하다

01 Considering movies and plays are not shown free of **charge**, museums should be allowed to **charge** an entrance fee, too. [모의응용]
02 He decided to **charge** it, since he didn't have any cash on him.
03 Peter was in **charge** of the store while the manager was away.
04 The man has been **charged** in connection with the fire.
05 My headset isn't working. It probably wasn't **charged** up enough.
06 When Maggie **charged** with an uppercut to the jaw, the champion dropped to the mat. [모의응용]

** discharge
동 [distʃάːrdʒ]
명 [dístʃɑːrdʒ]

무거운 짐을 제거하다

- 안에 있던 것을 배출하다
  - 동 (기체·액체를) 흘리다
  - → 동 (에너지를) 방출하다 명 방출
  - → 동 발사[발포]하다
  - 동 (전기를) 방전하다
- 구속을 제거하다
  - 동 석방하다; 퇴원시키다; 제대시키다; 해고하다
  - 명 제대; 해고
  - 동 부채를 갚다

07 Untreated sewage shouldn't be **discharged** into rivers.
08 Our capacitor can charge and **discharge** electricity at a high speed.
09 I was taken to the hospital but was **discharged** on the same day.
10 He was **discharged** from the army due to medical problems.
11 He died owing the bank £10,000, and his widow was unable to **discharge** the debt.

01 영화와 연극 관람이 무료로 이루어지지 않는다는 점을 고려하면 박물관도 입장료를 **부과하도록** 허용되어야 한다. 02 그는 현금이 하나도 없었기 때문에 **카드로 내기로** 했다. 03 피터는 지배인이 없는 동안 그 상점을 **책임**졌다. 04 그 남자는 화재 사건에 연루되어 **기소되었다**. 05 내 헤드셋이 작동하지 않고 있어. 아마도 충분히 **충전되지** 않았던 것 같아. 06 매기가 턱에 어퍼컷(올려치기)을 날리며 **공격하자**, 그 챔피언은 매트 위에 쓰러졌다. 07 처리되지 않은 하수를 강으로 **흘려보내서는** 안 된다. 08 저희의 축전기는 빠른 속도로 전기를 충전 및 **방전시킬** 수 있습니다. 09 나는 병원에 실려 갔지만 당일에 **퇴원하였다**. 10 그는 의학적 문제 때문에 군에서 **제대하였다**. 11 그는 은행에 1만 파운드의 빚을 지고 죽었고, 그의 미망인은 그 빚을 **갚을** 수 없었다.

Phrasal Verbs | up이 포함된 구동사 3

다음 구동사의 의미를 추론하여 오른쪽 빈칸에 쓰고 페이지 하단의 해석과 대조해 보시오.

** hold up

서 있게 하다; 위로 떠받치다

01 I was **held up** by the terrible traffic and arrived half an hour late for my appointment.

➡ 심한 교통 체증으로 ________

02 He was presented as the ideal human being—selfless and disciplined. So, he was **held up** as a model of morality for all people in Confucian society. [모의]

➡ 도덕성의 귀감으로 ________

** keep up

계속 위에 있게 하다

03 A collection of documents found in Egypt indicates that many rulers in the ancient Middle East **kept up** individual correspondences with the Egyptian kings. [모의]

➡ 서신왕래를 ________

** keep up with = keep pace with = keep abreast of

~에 계속해서 다가가다

04 I'm not suggesting that you have to watch the news constantly, but by reading, listening, and talking, we **keep up with** what's happening. [모의]

➡ 일어나고 있는 일들을 ________

** look up

봐서 드러나게 하다

05 There were so many new words to **look up** in the dictionary. [사관학교]

➡ 사전에서 ________

cf. look up to = respect

** make up

~을 만들어내다 / ~에 이르게 하다

06 According to psychologists, your physical appearance **makes up** 55% of a first impression. [수능]

➡ 55%를 ________

07 Observers not only missed some seemingly obvious things, but they also **made up** some of their observations. [사관학교]

➡ 관찰한 것을 ________

08 Why don't you two forget your differences and **make up**?

➡ 불화를 잊고 ________

01 나는 심한 교통 체증으로 **지연되어서** 약속에 30분 늦게 도착했다. 02 그는 이타적이고 규율 바른 이상적인 인간으로 그려졌다. 그래서 그는 유교 사회의 모든 이들에게 도덕성의 귀감으로 **떠받들어졌다.** 03 이집트에서 발견된 한 서류 뭉치는 고대 중동 지역의 많은 통치자들이 이집트 왕들과 개인적인 서신왕래를 **계속했다**는 것을 보여준다. 04 나는 뉴스를 끊임없이 시청해야 한다고 말하고 있는 것이 아니라, 독서, 청취, 그리고 대화를 통해 무슨 일이 일어나고 있는가에 대해 **알고 있어야 한다**고 말하는 것이다. 05 사전에서 **찾아볼** 새로운 단어가 너무 많았다. 06 심리학자들에 의하면 외모가 첫인상의 55%를 **차지한다**고 한다. 07 관찰자들은 겉보기에도 명백한 몇몇을 놓쳤을 뿐만 아니라, 자신들이 관찰한 것 중 일부를 **날조하기도** 했다. 08 너희 둘 불화를 잊고 **화해하는** 게 어때?

1. 시간·기간

고난도 **elapse** [ilǽps]

동 (시간이) **흐르다**

01 Thirty minutes **elapsed** before the performance began.

cf. lapse 명 (두 사건 사이의 시간적) 경과; 실수

고난도 **brevity** [brévəti]

명 (시간이) **짧음; 간결(성)**

** **temporary** [témpərèri]

형 **일시적인, 임시의** (= transitory, provisional) (↔ permanent 영구적인)

02 the issue of a **temporary** passport

---

* **sporadic** [spərǽdik]

형 **산발적인, 때때로 일어나는** (= intermittent, occasional)

03 **sporadic** rainfall

---

* **consecutive** [kənsékjətiv]

형 **연이은** (= successive)

04 The price of crude oil rose again for the fifth **consecutive** month.

** **eternal** [itə́ːrnəl]

형 **영원한** (= everlasting)

05 **eternal** life

** **eternity** [itə́ːrnəti]

명 **영원, 영구**

---

* **onset** [ánsèt]

명 (특히 불쾌한 일의) **시작;** (적군의) **공격** (= assault, attack)

06 the abrupt **onset** of vomiting

---

* **retard** [ritáːrd]

동 (발달·진전을) **지연시키다** (= delay, slow down)

07 The progression of the disease can be **retarded** by early surgery.

---

* **reminiscent** [rèmənísənt]

형 **연상시키는; 추억에 잠긴 듯한**

08 The songs are **reminiscent** of the 2010s.

01 30분이 **지나고** 공연이 시작되었다. 02 **임시** 여권 발급 03 **산발적** 강우 04 원유 가격이 5개월 **연속으로** 또 올랐다. 05 **영원한** 생명(영생) 06 갑작스런 구토의 **시작** 07 그 병의 진행은 조기 수술로 **지연시킬** 수 있다. 08 그 노래들은 2010년대를 **연상시킨다.**

2. 운명

*** **destiny** [déstəni] 명 운명 (= fate); 운명의 힘

* **destined** [déstind] 형 (운명으로) 예정된; ((for)) ~행의 (= bound for)

01 Everyone believed that he was **destined** to be a doctor.

cf. predestined 형 (신에 의해) 운명이 정해진 (= preordained)

---

* **doom** [du:m] 동 불행한 운명을 맞게 하다 명 파멸; (피할 수 없는) 비운

02 The business was **doomed** to failure due to the recession.

3. 성장·죽음

** **immature** [ìmətjúər] 형 다 자라지 못한; 치기 어린 (↔ mature 다 자란; 어른스러운)

cf. premature 형 (정상보다) 이른; 조산의; 시기상조의

** **longevity** [landʒévəti] 명 장수; 오래 지속됨

03 He said that consistent exercise is the key to **longevity**.

---

* **perish** [périʃ] 동 (갑자기) 죽다; 멸망하다

04 Tragically, four people **perished** in the flames.

* **perishable** [périʃəbəl] 형 (특히 식품이) 잘 상하는

| 죽음·장례 |

departed	형 (최근에) 죽은 (= deceased)
demise	명 서거, 사망 (= death, decease); 소멸, 종료
cemetery	명 묘지 *cf.* coffin 명 관
tribute	명 (죽은 이에게 바치는) 헌사, 조사; 조공, 공물

4. 관계·분리

** **relevant** [réləvənt] 형 관련된; 적절한 (↔ irrelevant 관련 없는; 부적절한)

05 Do you have any **relevant** experience in marketing?

** **relevance** [réləvəns] 명 관련(성) (= link); 적절

01 모두들 그가 의사가 될 **운명이라고** 믿었다. 02 그 사업은 불경기 때문에 실패의 **운명을 맞이했다**. 03 그는 꾸준한 운동이 **장수**의 비결이라고 말했다. 04 애석하게도, 불길에 네 명이 **사망했다**. 05 마케팅 **관련** 경력이 있습니까?

** **bond** [bɑnd]
명 유대; 결속; 채권 동 유대감을 형성하다; 접착시키다
01 the emotional **bond** between mother and child

** **socialize** [sóuʃəlàiz]
동 (사람들과) 사귀다, 어울리다; 사회화시키다
02 He stayed in his room instead of **socializing**.

** **socialization** [sòuʃəlizéiʃən]
명 사회화

* **sociality** [sòuʃiǽləti]
명 사교성

*** **intimate** 형[íntəmət] 동[íntəmèit]
형 친밀한; 개인적인 동 넌지시 알리다

*** **intimacy** [íntəməsi]
명 친밀함 가정·가족 | Appendix 523쪽

| 친교·사교 |

amicable	형 우호적인, 친화적인 *cf.* amiable 형 쾌활한, 상냥한
rapport	명 (친밀한) 관계
affinity	명 친밀감; 애호; 유사성
fellowship	명 연대감 (= kinship); 단체
communion	명 친교, 교감

*** **split**-split-split [split]
동 쪼개다; 분리하다; (의견 차이로) 분열되다 명 쪼개짐; 분열
03 The committee **split** over government subsidies.

---

* **alienate** [éiljənèit]
동 (사람을) 소원하게 하다 (= estrange)

* **alienated** [éiljənèitid]
형 소원한, 소외감을 느끼는 (= estranged)
04 Very talented children may feel **alienated** from others.

* **alienation** [èiljənéiʃən]
명 소외; 멀리함

** **isolate** [áisəlèit]
동 격리하다; 분리하다

** **isolated** [áisəlèitid]
형 외딴; 고립된

** **isolation** [àisəléiʃən]
명 고립, 격리
05 Many unemployed people experience feelings of **isolation** and depression.

** **peer** [piər]
명 또래, 동년배 동 유심히 보다
06 **peer** pressure

01 엄마와 아이 사이의 정서적 **유대** 02 그는 **사람들과 어울리는** 대신 자신의 방 안에 있었다. 03 그 위원회는 정부 보조금을 두고 **의견이 갈렸다.** 04 재능이 뛰어난 아이들은 다른 아이들로부터 **소외감을 느낄** 수도 있다. 05 많은 실업자들이 **고립**감과 우울증을 경험한다. 06 **또래 집단**으로부터 받는 압력

Exercises

03강

A 다음의 우리말은 영어로, 영어는 우리말로 그 뜻을 쓰시오.

① 반증, 논박
② 장수; 오래 지속됨
③ (시간이) 흐르다
④ 자격을 박탈하다, 실격시키다
⑤ 폭로
⑥ 유대; 결속; 채권
⑦ (불쾌한 일의) 시작, (적군의) 공격
⑧ 채권자
⑨ 결론을 내리다; 끝나다
⑩ 쪼개다; 분리하다; 분열(되다)
⑪ (암호를) 해독하다; (외국어를) 이해하다
⑫ (갑자기) 죽다; 멸망하다
⑬ 관련된; 적절한
⑭ 연상시키는; 추억에 잠긴 듯한
⑮ 친밀한; 개인적인; 넌지시 알리다
⑯ peer
⑰ sporadic
⑱ preclude
⑲ isolation
⑳ enclose
㉑ consecutive
㉒ destined
㉓ eternal
㉔ disapprove
㉕ sociality
㉖ immature
㉗ detox
㉘ disgrace
㉙ accredit
㉚ dispassionate

B 다음 빈칸에 들어갈 가장 적절한 어휘를 고르시오.

1. She ________ it up on the wine list and saw that her favorite wine was sold for an astonishing $350.
① looked ② held ③ kept ④ made

2. If online banking transactions are used, Moneyworth Bank will not ________ any additional fees, making it the preferred choice for online banking.
① exclude ② discontinue ③ retard ④ charge

3. While the dangers of radiation exposure were known quite early, many people ________ the warnings and got radiation sickness.
① socialized ② disclosed ③ depleted ④ disregarded

4. Since the Parliament was ________ within weeks of its summoning, it was known as the Short Parliament.
① dissolved ② secluded ③ included ④ alienated

C 다음을 읽고 문제에 답하시오.

Many companies have a simple creed that is the backbone of their business. For example, at Barnes & Noble, the world's largest bookseller, founder Len Riggio reminds his people that they are not in the business of selling laundry detergent, soda water, or blue jeans. They sell books, and books are filled with information, knowledge, and wisdom. Their work is not a mere over-the-counter transaction, he advises, but an ennobling enterprise. Barnes & Noble employees are constantly reminded that they do important work.

Q. What does the underlined part, a simple creed, mean?

① a doctrine that embraces traditional beliefs and philosophies

② a sense of where the company is going and how it will expand

③ a set of beliefs that defines the business model

④ a mission statement focused on competition

D 각 네모 안에서 문맥에 알맞은 어휘를 고르시오.

1. We were going to go Friday but were [dissuaded / persuaded] by a terrible storm.

2. Patents generally provide inventors with rights to 20 years of [inclusive / exclusive] sales.

3. The [merits / demerits] of the scheme outweigh the advantages.

4. Very few people are [credible / credulous] enough to believe such nonsense.

E 다음 ① ~ ⑤ 중, 문맥상 밑줄 친 낱말의 쓰임이 적절하지 않은 것을 고르시오.

① A central bank's move, like lowering the federal fund rates, usually takes about six months to fully disintegrate into the economy. [모의]

② The sprinter was disqualified from the world championships when he broke out of the starting blocks early.

③ Increased average life expectancy is credited to advances in public health. [모의응용]

④ It is essential to provide equal working conditions to workers in temporary employment as compared to workers in standard employment.

⑤ She became a respected scientist at a time when women were considered too intellectually limited for scientific study. She disproved the notion that women and the sciences were opposed to one another. [모의응용]

04강

Word Complete

Part

Prefixes	맞섬·반대(1) ant(i)-, ob-
Essential Roots/Stems	onym = name, word pos(e) / pon(e) = put, place
Words with Multiple Meanings	offend / bear / beat / deal
Phrasal Verbs	up이 포함된 구동사 4
Themes	교육

Words & Phrases

앞으로 학습할 예문에 쓰인 필수 어휘 모음입니다. 예문에 해당 단어 밑에는 점선이 표시(interact)되어 있습니다.
아는 단어는 □□에 체크하고 모르는 단어는 뜻 확인을 반복하세요.

***	□□	bow [bau] [bou]	동 (고개 등을) 숙이다 명 인사 명 활; 나비 모양 (매듭)
*	□□	capitalism [kǽpitəlìzəm]	명 자본주의
**	□□	competitor [kəmpétətər]	명 경쟁자; (시합) 참가자
**	□□	constitution [kɑ̀nstətjúːʃən]	명 구성; 체질; 헌법; 설립
*	□□	dab [dæb]	동 (여러 번 가볍게) 만지다; 살짝 바르다
**	□□	dedication [dèdikéiʃən]	명 헌신, 전념
*	□□	deduce [didjúːs]	동 추론하다, 연역하다
**	□□	devote [divóut]	동 (노력·시간 등을) (~에) 바치다, 쏟다
**	□□	diaper [dáiəpər]	명 기저귀
**	□□	donor [dóunər]	명 기부자, 기증자 (= contributor, donator)
**	□□	enthusiasm [inθúːziæ̀zəm]	명 열심, 의욕 *cf.* enthusiast 명 열광적인 팬[지지자]
**	□□	ethnic [éθnik]	형 민족의; 민족 전통적인
**	□□	function [fʌ́ŋkʃən]	명 기능; ((수학)) 함수 동 기능하다
고난도	□□	fungi [fʌ́ndʒai, fʌ́ŋgai]	명 ((fungus의 복수형)) 균류 ((곰팡이, 효모, 버섯류 등))
*	□□	gigantic [dʒaigǽntik]	형 거대한
*	□□	impractical [imprǽktikəl]	형 비현실적인; 비실용적인
고난도	□□	inopportune [inɑ̀pərtjúːn]	형 시기가 안 좋은
*	□□	landfill [lǽndfìl]	명 쓰레기 매립지
**	□□	lawmaker [lɔ́ːmèikər]	명 입법자, 국회의원
*	□□	mischievous [místʃivəs]	형 짓궂은; 해를 끼치는
고난도	□□	misdemeanor [mìsdimíːnər]	명 경범죄, 비행
고난도	□□	parallel park	(차를) 평행 주차하다 ((벽면 등에 수평으로 주차하다))
*	□□	petty [péti]	형 사소한, 하찮은
*	□□	pollen [pɑ́lən]	명 꽃가루
**	□□	quarrel [kwɔ́ːrəl]	동 다투다 명 다툼, 언쟁
*	□□	regime [reiʒíːm]	명 제도, 체제; 정권
**	□□	respondent [rispɑ́ndənt]	명 (조사의) 응답자
*	□□	rinse [rins]	동 (물로) 씻다, 헹구다
**	□□	scar [skɑːr]	명 흉터, 상처 동 흉터[상처]를 남기다
**	□□	set off	출발하다; 터뜨리다
**	□□	spell [spel]	동 (단어의) 철자를 말하다[쓰다] 필수 다의어 | 457쪽
*	□□	spoilage [spɔ́ilidʒ]	명 (음식·식품의) 부패, 손상
*	□□	vineyard [vínjərd]	명 포도밭
**	□□	wound [wuːnd]	명 상처, 부상 동 상처를 입히다

Prefixes | 맞섬·반대(1) ant(i)-, ob-

ant(i)-, ob- / op- = against, opposite (맞서, 반대편)

Antarctic → ant(opposite)+Arctic → ((the ~)) 남극 지역
obstacle → ob(against)+stacle(stand) → 장애(물)

고난도 **antioxidant** [æ̀ntiɑ́ksidənt]

명 **항산화제** ((산화 억제 물질)), **노화 방지제; 방부제** (= preservative)
anti(against)+oxide(acid)+ant(명)

01 **Antioxidants** are good for blood circulation. [모의응용]

고난도 **antidote(s)** [ǽntidòut(s)]

명 **해독제; 해결책**
anti(against)+dote(give)

02 There is no **antidote** to the poison.

고난도 **antigen** [ǽntidʒən]

명 **항원** ((항체를 형성하게 하는 세균, 독소 등))
anti(against)+gen(gene)

03 Any foreign invaders, such as viruses, chemicals, and pollens, can be **antigens**.

cf. antibody 명 항체 ((항원에 대한 면역성을 줌))

고난도 **antiseptic** [æ̀ntiséptik]

명 **소독제** (= disinfectant) 형 **소독[살균]이 되는**
anti(against)+septic(부패)

04 The doctor began to dab the wound with **antiseptic**.

고난도 **antagonism** [æntǽgənìzəm]

명 **적의, 적대감** (= hostility)
ant(against)+agon(struggle)+ism(명)

05 The region has a long history of ethnic **antagonisms**.

고난도 **antagonist** [æntǽgənist]

명 **적대자**

cf. protagonist 명 주인공; 지지자; 주동 인물

---

* **antibacterial** [æ̀ntibæktíəriəl]

형 **항균성의**
anti(against)+bacteria(세균)+al(형)

01 **항산화제**는 혈액 순환에 좋다. 02 그 독에는 **해독제**가 없다. 03 바이러스, 화학물질, 꽃가루와 같은 어떤 외부 침입자도 **항원**이 될 수 있다. 04 그 의사는 상처에 **소독제**를 살살 바르기 시작했다. 05 그 지역에는 오랜 역사를 지닌 민족 간의 **적대감**이 존재한다.

고난도 **obliterate** [əblítərèit]

동 (흔적을) **없애다, 지우다** (= wipe out, rub off, erase)

ob(against)+liter(letter)+ate(동)

01 The heavy snowfall **obliterated** the park from view.

---

* **obsolete** [àbsəlíːt]

형 **구식의** (= outdated, out of date) (↔ up to date 최신(식)의)

ob(against)+solete(to be used)

02 **obsolete** weapons

---

* **obstruct** [əbstrʌ́kt]

동 (진로 등을) **막다**; (진행을) **방해하다** (= hinder)

ob(against)+struct(build)

03 Gigantic rocks **obstructed** the road.

* **obstruction** [əbstrʌ́kʃən]

명 **방해**; (도로 등의) **차단**; **장애물**

Essential Roots / Stems ❶

onym = name, word 이름, 단어

* **antonym** [ǽntənìm]

명 **반의어**

ant(opposite)+onym(word)

---

* **synonym** [sínənìm]

명 **동의어, 유의어**

syn(together)+onym(word)

04 *Misdemeanor* is a **synonym** for petty crime.

* **synonymous** [sinɑ́nəməs]

형 **동의어의**; **아주 밀접한**

---

* **anonymous** [ənɑ́nəməs]

형 **익명의** (↔ onymous 익명이 아닌, 이름을 밝힌)

an(not, without)+onym(name)+ous(형)

05 an **anonymous** donor

* **anonymity** [æ̀nənímәti]

명 **익명(성)**

고난도 **acronym** [ǽkrənìm]

명 **두문자어** ((단어의 머리글자로 만든 말))

acro(tip, beginning)+onym(word)

06 ASAP is an **acronym** that means "as soon as possible."

01 폭설 때문에 그 공원이 시야에서 **없어졌다**. 02 **구식** 무기 03 거대한 바위들이 도로를 **막았다**. 04 '경범죄'는 '사소한 범죄'의 **동의어**이다. 05 **익명의** 기부자 06 ASAP는 '가능한 한 빨리'를 의미하는 **두문자어**이다.

고난도 **homonym** [hámənìm]

명 동음이의어; 동철이의어
homo(same)+onym(word)

01 The term **homonym** refers to words that sound the same but have different meanings, such as *which* and *witch*, and to words that are spelled the same but have different meanings, such as in "*bow* your head" and "tied in a *bow*."

초고난도 **pseudonym** [sú:dənìm]

명 (특히 작가의) **필명** (= pen name)
pseudo(false)+onym(name)

02 Charles Dodgson, better known by his **pseudonym** Lewis Carroll, wrote *Alice's Adventures in Wonderland*.

Essential Roots / Stems ❷

pos(e) / pon(e) = put, place 놓다, 두다

*** **oppose** [əpóuz]

동 (계획 등에) **반대하다**; (누구와) **겨루다**
op(against)+pose(put, place)

03 The result shows respondents **oppose** changing the law.

*** **opposite** [ápəzit]

형 **맞은편의** 명 **반대, 반대되는 사람[것]**

*** **opposition** [àpəzíʃən]

명 **반대, 항의; 대립; 야당**

** **opponent** [əpóunənt]

명 **반대자**; (대회 등의) **상대** (= adversary)
op(against)+pon(put)+ent(명)

04 The **opponents** of the regime were arrested last night.

** **compose** [kəmpóuz]

동 **구성하다** (= comprise); **작곡하다; 쓰다, 작문하다**
com(together)+pose(put)

05 This community chorus is **composed** of over 30 members ranging in age from 18 to 90. [모의]

** **composition** [kàmpəzíʃən]

명 **구성(요소들); 작곡; 작문**

* **composite** [kəmpázit]

형 **합성의** 명 **합성물**

06 **composite** photographs

01 '**동음[동철]이의어**'라는 용어는 'which(어느 것)'와 'witch(마녀)'처럼 발음은 같지만 의미가 다른 단어들과 '머리를 숙이다(bow)'와 '나비 모양(bow)으로 묶은'에서처럼 철자는 같지만 의미가 다른 단어들을 나타낸다. 02 루이스 캐럴이라는 **필명**으로 더 잘 알려진 찰스 도지슨은 '이상한 나라의 앨리스'를 썼다. 03 (조사) 결과는 응답자들이 법 개정을 **반대한다**는 것을 보여준다. 04 (현) 정권에 **반대하는 사람들**이 지난밤에 체포되었다. 05 이 지역 합창단은 연령이 18세에서 90세에 이르는, 30명이 넘는 단원으로 **구성되어 있다**. 06 **합성** 사진

** **component** [kəmpóunənt]

명 (구성)요소, 부품

com(together)+pon(put)+ent(명)

01 the **components** of a machine

---

* **decompose** [dìːkəmpóuz]

동 (화학작용에 의해) 분해되다; 부패하다 (= decay, rot)

de(not)+com(together)+pose(put)

02 Diapers don't completely **decompose** in landfills.

* **decomposition** [dìːkàmpəzíʃən]

명 분해; 부패

*** **expose** [ikspóuz]

동 (가려져 있는 것을) 드러내다; 노출시키다; 폭로하다

ex(out)+pose(put)

03 Miners who are **exposed** to uranium dust are more likely to get lung cancer.

*** **exposure** [ikspóuʒər]

명 노출; 폭로

04 A vineyard in a cool climate needs plenty of **exposure** to the sun. [수능응용]

---

* **exposition** [èkspəzíʃən]

명 (상세한) 설명; 전시회, 박람회 (= expo)

ex(out)+pos(put)+tion(명)

05 a clear **exposition** of principles

06 an **exposition** of 19th-century paintings

*** **propose** [prəpóuz]

동 제안하다; 청혼하다

pro(forth)+pose(put, place)

07 A lawmaker **proposed** changing the constitution.

*** **proposal** [prəpóuzəl]

명 제안; 청혼

* **proposition** [pràpəzíʃən]

명 (사업상) 제의; (처리할) 일; 명제 ((참과 거짓을 판단할 수 있는 내용))

08 The business **proposition** was rejected as impractical.

---

* **proponent** [prəpóunənt]

명 제의[제안]자; 지지자 (= advocate)

pro(forward)+pon(put)+ent(명)

09 a **proponent** of capitalism

01 기계 **부품** 02 기저귀는 쓰레기 매립지에서 완전히 **분해되지** 않는다. 03 우라늄 분진에 **노출된** 광부들은 폐암에 걸릴 가능성이 더 크다. 04 서늘한 기후 지역의 포도밭은 햇빛에 충분히 **노출**되어야 한다. 05 원칙에 관한 분명한 **설명** 06 19세기 회화 **전시회** 07 한 국회의원이 헌법 개정을 **제안했다.** 08 그 사업 **제의**는 비현실적인 것으로 반려되었다. 09 자본주의 **지지자**

Words with Multiple Meanings 필수 다의어의 이해

** offend
[əfénd]

치다, 상처 입히다
- 동 **기분 상하게 하다, 불쾌하게 하다** → 기분을 불쾌하게 하는 → 동 **범죄를 저지르다**
- 동 (도덕·상식 등에) **위배되다, 어긋나다**

01 She might be **offended** if she noticed that he was watching her. [모의응용]
02 More than half the prisoners released **offended** again within a year.
03 The journalist's article **offends** against common sense.

*** bear
-bore-born/borne
[bɛər]

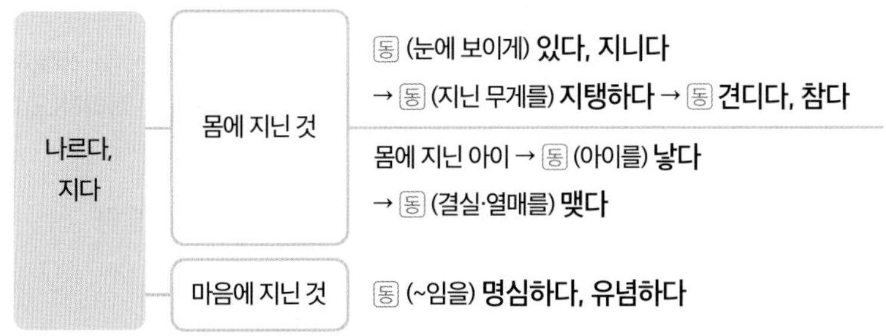

04 Jack was badly wounded in the war and still **bears** the scars.
05 The ice was too thin to **bear** his weight.
06 I just couldn't **bear** the thought of going home to an empty apartment. [모의응용]
07 She **bore** three sons in a row, and her fourth baby was a girl.
08 As the months went by, my efforts began to **bear** fruit. [모의응용]
09 **Bear** in mind that he's still pretty upset about what you said yesterday.

01 그가 그녀를 지켜보고 있었다는 걸 그녀가 알아챈다면 **불쾌해할**지도 모른다. 02 석방된 재소자의 절반 이상이 1년 내에 다시 **범죄를 저질렀다**. 03 그 언론인의 기사는 상식에 **어긋난다**. 04 잭은 전쟁에서 부상을 심하게 입어서 아직도 그 흉터가 **있다**. 05 얼음이 너무 얇아 그의 체중을 **지탱하지** 못했다. 06 나는 텅 빈 아파트로 귀가해야 한다는 생각을 도저히 **견딜** 수 없었다. 07 그녀는 연이어 아들 셋을 **낳았고** 넷째 아이는 여자아이였다. 08 여러 달이 지나면서 내 노력은 결실을 **맺기** 시작했다. 09 네가 어제 한 말에 대해 그가 아직도 상당히 화가 나 있다는 것을 **명심하렴**.

** **beat**

-beat-beaten
[bi:t]

동 (계속) 치다, 두드리다	상대를 쳐서 → 동 (게임·시합에서) 이기다 → 동 더 낫다, 능가하다
	동 (심장이) 뛰다, 고동치다 명 고동, 맥박
	동 (북이) 둥둥 울리다 명 (북 등의) 울림 → 명 (음악·시 등의) 운율, 박자, 비트

01 You will never **beat** your competitors if you do not know anything about them.

02 To pump blood, the heart **beats** an average of one hundred thousand times a day. [모의응용]

03 We heard the sound of drums **beating** outside.

04 African rhythms had a different **beat** from most other music. [모의응용]

*** **deal**

-dealt-dealt
[di:l]

나누다	나누면서 오가는 → 명 거래(서) 동 거래하다 → 거래를 처리하는 과정 → 동 (문제 등을) 처리하다, 다루다 명 취급, 처리
양(量)	명 많은 양, 상당량

05 We've cut a **deal** with France on wine imports.

06 The government must **deal** with the problem of rising gasoline prices.

07 Many people spend a great **deal** of energy making excuses for their own limitations. [모의응용]

01 경쟁자들에 대해 어떠한 것도 알지 못한다면 그들을 절대로 **이길** 수 없을 것이다. 02 혈액을 공급하기 위해 심장은 하루에 평균 10만 번 **뛴다.** 03 우리는 밖에서 북소리가 **울리는** 것을 들었다. 04 아프리카의 리듬은 대부분의 다른 음악과는 상이한 **박자**를 갖고 있다. 05 우리는 프랑스와 포도주 수입 **거래**를 성사시켰다. 06 정부는 휘발유 가격이 오르는 문제를 **처리해야** 한다. 07 많은 사람들이 자신의 한계를 변명하는 데 많은 **양**의 에너지를 소비한다.

Phrasal Verbs | up이 포함된 구동사 4

다음 구동사의 의미를 추론하여 오른쪽 빈칸에 쓰고 페이지 하단의 해석과 대조해 보시오.

*** make up for = compensate for
~을 완전하게 만들다

01 Jessica's enthusiasm more than **makes up for** her lack of experience. ➡ 경험 부족을 ________

02 No amount of money can **make up for** his death. ➡ 그의 죽음을 ________

*** pick up
집어 올리다

03 She **picked up** all the bags and threw them all over the table. [수능] ➡ 가방을 ________

04 Since I'll be busy at the sale, can you **pick** him **up** from school at three that day? [모의] ➡ 학교에서 아이를 ________

05 Claire **picked up** a few Korean phrases while staying in Gwangju. ➡ 한국말을 ________

06 Business started to **pick up**. We started to get orders every week. [모의] ➡ 사업이 ________

** pile up
쌓여서 증가하다

07 Newspapers and magazines were **piled up** on the floor. ➡ 신문과 잡지가 ________

---

* pull up
완전히 끌어당기다

08 Motorists **pull up** to gas stations to fill up their cars. [모의응용] ➡ 주유소에 차를 ________

cf. pull over 차를 길가에 대다

*** put up with = endure = bear = stand
* 관용적 의미

09 The people of this town have to **put up with** lots of air-traffic noise. ➡ 소음을 ________

01 제시카의 열의는 그녀의 경험 부족을 **보충하고도** 남는다. 02 아무리 많은 돈으로도 그의 죽음을 **보상할** 수 없다. 03 그녀는 모든 가방들을 **집어 들어** 테이블 여기저기에 던졌다. 04 내가 할인 판매로 바쁠 테니 당신이 그날 3시에 아이가 하교할 때 **차로 데리러 가줄래요**? 05 클레어는 광주에 머무는 동안 몇몇 한국말을 **들어서 익혔다**. 06 사업이 **좋아지기** 시작했다. 우린 매주 주문이 들어오기 시작했다. 07 신문과 잡지가 바닥에 **쌓여 있었다**. 08 운전자들은 차에 기름을 채우기 위해 주유소에 **차를 세운다**. 09 이 마을 사람들은 많은 항공 소음을 **참아야** 한다.

Themes | 교육

1. 교육

*** **instruct** [instrʌ́kt] 동 지시하다; 가르치다

*** **instruction** [instrʌ́kʃən] 명 교육; ((*pl.*)) 지시, 지도; 설명서

cf. discipline 동 훈육하다; 단련하다 명 규율, 훈육; 학문 (분야)

** **instructive** [instrʌ́ktiv] 형 교육적인; 유익한 (= informative)

01 His lectures are interesting as well as **instructive**.

* **instructional** [instrʌ́kʃənəl] 형 교육용의

*** **institute** [ínstət*j*ù:t] 명 (교육 관련) 기관, 협회 동 (제도 등을) 도입하다

02 to discuss the role of **institutes** of higher education

cf. institution 명 (대규모) 기관; 보호 시설

** **aptitude** [ǽptətjù:d] 명 적성, 소질

03 an **aptitude** test

*** **potential** [pəténʃəl] 명 잠재력; 가능성 형 잠재력이 있는

04 Students should be given the opportunity to maximize their **potential**.

** **potentiality** [pətènʃiǽləti] 명 잠재력

고난도 **latent** [léitənt] 형 잠재하는; 잠복하고 있는

05 **latent** talent

06 **latent** disease

** **faculty** [fǽkəlti] 명 (타고난) 능력; (대학의) 학부; 교수단

07 Full-time **faculty** members devote most of their time to scholarly research rather than teaching.

고난도 **prodigy** [prádədʒi] 명 영재 (= genius, wunderkind)

고난도 **prodigious** [prədídʒəs] 형 엄청난, 굉장한 (= enormous, huge, gigantic)

01 그의 강의는 **유익할** 뿐만 아니라 재미있다. 02 고등교육 **기관**의 역할을 논의하다 03 **적성** 시험 04 학생들은 자신의 **잠재력**을 극대화할 기회를 부여받아야 한다. 05 **잠재적** 재능 06 **잠복 중인** 질병 07 전임 **교수단** 구성원들은 자신의 시간 대부분을 가르치는 것보다 학술 연구에 쏟는다.

2. 학업·학습

*** **academic** [ӕkədémik]
형 학업의; 학구적인 명 교수 중고등 교과 과목명 | Appendix 523쪽
01 She received awards for her **academic** achievements.
cf. academy 명 (특수 분야의) 학교; 학술원

*** **interpret** [intə́ːrprit]
동 (의미를) 설명하다; 해석[이해]하다; 통역하다
02 The students were asked to **interpret** the graphs of the functions.

** **interpretation** [intə̀ːrprətéiʃən]
명 설명; 해석, 이해; 통역

** **grasp** [græsp]
동 꽉 잡다; 이해하다 명 움켜잡기; 이해, 파악
03 We're still trying to get a **grasp** on the issue.

---

* **persevere** [pə̀ːrsəvíər]
동 인내심을 갖고 계속하다

* **perseverance** [pə̀ːrsəvíərəns]
명 인내(심), 끈기 (= endurance)
04 Learning to play guitar requires a lot of practice, **perseverance** and dedication.

** **exert** [igzə́ːrt]
동 발휘하다; (영향력을) 행사하다; 노력하다 (= strive)
05 He had to **exert** himself fully to pass the exam.

* **exertion** [igzə́ːrʃən]
명 (영향력의) 행사; 노력 (= endeavor)

** **quest** [kwest]
명 탐구, 탐색 동 탐구하다 (= search)
06 the **quest** for truth

*** **specialize** [spéʃəlàiz]
동 전공하다; 전문적으로 다루다
07 Simmons **specialized** in contract law.

*** **specialized** [spéʃəlàizd]
형 전문적인

*** **specialization** [spèʃəlizéiʃən]
명 전문화; 전문 분야
cf. specialty 명 전문, 전공; 특성; 특산품

01 그녀는 자신의 **학업** 성취로 상을 받았다. 02 학생들은 함수 그래프를 **해석하도록** 요청받았다. 03 우리는 여전히 그 문제에 대해 **이해**하려고 노력하고 있다. 04 기타를 배우는 데는 많은 연습, **인내심**, 그리고 전념이 필요하다. 05 그는 그 시험에 합격하기 위해서 최선을 다해 **노력해야** 했다. 06 진리의 **탐구** 07 시먼스는 계약법을 **전공했다**.

고난도 **liberal arts** 명 **교양과목** ((대학에서 전공 외에 일반교양을 위해 이수하는 과목))

cf. major subject 명 전공과목 학문명, 학문 성격·이론 | Appendix 524쪽

cf. minor subject 명 부전공과목

3. 평가·성취

** **assess** [əsés] 동 **평가하다**; (자질 등을) **가늠하다**

01 to **assess** the students' skills

** **assessment** [əsésmənt] 명 **평가**

---

* **preliminary** [prilímənèri] 형 **예비의** 명 **예비 행위[단계]; 예선**

02 a **preliminary** examination

** **compliment** 명 [kámpləmənt] 동 [kámpləmènt] 명 **칭찬(의 말), 찬사** 동 **칭찬하다** (= commend, praise)

03 Her parents seldom **complimented** her.

* **complimentary** [kàmpləméntəri] 형 **칭찬하는; 무료의** (= courtesy)

---

* **certify** [sə́ːrtifài] 동 (특히 서면으로) **증명하다; 자격증을 교부하다**

** **certificate** [sərtífikət] 명 **증명서; 자격증, 면허증**

04 a degree **certificate**

cf. diploma 명 졸업장; 수료증

*** **qualify** [kwáləfài] 동 **자격을 주다[얻다]**

05 This certificate **qualifies** you to teach only in this state.

** **qualification** [kwàləfikéiʃən] 명 **자격(증); 조건**

** **qualified** [kwáləfàid] 형 **자격(증)이 있는**

---

* **thesis** [θíːsis] 명 ((*pl.* theses)) **학위 논문; 논지**

06 a master's **thesis** on the effects of global warming

---

* **yearbook** [jíərbùk] 명 **졸업 앨범; 연감** ((일 년에 한 번 출판하는 정기간행물))

01 학생들의 실력을 **평가하다** 02 **예비** 시험 03 그녀의 부모님은 그녀를 거의 **칭찬하지** 않았다. 04 학위 **증명서** 05 이 자격증은 당신이 이 주(州) 지역에 한해서 가르칠 수 있는 **자격을 부여한다**. 06 지구 온난화의 영향에 대한 석사 **논문**

Exercises

04강

A

다음의 우리말은 영어로, 영어는 우리말로 그 뜻을 쓰시오.

① 예비의; 예비 행위[단계]; 예선
② 평가하다; (자질 등을) 가늠하다
③ 교육용의
④ 항균성의
⑤ 동의어의; 아주 밀접한
⑥ 자격을 주다[얻다]
⑦ 교양과목
⑧ 학위 논문; 논지
⑨ (계획 등에) 반대하다; (누구와) 겨루다
⑩ 방해; (도로 등의) 차단, 장애물
⑪ 증명서; 자격증, 면허증
⑫ 구성(요소들); 작곡; 작문
⑬ 익명의
⑭ (타고난) 능력; (대학의) 학부; 교수단
⑮ 칭찬하는; 무료의
⑯ pseudonym
⑰ exert
⑱ prodigy
⑲ antagonism
⑳ obliterate
㉑ latent
㉒ composite
㉓ instructive
㉔ opposite
㉕ yearbook
㉖ specialization
㉗ potential
㉘ antigen
㉙ diploma
㉚ academic

B

다음 빈칸에 들어갈 가장 적절한 어휘를 고르시오.

1. I chose to park the car in a nearby parking lot and take the subway. The parking lot was also crowded and I had to parallel park the car. I signaled and ________ up about a meter away from the car I wanted to park behind.
① picked ② made ③ pulled ④ piled

2. The President's ________ regarding health care met a lot of opposition in Congress.
① proposal ② aptitude ③ institute ④ compliment

3. The skin is the essential barrier between our internal organs and the outside world. It is a remarkable protector, but ________ to many substances can still be harmful. We often advise people to avoid using anything nonessential. [모의]
① quest ② exposition ③ assessment ④ exposure

4. It has been argued that we should construct our general theories, deduce testable ________ and prove or disprove them against the sampled data. [모의]
① propositions ② exertion ③ institutions ④ perseverance

C

다음을 읽고 문제에 답하시오.

While on an overseas tour, we stopped at a museum. Afterward, despite not speaking the local language, we decided to set off alone for our hotel. We immediately got lost in the dark, quarreling with each other about which was the right direction. It soon became clear that we had no choice but to start asking people. Luckily, by then I had picked up a few phrases, so I could at least open a conversation.

Q. The underlined part picked up in the passage is closest in meaning to

① grasped ② found ③ lifted ④ chose

D

각 네모 안에서 문맥에 알맞은 어휘를 고르시오.

1. During a surgery, a stainless bowl is filled with [antidote / antiseptic] and both hands are dipped in the liquid up to the elbows and then rinsed.
2. Albert Einstein (1879-1955) was a German-born physicist, whose name has become a(n) [antonym / synonym] for "genius."
3. Bacteria and fungi help [compose / decompose] the organic matter while producing methane gas.
4. Please name the novel's hero and its mischievous [antagonist / protagonist] who always managed to pop up at the most inopportune moments.

E

다음 ①~⑤ 중, 문맥상 밑줄 친 낱말의 쓰임이 적절하지 않은 것을 고르시오.

① At the current rate of technological progress, the electronic devices you buy today will be obsolete within a year.

② Chelsea is listed as an "electric vehicle enthusiast." She is a(n) opponent of alternative fuel vehicles.

③ The North Atlantic Treaty Organization is known by the acronym "NATO."

④ The story of a drama is told by the characters. The author communicates his ideas to the audience through the actors. For this reason, the actor is the most important component in the drama. [모의응용]

⑤ Antioxidants are frequently added to foods to prevent spoilage, in particular the decomposition of oils and fats.

05강

Word Complete

Part

Prefixes	맞섬·반대(2) counter-
Essential Roots/Stems	fac(t) / fec(t) / fic(i) / feit = make, do
Words with Multiple Meanings	board / bill / break
Phrasal Verbs	up이 포함된 구동사 5
Themes	정치·외교

Words & Phrases

앞으로 학습할 예문에 쓰인 필수 어휘 모음입니다. 예문에 해당 단어 밑에는 점선이 표시(interact)되어 있습니다.
아는 단어는 □□에 체크하고 모르는 단어는 뜻 확인을 반복하세요.

*	□□	absentee [æbsəntíː]	명 결석자, 불참자
*	□□	aftermath [ǽftərmæ̀θ]	명 여파, 후유증
고난도	□□	allure [əlúər]	명 매력
**	□□	ban [bæn]	동 금지하다 (↔ permit 허용하다) 명 금지(법)
**	□□	candidate [kǽndidèit, kǽndidət]	명 입후보자, 출마자; (일자리의) 후보자 (= applicant)
*	□□	cathedral [kəθíːdrəl]	명 대성당
*	□□	compelling [kəmpéliŋ]	형 강력한; 눈을 뗄 수 없는
***	□□	conduct [kəndʌ́kt]	동 수행하다; 행동하다 필수 다의어 | 121쪽
***	□□	confirm [kənfə́ːrm]	동 확실히 하다; 사실임을 보여주다 (= prove)
**	□□	corporation [kɔ̀ːrpəréiʃən]	명 기업, 회사; 법인
**	□□	coverage [kʌ́vəridʒ]	명 적용 범위; 보도[방송] (범위); ((보험)) 보상 (범위)
*	□□	cover letter	명 자기소개서; 첨부서
*	□□	dawn [dɔːn]	명 새벽, 여명
*	□□	eliminate [ilíminèit]	동 없애다
*	□□	embark [imbáːrk]	동 (배·비행기에) 승선하다 (↔ disembark 내리다); ((on)) 시작하다
**	□□	humanity [hjuːmǽnəti]	명 인류; 인간성; ((the -ies)) 인문학
고난도	□□	interdisciplinary [ìntərdísəplinèri]	형 학제 간의 ((여러 학문 분야가 관련된))
*	□□	inventory [ínvəntɔ̀ːri]	명 물품 목록; 재고(품)
*	□□	knob [nɑb]	명 손잡이
초고난도	□□	nonproliferation [nɑnprəlìfəréiʃən]	명 (핵의) 확산 방지
*	□□	opposition party	명 ((정치)) 야당 ((정권을 잡고 있지 않은 당))
*	□□	presidency [prézidənsi]	명 대통령직[임기]; 회장직[임기]
*	□□	profoundly [prəfáundli]	부 (영향 등을) 깊이; 완전히
*	□□	recurrence [rikə́ːrəns]	명 재발; 반복
*	□□	referee [rèfəríː]	명 심판
**	□□	seize [siːz]	동 와락 붙잡다; 압수하다
**	□□	supplement 명 [sʌ́pləmənt] 동 [sʌ́pləmènt]	명 보충(물); 부록; 추가 요금 동 보충하다
*	□□	tariff [tǽrif]	명 관세
**	□□	troop [truːp]	명 무리; ((pl.)) 군대 동 무리 지어 걸어가다
고난도	□□	twine [twain]	명 노끈 동 휘감다
**	□□	unethical [ʌnéθikəl]	형 비윤리적인
*	□□	vendor [véndər]	명 (거리의) 행상인, 노점상
**	□□	warrant [wɔ́(ː)rənt]	명 근거; 보증서; (체포) 영장

Prefixes | 맞섬·반대(2) counter-

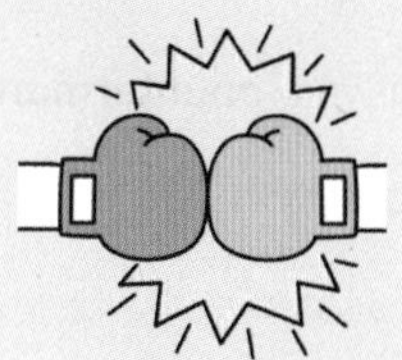

counter- = against, opposite (맞서, 반대편)

counterpart → counter(against)+part → 상대방, 대응물

* **counteract** [kàuntərǽkt]

동 ~에 반대로 작용하다, 대응하다; (효과 등을) 없애다

counter(against)+act(행동하다)

01 Yoga and stretching **counteract** the effects of stress and tension.

* **counteractive** [kàuntərǽktiv]

형 반작용의; 중화성의 명 중화제

* **counteraction** [kàuntərǽkʃən]

명 반작용; (약의) 중화 작용

---

* **counterattack** [káuntərətæ̀k]

명 (전쟁·게임·논쟁 등에서의) 역습, 반격 동 역습[반격]하다

counter(against)+attack(공격)

02 Russian troops embarked on a **counterattack** at dawn.

cf. counteroffensive 명 (특히 전쟁에서) 역공, 반격

cf. counterblow 명 역습, 반격

---

* **counterclockwise** [kàuntərklɑ́kwaiz]

형 시계 반대 방향의 부 시계 반대 방향으로

(↔ clockwise 시계 방향의; 시계 방향으로)

counter(against)+clock+wise(direction)

03 Turn the knob **counterclockwise** to decrease the volume.

---

* **counterproductive** [kàuntərprədʌ́ktiv]

형 역효과를 낳는; 비생산적인 (↔ productive 생산적인)

04 Increases in tariffs would be **counterproductive**.

cf. backfire 동 역효과를 낳다

01 요가와 스트레칭은 스트레스와 긴장감이 주는 영향을 **없애준다**. 02 러시아 군대는 새벽에 **역습**을 개시했다. 03 볼륨을 줄이려면 (음량) 손잡이를 **시계 반대 방향으로** 돌려라. 04 관세의 인상은 **역효과를 낳을** 것이다.

고난도 **countermand** [káuntərmæ̀nd]

동 (특히 다른 주문을 하여 앞의 주문을) **철회하다, 취소하다** (= revoke, cancel)

명 **철회[취소] 명령**

counter(against)+mand(command, order)

01 Orders to blow up the old building were **countermanded**.

---

* **countermeasure** [káuntərmèʒər]

명 **대응책; 보호 조치**

02 The minister called for **countermeasures** to prevent the recurrence of such terrible accidents.

cf. counterplan 명 대안 (= alternative)

---

* **counteroffer** [káuntərɔ̀(:)fər]

명 **대안;** ((상업)) **수정 제안** (= counterproposal) ((판매자의 제안에 대하여 구매자가 자신에게 더 유리하도록 조건을 고쳐서 전달하는 제안))

03 to recommend a suitable **counteroffer**

---

* **counterparty** [káuntərpɑ̀:rti]

명 (계약 등의) **한쪽 당사자**

04 The **counterparty** contracting with that bank might face considerable difficulty.

초고난도 **countervail** [kàuntərvéil]

동 (반대 작용으로) **무효로 만들다; 상쇄하다**

counter(against)+vail(value)

05 Her favorite flowers should **countervail** her anger.

Essential Roots / Stems

fac(t) / fec(t) / fic(i) / feit = make, do 만들다, 하다

* **counterfeit** [káuntərfìt]

형 **위조의, 모조의** (= fake) (↔ genuine, authentic 진짜의)

동 **위조하다, 모조하다** (= forge)

counter(against)+feit(make, do)

06 They were arrested for making **counterfeit** computer chips.

01 그 낡은 건물을 폭파하라는 명령이 **철회되었다.** 02 그 장관은 그런 끔찍한 사고의 재발을 막을 **보호 조치**를 요구했다. 03 적절한 **대안**을 추천하다 04 그 은행과 계약을 하는 **당사자**는 상당히 어려운 상황에 처할 수도 있다. 05 그녀가 가장 좋아하는 꽃이 그녀의 화를 **사라지게 해줄** 것이다. 06 그들은 **모조** 컴퓨터 칩을 만든 혐의로 체포되었다.

*** **factor** [fǽktər]

명 **요인, 인자** (= element); (측정) **지수**

fact(make, do)+or(명)

01 Motivation is a key **factor** in sports training and performance. [모의]

02 a sunscreen with a protection **factor** of 50

---

* **artifact** [á:rtəfæ̀kt]

명 (역사적·문화적으로 의의가 있는) **인공물, 공예품**

arti(art)+fact(make)

03 the study of **artifacts** from the past

*** **affect** [əfékt]

동 **영향을 주다**; (질병이) **발생하다**; **~인 척하다** (= pretend, assume)

ad(to)+fect(make, do)

04 Einstein's theory of relativity profoundly **affected** modern science.

05 The condition **affects** one in five women.

cf. effect 명 영향; 결과; 효과

* **affectation** [æ̀fektéiʃən]

명 **꾸밈; 가장**

06 She has no **affectation** at all.

cf. affection 명 애정, 애착

** **defect** 명 [dí:fekt] 동 [difékt]

명 **결함, 결점** (= imperfection, flaw) 동 (정당·국가 등을) **떠나다**

de(down, away)+fect(make, do)

07 Surveys revealed that the company had lost its reputation in the aftermath of media coverage of **defects** in its computers. [수능응용]

** **defective** [diféktiv]

형 **결함이 있는** (= faulty)

08 The car was found to have **defective** brakes.

** **deficient** [difíʃənt]

형 (필수적인 것이) **부족한, 결핍된; 결함이 있는**

de(down, away)+fici(make, do)+ent(형)

09 New research indicates that 75% of U.S. adults are **deficient** in vitamin D.

cf. devoid of ~이 전혀 없는

** **deficiency** [difíʃənsi]

명 **결핍(증); 결함**

01 동기부여는 스포츠 훈련과 경기력의 핵심 **요소**이다. 02 보호 **지수**가 50인 자외선 차단제 03 과거 **유물**에 대한 연구 04 아인슈타인의 상대성 이론은 현대 과학에 깊은 **영향을 주었다**. 05 이 질환은 여성 5명 중 1명에게서 **발생한다**. 06 그녀는 전혀 **꾸밈**이 없다. 07 조사 결과, 컴퓨터 제품의 **결함**에 관한 언론 보도 여파로 그 회사는 평판을 잃었음이 밝혀졌다. 08 그 자동차는 브레이크에 **결함이 있는** 것으로 밝혀졌다. 09 새로운 연구가 미국 성인의 75퍼센트는 비타민 D가 **부족하다**는 것을 나타낸다.

*** **effective** [iféktiv]

형 **효과적인** (= effectual) (↔ ineffective 비효과적인)

ex(out; thoroughly)+fect(make, do)+ive(형)

01 Boycotts are an **effective** way of protesting against unethical corporations.

*** **efficient** [ifíʃənt]

형 **효율적인** (↔ inefficient 비효율적인)

ex(out; thoroughly)+fici(make, do)+ent(형)

02 energy-**efficient** heating equipment

*** **efficiency** [ifíʃənsi]

명 **효율(성); 능률** (↔ inefficiency 비효율)

** **infect** [infékt]

동 **감염시키다; 오염시키다** (= contaminate)

in(into)+fect(make, do)

03 They confirmed that the animals were **infected** with a virus.

** **infection** [infékʃən]

명 **감염; 전염병** (= epidemic, plague)

* **infectious** [infékʃəs]

형 **전염성의** (= contagious, communicable)

---

* **magnificent** [mægnífəsənt]

형 **장엄한, 훌륭한** (= splendid)

magni(great)+fic(make, do)+ent(형)

04 York Minster is the **magnificent** cathedral in the heart of York, England.

* **magnificence** [mægnífəsns]

명 **훌륭함**

---

* **proficient** [prəfíʃənt]

형 **능숙한, 숙달된**

pro(forward)+fici(make, do)+ent(형)

05 a **proficient** interpreter

* **proficiency** [prəfíʃənsi]

명 **능숙, 숙달**

** **sufficient** [səfíʃənt]

형 **충분한** (= enough, ample) (↔ insufficient 불충분한)

sub(nearly, up to)+fici(make, do)+ent(형)

06 The evidence was not **sufficient** to approve the arrest warrant.

* **suffice** [səfáis]

동 **충분하다**

07 A one-page cover letter will **suffice**.

01 보이콧(구매 거부 운동)은 비윤리적 기업에 대한 저항으로 **효과적인** 방법이다. 02 에너지 **효율이 높은** 난방 장치 03 그들은 동물들이 바이러스에 **감염되었다**는 것을 확인하였다. 04 요크 민스터는 영국 요크 시(市)의 중심에 있는 **장엄한** 대성당이다. 05 **능숙한** 통역사 06 체포 영장을 발부하기에는 증거가 **충분하지** 않았다. 07 한 페이지짜리 자기소개서면 **충분할** 것입니다.

Words with Multiple Meanings 필수 다의어의 이해

*** board
[bɔːrd]

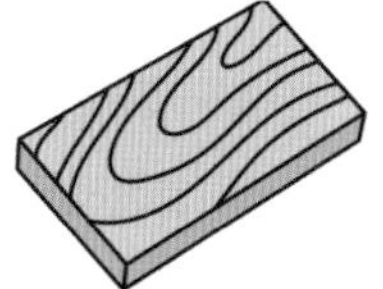

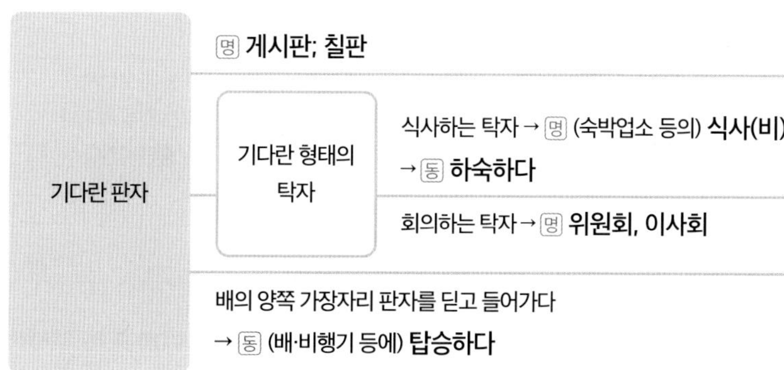

기다란 판자
명 게시판; 칠판
기다란 형태의 탁자
식사하는 탁자 → 명 (숙박업소 등의) 식사(비)
→ 동 하숙하다
회의하는 탁자 → 명 위원회, 이사회
배의 양쪽 가장자리 판자를 딛고 들어가다
→ 동 (배·비행기 등에) 탑승하다

01 This train station has an electronic **board** showing departure times.
02 In the nursing home he will have to pay for room and **board**.
03 When I was a college student, I **boarded** with a retired couple.
04 The **Board** of Education is considering breaking up a California high school basketball team. [모의응용]
05 Before Tom **boarded** his flight home, he put his bag on the conveyor belt. [모의응용]

*** bill
[bil]

도장을 찍은 문서
- 명 **계산서, 청구서** → 계산하는 데 필요한 → 명 **지폐**
- 명 (국회에 제출된) **법안** → 법안을 알리기 위한 → 명 **전단, 벽보**

명 (새의) **부리**

06 We've already paid the electricity **bill** for this month.
07 He put a handful of change and a dollar **bill** into the pocket of his jeans. [모의응용]
08 Lawmakers passed a **bill** that bans texting while driving.
09 The notice on the wall said "Post No **Bills**."
10 The toco toucan's colorful **bill** has made it one of the world's most popular birds. [모의응용]

01 이 기차역에는 출발 시각을 알려주는 전자 **게시판**이 있다. 02 양로원에서 그는 방세와 **식비**를 내야 할 것이다. 03 대학생이었을 때 나는 은퇴한 부부의 집에서 **하숙했다**. 04 교육**위원회**에서는 캘리포니아의 한 고등학교 농구팀 해체를 고려하고 있다. 05 톰은 집으로 가는 항공편에 **탑승하기** 전에 자신의 가방을 컨베이어 벨트에 올려놓았다. 06 저희는 이미 이번 달 전기료 **청구서** 요금을 냈어요. 07 그는 잔돈 한 줌과 1달러짜리 **지폐**를 자신의 청바지 호주머니에 넣었다. 08 국회의원들은 운전 중에 문자메시지 보내는 것을 금지하는 **법안**을 통과시켰다. 09 벽 위의 경고문에는 "**벽보**를 붙이지 마시오"라고 쓰여 있었다. 10 토코투칸의 화려한 **부리** 때문에 그 새는 세계에서 가장 인기 있는 새 중의 하나가 되었다.

*** **break**

-broke-broken

[breik]

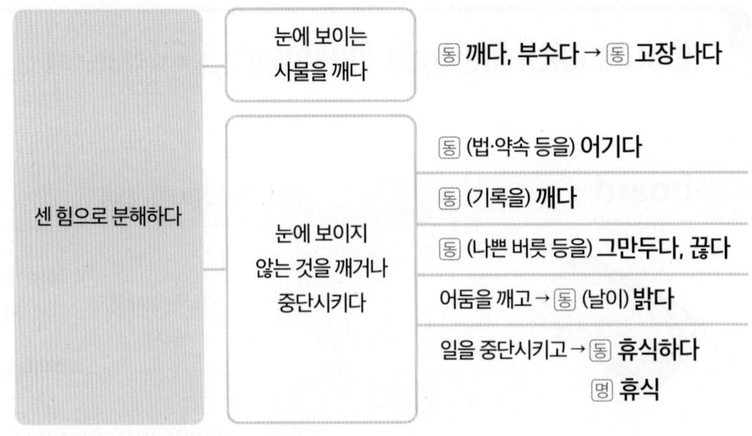

01 Is it possible to **break** a glass by singing or shouting? [수능응용]
02 Computers are not superhuman. They **break** down and make errors. [수능응용]
03 Referees give cards to the players who **break** rules. [모의응용]
04 She has finally **broken** the world record for the 100 meters.
05 Worrying about what others think of us is a tough habit to **break**. [모의응용]
06 Dawn was **breaking** by the time they arrived home.
07 We'll have a short **break**, then start again at two o'clock.

• break가 만드는 관용표현

break a habit	버릇을 고치다
break even	(사업 등이) 본전치기를 하다, 이익도 손해도 보지 않다
break free[loose]	떨치다; 도망치다, 탈주하다
break the ice	(특히 회의·파티 등을 시작할 때) 서먹서먹한[딱딱한] 분위기를 깨다
break the back of	(중요한 일의) 고비를 넘기다
break the news to	~에게 (나쁜) 소식을 전하다
breaking point	한계점
Break a leg!	행운을 빌어!

01 노래를 부르거나 고함을 질러서 유리잔을 **깨는** 것이 가능한가? 02 컴퓨터는 초인이 아니다. 그것들은 **고장이 나고** 오류가 나기도 한다. 03 심판은 (경기) 규칙을 **어긴** 선수들에게 (경고) 카드를 준다. 04 그녀는 마침내 100미터 세계 신기록을 **깼다**. 05 남들이 우리를 어떻게 생각할지에 대해 걱정하는 것은 **끊기** 힘든 습관이다. 06 그들이 집에 도착할 무렵에 날이 **밝고 있었다**. 07 우리는 잠깐 **휴식**을 취하고 나서 2시에 다시 시작할 겁니다.

Phrasal Verbs | up이 포함된 구동사 5

다음 구동사의 의미를 추론하여 오른쪽 빈칸에 쓰고 페이지 하단의 해석과 대조해 보시오.

05강

*** set up

위로 세우다

01 People can **set up** a tent in the middle of the wild flowers and trees. [모의]

➡ 텐트를 ________

02 A vendor in a city **set up** shop and sold doughnuts and coffee to passers-by. [모의]

➡ 가게를 세우다 → 장사를 ________

03 You can **set up** an inventory control system that works for you.

➡ 재고 관리 시스템을 ________

*** sign up

서명을 해서 (이름을) 드러내다

04 How about **signing up** for Program A with me? It's $120 a month. [모의]

➡ A 프로그램에 ________

*** stay up

(몸자세가) 높은 상태로 있다

05 Jack asked if he could **stay up** to finish the book since he had only ten more pages to go. [수능]

➡ 책을 다 읽기 위해 ________

* take up

완전히 취하다

06 The chairs are easily folded and **take up** little space. [모의응용]

➡ 작은 공간을 ________

07 Why are so many young people **taking up** knitting as a hobby? [모의]

➡ 뜨개질을 ________

08 I'd like to **take up** the point you raised earlier.

➡ 그 점을 ________

** turn up

돌려서 (힘·소리 등을) 증가시키다; 돌려서 나타나다

09 **Turn** the heat **up**—it's freezing!

➡ 온도를 ________

10 I looked for the key for weeks, and then it **turned up** in my pocket.

➡ 열쇠가 호주머니에서 ________

01 사람들은 야생화와 나무들이 있는 한복판에 텐트를 **세울** 수 있다. 02 어느 도시의 한 행상인이 장사를 **시작하여** 지나가는 사람들에게 도넛과 커피를 팔았다. 03 당신에게 맞는 재고 관리 시스템을 **만들** 수 있다. 04 나와 함께 A 프로그램에 **등록하는** 게 어때요? 한 달에 120달러예요. 05 잭은 10페이지만 더 읽으면 되므로 그 책을 다 읽기 위해 **깨어 있어도** 되는지를 물었다. 06 그 의자들은 쉽게 접히고 작은 공간을 **차지한다**. 07 왜 그렇게 많은 젊은이들이 뜨개질을 취미로 **시작하고** 있는가? 08 당신이 앞서 제기했던 그 점을 **계속 (이야기)해** 보고 싶어요. 09 온도를 **올려줘**. 얼어 죽겠어! 10 나는 그 열쇠를 몇 주 동안 찾았는데 그것이 내 호주머니에서 **발견되었다**.

Themes | 정치·외교

1. 정치(Politics)·통치

*** **policy** [pɑ́ləsi]

명 정책, 방침; 보험 증권

01 a **policy** maker

02 insurance **policies**

---

* **doctrine** [dɑ́ktrin]

명 정책; 교리

03 military **doctrine**

---

* **instill** [instíl]

동 (어떤 의식 등을) 서서히 주입시키다 (= infuse)

04 It is important to **instill** a civic duty in people to vote.

고난도 **intrigue** 명 [íntriːg] 동 [intríːg]

명 모의, 음모 (= plot); 흥미진진함

동 음모를 꾸미다; 강한 흥미를 불러일으키다

고난도 **asylum** [əsáiləm]

명 망명

05 political **asylum**

cf. exile 명 망명(자); 추방(된 사람)

cf. refugee 명 난민, 피난자

** **govern** [gʌ́vərn]

동 (국가·국민을) 통치하다; 지배하다

cf. reign 동 (국왕이) 다스리다; 지배하다 명 (왕의) 통치 기간

cf. regime 명 (특히 비민주적인) 정권; 체제

* **governance** [gʌ́vərnəns]

명 통치; 관리

---

* **municipal** [mjuːnísəpəl]

형 지방 자치제의; 시(市)의

06 Voting in the **municipal** elections was conducted in schools and town halls.

---

* **federal** [fédərəl]

형 연방제의; 연방 정부의

07 the **federal** government

01 **정책** 입안자 02 보험 **증권** 03 군사 **정책** 04 국민들에게 투표라는 시민의 의무를 **불어넣어** 주는 것이 중요하다. 05 정치적 **망명** 06 **지방 자치** 선거의 투표가 학교와 주민센터에서 시행되었다. 07 **연방** 정부

* **monarchy** [mánərki]

명 **군주제; 군주국** (↔ republic 공화국) 정치 체제·이념 | Appendix 524쪽

01 The UK is a parliamentary democracy and a constitutional **monarchy**.

| 군주제 |

empire	명 제국 *cf.* imperialism 명 제정(帝政); 제국주의
realm	명 왕국 (= kingdom); (활동 등의) 범위, 영역 (= scope, domain)
dynasty	명 왕가, 왕조
royal	형 국왕[여왕]의 *royalty 명 왕족; 저작권 사용료
throne	명 왕좌; 왕위 *cf.* coronation 명 대관식
majesty	명 장엄함; 폐하; 왕권 *majestic 형 장엄한
tyranny	명 독재(국가); 폭정 *tyrant 명 독재자; 폭군
aristocrat	명 귀족(인 사람) *aristocracy 명 귀족 (계층)

2. 의회·선거·정당 (Party)

* **parliament** [pɑ́ːrləmənt]

명 **의회, 국회**

* **parliamentary** [pɑ̀rləméntəri]

형 **의회의; 의회가 있는**

* **senate** [sénət]

명 (미국·캐나다 등의) **상원** ((하원과 더불어 국회를 구성하는 의원))

cf. the House of Representatives 명 (미국의) 하원

* **senator** [sénətər]

명 **상원 의원**

** **nominate** [nɑ́mənèit]

동 (후보자로) **지명하다, 추천하다; 임명하다** (= appoint)

02 She has been formally **nominated** for the presidency.

* **nominee** [nɑ̀məníː]

명 (직책·수상자 등에) **지명된 사람, 후보**

* **constituent** [kənstítʃuənt]

명 **유권자; 구성 성분** 형 **구성하는**

03 The candidate has the full support of her **constituents**.

* **ballot** [bǽlət]

명 **투표용지; 무기명 투표** 동 **무기명 투표를 하다**

04 an absentee **ballot**

** **poll** [poul]

명 **투표(수)** (= vote); **여론조사** 동 **득표하다; 여론조사를 하다**

05 The opposition party **polled** 60 percent of the vote.

01 영국은 의회 민주주의 국가이면서 입헌 **군주국**이다. 02 그녀는 공식적으로 대통령직 후보로 **지명되었다**. 03 그 후보는 **유권자들**의 전적인 지지를 받고 있다. 04 부재자 **투표** 05 야당은 총 투표수의 60퍼센트를 **득표하였다**.

고난도 **inaugural** [inɔ́:gjərəl]

형 **취임(식)의; 첫**

01 the President's **inaugural** address

고난도 **inauguration** [inɔ̀:gjəréiʃən]

명 **취임(식)**

고난도 **tenure** [ténjər]

명 **재임 기간; (주택) 임차 기간**

02 In Korea, the Presidential **tenure** is five years.

03 High rents and lack of security of **tenure** cause great anxiety.

---

* **faction** [fǽkʃən]

명 **당파, 파벌** (= clique)

04 struggles between the different **factions** within the party

---

* **propaganda** [prɑ̀pəgǽndə]

명 (허위·과장된 정치) **선전**

---

* **rally** [rǽli]

명 (정치적) **집회** 동 (지지를 위해) **결집하다**

05 a **rally** to cheer on the candidate

3. 외교 (Diplomacy)

** **diplomat** [dípləmæ̀t]

명 **외교관**

06 **Diplomats** from six nations gathered to discuss the North Korean nuclear crisis.

** **diplomatic** [dìpləmǽtik]

형 **외교의; 외교적 수완이 있는**

** **embassy** [émbəsi]

명 **대사관**

cf. ambassador 명 대사

---

* **delegate** 명 [déligət] 동 [déligèit]

명 **대표(자)** (= representative) 동 **대표로 보내다; (권한을) 위임하다**

07 Korean **delegates** are visiting several East Asian nations.

* **delegation** [dèligéiʃən]

명 **대표단; 위임**

---

* **treaty** [trí:ti]

명 (국가 간의) **조약, 협정** (= pact, convention)

08 the nuclear nonproliferation **treaty**

01 대통령의 **취임** 연설 02 한국에서 대통령의 **임기**는 5년이다. 03 높은 임대료와 **임차 기간**의 안정성 부족은 큰 불안감을 야기한다. 04 정당 내 다른 **파벌** 사이의 분쟁 05 그 후보자를 응원하기 위한 **집회** 06 6개국의 **외교관들**이 북핵 위기를 논의하려고 모였다. 07 한국 **대표들**이 몇몇 동아시아 국가를 방문 중이다. 08 핵 확산 방지 **조약**

Exercises

05강

A

다음의 우리말은 영어로, 영어는 우리말로 그 뜻을 쓰시오.

① (국가·국민을) 통치하다; 지배하다
② (허위·과장된 정치) 선전
③ 정책, 방침; 보험 증권
④ 상원 의원
⑤ (반대 작용으로) 무효로 만들다; 상쇄하다
⑥ 외교관
⑦ 군주제; 군주국
⑧ 시계 반대 방향의[으로]
⑨ (정치적) 집회; (지지를 위해) 결집하다
⑩ 반작용; (약의) 중화 작용
⑪ (계약 등의) 한쪽 당사자
⑫ 인공물; 공예품
⑬ 재임 기간; (주택) 임차 기간
⑭ 대사관
⑮ 대표(자); 대표로 보내다; (권한을) 위임하다
⑯ countermeasure
⑰ efficiency
⑱ faction
⑲ parliament
⑳ counterattack
㉑ inauguration
㉒ constituent
㉓ federal
㉔ municipal
㉕ magnificent
㉖ countermand
㉗ nominate
㉘ treaty
㉙ ballot
㉚ asylum

B

다음 빈칸에 들어갈 가장 적절한 어휘를 고르시오.

1. I didn't complete the course yet. So I'm going to ________ it up after the holidays and finish it.
① sign ② take ③ turn ④ stay

2. Mr. Spielberg is a(n) ________ manager who always gets the best out of his employees.
① defective ② counteractive ③ effective ④ inefficient

3. If you want to discuss your ________, you can contact a customer representative either by phone or by email.
① bill ② poll ③ factor ④ doctrine

4. Although the loss of a loved one ________ everyone, some people are influenced more severely than others.
① infects ② instills ③ affects ④ counteracts

C

다음을 읽고 문제에 답하시오.

> Why is vampire literature so popular? Two of the most powerful human emotions are fear and desire. They rule many of our actions when we're awake, and they inspire the most vivid dreams when we're asleep. The intrigue of the vampire through the ages has been the twining of these two emotions—we fear him, yet his darkness is the very thing that makes him so compelling, so incredibly desirable. We can never be sure if we're completely safe with him, yet we can't stay away. Vampires as heroes in romantic fiction speak to the most basic instincts we know. Who can resist that kind of allure?

Q. What does the underlined part, The intrigue of the vampire, mean?

① the scheme to hide vampires from the public
② the attractive qualities of the mythical vampire
③ the ways that vampires plot against humans
④ the continually changing image of vampires in fiction

D

각 네모 안에서 문맥에 알맞은 어휘를 고르시오.

1. Officials said nearly $1 million worth of [genuine / counterfeit] watches were seized at the border by police for violating intellectual property rights.

2. Vitamin A is supplemented orally and by injection in areas where the body is [efficient / deficient] in vitamin A.

3. The young man's [affection / affectation] of being a tough guy masked a very frightened boy.

E

다음 ① ~ ⑤ 중, 문맥상 밑줄 친 낱말의 쓰임이 적절하지 않은 것을 고르시오.

① One simple, clear example will suffice to demonstrate the point.
② The idea that bilinguals may not be equally proficient in both languages is certainly not a new proposal.
③ A popular and counterproductive trend that has led to many discoveries is to focus on interdisciplinary studies, such as the practical applications of math to the humanities and sciences.
④ Foot-and-Mouth Disease (FMD) is a highly infectious disease. No effective treatment exists; vaccines control epidemics but have not eliminated them.
⑤ Too little light may cause product defects to go unnoticed; therefore, the receiving area should be well lit. [모의]

06강

Word Complete

Part

Prefixes	맞섬·반대(3) contra-, contro-
Essential Roots/Stems	vert / vers(e) = turn
Words with Multiple Meanings	chance / case / tip
Phrasal Verbs	away가 포함된 구동사
Themes	군대·전쟁

Words & Phrases

앞으로 학습할 예문에 쓰인 필수 어휘 모음입니다. 예문에 해당 단어 밑에는 점선이 표시(interact)되어 있습니다.
아는 단어는 □□에 체크하고 모르는 단어는 뜻 확인을 반복하세요.

*	□□	acute [əkjúːt]	형 극심한; ((질병)) 급성의
***	□□	account [əkáunt]	명 (회계) 장부; 계좌; 설명 동 설명하다 필수 다의어 | 135쪽
**	□□	administration [ədmìnistréiʃən]	명 관리, 행정(부); 집행
*	□□	allegation [æligéiʃən]	명 (증거 없는) 주장; 혐의
*	□□	barren [bǽrən]	형 황폐한; 불임의 (↔ fertile 비옥한)
*	□□	Catholicism [kəθάlisìzm]	명 (로마) 가톨릭교, 천주교
***	□□	former [fɔ́ːrmər]	형 이전의; 옛날의; (둘 중에서) 전자의 명 ((the ~)) 전자 (↔ the latter 후자)
***	□□	further [fɔ́ːrðər]	동 발전[성공]시키다 부 더 멀리
*	□□	grin [grin]	명 (소리 없이) 활짝 웃음 동 활짝 웃다
고난도	□□	huddle [hʌ́dl]	동 (춥거나 무서워서) 모이다; 몸을 움츠리다
*	□□	inflict [inflíkt]	동 (괴로움 등을) 가하다 (= afflict, harass)
*	□□	lighthouse [láithàus]	명 등대
**	□□	manipulate [mənípjulèit]	동 조작하다, 조종하다
*	□□	nausea [nɔ́ːziə]	명 메스꺼움
**	□□	navy [néivi]	명 해군 *cf.* army 육군 / air force 공군 / the Marine Corps 해병대
**	□□	nomination [nὰmənéiʃən]	명 지명, 추천
*	□□	outnumber [àutnʌ́mbər]	동 ~보다 수가 더 많다
***	□□	perceive [pərsíːv]	동 지각하다, 인지하다 ※ perceive A as B A를 B로 여기다
고난도	□□	plaintiff [pléintif]	명 (민사 소송의) 원고, 고소인 ※ defendant 명 피고
**	□□	province [prάvins]	명 (수도가 아닌) 지방; (행정 단위인) 주(州), 도(道)
**	□□	rebel 명 [rébəl] 동 [ribél]	명 반역자 동 반란을 일으키다, 저항하다 (= revolt, resist) ※ rebellion 명 반역
*	□□	recession [riséʃən]	명 경기 후퇴, 불황 (= depression)
고난도	□□	remnant [rémnənt]	명 나머지; 자투리(천)
고난도	□□	smuggler [smʌ́glər]	명 밀수업자
*	□□	storage cell	명 축전지 (= storage battery)
*	□□	subtraction [səbtrǽkʃən]	명 뺄셈
*	□□	technically [téknikəli]	부 엄밀히 말하면; 기술적으로
*	□□	twig [twig]	명 잔가지 *cf.* bough 명 큰 가지
**	□□	warehouse [wɛ́ərhàus]	명 (판매하기 전에 보관해두는) 창고 (= storehouse)

Prefixes | 맞섬·반대(3) contra- / contro-

contra- / contro- = against, opposite (맞서, 반대편)

contrast → contra(against)+st(stand) → 대조하다, 대비하다

** **contradict** [kɑ̀ntrədíkt]

동 반박하다; 모순되다

contra(against)+dict(tell)

01 Her account of the accident **contradicts** the other driver's statement.

** **contradiction** [kɑ̀ntrədíkʃən] 명 반박; 모순

** **contradictory** [kɑ̀ntrədíktəri] 형 모순되는

고난도 **contraband** [kɑ́ntrəbæ̀nd]

명 밀수(품) 형 수출입 금지의

contra(against)+band(ban)

02 Smugglers bring **contraband** into Spain from Africa.

고난도 **contravene** [kɑ̀ntrəvíːn]

동 (법·규칙을) 위반하다 (= violate, infringe, transgress)

contra(against)+vene(come)

03 The images on the site **contravene** copyright law.

Essential Roots / Stems

vert / vers(e) = turn (다른 방향으로) 돌다, 돌리다

고난도 **controvert** [kɑ́ntrəvə̀ːrt]

동 반박하다, 반증하다 (= confute, refute)

contro(against)+vert(turn)

04 He couldn't **controvert** the plaintiff's allegation.

고난도 **controvertible** [kɑntrəvə́ːrtəbəl] 형 논쟁의 여지가 있는

01 그 사고에 대한 그녀의 설명은 다른 운전자의 진술과 **모순된다**. 02 밀수업자들은 아프리카에서 스페인으로 **밀수품**을 들여온다. 03 그 사이트에 쓰인 이미지들은 저작권법에 **위배된다**. 04 그는 원고의 주장을 **반박할** 수 없었다.

** **controversy** [kάntrəvə̀ːrsi]

명 **논란** (= dispute)

contro(against)+vers(turn)+y(명)

01 **Controversy** continues over the drug's safety.

** **controversial** [kὰntrəvə́ːrʃəl]

형 **논란이 많은** (= disputable) (↔ uncontroversial 논란의 여지가 없는)

** **versus** [və́ːrsəs]

전 (경기 등에서) **~대(對)**

02 It is Korea **versus** Brazil in the final.

*** **version** [və́ːrʒən]

명 (이전의 것·비슷한 종류의 다른 것들과 약간 다른) **-판[형태]; 설명, 견해**

---

* **versatile** [və́ːrsətl]

형 **다재다능한; 다용도의**

03 a **versatile** writer

고난도 **versatility** [və̀ːrsətíləti]

명 **다재다능; 다용도**

---

* **adverse** [ædvə́ːrs]

형 **거스르는; 반대하는; 불리한**

ad(to)+verse(turn)

04 Despite the **adverse** conditions, the volume of sales increased.

** **adversity** [ædvə́ːrsəti]

명 **역경**

05 He overcame many personal **adversities**.

cf. hardship 명 (특히 경제적) 어려움, 곤란

* **adversary** [ǽdvərsèri]

명 **적; 상대** (= opponent, antagonist)

06 His political **adversaries** tried to prevent him from winning the nomination.

---

* **invert** [invə́ːrt]

동 **거꾸로 하다, 뒤집다**

in(into)+vert(turn)

07 The number 9 looks like an **inverted** 6.

* **inverse** [invə́ːrs]

형 **반대의; 역의**

08 Addition and subtraction are **inverse** operations.

01 그 약의 안전성에 대한 **논란**이 계속되고 있다. 02 결승전은 한국 **대** 브라질이다. 03 **다재다능한** 작가 04 **불리한** 조건에도 불구하고, 판매량은 증가했다. 05 그는 많은 개인적 **역경**을 극복했다. 06 그의 정**적**은 그가 (공천에서) 지명되는 것을 막으려고 했다. 07 숫자 9는 **뒤집어진** 6처럼 보인다. 08 덧셈과 뺄셈은 **반대의** 연산이다.

* **convert**
[동][kənvə́ːrt] [명][kɑ́nvəːrt]

[동] (형태 등을) **전환하다, 개조하다** (= alter); **개종하다** [명] **전향자; 개종자**
con(together)+vert(turn)

01 Ever more land is **converted** from forest for agriculture. [모의응용]
02 At the age of 16, she **converted** to Catholicism.

* **conversion**
[kənvə́ːrʒən]

[명] **전환, 개조; 개종**

03 the **conversion** of the old warehouse into a new factory

고난도 **convertible**
[kənvə́ːrtəbəl]

[형] (다른 형태나 용도로) **전환 가능한**
[명] **컨버터블** ((지붕을 접었다 펼 수 있는 자동차))

** **converse**
[동][kənvə́ːrs] [형][명][kɑ́nvəːrs]

[동] **대화하다** [형] **정반대의** [명] **정반대**
con(together)+verse(turn)

04 They were **conversing** on musicals and opera.
05 the **converse** effect

*** **conversation**
[kɑ̀nvərséiʃən]

[명] **대화**

* **conversely**
[kənvə́ːrsli]

[부] **반대로** (= on the contrary)

06 Some wrong answers were marked right and, **conversely**, some right answers had been rejected.

고난도 **inadvertent**
[ìnədvə́ːrtənt]

[형] **의도하지 않은** (= unintentional); **부주의한** (= inattentive)
in(not)+ad(to)+vert(turn)+ent([형])

07 an **inadvertent** error

고난도 **inadvertently**
[ìnədvə́ːrtəntli]

[부] **무심코; 부주의로** (↔ advertently 주의 깊게)

08 I'm afraid I **inadvertently** took your bag when I left.

고난도 **inadvertence**
[ìnədvə́ːrtəns]

[명] **부주의, 소홀**

---

* **introvert**
[íntrəvə̀ːrt]

[명] **내성[내향]적인 사람** (↔ extrovert 외향적인 사람)
intro(inward)+vert(turn)

* **introverted**
[íntrəvə̀ːrtid]

[형] **내성[내향]적인** (↔ extroverted, outgoing 외향적인)

09 My classmates perceived me as shy and **introverted**.

01 어느 때보다 더 많은 땅이 산림에서 농업용으로 **전환된다.** 02 그녀는 열여섯 살에 천주교로 **개종했다.** 03 낡은 창고를 새 공장으로 **개조하는 일** 04 그들은 뮤지컬과 오페라에 관해 **이야기했다.** 05 **역효과** 06 몇몇 오답들은 정답 처리가 되고, **반대로** 몇몇 정답들은 받아들여지지 않았다. 07 **의도하지 않은** 실수 08 제가 자리를 뜨면서 **무심코** 당신의 가방을 가져간 것 같아요. 09 반 친구들은 내가 수줍음을 타고 **내성적**이라고 여겼다.

* **revert** [rivə́ːrt]

동 ((to)) (~로) **되돌아가다**

re(back)+vert(turn)

01 Leningrad, a large Russian city, **reverted** to its former name, St. Petersburg.

** **reverse** [rivə́ːrs]

동 **뒤바꾸다** 형 **반대의; 뒤의** 명 **반대; 뒷면**

re(back)+verse(turn)

02 The current administration has failed to **reverse** the economic recession.

03 Arrange the numbers in **reverse** order.

* **reversible** [rivə́ːrsəbəl]

형 **뒤집어 입을 수 있는; 되돌릴 수 있는** (↔ irreversible 되돌릴 수 없는)

고난도 **subvert** [səbvə́ːrt]

동 (체제를) **전복시키다, 파괴하다**

sub(under)+vert(turn)

04 Rebels attempted to **subvert** the government.

고난도 **pervert** [pərvə́ːrt]

동 **왜곡하다;** (사람을) **비뚤어지게 하다**

per(completely)+vert(turn)

05 He **perverted** the truth to help further his career.

고난도 **perverse** [pərvə́ːrs]

형 (사고방식 등이) **비뚤어진**

고난도 **perversity** [pərvə́ːrsəti]

명 **심술궂음, 괴팍함**

---

* **traverse** 동[trəvə́ːrs] 명[trǽvəːrs]

동 **가로지르다, 횡단하다** 명 **횡단**

trans(across)+verse(turn)

06 The railroad **traverses** the province from north to south.

---

* **vice versa** [vàis və́ːrsə]

부 **거꾸로[반대로]도 또한 같음**

vice(change)+versa(turn)

07 Maybe you are right and I am wrong, or **vice versa**.

고난도 **vertigo** [və́ːrtigòu]

명 **현기증** (= dizziness)

08 acute **vertigo** with nausea

01 러시아의 대도시인 레닌그라드는 예전의 이름인 상트페테르부르크로 **되돌아갔다.** 02 현 정부는 경기 침체를 **반전시키는** 데 실패했다. 03 숫자들을 **역순**으로 배열하시오. 04 반역자들이 정부를 **전복시키려고** 했다. 05 그는 자신의 경력을 발전시키는 데 도움이 되고자 사실을 **왜곡했다.** 06 철로가 그 지방을 북에서 남으로 **가로지른다.** 07 어쩌면 네가 옳고 내가 틀리겠지. 아니면 **그 반대일 수도 있고.** 08 메스꺼움을 동반한 급성 **현기증**

Words with Multiple Meanings 필수 다의어의 이해

*** **chance**
[tʃæns]

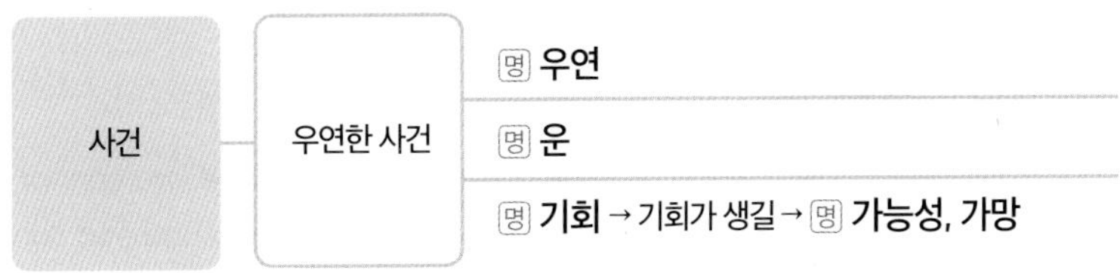

01 Miranda and Adam, who were high-school sweethearts, met by **chance** in Rome.
02 Bingo is a game of **chance** in which randomly selected numbers are drawn.
03 There will be a **chance** for parents to look around the school.
04 She thinks that all life is precious and deserves a **chance** to live. [수능]
05 Is there any **chance** that he will change his mind?
06 For the first time in 20 years, they have a realistic **chance** of winning an election.

- '기회'의 의미로 쓰이는 어구

We work together whenever we **get[have] a chance**.
우리는 **기회가 있을** 때마다 같이 일한다.

The students are given **the chance to** learn another language.
학생들은 또 다른 언어를 배울 **기회**가 주어진다.

- '가능성'의 의미로 쓰이는 어구

The chance of snow is more than 80%.
눈이 올 **가능성**이 80%가 넘는다.

There is now **a good chance that** a recession can be avoided.
이제는 불황을 피할 수 있는 **가능성이 크다**.

She **stands a good chance of** passing the exam.
그녀는 시험에 합격할 **가능성이 크다**.

- chance가 만드는 관용표현

Any chance of a discount?
((요청)) 깎아주**실 수 있나요?**

(The) Chances are (that) you don't have to pay.
돈을 내실 필요가 없을 **것 같습니다**.

01 고등학교 때 연인이었던 미란다와 아담은 로마에서 **우연히** 만났다. 02 빙고는 무작위로 선택한 숫자들을 뽑아서 하는 **운**에 의한 게임이다. 03 학부모들이 학교를 둘러볼 **기회**가 있을 것이다. 04 그녀는 모든 생명은 소중하고 살아갈 **기회**를 가져야 마땅하다고 생각한다. 05 그가 마음을 바꿀 **가능성**이 있나요? 06 20년 만에 처음으로, 그들은 현실적으로 선거에 이길 **가망**이 있다.

** **case**
[keis]

일어난 일	일어난 일 중	명 (특정한 상황의) 경우
		명 실정, 사실
		명 소송 (사건)
		명 (경찰이 조사 중인) 사건

01 Unfortunately, in your **case**, we cannot make an exception.
02 If that's the **case**, I'm not surprised John was angry.
03 I am sure you will win your **case**. [모의]
04 A dozen police officers are investigating the murder **case**.

- (just) in case ~할 경우에 대비해서

We have a backup system to reduce recovery time **in case** the airline reservation system breaks down. [모의응용]

항공 예약 시스템에 장애가 생길 **경우에 대비해** 저희는 복구 시간을 단축하기 위한 백업 시스템을 갖추고 있습니다.

*** **tip**
-tipped-tipped
[tip]

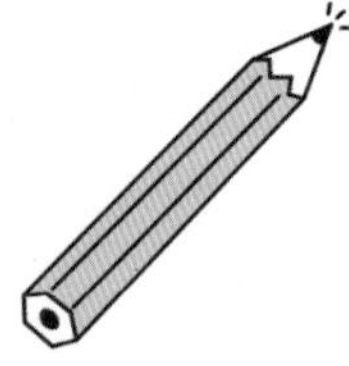

뾰족한 끝	명 끝부분 → 명 꼭대기, 정상
팁, 사례금	동 팁을 주다
비밀 정보	명 정보 → 명 조언
(물건을) 기울이다	동 뒤집어엎다 → 동 비워 없애다 → 동 버리다

05 The historic lighthouse on the northern **tip** of the island was built in 1872.
06 His restaurant bill was $125 and he generously **tipped** the waiter 20 percent of the total.
07 The children will learn useful **tips** on healthy eating and how they can prepare healthy meals for themselves.
08 To warm the bowl, pour in hot water, then **tip** the water out and dry the bowl thoroughly.

01 유감스럽게도 당신의 **경우**에는 저희가 예외를 둘 수 없습니다. 02 그게 **사실**이라면, 존이 화를 낸 것이 놀랍지만은 않네. 03 당신이 **소송**에서 이길 거라고 저는 확신합니다. 04 십여 명의 경찰관들이 그 살인 **사건**을 조사하고 있다. 05 섬의 북쪽 **끝**에 있는 역사적으로 중요한 그 등대는 1872년에 세워졌다. 06 그의 식당 계산서는 125달러였고 그는 후하게 총액의 20퍼센트를 웨이터에게 **팁으로 주었다.** 07 아이들은 건강한 음식 섭취에 관한 유용한 **조언**과 스스로 건강한 식사를 준비하는 법을 배우게 될 것입니다. 08 그릇을 데우려면, 뜨거운 물을 붓고 나서 물을 **따라** 버린 다음 그릇을 완전히 말리세요.

Phrasal Verbs | away가 포함된 구동사

다음 구동사의 의미를 추론하여 오른쪽 빈칸에 쓰고 페이지 하단의 해석과 대조해 보시오.

** **do away with = get rid of = abolish** ~을 사라지게 하다

01 You'd better **do away with** your habit of arriving late. ➡ 지각하는 습관을 ________

*** **get away from** ~에서 멀어지다

02 New or remodeled hospitals and nursing homes increasingly come equipped with healing gardens where patients and staff can **get away from** barren, indoor surroundings. [수능] ➡ 황량한 실내 환경에서 ________

** **pass away = die** 지나서 사라지다

03 After my parents **passed away**, I lived with my grandparents. [수능] ➡ 부모님께서 ________

** **pull away** 서로 멀리 끌어당기다

04 When porcupines huddle together for warmth, their sharp needles hurt each other, so they **pull away** instead. [모의응용] ➡ 그것들은 ________

* porcupine 호저 ((몸에 길고 뻣뻣한 가시털이 덮여 있는 동물))

** **take away** 멀리 가져가다

05 The view from the top of the mountain **took** my breath **away**. ➡ 숨이 ________

06 Computers will **take away** our opportunities to meet and form truly close relationships. [수능] ➡ 기회를 ________

*** **throw away** 멀리 던지다

07 They usually **throw away** a very nutritious part of the fruit—the peel. [수능] ➡ 껍질을 ________

** **turn away** 돌려보내다

08 They do not let their wants and needs be known, because they are afraid of being **turned away**. [모의] ➡ ________

01 넌 지각하는 습관을 **버리는** 게 좋을 거야. 02 새로 지었거나 리모델링을 한 병원과 양로원에서는 환자와 직원이 황량한 실내 환경에서 **벗어날** 수 있는, 치유하는 정원을 마련하는 경우가 늘고 있다. 03 부모님께서 **돌아가신** 후, 나는 조부모님과 함께 살았다. 04 호저가 온기를 위해 함께 모이면 날카로운 가시가 고통스럽게 해서 대신 서로 **밀어낸다**. 05 산 정상의 전망에 난 숨이 **멎을** 뻔 했다. 06 컴퓨터는 진정한 인간관계를 접하고 맺을 기회를 **빼앗아갈** 것이다. 07 그들은 대개 과일의 가장 영양이 많은 부분인 껍질을 **내버린다**. 08 그들은 자신들이 원하는 것과 필요로 하는 것들이 알려지지 않게 하는데, 왜냐하면 그들이 **거절당하는** 것을 두려워하기 때문이다.

Themes | 군대·전쟁

1. 군대

** **military** [mílitèri]
형 군사의, 무력의 명 군대; 군인들 군대의 편제 | Appendix 525쪽
01 to take **military** action

* **militant** [mílitənt]
형 공격적인, 전투적인 명 투사

* **militarize** [mílitəràiz]
동 군대를 파견하다; 무장시키다 (↔ demilitarize 비무장 지대로 만들다)

** **arms** [ɑːrmz]
명 (군대의) 무기; 군비(軍備) 무기 관련 어휘 | Appendix 525쪽

** **armed** [ɑːrmd]
형 무장한
cf. armed forces 명 (육·해·공의) 군대

고난도 **armament** [ɑ́ːrməmənt]
명 ((*pl.*)) 군비, (대형) 무기; 군비 확충 (↔ disarmament 군비 축소)

---

* **enlist** [inlíst]
동 입대하다 (↔ be discharged 제대하다); 협력을 요청하다
02 After graduating, I **enlisted** in the navy.
cf. recruit 동 (신병을) 모집하다 명 신병
cf. conscript 동 징집하다; 징용하다

* **enlisted** [inlístid]
형 사병(士兵)의

---

* **array** [əréi]
동 (군대 등을) 정렬시키다; 배열하다 명 배치, 배열
03 to **array** troops for battle

---

* **salute** [səlúːt]
동 (거수)경례하다; 경의를 표하다 명 (거수)경례
04 The soldier stood to attention and **saluted**.

고난도 **vanguard** [vǽngɑ̀ːrd]
명 (군대의) 선봉, 전위 (↔ rearguard 후위 (부대)); (사회적 운동의) 선두
cf. avant-garde 명 ((불어)) 아방가르드 ((문학·예술에서 전위적인 사상))

---

* **morale** [mərǽl]
명 사기, 의욕
cf. demoralize 동 사기를 꺾다

01 **군사적** 행동을 취하다 02 나는 졸업 후 해군에 **입대했다**. 03 부대를 전투 대형으로 **포진하다** 04 병사는 차렷 자세를 하고 **거수경례를 했다**.

** **confidential**
[kɑ̀nfidénʃəl]

형 기밀의; 은밀한; 신뢰를 받는

01 This assignment is **confidential**.

** **confidentiality**
[kɑ̀nfidenʃiǽləti]

명 기밀, 비밀

** **general**
[dʒénərəl]

명 (육군) 원수, 장군 육군 계급 / 군인 관련 어휘 | Appendix 526쪽

cf. marshal 명 ((영)) (육·공군) 원수

cf. admiral 명 해군 장성, 제독

2. 전쟁

*** **combat**
동 [kəmbǽt, kɑ́mbæt] 명 [kɑ́mbæt]

동 싸우다 명 전투

02 new strategies for **combatting** terrorism

*** **strategy** [strǽtədʒi]

명 전략

** **strategic**
[strətíːdʒik]

형 전략상의

cf. tactic 명 전술

고난도 **belligerent**
[bəlídʒərənt]

형 호전적인, 공격적인 (= hostile, aggressive); 전쟁 중인 명 교전국

03 He spoke to me in a **belligerent** tone.

** **assault**
[əsɔ́ːlt]

동 공격하다 (= attack); 폭행하다 명 공격; 폭행

04 Enemy forces **assaulted** the city.

| 공격·방어 |

raid	동 습격하다 명 습격 cf. air raid 명 공습
ambush	동 매복했다가 습격하다 명 매복
besiege	동 (도시 등을) 포위하다 cf. siege 명 포위 공격
bombard	동 (폭격을) 퍼붓다 cf. bombing 명 폭격
shield	명 방패 동 보호하다 cf. armor 명 갑옷
fort	명 요새 (= fortress) *fortify 동 요새화하다; 강화하다
trench	명 (전장의) 참호; 도랑

---

* **camouflage**
[kǽməflɑ̀ːʒ]

동 위장하다 명 위장

05 The soldiers used leaves and twigs as **camouflage**.

01 이번 임무는 **기밀**이다. 02 테러리즘과 **싸우기** 위한 새로운 전략 03 그는 내게 **싸우려는** 말투로 말했다. 04 적군이 그 도시를 **공격했다**. 05 군인들은 **위장술**로 나뭇잎과 잔가지를 사용했다.

* **ally** 명 [ǽlai] 동 [əlái]

명 **동맹국** 동 **동맹시키다**

01 countries **allying** themselves with the EU

* **alliance** [əláiəns]

명 **동맹; 동맹 단체**

고난도 **vanquish** [vǽŋkwiʃ]

동 (경쟁·전쟁 등에서) **완파하다**

02 The general returned prisoners, left the remnants of the **vanquished** army and peacefully withdrew from the area.

---

* **triumphant** [traiʌ́mfənt]

형 **큰 승리를 거둔, 크게 성공한; 의기양양한**

03 a **triumphant** grin

고난도 **booty** [búːti]

명 **전리품**

04 Throughout European history, Art was treated as war **booty**. [모의응용]

** **surrender** [səréndər]

동 **항복하다;** (권리 등을) **양도하다** 명 **항복; 양도**

05 The enemy **surrendered** after three days of fighting.

고난도 **ravage** [rǽvidʒ]

동 **황폐하게 하다, 유린하다** (= devastate)

06 a country **ravaged** by civil war

** **shatter** [ʃǽtər]

동 **산산이 부수다; 파괴하다**

07 The general died and his forces were **shattered**.

---

* **debris** [dəbríː]

명 (파괴된 후의) **잔해; 쓰레기**

---

* **casualty** [kǽʒuəlti]

명 **사상자; 피해자**

08 The rebels have inflicted heavy **casualties**.

---

* **concentration camp** 명 **포로수용소**

고난도 **armistice** [áːrməstis]

명 **휴전** (= ceasefire, truce)

01 유럽 연합과 **동맹을 맺은** 국가들 02 그 장군은 포로를 돌려보내고 **완파당한** 군대의 남은 이들을 두고 평화롭게 그 지역에서 철수했다. 03 **의기양양한** 큰 웃음 04 유럽 역사를 통틀어, 예술품은 전쟁의 **전리품**으로 취급되었다. 05 적은 사흘 동안의 전투 후 **항복했다.** 06 내전으로 **황폐해진** 국가 07 장군은 사망했고 그의 군대는 **박살이 났다.** 08 반란군은 수많은 **사상자**를 발생시켰다.

Exercises

06강

A

다음의 우리말은 영어로, 영어는 우리말로 그 뜻을 쓰시오.

① 동맹국; 동맹시키다
② 무장한
③ 큰 승리를 거둔; 의기양양한
④ (거수)경례하다; 경의를 표하다
⑤ 우연; 운; 기회; 가망
⑥ 위장하다; 위장
⑦ 사상자; 피해자
⑧ (군대 등을) 정렬시키다; 배열하다
⑨ (파괴된 후의) 잔해; 쓰레기
⑩ 호전적인; 교전국
⑪ 항복(하다); (권리 등을) 양도하다
⑫ 거꾸로[반대로]도 또한 같음
⑬ 기밀의; 은밀한; 신뢰를 받는
⑭ 사기, 의욕
⑮ militant
⑯ armament
⑰ vanquish
⑱ adversary
⑲ shatter
⑳ combat
㉑ strategic
㉒ concentration camp
㉓ vanguard
㉔ vertigo
㉕ assault
㉖ controversy
㉗ booty
㉘ enlist

B

다음 빈칸에 들어갈 가장 적절한 어휘를 고르시오.

1. Some people claim that the Internet creates equal opportunities for everyone. They argue that the Internet helps to ____________ power away from the rich, and that we can all have a voice on the Internet. [모의응용]
① pass ② turn ③ do ④ take

2. Due to ____________ weather conditions the entire project has been delayed and is behind schedule.
① perverse ② adverse ③ contradictory ④ controvertible

3. He is a very talented, ____________ actor who has played a wide variety of characters over the last several years.
① reverse ② converse ③ inverse ④ versatile

4. If the amount of sunshine is sufficient, it is possible to ____________ the world's oceans on solar power alone.
① traverse ② contradict ③ revert ④ pervert

C 다음을 읽고 문제에 답하시오.

Marlborough is the kind of place where many Massachusetts elections are won and lost these days. Democrats outnumber Republicans by three to one in the state, but independent voters now outnumber them both: a majority of the state's voters are no longer members of either party. And the independent voters have tipped the balance one way or the other in several recent statewide elections.

Q. What does the underlined part, tipped the balance, mean in this text?

① to be the deciding factor in something

② to give an additional amount of money

③ to form a popular third alternative

④ to manipulate the voters

D 각 네모 안에서 문맥에 알맞은 어휘를 고르시오.

1. He said the bikes [contravened / controverted] safety regulations, and that a license and a safety inspection were required for their use.

2. He was extremely [extroverted / introverted] and sociable. He spent most of his weekends hanging out with his friends.

3. The special windows would look like smoked glass because of the dyes, which help trap light from the sun and send it to special storage cells that then [convert / subvert] the light into electricity. [모의]

E 다음 ①~⑤ 중, 문맥상 밑줄 친 낱말의 쓰임이 적절하지 않은 것을 고르시오.

① The Journal reported that the mayor decided to withdraw his controversial plan to begin charging motorists involved in accidents for emergency services.

② When he inverted his body in a hand stand, he felt blood rush to his head.

③ The Korean War ended with an armistice, not a peace treaty, meaning the two Koreas are still technically at war.

④ You need something to wear during colder days. Irreversible jackets are a good choice because of their versatility.

⑤ A trade in contraband goods continued between Venice and Ferrara, despite every effort by the authorities to prevent this criminal activity.

07강

Word Complete

Part

Prefixes	분리·이탈·따로(1) a(b)-, de-[2]
Essential Roots/Stems	duc(t) / duc(e) = lead, bring fer = carry, bring
Words with Multiple Meanings	conduct / produce
Phrasal Verbs	off가 포함된 구동사 1
Themes	역사·종교

Words & Phrases

앞으로 학습할 예문에 쓰인 필수 어휘 모음입니다. 예문에 해당 단어 밑에는 점선이 표시(interact)되어 있습니다.
아는 단어는 □□에 체크하고 모르는 단어는 뜻 확인을 반복하세요.

**	□□	breeze [bri:z]	명 산들바람, 미풍
**	□□	collide [kəláid]	동 충돌하다; (의견 등이) 상충하다 (= clash, conflict)
***	□□	consequence [kánsikwèns]	명 결과; (영향 등의) 중요성
**	□□	discrimination [diskrimənéiʃən]	명 차별
**	□□	domestic [dəméstik]	형 가정의; 길든; 국내의
**	□□	dormitory [dɔ́:rmitɔ̀:ri]	명 기숙사
*	□□	firecracker [fáiərkræ̀kər]	명 폭죽
**	□□	forward [fɔ́:rwərd]	부 앞으로 동 보내다; 전달하다
*	□□	giggle [gígəl]	명 (재미, 난처함 등으로) 피식 웃음, 킥킥거림
*	□□	honorary [ánərèri]	형 명예(직)의
고난도	□□	interdict 동 [ìntərdíkt] 명 [íntərdikt]	동 금지하다, 막다 명 (법원의) 금지 명령
**	□□	import 동 [impɔ́:rt] 명 [ímpɔ:rt]	동 수입하다 명 수입(품) (↔ export 수출하다; 수출(품))
*	□□	liberation [libəréiʃən]	명 해방 (운동)
*	□□	liquor [líkər]	명 (독한) 술 (= alcohol)
***	□□	means [mi:nz]	명 수단, 방법 필수 다의어 | 374쪽
*	□□	meditative [méditeitiv]	형 깊은 생각에 잠긴; 명상적인
*	□□	merger [mə́:rdʒər]	명 (사업체의) 합병
*	□□	optimism [áptəmìzəm]	명 낙관론, 낙천주의 (↔ pessimism 비관론)
*	□□	overdue [òuvərdjú:]	형 (지불 등의) 기한이 넘은; 이미 늦어진
**	□□	penalty [pénəlti]	명 처벌 (= punishment); 벌금 (= fine, forfeit); 벌칙
고난도	□□	pivotal [pívətl]	형 중심(축)이 되는
***	□□	precise [prisáis]	형 정확한, 엄밀한 (= accurate)
*	□□	racist [réisist]	명 인종 차별주의자 ※ racism 명 인종 차별(주의)
**	□□	regional [rí:dʒənəl]	형 지역의, 지방의 (= local, provincial)
*	□□	revelation [rèvəléiʃən]	명 폭로(된 사실) (= disclosure)
**	□□	run for	~에 입후보하다[출마하다]
**	□□	rural [rúrəl]	형 시골의, 전원의, 지방의 (↔ urban 도시의)
**	□□	spine [spain]	명 척추 (= backbone) ※ spinal 형 척추의
**	□□	strive [straiv]-strove-striven	동 노력하다; 분투하다 (= struggle)
*	□□	temporarily [tèmpərérəli]	부 일시적으로, 임시로
*	□□	up-and-coming	형 전도가 유망한, 떠오르는
*	□□	walk away from	(사고 등을 가까스로) 피하다[벗어나다]

Prefixes | 분리·이탈·따로(1) a(b)-, de-[2]

a(b)-, de-[2] = off, away (from), apart (~에서 떨어져, ~에서 벗어나, ~와 별도로)

abnormal → ab(away from)+norm(rule)+al(형) → 비정상적인
delay → de(away)+lay(leave) → 지연, 지체; 미루다, 연기하다

고난도 **avert** [əvə́ːrt]

동 (~에서) 눈을 돌리다; 피하다 (= evade)
a(away)+vert(turn)
01 She hastily **averted** her face to hide her giggles.

고난도 **abhor**-abhorred-abhorred [æbhɔ́ːr]

동 혐오하다 (= loathe, detest)
ab(away)+hor(tremble)
02 I **abhor** discrimination of any kind.

고난도 **abhorrent** [æbhɔ́ːrənt]

형 혐오스러운

---

* **aboriginal** [æ̀bərídʒənəl]

형 원주민의, 토착의 명 (호주) 원주민
ab(away)+origin(beginning)+al(형명)
03 the **aboriginal** people of Tahiti

---

* **abortion** [əbɔ́ːrʃən]

명 낙태, 유산
ab(away)+ort(born)+ion(명)
04 **Abortion** is a highly controversial topic.

---

* **abrasion** [əbréiʒən]

명 찰과상 (= scratch); 마모, 마멸 (= wear)
ab(off)+ras(scrape 긁다)+ion(명)
05 He walked away from the auto accident with only minor **abrasions**.

cf. bruise 명 타박상, 멍

고난도 **absolve** [əbzɑ́lv]

동 무죄임을 선언하다; (죄를) 용서하다
ab(away)+solve(loosen)
06 The report **absolves** the pilot from any blame for the crash.

01 그녀는 웃음을 감추기 위해 급히 얼굴을 **옆으로 돌렸다**. 02 나는 어떤 종류의 차별도 **혐오한다**. 03 타히티의 **토착**민들 04 **낙태**는 상당한 논란을 불러일으키는 주제이다. 05 그는 경미한 **찰과상**만 입고 자동차 사고를 피했다. 06 보도에 의하면 그 조종사는 추락 사고에 대한 어떠한 **잘못도 없다**.

* **deregulate** [diːrégjulèit]
동 규제를 철폐하다
de(away)+regulate(규제하다)
01 **deregulated** energy markets

* **deregulation** [diːrègjuléiʃən]
명 규제 철폐

* **deodorant** [diːóudərənt]
명 냄새 제거제, 데오도란트
de(away)+odor(smell)+ant(명)

** **deform** [difɔ́ːrm]
동 변형시키다, 기형으로 만들다
de(away)+form(만들다)
02 The disease eventually **deformed** his spine.

* **deformity** [difɔ́ːrməti]
명 기형(인 상태)

* **dehydrate** [diːháidreit]
동 건조시키다; (사람이) 탈수 상태가 되다
de(away)+hydr(water)+ate(동)
03 Athletes can **dehydrate** quickly in this heat.

* **dehydration** [diːhàidréiʃən]
명 건조; 탈수
cf. arid 형 (땅·기후 등이) 건조한

** **detach** [ditǽtʃ]
동 떼다, 분리하다 (↔ attach 붙이다); (군인 등을) 파견하다
de(apart)+tach(fasten, attach)
04 A leaf **detached** itself and fell to the ground.

고난도 **deviate** [díːvièit]
동 (일상·예상 등을) 벗어나다
de(away, off)+via(way)+ate(동)
05 The plane **deviated** from its normal flight path.

고난도 **deviant** [díːviənt]
형 (정상에서) 벗어난, 일탈적인 (↔ normal 정상적인)

고난도 **deviance** [díːviəns]
명 일탈 (행동), (사회적응 등의) 이상 (행동)
06 social **deviance** and crime

고난도 **deviation** [dìːviéiʃən]
명 일탈, 탈선; 편차

01 **규제가 철폐된** 에너지 시장 02 그 병은 결국 그의 척추를 **기형으로 만들었다**. 03 운동선수들은 이런 더위에 빨리 **탈수 상태가 될** 수 있다. 04 잎 하나가 저절로 **떼어져** 땅에 떨어졌다. 05 그 비행기는 정상 항로에서 **벗어났다**. 06 사회적 **일탈**과 범죄

고난도 **deflect** [diflékt]

동 방향을 바꾸다, 빗나가게 하다; (비판 등을) 피하다
de(away)+flect(bend)

01 A slight breeze can **deflect** a ball.

Essential Roots / Stems ❶

duc(t) / duc(e) = lead, bring 인도하다, 가져오다

* **abduct** [æbdʌ́kt]

동 유괴하다, 납치하다 (= kidnap)
ab(away)+duct(lead)

02 The woman was charged with **abducting** a baby.

** **induce** [indjú:s]

동 설득하다 (= persuade); 유도하다; 귀납추론하다
in(into)+duce(lead)

03 Music can **induce** a meditative state in the listener.

* **induction** [indʌ́kʃən]

명 유도; ((논리학)) 귀납법

04 **induction** heating

*** **produce** 동 [prədjú:s] 명 [prádju:s]

동 생산하다 명 농산물; 제품 필수 다의어 | 121쪽
pro(forward)+duce(lead, bring)

---

* **seduce** [sidjú:s]

동 (나쁜 길로) 유혹하다, 꾀다 (= tempt, lure)
se(apart)+duce(lead)

05 Ads try to trick or **seduce** people into spending money.

* **seduction** [sidʌ́kʃən]

명 유혹

고난도 **conduce** [kəndjú:s]

동 ((to)) (좋은 결과로) 이끌다; 공헌하다
con(together)+duce(lead)

06 He strove by day and by night, using all the means that would **conduce** to progress.

고난도 **conducive** [kəndjú:siv]

형 ((to)) ~에 도움이 되는

07 The noisy environment of the dormitory was not **conducive** to studying.

01 미풍이 공의 **방향을 바꿀** 수 있다. 02 그 여자는 아기를 **유괴한** 혐의로 기소되었다. 03 음악은 듣는 사람에게 명상의 상태를 **유발할** 수 있다. 04 **유도**(인덕션) 가열 ((전자기 유도로 전류를 도입하여 가열하는 방식)) 05 광고는 사람들이 돈을 쓰도록 속이거나 **유혹하려고** 한다. 06 그는 발전으로 **이끌** 모든 수단을 이용하여 밤낮으로 노력했다. 07 기숙사의 시끄러운 환경은 공부에 **도움이 되지** 않았다.

Essential Roots / Stems ❷

fer = carry, bring 나르다, 가져오다

* **defer**-deferred-deferred [difə́ːr]
동 **연기하다** (= delay, postpone); **경의를 표하다**; ((to)) (의견에) **따르다**
de(away, apart)+fer(carry)
01 Further discussion on the proposal will be **deferred** until April.
02 I will **defer** to your wishes.

고난도 **deferment** [difə́ːrmənt]
명 **연기, 유예**

* **deference** [défərəns]
명 **경의, 존중**

*** **ferry** [féri]
명 **페리, 연락선** 동 **나르다, 수송하다**
03 Troops could be **ferried** in to interdict drug shipments.

** **infer**-inferred-inferred [infə́ːr]
동 **추론하다** (= deduce); **암시하다**
in(into)+fer(carry)
04 Readers are left to **infer** the precise meaning from the context.

** **inference** [ínfərəns]
명 **추론, 추리**

*** **transfer** 동 [trænsfə́ːr] 명 [trǽnsfər]
동 **이동하다; 갈아타다; 전학 가다** 명 **이동; 환승**
trans(across)+fer(carry)
05 Many are raised in rural areas but **transfer** to the city because they prefer city life.
06 to **transfer** to another flight

---

* **confer**-conferred-conferred [kənfə́ːr]
동 **상의하다**; (상·학위를) **수여하다** (= award, bestow)
con(together)+fer(carry)
07 He asked for some time to **confer** with his lawyers.
08 An honorary degree was **conferred** on him by the University.

** **conference** [kɑ́nfərəns]
명 **협의; 회의**
09 press **conference**

* **conferment** [kənfə́ːrmənt]
명 (학위·상 등의) **수여**

01 그 제안에 대한 추가 논의는 4월까지 **연기될** 것이다. 02 나는 네가 바라는 대로 **따르겠어**. 03 마약 수송을 저지하기 위해 군대가 **수송될** 수도 있을 것이다. 04 문맥에서 정확한 의미를 **추론하는** 것은 독자의 몫이다. 05 많은 사람들이 시골에서 자라서 도시로 **이동하는데** 그 이유는 그들이 도시 생활을 더 좋아하기 때문이다. 06 다른 비행기로 **갈아타다** 07 그는 자신의 변호사와 **상의할** 시간을 요청했다. 08 그는 대학으로부터 명예 학위를 **받았다**. 09 기자 **회견**

Words with Multiple Meanings 필수 다의어의 이해

*** conduct

동 [kəndʌ́kt]
명 [kɑ́ndʌkt]

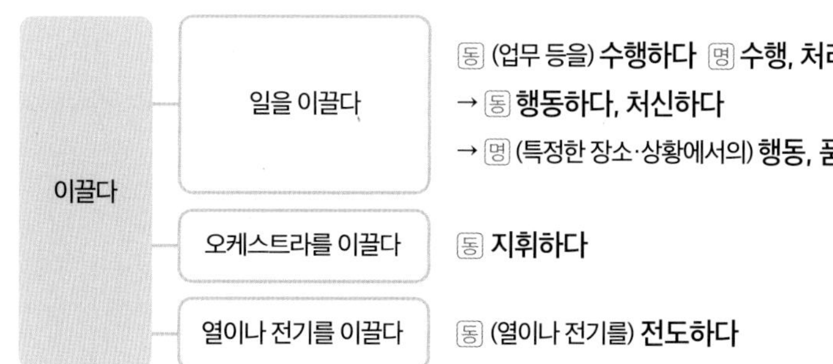

01 The maker of the vaccine is to continue to **conduct** research on the safety of the vaccine. [모의응용]

02 Year after year, the football players behave terribly, and every year they are criticized for their rude **conduct**. [모의]

03 The orchestra is **conducted** by a world-famous conductor.

04 Copper **conducts** electricity well.

• conductive 형 (열·전기 등을) 전도하는, 전도성의

Salt water is far more **conductive** than fresh water is.

바닷물이 민물보다 훨씬 더 **전도성이 있다**.

*** produce

동 [prədjúːs]
명 [prɑ́djuːs]

앞으로 이끌다

- 곡물·상태 등을 이끌어 내다 → 동 생산[제조]하다 → 동 (연극 등을) 제작하다
- 제시하다, 내보이다 → 동 (결과를) 일으키다, 초래하다
- 생산해 낸 것 → 명 생산고 → 명 농산물 → 명 제품 → 명 작품

05 The region **produces** more than a third of all France's wines.

06 I came up with the idea of **producing** a TV series about a trip to space.

07 Discussion with others who express different opinions **produces** more moderate attitudes in the group. [모의응용]

08 Technological change tends to expand agricultural production faster, reducing the price of farm **produce**.

09 I tasted a very popular liquor that I believe was French, since it was labelled **Produce** of France.

01 백신 제조사는 백신의 안전성에 대한 연구를 계속 **수행해야** 한다. 02 해가 갈수록 그 축구 선수들은 형편없이 행동하며, 매년 그들의 무례한 **행동** 때문에 비난받고 있다. 03 세계적으로 유명한 지휘자가 그 오케스트라를 **지휘한다**. 04 구리는 전기를 잘 **전도한다**. 05 그 지역은 프랑스 전체 와인의 3분의 1 이상을 **생산한다**. 06 나는 우주여행에 관한 TV 시리즈를 **제작하는** 생각을 해냈다. 07 다른 의견을 내는 사람들과의 토론은 그 집단 내에 좀 더 온건한 태도를 **만들어 낸다**. 08 기술 변화는 농업 생산을 더 빠르게 늘려 **농산물** 가격을 낮추는 경향이 있다. 09 나는 프랑스 **제품**이라는 상표가 붙었기 때문에 프랑스 술이라고 생각한 매우 유명한 독주를 맛보았다.

Phrasal Verbs | off가 포함된 구동사 1

다음 구동사의 의미를 추론하여 오른쪽 빈칸에 쓰고 페이지 하단의 해석과 대조해 보시오.

** **back off** — 뒤로 물러나 떨어지다

01 Everyone **back off** and let the teacher through. ➡ 선생님이 들어오시도록 ________

02 The government **backed off** in the face of strong opposition. ➡ 강한 반대에 직면하여 ________

---

* **bounce off** — 튀어 분리되다

03 She jumped and shot the ball toward the basket, but it **bounced off** the backboard. [모의응용] ➡ 공이 백보드를 맞고 ________

*** **break off** — 깨어 단절시키다

04 Is it true that Andrew and Ashley have **broken off** their engagement? ➡ 약혼을 ________

05 He **broke off** telling the story to answer the telephone. ➡ 이야기하던 것을 ________

---

* **brush off** — 빗질하여 떨어내다

06 He **brushed off** suggestions that he should quit the job. ➡ 제안을 ________

** **call off = cancel** — 중단을 말하다

07 The match was **called off** because of bad weather. ➡ 시합이 ________

---

* **carry off** — 떼어서 가져가다

08 She **carried off** most of the prizes. ➡ 대부분의 상을 ________

** **come off** — 떨어져 나오다 / 떨어내다

09 The chewing gum wouldn't **come off**! ➡ 껌이 ________

10 She'd been advised to **come off** the medication immediately. ➡ 약물치료를 ________

11 Her attempt to break the world record nearly **came off**. * 관용적 의미 ➡ 시도가 거의 ________

01 선생님이 들어오시도록 모두 **뒤로 물러나세요.** 02 정부는 강한 반대에 직면하여 **뜻을 굽혔다.** 03 그녀는 점프해서 농구대를 향해 공을 던졌지만 백보드를 맞고 **튕겨 나왔다.** 04 앤드루와 애슐리가 **파혼했다는** 게 사실이야? 05 그는 전화를 받기 위해 이야기하던 것을 **중단했다.** 06 그는 그 일을 그만두어야 한다는 제안을 **무시했다.** 07 그 시합은 악천후로 **취소되었다.** 08 그녀가 대부분의 상을 **수상했다.** 09 껌이 **떨어지지** 않아! 10 그녀는 즉시 약물치료를 **중단하라는** 조언을 받았다. 11 세계 기록을 깨려는 그녀의 시도는 거의 **성공할** 뻔했다.

*** drop off

떨어뜨려 분리시키다

01 Where do you want me to **drop** you **off**? ➡ 당신을 ________

02 She sat in the back and soon **dropped off** to sleep. ➡ 고개가 떨어지다 → ________

*** fall off

~에서 분리되어 떨어지다

03 I saw glasses **fall off** and break. [수능응용] ➡ 유리잔들이 ________

** fight off

싸워서 제거하다

04 Our bodies have the natural ability to **fight off** bacteria and viruses when they enter our bodies. [수능] ➡ 박테리아를 ________

** get off

~에서 분리되다[분리시키다]

05 I'll transfer the money for the extra order as soon as I **get off** the phone. [모의] ➡ 전화를 ________

06 He was feeling unwell, so he **got off** work a few hours early. ➡ 회사에서 ________

07 I'm about to **get off** the train. [수능] ➡ 기차에서 ________

** give off = emit

떼어 주다

08 The garbage can was **giving off** a horrible smell. ➡ 고약한 냄새가 ________

** go off

폭발하며 작동하다 / 작동이 끊기다

09 My alarm clock didn't **go off** this morning. ➡ 알람 시계가 ________

10 The firecrackers **went off** almost all of the night. ➡ 폭죽이 ________

11 The dormitory lights **go off** at midnight. ➡ 불이 ________

*** keep off

분리된 채로 있다

12 **Keep off** the grass. Penalty: $25. [모의] ➡ 잔디에 ________

01 당신을 어디에서 **내려 줄까요?** 02 그녀는 뒷자리에 앉아서 금방 **잠이 들었다.** 03 나는 유리잔들이 **떨어져** 깨지는 것을 보았다. 04 우리 몸에는 박테리아와 바이러스가 몸에 들어오면 그것들을 **물리쳐 없애려는** 타고난 능력이 있다. 05 전화를 **끊자**마자 추가 주문에 대해 송금할게요. 06 그는 몸이 좋지 않아서 회사에서 몇 시간 일찍 **퇴근했다.** 07 저는 기차에서 막 **내리려던** 참입니다. 08 쓰레기통에서 고약한 냄새가 **나고** 있었다. 09 내 알람 시계가 오늘 아침에 **울리지** 않았다. 10 거의 밤새도록 폭죽이 **터졌다.** 11 기숙사는 자정이 되면 불이 **꺼진다.** 12 잔디에 **들어가지 마시오.** 벌금: 25달러

Themes | 역사·종교

1. 역사

*** **historic** [histɔ́(ː)rik]
형 역사적으로 중요한, 역사에 남을 만한
01 a **historic** monument
cf. historical 형 역사상의; 역사학의

---

* **prehistoric** [prìːhistɔ́ːrik]
형 선사시대의
02 **prehistoric** cave paintings

*** **originate** [ərídʒənèit]
동 시작하다, 유래하다
03 Some historical evidence indicates that coffee did **originate** in the Ethiopian highlands. [모의]

** **originality** [ərìdʒənǽləti]
명 원형임; 독창성

---

* **milestone** [máilstòun]
명 (돌로 된) 이정표; (역사·인생에서) 중요한 사건

** **era** [íərə]
명 (특정한 성격의) 시대 (= epoch)
04 We're living in an **era** of information overload. [모의]

---

* **primitive** [prímətiv]
형 원시 사회의; 원시적인
05 studies of **primitive** cultures

** **tribe** [traib]
명 부족, 종족; 집단, 무리

** **tribal** [tráibəl]
형 부족의, 종족의
cf. clan 명 씨족, 일족

---

* **barbarian** [bɑːrbɛ́əriən]
명 미개인; 이방인

* **barbarous** [bɑ́ːrbərəs]
형 야만스러운; 잔인한

초고난도 **archaic** [ɑːrkéiik]
형 고대의; 낡은; 구식인 (= outdated)
06 He used an **archaic** expression.

01 **역사적으로 중요한** 기념비 02 **선사시대의** 동굴 벽화 03 일부 역사적 증거는 커피가 정말로 에티오피아 고원에서 **유래되었음**을 나타낸다. 04 우리는 정보 과부하 **시대**에 살고 있다. 05 **원시 사회** 문화의 연구 06 그는 **구식** 표현을 사용했다.

* **archive** [ɑ́ːrkaiv]
명 고(古)기록; ((*pl.*)) 기록 보관소 동 (기록 보관소 등에) 보관하다
01 the National Film **Archives**

** **colonize** [kɑ́lənàiz]
동 식민지로 만들다; (동식물이) 대량 서식하다
02 The region was **colonized** by the Romans.

* **colonization** [kɑ̀lənizéiʃən]
명 식민지화; (동식물의) 군체 형성

** **colonial** [kəlóuniəl]
형 식민(지)의 명 식민지 주민 (= colonist)
03 El Salvador achieved independence from Spanish **colonial** rule in 1821.

고난도 **relic** [rélik]
명 ((물건)) 유물 (= antiquity, artifact); ((비유적)) 유물 (= legacy)
04 **relics** from the Stone Age
cf. heirloom 명 (집안의) 가보

---

* **lore** [lɔːr]
명 (전승) 지식; 구비 설화; (민간) 전통
cf. folklore 명 민속, 전통문화

2. 종교 (Religion)

* **divine** [diváin]
형 신[하느님]의; 신성한 (= sacred, holy)

* **divinity** [divínəti]
명 신성(神性); 신 종교의 종류 | Appendix 526쪽
cf. deity 명 신, 하느님

고난도 **providence** [prɑ́vidəns]
명 (신의) 섭리

---

* **biblical** [bíblikəl]
형 성서의

고난도 **atheism** [éiθiìzm]
명 무신론 (↔ theism 유신론)

고난도 **atheist** [éiθiist]
명 무신론자

---

* **pilgrim** [pílgrim]
명 순례자 (= palmer)

* **pilgrimage** [pílgrəmidʒ]
명 순례, 성지 참배

01 국립 영화 **기록 보관소** 02 그 지역은 로마인들에 의해 **식민지가 되었다.** 03 엘살바도르는 스페인 **식민** 지배로부터 1821년에 독립했다. 04 석기시대의 **유물**

** **ritual** [rítʃuəl]

명 (특히 종교상의) **의례** (= rite, ceremony); (항상 하는) **의례적인 일**
형 **의식상의; 의례적인**

종교 의식
altar	명 제단
sacrifice	명 희생; 희생물 동 제물을 바치다
baptism	명 세례(식)
preach	동 설교하다 *preachment 명 설교 (= sermon)
choir	명 합창단, 성가대 *cf.* hymn 명 찬송가

---

* **sanctuary** [sǽŋktʃuèri]

명 **안식(처); 성역;** (야생동물) **보호구역**

cf. shrine 명 성지, 신성한 장소

---

* **clergy** [klə́ːrdʒi]

명 ((집합적)) **성직자들**

cf. clergyman 명 성직자, 목사

종교 관련 인물
priest	명 성직자, 사제
minister	명 목사 (= pastor)
pope	명 교황 *papal 형 교황의
bishop	명 주교
monk	명 수도자, 수도승 *cf.* monastery 명 수도원
saint	명 성인(聖人); 성인 같은 사람
puritan	명 청교도적인 사람, 철저한 금욕주의자; ((P-)) 청교도(인)
heretic	명 이교도 *heresy 명 이단

고난도 **salvation** [sælvéiʃən]

명 ((기독교)) **구원;** (위험·재난 등으로부터의) **구조[구제]**

cf. savior 명 구조자; ((the S-)) 구세주

---

* **temporal** [témpərəl]

형 **현세의, 속세의; 시간의**

01 During early Catholicism, the bishops of Rome enjoyed no **temporal** power.

---

* **persecute** [pə́ːrsikjùːt]

동 **박해하다**

02 Under the Roman Catholic Church, heretics were **persecuted** and often converted.

* **persecution** [pə̀ːrsikjúːʃən]

명 **박해**

cf. martyr 명 순교자

01 초기 가톨릭 시기에는 로마의 주교들이 **세속적인** 권력을 누리지 않았다. 02 로마 가톨릭교 시대에는 이교도들이 **박해받았으며**, 개종당하는 일이 빈번했다.

Exercises

07강

A 다음의 우리말은 영어로, 영어는 우리말로 그 뜻을 쓰시오.

① 무신론자
② 유도; 귀납법
③ 식민지로 만들다; 대량 서식하다
④ 역사적으로 중요한
⑤ 건조시키다; 탈수 상태가 되다
⑥ (신의) 섭리
⑦ 찰과상; 마모, 마멸
⑧ 현세의; 시간의
⑨ 미개인; 이방인
⑩ 낙태, 유산
⑪ 선사시대의
⑫ 박해하다
⑬ 이동하다; 갈아타다; 이동; 환승
⑭ (좋은 결과로) 이끌다; 공헌하다
⑮ (특히 종교상의) 의례; (항상 하는) 의례적인 (일)
⑯ lore
⑰ originate
⑱ salvation
⑲ abhor
⑳ conferment
㉑ sanctuary
㉒ era
㉓ deodorant
㉔ primitive
㉕ archive
㉖ seduction
㉗ clergy
㉘ milestone
㉙ pilgrim
㉚ divine

B 다음 빈칸에 들어갈 가장 적절한 어휘를 고르시오.

1. The two companies ____________ off their proposed $3 billion merger on Friday, disappointing investors.
① gave ② called ③ absolved ④ bounced

2. ____________ imports has met strong opposition from those concerned about the consequences for domestic industry.
① Deregulating ② Deforming ③ Deducing ④ Deviating

3. Instead of having an interview for the election, the mayor will attend a(n) ____________ on regional development tomorrow.
① deviance ② deference ③ conference ④ inference

4. El Niño is caused by ____________ amounts of warm water in the Pacific Ocean.
① abnormal ② biblical ③ aboriginal ④ archaic

C

다음을 읽고 문제에 답하시오.

Mr. Paladino was running for governor in New York. He had endured a series of embarrassing episodes, including the revelation that he forwarded emails to friends that included racist comments. Mr. Paladino's personal life had also been in the spotlight. His son Patrick had a car accident and some believed his son had been drinking at the time. To help deflect criticism over his past, he hired a campaign manager who specialized in crisis management.

Q. What does the underlined part, deflect criticism, mean in this text?

① to protect his son from blame
② to show the negative aspects of his opponents
③ to answer difficult personal questions
④ to avoid personal attacks on him and his family

D

각 네모 안에서 문맥에 알맞은 어휘를 고르시오.

1. To both questions, the department [deferred / inferred] its answer until the final decision.

2. Unable to participate while looking through the camera lens, the photographer was merely an observer [attached / detached] from the scene. [수능응용]

3. Even though India is famous for its software industry, it hasn't been a [conducive / conductive] environment for up-and-coming technology companies.

E

다음 ①~⑤ 중, 문맥상 밑줄 친 낱말의 쓰임이 적절하지 않은 것을 고르시오.

① Nazi officials in Italy disobeyed a direct order from Hitler in 1943 to abduct the Pope and rob the Vatican.
② Disaster was narrowly averted when two airliners almost collided above Detroit.
③ When people experience an earthquake, they temporarily become anxious about their futures, but in time they return to their deviant level of optimism. [모의]
④ A long overdue honor was conferred upon Indian Prime Minister Indira Gandhi for her pivotal role in the 1971 Bangladesh Liberation.
⑤ According to new research conducted by biologists at the University of Washington, insects that have adapted to warmer climates also show higher rates of population growth. [모의]

08 강

Word Complete

Part

Prefixes	분리·이탈·따로(2) di(s)-[2]
Essential Roots/Stems	astro / aster = star cor(d) / core = heart
Words with Multiple Meanings	account / attribute (A to B)
Phrasal Verbs	off가 포함된 구동사 2
Themes	경제

Words & Phrases

앞으로 학습할 예문에 쓰인 필수 어휘 모음입니다. 예문에 해당 단어 밑에는 점선이 표시(interact)되어 있습니다.
아는 단어는 □□에 체크하고 모르는 단어는 뜻 확인을 반복하세요.

**	□□	accompany [əkʌ́mpəni]	동 동반하다, 동행하다; 반주하다
*	□□	bulk [bʌlk]	명 대부분; (큰) 규모
***	□□	capacity [kəpǽsəti]	명 수용력; 용량; 능력; 자격
*	□□	celestial [səléstʃəl]	형 하늘의, 천체의 명 천사
*	□□	civilian [sivíljən]	명 민간인
*	□□	come down to	결국 ~이 되다; ~로 요약되다
고난도	□□	concave [kɑnkéiv]	형 오목한 (↔ convex 볼록한)
***	□□	consideration [kənsìdəréiʃən]	명 사려, 숙고; 고려사항; 보수
*	□□	departmental [dipɑ̀ːrtméntl]	형 부서의
***	□□	developing country	명 개발도상국 cf. underdeveloped country 명 저개발국, 후진국 developed[advanced] country 명 선진국
고난도	□□	globule [glɑ́bjuːl]	명 (액체의) 작은 방울, 작은 구체
**	□□	help out	(특히 곤경에 처한 ~을) 도와주다
*	□□	initially [iníʃəli]	부 처음에
**	□□	in stock	재고가 있는 (↔ out of stock 재고가 없는)
**	□□	litter [lítər]	동 (쓰레기 등을) 버리다 명 (길에 버려진) 쓰레기
*	□□	off shore	해안에서 멀리 떨어져서
**	□□	ownership [óunərʃip]	명 소유; 소유권; 회원권
**	□□	predictable [pridíktəbl]	형 예측할 수 있는 (↔ unpredictable 예측할 수 없는)
**	□□	productivity [pròudəktívəti]	명 생산성
**	□□	provision [prəvíʒən]	명 공급, 제공; 대비; (법률 문서의) 조항
*	□□	radiation [rèidiéiʃən]	명 방사선; (열·에너지 등의) 복사
*	□□	radioactive [rèidiouǽktiv]	형 방사능의 ※ radioactivity 명 방사능
*	□□	recurring [rikə́ːriŋ]	형 되풀이하여 발생하는; ((수학)) 순환하는
**	□□	soreness [sɔ́ːrnis]	명 쓰림, 아픔
**	□□	the chair	명 의장, 회장 (= chairperson); 의장[회장]직

Prefixes | 분리·이탈·따로(2) di(s)-²

di(s)-² = off, away (from), apart (~에서 떨어져, ~에서 벗어나, ~와 별도로)

distract → dis(away)+tract(draw) → (주의를) 딴 데로 돌리다, 집중이 안 되게 하다

* **discard** [diskɑ́ːrd]

동 (불필요한 것을) **버리다** (= abandon, throw away)

dis(away, apart)+card

01 The floor was littered with **discarded** newspapers.

* **discern** [disə́ːrn]

동 (분명하지 않은 것을) **파악하다** (= make out, detect)

dis(off, away)+cern(distinguish, separate)

02 You need to collect data over a long period of time to be able to **discern** a trend.

** **disguise** [disgáiz]

동 **변장하다; 숨기다** 명 **변장** (= camouflage)

dis(off, away)+guise(appearance)

03 The soldiers **disguised** themselves as ordinary civilians.

** **disinterested** [disíntərèstid]

형 **사심이 없는, 공평한** (= impartial, unbiased)

dis(away)+interest+ed(형)

04 honest and **disinterested** advice

cf. uninterested 형 무관심한, 흥미 없는

* **dispatch** [dispǽtʃ]

동 (급히) **보내다; 신속히 처리하다** 명 **발송; 파견**

dis(away, apart)+patch(fix, fasten)

05 As all items were in stock, they have been **dispatched** to you today. [모의]

* **disperse** [dispə́ːrs]

동 **흩어지다; 해산시키다**

dis(away, apart)+sperse(scatter)

06 When the rain came down, the crowds started to **disperse**.

01 바닥은 **버려진** 신문지로 어질러져 있었다. 02 유행을 **파악하려면** 장기간에 걸쳐 자료를 모아야 한다. 03 병사들이 평범한 민간인으로 **변장했다**. 04 정직하고 **사심 없는** 충고 05 모든 물품들이 재고가 있어서 오늘 당신에게 **배송되었습니다**. 06 비가 내리자 군중은 **흩어지기** 시작했다.

* **displace** [displéis]

동 (원래 장소에서) **옮겨놓다; 대신[교체]하다** (= replace); **쫓아내다**

dis(away, apart)+place

01 Gradually factory workers have been **displaced** by machines.

02 The hurricane **displaced** most of the town's residents.

cf. misplace 동 제자리에 두지 않다 (그래서 찾지 못하다)

* **displacement** [displéismənt]

명 (제자리에서 쫓겨난) **이동**

** **dispose** [dispóuz]

동 ((of)) (~을) **없애다; 처리하다**

dis(away, apart)+pose(put)

03 the difficulties of **disposing** of nuclear waste

** **disposal** [dispóuzəl] 명 **처리; 처분**

** **disposable** [dispóuzəbəl] 형 **일회용의**

** **digest** 동 [didʒést, daidʒést] 명 [dáidʒest]

동 **소화하다** 명 **요약(문)**

di(apart)+gest(carry)

04 Goat's milk may be more easily **digested** than cow's milk because the fat globules are smaller.

05 a **digest** of yesterday's departmental meeting

* **digestive** [didʒéstiv, dai-] 형 **소화의**

** **digestion** [didʒéstʃən, dai-] 명 **소화(력)**

cf. indigestion 명 소화불량

** **diverse** [divə́ːrs, daivə́ːrs]

형 **다른** (= dissimilar, disparate); **다양한** (= various)

di(away, apart)+verse(turn)

06 She has a **diverse** range of interests.

* **diversify** [divə́ːrsifài, dai-] 동 **다양화하다**

* **diversity** [divə́ːrsiti, dai-] 명 **다양성** (= variety)

07 the biological **diversity** of the rainforests

고난도 **biodiversity** [bàioudivə́ːrsiti, bàioudai-]

명 (균형 잡힌 환경을 위한) **생물의 다양성**

bio(life)+di(away, apart)+vers(turn)+ity(명)

08 **Biodiversity** is one measure of the health of ecosystems.

01 점차 공장 노동자들이 기계들로 **대체되었다**. 02 허리케인이 마을 주민 대부분을 **쫓아냈다**. 03 핵폐기물 **처리**의 어려움 04 염소젖은 우유보다 지방 덩어리가 더 작기 때문에 **소화가** 더 잘 **될** 수도 있다. 05 어제의 부서 회의 **요약** 06 그녀는 **다양한** 범위의 관심사를 가지고 있다. 07 열대우림 지역 생물의 **다양성** 08 **생물의 다양성**은 생태계 건강의 한 가지 척도이다.

* **divert** [divə́ːrt, daivə́ːrt] 동 방향을 바꾸게 하다; (생각을) 다른 데로 돌리다 (= distract)

di(away, apart)+vert(turn)

01 In an emergency, staff will be **diverted** from less urgent tasks to help out.

* **diversion** [divə́ːrʒən, dai-] 명 (기분) 전환

---

* **diverge** [divə́ːrdʒ, daivə́ːrdʒ] 동 (다른 방향으로) 갈라지다; 발산하다; (계획 등에서) 벗어나다

di(away, apart)+verge(turn; incline)

02 When the road **diverges**, take the right turn.

고난도 **divergence** [divə́ːrdʒəns, dai-] 명 분기(分岐) ((갈라짐)); 발산; 일탈

고난도 **dilute** [dilúːt, dai-] 동 희석하다 형 (액체가) 희석된

di(apart)+lute(wash)

03 I drink **diluted** lemon juice first thing in the morning.

Essential Roots / Stems ❶

astro / aster = star 별

** **disaster** [dizǽstər] 명 재해, 참사; 엄청난 불행 (= catastrophe, calamity)

dis(away, apart)+aster(star)

04 natural **disasters**

** **disastrous** [dizǽstrəs] 형 처참한, 피해가 막심한

---

* **astrology** [əstrálədʒi] 명 점성술 (= horoscope); 점성학

* **astrologer** [əstrálədʒər] 명 점성술사

---

* **astronomy** [əstránəmi] 명 천문학

* **astronomer** [əstránəmər] 명 천문학자

* **astronomical** [æstrənámikəl] 형 천문학의; 천문학적인

05 **astronomical** costs of health care

---

* **asterisk** [ǽstərisk] 명 별표 ((*))

01 비상상황에 직원들은 덜 긴급한 일에서 **벗어나** 도움을 주게 될 것입니다. 02 도로가 **갈라지면** 오른쪽으로 가세요. 03 나는 아침에 **희석된** 레몬주스를 제일 먼저 마신다. 04 자연**재해** 05 **천문학적인** 의료 비용

* **asteroid** [ǽstərɔ̀id] — 명 **소행성** ((화성과 목성 사이에서 태양을 공전하는 작은 행성))
aster(star)+oid(like, resembling)

cf. meteor 명 유성 (= shooting star)
cf. meteoroid 명 유성체 ((행성 사이에 떠있는 암석 조각))
cf. comet 명 혜성

---

* **astronaut** [ǽstrənɔ̀ːt] — 명 **우주 비행사**
astro(star)+naut(sailor)

cf. astronautics 명 우주항행학[술] ((우주 개발 수단으로 로켓 등을 연구하는 학문))

Essential Roots / Stems ❷

cor(d) / core = heart 심장

* **discord** [dískɔːrd] — 명 **불화, 다툼** (= disharmony)
dis(apart)+cord(heart)

01 Even the happiest family will experience some **discord**. [모의]

---

* **concord** [káŋkɔːrd] — 명 ((with)) **일치; 조화, 화합**
con(together)+cord(heart)

02 to live in **concord** with people of different races and religions

---

*** **core** [kɔːr] — 명 (과일의) **속[심];** (사물의) **중심부; 핵심** 형 **핵심적인**

---

* **cordial** [kɔ́ːrdʒəl] — 형 **진심 어린, 다정한**

* **cordially** [kɔ́ːrdʒəli] — 부 **진심으로; 지독히**

03 You are **cordially** invited to our wedding.

** **accord** [əkɔ́ːrd] — 동 ((with)) **일치하다; 조화를 이루다** 명 **일치; 조화; (공식) 합의**
ac(to)+cord(heart)

04 His account does not **accord** with the police evidence. [모의]

** **accordance** [əkɔ́ːrdəns] — 명 **일치; 조화**

* **accordingly** [əkɔ́ːrdiŋli] — 부 **그래서** (= therefore); (상황에) **부응해서**

01 가장 행복한 가정이라도 어느 정도의 **불화**를 경험하기 마련이다. 02 다른 인종과 다른 종교의 사람들과 **화합**하여 살다 03 당신을 **진심 어린 마음으로** 저희 결혼식에 초대합니다. 04 그의 진술은 경찰의 증거와 **일치하지** 않는다.

Words with Multiple Meanings 필수 다의어의 이해

*** **account**
[əkáunt]

계산(count) → 금전 거래

명 (회계) 장부; 외상 장부 → 외상이 허용되는 → 명 단골, 고객

은행 거래를 위한 → 명 계좌

계좌는 거래 내역을 설명하므로
→ 명 ((for)) 설명 동 설명하다
→ 설명하여 이유를 밝히다 → 명 이유, 근거

계좌처럼 이용할 권리가 부여되는
→ 명 ((컴퓨터)) 계정

01 Put it on my **account**, please.
02 Can I open another **account** right now?
03 People have been using birth order to **account** for personality factors. [수능응용]
04 He was divorced, and on that **account** my father initially disapproved of him.
05 Can you let me know your email address for the messenger **account**?

- account for 설명하다; (부분·비율을) 차지하다
  The Chinese market **accounts for** 40% of the company's revenue.
  중국 시장이 그 회사 수익의 40%를 **차지한다**.
- take A into account A를 고려하다, 참작하다
  I will **take** your personal strengths and abilities **into account**.
  저는 당신의 개인적 강점과 능력을 **고려할** 것입니다.

** **attribute (A to B)**
동 [ətríbjuːt]
명 [ǽtribjuːt]

A의 원인을 B에 귀착시키다

동 A를 B의 탓[덕택]으로 돌리다 → A의 성질이 B에 있다고 생각하다 → 동 A(작품)가 B의 것이라고 하다

결과물의 원인이 되는 것 → 명 속성, 특성, 자질

06 He **attributes** his success to his hard work and a little luck.
07 This painting is **attributed** to Van Gogh.
08 Both candidates possess the **attributes** we want in a leader.

01 그거 제 **외상 장부**에 달아 놓으세요. 02 지금 즉시 또 다른 **계좌**를 개설할 수 있나요? 03 사람들은 성격의 요인을 **설명하기** 위해 출생 순서를 사용해 왔다. 04 그는 이혼하였는데, 그런 **이유**로 나의 아버지는 처음에 그를 탐탁지 않아 하셨다. 05 당신의 메신저 **계정** 이메일 주소를 알려줄 수 있나요? 06 그는 성공을 자신의 고된 작업과 약간의 운 **덕택으로 돌린다**. 07 이 그림은 반 고흐**의 작품이라고 한다**. 08 두 후보자 모두 우리가 지도자에게 원하는 **자질**을 갖추고 있다.

Phrasal Verbs | off가 포함된 구동사 2

다음 구동사의 의미를 추론하여 오른쪽 빈칸에 쓰고 페이지 하단의 해석과 대조해 보시오.

** lay off

단절시켜 놓다

01 Many workers were **laid off** when the company was closed after the fire.

➡ 근로자들을 (회사에서) ________

** pay off

지불을 완료하다

02 We've finally **paid off** the debt.

➡ 빚을 ________

03 Jim raised over one hundred million dollars to provide relief for the drought victims in Africa. Jim's idea **paid off.** [수능]

*관용적 의미
➡ 짐의 아이디어가 ________

*** put off = postpone

떨어뜨려 놓다

04 He had been **putting off** doing his chemistry report which was due on Monday. [수능]

➡ 보고서 작성을 ________

*** see off

~를 보고[만나고] 헤어지다

05 Please, don't take the trouble to **see** me **off**.

➡ ________

** set off

(있는 곳에서) 분리되게 하다

06 They wanted to **set off** around dawn in order to avoid the traffic.

➡ 새벽녘에 ________

07 A remote control device was used to **set off** a bomb.

➡ 폭탄을 ________

*** show off

~에서 분리해 잘 보이게 하다

08 Youngsters were **showing off** their creatively decorated bicycles to get a free lunch. [수능]

➡ 자신들이 장식한 자전거를 ________

** shut off

닫아서 단절시키다

09 The town in the valley is completely **shut off** from the modern world.

➡ 현대 세상으로부터 ________

10 The engines **shut off** automatically in an emergency.

➡ 엔진이 ________

01 화재로 회사가 폐업해서 많은 근로자들이 **해고되었다.** 02 우리는 드디어 빚을 **모두 갚았다.** 03 짐은 아프리카의 가뭄으로 인한 피해자들에게 구호품을 보내주기 위하여 1억 달러가 넘는 돈을 모았다. 짐의 아이디어가 **성공을 거두었다.** 04 그는 월요일이 기한인 화학 보고서 쓰는 것을 **미루고 있었다.** 05 제발 저를 **배웅하려고** 수고하지 마세요. 06 그들은 교통 혼잡을 피하기 위해 새벽녘에 **출발하고** 싶어 했다. 07 폭탄을 **터뜨리는** 데 원격 조종장치가 사용되었다. 08 아이들은 무료 점심을 얻기 위해 자신들이 창의적으로 장식한 자전거를 **자랑하고** 있었다. 09 그 골짜기에 있는 마을은 현대 세상으로부터 완전히 **차단되어** 있다. 10 그 엔진은 비상시에 자동으로 **멈춘다.**

*** take off

~을 …에서 떼어내다 / (땅)에서 떨어지다

01 Right after his brother **took** his hands **off** the bike, he could not balance himself and fell. [수능]

➡ 자전거에서 손을 ______

02 You have to **take off** your shoes before entering this restaurant. [수능응용]

➡ 신발을 ______

03 May I **take** a day **off**?

➡ (근무일 중) 하루 ______

04 I understand that everyone may be late from time to time, but if you make a habit of being late for class, I will **take off** points. [모의]

➡ 점수를 ______

05 The space shuttle **takes off** like a rocket, enters space as a spacecraft, and then returns and lands on a runway like an aircraft. [모의응용]

➡ 우주왕복선이 로켓처럼 (땅에서) ______

08강

*** turn off

돌려서 단절시키다

06 When she reached her car, it occurred to her that she might have forgotten to **turn off** the gas stove. [모의응용]

➡ 가스레인지를 ______

07 A disappointing debate between the candidates could **turn** a lot of voters **off**.

➡ 많은 유권자들이 ______

** wear off

닳게 해서 제거하다

08 A good night's sleep was all I needed for the muscle soreness to **wear off**.

➡ 근육통이 ______

---

* work off

~을 제거하도록 일하다

09 Work is an effective means of **working off** anger and using overflowing energy. [수능]

➡ 분노를 ______

고난도 write off (A as B)

*관용적 의미

10 India, once **written off as** a hopeless case, has almost tripled its food production in the last thirty years. [수능]

➡ 가망 없는 경우로 ______

01 형이 자전거에서 손을 **뗀** 직후 그는 균형을 잡을 수 없어 넘어졌다. 02 이 식당에 들어가기 전에 신발을 **벗어야** 합니다. 03 하루 **쉬어도** 될까요? 04 모두가 때로는 지각할 수도 있다고 이해하지만 수업 시간에 지각하는 것이 습관이 되어버리면 점수를 **깎도록** 하겠어요. 05 우주왕복선은 로켓처럼 **이륙해서** 우주선처럼 우주에 진입하고, 돌아올 때는 비행기처럼 활주로에 착륙한다. 06 그녀가 차에 다다랐을 때 가스레인지를 **끄는** 것을 깜박했을지도 모른다는 생각이 떠올랐다. 07 후보자들 간의 실망스러운 토론은 많은 유권자들이 **흥미를 잃게 만들** 수 있다. 08 근육통이 **낫기** 위해 내게 필요했던 것은 하룻밤의 숙면뿐이었다. 09 일은 분노를 **없애고** 넘치는 에너지를 사용하는 데 효과적인 방법이다. 10 한때 가망 없는 경우로 **여겨졌던** 인도는 지난 30년간 식품 생산량이 거의 3배가 되었다.

Themes | 경제

1. 경제

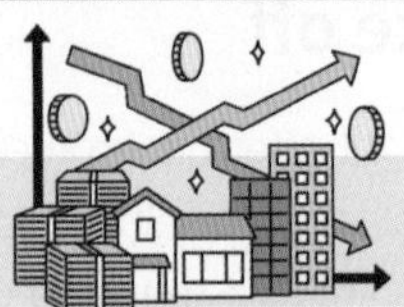

***	**economy** [ikánəmi]	명 경제, 경기; 절약
*	**economize** [ikánəmàiz]	동 절약하다
***	**economic** [ì:kənámik]	형 경제의; 경제성이 있는 01 Developing countries were hit hard by the financial and **economic** crisis.
***	**economical** [ì:kənámikəl]	형 경제적인, 절약하는 (= thrifty, frugal) 02 Buying in bulk is more **economical** than shopping for small quantities.
**	**boom** [bu:m]	명 쾅하는 소리; (사업·경제의) 호황; 갑작스러운 인기 동 호황을 맞다
**	**boost** [bu:st]	명 밀어 올림; 격려; 부양책 동 (경기 등을) 부양하다; 북돋우다 (= bolster) 03 The ad market was **boosted** by the Olympics.
*	**booster** [bú:stər]	명 후원자; (자신감 등을) 높이는 것
*	**prosper** [práspər]	동 (물질적으로) 번영[번창]하다 (= thrive, flourish) 04 We need to create a climate in which business can **prosper**.
*	**prosperity** [praspérəti]	명 (물질적) 번영, 번창
*	**prosperous** [práspərəs]	형 번영한, 번창한 (= wealthy, affluent) 05 **prosperous** countries
*	**stagnation** [stægnéiʃən]	명 정체, 침체; 불경기 (= depression, recession, slump, downturn) 06 **Stagnation** is a situation with an extended period of slow economic growth accompanied by relatively high unemployment.
*	**stagnant** [stǽgnənt]	형 (물·공기가) 고여 있는; (경기가) 침체된

01 재정적, **경제적** 위기가 개발도상국을 강타했다. 02 소량으로 사는 것보다 대량으로 사는 것이 더 **경제적**이다. 03 올림픽으로 인해 광고 시장이 **부양되었다**. 04 우리는 사업이 **번창할 수 있는** 분위기를 조성할 필요가 있다. 05 **부국(富國)**들 06 **불경기**란 상대적으로 높은 실직률이 동반된 저조한 경제 성장이 장기간 일어나는 현상이다.

*** **inflation** [infléiʃən] — 명 팽창; 인플레이션, 물가 상승률

01 The government has been unable to control **inflation**.

cf. deflation — 명 디플레이션, 물가 하락

cf. stagflation — 명 스태그플레이션 ((경기 불황 중에도 물가는 계속 오르는 현상))

** **inflate** [infléit] — 동 (공기 등으로) 부풀게 하다; 가격을 올리다

---

* **soar** [sɔːr] — 동 (하늘 높이) 날아오르다; (물가 등이) 급등하다 (= skyrocket, surge) (↔ plummet 폭락하다)

02 Stock prices are beginning to **soar**.

2. 재정

** **invest** [invést] — 동 투자하다; (시간, 노력 등을) 쏟다, 들이다

** **investment** [invéstmənt] — 명 투자 (자금)

03 the rapid rate of technical progress and **investment** in renewable energy [수능응용]

** **finance** [fáinæns, fənǽns] — 명 자금; 재정, 재무 동 자금을 대다

04 The chair should seek foreign investment to **finance** the company's new marketing strategy.

** **financial** [fainǽnʃəl, fə-] — 형 금융의, 재정의

** **treasury** [tréʒəri] — 명 국고(國庫); ((the T-)) 재무부; (지식 등의) 보고(寶庫)

05 A part of the nation's **treasury** is spent on space exploration.

cf. treasure — 명 보물

*** **tax** [tæks] — 명 세금 동 세금을 부과하다

** **taxation** [tækséiʃən] — 명 과세 제도; 세수 ((조세 징수로 얻는 정부 수입))

| 세금 |

levy	명(가장 일반적인 의미의) 세금; 추가 부담금
duty	명(일반적인) 세금 ((customs 또는 excise를 의미))
excise	명(국내) 소비세, 물품세 ((국내에서 판매되는 상품에 붙는 세금))
customs	명관세 ((특히 국내로 들여오는 수입품에 대한 세금))
tariff	명관세 ((수출입 상품에 붙이는 세금. 특히 값싼 수입품으로부터 국내 산업을 보호하기 위한 개념))

01 정부는 **인플레이션**을 조절하지 못하게 되었다. 02 주식 가격이 **급등하기** 시작했다. 03 재생 에너지에 대한 기술 발전과 **투자**의 빠른 속도 04 회장은 회사의 새로운 마케팅 전략에 **자금을 대기** 위해 외국의 투자를 구해야 한다. 05 **국고**의 일부가 우주 탐사에 사용된다.

3. 금융

*** **loan** [loun]

명 **대출(금)** 동 **빌려주다** (= lend)

01 He'll need several more years to pay off the rest of the **loan**.

cf. borrowing 명 빌리는 것, 차용 (↔ lending 빌려주는 것, 대부)

---

* **mortgage** [mɔ́:rgidʒ]

명 **담보 대출(금)** 동 (재산 등을) **저당 잡히다**

02 **mortgage** loan

*** **interest** [íntərèst]

명 **관심; 이해관계; 이자**

03 **interest** rate

*** **account** [əkáunt]

명 (은행) **계좌;** (회계) **장부; 신용 거래; 계정** 필수 다의어 | 135쪽

| 은행 관련 용어 |

- savings account 명 보통 예금 계좌
- checking account 명 당좌 예금 계좌 ((예금자가 수표를 발행하면 은행이 예금액으로 그 수표에 대해 지급하는 예금))
- bank statement 명 (은행 계좌의) 입출금 내역서
- ATM (automated teller machine) 명 현금 자동 입출금기

** **currency** [kə́:rənsi]

명 **통화;** (화폐의) **유통, 통용**

04 foreign **currency**

| 통화 관련 용어 |

- face value 명 액면가 ((화폐, 유가 증권, 티켓 등에 적힌 가격))
  Tickets were selling at twice their **face value**.
  티켓은 **액면가**의 두 배로 팔리고 있었다.
- reserve currency 명 준비 통화 ((국가별로 지급을 대비해 갖고 있는 외국환))
- token 명 (화폐 대용으로 쓰는) 토큰; 상품권

---

* **monetary** [mɑ́nətèri]

형 **통화의, 화폐의; 금전상의** (= financial)

05 The International **Monetary** Fund (IMF) said that economic trouble affecting Asian countries began to get better by the first half of 1999. [수능]

01 그가 남은 **대출금**을 다 갚으려면 몇 년이 더 필요할 것이다. 02 주택 **담보** 대출 03 **이자**율 04 외**화** 05 국제**통화**기금(IMF)은 아시아 국가들에 영향을 준 경제난이 1999년 상반기가 되면서 호전되기 시작했다고 말했다.

Exercises

080강

A

다음의 우리말은 영어로, 영어는 우리말로 그 뜻을 쓰시오.

① (기분) 전환
② (물·공기가) 고여 있는; (경기가) 침체된
③ 통화; (화폐의) 유통, 통용
④ 우주 비행사
⑤ 국고; (지식의) 보고
⑥ 생물의 다양성
⑦ 소화(력)
⑧ 관심; 이해관계; 이자
⑨ (물질적) 번영, 번창
⑩ 과세 제도; 세수
⑪ 대출(금); 빌려 주다
⑫ 점성술사
⑬ (다른 방향으로) 갈라지다
⑭ (하늘 높이) 날아오르다; (물가 등이) 급등하다
⑮ diverse
⑯ core
⑰ cordial
⑱ monetary
⑲ economical
⑳ displacement
㉑ finance
㉒ mortgage
㉓ disastrous
㉔ prosper
㉕ concord
㉖ boost
㉗ disposable
㉘ accordingly

B

다음 빈칸에 들어갈 가장 적절한 어휘를 고르시오.

1. When light passes through this lens, the light is bent, causing ______________ of the light rays. This type of lens is concave, rounded inward like the inside of a bowl.
① disaster ② discord ③ divergence ④ disposal

2. Spoiled food must be ______________ immediately so that someone else doesn't eat it by accident.
① diversified ② taxed ③ discarded ④ digested

3. Most testers couldn't ______________ the difference between bottled water and tap water during the taste experiments.
① discern ② economize ③ misplace ④ abandon

4. Yesterday the meteor shower was rather less intense than experts had forecasted, but ______________ participated carefully in the viewing.
① asterisks ② astronomers ③ astronautics ④ asteroids

C

다음을 읽고 문제에 답하시오.

A basic feature of any economy is the way it devotes resources to meeting current needs compared to maintaining or adding to future capacity. In traditional societies, these decisions come down to something like setting aside seeds for future planting. In advanced industrial societies, investment in future production involves savings institutions, financial markets, and the provision of money to both existing and new companies. These provisions include bank loans, bonds, and encouraging shared private and public ownership in projects. Investment in research, development, education, and training are all vital considerations when increasing productivity.

Q. What does the underlined part, setting aside seeds, refer to?

① boom ② investment ③ stagnation ④ inflation

D

각 네모 안에서 문맥에 알맞은 어휘를 고르시오.

1. [Astrology / Astronomy] is a natural science that deals with the study of celestial objects and phenomena that originate outside the Earth's atmosphere.

2. We ensure that goods are [distracted / dispatched] within 12 hours of receiving confirmed payment.

3. The [disinterested / uninterested] judge carefully considered both sides of the argument before making a fair decision.

E

다음 ① ~ ⑤ 중, 문맥상 밑줄 친 낱말의 쓰임이 적절하지 않은 것을 고르시오.

① Electronic goods account for over 25% of our exports.

② Much larger amounts of radiation have been detected just off shore. The ocean should disperse and dilute radioactive materials to safe levels.

③ The diversity of his stories, all written in the same style, with a recurring theme, makes them far too predictable.

④ Few people know that more than 50 percent of the river's water is diverted through four huge tunnels before it reaches those falls. [모의응용]

⑤ Traditional actors often disguised themselves in costumes. They painted their faces or covered them with masks and paraded through towns. [모의응용]

09강

Word Complete

Part

Prefixes	내부 in-[2]
Essential Roots/Stems	ject = throw spir(e) = breathe
Words with Multiple Meanings	object / subject
Phrasal Verbs	in이 포함된 구동사
Themes	산업

Words & Phrases

앞으로 학습할 예문에 쓰인 필수 어휘 모음입니다. 예문에 해당 단어 밑에는 점선이 표시(interact)되어 있습니다.
아는 단어는 □□에 체크하고 모르는 단어는 뜻 확인을 반복하세요.

고난도	□□	amphibian [æmfíbiən]	명 양서류
고난도	□□	be party to	~에 가담하다
*	□□	carton [kɑ́ːrtən]	명 곽, 통
**	□□	companion [kəmpǽnjən]	명 동료 (= associate); 친구
*	□□	detain [ditéin]	동 (가지 못하게) 붙들다; 구금[억류]하다
**	□□	draft [dræft]	명 밑그림, 초안; ((the ~)) 징병
*	□□	eruption [irʌ́pʃən]	명 폭발; 분출
고난도	□□	exile [égzail]	동 추방하다, 망명을 가게 만들다 (= banish)
**	□□	exploit 동 [iksplɔ́it] 명 [éksplɔit]	동 (부당하게) 이용하다; 착취하다 명 위업, 공적
***	□□	feature [fíːtʃər]	동 특징으로 삼다 명 특색 필수 다의어 | 248쪽
고난도	□□	felony [féləni]	명 중죄, 흉악 범죄 *cf.* misdemeanor 명 경범죄
***	□□	fine [fain]	명 벌금 동 벌금을 부과하다 필수 다의어 | 037쪽
*	□□	flee [fliː]	동 달아나다, 도망하다
*	□□	fume [fjum]	명 ((*pl.*)) (유독) 가스 *cf.* exhaust fumes 명 배기가스
**	□□	impulse [ímpʌls]	명 충동; 충격, 자극
***	□□	mass [mæs]	명 (정확한 형체가 없는) 덩어리; ((the -es)) (일반) 대중 형 대중의; 대량의
*	□□	personable [pə́ːrsənəbəl]	형 (잘생기고 성격이 좋아서) 매력적인
*	□□	plead [pliːd]	동 변호하다; 애원[간청]하다
고난도	□□	propensity [prəpénsəti]	명 (특정한 행동을 하는) 경향
*	□□	rebellion [ribéljən]	명 반란; 반대, 저항
*	□□	reservoir [rézərvwɑ̀ːr]	명 저수지; (많은 양의) 비축, 저장
고난도	□□	retina [rétənə]	명 (눈의) 망막
***	□□	revise [riváiz]	동 수정하다; (책 등을) 개정하다
**	□□	subconscious [səbkɑ́nʃəs]	형 잠재의식적인
*	□□	temporarily [tèmpərérəli]	부 일시적으로, 임시로
*	□□	tin [tin]	명 주석; 깡통
*	□□	traceable [tréisəbəl]	형 (기원·자취 등을) 추적할 수 있는
고난도	□□	truant [trúːənt]	명 무단결석생
*	□□	vigorous [vígərəs]	형 활발한; 격렬한 (= energetic, active, lively)
*	□□	vitality [vaitǽləti]	명 활력 (↔ lethargy 무기력)

Prefixes | 내부 in-²

in-² / im- = in, into (~ 안에, ~ 안으로)

include → in(in)+clude(shut) → 포함하다
intake → in(into)+take → 섭취

** **incident** [ínsidənt]
명 (특히 특이하거나 불쾌한) **일, 사건**
in(into)+cid(fall)+ent(명)

* **incidental** [ìnsədéntl]
형 **부수적인, 부차적인;** (자연스러운 결과로) **~에 따르기 마련인**
명 **부수적인 일**
01 The discovery was **incidental** to their main research.
02 Safety risks are **incidental** to the work of a firefighter.
cf. by-product 명 부산물; 부작용

고난도 **influx** [ínflʌ̀ks]
명 (많은 사람·자금·물건이) **밀어닥침, 유입** (= inrush, afflux)
in(into)+flux(flow)
03 The **influx** of cheap imported rice may result in the decline of traditional rice farming here.
cf. reflux 명 역류; 썰물
cf. efflux 명 (액체·가스 등의) 유출, 발산

---

* **infuse** [infjú:z]
동 (어떤 특성을) **불어넣다;** (찻잎 등을) **우려내다**
in(into)+fuse(pour, spread)
04 The best teachers **infuse** vitality into boring subjects.
cf. defuse 동 (위험·긴장 등을) 완화하다; (폭탄의) 뇌관을 제거하다

고난도 **infusion** [infjú:ʒən]
명 (자금 등의) **투입; 우려낸 차[약물]**

---

* **inhale** [inhéil]
동 (숨·연기 등을) **들이마시다** (↔ exhale 숨을 내쉬다)
in(into)+hale(breathe)
05 Many people were taken to the hospital after **inhaling** the fumes.

* **inhalation** [ìnhəléiʃən]
명 **흡입** (↔ exhalation 숨을 내쉼; 발산)

01 그 발견은 그들의 주된 연구에 따른 **부수적인** 것이었다. 02 안전상의 위험은 소방관 업무에 **따르기 마련이다.** 03 값싼 수입쌀의 **유입**은 이곳의 전통적인 쌀 재배의 감소를 가져올 수도 있다. 04 최고의 교사들은 지루한 과목에 활력을 **불어넣는다.** 05 많은 사람들이 그 가스를 **들이마신** 뒤 병원으로 이송되었다.

* **intrude** [intrú:d]

동 (가서는 안 될 곳을) **침범하다; 방해하다**

in(into)+trude(push)

01 I don't want to **intrude** on your privacy.

* **intrusion** [intrú:ʒən]

명 **침범; 방해**

* **intrusive** [intrú:siv]

형 **끼어드는, 거슬리는**

** **invade** [invéid]

동 (군사적으로) **침입[침략]하다;** (권리 등을) **침해하다;** (질병 등이) **침범하다**

in(into)+vade(go)

02 The troops **invaded** at dawn.

** **invasion** [invéiʒən]

명 **침입, 침략** (= aggression)

03 He has tried everything to get rid of the **invasion** of ants in his kitchen.

** **invasive** [invéisiv]

형 (질병이 체내에) **급속히 퍼지는;** (치료가) **외과적인**

---

* **impair** [impέər]

동 **손상시키다, 악화시키다** (↔ improve 개선하다)

im(into)+pair(make worse)

04 Consumption of alcohol **impairs** your ability to drive a car.

* **impairment** [impέərmənt]

명 (신체적·정신적) **장애**

** **impose** [impóuz]

동 ((on)) (법률 등을) **시행하다;** (힘든 것을) **부과하다;** (의견 등을) **강요하다**

im(into)+pose(put)

05 The council has **imposed** a ban on alcohol in the city parks.

06 to **impose** deadlines on your tasks

07 I wouldn't want to **impose** my views on anyone.

** **inherent** [inhíərənt]

형 **내재하는, 고유의** (= intrinsic, innate, inborn) (↔ extraneous 외부의)

in(in)+here(stick)+ent(형)

08 They discussed the risks **inherent** in starting a small business.

** **implement** 동 [ímpləmènt] 명 [ímpləmənt]

동 **실행[수행]하다** (= carry out) 명 **도구, 기구** (= tool)

im(in)+plement(fill)

09 He failed to **implement** campaign promises.

01 당신 사생활을 **침범하고** 싶지 않아요. 02 군대가 새벽에 **침공했다.** 03 그는 부엌에 개미가 **침입하는 것**을 없애려고 온갖 수단을 다 썼다. 04 알코올 섭취는 자동차 운전 능력을 **손상시킨다.** 05 시의회는 도시 공원에서의 음주 금지령을 **시행했다.** 06 과업에 마감시한을 **부여하다** 07 나는 내 견해를 누구한테도 **강요하려** 하지 않을 것이다. 08 그들은 소규모 사업 창업에 **내재하는** 위험요인들을 논의했다. 09 그는 선거 공약을 **이행하지** 못했다.

Essential Roots / Stems ❶

ject = throw 던지다

** **inject** [indʒékt]

동 주사하다; 주입하다; (특성을) 더하다
in(into)+ject(throw)

01 She told a few jokes to **inject** a little humor into her speech.

** **injection** [indʒékʃən]

명 주사; 주입

02 He needs a daily **injection** of insulin.

---

* **eject** [idʒékt]

동 내쫓다 (= throw out, expel); 튀어나오게 하다; (기계에서) 꺼내다
e(out)+ject(throw)

03 The official was detained at the airport and **ejected** from the country.

04 Press this button to **eject** the DVD.

* **ejection** [idʒékʃən]

명 방출; 방출물

*** **object** 명 [ábdʒikt] 동 [əbdʒékt]

명 물건; 목표 동 ((to)) (~에) 반대하다 필수 다의어 | 149쪽
ob(against)+ject(throw)

*** **objection** [əbdʒékʃən]

명 이의, 반대

*** **objective** [əbdʒéktiv]

명 목적 형 객관적인; ((문법)) 목적격의

05 The book review should feature an **objective** description of the storyline, so readers can understand the review's context.

*** **subject** 명 [sʌ́bdʒikt] 동 [səbdʒékt]

명 주제; 과목; 연구 대상 동 ((to)) (~에) 종속시키다 필수 다의어 | 149쪽
sub(under)+ject(throw)

*** **subjective** [səbdʒéktiv]

형 주관적인; ((문법)) 주격의

*** **project** 동 [prədʒékt] 명 [prádʒekt]

동 투영하다; 발사하다; 예상하다; 튀어나오다 명 계획, 기획; 과제
pro(forward)+ject(throw)

06 Images are **projected** onto the retina of the eye.

07 Tusks are extremely large teeth which **project** beyond the lips.

** **projector** [prədʒéktər]

명 영사기, 프로젝터

01 그녀는 자신의 이야기에 약간의 유머를 **더하기** 위해 농담 몇 마디를 했다. 02 그는 매일 인슐린 **주사**를 맞아야 한다. 03 그 관리는 공항에 억류되어 있다가 그 나라에서 **추방당했다**. 04 DVD를 **꺼내려면** 이 버튼을 눌러라. 05 서평은 줄거리의 **객관적** 서술을 특별히 포함해야 하는데, 그래야 독자들이 그 서평의 맥락을 이해할 수 있다. 06 이미지들은 눈의 망막에 **투영된다**. 07 상아는 입술 밖으로 **튀어나온** 매우 큰 치아이다.

Essential Roots / Stems ❷

spir(e) = breathe 숨 쉬다, 호흡하다

*** **inspire** [inspáiər]
동 영감을 주다; 고무하다, 격려하다
in(into)+spire(breathe)
01 Parents are eager to find ways to **inspire** their children to read. [모의응용]

** **inspiration** [ìnspəréiʃən]
명 영감; 고무, 격려

** **spiritual** [spíritʃuəl]
형 정신적인; 종교적인
02 **Spiritual** strength is the motive power of victory.

---

* **aspire** [əspáiər]
동 열망하다 (= long, yearn, be eager[anxious], crave)
a(to)+spire(breathe)
03 If you **aspire** to be a leader, you must be a good listener.

* **aspiration** [æ̀spəréiʃən]
명 열망, 포부

---

* **conspire** [kənspáiər]
동 공모하다; 음모를 꾸미다
con(together)+spire(breathe)

* **conspiracy** [kənspírəsi]
명 공모 (= collusion, complicity); 음모 (= plot, intrigue)
04 He was party to a **conspiracy** to commit the felony.

** **expire** [ikspáiər]
동 (기한이) 만료되다 (= become invalid)
ex(out)+spire(breathe)
05 Your contract **expires** at the end of the month.

** **expiration** [èkspəréiʃən]
명 (기한) 만료, 만기

고난도 **respire** [rispáiər]
동 숨 쉬다, 호흡하다
re(again)+spire(breathe)
06 Amphibians **respire** through their moist skin.

고난도 **respiration** [rèspəréiʃən]
명 호흡

고난도 **respiratory** [résp*ə*rətɔ̀ːri]
형 호흡기의

01 부모는 자녀들이 책을 읽도록 **격려할** 방법들을 찾기를 열망한다. 02 **정신**력이 승리의 원동력이다. 03 리더가 되기를 **열망한다면** 잘 들어주는 사람이 되어야 한다. 04 그는 중죄를 저지르는 **음모**에 가담했다. 05 당신의 계약은 이번 달 말에 **만료됩니다**. 06 양서류는 축축한 피부를 통해 **호흡한다**.

Words with Multiple Meanings 필수 다의어의 이해

*** object
명 [ábdʒikt]
동 [əbdʒékt]

대상(물) — 어떤 일의 상대 또는 목표·목적이 되는 것
- 명 물건, 물체
- 명 목적, 목표 → 명 (연구·관심 등의) 대상
- 동 반대하다

01 I discovered a strange **object** that was wrapped in a newspaper.
02 His sole **object** in life is to be a travel writer.
03 The scientist is currently the **object** of much media attention.
04 My father never minded spending money on my education, but he **objected** to spending on everything else. [모의응용]

*** subject
명형 [sʌ́bdʒikt]
동 [səbdʒékt]

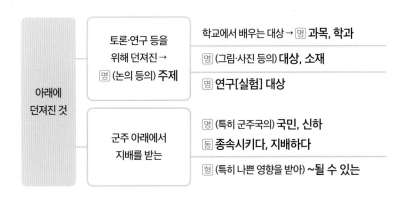

아래에 던져진 것
- 토론·연구 등을 위해 던져진 → 명 (논의 등의) 주제
  - 학교에서 배우는 대상 → 명 과목, 학과
  - 명 (그림·사진 등의) 대상, 소재
  - 명 연구[실험] 대상
- 군주 아래에서 지배를 받는
  - 명 (특히 군주국의) 국민, 신하
  - 동 종속시키다, 지배하다
  - 형 (특히 나쁜 영향을 받아) ~될 수 있는

05 If you are giving a speech, gather as many facts as you can on your **subject**. [모의응용]
06 Math is probably the most difficult **subject**. [모의응용]
07 The French artist loved to use gardens as his **subjects**.
08 The **subjects** of this experiment were young men aged 18-30.
09 The king's **subjects** started a rebellion. [모의응용]
10 All buses are **subject** to delay in the event of bad weather.

- be subject to (완성·합의가 되려면) ~을 받아야 하다; ~의 권한 아래 있다
  The funding **is subject to** approval by the Board of Management.
  그 기금은 경영 이사회로부터 승인**을 받아야 합니다**.

01 나는 신문에 싸여 있는 이상한 **물건** 하나를 발견했다. 02 그의 유일한 삶의 **목표**는 여행 작가가 되는 것이다. 03 그 과학자는 현재 언론의 많은 관심을 받는 **대상**이다. 04 아버지는 내 교육에 돈을 쓰는 것은 결코 꺼리지 않으셨지만, 그 밖의 모든 것에는 돈을 쓰는 것을 **반대하셨다**. 05 연설을 하려면, (당신이 말하려는) **주제**에 관하여 가능한 한 많은 사실을 수집하세요. 06 수학은 아마도 가장 어려운 **과목**일 것이다. 07 그 프랑스 화가는 자신의 (그림) **소재**로 정원을 그리는 것을 무척 좋아했다. 08 이 실험의 **대상자**는 18~30세의 젊은 남성들이었다. 09 왕의 **신하들**이 반란을 일으키기 시작했다. 10 악천후의 경우에는 모든 버스가 연착**될 수 있다**.

Phrasal Verbs | in이 포함된 구동사

다음 구동사의 의미를 추론하여 오른쪽 빈칸에 쓰고 페이지 하단의 해석과 대조해 보시오.

** **break in** — 깨고 안으로 들어오다

01 When someone is talking, you must not **break in**. ➡ (남의 말)에 ________

02 Thieves **broke in** while the family was on vacation. ➡ (집)에 도둑이 ________

*** **check in** — ~에 들어가려고 체크하다

03 A: Ah, there you are, Julia. Have you **checked in**?
B: Yes, I have. I have to board the plane soon. [모의] ➡ (비행기)를 타려고 체크하다 → ________

* **count in** — ~을 셈에 넣다

04 A: The party starts at half past six. Can you make it?
B: Sure, **count** me **in**. [모의응용] ➡ (파티에) 나를 ________

** **drop in (on)** — ~ 안으로 떨어지다

05 In some places you can **drop in on** a friend at any time. In other societies people wait until they are invited. ➡ 친구를 ________

** **engage in** — ~ 안으로 관심을 끌다

06 Students who **engaged in** vigorous activity outside of school were found to have higher academic scores. [모의응용] ➡ 활발한 활동에 ________

*** **fill in** — ~ 안을 메우다

07 I want you to **fill in** for her temporarily. [모의] ➡ 임시로 그녀(의 자리)를 ________

08 Please **fill in** this application form and submit it to the office by Tuesday. ➡ 지원서를 ________

01 누군가 말을 하고 있을 때 **끼어들면** 안 된다. 02 그 가족이 휴가를 간 사이에 도둑이 **침입했다**. 03 A: 아, 여기 계시군요, 줄리아. **탑승 수속은 하셨나요**? B: 네, 했어요. 곧 비행기에 탑승해야 해요. 04 A: 파티는 6시 반에 시작해요. 그때까지 오실 수 있나요? B: 그럼요. 저를 **포함시켜 주세요**. 05 어떤 지역에서는 언제라도 친구를 **방문해도** 된다. 다른 사회에서는 사람들이 초대받을 때까지 기다린다. 06 학교 밖의 활발한 활동에 **참여한** 학생들이 좀 더 높은 학업 성적을 받은 것으로 밝혀졌다. 07 저는 당신이 임시로 그녀의 자리를 **채워주길** 바랍니다. 08 이 지원서를 **작성해서** 화요일까지 사무실에 제출하세요.

* fit in (with)

~ 안에 들어맞다 / ~ 안에 끼워 넣다

01 He explained the project to me and how my job **fits in**.

➡ 내 직업이 (그 프로젝트에) ________

02 People have the subconscious desire to be in harmony with their companions and to **fit in with** them. [모의응용]

➡ 동료들과 ________

03 If my schedule allows it, I'll **fit** you **in** at 2:30.

➡ 일정에 끼워 넣다 → 2시 30분에 ________

** give in

안으로 주다 / 받아들이다

04 We pleaded with Mr. Kim to postpone the exam, and he finally **gave in**.

➡ 마침내 ________

05 The rebels were forced to **give in**.

➡ 반역자들이 ________

06 You must **give in** your examination papers now.

➡ 시험지를 ________

** hand in = give in = turn in = send in

안으로 건네다

07 To apply for the scholarship, **hand in** an application before the deadline.

➡ 지원서를 ________

** let in (on)

안으로 들어오게 하다

08 If you can keep a secret, I'll **let** you **in on** our plans to throw a surprise party.

➡ 우리 계획에 너를 ________

09 I **let** her **in on** the secret because she is a close friend.

➡ 비밀 안에 들어오게 하다 → 비밀을 ________

** set in

안에 놓이다

10 I need to mend the roof before winter **sets in**.

➡ 겨울이 ________

** take in

안으로 취하다

11 The child quietly **took in** everything that was happening.

➡ 모든 일을 ________

12 The humanities **take in** subjects like literature, philosophy, and language.

➡ 문학, 철학, 언어 같은 과목을 ________

13 If the exercise you do burns up more calories than you **take in**, you will lose weight.

➡ 칼로리를 (몸 안으로) ________

01 그는 내게 그 프로젝트와 내 직업이 얼마나 **잘 들어맞는지를** 설명했다. 02 사람들은 자신의 동료들과 조화를 이루고 **함께 어울려야** 한다는 잠재의식적인 욕구가 있다. 03 스케줄이 허락하면 당신을 2시 30분에 **만나 뵐게요.** 04 우리는 김 선생님께 시험을 연기해달라고 간청 드렸고, 선생님이 마침내 **받아들이셨다.** 05 반역자들은 어쩔 수 없이 **항복했다.** 06 지금 시험지를 **내야** 합니다. 07 장학금을 신청하려면 마감일 전에 지원서를 **제출하시오.** 08 비밀을 지킬 수 있다면 그들을 위한 깜짝 파티를 열려는 우리 계획에 너를 **끼워 줄게.** 09 나는 그녀가 친한 친구이기 때문에 비밀을 **알려주었다.** 10 겨울이 **오기** 전에 나는 지붕을 고쳐야 해. 11 그 아이는 일어나고 있는 모든 일을 조용히 **받아들였다.** 12 인문학은 문학, 철학, 언어와 같은 과목을 **포함한다.** 13 네가 하는 운동이 **섭취하는** 것보다 더 많은 칼로리를 연소시키면 체중이 줄 것이다.

Themes | 산업(Industry)

1. 농업 (Agriculture)

** **cultivate** [kʌ́ltəvèit]
㉢ 경작하다 (= till); 재배하다; 함양하다
01 Olives have been **cultivated** successfully in Southern Australia.

** **cultivation** [kʌ̀ltəvéiʃən]
㉢ 경작; 재배; (관계) 구축; 함양

** **fertile** [fə́ːrtl]
㉢ 비옥한; 생식력 있는 (↔ infertile, sterile, barren 황폐한; 불임의)
02 The Nile's regular flooding meant the surrounding land was very **fertile**.

* **fertility** [fəːrtíləti]
㉢ 비옥함; 생식력 (↔ infertility 불모; 불임)

* **fertilize** [fə́ːrtəlàiz]
㉢ ((생물)) 수정시키다; (토지에) 비료를 주다

---

* **irrigate** [írəgèit]
㉢ 관개하다, (땅에) 물을 대다
03 The water from the reservoir is used to **irrigate** the area.

* **irrigation** [ìrəgéiʃən]
㉢ 관개

---

* **pesticide** [péstisàid]
㉢ 살충제 (= insecticide); 농약

cf. herbicide ㉢ 제초제 (= weedkiller)

고난도 **forage** [fɔ́ːridʒ]
㉢ (소·말의) 사료
㉢ (동물이) 먹이를 찾다; (사람이 손으로) 마구 뒤지며 찾다 (= rummage)
04 **Foraging** is a means of searching for wild food resources. [모의]

고난도 **forager** [fɔ́ːridʒər]
㉢ 수렵채집인; 약탈자

2. 언론 (The Press)

** **journal** [dʒə́ːrnəl]
㉢ 일기; (특정 주제를 다루는) 신문; 정기 간행물

** **journalism** [dʒə́ːrnəlìzəm]
㉢ 저널리즘 ((신문 기삿거리를 모으고 기사를 쓰는 일))

신문 각 부분의 명칭 | Appendix 527쪽

01 올리브는 호주 남부에서 성공적으로 **재배되어** 왔다. 02 나일 강의 주기적인 범람은 주변의 땅이 매우 **비옥하다**는 것을 의미했다. 03 그 저수지의 물은 그 지역의 **땅에 물을 대는** 데 이용된다. 04 **수렵채집**은 야생의 식량 자원을 찾는 수단이다.

** **coverage** [kʌ́vəridʒ]

명 (언론의) **보도[방송]; 보급(률);** ((보험)) **보장 범위**

01 The crime received heavy **coverage** in the media.

고난도 **divulge** [daivʌ́ldʒ]

동 (비밀을) **누설하다** (= reveal, expose, disclose)

02 Journalists do not **divulge** their sources.

* **distort** [distɔ́ːrt]

동 **비틀다;** (사실을) **왜곡하다** (= twist)

03 You must not **distort** the facts in order to make your report more exciting.

* **distortion** [distɔ́ːrʃən]

명 **찌그러뜨림; 왜곡**

* **censor** [sénsər]

동 **검열하다** 명 **검열관**

04 TV networks tend to **censor** bad language from their programs.

* **censorship** [sénsərʃìp]

명 **검열**

*** **edit** [édit]

동 (글 등을) **수정하다;** (책을) **편집하다**

05 We are revising and **editing** the draft.

cf. proofread 동 교정을 보다

*** **editor** [éditər]

명 **편집자; 편집장**

** **edition** [idíʃən]

명 (출간된 책의 형태로 본) **판;** (출간 횟수를 나타내는) **판**

3. 제조

고난도 **streamline** [stríːmlàin]

동 (시스템 등을) **간소화[능률화]하다; 유선형으로 하다**

06 The production process is to be **streamlined**.

* **customize** [kʌ́stəmàiz]

동 **주문 제작하다**

** **merchandise** [mə́ːrtʃəndàiz]

명 **물품, 상품** 동 **판매하다**

07 official Olympic **merchandise**

01 그 범죄는 매체에서 많이 **보도**되었다. 02 기자는 기사의 출처를 **누설하지** 않는다. 03 보도를 더 흥미롭게 하려고 사실을 **왜곡해서는** 안 된다. 04 TV 방송국은 자사 프로그램에서 부적절한 표현을 **검열하는** 경향이 있다. 05 우리는 초안을 수정하고 **편집하는** 중이다. 06 생산 과정이 **간소화되어야** 한다. 07 올림픽 공식 **상품**

4. 유통·무역·소비

** **distribute** [distríbju(:)t] — 동 분배하다 (= dispense); (상품을) 유통하다

** **distribution** [dìstrəbjú:ʃən] — 명 분배 (방식); 분포; 유통

---

* **barter** [bá:rtər] — 동 물물교환하다 명 물물교환

---

* **bulk** [bʌlk] — 명 대부분; (큰) 규모

01 a **bulk** order

---

* **hub** [hʌb] — 명 (바퀴의) 중심; (특정 활동의) 중심지, 중추

02 the commercial **hub** of the city

---

* **quota** [kwóutə] — 명 (요구되거나 해야 할) 몫; (수출입 등에 공식적으로 허용되는) 한도

03 Due to the import **quota**, only a certain amount of goods can be imported.

고난도 **installment** [instɔ́:lmənt] — 명 할부(금)

04 interest-free **installment** plan

** **commerce** [kámə:rs] — 명 상업, 무역 (= trade)

** **commercial** [kəmə́:rʃəl] — 형 상업의; 영리 위주의 (↔ nonprofit 비영리적인) 명 광고(방송)

고난도 **sanction** [sǽŋkʃən] — 명 허가, 승인; 제재 동 허가[승인]하다; 제재를 가하다

05 the **sanctions** of the court

06 trade **sanctions**

고난도 **consumerism** [kənsú:mərìzəm] — 명 소비(문화); 소비지상주의 (↔ anti-consumerism 소비절제주의)

고난도 **prodigal** [prádigəl] — 형 낭비하는 (= wasteful, extravagant); 방탕한

07 **Prodigal** habits die hard.

01 **대량** 주문 02 그 도시의 상업 **중심지** 03 수입 **한도** 때문에 일정 양의 제품만 수입될 수 있다. 04 무이자 **할부** 05 법원의 **허가** 06 무역 **제재** 07 **낭비하는** 습관은 버리기 어렵다.

Exercises

A 다음의 우리말은 영어로, 영어는 우리말로 그 뜻을 쓰시오.

① 부수적인, 부차적인
② (바퀴의) 중심; (특정 활동의) 중심지, 중추
③ (자금 등의) 투입; 우려낸 차[약물]
④ 흡입
⑤ (언론의) 보도[방송]; 보급(률)
⑥ 관개하다, (땅에) 물을 대다
⑦ 비옥한; 생식력 있는
⑧ 주문 제작하다
⑨ 끼어드는, 거슬리는
⑩ 할부(금)
⑪ 상업의; 영리 위주의; 광고(방송)
⑫ 몫; 한도
⑬ 살충제; 농약
⑭ (소·말의) 사료; (동물이) 먹이를 찾다
⑮ 대부분; (큰) 규모
⑯ merchandise
⑰ respiratory
⑱ divulge
⑲ cultivate
⑳ influx
㉑ commerce
㉒ impairment
㉓ distribute
㉔ edit
㉕ prodigal
㉖ ejection
㉗ intrude
㉘ implement
㉙ streamline
㉚ censor

B 다음 빈칸에 들어갈 가장 적절한 어휘를 고르시오.

1. Before buying any food item on the shelf or in the fridge, please check the ________ date on the container, tin, or carton, and inspect the contents carefully.
① aspiration ② inspiration ③ expiration ④ irrigation

2. Critics of the school's intention to ________ fines on the parents of truants say it doesn't solve the root of the problem.
① disclose ② distort ③ impair ④ impose

3. In order for accurate information about food to be communicated to consumers, the production and ________ chain must be traceable.
① distribution ② invasion ③ respiration ④ distortion

4. I recently met one exiled family who had narrowly escaped death after fleeing their farm when it was ________.
① projected ② invaded ③ fertilized ④ bartered

C

다음을 읽고 문제에 답하시오.

Every time you go shopping, every dollar you spend is a vote for the company that makes the product that you're buying. Ethical consumerism has led to a rise in ethics-based decisions in the mass market, enabled by an increased understanding of, and information about, business practices. All too often, companies are involved in unethical practices, such as exploiting workers in the developing world or dumping toxic chemicals into the environment. On the other hand, there are companies that make a strong effort to act in a morally responsible way, and we as consumers have the opportunity to seek out and support these companies by buying their products. Every time we make a purchase from an ethical company we are doing our part to build a better world for everyone.

Q. What does the underlined part, Ethical consumerism, mean in this text?

① a strategy for avoiding impulse purchases
② the intentional purchase of ethical products
③ a preference for environmentally-friendly used items
④ the competition over creating quality products

D

각 네모 안에서 문맥에 알맞은 어휘를 고르시오.

1. The propensity for aggressive behavior may be [extraneous / inherent] in human nature, but the important point is that man has the unique capacity to keep his aggressive impulses in check.

2. Local residents became sick after [exhaling / inhaling] fumes from the fire, so they needed hospital treatment.

E

다음 ①~⑤ 중, 문맥상 밑줄 친 낱말의 쓰임이 적절하지 않은 것을 고르시오.

① A lone fruit tree is often barren because it lacks a mate or, if it has one, the mate flowers at a slightly different time.
② His rich voice and personable style infuse energy into his performances.
③ Each of us should aspire to great deeds, and then we will have a better chance of doing good deeds.
④ In 1998, the UN Security Council attempted to stop the illegal trade by imposing sanctions to prevent the sale of any African diamonds, but it had limited success.
⑤ The 1980 eruption of Mount St. Helens injected millions of tons of ash.

10강

Word Complete

Part

Prefixes	외부(1) e(x)-
Essential Roots/Stems	tend / tent(e) / tens(e) = stretch, pull
Words with Multiple Meanings	tend / attend
Phrasal Verbs	out이 포함된 구동사 1
Themes	회사 1

Words & Phrases

앞으로 학습할 예문에 쓰인 필수 어휘 모음입니다. 예문에 해당 단어 밑에는 점선이 표시(interact)되어 있습니다.
아는 단어는 □□에 체크하고 모르는 단어는 뜻 확인을 반복하세요.

**	□□	compel [kəmpél]	동 강요하다; ~하게 만들다
*	□□	contamination [kəntæ̀mənéiʃən]	명 오염 (↔ purification 정화)
*	□□	death sentence	명 사형 선고
**	□□	defendant [diféndənt]	명 (재판에서) 피고 (↔ plaintiff 원고)
**	□□	donation [dounéiʃən]	명 기부(금), 기증
**	□□	endangered species	명 멸종 위기에 처한 동식물의 종(種)
*	□□	exclaim [ikskléim]	동 소리치다, 외치다
***	□□	expense [ikspéns]	명 비용, 경비
고난도	□□	extol [ikstóul]	동 극찬[격찬]하다
**	□□	facility [fəsíləti]	명 쉬움, 용이함 (= ease); (편의) 시설
***	□□	fit [fit]	명 (감정·행동의) 격발, 발작 필수 다의어 | 262쪽
**	□□	grant [grænt]	명 (정부 등의) 보조금 동 승인하다; 인정하다
***	□□	guilty [gílti]	형 유죄의; 가책을 느끼는
고난도	□□	incur [inkə́ːr]	동 (좋지 못한 상황을) 가져오다; (비용을) 발생시키다
**	□□	justify [dʒʌ́stifài]	동 정당화하다, 옹호하다
***	□□	lack [læk]	명 부족, 결핍 (= deficiency) 동 부족하다
**	□□	landlord [lǽndlɔ̀ːrd]	명 (방·집 등을 빌려주는) 주인, 임대인 (↔ tenant 임차인)
*	□□	life imprisonment	명 종신형, 무기징역
**	□□	long for	~을 추구하여 바라다 (= crave, yearn for)
**	□□	mandatory [mǽndətɔ̀ːri]	형 명령의; 강제의, 의무의 (= obligatory, compulsory)
*	□□	mutually [mjúːtʃuəli]	부 서로, 상호 간에
고난도	□□	ornate [ɔːrnéit]	형 화려하게 장식된
**	□□	overwhelming [òuvərhwélmiŋ]	형 압도적인, 엄청난
*	□□	pest [pest]	명 해충; 흑사병
*	□□	restless [réstləs]	형 (지루해서) 가만히 못 있는, 안절부절못하는
**	□□	successor [səksésər]	명 계승자; 상속자; 후임자
**	□□	surgeon [sə́ːrdʒən]	명 외과의사
**	□□	sympathy [símpəθi]	명 공감 (= empathy); 동정 (= compassion)
**	□□	testify [téstəfài]	동 (특히 법정에서) 증언하다, 진술하다; 증명하다
*	□□	unanimous [juːnǽniməs]	형 만장일치의
**	□□	unsatisfactory [ʌ̀nsætisfǽktəri]	형 만족스럽지 못한
**	□□	vacancy [véikənsi]	명 (호텔 등의) 빈방; 결원, 공석
**	□□	workload [wə́ːrkloud]	명 업무량

Prefixes | 외부(1) e(x)-

e(x)- = out (of); without; completely (밖에, 밖으로; 제외, 소멸; 강조)

emerge → e(out)+merge(dip, sink) → 나오다; 드러나다
expose → ex(out)+pose(put) → 드러내다; 폭로하다; 노출시키다
*exposure 명 노출; 폭로

*** **exhibit** [igzíbit]
동 **전시하다** (= display)
ex(out)+hib(hold)+it(동)
01 He longed for the chance to **exhibit** his work publicly.

*** **exhibition** [èksəbíʃən]
명 **전시(회); (재능 등의) 발휘; (감정 등의) 표현**

*** **expand** [ikspǽnd]
동 **확대되다** (= enlarge) (↔ contract 수축하다); **더 상세히 말하다**
ex(out)+pand(spread, stretch)
02 A student's vocabulary **expands** through reading.
03 I refuse to **expand** any further on my earlier statement.

*** **expansion** [ikspǽnʃən]
명 **확대, 확장**

** **extinct** [ikstíŋkt]
형 **멸종된; 사라진**
ex(소멸)+tinct(dead)
04 fossils of dinosaurs and other **extinct** animals

** **extinction** [ikstíŋkʃən]
명 **멸종**

** **extinguish** [ikstíŋgwiʃ]
동 (불을) **끄다** (= put out); **끝내다, 없애다**
ex(소멸)+stingu(quench 끄다)+ish(동)
05 to **extinguish** the fire

---

* **elaborate** 형 [ilǽbərət] 동 [ilǽbərèit]
형 **공들인; 정교한** (= intricate) 동 **정교하게 만들다; 자세히 말하다**
e(out)+labor(work)+ate(형동)
06 This jewelry has **elaborate** designs and is very ornate.

01 그는 공개적으로 자신의 작품을 **전시할** 기회를 갈망했다. 02 학생의 어휘력은 독서를 통해 **확대된다.** 03 내가 이전에 한 말에 대해 더 이상 **상세히 설명하지** 않겠다. 04 공룡과 다른 멸종 동물들의 **화석** 05 화재를 **진화하다** 06 이 보석은 디자인이 **정교하며** 매우 화려하다.

* **elicit** [ilísit]

동 (정보·반응을) **끌어내다** (= draw out)

e(out)+licit(draw)

01 My question **elicited** no response.

*** **emigrate** [émigrèit]

동 **이민을 가다**

e(out)+migr(move)+ate(동)

02 We're thinking of **emigrating** from Korea to New Zealand.

cf. immigrate 동 이주해 오다

---

* **eminent** [émənənt]

형 **저명한; 탁월한**

e(out)+min(rise)+ent(형)

03 studies of **eminent** scientists

* **eminence** [émənəns] 명 (특히 전문 분야에서의) **명성**

고난도 **eradicate** [irǽdikèit]

동 **없애다, 근절하다** (= eliminate, uproot, root out)

e(out)+radic(root)+ate(동)

04 His ambition is to **eradicate** poverty in his community.

---

* **evade** [ivéid]

동 **피하다, 모면하다;** (의무·지불 등을) **회피하다**

e(out)+vade(go)

05 She was found guilty of **evading** taxes.

* **evasion** [ivéiʒən] 명 **회피, 모면; 얼버무리기**

고난도 **evasive** [ivéisiv] 형 **책임 회피의; 얼버무리는**

고난도 **evict** [ivíkt]

동 **쫓아내다, 퇴거시키다**

e(out)+vict(conquer)

06 They were unable to pay the rent, and were **evicted** from their home.

고난도 **eviction** [ivíkʃən] 명 **축출, 쫓아냄**

---

* **evoke** [ivóuk]

동 (감정·기억을) **불러일으키다, 환기시키다** (= arouse)

e(out)+voke(call)

07 The recent flood **evoked** memories of the great flood of 1972.

01 내 질문은 어떤 반응도 **끌어내지** 못했다. 02 우리는 한국에서 뉴질랜드로 **이민 가는** 것을 생각 중이다. 03 **저명한** 과학자들의 연구 04 그의 포부는 지역 사회에서 가난을 **근절시키는** 것이다. 05 그녀는 **탈**세로 유죄 판결을 받았다. 06 그들은 집세를 낼 수가 없어서 집에서 **쫓겨났다.** 07 최근의 홍수는 1972년의 대홍수에 대한 기억을 **불러일으켰다.**

Essential Roots / Stems

tend / tent(e) / tens(e) = stretch, pull 늘이다, 당기다

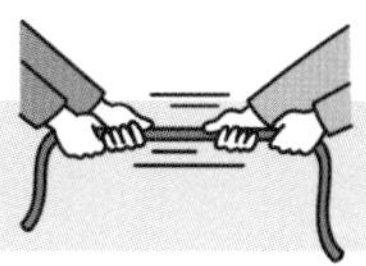

*** **extend** [iksténd]
동 **확대하다, 늘이다** (↔ reduce 줄이다); **포함하다**
ex(out)+tend(stretch)
01 It's time to **extend** the mandatory retirement age of sixty-five to all professionals. [모의]

** **extension** [iksténʃən]
명 (기간의) **연장, 확대**; (전화의) **내선**
02 Brady wants a two-year **extension** on his contract.

** **extent** [ikstént]
명 **정도**; (어떤 지역의) **규모**
03 They underestimated the **extent** of the contamination.

** **extensive** [iksténsiv]
형 **아주 넓은[많은], 대규모의**

*** **tend** [tend]
동 (~로) **향해 가다**; (~하는) **경향이 있다**; **돌보다** 필수 다의어 | 163쪽

*** **tense** [tens]
형 **긴장된; 팽팽한** 동 **긴장시키다**
04 I was feeling a little **tense** and restless.

*** **tension** [ténʃən]
명 **긴장, 불안**
05 Laughter is the most powerful and constructive tool for calming **tension**. [수능응용]

cf. hypertension 명 고혈압 (= high blood pressure)
cf. high-tension 형 (전류가) 고압의

*** **attend** [əténd]
동 **참석하다**; ((to)) **주의를 기울이다**; ((on, to)) **시중들다** 필수 다의어 | 163쪽
at(to)+tend(stretch)

*** **intend** [inténd]
동 **의도하다**
in(into)+tend(stretch)
06 The defendant testified that he fully **intended** to repay his loan.

** **intention** [inténʃən]
명 **의향; 의도** (= intent)

** **intentional** [inténʃənəl]
형 **의도적인** (= deliberate)

01 65세 의무 정년을 모든 직업으로 **확대해야** 할 시기다. 02 브래디는 계약 2년 **연장**을 원한다. 03 그들은 오염의 **정도**를 과소평가했다. 04 나는 약간 **긴장**감을 느꼈고 안절부절못했다. 05 웃음은 **긴장**을 가라앉히는 가장 강력하고 건설적인 수단이다. 06 피고는 그의 부채를 분명히 상환할 **의도였다고** 진술했다.

* **contend** [kənténd]

동 ((for)) (~을 얻으려고) **겨루다**; ((with)) (곤란한 문제나 상황과) **싸우다**; ((that)) (~을 사실이라고) **주장하다**

con(강조)+tend(stretch)

01 the two teams **contending** for the championship

02 They had to **contend** with winds of over 40 miles an hour.

03 Opponents **contend** that the changes will create even more problems.

고난도 **contention** [kənténʃən]

명 **갈등; 논쟁**

고난도 **contentious** [kənténʃəs]

형 **논쟁을 초래하는** (= controversial)

** **intense** [inténs]

형 **강렬한, 극심한** (= extreme)

in(in)+tend(stretch)

04 People whose fears are too **intense** or long-lasting might need help and support to overcome them. [모의응용]

** **intensive** [inténsiv]

형 **집중적인** (= concentrated)

05 an **intensive** English course

** **intensity** [inténsəti]

명 **강렬; 강도**

** **intensify** [inténsəfài]

동 **강화하다** (= reinforce) (↔ soothe, alleviate 완화하다)

06 The pressure at work had slowly **intensified**.

*** **pretend** [priténd]

동 **~인 척하다** (= assume, affect, make believe)

pre(before)+tend(stretch)

07 She closed her eyes and **pretended** to be asleep.

* **pretension** [priténʃən]

명 **허세, 가식; 주장**

08 I extol his honesty and lack of **pretension**.

* **pretense** [prí:tens, priténs]

명 **허위; 구실, 핑계**

09 She said she was really happy to see us, but I could tell it was just a **pretense**.

고난도 **pretentious** [priténʃəs]

형 **허세 부리는**

고난도 **superintendent** [sù:pərinténdənt]

명 **감독자, 관리자** (= supervisor, inspector); **건물 관리인**

super(above)+in(into)+tend(stretch)+ent(명)

01 선수권 우승을 두고 **겨루는** 두 팀 02 그들은 시속 40마일이 넘는 바람과 **싸워야** 했다. 03 반대자들은 그 변화가 훨씬 더 많은 문제를 일으킬 것이라고 **주장한다**. 04 두려움이 너무 **강렬하거나** 너무 오래 지속되는 사람은 그것을 극복하기 위해 도움과 지지가 필요할 수도 있다. 05 **집중적인** 영어 코스 06 업무 압박은 서서히 **강해졌다**. 07 그녀는 눈을 감고 잠든 **척했다**. 08 나는 그의 정직함과 **가식**이 없음을 극찬한다. 09 그녀는 우리를 만나서 정말 기쁘다고 말했지만 나는 그것이 **허위**임을 알 수 있었다.

Words with Multiple Meanings 필수 다의어의 이해

*** **tend**
[tend]

~로 향하다	동 (길·태도 등이 ~로) 향해 가다 → 동 (~하는) 경향이 있다
attend에서 at- 생략	동 돌보다, 간호하다

01 Traces of several Roman roads **tend** towards this town, which appears to have been finally ruined sometime around the ninth century A.D.

02 Some people **tend** to need a snack in the late afternoon and reach for chips or a candy bar.

03 Firefighters helped survivors to safety, **tended** the injured, and secured the area.

- tendency 명 경향; 추세

*** **attend**
[əténd]

마음을 쓰다	동 주의를 기울이다, 신경을 쓰다	주의를 기울이며 보살피다 → 동 ((on, to)) 간호하다, 시중들다
		주의를 기울이며 (~에) 다니다 → 동 (~에) 다니다 → 동 참석하다

04 While we are driving, **attending** to signs competes with **attending** to the road. The more signs we have, the less attentive we will be to traffic conditions. [모의응용]

05 I think I am suitable for the job of **attending** to sick passengers during the flight. [모의응용]

06 Because of financial problems, some children can't **attend** school; some even have to drop out.

- attention 명 주의; 돌봄; 차려 (자세)
- attendant 명 수행원; 안내원
- attendance 명 참석; 참석자 수
- attentive 형 주의 깊은 (↔ inattentive 주의를 기울이지 않는)

01 몇몇 로마 도로의 자취가 이 마을로 **향하며**, 이 마을은 서기 9세기 즈음에 마침내 폐허가 된 것으로 보인다. 02 어떤 사람들은 늦은 오후에 간식을 필요로 **하는 경향이 있어서** 감자 칩이나 막대사탕에 손을 뻗는다. 03 소방관들은 생존자들이 안전하도록 돕고, 부상자들을 **돌보았으며**, 그 지역을 안전하게 지켰다. 04 우리가 운전을 하는 동안 교통 표지판에 **신경을 쓰는 것**은 도로에 **신경을 쓰는 것**과 경쟁한다. 표지판이 많을수록 우리는 교통 상황에 주의를 덜 기울이게 될 것이다. 05 비행 중 아픈 승객들을 **간호하는** 일에 제가 적합하다고 생각합니다. 06 재정적인 문제 때문에 어떤 아이들은 학교에 **다닐** 수 없으며 심지어 일부는 중도에 그만두어야 한다.

Phrasal Verbs | out이 포함된 구동사 1

다음 구동사의 의미를 추론하여 오른쪽 빈칸에 쓰고 페이지 하단의 해석과 대조해 보시오.

** ask out

~에게 밖으로 나가자고 청하다

01 A: Did you **ask** her **out** on a date first?
B: Yes, I think I asked her several times, to tell you the truth. [모의]

➡ 그녀에게 ______

** break out

깨고 나타나다

02 If World War III should **break out**, what would become of the world?

➡ 3차 세계대전이 ______

03 The prisoners were caught trying to **break out** of jail.

➡ 감옥에서 ______

** bring out

가지고 나오다

04 The mobile phone company is soon to **bring out** a new model with upgraded features.

➡ 신모델을 ______

** burn out

다 타서 없어지다

05 The building was **burned out** and only the walls remained.

➡ 건물이 ______

06 A: I've been trying to complete this assignment for weeks, but I just can't.
B: Sounds like you're **burned out**.
A: I am. I have been working quite hard lately. [모의응용]

➡ (사람이) ______

** burst out

밖으로 터지다

07 He **burst out** and exclaimed with joy and tears in his eyes, "Wow! You just made it possible for me to see my mom for Christmas!" [모의]

➡ 기쁨에 겨워 ______

*** carry out

밖으로 나르다

08 We recruited outside supporters who gave financial and other types of aid to help us **carry out** these new programs. [모의]

➡ (실현하다) →
새로운 프로그램을 ______

01 A: 네가 먼저 그녀에게 **데이트를 신청했니**? B: 그래, 솔직히 말하자면 그녀에게 여러 번 신청했어. 02 만약 3차 세계대전이 **발발하면**, 세계는 어떻게 될까? 03 죄수들은 감옥에서 **탈출하려고** 시도하다가 잡혔다. 04 핸드폰 제조회사는 개선된 사양을 갖춘 신모델을 곧 **출시할** 예정이다. 05 건물은 **다 타버리고** 벽만 남았다. 06 A: 나는 이 과제를 완수하려고 몇 주나 노력하고 있지만 할 수가 없어. B: **완전히 지쳐버린** 것 같구나. A: 맞아. 요즘 꽤 열심히 일하고 있거든. 07 그는 기쁨에 겨워 눈에 눈물이 고인 채로 **소리 지르며** 환호했다. "와! 당신은 나를 위해 크리스마스에 어머니를 만날 수 있게 해주었군요!" 08 우리는 이 새로운 프로그램들을 우리가 **실행하는** 것을 도와주기 위해 재정적 그리고 다른 형태의 도움을 줄 외부 후원자들을 모집했다.

*** check out

나가려고 체크하다 / 확인해서 밝히다

01 Nothing can be **checked out** or renewed without a library card. [수능] ➡ ((도서관)) (책을) ____________

02 Put on a pair of shoes and **check out** the feel of real performance yourself. [수능] ➡ 느낌을 ____________

** drop out (of)

(~에서) 떨어져 없어지다

03 One is constantly learning new facts, and old ones have to **drop out** to make way for them. [수능] ➡ 오래된 사실들이 ____________

04 He **dropped out of** school and started his own dance school. ➡ 학교를 ____________

* drown out

물에 잠겨서 없어지다

05 The constant noise from electronic devices will **drown out** the sounds of birds singing in the morning. [수능응용] ➡ 새 소리를 ____________

** figure out

생각해서 내놓다

06 List large expenses, such as insurance, and **figure out** their monthly cost. [모의] ➡ 월간 비용을 ____________

07 We tried to **figure out** the connection between the two events. ➡ 관련성을 ____________

*** fill out = fill in

완전히 채우다

08 If you would like to become a contributing supporter, please **fill out** the form below and return it to us with your donation. [수능] ➡ 서식을 ____________

** hand out = give out = distribute

밖으로 건네주다

09 In our first class, our professor **handed out** a reading list for the course. ➡ 독서 목록을 ____________

** hang out (with)

*관용적 의미

10 A: Does he **hang out with** his friends? ➡ 친구들과 ____________
B: Not very often, these days. Maybe once every other week. [수능]

01 도서관 카드가 없으면 어떤 것도 **대출하거나** 기한을 연장할 수 없습니다. 02 신을 신어보고 실제 느낌이 어떤지 **확인해** 보십시오. 03 사람은 끊임없이 새로운 사실들을 배우고 있고, 새로운 것들에게 자리를 내어주기 위해 오래된 것들은 **사라져야** 한다. 04 그는 학교를 **중퇴하고** 자신 소유의 무용학교를 설립했다. 05 전자제품에서 나오는 끊이지 않는 소음이 아침의 새 소리를 **들리지 않게** 할 것이다. 06 보험과 같은 큰 비용의 목록을 적고 그것들의 월간 비용을 **계산하세요.** 07 우리는 두 사건 사이의 관련성을 **알아내려고** 노력했다. 08 기부 후원자가 되기를 원하시면 아래 서식을 **다 기재해서** 기부금과 함께 저희에게 반송해주십시오. 09 첫 수업 시간에 교수님이 그 교육과정에 필요한 독서 목록을 **배부하셨다.** 10 A: 그는 친구들과 **어울려 다니니?** B: 요즘은 그다지 자주 그러지 않아. 2주에 한 번 정도.

Themes | 회사 1

1. 회사 일반

** **corporation** [kɔ̀ːrpəréiʃən]
명 (비교적 큰 규모의) **기업, 회사; 법인** ((약어: Corp.))

cf. company 명 회사 ((일반적 명칭))
cf. business 명 소규모 기업체 (= enterprise)
cf. firm 명 회사 ((전문 서비스 제공)) *e.g.* law **firm** 법률 사무소

** **corporate** [kɔ́ːrpərət]
형 **기업의, 법인(체)의; 공동의**

---

* **incorporate** [inkɔ́ːrpərèit]
동 (법인체를) **설립하다; 통합시키다** (= integrate)
01 The company was **incorporated** in the state of Washington in 1994.

* **incorporated** [inkɔ́ːrpərèitid]
형 (회사가) **법인 조직의** ((약어: Inc.))

고난도 **entrepreneur** [àːntrəprənə́ːr]
명 **기업가** (= enterpriser) 주요 직업명 | Appendix 527쪽

** **occupation** [àkjəpéiʃən]
명 **직업;** (토지·가옥 등의) **사용, 거주**
02 manual **occupations**
03 The room showed signs of human **occupation**.

| 직업 |
profession 명 전문직 ((의사, 변호사 등))
calling 명 소명 (의식); 천직 (= vocation)
career 명 직업; 경력
sideline 명 부업

2. 취업·고용 (Employment)

** **recruit** [rikrúːt]
명 **신병; 신입 사원** 동 (신입 사원 등을) **모집하다**
04 He's responsible for **recruiting** at all levels.

** **recruitment** [rikrúːtmənt]
명 **신규 모집, 채용**

01 그 회사는 1994년 워싱턴 주에서 **설립되었다.** 02 육체**노동** 03 그 방은 사람이 **거주**한 흔적이 있었다. 04 그가 모든 직급의 **직원 채용**을 책임지고 있다.

** **personnel** [pə̀ːrsənél]
명 (회사 등의) **총인원;** (회사의) **인사과**
01 We have a vacancy in the **personnel** department.

** **résumé** [rézumèi]
명 ((미)) **이력서** (= personal history)
02 to submit a detailed **résumé** and cover letter
cf. CV (curriculum vitae) 명 ((영)) 이력서

*** **resign** [rizáin]
동 **사직하다** (= quit, retire)
03 He was forced to **resign** due to poor health.
cf. resigned 형 체념한

** **resignation** [rèzignéiʃən]
명 **사직; 사직서**

3. 직위

** **oversee**-oversaw-overseen [òuvərsíː]
동 **감독하다** (= supervise)
04 She was hired to **oversee** design and construction of the new facility.

고난도 **relegate** [réləgèit]
동 **격하[좌천]시키다** (= downgrade, degrade, demote)
(↔ upgrade, promote 승진시키다)
05 He was **relegated** to the role of assistant.

---

* **designate** [dézignèit]
동 **가리키다; 지정[지명]하다** 형 (직책에) **지명된**
06 The director is allowed to **designate** his successor.

* **designation** [dèzignéiʃən]
명 **지시; 지명; 직함**

*** **rank** [ræŋk]
명 **지위** 동 **지위를 차지하다** 주요 직위·직책명 | Appendix 528쪽
07 The company **ranks** second among food manufacturers.

*** **ranking** [rǽŋkiŋ]
명 **순위**

---

* **empower** [impáuər]
동 **권한을 주다; 자율권을 주다**
08 Our goal is to **empower** everyone on our staff.

01 우리 **인사**부에 결원이 있다. 02 상세히 기술한 **이력서**와 자기소개서를 제출하다 03 그는 건강 악화로 어쩔 수 없이 **사임하게** 되었다. 04 그녀는 새 시설의 설계와 공사를 **감독하도록** 고용되었다. 05 그는 조수 역할로 **격하되었다.** 06 그 임원은 후임자를 **지명할** 수 있다. 07 그 회사는 식품 제조업체 중 2위를 **차지한다.** 08 우리의 목표는 직원 모두에게 **자율권을 주는** 것이다.

4. 근무·업무

** **commute** [kəmjúːt]

동 통근하다; ((법률)) 감형하다 명 통근 (거리)

01 They **commute** to work every day by train.

02 The judge **commuted** his death sentence to life imprisonment.

** **commuter** [kəmjúːtər]

명 통근자

** **assign** [əsáin]

동 (일 등을) 할당하다 (= allot, allocate); (직책에) 임명하다

03 She was **assigned** to the company's branch in Cairo.

** **assignment** [əsáinmənt]

명 할당; 숙제; (임명된) 직위

고난도 **toil** [tɔil]

동 (장시간) 힘들게 일하다 명 노고

04 They **toil** tirelessly because of the workload.

5. 보상

** **compensate** [kάmpənsèit]

동 ((for)) 보상하다 (= make up for); 보수를 주다

05 Efforts should be made to **compensate** for the losses. [모의응용]

** **compensation** [kὰmpənséiʃən]

명 보상; 보상금

고난도 **reimburse** [rìːimbə́ːrs]

동 배상하다, 변상하다

06 Any costs that you incur will be **reimbursed** in full.

** **rewarding** [riwɔ́ːrdiŋ]

형 돈을 많이 버는; 보람 있는

07 a mutually **rewarding** partnership

| 급여·보상 |

salary	명(정규직 근로자에게 정기적으로 지급되는) 급여
wage	명(임시직·일용직 근로자에게 지급되는) 급료
earning	명(일하여) 벌기; ((*pl.*)) 소득, 수입
pension	명연금; 장려금
incentive	명동기부여 (= motivation); 격려; 장려금
fringe benefit	명(임금 외의) 부가 혜택 ((휴가·건강 보험 등))
perk	명(급료 이외의) 특전 (= perquisite)

01 그들은 직장에 매일 기차로 **통근한다.** 02 판사는 그의 사형선고를 종신형으로 **감형했다.** 03 그녀는 회사의 카이로 지점으로 **배정되었다.** 04 그들은 업무량 때문에 쉼 없이 **힘들게 일한다.** 05 손실을 **보상하기** 위해서 노력해야 한다. 06 당신에게 발생한 어떤 비용도 전액 **배상될** 것입니다. 07 상호 **수익이 많이 나는** 협력 관계

Exercises

A

다음의 우리말은 영어로, 영어는 우리말로 그 뜻을 쓰시오.

① 신병, 신입 사원; 모집하다
② 사직; 사직서
③ 권한을 주다; 자율권을 주다
④ 긴장, 불안
⑤ 갈등; 논쟁
⑥ 강렬; 강도
⑦ 지시; 지명; 직함
⑧ 허세, 가식; 주장
⑨ 통근하다; ((법률)) 감형하다
⑩ (회사가) 법인 조직의
⑪ 축출, 쫓아냄
⑫ 돈을 많이 버는; 보람 있는
⑬ (장시간) 힘들게 일하다; 노고
⑭ relegate
⑮ intensive
⑯ occupation
⑰ personnel
⑱ extent
⑲ emigrate
⑳ entrepreneur
㉑ corporation
㉒ reimburse
㉓ superintendent
㉔ oversee
㉕ assign
㉖ compensate

B

다음 빈칸에 들어갈 가장 적절한 어휘를 고르시오.

1. Before a mass of tasks, always remember "one task at a time." You can then ________ out your tasks successfully, feeling less stress. [모의]
① ask ② burst ③ carry ④ hang

2. Note taking is one of the activities by which students attempt to stay ________, but it is also an aid to memory. [모의]
① attentive ② contentious ③ eminent ④ intense

3. By donating funds to the National Association of Environmentalists, you're helping protect native plants and endangered species from ________.
① exhibition ② expansion ③ extension ④ extinction

4. By the time firefighters arrived on the scene, a crowd of neighbors had already ________ the fire burning in the building.
① exhibited ② exposed ③ extended ④ extinguished

5. It was a unanimous vote by the budget committee after a(n) ________ review of Dr. Charles' grant application, and he was provided with full funding.
① extensive ② pretentious ③ evasive ④ extinct

C

다음을 읽고 문제에 답하시오.

Imagine that you are in a meeting. Your party and the other party are sitting across a table. You ask a question on a particular subject and the answer is unsatisfactory. What would be the best response? It would be none at all. So if you are seeking more information or a different kind of information, ask for it by remaining silent. When there is a long pause in the conversation, people feel an overwhelming need to fill it. If someone has finished speaking and you do not participate by taking up your end of the dialog, that person will automatically start to elaborate. Eventually, they may say what you want to hear. [수능응용]

Q. The word elaborate in the passage is closest in meaning to

① uproot ② supervise ③ designate ④ expand

D

각 네모 안에서 문맥에 알맞은 어휘를 고르시오.

1. You have to let your child learn from little mistakes, although the plan may not go as [intended / pretended]. [모의응용]

2. Their landlord has threatened to [evict / evoke] them if they don't pay the rent soon.

3. We have to [attend / contend] with violent crime, terrorist threats, nuclear accidents, oil spills, as well as train and plane crashes.

E

다음 ① ~ ⑤ 중, 문맥상 밑줄 친 낱말의 쓰임이 적절하지 않은 것을 고르시오.

① There is no indication that he succeeded in persuading his father to send him money. It seems unlikely that he would have elicited great sympathy from his father.

② As the harvest season approached, cotton farmers had a pest problem, which compelled them to eradicate the pests using 250,000 gallons of pesticide.

③ Few could have predicted that my little sister who was afraid of blood would reach eminence as a surgeon.

④ If wealthy, respected members of the community continually find ways to evade paying taxes, the government would be justified in publishing their names. [모의응용]

⑤ Many people believe that they will be free of their anger if they express it. On the contrary, fits of anger are more likely to soothe anger. [수능응용]

11강

Word Complete

Part

Prefixes	외부(2) out-¹, extra-
Essential Roots/Stems	cur(r) = run, flow terr / terrestri = earth, land
Words with Multiple Meanings	cast / current / utter / capital
Phrasal Verbs	out이 포함된 구동사 2
Themes	회사 2

Words & Phrases

앞으로 학습할 예문에 쓰인 필수 어휘 모음입니다. 예문에 해당 단어 밑에는 점선이 표시(interact)되어 있습니다.
아는 단어는 □□에 체크하고 모르는 단어는 뜻 확인을 반복하세요.

고난도	□□	abbreviation [əbrì:viéiʃən]	명 축약(형); 약어
**	□□	acquaintance [əkwéintəns]	명 아는 사람; (약간의) 친분; 지식
*	□□	acquisition [æ̀kwizíʃən]	명 습득; (기업) 인수 ※ acquire 동 습득하다
**	□□	admission [ædmíʃən]	명 입장(료); 입학 허가
*	□□	bait [beit]	명 미끼 동 미끼를 놓다
**	□□	boundary [báundəri]	명 경계(선)
*	□□	capital punishment	명 사형(死刑) (= death penalty)
***	□□	critical [krítikəl]	형 비판적인; 대단히 중요한 (= crucial)
*	□□	dim [dim]	형 어둑한, 흐릿한 동 어둑해지다
*	□□	distract [distræ̃kt]	동 주의를 딴 데로 돌리다; 산만하게 하다 (= divert)
고난도	□□	dividend [dívədènd]	명 (주식) 배당금
**	□□	drastically [drǽstikəli]	부 과감하게; 철저하게 ※ drastic 형 급격한; 과감한
*	□□	eligibility [èlidʒəbíləti]	명 적임, 적격
*	□□	embark [imbá:rk]	동 (배·비행기에) 승선하다 (↔ disembark 내리다)
*	□□	flicker [flíkər]	동 (빛 등이) 깜박거리다; (생각 등이) 스치다
**	□□	fundamental [fʌ̀ndəméntl]	형 근본적인; 필수적인
**	□□	glow [glou]	명 불빛; (얼굴의) 홍조 동 빛나다; (얼굴이) 상기되다
**	□□	in terms of	~에 관해서, ~의 면에서
고난도	□□	influx [ínflʌ̀ks]	명 (많은 사람·자금·물건이) 밀어닥침, 유입
*	□□	inhospitable [inháspitəbəl]	형 (손님에게) 불친절한; 사람이 살기 어려운
**	□□	initial [iníʃəl]	형 처음의, 초기의 명 머리글자
*	□□	interest charge	명 이자
고난도	□□	jurisdiction [dʒùərisdíkʃən]	명 사법권; 관할권; 관할 구역
**	□□	prejudice [prédʒudis]	명 편견 동 편견을 갖게 하다 (= bias)
**	□□	recommendation [rèkəmendéiʃən]	명 권고; 추천; 추천서 (= reference, testimonial)
*	□□	reliability [rilàiəbíləti]	명 신뢰할 수 있음, 신뢰도
***	□□	spot [spɑt]	동 발견하다, 알아채다 명 (작은) 점; 장소
**	□□	steep [sti:p]	형 가파른; 급격한
**	□□	union [jú:njən]	명 결합 (= combination); 연방; 노동조합
*	□□	unparalleled [ʌnpǽrəlèld]	형 비할 데 없는
*	□□	yield [ji:ld]	동 (수익·농작물 등을) 생산하다; 항복하다; 양보하다 명 (농작물 등의) 산출(량); 총수익 필수 다의어 | 359쪽

Prefixes | 외부(2) out-¹, extra-

out-¹ / ut-, extra- / extro- = outside (밖으로)

outcome → out(out)+come → 결과
extrovert → extro(outside)+vert(turn) → 외향적인 사람; 외향성의

** **outbreak** [áutbrèik]

명 (전쟁 등의) **발발; 발병**

01 An **outbreak** of cholera in 1849 killed nearly 13,000 people in London. [모의]

---

* **outburst** [áutbə̀ːrst]

명 (감정의) **폭발** (= explosion); (특정 활동의) **급격한 증가**

02 an **outburst** of anger

---

* **outcast** [áutkæ̀st]

명 **따돌림[버림]받는 사람**

out+cast(throw)

03 Because of social prejudice against them, the elderly are often treated like **outcasts**. [모의응용]

---

* **outlaw** [áutlɔ̀ː]

동 **불법화하다, 금지하다** (= ban, prohibit) 명 (범죄를 저지른) **도망자**

04 The bill **outlaws** several types of guns.

고난도 **outlay** [áutlèi]

명 **경비, 지출** (= expense, expenditure)

05 New home buyers usually have a large initial **outlay** on furniture.

---

* **outskirt(s)** [áutskə̀ːrt(s)]

명 (도시의) **변두리, 교외** (= suburb(s))

out+skirt(border)

06 We stayed on the **outskirts** of the capital.

---

* **outspoken** [àutspóukən]

형 **노골적으로[거침없이] 말하는**

07 She was **outspoken** in her criticism of the plan.

01 1849년 콜레라가 **발병**하여 런던에서 거의 13,000명의 목숨을 앗아갔다. 02 분노의 **폭발** 03 노인들은 자신들에 대한 사회적 편견 때문에 종종 **버림받은 이들**처럼 취급받는다. 04 그 법안은 여러 가지 유형의 총기를 **금지한다**. 05 새로 집을 산 사람들은 대개 가구에 드는 초기 **지출**이 많다. 06 우리는 수도 **변두리**에 머물렀다. 07 그녀는 그 계획에 대한 비판을 **거침없이 말했다**.

** **outstanding** [àutstǽndiŋ]

형 뛰어난; 두드러진 (= prominent); (문제·보수 등이) 미해결[미지급]된

01 Michael Lee is an **outstanding** essayist and social critic. [모의]

02 **outstanding** bills

---

* **utmost** [ʌ́tmòust]

형 최고의, 극도의 (= ultimate) 명 최대한도

ut(out)+most

03 All equipment should be handled with the **utmost** care.

** **utter** [ʌ́tər]

동 (입으로 소리를) 내다; 말을 하다 형 완전한, 순전한 필수 다의어 | 178쪽

---

* **extraneous** [ikstréiniəs]

형 외부로부터의; 이질적인; 관계없는 (= irrelevant)

extra(outside)+neous(형)

04 an influx of **extraneous** light

05 I deleted some **extraneous** files.

** **extraordinary** [ikstrɔ́:rdənèri]

형 기이한 (= eccentric, bizarre, peculiar); 비범한; 임시의

extra(outside)+ordinary(형)

06 Cats have the **extraordinary** ability to see in the dark. [모의]

Essential Roots / Stems ❶

cur(r) = run, flow 흐르다

* **extracurricular** [èktrəkəríkjələr]

형 과외의, 정규 교육 과정 외의

extra(outside)+curr(run, flow)+cul(e)(명)+ar(형)

07 **Extracurricular** activities are a critical part of college admissions.

*** **curriculum** [kəríkjələm]

명 교육과정

cf. syllabus 명 교수요목 ((특정 교육과정 내의 교과목들)); 강의 요강

01 마이클 리는 **뛰어난** 수필가이자 사회 비평가다. 02 **아직 내지 않은** 청구서 03 모든 장비는 **극도로** 신중하게 다뤄야 한다. 04 **외부** 빛의 유입 05 나는 **관계없는** 파일을 몇 개 지웠다. 06 고양이는 어두운 곳에서도 볼 수 있는 **비범한** 능력이 있다. 07 **과외** 활동은 대학 입시의 중요한 부분이다.

** **current** [kə́ːrənt]

형 현재의; 통용하는 명 (물·공기·전기 등의) 흐름 필수 다의어 | 177쪽

curr(run, flow)+ent(형명)

*** **occur**-occurred-occurred [əkə́ːr]

동 발생하다; ((to)) (~에게) 떠오르다, 생각이 나다

ob(toward)+cur(run)

01 The thought of giving up never **occurred** to me.

** **occurrence** [əkə́ːrəns]

명 발생; 사건

고난도 **concur**-concurred-concurred [kənkə́ːr]

동 ((with)) 동의하다 (↔ dissent 반대하다); 동시에 일어나다 (= coincide)

con(together)+cur(run)

02 We strongly **concur** with the recommendations of this report.

고난도 **concurrent** [kənkə́ːrənt]

형 동시에 일어나는

고난도 **concurrence** [kənkə́ːrəns]

명 동의; 동시 발생

---

* **excursion** [ikskə́ːrʒən]

명 (단체로 짧게 하는) 여행, 소풍, 유람

ex(out)+cur(run)+ion(명)

03 a one-day **excursion** to the Grand Canyon

고난도 **incur**-incurred-incurred [inkə́ːr]

동 (좋지 못한 상황을) 가져오다 (= provoke); (비용을) 발생시키다

in(into)+cur(run)

04 Those who are rude often **incur** dislike.

05 She may have to meet any costs **incurred** as a result of the delay.

---

* **recur**-recurred-recurred [rikə́ːr]

동 반복되다; 재발하다

re(back, again)+cur(run)

* **recurrent** [rikə́ːrənt]

형 되풀이되는

06 a **recurrent** infection

* **recurrence** [rikə́ːrəns]

명 반복; 재발

고난도 **precursor** [priːkə́ːrsər]

명 선구자; 선임자; 전조 (= forerunner)

pre(before)+cur(run)+or(명)

07 a **precursor** of modern jazz

01 나에게는 포기라는 생각이 절대 **떠오르지** 않았다. 02 우리는 이 보고서의 권고에 강하게 **동의한다.** 03 그랜드 캐니언으로의 당일 **여행** 04 무례한 사람들은 종종 거부감을 **가져온다.** 05 그녀는 지체로 인해 **발생한** 어떤 비용도 지급해야 할 것이다. 06 **재발하는** 감염병 07 현대 재즈의 **선구자**

Essential Roots / Stems ❷

terr / terrestri = earth, land 지구, 땅

고난도 **extraterrestrial** [èkstrətəréstriəl]
명 외계인 (= alien) 형 외계의
extra(outside)+terrestri(earth)+al(명형)
01 He believes that **extraterrestrials** have visited Earth.

---

* **terrestrial** [təréstriəl]
형 지구의 (= earthly); 육지의
terrestri(earth, land)+al(형)
02 Carbon is fundamental to **terrestrial** life.
cf. celestial 형 하늘의, 천체의

** **territory** [térətɔ̀:ri]
명 지역, 영토; 영역
terr(land)+ory(명)
03 People have ventured into the icy northern **territory**. [모의]

* **territorial** [tèrətɔ́:riəl] 형 영토의; 세력권을 주장하는

---

* **terrain** [təréin]
명 지형, 지역
terr(land)+ain(명)
04 The city is surrounded by steep and inhospitable **terrain**.

---

* **Mediterranean** [mèdətəréiniən]
형 지중해의
medi(middle)+terr(land)+anean(형)

고난도 **subterranean** [sʌ̀btəréiniən]
형 지하의
sub(under)+terr(earth)+anean(형)
05 a **subterranean** tunnel

초고난도 **extraterritorial** [èkstrəterətɔ́:riəl]
형 치외법권의
extra(outside)+territory(지역; 영역)+al(형)
06 **Extraterritorial** jurisdiction is the legal ability of a government to exercise authority beyond its normal boundaries.

초고난도 **extraterritoriality** [èkstrəterətɔ:riǽləti]
명 치외법권

01 그는 **외계인들**이 지구에 온 적이 있다고 믿는다. 02 탄소는 **지구** 생명체에게 필수적이다. 03 사람들은 얼음에 덮인 북방 **지역**을 위험을 무릅쓰고 탐험해 왔다. 04 그 도시는 경사가 급하고 사람이 살기 어려운 **지형**으로 둘러싸여 있다. 05 **지하** 터널 06 **치외법권에 의한** 사법관할권이란 정해진 국경을 넘어서 권한을 행사하는 정부의 법적 능력이다.

Words with Multiple Meanings 필수 다의어의 이해

** **cast**
-cast-cast
[kæst]

던지다	동 (시선·미소 등을) **던지다, 보내다** → 시선이 향하는 배우를 뽑아 → 동 **배역을 맡기다** 명 (연극이나 영화의) **배역진, 출연자들**
	동 (빛·그림자·의혹 등을) **발하다, 드리우다**
	무엇을 틀 안에 던져 넣어 채우다 → 동 (~으로) …을 **주조하다** 명 **주조물** / → 명 **깁스붕대**

01 I **cast** a welcoming smile in his direction.
02 Jenny is going to be **cast** as the lead role in the new drama.
03 On a table, lighted candles **cast** a soft, flickering glow. [모의]
04 She broke her arm and had to wear a **cast**.

** **current**
[kə́:rənt]

달리는; 흐르는	형 **현재의; 통용하는**
	물·공기·전기의 흐름 → 명 **해류, 기류, 전류**
	흘러가는 추세 → 명 (특정 집단 사람들 사이의) **경향, 추세**

05 History can provide insights into **current** issues and problems. [모의]
06 Rip **currents** are powerful **currents** of water moving away from the shore. [모의]
07 There is a strong **current** of opinion in favor of reform of the educational system.

- currency 명 통화, 화폐; 통용
- currently 부 현재는, 지금은

01 나는 그가 있는 쪽을 보며 반가워하는 미소를 **보냈다**. 02 제니는 새로운 드라마에서 주인공 역을 **맡게 될** 것이다. 03 탁자 위에는 불이 켜진 양초가 부드럽고 깜박거리는 불빛을 **드리웠다**. 04 그녀는 팔이 부러져 **깁스붕대**를 해야 했다. 05 역사는 **현재의** 쟁점과 문제점들에 대한 통찰력을 줄 수 있다. 06 격랑은 해안으로부터 밀려 나가는 강력한 **해류**다. 07 교육 제도 개혁에 찬성하는 의견이 강한 **추세**다.

** **utter**
[ʌ́tər]

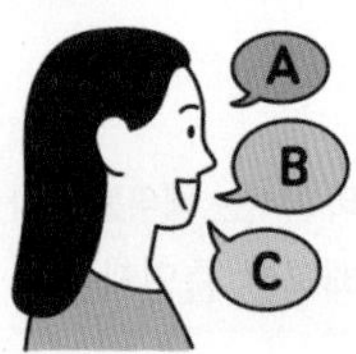

밖으로	소리를 밖으로 내다 → 동 **발언하다** → 동 (비밀을) **누설하다**
	형 ((강조)) **완전한, 철저한, 전적인**

01 After hearing the bad news, he was too miserable to **utter** a word. [모의응용]
02 I did not **utter** his secret to another human being.
03 The tour was an **utter** success, thanks entirely to your hard work, expertise, and dedication.

- utterance 명 발언
- utterly 부 완전히, 순전히 (= totally)

*** **capital**
[kǽpitəl]

머리의; 주요한	우선시되는	주요 도시 → 명 **수도**
		머리글자 → 명 **대문자** 형 **대문자의**
		사업 경영에서 우선적인 것 → 명 **자본금, 자금**
	머리에 관한	생사에 관한 → 형 (죄가) **사형감인, 사형의**

04 Kathmandu is the **capital** of Nepal and, as such, the center of its government, economy, and culture. [수능응용]
05 **Capital** letters are used to start sentences and as the initial letter of a proper noun.
06 Our government is eager to attract foreign **capital**.
07 He was convicted of committing a **capital** offence.

- per **capita** 1인당
  e.g. the per **capita** national income
  1인당 국민소득

01 그 나쁜 소식을 들은 후에 그는 너무 슬퍼서 아무 **말도 할** 수 없었다. 02 나는 다른 사람에게 그의 비밀을 **누설하지** 않았다. 03 전적으로 당신의 노고와 전문 지식, 그리고 헌신 덕분에 여행은 **완전한** 성공이었습니다. 04 카트만두는 네팔의 **수도**로서, 보통 그러하듯이, 네팔의 행정, 경제, 문화의 중심지다. 05 **대**문자는 문장을 시작하거나 고유명사의 첫 글자로 사용된다. 06 우리 정부는 외국 **자본**을 끌어들이려고 애쓰고 있다. 07 그는 **사형에 처할** 범죄로 유죄 선고를 받았다.

Phrasal Verbs | out이 포함된 구동사 2

다음 구동사의 의미를 추론하여 오른쪽 빈칸에 쓰고 페이지 하단의 해석과 대조해 보시오.

** keep out

밖에 계속 두다

01 Electric bulbs transmit light but **keep out** the oxygen that would otherwise cause their hot filaments to burn up. [수능]

➡ 산소를 ________

** lay out

밖으로 꺼내어 놓다[펼쳐놓다]

02 Only those who use a kitchen all the time understand the best way to **lay** it **out**.

➡ 부엌을 ________

03 The manager listened very closely as the plan **was laid out**.

➡ 계획을 ________

04 I had to **lay out** a lot of money to get my car fixed.

➡ 많은 돈을 ________

** leave out = omit

밖에 있게 하여 없애다

05 **Leaving out** the postcode on your mail will result in a delay in delivery.

➡ 우편번호를 ________

** let out = release

밖으로 내보내다

06 The prisoner hoped to be **let out** early as a reward for his good behavior.

➡ 죄수가 ________

** make out

밖으로 만들어내다

07 At first the puzzle didn't make sense. Then suddenly I could **make out** the answer.

➡ 해답을 ________

** pass out = faint = collapse

(의식이) 밖으로 나가다

08 The boxer **passed out** and a doctor had to be called into the boxing ring.

➡ 권투선수가 ________

01 전구는 빛을 내보내고 산소는 **차단한다**. 그러지 않으면 뜨거워진 필라멘트가 다 타버릴 수 있기 때문이다. 02 부엌을 항상 사용하는 사람들만이 최선의 부엌 **설계** 방법을 알고 있다. 03 부장은 그 계획이 **설명될** 때 매우 자세히 들었다. 04 나는 차를 수리하는 데 돈을 많이 **써야 했다**. 05 우편물에 우편번호를 **빠뜨리면** 배달 지연이라는 결과를 낳게 될 것이다. 06 그 죄수는 선행에 대한 보상으로 일찍 **출소하기를** 희망했다. 07 처음에 그 퍼즐은 이해가 되지 않았다. 그러다 갑자기 나는 해답을 **알** 수 있었다. 08 그 권투선수가 **정신을 잃어서** 의사를 경기장 안으로 불러들여야 했다.

Themes | 회사 2

1. 경영·기획·회의

** **headquarters** [hédkwɔ̀ːrtərz]
명 본사 (= head office)
cf. branch (office) 명 지점, 지사

---

* **downsize** [dáunsàiz]
동 (비용 절감을 위해 인원을) 축소하다
01 The airline has **downsized** its workforce by 30%.
cf. restructure 동 구조 조정하다 ((보다 효율적인 조직이 되도록 운영 방식을 변경하는 것))

고난도 **curtail** [kəːrtéil]
동 ((격식)) 축소[삭감, 단축]하다
02 Budget cuts have drastically **curtailed** training programs.
cf. cutback 명 (인원·비용 등의) 삭감 (= reduction)

---

* **merge** [məːrdʒ]
동 합병하다; 융합되다
03 Many companies had to **merge** their branches because of the economic crisis.

* **merger** [mə́ːrdʒər]
명 (특히 회사 등의) 합병
04 M&A is an abbreviation for **Mergers** and Acquisitions.

*** **associate** 동 [əsóuʃièit] 명 형 [əsóuʃiət]
동 연합시키다 명 동료 형 제휴한; ((직함)) 준(準)[부]
05 our **associate** company
06 **associate** editor

*** **association** [əsòusiéiʃən]
명 협회; 연계

고난도 **affiliate** 동 [əfílièit] 명 [əfíliət]
동 제휴하다; 가입하다 명 계열사; 가입자
07 We have a network of 220 **affiliated** local associations.

** **venture** [véntʃər]
명 (사업상의) 모험; 벤처 (사업) 동 위험을 무릅쓰고 ~하다
08 Nothing **ventured**, nothing gained.

01 그 항공사는 인원을 30% **축소하였다.** 02 예산 삭감은 연수 프로그램을 과감히 **축소시켰다.** 03 경제 위기 때문에 많은 회사들이 지점을 **합병해야** 했다. 04 M&A는 기업 인수 **합병**의 약어이다. 05 우리 **제휴**사 06 **부**편집장 07 우리는 220개 지역 **제휴** 조합의 조직망이 있다. 08 **모험을 하지** 않으면 아무것도 얻을 수 없다(호랑이 굴에 들어가야 호랑이를 잡는다).

고난도 **sabotage** [sǽbətɑ̀:ʒ]

동 (고의적으로) **방해하다** 명 **사보타주** ((쟁의 중인 노동자에 의한 기계 등의 파괴))

01 The deal was **sabotaged** by the union.

고난도 **offset**-offset-offset [ɔ́:fsèt]

동 **상쇄하다** ((상반되는 것에 서로 영향을 주어 효과가 없어지게 하다))

02 Losses have **offset** our gains from investments.

---

* **brainstorming** [bréinstɔ̀:rmiŋ]

명 **브레인스토밍** ((각자가 아이디어를 내놓아 최선책을 결정하는 방법))

---

* **scheme** [ski:m]

명 (운영) **계획, 제도; 책략** 동 **책략을 꾸미다**

03 The company plans to introduce the new **scheme**.

---

* **chamber** [tʃéimbər]

명 (공공건물의) **회의실, 방;** (의회 상원·하원의) **-원(院)**

고난도 **ad hoc**

형 **특별한 목적을 위한; 임시의**

04 an **ad hoc** meeting

2. 자금·회계

*** **fund** [fʌnd]

명 **자금** 동 **자금을 제공하다** 주식 관련 | Appendix 528쪽

cf. underfunded 형 (기관 등이) 자금 부족을 겪는

** **asset** [ǽset]

명 **자산, 재산**

05 The most important **asset** in business is a sense of humor. [수능]

** **stock** [stɑk]

명 **재고품; 주식** (= share); **가축** (= livestock) 동 (물품을) **비축하다**

고난도 **audit** [ɔ́:dit]

명 **회계 감사;** (품질·수준 등에 대한) **검사**

06 We have an **audit** at the end of each financial year.

3. 판매·마케팅

** **retail** [rí:teil]

명 **소매** 동 **소매하다**

cf. wholesale 명 도매 형 도매의; 대량의

01 그 계약은 노조에 의해 **고의적으로 방해를 받았다**. 02 손실액이 투자에서 얻은 우리의 이익을 **상쇄시켰다**. 03 그 회사는 새로운 **제도**를 도입하려고 계획 중이다. 04 **특별[임시]** 회의 05 비즈니스의 가장 중요한 **자산**은 유머감각이다. 06 우리는 매 회계 연도 말에 **회계감사**가 있다.

* **undercut**-undercut-undercut [ʌ̀ndərkʌ́t]
동 (경쟁자보다) **싸게 팔다; 약화시키다** (= undermine)
01 The manufacturer tries to **undercut** its rivals.

** **commission** [kəmíʃən]
명 **위원회; 수수료**

** **profitable** [práfitəbəl]
형 **수익성이 있는** (= lucrative); **유익한**

---

* **marketable** [má:rkitəbəl]
형 (상품이) **잘 팔리는, 시장성이 있는**
02 The birdhouses he enjoyed making were **marketable**.

** **margin** [má:rdʒin]
명 **여백; 차이; 이윤 폭**
03 They closed the production line because its **margin** was too low.

* **marginal** [má:rdʒənəl]
형 **주변부의; 미미한**

---

* **boycott** [bɔ́ikɑt]
동 (항의의 표시로) **구매[참여]를 거부하다** 명 **불매 운동**
04 We **boycott** all products tested on animals.

*** **dealer** [dí:lər]
명 **상인, 중개인;** (카드 게임의) **딜러**

* **dealership** [dí:lərʃìp]
명 (특히 승용차) **대리점; 중개인직**

---

* **bundle** [bʌ́ndl]
명 **꾸러미,** (함께 팔리거나 딸려 나오는 물건들의) **묶음**

cf. unbundle 동 (일괄 판매되는 것에) 개별적으로 가격을 매기다

고난도 **niche** [nitʃ, ni:ʃ]
명 **아주 꼭 맞는 자리[역할];** (수익 가능성이 큰) **틈새시장**
05 He spotted a **niche** in the market, with no serious competition.

---

* **publicize** [pʌ́blisàiz]
동 **광고하다**

* **publicity** [pʌblísəti]
명 **광고**

cf. PR (public relations) 명 홍보

01 그 제조사는 경쟁사보다 **싸게 판매하려고** 한다. 02 그가 즐겨 만들던 새장은 **잘 팔렸다.** 03 **이윤**이 너무 작아서 그들은 그 생산 설비를 중단했다. 04 우리는 동물 실험한 모든 제품의 **구매를 거부한다.** 05 그는 경쟁이 심하지 않은 **틈새시장**을 찾아냈다.

Exercises

A

다음의 우리말은 영어로, 영어는 우리말로 그 뜻을 쓰시오.

① 자산, 재산
② 상쇄하다
③ 노골적으로 말하는
④ (상품이) 잘 팔리는, 시장성이 있는
⑤ 최고의, 극도의; 최대한도
⑥ 회계 감사; (품질·수준 등에 대한) 검사
⑦ 광고
⑧ 축소[삭감, 단축]하다
⑨ 연합시키다; 동료
⑩ 따돌림[버림]받는 사람
⑪ 여백; 차이; 이윤 폭
⑫ 동시에 일어나는
⑬ 위원회; 수수료
⑭ 꾸러미, 묶음
⑮ (운영) 계획, 제도; 책략
⑯ recurrence
⑰ affiliate
⑱ headquarters
⑲ Mediterranean
⑳ outskirts
㉑ undercut
㉒ ad hoc
㉓ niche
㉔ venture
㉕ retail
㉖ utterance
㉗ downsize
㉘ marginal
㉙ precursor
㉚ territory

B

다음 빈칸에 들어갈 가장 적절한 어휘를 고르시오.

1. While the death penalty is ________ in the EU, the United States practices capital punishment.
① occurred ② merged ③ outlawed ④ publicized

2. The student's academic record and participation in ________ activities are both important factors in determining the student's eligibility for, and amount of, the scholarship award.
① extracurricular ② territorial ③ subterranean ④ irrelevant

3. If you have a(n) ________ problem with ants, the best solution is to either find the nest and destroy it or use a bait that they will take back to their hidden nest and kill all of the ants in the colony.
① profitable ② recurrent ③ outstanding ④ extraterritorial

4. A small ________ on advertising can yield a vast dividend in terms of business.
① outlay ② boycott ③ sabotage ④ excursion

C

다음을 읽고 문제에 답하시오.

Do you take your possessions for granted? Apart from a few exceptions, we don't appreciate everyday things enough, thinks James Pierce from Indiana University. He believes we discard the old for the new too frequently and without thought. To make us think twice about tossing things out, he has designed ways for objects to be more engaging and meaningful by including extraordinary functions. For example, a table with a digital counter displaying the number of heavy objects placed on it during its lifetime, or a lamp that dims if you leave it on for too long.

Q. What does the underlined part, extraordinary functions, mean in this text?

① free gifts and services that accompany the product
② enhanced reliability that is unparalleled by rival products
③ necessary features that were previously overlooked
④ creative features that make a product special

D

각 네모 안에서 문맥에 알맞은 어휘를 고르시오.

1. We didn't want any [extraneous / extrovert] information on the financial document that would distract from the important data.

2. Daniel failed to pay his property taxes of about $4,000 last year. He paid them seven months late, [incurring / recurring] interest charges of about $500.

3. It's true that an [outbreak / outburst] of anger may sometimes momentarily provide relief.

E

다음 ① ~ ⑤ 중, 문맥상 밑줄 친 낱말의 쓰임이 적절하지 않은 것을 고르시오.

① I dissent with the opinions on the poor service provided by the shopping mall. The work takes far too long to complete.
② The discovery could help increase the chances of finding extraterrestrial life.
③ I not only hated the movie and thought it was utter nonsense but I have decided to cut off any of my acquaintances who liked it.
④ The biggest cause of business failure is lack of capital. Owners of small businesses start out using their own savings and bankers are not eager to lend money to new firms. [모의응용]
⑤ It would be helpful to see maps of the terrain identifying major landmarks before we embark on such a major journey.

12강

Word Complete

Part

Prefixes	사이·서로 inter-
Essential Roots/Stems	rupt = break ven(t) / vene = come
Words with Multiple Meanings	class / column
Phrasal Verbs	out이 포함된 구동사 3
Themes	사회

Words & Phrases

앞으로 학습할 예문에 쓰인 필수 어휘 모음입니다. 예문에 해당 단어 밑에는 점선이 표시(interact)되어 있습니다.
아는 단어는 □□에 체크하고 모르는 단어는 뜻 확인을 반복하세요.

**	□□	abandon [əbǽndən]	동 버리다, 유기하다 (= discard); 그만두다 ※ abandonment 명 유기; 포기
*	□□	abdominal [æbdámənl]	형 ((신체)) 복부의
***	□□	advancement [ədvǽnsmənt]	명 발전, 진보 (= progress, improvement); 승진 (= promotion)
고난도	□□	be riddled with	(특히 나쁜 것이) 가득하다
*	□□	bribe [braib]	명 뇌물 동 매수하다 ※ bribery 명 뇌물 수수
*	□□	ceasefire [síːsfàiər]	명 정전, 휴전; 사격 중지 구령
**	□□	competitive [kəmpétitiv]	형 경쟁을 하는; 경쟁력 있는
*	□□	crater [kréitər]	명 분화구; 큰 구멍
*	□□	diagonal [daiǽgənl]	명 사선; 대각선 형 사선의; 대각선의
**	□□	digestion [didʒéstʃən, dai-]	명 소화, 소화력 ※ digest 동 (음식을) 소화하다; (어떤 내용을) 완전히 이해하다

*	□□	distraction [distrǽkʃən]	명 정신을 산만하게 만드는 것; 오락 (활동)
**	□□	edition [idíʃən]	명 (출간된 책의 형태로 본) 판; (출간 횟수를 나타내는) 판 ※ edit 동 (글 등을) 수정하다; (책을) 편집하다
*	□□	erode [iróud]	동 침식시키다 ※ erosion 명 침식; 부식
**	□□	estimate 동 [éstəmèit] 명 [éstəmət]	동 추정하다, 추산하다 (= reckon) 명 추정(치), 추산; 견적서
**	□□	excess 형 [ékses] 명 [iksés]	형 초과한, 과도한 명 과도 (↔ shortage 부족)
*	□□	formula [fɔ́ːrmjələ]	명 ((수학)) 공식; 화학식; 제조법
*	□□	forum [fɔ́ːrəm]	명 (고대 로마의) 광장; 토론회
*	□□	garment [gáːrmənt]	명 의복, 옷
*	□□	lava [lάːvə]	명 용암
**	□□	panel [pǽnəl]	명 (목재, 유리, 금속) 판; 토론 위원

고난도	□□	rhombus [rάmbəs]	명 마름모 (= diamond)
*	□□	right angle	명 직각 *cf.* acute angle 명 예각 / obtuse angle 명 둔각
**	□□	shrink [ʃriŋk]	동 줄어들다; 줄어들게 하다 (= decrease, lessen) ※ shrinkage 명 수축; 감소
고난도	□□	slanted [slǽntid]	형 비스듬한; 편파적인
**	□□	trademark [tréidmὰːrk]	명 (등록) 상표; (특징이 되는) 트레이드마크
*	□□	undertake [ʌ̀ndərtéik]	동 (책임을 맡아서) 착수하다; 약속하다

Prefixes | 사이·서로 inter-

inter- = between, among (~ 사이에)

interaction → inter(between)+action → 상호 작용
intercept → inter(between)+cept(take) → (중간에) 가로막다

** **interchange**
명 [íntərtʃèindʒ] 동 [ìntərtʃéindʒ]

명 (생각·정보의) **교환**; (고속도로의) **입체 교차로** 동 (생각·정보 등을) **교환하다**

01 The Internet is a forum for the **interchange** of ideas, images, and information.

** **interchangeable**
[ìntərtʃéidʒəbəl]

형 **교환[교체]할 수 있는**

** **interfere**
[ìntərfíər]

동 ((with)) **방해하다** (= intrude); ((in)) **간섭하다** (= meddle)

inter(between)+fere(strike)

02 Stress can **interfere** with the digestion of food. [수능응용]

** **interference** [ìntərfíərəns]

명 **방해; 간섭**

*** **internal**
[intə́ːrnl]

형 **내부의; 국내의** (↔ external 외부의; 외국의)

03 Excess abdominal fat puts stress on **internal** organs. [모의응용]

---

* **interpersonal**
[ìntərpə́ːrsənəl]

형 **대인관계에 관련된**

04 **Interpersonal** skills, which are used when we communicate with others, help us establish and maintain relationships.

---

* **interrogate**
[intérəgèit]

동 **심문하다, 추궁하다**

inter(between)+rog(ask)+ate(동)

05 The suspects were **interrogated** by local police.

* **interrogation** [intèrəgéiʃən]

명 **심문, 추궁**

* **interrogative** [ìntərágətiv]

형 **질문하는** 명 ((문법)) **의문사**

01 인터넷은 아이디어와 이미지, 정보 **교환**의 장이다. 02 스트레스는 음식의 소화를 **방해할** 수 있다. 03 과도한 복부 지방은 **내부** 기관(내장)에 스트레스를 준다. 04 우리가 다른 사람과 의사소통할 때 사용되는 **대인관계** 능력은 우리가 인간관계를 맺고 유지하는 데 도움을 준다. 05 용의자들은 현지 경찰에게 **심문을 받았다**.

** **intersect** [ìntərsékt]

동 (선·도로 등이) **교차하다; 가로지르다**

inter(between)+sect(cut)

01 The diagonals of a rhombus **intersect** at right angles.

** **intersection** [ìntərsékʃən]

명 **교차로; 교차 지점**

** **interval** [íntərvəl]

명 (두 사건 사이의) **간격;** (연극 등의) **중간 휴식 시간** (= intermission)

inter(between)+val(wall)

02 You can get slim by eating the right foods at the right **intervals** each day.

Essential Roots / Stems ❶

rupt = break 깨다, 부수다

** **interrupt** [ìntərʌ́pt]

동 **방해하다;** (잠깐) **중단시키다**

inter(between)+rupt(break)

03 He **interrupted** her in mid-sentence.

** **interruption** [ìntərʌ́pʃən]

명 **중단; 방해;** (말을) **가로막음**

04 When you reflect, you should remove yourself from distractions and **interruptions**. [모의응용]

---

* **rupture** [rʌ́ptʃər]

명 **파열; 불화** 동 **파열시키다;** (관계를) **결렬시키다**

05 The marriage caused a **rupture** in her relationship with her mother.

** **abrupt** [əbrʌ́pt]

형 **갑작스러운; 퉁명스러운**

ab(off, away from)+rupt(break)

06 Our friendship came to an **abrupt** end.

** **bankrupt** [bǽŋkrʌpt]

형 **파산한** (= insolvent) 명 **파산자** 동 **파산시키다**

07 The company that her fortune is invested in went **bankrupt** last week.

* **bankruptcy** [bǽŋkrʌptsi]

명 **파산**

01 마름모의 대각선은 직각으로 **교차한다**. 02 매일 적당한 **간격**을 두고 적절한 음식을 먹음으로써 날씬해질 수 있다. 03 그가 그녀의 말 중간에 **끼어들었다**. 04 깊이 생각할 때는 정신을 산만하게 하고 **방해하는 것**에서 벗어나야 한다. 05 결혼은 그녀와 어머니 사이의 관계에 **불화**를 일으켰다. 06 우리 우정은 **갑작스러운** 끝을 맞았다. 07 그녀의 막대한 돈이 투자된 회사가 지난주에 **파산했다**.

** **corrupt** [kərʌ́pt]

형 부패한, 타락한 동 타락시키다

cor(completely)+rupt(break)

01 a **corrupt** official

* **corruption** [kərʌ́pʃən]

명 부패, 타락

---

* **disrupt** [dìsrʌ́pt]

동 방해하다; 분열시키다; 교란시키다

dis(apart)+rupt(break)

02 I don't want to **disrupt** your work, but can you come to a meeting?

* **disruption** [disrʌ́pʃən]

명 붕괴; 분열

* **disruptive** [disrʌ́ptiv]

형 지장을 주는

---

* **erupt** [irʌ́pt]

동 (화산이) 폭발하다 (= explode); 분출하다

e(out)+rupt(break)

03 Lava **erupted** from the crater.

* **eruption** [irʌ́pʃən]

명 폭발; 분출

Essential Roots / Stems ❷

ven(t) / vene = come 오다, 도달하다

** **intervene** [ìntərvíːn]

동 개입하다; 끼어들다 (= interrupt); 중재하다 (= mediate)

inter(between)+vene(come)

04 The police had to **intervene** when protesters blocked traffic.

* **intervention** [ìntərvénʃən]

명 개입, 간섭; 중재

** **eventual** [ivéntʃuəl]

형 최종적인; 궁극적인

e(out)+vent(come)+al(형)

05 the **eventual** winner of the competition

** **eventually** [ivéntʃuəli]

부 결국, 마침내

---

* **advent** [ǽdvent]

명 출현; 도래

ad(to)+vent(come)

06 the **advent** of a holiday season

01 **부패** 관료 02 당신 업무에 **지장을 주고** 싶지는 않지만, 회의에 와주실 수 있는지요? 03 용암이 분화구에서 **분출했다**. 04 시위자들이 교통을 차단하자 경찰이 **개입해야** 했다. 05 대회의 **최종** 승자 06 휴가철의 **도래**

* **convene** [kənvíːn]

동 모이다 (= assemble); (회의 등을) 소집하다 (= summon)
con(together)+vene(come)

01 A panel of experts was **convened** to study safety issues.

** **convention** [kənvénʃən]

명 (대규모) 회의; 인습, 관례

** **conventional** [kənvénʃənəl]

형 관례적인; 기존의 (= usual)

02 **conventional** wisdom

*** **invent** [invént]

동 발명하다; 꾸며내다 (= make up)
in(into)+vent(come)

*** **invention** [invénʃən]

명 발명; 발명품; 지어낸 이야기

** **inventive** [invéntiv]

형 창의적인; 독창적인 (= ingenious)

---

* **inventory** [ínvəntɔ̀ːri]

명 물품 목록; 재고(품)
in(into)+vent(come)+ory(명)

03 The Museum made an **inventory** of the entire collection.

04 I think we need to focus on ways to shrink **inventory**.

*** **prevent** [privént]

동 막다; 예방하다
pre(before)+vent(come)

*** **prevention** [privénʃən]

명 예방

** **preventive** [privéntiv]

형 예방을 위한 (= preventative) 명 예방약

---

* **circumvent** [sə̀ːrkəmvént]

동 (교묘히) 회피하다; 우회하다 (= detour); 포위하다
circum(around)+vent(come)

05 Businessmen were accused of **circumventing** the law to avoid paying taxes.

** **revenue** [révənjùː]

명 세입; 수익; 총 매출
re(back)+venue(come)

06 Annual **revenues** were estimated at $5 million.

---

* **venue** [vénjuː]

명 (회담 등의) 장소; 개최지

07 Please note the change of **venue** for this event.

01 안전 문제를 연구하기 위해 전문가 패널이 **소집되었다**. 02 **기존의** 통념 03 그 박물관은 소장품 전체의 **물품 목록**을 만들었다. 04 제 생각으로는 **재고**를 줄이는 방법에 초점을 맞춰야 할 거 같아요. 05 사업가들이 세금을 내지 않으려고 그 법을 **회피**한 혐의로 기소되었다. 06 연간 **수익**은 5백만 달러로 추정되었다. 07 이번 행사의 **장소** 변경에 유념해 주십시오.

Words with Multiple Meanings 필수 다의어의 이해

*** **class**
[klæs]

(로마 시민의) 계급, 구분 — 명 부류, 종류 / 동 분류하다
- 사회에서의 분류 → 명 (사회의) **계층, 계급**
- 학교에서의 분류 → 명 **학급 (학생들)** → 명 **수업**
- 품질에서의 분류 → 명 **등급**

01 He is **classed** as a professional athlete.
02 Children from all social **classes** should be provided with an equal education.
03 She was a **class** president with high grades and a good personality. [모의응용]
04 He praised my **class** participation and active, questioning mind. [수능응용]
05 My friend always travels first **class** on long flights.

12강

** **column**
[kɑ́ləm]

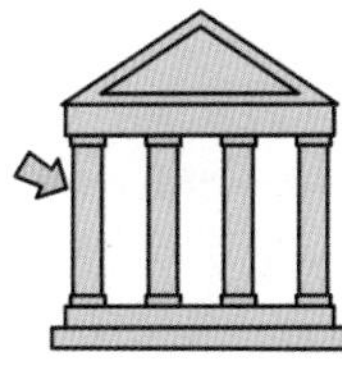

기둥
- 기둥 모양의 것 → 명 **세로줄; 세로 단** → 명 (신문 등의) **칼럼**
- 명 **원기둥, 원주**

06 The bottom row shows sum totals of the numbers in each **column**.
07 You'll get the opportunity to write a weekly **column** that may appear in the online editions of The Washington Post.
08 The king built a garden surrounded by marble **columns**.

01 그는 프로 운동선수로 **분류된다**. 02 모든 사회 **계층**의 아이들이 동등한 교육을 받아야 한다. 03 그녀는 우수한 성적과 바른 인성을 지닌 **학급** 회장이었다. 04 그는 나의 **수업** 참여와 적극적이고 호기심 있는 자세를 칭찬하였다. 05 내 친구는 장거리 비행에서는 항상 일**등**석을 타고 다닌다. 06 맨 아랫줄은 각 **세로 단** 숫자의 총합계를 보여준다. 07 당신은 워싱턴 포스트 지의 온라인 판에 실릴 수도 있는 주간 **칼럼**을 쓸 기회를 잡게 될 것입니다. 08 그 왕은 대리석 **원기둥**으로 둘러싸인 정원을 만들었다.

Phrasal Verbs | out이 포함된 구동사 3

다음 구동사의 의미를 추론하여 오른쪽 빈칸에 쓰고 페이지 하단의 해석과 대조해 보시오.

** pull out

밖으로 끌어당기다

01 The dentist **pulled out** my decayed teeth. [수능응용]
➡ 충치를 ___________

02 The troops **pulled out** after the ceasefire.
➡ 군대가 ___________

** rule out = exclude

없애기로 결정하다

03 I **ruled out** job offers that did not have good chances for advancement.
➡ 일자리 제안을 ___________

** run out (of)

~ 없이 운영하다

04 I'm sorry. It looks like we **ran out of** stock on that DVD shortly after you placed your order. [모의]
➡ DVD 재고가 ___________

** sell out

팔려서 없다

05 Make sure you buy two of the band's T-shirts before they **sell out**. This is their last concert ever. [수능]
➡ 티셔츠가 ___________

** set out

밖으로 놓다

06 The lifeguards immediately launched their rescue boat and **set out** toward the troubled swimmer. [모의]
➡ 곤경에 처한 수영하는 사람을 향해 ___________

07 He never **set out** to govern but only to serve. [수능]
*관용적 의미
➡ 봉사하기로 ___________

** speak out

밖으로 끄집어내어 말하다

08 The organization is known to **speak out** against injustice.
➡ 부당함에 맞서 ___________

01 치과의사가 내 충치를 **뽑았다**. 02 휴전 이후에 군대가 **철수했다**. 03 나는 승진 가능성이 크지 않은 일자리 제안을 **제외했다**. 04 죄송합니다. 주문하신 직후에 바로 그 DVD의 재고가 **떨어진** 것 같습니다. 05 그 밴드의 티셔츠가 **다 팔리기** 전에 두 장을 꼭 사도록 하세요. 이번이 그들의 마지막 콘서트거든요. 06 해양 구조대원들은 즉시 구조선을 물에 띄워 곤경에 처한 수영하는 사람을 향해 **출발했다**. 07 그는 절대 군림하지 않고 봉사하기로 **마음먹었다**. 08 그 조직은 부당함에 맞서 **공개적으로 말하는** 것으로 알려져 있다.

** stand out

밖에 서 있다

01 We received many recommendations for Teacher of the Year, but one person **stood out** for her passion and devotion to her students. [수능]
➡ 한 분이 ________

*** turn out

돌려서 없애다 / 돌려서 나타나게 하다

02 Remember to **turn out** the lights when you go to bed.
➡ 전깃불을 ________

03 It is not enough for a university to **turn out** experts; they should also **turn out** broadly educated people.
➡ 대학이 전문가들을 ________
➡ 폭넓은 교육을 받은 것으로 ________

** put out

밖에 놓아 없애다 / 밖에 놓다

04 They used special high-pressure hoses to **put out** the fire.
➡ 불을 ________

05 to **put** one's tongue **out**
➡ 혀를 ________

** wear out

닳아서 없어지다

06 I won't say, "You shouldn't have done it," because that is a **worn-out** expression. [수능]
➡ ________ 표현

07 If you think you're **worn out**, don't push yourself to climb to the top of the mountain. [모의응용]
➡ (몸이) ________

08 I **wore out** two pairs of sneakers on the walking tour.
➡ 운동화 두 켤레를 ________

* wipe out

닦아서 완전히 없애다

09 The entire village was **wiped out** by the floods.
➡ 마을 전체가 ________

10 All of that cleaning totally **wiped** me **out**.
➡ 청소를 하느라 ________

** work out

일[노력]을 해서 (결과를) 내놓다

11 Since he started **working out**, he has changed beyond recognition.
➡ 그가 ________

12 We have to **work out** a practicable solution. [수능]
➡ 실용적인 해결책을 ________

13 Things do not always **work out** as we want, so we must be prepared for anything. [모의]
➡ 일이 원하는 대로 ________

14 The document gave him the insights he needed to **work out** the mathematical formula. [모의응용]
➡ 수학 공식을 ________

12강

01 우리는 올해의 교사상에 많은 추천서를 받았습니다만, 학생들에 대한 열정과 헌신이 **두드러지는** 한 분이 계셨습니다. 02 잠자리에 들 때는 잊지 말고 전깃불을 **꺼라**. 03 대학이 전문가들을 **배출하는** 것으로는 충분하지 않다. 그들은 또한 폭넓은 교육을 받은 사람으로 **판명되어야** 한다. 04 그들은 특별한 고압 호스를 사용해서 불을 **껐다**. 05 혀를 **내밀다** 06 "넌 그러지 말았어야 해."라고 말하지 않을게. 그건 **식상한** 표현이니까. 07 **지쳤다고** 생각되면 산 정상에 오르려고 무리하지 마라. 08 나는 도보 여행에서 운동화 두 켤레를 **닳아 없앴다**. 09 홍수로 마을 전체가 **파괴되었다**. 10 청소를 하느라 나는 완전히 **녹초가 되었다**. 11 그가 **운동하기** 시작한 이래로 알아보지 못할 만큼 바뀌었다. 12 우리는 실현 가능한 해결책을 **내놓아야** 한다. 13 일이 항상 우리가 원하는 대로 **돌아가지는** 않으므로 우리는 어떤 것에도 대비해야 한다. 14 그 문서는 그가 수학 공식을 **도출하는** 데 필요한 통찰력을 주었다.

Themes | 사회

1. 사회 일반

** **civil** [sívəl]
형 시민의 (= civic); 국내의; ((법)) 민사상의; 교양 있는 (= civilized)
01 the Spanish **civil** war

** **citizenship** [sítizənʃìp]
명 시민권 (= civil rights); 국적 (= nationality); 시민의 자질
02 dual **citizenship**

* **commonality** [kɑ̀mənǽləti]
명 일반 대중; 공통성
cf. commoner 명 평민, 서민
cf. commonplace 명 흔히 있는 일 형 아주 흔한
cf. populace 명 (특정 지역의 모든) 대중[시민]

** **reform** [ri:fɔ́:rm]
동 개혁하다 명 개혁, 개선 (= improvement)

* **turbulent** [tə́:rbjulənt]
형 격동의; 요동을 치는
03 The 1960s were a **turbulent** period in American history.

* **turbulence** [tə́:rbjuləns]
명 격동; (물·공기의) 난류, 난기류

2. 도시 vs. 지방

* **metropolis** [mətrɑ́pəlis]
명 대도시; 수도; 중심지

* **metropolitan** [mètrəpɑ́litən]
형 대도시[수도]의; (식민지나 속령이 아닌) 본국의
cf. cosmopolitan 형 세계적인

* **congestion** [kəndʒéstʃən]
명 (인구의) 밀집, 과잉; (교통의) 혼잡

* **congested** [kəndʒéstid]
형 붐비는 (= crowded)
cf. populous 형 인구가 많은

01 스페인 **내전**(內戰) 02 이중 **국적** 03 1960년대는 미국 역사에서 **격동의** 시기였다.

** **urban** [ə́ːrbən] 형 **도시의** (↔ rural 시골의, 지방의)

** **suburb** [sʌ́bəːrb] 명 **교외** ((도심지를 벗어난 주택 지역))

** **suburban** [səbə́ːrbən] 형 **교외의; 따분한**

고난도 **rustic** [rʌ́stik] 형 **시골 특유의; 통나무로 만든**

01 a charming building with a slanted roof and **rustic** rooms

---

* **outlying** [áutlàiiŋ] 형 **중심에서 떨어진; 외딴, 외진**

02 the **outlying** areas of the city

3. 행정 구역

** **district** [dístrikt] 명 (특정한) **지구, 지역** (= region); **구역**

03 a central business **district**

04 an administrative **district**

** **region** [ríːdʒən] 명 **지역, 지방**

** **regional** [ríːdʒənəl] 형 **지역[지방]의** (= local)

** **province** [prɑ́vins] 명 (수도가 아닌) **지방**; ((행정 단위)) **주(州), 도(道)**; (학문·활동의) **분야**

05 The northern part of the province has relatively few plains.

cf. county 명 자치주[군]

* **provincial** [prəvínʃəl] 형 **지방의; 주(州)의; 편협한**

4. 복지(Welfare)·공공 정책

* **social security** 명 **사회보장제도; 사회보장연금**

06 **Social Security** Number

cf. social service 명 사회복지 사업

cf. social worker 명 사회복지사

01 비스듬히 기운 지붕과 **시골풍의** 방이 있는 매력적인 건물 02 도시의 **외곽** 지역 03 중심 업무 **지구** 04 행정**구역** 05 그 **지방**의 북부 지역은 상대적으로 평원이 적다. 06 ((미국)) **사회보장**번호 ((출생 시 공식적으로 부여되는 개인 신원 번호))

* **infrastructure** [ínfrəstrʌ̀ktʃər]

명 사회[공공] 기반 시설 ((도로, 항만, 상하수 처리 시설 등))

01 We need to take steps to build a profitable tourism **infrastructure** and attract more tourists. [모의응용]

** **register** [rédʒistər]

명 (공식) 명부, 등록부 동 (공식 명부에) 등록하다; (우편물을) 등기로 보내다

02 The company **registered** its trademark.

** **registration** [rèdʒistréiʃən]

명 등록, (출생·혼인 등의) 신고; (우편물의) 등기

---

* **privatize** [práivətàiz]

동 (기업·산업 분야를) 민영화하다 (↔ nationalize 국영화하다)

03 The government is planning to **privatize** the postal service.

고난도 **decentralize** [di:séntrəlàiz]

동 (행정권·인구 등을) 분산시키다 (↔ centralize 중앙 집중화하다)

04 to **decentralize** the population around the capital area

5. 규제·제약

고난도 **curfew** [kə́:rfju:]

명 통행금지령; 통행금지 시간

05 to impose a night-time **curfew**

** **restrain** [ri:stréin]

동 (감정 등을) 억제하다; (특히 물리력을 동원하여) 제지하다

06 In the real world most people will be **restrained** from doing everything that they want to do. [모의응용]

* **restraint** [ristréint]

명 규제; 제지

** **restrict** [ristríkt]

동 제한[한정]하다

07 His actions were **restricted** by the role's responsibilities and obligations. [모의응용]

* **restriction** [ristríkʃən]

명 제한; 규제

---

* **constrain** [kənstréin]

동 (억지로) ~하게 만들다, 강요하다 (= coerce, compel)

08 She had to keep quiet, but felt **constrained** to answer.

* **constraint** [kənstréint]

명 제약; 제한

01 우리는 수익이 나는 관광 **인프라(기반 시설)**를 구축하고 더 많은 관광객을 유치하기 위해 조치를 취할 필요가 있다. 02 그 회사는 상표를 **등록했다.** 03 정부는 우편 사업을 **민영화할** 계획이다. 04 수도권 인구를 **분산시키다** 05 야간 **통행금지령**을 시행하다 06 현실 세계에서 대부분의 사람들은 자신이 하고 싶은 모든 것을 하는 것을 **억제당할** 것이다. 07 그의 행동은 그 역할의 책임과 의무에 의해서 **제한되었다.** 08 그녀는 조용히 있어야 했지만 대답하지 **않을 수 없다고** 느꼈다.

A 다음의 우리말은 영어로, 영어는 우리말로 그 뜻을 쓰시오.

① (인구의) 밀집, 과잉; (교통의) 혼잡
② 시민권; 국적; 시민의 자질
③ 민영화하다
④ 예방
⑤ 일반 대중; 공통성
⑥ 격동의; 요동을 치는
⑦ 시골 특유의; 통나무로 만든
⑧ 최종적인; 궁극적인
⑨ 부패, 타락
⑩ 파산
⑪ (행정권·인구 등을) 분산시키다
⑫ 시민의; 국내의; 민사상의
⑬ 내부의; 국내의
⑭ 질문하는; ((문법)) 의문사
⑮ 방해하다; (잠깐) 중단시키다
⑯ interpersonal
⑰ infrastructure
⑱ regional
⑲ constraint
⑳ register
㉑ district
㉒ provincial
㉓ outlying
㉔ metropolitan
㉕ curfew
㉖ suburban
㉗ eruption
㉘ social security
㉙ convene
㉚ advent

B 다음 빈칸에 들어갈 가장 적절한 어휘를 고르시오.

1. When the police eventually arrived, we made an __________ of the missing items.
① inventory ② interference ③ intersection ④ interval

2. The thirty-six-hour workweek established by the garment-industry code was __________ by having the workers leave at 5 p.m., by the back door (their usual entrance), then return by the front door and work until 11 p.m. secretly.
① interrogated ② bankrupted ③ invented ④ circumvented

3. Powerlessness and anger build up over time. When problems overwhelm a person's coping skills, strong emotion can __________ in violent or self-destructive ways.
① erupt ② prevent ③ interchange ④ reform

4. In a job market that's growing more competitive every day, having an effective, impressive résumé that __________ out from the crowd is key.
① rules ② sells ③ stands ④ runs

C

각 네모 안에서 문맥에 알맞은 어휘를 고르시오.

1. During this session of the [convention / intervention], the panel will discuss the character traits required in a leader.

2. The state does not collect enough [venue / revenue] to cover its expenditure.

3. The [disruptive / interchangeable] behavior of the protestors led to the cancellation of the event.

4. The country's justice system is riddled with [corrupt / abrupt] judges who accept bribes.

D

다음 ①~⑤ 중, 문맥상 밑줄 친 낱말의 쓰임이 적절하지 않은 것을 고르시오.

① At age 13 he wrote a column on high school sports for a local newspaper.

② The desire for short-term profits in the wood and paper industries is threatening to wipe out many species of wildlife, erode exposed land, and cause other severe environmental disasters.

③ The conflict caused a rupture in relations between the former allies.

④ Many people express their creativity through fine arts, but creativity is not limited to the fine arts. Chefs depart from traditional recipes to create new dishes. People who knit soon abandon inventive patterns and design their own.

⑤ You may request a period of intermission from your course if you become ill and are unable to undertake your workload.

13강

Word Complete

Part

Prefixes	위·넘어·과다(1) out-², over
Essential Roots/Stems	val(u) / vail = value, worth, strong
Words with Multiple Meanings	cover / cross / due
Phrasal Verbs	over가 포함된 구동사 1
Themes	사회문제

Words & Phrases

앞으로 학습할 예문에 쓰인 필수 어휘 모음입니다. 예문에 해당 단어 밑에는 점선이 표시(interact)되어 있습니다.
아는 단어는 □□에 체크하고 모르는 단어는 뜻 확인을 반복하세요.

** □□ appoint [əpɔ́int] — 동 임명하다, 지명하다 (= assign); (시간·장소 등을) 정하다
※ appointment 명 약속; 임명

** □□ arctic [ɑ́ːrktik] — 형 북극의 명 ((the A-)) 북극 (↔ the Antarctic 남극)

* □□ caravan [kǽrəvæn] — 명 (사막의) 대상 ((상인 집단)); 캠핑용 자동차 (= trailer, camper)

** □□ charitable [tʃǽritəbl] — 형 자선(단체)의; 자선을 베푸는, 너그러운

** □□ checkup [tʃékʌ̀p] — 명 건강 검진

고난도 □□ culminate [kʌ́lmənèit] — 동 (~로) 끝이 나다

** □□ discrimination [diskrìminéiʃən] — 명 판별(력); 차별

** □□ flexibility [flèksəbíləti] — 명 유연성; 적응성, 융통성 (= adaptability)

고난도 □□ genocide [dʒénəsàid] — 명 집단[종족] 학살 *cf.* massacre, slaughter, carnage 명 대학살

* □□ indicator [índikèitər] — 명 지표; 계기, 장치

---

* □□ insensitivity [insènsətívəti] — 명 무감각, 둔감

* □□ intrinsic [intrínsik] — 형 고유한, 본질적인

* □□ invoke [invóuk] — 동 (법·규칙 등을) 적용하다; 언급하다; (느낌을) 불러일으키다

** □□ massive [mǽsiv] — 형 거대한; 심각한

*** □□ occasion [əkéiʒən] — 명 경우, 때; (특별한) 행사

* □□ pledge [pledʒ] — 동 약속[맹세]하다 명 약속, 맹세

* □□ prick [prik] — 동 찌르다; 따끔거리게 하다 명 찌르기; 따가움

* □□ radically [rǽdikəli] — 부 완전히, 근본적으로

** □□ revenge [rivéndʒ] — 동 복수[보복]하다 명 복수, 보복

* □□ scorn [skɔːrn] — 동 경멸[멸시]하다; (멸시하여) 거절하다 명 경멸(감)

---

* □□ supervision [sùːpərvíʒən] — 명 감독, 관리, 감시

* □□ tickle [tíkl] — 동 간지럼을 태우다 ※ ticklish 형 간지럼을 잘 타는

** □□ tuition [tjuːíʃən] — 명 수업; 수업료, 등록금

고난도 □□ veto [víːtou] — 명 거부권; 금지 동 거부[기각]하다

고난도 □□ villain [vílən] — 명 (연극·이야기 등의) 악인, 악당

** □□ warranty [wɔ́ːrənti] — 명 (제품의) 품질 보증(서) (= guarantee)

Prefixes | 위·넘어·과다(1) out-[2], over

out-[2], over- = more[better] than / over, above, beyond, too much
(~보다 더, 능가하는 / 넘어, ~ 위에, 너머)

outsmart → out(more than)+smart → ~보다 한 수 앞서다
overall → over(over)+all → 종합적인, 전체의; 전부, 종합적으로

** **outgrow**-outgrew-outgrown [àutgróu]

동 **~보다 더 커지다, 많아지다**

01 She has **outgrown** all her school clothes.

---

* **outlive** [àutlív]

동 **~보다 더 오래 살다** (= survive); **~보다 더 오래 지속되다** (= outlast)

02 She **outlived** her husband by two years.

---

* **outperform** [àutpərfɔ́ːrm]

동 **~보다 더 나은 결과를 내다, 능가하다** (= outdo, outstrip, surpass)

03 He strived to **outperform** expectations. [모의응용]

---

* **outrun**-outran-outrun [àutrʌ́n]

동 **~보다 더 빨리[멀리] 달리다; 넘어서다**

04 The speeding motorbikers are trying to **outrun** each other. [모의응용]

고난도 **outwit**-outwitted-outwitted [àutwít]

동 **~보다 한 수 앞서다** (= outsmart)

05 I **outwitted** my opponent by doing the opposite of what he expected.

---

* **outweigh** [àutwéi]

동 **~보다 더 크다[대단하다]**

06 The potential benefits far **outweigh** the risks.

** **overcharge** [òuvərtʃáːrdʒ]

동 **과잉 청구하다** (↔ undercharge 적게 청구하다)

07 The taxi driver had **overcharged** us by about $20.

cf. charge 동 (요금을) 청구하다 필수 다의어 | 066쪽

01 그녀는 **자라서** 학창 시절에 입던 모든 옷이 **맞지 않는다.** 02 그녀는 남편**보다** 2년 **더 오래 살았다.** 03 그는 기대**보다 더 잘해내기** 위해 노력했다. 04 고속으로 달리는 오토바이 운전자들이 서로 **더 빨리 달리려고** 애쓰고 있다. 05 나는 내 상대가 예상한 것과 반대로 함으로써 **한 수 앞서갔다.** 06 잠재적 이득이 (잠재적) 위험**보다** 훨씬 **더 크다.** 07 택시 운전사는 우리에게 20달러 정도 **바가지를 씌웠다.**

*** **overcome**
-overcame-overcome
[òuvərkʌ́m]

동 극복하다; (남을) 이기다 (= conquer)

01 She **overcame** many personal adversities.

02 After a tough battle, they eventually **overcame** the enemy.

---

* **overdue**
[òuvərdjúː]

형 (지불·반납 등의) 기한이 지난

03 You're long **overdue** for a dental checkup.

cf. due 형 ~하기로 예정된; (돈을) 지불해야 하는; 적절한 필수 다의어 | 206쪽

---

* **overhear** [òuvərhíər]
-overheard-overheard

동 (남의 대화 등을) 우연히 듣다

04 I **overheard** a conversation between my parents.

cf. eavesdrop 동 (고의로) 엿듣다

** **overlook**
[òuvərlúk]

동 간과하다; (잘못된 것을) 눈감아주다; (건물 등이) 내려다보다

05 We must not **overlook** the rapid melting of massive areas of ice in the Arctic.

06 We could not afford to **overlook** such a big mistake.

07 the mountains that **overlook** the village

cf. oversee 동 감독하다 (= supervise)

---

* **override**
-overrode-overridden
[òuvərráid]

동 (결정·명령 등을) 기각[무시]하다 (= overrule); ~보다 더 중요하다

08 Congress **overrode** the President's veto.

09 Passenger safety **overrides** all other concerns.

---

* **overshadow**
[òuvərʃǽdou]

동 그늘지게 하다; 빛을 잃게 하다

10 The leading actor was **overshadowed** by the supporting actor.

** **overwhelm**
[òuvərhwélm]

동 압도하다; 제압하다 (= overpower)

11 A sense of frustration **overwhelmed** her.

** **overwhelming**
[òuvərhwélmiŋ]

형 압도적인; 저항하기 힘든

01 그녀는 많은 개인적인 역경을 **극복했다**. 02 힘든 전투 후에, 그들은 결국 적을 **물리쳤다**. 03 치과 검진할 **때가** 오래 **지났군요**. 04 나는 부모님께서 하시는 대화를 **우연히 들었다**. 05 우리는 북극의 거대한 얼음 지역이 급속히 녹고 있는 것을 **간과해서는** 안 된다. 06 우리는 그렇게 큰 실수를 **눈감아줄** 수 없었다. 07 마을이 **내려다보이는** 산 08 의회는 대통령의 거부권을 **무시했다**. 09 승객의 안전이 다른 모든 우려사항**보다 더 중요하다**. 10 그 주연 배우는 조연 배우에 **가려져 빛을 잃었다**. 11 좌절감이 그녀를 **압도했다**.

* **overtake**
-overtook-overtaken
[òuvərtéik]

동 **추월하다, 능가하다** (= outdo, exceed); (불쾌한 일이) **엄습하다**

01 She **overtook** the other runners and won the race.

02 Sudden tragedy **overtook** him.

---

* **overthrow**
-overthrew-overthrown
동 [òuvərθróu] 명 [óuvərθròu]

동 (정부·제도 등을) **뒤엎다** 명 **타도, 전복**

03 Old ideas have been **overthrown**, and replaced by radically different new ones.

Essential Roots / Stems

val(u) / vail = value 가치, worth 가치 있는, strong 강한

* **overvalue**
[òuvərvǽljuː]

동 **과대평가하다** (= overestimate)
(↔ undervalue, underestimate 과소평가하다)

04 The company is **overvalued** on the stock market.

---

* **valuation**
[væljuéiʃən]

명 **(가치) 평가**

05 Experts set a high **valuation** on the painting.

*** **valuable**
[vǽljuəbəl]

형 **소중한; 값비싼; 가치가 큰** (↔ valueless 가치 없는)
value(가치)+able(형)

06 The survey was **valuable** as an indicator of local opinion.

cf. valuables 명 귀중품

** **invaluable**
[invǽljuəbəl]

형 **값을 매길 수 없는, 귀중한** (= priceless)

07 A first aid kit will be **invaluable** if you suffer scratches, bug bites, or other minor injuries. [모의응용]

** **valid**
[vǽlid]

형 **타당한, 근거 있는; 유효한** (↔ invalid 근거 없는; 무효한)
val(strong)+id(형)

08 Her objections were completely **valid**.

09 Our product warranty will be **valid** for one year. [모의]

* **validity** [vəlídəti]

명 **타당성; 유효성**

01 그녀는 다른 주자들을 **추월해** 경주에서 승리했다. 02 갑작스러운 비극이 그에게 **닥쳤다**. 03 낡은 생각들이 **뒤엎어지고** 완전히 다른 새로운 생각들로 대체되었다. 04 그 회사는 주식시장에서 **과대평가되어** 있다. 05 전문가들은 그 그림에 높은 **평가액**을 매겼다. 06 그 설문 조사는 지역 여론의 지표로 **가치가 컸다**. 07 찰과상, 벌레 물림 또는 다른 작은 부상을 입었을 때 구급상자가 **매우 유용할** 것이다. 08 그녀의 반박은 완벽히 **근거가 있었다**. 09 우리 제품의 품질보증은 1년간 **유효합니다**.

* **validate** [vǽlədèit]

동 **정당성을 입증하다** (↔ invalidate 틀렸음을 입증하다; 무효로 하다)
valid+ate(동)

01 The theory was **validated** by the participants in the study.

고난도 **validation** [vӕ̀lədéiʃən]

명 **확인; 비준** ((조약의 최종 확인, 동의 절차))

---

* **avail** [əvéil]

동 **쓸모가 있다; 이용하다** 명 **이익, 유용성**
a(to)+vail(worth)

02 Only a few companies have **availed** themselves of the free training program.

03 All my effort was to no **avail**.

*** **available** [əvéiləbl]

형 **이용할 수 있는; 시간[여유]이 있는**

* **availability** [əvèiləbíləti]

명 **유용성;** (입수) **가능성**

*** **evaluate** [ivǽljuèit]

동 **평가하다, 감정하다** (= value, assess)
e(out)+value+ate(동)

04 to **evaluate** the quality of writing and organization

*** **evaluation** [ivæ̀ljuéiʃən]

명 **평가** (= valuation, assessment)

---

* **devalue** [di:vǽlju:]

동 **가치를 떨어뜨리다; 평가절하하다** (= devaluate)
(↔ appreciate 진가를 알다; 평가절상하다)
de(down)+value

05 People who are unemployed tend to feel **devalued**.

* **devaluation** [dì:væljuéiʃən]

명 **평가절하**

---

* **prevail** [privéil]

동 **만연하다; 승리하다** (= predominate)
pre(before)+vail(strong)

06 The bacteria are forced to evolve and defeat the antibiotic, and, if successful, they will **prevail** once again. [모의응용]

07 The Italian team eventually **prevailed** over Spain 3–2.

* **prevailing** [privéiliŋ]

형 (특정 시기에) **우세한, 지배적인**

08 the **prevailing** view among developmental scientists

* **prevalent** [prévələnt]

형 **널리 퍼진** (= widespread)

09 Insensitivity towards safety is **prevalent** in our society.

---

01 그 이론은 연구 참가자들에 의해 **정당성이 입증되었다**. 02 몇 안 되는 회사만이 무료 훈련 프로그램을 **이용할** 수 있었다. 03 나의 모든 노력은 아무 **소용**이 없었다. 04 글과 구성의 질을 **평가하다** 05 실직한 사람들은 **평가절하 되었다고** 느끼는 경향이 있다. 06 박테리아는 진화하여 항생제를 이겨내야 하며, 성공하면 다시 **우세하게** 된다. 07 이탈리아 팀은 결국 스페인에 3대 2로 **승리했다**. 08 발달 과학자들 사이에서 **지배적인** 관점 09 안전 불감증이 우리 사회에 **널리 퍼져** 있다.

Words with Multiple Meanings 필수 다의어의 이해

*** **cover**
[kʌ́vər]

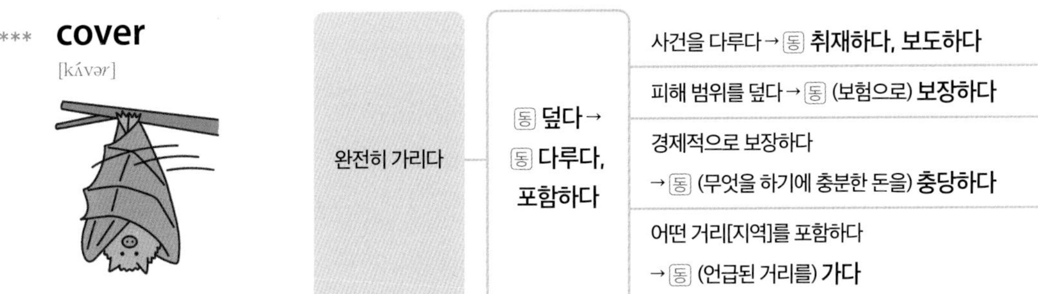

01 The documentary **covers** all aspects of health and safety at work.
02 Robinson, a sports reporter, was sent to South Africa to **cover** the World Cup. [모의응용]
03 The insurance **covers** natural disasters including earthquakes and hurricanes. [모의응용]
04 I have to **cover** my college tuition fees myself.
05 I want to **cover** fifty miles in my car before it gets dark. [모의응용]

*** **cross**
[krɔ(:)s]

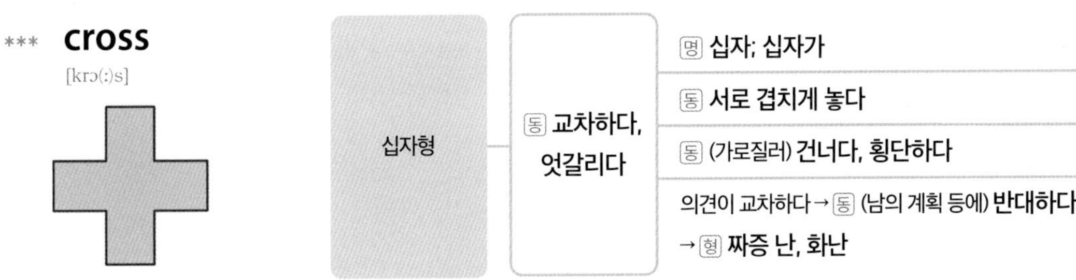

06 In the downtown area, the roads **cross** at right angles.
07 Queen Elizabeth II is almost always pictured with her legs **crossed** at the ankles. This is called the "royal **cross**." [모의응용]
08 He rented a camel and **crossed** the Sahara Desert with a caravan. [모의응용]
09 Please don't get **cross**. Let me explain.

01 그 다큐멘터리는 직장에서의 보건과 안전의 모든 측면을 **다룬다**. 02 스포츠 기자인 로빈슨이 월드컵을 **취재하기** 위해 남아프리카 공화국에 파견되었다. 03 그 보험은 지진과 허리케인을 포함한 자연재해를 **보장한다**. 04 나는 내 힘으로 대학 등록금을 **충당해야** 한다. 05 나는 어두워지기 전에 차로 50마일을 **가고** 싶다. 06 시내의 도로들은 직각으로 **교차한다**. 07 엘리자베스 2세 여왕은 거의 항상 발목에서 다리를 **겹쳐 놓은** 자세로 사진을 찍는다. 이것은 '로열 **크로스**(royal cross)'라고 불린다. 08 그는 낙타를 빌려서 대상(隊商)과 함께 사하라 사막을 **횡단했다**. 09 **화내지** 마세요. 제가 설명할게요.

*** **due**

[djuː]

당연히 치러야 할	치러야 할 일이므로 → 형 ~하기로 예정된	돈을 갚기로 예정된 → 형 (돈을) **지불해야 하는** → 명 ((*pl.*)) (회원 등으로서 정기적으로) **내야 할 돈** ((회비 등))
	당연히 ~에 돌려야 할	형 (권리나 자격이 있는 사람에게) **주어야 하는** → 형 **마땅한, 적절한**
		원인을 ~에 돌려야 할 → 형 **~ 때문에, ~로 인한**

01 The singer's first album is **due** to release later this month.
02 The monthly rent is **due** on the first day of the month.
03 Our thanks are **due** to all those who contributed to its success.
04 Many people don't pay **due** attention to the symptoms of heart disease. [모의응용]
05 **Due** to road construction, my usual forty-five-minute commute was doubled. [모의응용]

• due가 만드는 어구들

due date	**만기**일
due process[course]	**정당한** 법 절차
in **due** course	**적절한** 때에
in **due** time	**적절한** 때가 되면, 머지않아
due north[south, east, west]	**정**북에[**정**남에, **정**동에, **정**서에]
with (all) **due** respect	대단히 죄송하지만 ((남의 말에 정중하게 이의를 제기하는 표현))

01 그 가수의 첫 앨범은 이달 말에 출시될 **예정이다.** 02 월세는 그달의 첫날에 **지불해야 한다.** 03 성공에 기여해주신 모든 분께 감사를 **드립니다.** 04 많은 사람들이 심장병의 증상에 대해 **마땅한** 주의를 기울이지 않는다. 05 도로 공사 **때문에** 보통 45분 걸리던 통근 시간이 두 배가 되었다.

Phrasal Verbs | over가 포함된 구동사 1

다음 구동사의 의미를 추론하여 오른쪽 빈칸에 쓰고 페이지 하단의 해석과 대조해 보시오.

** **bring over** 가지고 건너오다

01 I'll call and ask him to **bring** it **over**. [모의] ➡ 그것을 ______

*** **come over** 건너오다

02 We are going to have a party for her. Can you **come over**? [수능] ➡ ______ 수 있나요?

03 The feeling of pride and accomplishment that **came over** me was incredible, and is something that I will never forget. [모의] ➡ 자부심과 성취감을 ______

** **get over** ~을 넘어서다

04 It took me a very long time to **get over** the shock of her death. ➡ 죽음의 충격을 ______

05 I've had a nasty cold, but I'm **getting over** it now. ➡ 감기가 ______

** **give over to** ~에게 넘겨주다

06 Huge amounts of space are **given over to** parking lots rather than to trees and birds. [수능] ➡ 막대한 공간이 주차장으로 ______

** **go over** 넘어가다; 다시 가다

07 We must **go over** the account books together; there is still some money missing. ➡ 회계장부를 ______

08 She's going to help me **go over** my lines for the play. ➡ 연극 대사를 ______

** **look over** ~의 모든 면을 보다

09 Thank you for sending your poems to this publishing house. I have had the opportunity to **look** them **over**, and I feel that they show considerable promise. [수능] ➡ 시를 ______

13강

01 내가 전화해서 그에게 그걸 **가지고 오라고** 부탁할게. 02 그녀를 위해 파티를 할 건데 **올** 수 있나요? 03 내가 **느낀** 자부심과 성취감은 믿을 수 없을 정도였고 결코 잊지 못할 대단한 것이다. 04 나는 그녀의 죽음이 준 충격을 **극복하는** 데 아주 오랜 시간이 걸렸다. 05 나는 고약한 감기에 걸렸었지만 지금 **나아지는** 중이야. 06 막대한 공간이 나무와 새들을 위해서가 아니라 주차장으로 **이용된다.** 07 우리는 같이 회계장부를 **검토해야** 한다. 여전히 돈이 좀 비기 때문이다. 08 그녀는 내가 연극 대사를 **복습하는** 것을 도와줄 것이다. 09 저희 출판사로 당신이 쓴 시들을 보내주셔서 감사드립니다. 제가 그것들을 **훑어볼** 기회가 있었는데, 상당한 가능성을 보여주고 있다고 생각됩니다.

Themes | 사회문제

1. 신분·계급

* **hierarchy** [háiərὰːrki]

명 계급, 계층; 위계질서 계급의 구분 | Appendix 529쪽

01 a social **hierarchy**

** **status** [stéitəs]

명 (사회적) 지위; (법적) 신분, 자격

02 A **status** symbol is something, usually an expensive or rare object, that indicates a high social **status** for its owner.

고난도 **stratify** [strǽtifài]

동 층을 이루게 하다; 계층화하다

03 a highly **stratified** society

고난도 **stratum** [stréitəm]

명 ((*pl.* strata)) (암석 등의) 층 (= layer); (사회) 계층 (= class)

2. 빈부 격차

* **affluent** [ǽfluənt]

형 부유한 (= wealthy)

04 The **affluent** countries are much better equipped in the face of natural disasters.

---

* **lavish** [lǽviʃ]

형 호화로운 (= luxurious); 후한 동 낭비하다

05 a very **lavish** lifestyle

---

* **deprived** [dipráivd]

형 궁핍한, 가난한 (= needy, impoverished, indigent)

06 They provide free legal counsel for the **deprived**.

* **deprivation** [dèprivéiʃən]

명 (필수적인 것의) 박탈, 부족

3. 민족·인종 문제

** **ethnic** [éθnik]

형 민족의; 민족 전통적인

07 **ethnic** and cultural diversity

* **ethnicity** [eθnísiti]

명 민족성

01 사회 **계층** 02 **지위**의 상징은 대개 값비싸거나 희귀한 물건으로, 그것을 소유한 사람의 높은 사회적 **지위**를 나타낸다. 03 고도로 **계층화된** 사회 04 **부유한** 국가들은 자연재해에 대해 훨씬 더 잘 준비되어 있다. 05 매우 **호화로운** 생활 06 그들은 **가난한** 사람들에게 무료 법률 상담을 제공한다. 07 **민족**과 문화의 다양성

고난도 **ethnocentrism** [èθnouséntrizəm]
명 자기 민족 중심주의

** **racial** [réiʃəl]
형 인종의, 민족의

01 **Racial** discrimination has led to genocide on multiple occasions throughout history.

* **racism** [réisizəm]
명 민족 우월 의식; 인종 차별(주의)

* **racist** [réisist]
명 인종 차별주의자

---

* **segregate** [ségrigèit]
동 (사람을) 분리[차별]하다

02 The civil rights movement fought against practices that **segregated** blacks and whites.

* **segregation** [sègrigéiʃən]
명 분리; 차별 정책

4. 사회 이슈

** **abandon** [əbǽndən]
동 (특히 돌볼 책임이 있는 대상을) 버리다 (= discard, desert); 그만두다

03 to adopt an **abandoned** dog

* **abandonment** [əbǽndənmənt]
명 유기; 포기

** **multicultural** [mʌ̀ltikʌ́ltʃərəl]
형 다문화의

04 Korea is an increasingly **multicultural** society.

5. 사회 혼란

* **revolutionize** [rèvəlúːʃənàiz]
동 혁명[대변혁]을 일으키다

05 Just one great idea can completely **revolutionize** your life.

* **revolutionary** [rèvəlúːʃənèri]
형 혁명의; 혁명적인

** **rebel**-rebelled-rebelled 동 [ribél] 명형 [rébəl]
동 반란을 일으키다; 반항[저항]하다 명 반역자 형 반역의

06 the **rebel** army

* **rebellion** [ribéljən]
명 반란 (= revolt, uprising)

01 **인종** 차별은 역사를 통틀어 여러 차례 대량학살을 초래했다. 02 인권 운동은 흑인과 백인을 **차별하는** 관행에 맞서 싸웠다. 03 **유기**견을 입양하다 04 한국은 점점 **다문화** 사회가 되어가고 있다. 05 단 하나의 멋진 아이디어가 당신의 삶을 완전히 **바꾸어 놓을 수 있다.** 06 **반란**군

* **mob** [mɑb]

명 **군중** (= mass); **폭도** (= rabble); (동물의) **떼**

01 The police kept the **mob** under control.

cf. flash mob 명 플래시몹 ((사전에 약속된 장소에 모여 집단행동을 벌이고 흩어지는 행태))

---

* **demo** [démou] 명 **시위; 설명** (= demonstration); (음악 작품을 담은) **데모 (테이프나 음반)**

6. 문제의 해결

** **harmonize** [hɑ́:rmənàiz]

동 **조화를 이루다; 비슷하게 만들다**

02 They like to see movies together, though their tastes don't **harmonize**.

** **harmonious** [hɑ:rmóuniəs] 형 **조화로운**

---

* **integrate** [íntəgrèit]

동 **통합하다** (= unify) (↔ disintegrate 분해하다)

03 They soon became fully **integrated** into the local community.

* **integration** [ìntəgréiʃən] 명 **통합**

---

* **assimilate** [əsíməlèit]

동 **흡수하다; 이해하다; 동화되다**

04 Many new immigrants have not yet **assimilated** fully into the new culture.

* **assimilation** [əsìməléiʃən] 명 **흡수; 동화**

** **contribute** [kəntríbju:t]

동 **기부하다;** (~의) **한 원인이 되다; 기여하다**

05 He pledged to **contribute** over half of his wealth to charitable organizations.

06 Stress **contributes** to many illnesses.

** **contribution** [kɑ̀ntrəbjú:ʃən] 명 **기부금; 기여**

| 기부·자선 관련 어휘 |

donate	동 기부하다, 기증하다 *donation 명 기부; 기증 / donor 명 기부자; 기증자
charity	명 자선; 관용; 자선 단체
endow	동 기부하다 *endowment 명 기부(금); (타고난) 자질
backer	명 (재정적) 후원자
relief	명 구제; 구호품; (영세민에 대한 정부의) 재정 지원

01 경찰이 **군중**을 통제하였다. 02 그들은 취향이 **비슷하지** 않지만 같이 영화 보는 것을 좋아한다. 03 그들은 곧 지역 사회 안으로 완전히 **통합되었다**. 04 많은 새로운 이민자들이 새로운 문화 속으로 아직 완전히 **동화되지** 못했다. 05 그는 자신의 재산의 절반 이상을 자선단체에 **기부하겠다고** 서약했다. 06 스트레스는 많은 질병의 **원인이다**.

Exercises

A 다음의 우리말은 영어로, 영어는 우리말로 그 뜻을 쓰시오.

① 인종의, 민족의
② 흡수; 동화
③ 유용성; (입수) 가능성
④ 조화로운
⑤ 기각[무시]하다, ~보다 더 중요하다
⑥ 간과하다; 눈감아주다; 내려다보다
⑦ (사회적) 지위; (법적) 신분, 자격
⑧ 과잉 청구하다
⑨ 그늘지게 하다; 빛을 잃게 하다
⑩ 호화로운; 후한; 낭비하다
⑪ 기부하다; (~의) 한 원인이 되다
⑫ 층을 이루게 하다; 계층화하다
⑬ 혁명[대변혁]을 일으키다
⑭ 타당성; 유효성
⑮ 다문화의
⑯ integrate
⑰ ethnicity
⑱ abandon
⑲ overwhelming
⑳ outgrow
㉑ rebellion
㉒ validation
㉓ hierarchy
㉔ overcome
㉕ overthrow
㉖ segregate
㉗ mob
㉘ deprived
㉙ stratum
㉚ affluent

B 다음 빈칸에 들어갈 가장 적절한 어휘를 고르시오.

1. The land provides for our needs: food for the table, logs for the fire, and other uses. Some of it is ____________ over to cropping vegetables and fruit.
① gone ② looked ③ given ④ gotten

2. You need to submit an application form and a letter of self-introduction by next Monday. The selection committee will then ____________ your application.
① outwit ② predominate ③ surpass ④ evaluate

3. The new hotel, expected for completion toward the end of this year, ____________ all other hotels in the area in size.
① overestimates ② outstrips ③ oversees ④ outlives

4. Employees should have ____________ themselves of the opportunity to buy cheap shares in the company.
① overtaken ② prevailed ③ availed ④ outgrown

C

다음을 읽고 문제에 답하시오.

The Merchant of Venice by Shakespeare portrays an intense disagreement between the Jew, Shylock, and the Christian, Antonio. Antonio constantly scorns Shylock for being a Jew, which ultimately culminates in one of the most famous speeches of all time, where Shylock asks: "If you prick us, do we not bleed? If you tickle us, do we not laugh? If you poison us, do we not die? And if you wrong us, shall we not revenge?" The "us" that Shylock is referring to are Jews. Shylock's point is that we are all human. There is no intrinsic difference between a Jew and a Christian, a black and a white, a Chinese citizen and a German citizen, and so forth. Although Shylock is painted as the villain of *The Merchant of Venice*, perhaps we can all take a lesson from him.

Q. What does the underlined part, a lesson, refer to in this text?

① Everyone has something to teach us, even villains.
② We should avoid unfair prejudices that result from ethnocentrism.
③ The problem of discrimination has been around for centuries.
④ Fundamental differences between cultures can stimulate innovation.

D

각 네모 안에서 문맥에 알맞은 어휘를 고르시오.

1. The original price of this refrigerator is $120, but you will receive a 30% discount. This offer is [overdue / valid] for only 10 days! [모의응용]

2. Some students [devalue / overvalue] the importance of education because they don't see any path to success that it will lead to.

3. People often invoke their own personal experiences to [validate / invalidate] their point of view.

E

다음 ①~⑤ 중, 문맥상 밑줄 친 낱말의 쓰임이 적절하지 않은 것을 고르시오.

① She is innovative and rarely needs supervision. She is a valueless asset to her department.
② There was a time when offering bribes for special favors was the prevailing way of operating, particularly in the political world.
③ When recruiters are looking for potential overseas employees, flexibility and an ability to assimilate easily to new environments are desired qualities.
④ After due consideration, we've decided to appoint Ms. Parker to the job.
⑤ I have done almost nothing for other people. Now I want to make good use of the rest of my life. I'll spend it on something that will outlast my life.

14강

Word Complete

Part

Prefixes	위·넘어·과다(2) super- / sover-, sur-
Essential Roots/Stems	vis(e) = see, look vit / viv(e) = life, live
Words with Multiple Meanings	deliver / dispense / fail / fancy
Phrasal Verbs	over가 포함된 구동사 2
Themes	자연·환경

Words & Phrases

앞으로 학습할 예문에 쓰인 필수 어휘 모음입니다. 예문에 해당 단어 밑에는 점선이 표시(interact)되어 있습니다.
아는 단어는 □□에 체크하고 모르는 단어는 뜻 확인을 반복하세요.

*	□□	acclaim [əkléim]	동 환호하다; 칭찬하다 (= praise, compliment) 명 찬사, 칭찬
*	□□	advocate 동 [ǽdvəkèit] 명 [ǽdvəkət]	동 (공개적으로) 지지하다[옹호하다] 명 옹호자, 지지자; 변호사
고난도	□□	aquatic [əkwǽtik]	형 물속[물가]에서 자라는; 물과 관련된 cf. aquarium 명 수족관
고난도	□□	barrage [bərɑ́:ʒ]	명 연발 사격; (질문 등의) 세례
*	□□	blend [blend]	동 섞다; 조합되다
*	□□	breathtaking [bréθtèikiŋ]	형 (아주 아름답거나 놀라워서) 숨이 막히는
*	□□	camouflage [kǽməflɑ̀:ʒ]	명 위장 동 위장하다
*	□□	characterization [kæ̀riktərizéiʃən]	명 인물 묘사
*	□□	clone [kloun]	명 복제(품) 동 복제하다
**	□□	columnist [kɑ́ləmnist]	명 정기 기고가, 칼럼니스트
*	□□	creak [kri:k]	동 삐걱거리다
*	□□	cuisine [kwizí:n]	명 (보통 비싼 식당의) 요리; 요리법
**	□□	enhance [inhǽns]	동 높이다, 향상하다 (= improve)
고난도	□□	filtration [filtréiʃən]	명 여과 (과정)
고난도	□□	first mate	명 일등 항해사
고난도	□□	gymnast [dʒímnæst]	명 체육 교사; 체조 선수
**	□□	imaginary [imǽdʒənèri]	형 상상의, 가상의
**	□□	imaginative [imǽdʒənətiv]	형 상상의; 창의적인, 상상력이 풍부한
고난도	□□	incineration [insìnəréiʃən]	명 소각; 화장(火葬) (= cremation)
**	□□	keen [ki:n]	형 예리한; 열정적인; 열망하는
**	□□	license [láisəns]	명 면허(증); 허가 동 허가하다
*	□□	ornament 명 [ɔ́:rnəmənt] 동 [ɔ́:rnəmènt]	명 장식품, 장식 동 장식하다
*	□□	pharmacist [fɑ́:rməsist]	명 약사
***	□□	physical [fízikəl]	형 육체[신체]의; 물질적인
*	□□	predator [prédətər]	명 약탈자; 포식 동물
**	□□	quarter [kwɔ́:rtər]	명 4분의 1; 1분기; 구역, 지구 (= district) 필수 다의어 | 457쪽
고난도	□□	rudimentary [rù:dəméntəri]	형 가장 기본적인; 제대로 발달하지 못한
*	□□	scrapyard [skrǽpjɑ̀:rd]	명 폐품 처리장 (= junkyard)
*	□□	sophistication [səfistəkéiʃən]	명 교양; 세련
**	□□	surrounding [səráundiŋ]	형 인근의, 주위의 명 ((pl.)) (주위) 환경
**	□□	sustainable [səstéinəbəl]	형 지속 가능한
**	□□	trillion [tríljən]	명 1조; 엄청난 양
*	□□	verdict [və́:rdikt]	명 (배심원단의) 평결; 의견, 결정

Prefixes | 위·넘어·과다(2) super- / sover-, sur-

super- / sover-, sur- = over, beyond, above, too much / more[better] than (넘어, ~위에 / 능가하는)

supernatural → super(above)+natural → 초자연적인
surface → sur(above)+face → (사물의) 표면, 외관

** **superb** [supə́ːrb]

형 **최고의, 최상의** (= superlative, exquisite)

01 The cuisine is absolutely **superb**.

*** **superior** [səpíəriər]

형 (~보다 더) **우수한; 상급의** 명 **상급자** (↔ inferior 열등한; 하급자)

02 It's often the highly **superior** and imaginative child who invents imaginary playmates. [수능응용]

* **superiority** [səpìərió:rəti]

명 **우월성, 우세** (↔ inferiority 열등함)

---

* **superficial** [sù:pərfíʃəl]

형 **표면[피상]적인; 얄팍한** (= shallow)

super(over)+fici(face)+al(형)

03 The house suffered **superficial** damage from the flood.

04 a **superficial** understanding of the historical context

---

* **superfluous** [su:pə́rfluəs]

형 **여분의; 불필요한** (= unnecessary)

super(over)+flu(flow)+ous(형)

05 Clear off all the **superfluous** stuff on your desk.

** **superstition** [sù:pərstíʃən]

명 **미신**

super(over, above)+stit(stand)+ion(명)

---

* **sovereign** [sávərin]

명 **주권자; 국왕** 형 **주권을 가진;** (국가가) **자주적인** (= autonomous)

sover(over)+reign(통치하다)

06 a **sovereign** state

* **sovereignty** [sávərənti]

명 **통치권, 자주권;** (국가의) **독립**

---

01 그 요리는 그야말로 **최고다.** 02 가상의 놀이 친구를 지어내는 아이는 흔히 매우 **우수하고** 상상력이 풍부하다. 03 그 집은 홍수로 인해 **외관에만** 피해를 입었다. 04 역사적 맥락에 대한 **얄팍한** 이해 05 네 책상 위에 있는 **불필요한** 물건을 전부 치워라. 06 **자주** 국가

* **surpass** [sərpǽs]

동 능가하다 (= outdo, outperform, outstrip)

sur(over, above)+pass

01 Last quarter, sales **surpassed** two million dollars.

* **unsurpassed** [ʌ̀nsərpǽst] 형 그 누구에게도 뒤지지 않는

** **surplus** [sə́:rplʌs]

명 과잉 (= excess); 흑자 (↔ deficit 부족(액); 적자)

형 과잉의 (= superfluous)

sur(over)+plus(more)

02 There is a **surplus** of workers and not enough jobs.

03 a budget **surplus**

---

* **surmount** [sərmáunt]

동 (산 등을) 오르다; 극복하다 (= overcome)

sur(beyond)+mount(go up)

04 John was able to **surmount** all these obstacles to become an outstanding leader.

* **insurmountable** [ìnsərmáuntəbəl]

형 대처[극복]할 수 없는

고난도 **surveillance** [sərvéiləns]

명 감시

sur(over)+veill(watch)+ance(명)

05 The police kept both men under **surveillance** for several months.

Essential Roots / Stems ❶

vis(e) = see, look 보다

** **supervise** [sú:pərvàiz]

동 감독하다, 관리하다 (= oversee)

super(over, above)+vise(see)

06 Children at the swimming pool must be **supervised** by an adult at all times.

* **supervision** [sù:pərvíʒən] 명 감독, 관리

** **supervisor** [sú:pərvàizər] 명 감독관, 관리자

01 지난 분기 판매가 2백만 달러를 **넘어섰다.** 02 노동자는 **과잉**이고 일자리는 충분하지 않다. 03 예산 **흑자** 04 존은 뛰어난 지도자가 되기 위해 이 모든 장애물을 **극복할** 수 있었다. 05 경찰은 두 남자를 몇 달 동안 **감시**했다. 06 수영장의 어린이들은 항상 어른의 **감독을 받아야** 한다.

** **visible** [vízəbəl]

형 볼 수 있는 (↔ invisible 볼 수 없는)

01 In large cities, the number of **visible** stars is very low. [모의응용]

02 Gravity is the **invisible** force that pulls things toward the ground. [모의]

* **visibility** [vìzəbíləti]

명 시야; 눈에 잘 보임

*** **visual** [víʒuəl]

형 시각적인, (눈으로) 보는

03 The company logo makes a good **visual** impact.

* **visualize** [víʒuəlàiz]

동 시각화하다; 마음속에 그려보다 (= picture)

---

* **vista** [vístə]

명 (아름다운) 경치; 전망, 예상 (= prospect)

04 We spent time enjoying the **vista** from the balcony.

---

* **envision** [invíʒən]

동 (미래의 일을) 상상하다, 예상하다 (= ((영)) envisage)

en(make)+vision(예지력)

05 She **envisioned** a better life for herself.

---

* **improvise** [ímprəvàiz]

동 즉석에서[즉흥적으로] 하다 (= ad-lib, jam)

im(not)+pro(before)+vise(see)

06 In jazz, the performers often **improvise** their own melodies. [수능]

* **improvised** [ímprəvàizd]

형 즉흥의, 즉흥적으로 한 (= impromptu)

* **improvisation** [imprɑ̀vəzéiʃən]

명 즉석에서 하기; 즉흥 연주

고난도 **proviso** [prəváizou]

명 (합의를 보기 위한) 단서, 조건 (= provision)

pro(ahead)+vis(see)

07 He accepted the job with one **proviso**: he would work alone.

*** **revise** [riváiz]

동 수정하다; (책 등을) 개정하다

re(again)+vise(see)

08 Our writing instructors will help you plan and edit or **revise** your writing. [모의]

** **revision** [rivíʒən]

명 수정; 검토; 개정(판)

01 대도시에서는 **육안으로 볼 수 있는** 별의 개수가 매우 적다. 02 중력은 물체를 땅으로 끌어당기는 **눈에 보이지 않는** 힘이다. 03 그 회사 로고는 **시각적** 효과가 뛰어나다. 04 우리는 발코니에서 **경치**를 즐기며 시간을 보냈다. 05 그녀는 더 나은 삶을 **상상했다**. 06 재즈에서 연주자들은 종종 자신만의 멜로디를 **즉흥적으로 연주한다**. 07 그는 혼자서 작업한다는 한 가지 **단서**를 달고 그 일자리를 수락했다. 08 여러분이 자신의 글을 기획하고 편집하거나 **수정하는** 것을 우리의 작문 교사들이 도와드릴 것입니다.

Essential Roots / Stems ❷

vit / viv(e) = life 삶, live 살다

*** **survive** [sərváiv]
동 **살아남다; ~보다 더 오래 살다** (= outlive); (위기 등을) **견뎌 내다**
sur(over, beyond)+vive(live)
01 The seeds of most plants **survive** harsh weather.

*** **survival** [sərváivəl]
명 **생존**

*** **vital** [váitl]
형 **생명의; 생명 유지와 관련된; 필수적인** (= essential, necessary)
vit(life)+al(형)
02 It is **vital** that people are made aware of the serious damage that passive smoking does to children's health. [모의응용]

* **vitality** [vaitǽləti]
명 **생명력, 활력** (= vigor, energy)

* **vitalize** [váitəlàiz]
동 **활력을 북돋아 주다** (= energize, invigorate) (↔ devitalize 활력을 빼앗다)

cf. revitalize 동 다시 활력을 주다; 중흥시키다

*** **revive** [riváiv]
동 **되살리다**
re(again)+vive(live)
03 Cloning technology will make it possible to **revive** extinct species.

* **revival** [riváivəl]
명 **회복; 부활; 재공연**

---

* **vivid** [vívid]
형 (기억 등이) **생생한;** (색깔 등이) **선명한** (↔ vague 흐릿한; 모호한)
04 His novel was acclaimed for its **vivid** characterizations and its keen understanding of human nature. [모의응용]

고난도 **vivacious** [vivéiʃəs]
형 **명랑한, 쾌활한** (= cheerful, lively)
05 an outgoing, **vivacious** girl

01 거의 모든 식물의 씨앗은 혹독한 날씨에서 **살아남는다.** 02 간접흡연이 아동 건강에 미치는 심각한 피해를 사람들이 인식하게 하는 것은 **매우 중요하다.** 03 복제 기술은 멸종한 종(種)을 **부활시키는** 것을 가능하게 할 것이다. 04 그의 소설은 **생생한** 인물 묘사와 인간 본성에 대한 예리한 이해로 찬사를 받았다. 05 외향적이고 **쾌활한** 소녀

Words with Multiple Meanings 필수 다의어의 이해

*** **deliver**
[dilívər]

자유롭게 하다 → 해방하다	해방시켜 다른 곳[상태]으로 옮기다	동 (물건·편지·전언 등을) **배달하다, 전달하다** → 말을 전달하다 → 동 (연설·강연 등을) **하다** 동 (판결 등을) **내리다**
		약속을 행동으로 옮기다 → 동 (약속을) **지키다**
		태아를 바깥세상으로 옮기다 → 동 (아기를) **낳다** * delivery room 명 (병원의) 분만실

01 She got up at 5:30 every morning to **deliver** the newspapers to her customers. [수능]
02 Peter will **deliver** a speech for the opening event. [수능응용]
03 The jury finally **delivered** a verdict of guilt.
04 No one believed that Jack would be able to **deliver** everything that he had promised.
05 She is due to **deliver** a baby in December.

** **dispense**
[dispéns]

계량하여 분배하다	동 **나누어주다, 내놓다** → 동 (서비스를) **제공하다, 베풀다**
	약을 계량하여 주다 → 동 (약사가 약을) **조제하다**
면제하다	동 ((with)) **없애다, 생략하다** → 동 **~ 없이 해내다**

06 The first automatic vending machines **dispensed** sodas into cups.
07 She **dispensed** rudimentary medical services and provided children's care.
08 Pharmacists shall not **dispense** a prescription that they know or should know is invalid.
09 A Microsoft researcher advocated **dispensing** with physical copies of documents and mail. [모의응용]

01 그녀는 고객들에게 신문을 **배달하기** 위해 매일 아침 5시 30분에 일어났다. 02 피터는 개막 행사에서 **연설할** 것이다. 03 배심원단은 마침내 유죄 평결을 **내렸다**. 04 아무도 잭이 약속한 모든 것을 **지킬** 수 있을 거라고 믿지 않았다. 05 그녀는 12월에 아이를 **낳을** 예정이다. 06 최초의 자동판매기는 탄산음료를 컵에 담아 **내놓았다**. 07 그녀는 기본적인 의료 서비스를 **베풀었으며** 어린이들을 보살피는 일을 제공했다. 08 약사는 유효하지 않다는 것을 알고 있거나 알고 있어야 하는 처방 약을 **조제해서는** 안 된다. 09 마이크로소프트사의 연구원은 문서와 우편물의 물리적 형태를 **없애는** 것을 주창했다.

*** **fail**
[feil]

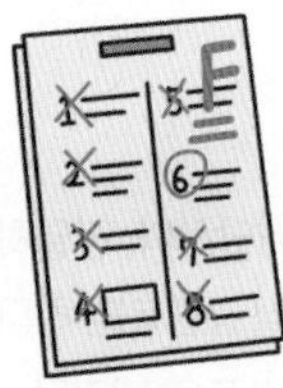

(기준에) 못 미치다 — 부정적 결과를 낳다
- 동 실패하다
- 동 ~하지 않다
- 동 고장 나다, 작동이 안 되다
- 동 (은행·회사 등이) 파산하다

01 Millions of people have tried to quit smoking and **failed**.
02 If you **fail** to keep up your mortgage payments, the bank can sell your property. [모의응용]
03 She found that the brakes on her bike had **failed**.
04 Her father's business **failed** while she was in high school. [수능응용]

*** **fancy**
[fǽnsi]

공상
- 근거 없는 공상 → 명 상상 형 상상의 동 상상[생각]하다
  - 일시적인 기분 → 명 변덕 (= whim) 형 변덕스러운
  - 자신이 좋아하는 쪽으로 상상 → 명 기호, 애호 → 명 취미
- 상상이 많이 들어간 → 형 장식이 많은, 화려한
  - 형 (필요 이상으로) 복잡한
  - 형 값비싼, 고급의 → 형 일류의

05 She **fancied** that she heard the tapping of feet and creaking of the floor.
06 He said he wanted to go to Africa, but it was only a passing **fancy**.
07 The shop window is newly decorated with **fancy** Christmas ornaments.
08 You don't need a kitchen full of **fancy** gadgets or special ingredients to make tasty food.
09 The gymnast won the competition and has invited all her teammates to a **fancy** restaurant to celebrate her victory.

01 수백만의 사람들이 담배를 끊으려고 시도하지만 **실패하고** 만다. 02 만약 당신이 주택 융자금을 계속 잘 갚지 **않으면**, 은행은 당신의 재산을 팔 수 있다. 03 그녀는 자전거의 브레이크가 **고장 나** 있는 것을 발견했다. 04 그녀가 고등학생일 때 아버지의 사업이 **파산하였다**. 05 그녀는 발소리와 마루가 삐걱거리는 소리를 들었다고 **생각했다**. 06 그는 아프리카에 가고 싶다고 말했지만 그것은 그저 일시적인 **변덕**일 뿐이었다. 07 그 상점의 진열창은 **화려한** 크리스마스 장식품으로 새로이 장식되어 있다. 08 당신은 맛있는 음식을 만들기 위해 **복잡한** 도구나 특별 재료들로 가득한 부엌이 필요하지는 않습니다. 09 그 체조 선수는 대회에서 우승하였고 승리를 축하하기 위해 그녀의 팀 동료들을 모두 **고급** 음식점으로 초대했다.

Phrasal Verbs | over가 포함된 구동사 2

다음 구동사의 의미를 추론하여 오른쪽 빈칸에 쓰고 페이지 하단의 해석과 대조해 보시오.

* **pull over** — 당겨서 저쪽으로 건너가다

01 Motorists should immediately **pull over** when signaled to do so. ➡ 자동차 운전자들이 ______

** **run over** — ~을 뛰어넘어 달리다

02 He narrowly missed being **run over** by a car. ➡ 차에 ______

** **stop over** — 정거했다가 넘어가다

03 We **stopped over** in New York on our way to Seattle. ➡ 뉴욕에 ______

** **take over** — ~을 넘겨받다

04 Peter doubts if he can do his duties, and tries to find the right person who can **take** them **over**. [모의] ➡ 직무를 ______

** **think over** — 모든 면에 걸쳐 생각하다

05 Recent research suggests that putting people in a good mood by telling them jokes makes them **think over** problems more inventively. [모의] ➡ 문제를 더 창의적으로 ______

** **turn over** — 돌려서 넘기다

06 My last day of work will be the 31st of July, which should allow me plenty of time to **turn over** the position to my replacement. [모의] ➡ 그 자리를 후임자에게 ______

07 You may **turn over** your exam papers now. ➡ 시험지의 페이지를 ______

---

* **win over** — ~를 이기다; 이겨서 끌어들이다

08 This is the last chance for the candidates to **win over** voters. ➡ 유권자를 ______

01 자동차 운전자들은 **차를 길가에 대라는** 신호를 받았을 때 즉시 그렇게 해야 한다. 02 그는 가까스로 차에 **치이는** 것을 피했다. 03 우리는 시애틀로 가던 중 뉴욕에 **잠시 머물렀다**. 04 피터는 자신이 맡은 일을 할 수 있을지 미심쩍어서 그것을 **인계받을** 수 있는 적당한 사람을 찾으려고 애쓴다. 05 최근의 연구는 농담으로 사람들의 기분을 좋게 만드는 것이 문제를 더 창의적으로 **숙고할** 수 있게 한다는 것을 시사한다. 06 내 마지막 업무일은 7월 31일이 될 것이며, 내 후임자에게 그 자리를 **물려줄** 시간이 충분할 것이다. 07 이제 시험지의 페이지를 **넘겨도** 됩니다. 08 이번이 후보자들이 유권자를 **자기편으로 끌어들일** 마지막 기회다.

Themes | 자연·환경

1. 자연 현상

** **tide** [taid] 명 조수, 밀물과 썰물; 흐름

* **tidal** [táidl] 형 조수의

01 The **tidal** energy creates large waves.

고난도 **ebb** [eb] 명 ((the ~)) 썰물; 감퇴 동 (조수가) 빠지다; 서서히 사그라지다

cf. rising[flood] tide 명 밀물

---

* **erode** [iróud] 동 침식시키다; (서서히) 약화시키다 지리·지형 | Appendix 529쪽

02 The cliff has been steadily **eroded** by the waves.

* **erosion** [iróuʒən] 명 침식; 부식

고난도 **sediment** [sédəmənt] 명 침전물; ((지리)) 퇴적물

03 The **sediment** settled and the water became clear.

---

* **devastate** [dévəstèit] 동 황폐화하다; 큰 충격을 주다

04 The typhoon left the island completely **devastated**.

* **devastation** [dèvəstéiʃən] 명 대대적인 파괴

2. 생태계 (Ecosystem)

* **ecology** [iká:lədʒi] 명 생태(계); 생태학

05 **ecology** of aquatic insects

* **ecological** [ikəládʒikəl] 형 생태계의; 생태계를 염려하는

* **ecologist** [ikálədʒist] 명 생태학자; 환경 운동가

---

* **eco-friendly** [i:koufréndli] 형 친환경적인 (= environment-friendly)

06 **eco-friendly** construction options

01 **조수** 에너지는 큰 파도를 만든다. 02 그 절벽은 파도의 작용으로 계속해서 **침식되었다**. 03 **침전물**이 가라앉자 물이 깨끗해졌다. 04 태풍이 그 섬을 완전히 **황폐화했다**. 05 수생 곤충의 **생태** 06 **친환경적인** 건설안

** **habitat** [hǽbitæ̀t]

명 (동식물의) **서식지**

01 Clearing land for farms destroys the natural **habitat**.

cf. inhabit 동 살다; 서식하다

3. 오염·환경 파괴

* **contaminate** [kəntǽmənèit]

동 **오염시키다** (= pollute) (↔ decontaminate 오염 물질을 제거하다)

02 Toxic chemicals have **contaminated** our city's main river.

* **contamination** [kəntæ̀mənéiʃən]

명 **오염** (= pollution)

* **contaminant** [kəntǽmənənt] 명 **오염 물질** (= pollutant)

---

* **radioactive** [rèidiouǽktiv]

형 **방사능의**

03 The disposal of **radioactive** waste is one of the toughest tasks for many countries today.

* **radioactivity** [rèidiouæktívəti]

명 **방사능**

** **dump** [dʌmp]

동 **내버리다**; (헐값에) **팔아 치우다**

04 to **dump** the garbage

* **dumping** [dʌ́mpiŋ] 명 (유독 물질) **투기**; ((경제)) **덤핑** ((상품을 헐값에 파는 일))

---

* **landfill** [lǽndfil]

명 **쓰레기 매립(지)**

05 Cities choose between **landfills** and incineration.

---

* **deforestation** [di:fɔ̀ristéiʃən]

명 **산림 벌채** (↔ afforestation 숲 가꾸기, 조림)

cf. clearcutting 명 개벌 ((산의 나무를 모두 벌목하는 것))

---

* **desertification** [dizə̀rtifikéiʃən]

명 **사막화**

06 A third of Africa is under threat of **desertification**.

*** **global warming**

명 **지구 온난화** 날씨·자연재해 | Appendix 530쪽

cf. greenhouse effect 명 온실효과

01 농장을 만들기 위해 땅을 개간하는 것은 (동식물의) 자연 **서식지**를 파괴한다. 02 유독성 화학물질이 우리 시(市)의 주요 하천을 **오염시켰다.** 03 **방사성** 폐기물의 처리는 오늘날 여러 국가의 가장 골치 아픈 과제 중 하나다. 04 쓰레기를 **버리다** 05 도시들은 **쓰레기 매립**과 소각 중에서 선택한다. 06 아프리카의 3분의 1이 **사막화**되는 위험에 처해 있다.

4. 자원·보존

*** **resource** [ríːsɔːrs]
명 자원 동 자원을 제공하다

| 자원 |
alternative energy 명 대체 에너지 (= renewable energy)
*alternative 형 양자택일의; 대체 가능한
oil well 명 유정(油井) *cf.* wellspring 명 수원(水源); 원천
crude 명 원료; 원유 (= crude oil) 형 천연 그대로의; 조잡한

** **exhaust** [igzɔ́ːst]
동 고갈시키다; 지치게 하다 명 배기가스 (= emissions)
01 The supply of fossil fuels will be **exhausted** in the future.
02 **exhaust** fumes

* **exhaustion** [igzɔ́ːstʃən]
명 고갈; 탈진

*** **preserve** [prizə́ːrv]
동 보호하다; 보존하다 (= protect, conserve)
03 to **preserve** and enhance the quality of the environment

** **preservation** [prèzərvéiʃən]
명 보호; 보존 (= conservation)

*** **conserve** [kənsə́ːrv]
동 보호하다; 보존하다; 아껴 쓰다
04 We need to **conserve** our natural resources.

** **conservation** [kànsərvéiʃən]
명 보호; 보존

* **conservationist** [kànsərvéiʃənist]
명 환경 보호 활동가 (= environmentalist)

---

* **purify** [pjúrəfài]
동 정화하다, 정제하다
05 You can **purify** the air with a filtration system.

* **purification** [pjùrəfikéiʃən]
명 정화, 정제

** **recycle** [riːsáikl]
동 재활용하다; 재생하다 (= reuse)

* **recyclable** [riːsáikləbl]
형 재활용할 수 있는
06 **Recyclable** materials are taken to a scrapyard.

cf. renewable 형 재생 가능한; 갱신 가능한

01 화석 연료의 공급은 미래에 **고갈될** 것이다. 02 **배기가스** 03 환경의 질을 **보존하고** 향상하다 04 우리는 천연자원을 **보존해야** 한다. 05 여과 시스템으로 공기를 **정화할** 수 있다. 06 **재활용할 수 있는** 물건들은 폐품 처리장으로 보내진다.

Exercises

A 다음의 우리말은 영어로, 영어는 우리말로 그 뜻을 쓰시오.

① 침식; 부식
② (동식물의) 서식지
③ 침전물; 퇴적물
④ 감독, 관리
⑤ 수정; 검토; 개정(판)
⑥ 정화하다, 정제하다
⑦ 감시
⑧ 재활용할 수 있는
⑨ 쓰레기 매립(지)
⑩ 산림 벌채
⑪ 사막화
⑫ 고갈시키다; 지치게 하다; 배기가스
⑬ 미신
⑭ 생존
⑮ 조수, 밀물과 썰물; 흐름
⑯ superb
⑰ revival
⑱ vitality
⑲ vivacious
⑳ radioactive
㉑ surpass
㉒ dump
㉓ insurmountable
㉔ conservation
㉕ ebb
㉖ devastate
㉗ sovereignty
㉘ ecology
㉙ contaminate
㉚ superficial

B 다음 빈칸에 들어갈 가장 적절한 어휘를 고르시오.

1. The trade association that promotes fair trade ____________ a just and sustainable global economic system in which purchasing and production choices are made with concern for the well-being of people and the environment.
① fails ② envisions ③ devitalizes ④ surmounts

2. The countryside where I grew up is very isolated. You can drive along the seaside road for miles without seeing another car. In any direction you look, there is a breathtaking ____________. [모의응용]
① proviso ② superiority ③ visibility ④ vista

3. The captain reluctantly ____________ the ship over to the first mate while he went below deck to try to stop the leak.
① pulled ② turned ③ thought ④ ran

4. College textbook publishers have sought to increase the ____________ sophistication of their texts by adding more color and photographs to new editions of their textbooks. [모의응용]
① autonomous ② supernatural ③ visual ④ improvised

C 다음을 읽고 문제에 답하시오.

The larger and more powerful governments become, the more sovereign immunity becomes a black hole where citizens' rights can disappear. It can provide a license to harm or even kill. On July 12, 1998, police smashed into the apartment of Pedro Oregon in the middle of the night. The 23-year-old fled into his bedroom; police smashed down the door and, when they saw that Oregon had a handgun, unleashed a barrage of 30 shots. Oregon died, shot 9 times in the back. The police did not have permission for the search but claimed that someone had witnessed a drug deal occur at the address. Although no drugs were found, attorneys argued that the shooting was not a crime. That only some government agents are punished on rare occasions merely shows that the power of modern governments is not yet absolute.

Q. What does the underlined part, sovereign immunity, mean in this text?

① the laws separating personal property from government property
② the complete collection of laws that govern a society
③ the amount of freedom that citizens of a country enjoy
④ the ability of governments and their officials to avoid legal punishment

D 각 네모 안에서 문맥에 알맞은 어휘를 고르시오.

1. When many businesses compete, they are forced to offer customers increasingly [superior / inferior] products.

2. [Vivid / Vague] and clear descriptions make stories come alive. Concrete and specific details paint a more memorable picture for your reader.

3. Some butterflies protect themselves through camouflage—by folding up their wings, they blend in with their surroundings. Through this strategy, they become nearly [visible / invisible] to predators. [모의]

E 다음 ①~⑤ 중, 문맥상 밑줄 친 낱말의 쓰임이 적절하지 않은 것을 고르시오.

① A newspaper columnist dispenses advice to millions of readers each week.
② Superfluous to mention it, don't go swimming if you've been drinking alcohol.
③ Mary had a dog named "Lucky." Lucky was a real character. Whatever struck his fancy, he would take it to his toy box in the basement. [모의응용]
④ The country's surplus will fall to $1.1 trillion next year as the economy picks up and the government no longer spends more than it takes in.
⑤ Although five different lines had been written, the best choice turned out to be an improvisation composed on the spot by the actor himself.

15강

Word Complete

Part

Prefixes	아래(1) under-, sub-
Essential Roots/Stems	pend / pens = hang
Words with Multiple Meanings	suspend / support
Phrasal Verbs	down이 포함된 구동사 1
Themes	실험·연구·조사

Words & Phrases

앞으로 학습할 예문에 쓰인 필수 어휘 모음입니다. 예문에 해당 단어 밑에는 점선이 표시(interact)되어 있습니다.
아는 단어는 □□에 체크하고 모르는 단어는 뜻 확인을 반복하세요.

*	□□	acquisition [ӕ̀kwizíʃən]	명 습득; (기업) 인수
**	□□	appeal [əpíːl]	동 호소하다; ((법)) 항소하다 명 호소; 항소
*	□□	cabinet [kǽbənit]	명 캐비닛, 보관장; ((the C-)) (정부의) 내각
**	□□	compromise [kάmprəmàiz]	명 타협, 절충 동 타협하다
**	□□	dietary [dáiətèri]	형 식사의; 식이의
*	□□	dizzy [dízi]	형 어지러운; 아찔한
*	□□	expel [ikspél]	동 쫓아내다; 퇴학시키다; 배출하다
***	□□	experiment [ikspérəmənt]	명 (과학) 실험; 실험 장치 동 실험하다 ※ experimental 형 실험의 / experimentation 명 실험; 실험법
*	□□	feasible [fíːzəbl]	형 실현 가능한
*	□□	glimpse [glimps]	명 흘끗 봄 동 흘끗 보다; 깨닫다
고난도	□□	infiltrate [infíltrèit]	동 스며들다; 잠입하다
**	□□	interval [íntərvəl]	명 (두 사건 사이) 간격; (연극 등의) 중간 휴식 시간 (= intermission)
*	□□	librarian [laibrέəriən]	명 (도서관의) 사서
고난도	□□	microgravity [màikrougrǽvəti]	명 미세 중력, 극미 중력 ((우주처럼 중력이 거의 없는 상태))
**	□□	moderate 형 [mάdərət] 동 [mάdərèit]	형 보통의, 중도의; 온건한; 적당한 (↔ immoderate 과도한) 동 누그러지다; 누그러뜨리다
**	□□	modification [mὰdəfikéiʃən]	명 (개선을 위한) 수정
고난도	□□	on bail	보석금을 내고
**	□□	organism [ɔ́ːrgənìzəm]	명 유기체, (미세한) 생물체
*	□□	pediatric [pìːdiǽtrik]	형 소아과(학)의 ※ pediatrician 명 소아과 의사
*	□□	posterity [pɑstérəti]	명 후세, 후대; 자손 (↔ ancestor 조상)
*	□□	reactive [riːǽktiv]	형 반응[반작용]을 보이는
*	□□	replicate [répləkèit]	동 복제하다 (= copy, clone)
*	□□	ruling party	명 ((정치)) 여당 ((현재 정권을 잡고 있는 정당)) *cf.* opposition party 명 야당
고난도	□□	sluggish [slʌ́giʃ]	형 느릿느릿 움직이는; 부진한
**	□□	strain [strein]	동 혹사하다, 무리하게 사용하다 명 부담, 압박(감)
*	□□	swelling [swéliŋ]	명 (살갗의) 부기; (몸의) 부어오른 곳

Prefixes | 아래(1) under-, sub-

under-, sub- / sup- / sus- = under, below, down / closely, up to / secondary (아래에 / 가까이 / 부차적인)

underground → under(under, below)+ground → 지하의 (= subterranean)
submarine → sub(under)+marine → 잠수함; 바닷속의

고난도 **undercover** [ʌ̀ndərkʌ́vər]

형 비밀리에 하는; 첩보 활동의 (= covert, confidential)

01 an **undercover** operation to infiltrate the terrorist organization

---

* **underlie**-underlay-underlain [ʌ̀ndərlái]

동 (~의) 기초를 이루다

02 Social problems and poverty **underlie** much of the crime in today's big cities.

* **underlying** [ʌ̀ndərláiiŋ]

형 밑에 있는; (겉으로는 잘 드러나지 않지만) 근본적인 (= fundamental)

03 to consider the **underlying** motives of consumers and to collect as much data as possible [모의응용]

** **undergraduate** [ʌ̀ndərgrǽdʒuət]

명 대학생, (대학) 학부생 형 대학(생)의

04 The leading universities in America receive huge numbers of **undergraduate** applications every year from all around the world. [모의응용]

cf. (post)graduate student 명 대학원생

** **underestimate** 동 [ʌ̀ndəréstimèit] 명 [ʌ̀ndəréstimət]

동 너무 적게 추정하다; 과소평가하다 (= underrate)
(↔ overestimate, overrate 과대평가하다)

명 과소 견적; 과소평가 (= underestimation)

05 People often **underestimate** the amount of food they have eaten, particularly the number of calories consumed.

06 Their big mistake was to **underestimate** their opponents.

---

* **understate** [ʌ̀ndərstéit]

동 (실제보다) 축소해서 말하다 (↔ overstate (실제보다 더 중요한 것처럼) 과장하다)

07 The newspaper article **understates** the seriousness of the situation.

01 테러 조직에 잠입하는 **비밀** 작전 02 사회 문제와 빈곤이 오늘날 대도시에서 상당수 범죄의 **기저를 이루고 있다**. 03 소비자의 **근원적인** 동기를 고려하여 가능한 한 많은 데이터를 수집하다 04 미국의 일류 대학들은 매년 전 세계에서 엄청난 수의 **학부** 지원서를 받는다. 05 사람들은 종종 자신들이 먹은 음식의 양, 특히 섭취한 칼로리의 수치를 **너무 적게 잡는다**. 06 그들의 큰 실수는 상대방을 **과소평가한** 것이었다. 07 그 신문 기사는 상황의 심각성을 **축소해서 말한다**.

** **undergo**
-underwent-undergone
[ʌ̀ndərgóu]

동 (안 좋은 일 등을) **겪다** (= suffer, go through)

01 In March, he **underwent** surgery to remove the cancer.

고난도 **undermine**
[ʌ̀ndərmáin]

동 **밑을 파다**; (자신감 등을) **약화시키다** (↔ reinforce 강화하다)

02 Business confidence was **undermined** by a series of major failures.

---

* **undertake**
-undertook-undertaken
[ʌ̀ndərtéik]

동 (책임을 맡아서) **착수하다; 약속[동의]하다**

03 to **undertake** a full investigation

04 The President **undertook** not to veto decisions made by the Cabinet.

** **subconscious**
[sʌbkɑ́nʃəs]

명 **잠재의식** 형 **잠재의식적인**

sub(under)+conscious(의식하는)

05 Some music works on the **subconscious**, creating or enhancing mood and unlocking deep memories. [수능]

cf. unconscious 명 무의식 형 무의식의; 의식을 잃은

고난도 **subdue**
[səbdjúː]

동 **진압하다** (= defeat); (감정을) **억누르다**

sub(down)+due(lead)

06 It took three police officers to **subdue** him.

---

* **subtitle**
[sʌ́btàitəl]

명 ((*pl.*)) (화면의) **자막**; (책의) **부제** 동 **자막이나 부제를 달다**

sub(under, secondary)+title(제목; 칭호)

07 Eric doesn't want to see a French movie because he doesn't speak French and he doesn't want to strain his eyes reading the English **subtitles**. [모의응용]

---

* **subsequent**
[sʌ́bsikwənt]

형 **그[이]다음의, 차후의** (↔ previous 이전의)

sub(closely)+sequ(follow)+ent(형)

08 Several **subsequent** experiments failed to replicate the finding consistently.

01 3월에 그는 암을 제거하기 위해 수술을 **받았다**. 02 연속적인 대실패로 인해 기업 신뢰도가 **약화되었다**. 03 전면조사에 **착수하다** 04 대통령은 내각의 결정에 거부권을 행사하지 않겠다고 **약속했다**. 05 어떤 음악은 **잠재의식**에 작용하여, 분위기를 만들거나 고양시키고 깊숙한 기억들을 풀어놓는다. 06 그를 **진압하는** 데 세 명의 경찰관이 필요했다. 07 에릭은 프랑스어를 할 줄 모르고 또 영어 **자막**을 읽느라 눈을 혹사시키고 싶지 않기 때문에 프랑스 영화를 보고 싶어 하지 않는다. 08 몇 차례의 **차후** 실험들은 연구 결과를 일관성 있게 반복 검증하지 못했다.

* **submerge**
[səbmə́ːrdʒ]

동 **잠수하다, 물속에 잠기다; 몰두시키다** (= immerse)
sub(down)+merge(dip)

01 Floods have **submerged** parts of the island, and twenty-nine people lost their lives.

02 She wanted to **submerge** herself in her writing.

cf. merge 동 합병하다; 융합되다

cf. emerge 동 나오다; 드러나다

---

* **subordinate**
명형 [səbɔ́ːrdinət]
동 [səbɔ́ːrdinèit]

명 **부하, 하급자** (= inferior) 형 **종속된; 부수적인** (= secondary)
동 **아래에 두다; 경시하다**
sub(under, secondary)+ordin(order, rank)+ate(명형동)

03 Leadership is an influence relationship between leaders and followers, not an authority relationship between so-called superiors and **subordinates**.

04 All members of the committee are **subordinate** to the chairman.

---

* **subsidiary**
[səbsídièri]

형 **부수적인** (= secondary, additional) 명 **자(子)회사**
sub(secondary)+sidi(sit)+ary(형명)

05 one of the company's foreign **subsidiaries**

cf. subsidy 명 (국가 등이 제공하는) 보조금, 장려금

---

* **subside**
[səbsáid]

동 **가라앉다, 진정되다; 물이 빠지다;** (땅 등이) **내려앉다**
sub(down)+side(sit, settle)

06 The pains in his head had **subsided**, but he still felt dizzy and sick.

07 The road will remain closed until the water **subsides**.

** **supplement**
명 [sʌ́pləmənt] 동 [sʌ́pləmènt]

명 **추가(물), 보충(물);** (신문의) **증보판;** (책의) **부록** 동 **보충[추가]하다**
sup(secondary)+ple(fill)+ment(명)

08 dietary **supplements**

* **supplementary**
[sʌ̀pləméntəri]

형 **추가의, 보충하는**

09 The ruling party is strongly pushing for a **supplementary** budget to stimulate the sluggish economy.

01 홍수로 그 섬의 각 지역들이 **물에 잠겨** 29명이 목숨을 잃었다. 02 그녀는 자신의 글쓰기에 **몰두하고** 싶어 했다. 03 리더십은 리더와 그를 따르는 사람들 사이의 영향력 관계이지 소위 상사와 **부하** 사이의 권위 관계가 아니다. 04 그 위원회의 모든 회원들은 의장에게 **종속되어** 있다. 05 회사의 재외 **자회사** 중 한 곳 06 그의 두통은 **가라앉았지만** 여전히 어질어질하고 메스꺼웠다. 07 그 도로는 **물이 빠질** 때까지 폐쇄될 것이다. 08 영양 **보충제** 09 여당은 부진한 경기를 부양하기 위한 **추가** 예산을 강력히 밀어붙이고 있다.

Essential Roots / Stems

pend / pens = hang 매달다

** **suspend** [səspénd]

동 매달다; 중단[유예]하다; 정학시키다 필수 다의어 | 233쪽

sus(up from under)+pend(hang)

---

* **pendant** [péndənt]

명 펜던트 ((목걸이 줄에 거는 보석))

고난도 **pendulum** [péndʒələm]

명 (시계의) 추; 진자

01 A reactive force pushes the **pendulum** to the other side.

---

* **pending** [péndiŋ]

형 미결[미정]인 (= unsettled); 곧 있을 전 ~을 기다리는 동안

02 Can the charge be changed while the court case is **pending**?

03 The **pending** acquisition had been reported by the company earlier in the week.

04 He is being held in jail **pending** trial.

---

* **impending** [impéndiŋ]

형 (안 좋은 일이) 곧 닥칠, 임박한 (= imminent)

im(into)+pend(hang)+ing(형)

05 He was unaware of the **impending** disaster.

*** **depend** [dipénd]

동 ((on, upon)) 의지하다, 달려 있다

de(down)+pend(hang)

** **dependence** [dipéndəns]

명 의지, 의존 (↔ independence 독립)

*** **dependent** [dipéndənt]

형 의존하는 (↔ independent 독립적인)

06 Your pay is **dependent** on your work experience.

---

* **appendix** [əpéndiks]

명 부록 (= supplement); ((신체)) 맹장

ad(to)+pend(hang)+ix(명)

07 Technical specifications are included in the **appendix** to Chapter 9.

01 반작용하는 힘이 **진자**를 반대 방향으로 밀어낸다. 02 소송 사건이 **미결**인데 기소 내용이 바뀔 수 있나요? 03 그 회사는 (기업) 인수가 **곧 있을** 것임을 주초에 보고했다. 04 그는 재판을 **기다리는 동안** 수감되어 있었다. 05 그는 **곧 닥칠** 재난을 알지 못하고 있었다. 06 급여는 당신의 업무 경력에 **달려 있다.** 07 기술적 상세사항은 9장의 **부록**에 포함되어 있다.

Words with Multiple Meanings 필수 다의어의 이해

** **suspend**
[səspénd]

동 매달다	공중에 떠서 일시적으로 중지되다	동 (공식적으로) 중단하다, 유예하다
		동 정학시키다, 정직시키다

01 A huge model airplane was **suspended** above the crowd.
02 The FDA is planning to **suspend** this pediatric drug for two years. [모의]
03 The student was **suspended** but was not expelled.

- suspense 명 걱정; 긴장감
- suspension 명 매달기; 정지, 보류; 정학

  Following the **suspension** of the peace talks in May, fighting between government forces and rebels escalated.
  5월에 있을 평화회담이 **보류**된 이후, 정부군과 반군 간의 싸움이 확대되었다.
- suspender 명 ((*pl.*)) 멜빵

15강

*** **support**
[səpɔ́ːrt]

나르다 → 지탱하다 → 받치다	물리적으로 받치다	동 (넘어지지 않도록) 떠받치다 명 버팀대
	정신적으로 받치다	동 지지하다, 지원하다 명 지지, 지원
	경제적으로 받치다	동 부양하다; 돈을 대다 명 부양; 후원
	주장을 받치다	동 (사실임을) 뒷받침하다 명 (사실임을) 뒷받침하는 증거

04 During sleep, your spine doesn't need to **support** the weight of your body.
05 the customer **support** and sales departments
06 He got his first job as an assistant librarian because he had to **support** his family after his father's death. [모의응용]
07 Because of your financial **support**, I have had the opportunity to receive a wonderful education. [모의]
08 It will be better if you have sufficient evidence to **support** your claim. [모의]

01 사람들 위로 거대한 모형 비행기가 **매달려 있었다.** 02 FDA(미국식품의약국)는 이 소아용 약품을 2년간 **유보하려고** 계획하고 있다. 03 그 학생은 **정학을 당했지만** 퇴학 처분을 받지는 않았다. 04 잠자는 동안 척추는 당신의 몸무게를 **지탱할** 필요가 없다. 05 고객 **지원** 및 영업 부서 06 그는 보조 사서로 첫 번째 직장을 얻었는데, 아버지가 돌아가신 후 그가 가족을 **부양해야** 했기 때문이었다. 07 당신의 재정적 **후원** 덕분에 저는 훌륭한 교육을 받을 기회를 얻게 되었습니다. 08 당신의 주장을 **뒷받침할** 충분한 근거가 있다면 더 좋을 것이다.

Phrasal Verbs | down이 포함된 구동사 1

다음 구동사의 의미를 추론하여 오른쪽 빈칸에 쓰고 페이지 하단의 해석과 대조해 보시오.

*** blow down
불어서 아래에 놓다

01 Though the tree can reach a full height of twenty feet in one year, even moderate winds can **blow** it **down**. [모의]
➡ 나무를 ___________

** break down
깨져서 멈추다 / 깨서 무너뜨리다

02 Unfortunately, my car has just **broken down**, and it will take a whole day to get it repaired. [수능]
➡ 자동차가 ___________

03 The dead bodies of organisms in the forest are **broken down** and turned into soil, which in turn nourishes other organisms. [수능]
➡ 유기체의 사체가 ___________

** bring down
아래로 가져오다

04 They used ice packs to **bring down** her temperature.
➡ 열을 ___________

05 Opposition parties are threatening to **bring down** the government.
➡ 정부를 ___________

*** calm down
진정시키다

06 Taking a bath in water whose temperature ranges between 35℃ and 36℃ helps **calm** you **down** when you are feeling nervous. [수능]
➡ 당신을 ___________

* come down with = contract
~ 때문에 쇠약해져 오다

07 I'm **coming down with** a cold.
➡ 감기에 ___________

** cut down (on) = cut back (on)
잘라서 감소시키다

08 Working in an office or studio, editors **cut** the film **down** to about two hours. [수능]
➡ 2시간으로 ___________

09 With more sunlight late in the day, we can **cut down on** the use of electricity for lighting. [모의]
➡ 전력 사용을 ___________

01 그 나무는 일 년에 총 20피트까지 자랄 수 있기는 하지만, 약한 바람도 그것을 **쓰러뜨릴** 수 있다. 02 불행히도, 내 차는 막 **고장 났는데** 고치는 데 온종일 걸릴 것이다. 03 숲속 유기체의 사체는 **분해되어** 흙으로 돌아가 결국 다른 유기체에게 영양분을 공급한다. 04 그들은 그녀의 열을 **내리기** 위해 얼음 팩을 사용했다. 05 야당은 정부를 **실각시키겠다**고 위협하고 있다. 06 섭씨 35도에서 36도 사이의 온도인 물에서 목욕하는 것은 초조함을 느끼고 있을 때 **진정할** 수 있도록 도와준다. 07 나는 감기에 **걸렸다**. 08 사무실이나 스튜디오에서 일하면서 편집자들은 필름을 약 두 시간짜리로 **줄인다**. 09 낮에 늦게까지 햇빛이 더 들어오면 우리는 조명을 위한 전력 사용을 **줄일** 수 있다.

* get down = let down = disappoint

아래에 있게 하다

01 Don't let it **get** you **down**. [수능]

➡ 그 일로 인해 ______

cf. get down to (일 등을) 차분히 착수하다, 진지하게 대처하다

*** go down = decrease

아래로 가다

02 By Thursday, the swelling had **gone down** enough for him to catch a glimpse of her from his left eye. [사관학교응용]

➡ 부기가 ______

*** hand down = inherit

아래로 건네다

03 The story was **handed down** to posterity.

➡ 이야기를 ______

** hold down

억누른 상태를 유지하다

04 We **held down** prices to gain a larger market share.

➡ 가격(인상)을 ______

*** look down on = despise (↔ look up to)

~을 아래로 보다

05 You must not **look down on** people who are less fortunate.

➡ 불우한 사람들을 ______

** mark down

줄여서 표시하다

06 Everything in the store has been **marked down** for the holiday.

➡ 상점 물건들의 ______

07 Her paper was **marked down** because it was handed in a week late.

➡ 과제물의 ______

* narrow down

아래로 좁히다

08 We've **narrowed down** our list of candidates to just three.

➡ 후보자를 세 명까지 ______

*** pass down

아래로 넘기다

09 Before sound recording, classical music was **passed down** through written scores, whereas early jazz mainly relied on live performance. [수능]

➡ 악보로 ______

01 그 일로 인해 **낙심하지** 마세요. 02 목요일에는 그가 그녀를 왼쪽 눈으로 얼핏 볼 수 있을 정도로 부기가 **가라앉았다**. 03 그 이야기는 후세에 **전해졌다**. 04 우리는 시장 점유율을 높이기 위해 가격(인상)을 **억제했다**. 05 불우한 사람들을 **멸시해서는** 안 된다. 06 그 상점의 모든 물건들은 휴일을 맞이하여 **가격이 인하되었다**. 07 그녀의 과제물은 한 주 늦게 제출되었기 때문에 **점수가 깎였다**. 08 우리는 후보자 목록을 세 명까지 **줄였다**. 09 녹음하기 전에, 고전 음악은 악보에 쓰여 **전달된** 반면, 초기의 재즈 음악은 주로 실제 연주에 의존했다.

Themes | 실험·연구·조사

1. 가설

* **hypothesis** [haipɑ́θəsis]
명 ((*pl.* hypotheses)) **가설; 추측** (= assumption, supposition)
01 Make a **hypothesis** based on your past experience.

* **hypothetical** [hàipəθétikəl]
형 **가설의**

---

* **plausible** [plɔ́:zəbəl]
형 **그럴듯한, 타당한 것 같은** (↔ implausible 타당해 보이지 않는)
02 a very **plausible** and reasonable explanation

* **plausibility** [plɔ̀:zəbíləti]
명 **그럴듯함, 타당성**

---

* **formulate** [fɔ́:rmjəlèit]
동 (세심히) **만들어 내다;** (의견을) **진술하다**
03 to **formulate** a theory

cf. formula 명 공식

2. 실험(Experiment)·조사

** **simulate** [símjəlèit]
동 **~인 척하다** (= pretend, feign)**; 모의실험하다**
04 NASA creates regions of microgravity to **simulate** conditions in space.

cf. stimulate 동 자극하다; 활성화시키다

** **simulation** [sìmjəléiʃən]
명 **모의실험, 시뮬레이션**

| 실험·조사 관련 용어 |

experimental group	실험 집단
comparative group	비교 집단 ((실험이 수행되지 않는 집단)) (= control group)
census	명 전수 조사 ((집단 전체를 대상으로 하는 조사)); 인구 조사
randomize	동 무작위로 추출하다 *random 형 무작위의; 임의의

고난도 **glean** [gli:n]
동 (정보 등을 여기저기서) **모으다**
05 She **gleaned** her data from various studies.

---

* **incidence** [ínsidəns]
명 (사건 등의) **발생 정도;** ((물리)) (빛의) **입사(入射)**

01 과거 경험을 토대로 **가설**을 세워라. 02 아주 **그럴듯하고** 타당한 설명 03 이론을 **만들어 내다** 04 NASA는 우주의 조건을 **모의실험하기** 위해 미세 중력 영역을 만든다. 05 그녀는 여러 연구를 통해 자료를 **수집했다.**

* **probe** [proub]

명 탐침 ((조사용으로 쓰는 길고 가느다란 침)); (철저한) 조사
동 탐사하다; 조사하다

01 Searchlights **probed** the night sky.

3. 분석·결과

** **statistic** [stətístik]

명 ((*pl.*)) 통계(학); 통계 자료

02 If you did a survey about your classmates' favorite activities, you would be gathering **statistics**. [모의응용]

* **statistical** [stətístikəl]

형 통계적인, 통계학상의

---

* **manifest** [mǽnifèst]

형 (보기에) 명백한 동 (분명히) 나타내다

03 Both sides **manifested** a willingness to compromise.

---

* **pinpoint** [pínpɔ̀int]

동 정확히 보여주다 형 정확한

04 He **pinpointed** the city on the map.

05 The pitcher showed **pinpoint** control of his fastball.

---

* **ascertain** [æ̀sərtéin]

동 확인하다, 알아내다

06 We need to **ascertain** whether the project is feasible.

** **concrete** [kánkriːt]

형 구체적인 (↔ abstract 추상적인); 콘크리트로 만든 명 콘크리트

07 **concrete** examples of how words are used in context

---

* **factual** [fǽktʃuəl]

형 사실에 기반을 둔, 사실을 담은

08 **factual** information

---

* **theoretical** [θìː(ː)ərétikəl]

형 이론적인

** **generalize** [dʒénərəlàiz]

동 개괄적으로 말하다; 일반화하다

09 It is extremely risky to **generalize** about people based on external qualities.

** **generalization** [dʒènərəlizéiʃən]

명 일반화

01 탐조등이 밤하늘을 **탐사했다**. 02 반 친구들이 가장 좋아하는 활동에 대한 조사를 한다면 당신은 **통계 자료**를 수집하게 될 것이다. 03 양측 모두 타협하겠다는 의지를 **분명히 나타냈다**. 04 그는 그 도시를 지도에서 **정확히 짚었다**. 05 그 투수는 속구에 대한 **정확한** 제구력을 보여주었다. 06 우리는 그 프로젝트가 실현 가능한지 **확인해야** 한다. 07 단어가 문맥에서 어떻게 사용되는지에 대한 **구체적인** 예 08 **사실에 근거한** 정보 09 사람들을 외적인 특징을 바탕으로 **일반화하는** 것은 매우 위험하다.

** **specify**
[spésəfài]
동 구체화하다, 구체적으로 명시하다
01 to **specify** the cause of the argument

** **specification** [spèsəfikéiʃən] 명 상술; (자세한) 설명서

*** **specific** [spisífik] 형 구체적인; 특정한

4. 도표

* **parallel**
[pǽrəlèl]
형 평행한; 아주 유사한 명 ~와 유사한 사람[것] 동 ~와 유사하다
02 Their test results **parallel** our own.

*** **overall**
[òuvərɔ́ːl]
형 전반적인 (= entire, general) 부 전부
03 The **overall** characteristics of the soil determine the accumulation of minerals in plants. [모의응용]

** **proportion**
[prəpɔ́ːrʃən]
명 (전체에 대한) 부분; 비율 (= ratio); 크기; 균형
04 CO_2 released during industrial processes has greatly increased the **proportion** of carbon in the atmosphere. [모의]

cf. rate 명 비율; 속도; 요금, -료 동 평가하다; 등급을 매기다

---

* **diminish**
[dimíniʃ]
동 줄어들다 (= decrease, decline, wane)
05 Hurricanes are predicted to grow stronger, though their number is expected to **diminish**.

cf. dwindle 동 (점점) 줄어들다
cf. halve 동 반으로 줄다; 이등분하다

** **leap**
-leaped/leapt-leaped/leapt
[liːp]
동 (높이·멀리) 뛰다; 급증하다 명 높이[멀리]뛰기; 급증
06 According to the graph, Egypt recorded the highest **leap** in the real GDP growth rate between 2005 and 2006. [모의응용]

고난도 **exponential**
[èkspounénʃəl]
형 (증가율이) 급격한; ((수학)) 지수의
07 Prices have increased at an **exponential** rate.

고난도 **exponentially**
[èkspounénʃəli]
부 기하급수적으로

cf. dramatically 부 극적으로; 급격히 (= drastically)

01 논쟁의 원인을 **구체적으로 말하다** 02 그들의 실험 결과는 우리의 실험 결과와 **유사하다**. 03 토양의 **전반적인** 특성은 식물의 광물질 축적을 결정한다. 04 산업 공정 중에 배출되는 이산화탄소는 대기 중 탄소의 **비율**을 크게 증가시켰다. 05 허리케인의 수는 **줄어들** 것으로 기대되지만 그것은 더 강해질 것으로 예상된다. 06 그래프에 따르면 2005년과 2006년 사이에 이집트가 실질 국내총생산 증가율에서 가장 큰 **급증**을 기록했다. 07 가격이 **급격한** 비율로 상승했다.

Exercises

A

다음의 우리말은 영어로, 영어는 우리말로 그 뜻을 쓰시오.

① 모의실험
② (책임을 맡아서) 착수하다; 약속[동의]하다
③ 평행한; 아주 유사한
④ (증가율이) 급격한; ((수학)) 지수의
⑤ 그다음의, 차후의
⑥ 사실에 기반을 둔
⑦ (시계의) 추; 진자
⑧ 대학생(의); (대학) 학부생
⑨ (사건 등의) 발생 정도
⑩ 일반화
⑪ 부록; ((신체)) 맹장
⑫ 추가의; 보충하는
⑬ (높이·멀리) 뛰다; 급증(하다)
⑭ 정확히 보여주다; 정확한
⑮ 통계적인, 통계학상의
⑯ glean
⑰ probe
⑱ diminish
⑲ ascertain
⑳ specify
㉑ overall
㉒ proportion
㉓ hypothesis
㉔ underlying
㉕ formulate
㉖ undercover
㉗ concrete
㉘ plausible
㉙ impending
㉚ suspension

B

다음 빈칸에 들어갈 가장 적절한 어휘를 고르시오.

1. In case the reservation system __________ down, various techniques are used to reduce recovery time to the shortest possible interval.
① calms ② marks ③ breaks ④ holds

2. Computer games are also a great way to improve your English. In many games, you can hear all the characters speak real English. These sentences are not only spoken. If you turn on __________, you will hear the pronunciation and see the spelling at the same time.
① subordinates ② subtitles ③ suspenders ④ supplements

3. For the past two years, since our former gym was destroyed by fire, students have been deprived of adequate facilities for physical education classes and we have had to __________ those classes during the winter.
① suspend ② manifest ③ overrate ④ subside

4. After boiling the broccoli, __________ it in ice water to stop the cooking process.

① dwindle ② submerge ③ underrate ④ subdue

C

각 네모 안에서 문맥에 알맞은 어휘를 고르시오.

1. She tried to [undermine / reinforce] my authority by complaining about me to my boss.

2. The government pays [subsidies / subsidiaries] to farmers to produce particular crops.

3. The bridge has [underlain / undergone] a series of modifications and will be reopened in two weeks.

4. It is great to have friends, family, and lovers to support you, but you do not want to be so [dependent / independent] on them that you cannot function without their help. [모의]

D

다음 ① ~ ⑤ 중, 문맥상 밑줄 친 낱말의 쓰임이 적절하지 않은 것을 고르시오.

① When working for long periods, it is essential that your chair be designed to support your whole spine, right up to your neck. [모의응용]

② She received a four-year sentence and is currently out on bail pending appeal.

③ The environments zoos provide may simulate the wild, but the animals do not have to worry about finding food, shelter, or safety from predators. [모의응용]

④ Too often producers underestimate the demand, which leads to a lot of stock lying unsold.

⑤ People silently wish from time to time that they would come down with an illness. They wonder about how differently people would treat them if they were ill; wanting the attention, love, and concern of others.

16강

Word Complete

Part

Prefixes	아래(2) de-[3]
Essential Roots/Stems	press = press, push preci / prais = price, value
Words with Multiple Meanings	appreciate / express / decline / feature
Phrasal Verbs	down이 포함된 구동사 2
Themes	물리

Words & Phrases

앞으로 학습할 예문에 쓰인 필수 어휘 모음입니다. 예문에 해당 단어 밑에는 점선이 표시(interact)되어 있습니다.
아는 단어는 □□에 체크하고 모르는 단어는 뜻 확인을 반복하세요.

고난도	□□	barrage [bərɑ́:ʒ]	명 연발 사격; (질문 등의) 세례
고난도	□□	calibrate [kǽləbrèit]	동 (계기 등에) 눈금을 매기다[정하다]
*	□□	computation [kàmpjutéiʃən]	명 계산; 컴퓨터 사용[조작]
*	□□	condemn [kəndém]	동 비난하다; 선고를 내리다; 부적격 판정을 내리다
*	□□	craving [kréiviŋ]	명 갈망, 열망
**	□□	dictator [díkteitər]	명 독재자 ※ dictatorship 명 독재(정권)
**	□□	dramatic [drəmǽtik]	형 희곡의; 극적인; 인상적인
*	□□	fixation [fikséiʃən]	명 고정, 고착; 집착
*	□□	friction [fríkʃən]	명 마찰
*	□□	fusion [fjú:ʒən]	명 용해; 융합
*	□□	hostage [hástidʒ]	명 인질 (= captive)
고난도	□□	hypocrite [hípəkrit]	명 위선자
**	□□	inference [ínfərəns]	명 추론, 추리
고난도	□□	inundate [ínəndèit]	동 감당 못할 정도로 주다[보내다]; 침수시키다
고난도	□□	loom [lu:m]	동 흐릿하게 보이다, 어렴풋이 나타나다
*	□□	make way for	~에게 자리를 내주다; ~에 길을 열어 주다
*	□□	malnutrition [mæ̀lnjuːtríʃən]	명 영양실조
*	□□	nourishment [nə́:riʃmənt]	명 영양(분) ※ nourish 동 영양분을 공급하다
*	□□	obesity [oubí:səti]	명 비만
*	□□	perseverance [pə̀:rsəvíərəns]	명 인내(심) ※ persevere 동 인내하며 계속하다
*	□□	purifier [pjúərəfàiər]	명 정화 장치
*	□□	ruthless [rú:θlis]	형 무자비한; 인정사정없는 (= merciless)
*	□□	stationary [stéiʃənèri]	형 움직이지 않는, 정지된; 변하지 않는
*	□□	stop off at	~에 잠시 들르다
***	□□	strike [straik]	동 치다; 공격하다; 파업하다 명 공습; 파업
*	□□	too much of a good thing	좋은 것이라도 지나치면 싫은
고난도	□□	trope [troup]	명 비유; 수사 ((말이나 글을 꾸미는 방법))
***	□□	volume [válju:m]	명 (두꺼운) 책; 부피; 용량; (라디오 등의) 음량
고난도	□□	weightlessness [wéitlisnis]	명 무중력

Prefixes | 아래(2) de-[3]

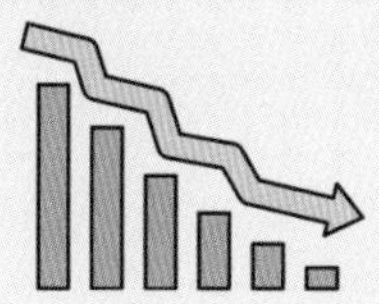

de-[3] = under, below, down (아래에)

decrease → de(down)+crease(grow) → 감소(하다)

** **decay** [dikéi]

동 **부패하다;** (권력 등이) **쇠퇴하다** 명 **부패; 쇠퇴**

de(down)+cay(fall)

01 The ground was scattered with **decaying** leaves.

고난도 **decadence** [dékədəns]

명 **타락, 퇴폐; 쇠퇴**

de(down)+cad(fall)+ence(명)

02 The book condemns the **decadence** of modern society.

---

* **deduce** [didjúːs]

동 **추론하다, 연역하다** (= infer)

de(down)+duce(lead)

03 The facts can be **deduced** from an examination of the relevant data.

cf. induce 동 설득하다; 유도하다; 귀납하다

* **deduction** [didʌ́kʃən]

명 **추론, 연역; 공제(액)**

04 tax **deductions**

cf. deduct 동 (돈 등을) 공제하다

---

* **depict** [dipíkt]

동 (그림으로) **그리다; 묘사하다** (= describe)

de(down)+pict(paint)

05 He was **depicted** as a hero who died for his beliefs.

---

* **deflate** [difléit]

동 (타이어 등의) **공기를 빼다;** (물가를) **끌어내리다**

(↔ inflate 부풀리다; 가격이 오르다)

de(down)+flate(blow)

06 **Deflate** the tire and then inflate it again.

01 땅에는 **썩어가는** 낙엽들이 흩뿌려져 있었다. 02 그 책은 현대 사회의 **타락**을 규탄한다. 03 관련 자료 조사를 통해 그 사실들을 **추론할** 수 있다. 04 세금 **공제액** 05 그는 신념을 위해 목숨을 바친 영웅으로 **묘사되었다.** 06 타이어의 **공기를 빼고** 다시 공기를 주입하세요.

* **degenerate** 동 [didʒénərèit] 형 [didʒénərət]

동 **악화되다** (= deteriorate) 형 **타락한**

de(down)+gene(birth)+ate(동형)

01 Inactivity can make joints stiff, and bones may begin to **degenerate**.

---

* **demolish** [dimáliʃ]

동 **파괴하다** (= destroy); (건물을) **철거하다**

de(down)+mol(build, construct)+ish(동)

02 The old factory was **demolished** to make way for a new parking lot.

* **demolition** [dèməlíʃən] 명 **파괴, 폭파**

고난도 **denounce** [dináuns]

동 **맹렬히 비난하다** (= condemn); **고발하다**

de(down)+nounce(announce)

03 The film was **denounced** for the way it portrayed its female characters.

고난도 **denunciation** [dinʌ̀nsiéiʃən] 명 **맹렬한 비난**

고난도 **delude** [dilú:d]

동 **속이다** (= deceive, cheat)

de(down)+lude(play)

04 I was angry with him for trying to **delude** me.

고난도 **delusion** [dilú:ʒən] 명 **망상; 착각**

---

* **deride** [diráid]

동 **조롱하다, 조소하다** (= mock, ridicule)

de(down)+ride(laugh)

05 They **derided** her old-fashioned idea.

* **derision** [diríʒən] 명 **조롱, 조소**

** **deposit** [dipázit]

동 (특정한 곳에) **두다; 예금하다; 맡기다** 명 **예금; 보증금; 매장층**

de(down)+posit(put)

06 I want to **deposit** five thousand dollars.

07 In Helsinki, anyone can borrow a bike from the city's bike stands just by leaving a small **deposit**. [모의응용]

01 활동하지 않으면 관절이 뻣뻣해지고 뼈가 **약해지기** 시작할 수도 있다. 02 오래된 공장이 새로운 주차장을 만들기 위해 **철거되었다**. 03 그 영화는 여성 등장인물들을 묘사한 방법 때문에 **맹렬히 비난받았다**. 04 나는 그가 나를 **속이려고** 했다는 것에 그에게 화가 났다. 05 그들은 그녀의 구시대적 발상을 **조롱했다**. 06 5천 달러를 **예금하고** 싶은데요. 07 헬싱키에서는 누구나 시(市) 자전거대에서 약간의 **보증금**만 맡기고 자전거를 빌릴 수 있다.

** **despise** [dispáiz]

동 **경멸하다** (= look down on, scorn) (↔ look up to, admire 존경하다)
de(down)+spise(look at)

01 She was **despised** as a hypocrite.

** **descend** [disénd]

동 **내려가다** (↔ ascend 올라가다)
de(down)+scend(climb)

02 The plane was preparing to **descend**.

cf. transcend 동 초월하다

** **descent** [disént]

명 **하강; 내리막; 혈통**

03 The only path that goes down to the river is a rather steep **descent**.

** **descendant** [diséndənt]

명 **자손, 후손** (= posterity) (↔ ancestor, forefather 조상, 선조)

cf. offspring 명 (사람·동물의) 자식, 새끼

Essential Roots / Stems ❶

press = press, push 누르다

*** **depress** [diprés]

동 **우울하게 만들다;** (경기를) **침체시키다;** (물가를) **떨어뜨리다**
de(down)+press(누르다)

04 He was so **depressed** by the loss of his job.

05 Increased production has **depressed** oil prices.

*** **depression** [dipréʃən]

명 **우울증; 불경기**

---

* **pressing** [présiŋ]

형 **긴박한** (= urgent)

06 The safety of the hostages is a matter of **pressing** concern.

---

* **compress** 동 [kəmprés] 명 [kámpres]

동 **압축하다; 요약하다** 명 **압박 붕대**
com(together)+press(누르다)

07 Gas can be **compressed** to a smaller volume.

*** **express** [iksprés]

동 (감정 등을) **나타내다, 표현하다** 형 **분명한; 급행의** 필수 다의어 | 247쪽
ex(out)+press(누르다)

01 그녀는 위선자라고 **경멸을 당했다.** 02 비행기는 **하강할** 준비를 하고 있었다. 03 강까지 내려가는 유일한 길은 상당히 가파른 **내리막**이다. 04 그는 실직해서 아주 **우울했다.** 05 (원유) 생산 증가가 유가를 **떨어뜨렸다.** 06 인질의 안전이 **긴급한** 사안이다. 07 기체는 더 작은 부피로 **압축될** 수 있다.

* **oppress** [əprés]

동 ((특히 정치적 상황)) 억압하다; 우울하게 만들다

op(against)+press(누르다)

01 The country has long been **oppressed** by a ruthless dictator.

* **oppression** [əpréʃən]

명 억압

---

* **repress** [riprés]

동 (감정 등을) 억누르다; 진압하다

re(back)+press(누르다)

02 I couldn't **repress** my curiosity.

* **repression** [ripréʃən]

명 억압; 탄압, 진압

---

* **suppress** [səprés]

동 (정부 등이) 진압하다; 억누르다; 멈추게 하다

sub(down, under)+press(누르다)

03 Unauthorized strikes and demonstrations were **suppressed** by force.

* **suppression** [səpréʃən]

명 진압; 억제

Essential Roots / Stems ❷

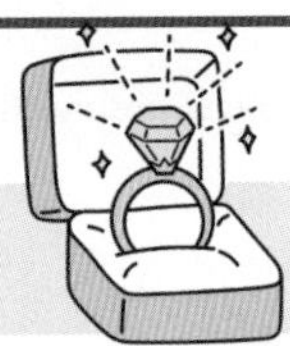

preci / prais = price, value 가격, 가치

* **depreciate** [diprí:ʃièit]

동 가치가 떨어지다; 평가절하하다 (= devalue, devaluate)

de(down)+preci(price)+ate(동)

04 A new car **depreciates** as soon as you start driving it.

* **depreciation** [diprì:ʃiéiʃən]

명 가치 하락; 경시

*** **appreciate** [əprí:ʃièit]

동 이해하다; 진가를 알다; 감사하다; 감상하다 필수 다의어 | 247쪽

ad(to)+preci(price)+ate(동)

고난도 **appraise** [əpréiz]

동 (공식적으로) 평가하다, 감정하다

ad(to)+prais(value, price)

05 In the book, he **appraises** Hollywood's recent films.

고난도 **appraisal** [əpréizəl]

명 (가치에 대한) 평가, 감정

06 I took the necklace to a jewelry store for **appraisal**.

01 그 나라는 오랫동안 무자비한 독재자에게 **억압당해** 왔다. 02 나는 호기심을 **억누르지** 못했다. 03 허가받지 않은 파업과 시위는 무력으로 **진압되었다**. 04 새 차는 당신이 운전을 시작하는 즉시 **가치가 떨어진다**. 05 그는 그 책에서 할리우드의 최신 영화들을 **평가한다**. 06 나는 그 목걸이를 **감정** 받으려고 보석 가게에 가지고 갔다.

Words with Multiple Meanings 필수 다의어의 이해

*** appreciate

[əpríːʃièit]

01 Some people don't fully **appreciate** the significance of signing contracts.

02 I feel that my family doesn't really **appreciate** me.

03 I would greatly **appreciate** it if you could let me know when and where I may meet you. [모의응용]

04 Would you like to teach your students how to **appreciate** and understand poetry?

- appreciation 명 이해; 감상; 감사
- appreciative 형 감사하는; 감상을 즐기는

*** express

[iksprés]

분명히 표현하다

- 동 (감정·의견 등을) **나타내다, 표현하다**
- 형 **분명한, 명확한** → 목적이 분명한 → 형 **급행의; 신속한** / 명 **급행열차**

05 We often **express** our feelings by doing things like smiling or frowning. [모의]

06 You are not to leave this house without my **express** permission.

07 They were standing in the **Express** Checkout Line. [모의응용]

- expression 명 표현; 표정
- expressive 형 표현력이 있는; (감정 등을) 나타내는

01 일부 사람들은 계약서에 서명하는 것의 중요성을 충분히 **인식하지** 못한다. 02 우리 가족은 나의 **진가를 알아주지** 않는 것 같다. 03 언제 어디서 제가 당신을 뵐 수 있는지 알려주시면 정말 **고맙겠습니다.** 04 당신의 학생들에게 시를 **감상하고** 이해하는 방법을 가르쳐 주고 싶으신가요? 05 우리는 흔히 미소를 짓거나 찡그리는 것과 같은 행동을 하여 감정을 **표현한다.** 06 저의 **명확한** 허락 없이는 이 집을 떠나서는 안 됩니다. 07 그들은 **신속** 계산대에 줄을 서 있었다.

*** **decline**
[dikláin]

옆으로 비키다

직선에서 옆으로 비켜나다 → 동 **기울다** → 내려가다 → 동 **감소하다** → 동 **악화되다**

제의에 대해 외면하다 → 동 (정중히) **거절하다**

01 The sun **declines** behind the clouds while a mountain is looming in the background.

02 The amount of carbon dioxide produced for every dollar of economic output **declined** by 3.8 percent, the federal agency said.

03 His health was **declining** rapidly due to the ongoing stress at his workplace.

04 The spokesman repeatedly **declined** to comment on the case amid a barrage of questions from reporters.

*** **feature**
[fíːtʃər]

05 A unique **feature** of water is that it expands when it changes from a liquid to a solid. [모의응용]

06 He has strong, handsome **features**, and his smile is sweet.

07 Powerful waves strike our coasts continually, changing their shape and creating dramatic natural **features**. [모의응용]

08 This magazine has a **feature** on traditional Korean food.

01 산이 배경으로 어렴풋이 보이는 가운데, 태양이 구름 뒤로 **기운다**. 02 경제 생산량 1달러에 대해 발생한 이산화탄소량이 3.8% **감소했다**고 연방기관이 밝혔다. 03 그의 건강은 직장에서의 계속된 스트레스 때문에 급격히 **악화되고** 있었다. 04 대변인은 기자들의 질문 세례 속에서 그 사건에 대한 언급을 여러 번 **거절했다**. 05 물의 독특한 **특징**은 그것이 액체에서 고체로 변할 때 팽창한다는 것이다. 06 그는 또렷하고 잘생긴 **이목구비**를 지니고 있으며 미소가 감미롭다. 07 강한 파도가 지속적으로 해안에 부딪치면서 해안의 모양이 바뀌고 인상적인 자연**지형**을 만든다. 08 이 잡지에는 한국 전통 음식에 관한 **특집 기사**가 실려 있다.

Phrasal Verbs | down이 포함된 구동사 2

다음 구동사의 의미를 추론하여 오른쪽 빈칸에 쓰고 페이지 하단의 해석과 대조해 보시오.

*** push down
밀어서 누르다

01 Most of us **push down** our feelings because we have been brought up to believe that certain feelings are unacceptable. [모의]
➡ 감정을 ___________

** put down
아래에 두다

02 **Put down** your name in capitals please.
➡ 이름을 ___________

03 Troops were called in to help **put down** the rebellion.
➡ 폭동을 ___________

** settle down
움직이지 않게 두다

04 Now that you've shown me how angry you are, **settle down** and I'll tell you what actually happened.
➡ 너를 ___________

05 My parents want me to marry him and **settle down**.
➡ 결혼해서 ___________

* shout down
소리 질러 정지시키다

06 They spoke loudly, each trying to **shout down** the other.
➡ ___________ 상대방을 ___________

** take down = write down = jot down
붙들어 두다

07 She **took down** my telephone number.
➡ 전화번호를 ___________

** tear down
찢어 무너뜨리다

08 Before this campus could be built, it was necessary to **tear down** an old neighborhood.
➡ 오래된 인근 지역을 ___________

*** turn down
돌려서 줄이다 / 아래로 돌려놓다

09 **Turn** the sound **down** on the TV.
➡ TV의 소리를 ___________

10 Steve's boss offered him a new job supervising the company's warehouse operations. But Steve **turned down** the promotion. [수능]
➡ 승진을 ___________

01 우리 대부분은 우리의 감정을 **억누르는데,** 왜냐하면 어떤 감정들은 허용되지 않는 것으로 생각하도록 양육되었기 때문이다. 02 이름을 대문자로 **적어 주세요.** 03 폭동을 **진압하는** 데 도움을 주고자 군대가 소집되었다. 04 이제 네가 얼마나 화났는지 보여줬으니, **진정하면** 실제로 무슨 일이 일어났는지 내가 얘기해줄게. 05 부모님은 내가 그와 결혼해서 **정착하기를** 바라신다. 06 그들 각자는 **소리를 질러** 상대방을 **이기려고** 큰 소리로 말했다. 07 그녀는 내 전화번호를 **적었다.** 08 이 캠퍼스를 지을 수 있기 전에 오래된 인근 지역을 **허물어야** 했다. 09 텔레비전의 소리를 **줄이세요.** 10 스티브의 상사가 그에게 회사 창고 운영을 감독하는 새로운 업무를 제안했다. 하지만 스티브는 그 승진을 **거절했다.**

Themes | 물리

1. 원자·분자 등

** **atom** [ǽtəm] — 명 원자

01 The **atoms** bond together to form a molecule.

* **atomic** [ətámik] — 형 원자의; 원자력의

---

* **molecule** [máləkjùːl] — 명 분자

* **molecular** [məlékjulər] — 형 분자의

** **nuclear** [njúːkliər] — 형 원자력의; 원자(핵)의; 핵(무기)의

02 **nuclear** fusion

고난도 **nucleus** [njúːkliəs] — 명 ((*pl.* nuclei)) (원자)핵; 중심

---

* **electron** [iléktrɑn] — 명 전자 ((음전하를 가지는 질량이 아주 작은 입자))

** **electronic** [ilèktránik] — 형 전자의; 전자 공학의 컴퓨터 | Appendix 530쪽

03 **Electronic** calculators made mathematical computations faster. [모의]

** **particle** [pάːrtikl] — 명 극소량; (아주 작은) 입자

04 Air purifiers remove dust **particles** from the air.

2. 전기·자기

** **electric** [iléktrik] — 형 전기의 (= electrical) 명 전기 설비

고난도 **electrify** [iléktrəfài] — 동 (물체에) 전기를 통하게 하다

05 The town wasn't **electrified** until 1975.

고난도 **electrode** [iléktroud] — 명 전극 ((전기가 드나드는 곳, 양극과 음극))

---

* **voltage** [vóultidʒ] — 명 전압

01 **원자들**이 결합하여 분자를 형성한다. 02 **핵**융합 03 **전자**계산기는 수학 계산을 더 빠르게 해 주었다. 04 공기 정화기는 공기 중의 먼지 **입자**를 없앤다. 05 그 마을은 1975년이 되어서야 **전기가 들어왔다**.

* **polar** [póulər]

형 북극[남극]의; ((자석)) 양극의

01 ice floating on the surface of **polar** oceans

02 **polar** attraction

고난도 **polarize** [póuləràiz]

동 극성을 갖게 하다; 양극화하다

03 The issue has **polarized** the country.

** **magnetic** [mæɡnétik]

형 자석의; 매력 있는

04 a **magnetic** field

---

* **conductor** [kəndʌ́ktər]

명 (전기나 열의) 전도체; 지휘자; 안내원

cf. semiconductor 명 반도체

고난도 **conductivity** [kɑ̀ndʌktívəti]

명 전도성, 전도율

cf. superconductivity 명 초전도 ((매우 낮은 온도에서 전류가 장애 없이 흐르는 현상))

3. 힘

고난도 **kinetic** [kinétik]

형 운동학상의; 활동적인

05 There is no **kinetic** energy because the car is stationary.

cf. potential energy 명 위치 에너지 ((물체가 어떤 특정한 위치에서 잠재적으로 갖는 에너지))

---

* **gravitate** [grǽvətèit]

동 인력에 끌리다; (물건이) 가라앉다

06 The sand and dirt in the water **gravitated** to the bottom of the bottle.

* **gravity** [grǽvəti]

명 중력; 심각성

고난도 **inertia** [inə́ːrʃə]

명 ((물리)) 관성; 타성; 무력(증)

07 Once you set a wheel in motion, it will keep turning for quite a while because of **inertia**.

---

* **velocity** [vəlɑ́səti]

명 속도, 속력

08 The **velocity** is constantly changing, because of friction between the object and the floor.

01 **극지의** 대양 표면에 떠 있는 얼음 02 **양극[음극과 양극]의** 끌어당김 03 그 문제는 나라를 **양분시켰다.** 04 **자기**장 05 그 자동차는 정지 상태이기 때문에 **운동** 에너지는 없다. 06 물속의 모래와 흙은 병 밑으로 **가라앉았다.** 07 바퀴를 한 번 움직이게 하면 그것은 **관성** 때문에 꽤 오랫동안 계속 돌아간다. 08 **속도**는 지속적으로 변화하는데, 물체와 바닥 사이의 마찰 때문이다.

4. 빛·열

초고난도 **photon** [fóutan] 명 광자(光子) ((빛을 입자로 보았을 때의 이름))

고난도 **infrared** [ìnfrəréd] 명 적외선 형 적외선의

01 **infrared** light[rays]

cf. ultraviolet ((줄여서 UV)) 명 자외선 형 자외선의

---

* **spectrum** [spéktrəm] 명 (빛의) 스펙트럼; 범위

02 A **spectrum** is formed by a ray of light passing through a prism.

03 a broad **spectrum** of opinion

---

* **refraction** [rifrǽkʃən] 명 굴절(작용)

---

* **radiate** [réidièit] 동 (빛·열 등을) 방출하다

04 The dark roof tops trap solar energy and **radiate** the energy back into the atmosphere.

* **radiation** [rèidiéiʃən] 명 (열 등의) 복사; 방사선

* **radiator** [réidièitər] 명 (빛·열 등의) 방사체; 난방기

* **radiant** [réidiənt] 형 빛[열]을 내는; 복사의

05 the **radiant** energy of the sun

고난도 **luminescent** [lù:mənésnt] 형 발광성의 빛의 발산 | Appendix 531쪽

06 There were **luminescent** creatures in the water.

cf. fluorescent 형 형광성의

---

* **thermal** [θə́:rməl] 형 열(熱)의; 보온이 잘되는

07 The natural **thermal** waters are said to soothe sensitive skin.

---

* **thermometer** [θərmɑ́mitər] 명 온도계, 체온계

cf. thermostat 명 자동 온도 조절기

01 **적외선** 02 프리즘을 통과하는 한 줄기 빛에 의해 **스펙트럼**이 만들어진다. 03 넓은 **범위**의 의견 04 검은 지붕(옥상)은 태양 에너지를 가뒀다가 그 에너지를 다시 대기 중으로 **방출한다**. 05 태양의 **복사**에너지 06 물속에 **발광하는** 생물들이 있었다. 07 천연 **온**천은 민감성 피부를 진정시킨다고 한다.

Exercises

A

다음의 우리말은 영어로, 영어는 우리말로 그 뜻을 쓰시오.

① 극성을 갖게 하다; 양극화하다
② 자석의; 매력 있는
③ 속도, 속력
④ 인력에 끌리다; (물건이) 가라앉다
⑤ 원자
⑥ 분자
⑦ 극소량; 입자
⑧ 열의; 보온이 잘되는
⑨ 운동학상의; 활동적인
⑩ 전기를 통하게 하다
⑪ (전기·열의) 전도체; 지휘자; 안내원
⑫ 빛[열]을 내는; 복사의
⑬ 표현; 표정
⑭ 하강; 내리막; 혈통
⑮ descendant
⑯ inertia
⑰ refraction
⑱ luminescent
⑲ deduce
⑳ voltage
㉑ electronic
㉒ thermometer
㉓ appraisal
㉔ nucleus
㉕ infrared
㉖ deflate
㉗ delude
㉘ depreciation

B

다음 빈칸에 들어갈 가장 적절한 어휘를 고르시오.

1. In Chinese culture, people will typically refuse to accept a gift at first, with the understanding between the giver and receiver that after being __________ down several times, the gift will be accepted. [모의응용]
① torn ② settled ③ took ④ turned

2. When people read critical essays, they usually look for "proof." Readers want access to every process of inference, analysis, and __________ that has led to your conclusions. [모의응용]
① deduction ② decadence ③ denunciation ④ derision

3. When you step on a weighing scale, you __________ a spring inside it that is linked to a pointer. When the pointer stops moving, it is calibrated to show your weight. [모의]
① compress ② depreciate ③ radiate ④ induce

4. Because of the weightlessness, astronauts don't usually use their legs to walk around, and after a period, their muscles begin to __________.
① degenerate ② deride ③ depict ④ despise

C 다음을 읽고 문제에 답하시오.

"Eat healthy!" is a trope we're all used to hearing—and with good reason. Obesity has reached epidemic levels, we are consistently inundated with ads for overly-processed junk foods, and busy schedules push people towards stopping off at McDonalds instead of cooking a meal at home. But what about the other end of the spectrum? Can you have too much of a good thing when it comes to food? In some cases, the answer seems to be yes. Some people have developed a fixation with healthy or righteous eating. In some cases, this leads to severe malnutrition. Even in less severe cases, the attempt to follow a diet that cannot provide adequate nourishment can lower self-esteem as dieters blame themselves rather than their diets for their constant hunger and the resulting cravings for forbidden foods.

Q. What does the underlined part, the other end of the spectrum, mean in this text?

① people who eat a balanced diet
② benefits that we have gained from processed foods
③ negative effects of diet over-restriction
④ advertisements that show unrealistically skinny people

D 각 네모 안에서 문맥에 알맞은 어휘를 고르시오.

1. Offered the position of chairperson, Mr. Smith [declined / depressed], preferring to keep his current job.

2. Citizens of the town hope to restore the old theater rather than have it [denounced / demolished].

E 다음 ①~⑤ 중, 문맥상 밑줄 친 낱말의 쓰임이 적절하지 않은 것을 고르시오.

① The police were widely criticized for their role in repressing the protest movement.
② The lowered interest rates made people lose their desire to deposit money in banks.
③ Through hard work and perseverance, the clerk descended through the ranks to become vice president.
④ The company will hire bankers and lawyers to appraise the terms of the deal.
⑤ When it comes to rejection, a quick response is almost always appreciated. The sooner you can finish it, the better both parties feel. [모의]

17강

Word Complete

Part

Prefixes	이전·미리·먼저(1) fore-, ante-
Essential Roots/Stems	cap(t) / cept / cip / ceiv(e) / cei(p)t = take
Words with Multiple Meanings	figure / discipline / fit / exercise
Phrasal Verbs	into가 포함된 구동사 1
Themes	화학

Words & Phrases

앞으로 학습할 예문에 쓰인 필수 어휘 모음입니다. 예문에 해당 단어 밑에는 점선이 표시(interact)되어 있습니다.
아는 단어는 □□에 체크하고 모르는 단어는 뜻 확인을 반복하세요.

*	□□	abundantly [əbʌ́ndəntli]	부 풍부하게
**	□□	administration [ədmìnistréiʃən]	명 관리, 행정(부); 집행
*	□□	atomic [ətámik]	형 원자(력)의
*	□□	aviation [èiviéiʃən]	명 비행, 항공
*	□□	banquet [bǽŋkwit]	명 (공식) 연회, 만찬
**	□□	collapse [kəlǽps]	동 (건물 등이) 붕괴하다; (사람이) 쓰러지다
***	□□	criminal [kríminəl]	형 범죄의, 형사상의 명 범죄자 (= offender)
*	□□	dropout [drápàut]	명 중퇴자
*	□□	evaporate [ivǽpərèit]	동 증발하다; (차츰) 사라지다 ※ evaporation 명 증발; 소멸
*	□□	fertility [fəːrtíləti]	명 비옥함; 생식력
*	□□	flammable [flǽməbəl]	형 가연성의, 불에 잘 타는
*	□□	hang together	잘 들어맞다; 일치하다, 일관되다
**	□□	harmonious [haːrmóuniəs]	형 조화로운
*	□□	late fee	명 연체료
**	□□	modernize [mádərnàiz]	동 현대화하다
고난도	□□	nanotechnology [nӕnəteknálədʒi]	명 나노 기술 ((10억분의 1미터 수준의 정밀도가 필요한 기술))
고난도	□□	respiratory [réspərətɔ̀ːri]	형 호흡기의
**	□□	retain [ritéin]	동 보유하다 ※ retention 명 보유
*	□□	rigorous [rígərəs]	형 (규칙 적용 등이) 철저한, 엄격한; 혹독한
*	□□	seal [siːl]	동 (봉투를) 봉하다; 밀폐하다 명 직인; 봉인; 바다표범 *cf.* sealing wax 명 봉랍 ((편지 등을 봉하여 붙이는 밀랍))
*	□□	strand [strӕnd]	동 좌초시키다; 오도 가도 못하게 하다
*	□□	trimming [trímiŋ]	명 (테두리 등의) 장식; ((*pl.*)) 곁들이는 음식 ※ trim 동 다듬다; 장식하다 명 다듬기; 테두리 형 잘 가꾼
*	□□	vigorous [vígərəs]	형 활발한, 활기찬; 격렬한

Prefixes | 이전·미리·먼저(1) fore-, ante-

fore-, an(te)- / anti- / anci- = before (~보다 전에, 앞에)

foresee → fore(before)+see → 예견하다 (= predict)
ancient → anci(before)+ent(형) → 고대의; 아주 오래된

** **forecast** -forecast(ed)-forecast(ed) [fɔ́ːrkæ̀st]

동 **예측하다** (= foresee, foretell, predict) 명 **예측, 예보**
fore(before)+cast(throw)

01 The weather **forecast** says this summer will be the hottest in ten years.

cf. unforeseen 형 예측하지 못한, 뜻밖의

cf. prophecy 명 (특히 종교적이거나 마법적인) 예언

---

* **forefront** [fɔ́ːrfrʌ̀nt]

명 **맨 앞, 선두; 가장 중요한 위치[지위]**

02 to be at the **forefront** of an antiwar campaign

** **foremost** [fɔ́ːrmòust]

형 **맨 앞에 있는; 가장 중요한; 유명한**

03 Economic concerns are **foremost** on many voters' minds.

---

* **foreshadow** [fɔːrʃǽdou]

동 **전조가 되다, 조짐을 나타내다**

04 Her early interest in airplanes **foreshadowed** her later career as a pilot.

cf. omen 명 징조, 조짐 (= portent)

** **foresight** [fɔ́ːrsàit]

명 **예지력, 선견지명**

05 I'm glad you had the **foresight** to bring warm clothes.

---

* **foreword** [fɔ́ːrwə̀ːrd]

명 (책의 짤막한) **머리말, 서문** (= preface)

06 The editor makes some good points in the **foreword** about the author's life, so be sure to read it.

---

01 일기 **예보**에서 올여름이 10년 만에 가장 더울 거라고 한다. 02 반전운동의 **선두**에 있다 03 경제적 관심사는 많은 유권자들의 마음속에서 **가장 중요하다.** 04 그녀의 어린 시절 비행기에 대한 흥미는 훗날 파일럿을 직업으로 갖게 될 **전조였다.** 05 나는 네가 따뜻한 옷을 가져오는 **선견지명**을 발휘해서 기뻐. 06 편집자가 **서문**에서 작가의 삶에 대해 잘 설명하고 있으니 그것을 반드시 읽으세요.

* **antedate** [ǽntidèit]

동 (시간적으로) ~보다 먼저 일어나다 (= precede)

01 The economic troubles **antedate** the current administration.

---

* **antique** [æntíːk]

명 (귀중한) 골동품 형 골동품인

anti(before)+que(명형)

02 Their house is filled with rare **antiques**.

* **antiquity** [æntíkwəti]

명 고대 (유물); 아주 오래됨

고난도 **antiquated** [ǽntikwèitid]

형 (더 이상 쓸 수 없게) 구식인, 오래된 (= obsolete, outdated, archaic)

antiqu(e)+ate(동)+ed(형)

03 to modernize an **antiquated** system

** **ancestor** [ǽnsestər]

명 조상, 선조 (= antecedents, forefather, forebear) (↔ descendant 자손)

an(before)+cest(go)+or(명)

* **ancestry** [ǽnsestri]

명 가계, 혈통

* **ancestral** [ænséstrəl]

형 조상의

Essential Roots / Stems

cap(t) / cept / cip/ ceiv(e) / cei(p)t = take 잡다

** **anticipate** [æntísəpèit]

동 예상하다; 기대하다 (= look forward to)

anti(before)+cip(take)+ate(동)

04 The building will be completed earlier than **anticipated**.

** **anticipation** [æntìsəpéiʃən]

명 예상; 기대

---

* **captivate** [kǽptivèit]

동 ~의 마음을 사로잡다 (= fascinate)

capt(take)+ive(형명)+ate(동)

05 The children were **captivated** by his story. [모의]

cf. captivity 명 구금; 감금 (= confinement)

cf. captive 명 포로 형 사로잡힌

cf. captor 명 포획자

01 경제 위기는 현 행정부 **이전까지 거슬러 올라간다**. 02 그들의 집은 희귀 **골동품**으로 가득 차 있다. 03 **구식** 시스템을 현대화하다 04 그 건물은 **예상했던** 것보다 일찍 완공될 것이다. 05 아이들은 그의 이야기에 **마음이 사로잡혔다**.

* **capture** [kǽptʃər]

동 **사로잡다; 점유하다;** (사진이나 글로) **담아내다;** ((컴퓨터)) **캡처하다**
명 **포획(물);** (데이터의) **캡처**
capt(take)+ure(명)

01 The elephant that escaped from the zoo was **captured** near the park's main gate. [모의응용]
02 The company has **captured** 90% of the market.
03 The whole incident was **captured** by a photographer.

*** **acceptance** [əkséptəns]

명 **받아들임, 수락** (↔ rejection, refusal 거절, 거부)
ac(to)+cept(take)+ance(명)

*** **acceptable** [əkséptəbəl]

형 **받아들일 수 있는** (↔ unacceptable 받아들일 수 없는)

04 It isn't **acceptable** to be late every day.

*** **concept** [kánsept]

명 **개념** (= notion)
con(강조)+cept(take, seize)

* **conceptual** [kənséptʃuəl]

형 **개념의**

---

* **conceive** [kənsíːv]

동 (계획 등을) **마음속으로 품다, 상상하다; 임신하다**
con(강조)+ceive(take)

05 Scientists first **conceived** of the idea of the atomic bomb in the 1930s.
06 fertility treatment for women who have difficulty **conceiving**

* **conceivable** [kənsíːvəbəl]

형 **상상할 수 있는**

** **conception** [kənsépʃən]

명 **구상; 이해; 신념;** (난소의) **수정**

---

* **conceit** [kənsíːt]

명 **자부심; 자만** (= vanity, arrogance, self-importance)
con(강조)+ceit(take)

07 He's full of **conceit** about his good looks.

*** **deceive** [disíːv]

동 **속이다, 기만하다** (= delude)
de(from)+ceive(take)

08 He was **deceived** into giving them all his money.

* **deceit** [disíːt]

명 **사기; 속임수** (= deception)

* **deceitful** [disíːtfəl]

형 **사기성의** (= deceptive)

01 동물원에서 탈출한 코끼리가 공원 정문 근처에서 **포획되었다.** 02 그 회사는 시장을 90% **점유하게** 되었다. 03 그 사건 전체는 한 사진작가에 의해 **사진에 담겼다.** 04 매일 지각하는 것은 **받아들일 수** 없다. 05 과학자들은 1930년대에 원자폭탄의 아이디어를 처음으로 **생각해냈다.** 06 **임신**이 어려운 여성을 위한 불임 치료 07 그는 잘생긴 외모에 대해 **자만심**이 가득하다. 08 그는 **속아서** 전 재산을 그들에게 주었다.

*** **except** [iksépt]

전 ~을 제외하고 동 제외하다
ex(out)+cept(take)

*** **exception** [iksépʃən]

명 제외; 예외

01 There will be no **exceptions** to this rule.

** **exceptional** [iksépʃənəl]

형 예외적인; 출중한 (= outstanding)

02 The seafood dishes at this restaurant are **exceptional**.

** **intercept** [ìntərsépt]

동 (중간에) 가로막다; 가로채다
inter(between)+cept(take)

03 The police **intercepted** him as he was walking out.

* **interception** [ìntərsépʃən]

명 차단; (통신의) 도청

*** **receive** [risíːv]

동 받다; (격식을 차려) 환영하다
re(back)+ceive(take)

04 You will be charged a late fee if the electric company does not **receive** your payment on time.

*** **receiver** [risíːvər]

명 수취인; 수신기; 수화기

*** **reception** [risépʃən]

명 수취; 접수; 환영(회)

05 Please sign your name at **reception** when you arrive.

* **receptionist** [risépʃənist]

명 접수 담당자

* **receptive** [riséptiv]

형 잘 받아들이는; 감수성이 풍부한 (= sensitive)

06 The partner was **receptive** to new ways of managing the business.

** **receipt** [risíːt]

명 수령; 영수증

* **recipient** [risípiənt]

명 (어떤 것을) 받는 사람, 수령인

---

* **susceptible** [səséptəbəl]

형 (~에) 영향받기 쉬운; 민감한; 취약한 (= vulnerable)
sus(under)+cept(take)+ible(형)

07 Older people are more **susceptible** to infections.

* **susceptibility** [səsèptəbíləti]

명 민감성; 감수성; 취약성

01 이 규칙에 **예외**는 없다. 02 이 레스토랑의 해산물 요리는 **아주 훌륭하다**. 03 그가 걸어 나가는 중에 경찰이 **가로막았다**. 04 전기 회사가 요금을 제때 **받지 못하면** 당신에게 연체료가 청구될 것이다. 05 도착하면 **접수처**에서 서명해 주세요. 06 그 파트너는 사업을 경영하는 새로운 방식을 **잘 받아들였다**. 07 노인들은 감염병에 **걸리기** 더 **쉽다**.

Words with Multiple Meanings 필수 다의어의 이해

**** figure**
[fígjər]

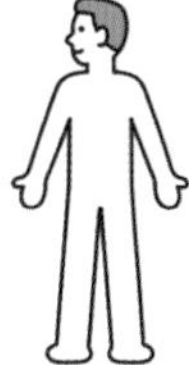

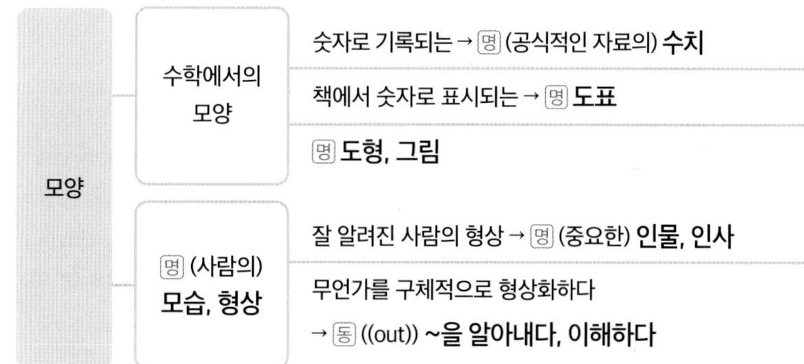

모양
수학에서의 모양
숫자로 기록되는 → 명 (공식적인 자료의) 수치
책에서 숫자로 표시되는 → 명 도표
명 도형, 그림
명 (사람의) 모습, 형상
잘 알려진 사람의 형상 → 명 (중요한) 인물, 인사
무언가를 구체적으로 형상화하다
→ 동 ((out)) ~을 알아내다, 이해하다

01 This year's sales **figures** went beyond all our expectations.
02 Number your fingers from 6 to 10, as shown in **Figure** 1. [모의응용]
03 Through the window I could see a tall **figure** in a hat.
04 Many public **figures** have hired speechwriters for political or business purposes. [모의응용]
05 My computer suddenly shut down, so I tried to **figure out** what was wrong, but I couldn't. [모의응용]

**** discipline**
[dísəplin]

배움
- 명 동 **규율; 훈육(하다)** → 명 동 **훈련(하다), 단련(하다)** → 단련으로 얻은 → 명 **자제(심), 절제력**
- 명 (특히 대학의) **학과(목), 학문의 분야**

06 By implementing high standards of **discipline**, the school lowered the dropout rate and improved the attendance rate.
07 Yoga is a good **discipline** for learning to relax and also for losing weight.
08 You need lots of **discipline** and determination if you want to achieve the figure you desire.
09 This journal provides information on up-to-date developments in nanotechnology within the **disciplines** of science, engineering, and medicine.

01 올해의 판매 **수치**는 우리 모두의 예상을 뛰어넘었다. 02 **그림** 1에서 보이는 것처럼 손가락에 6에서 10까지 번호를 매기세요. 03 나는 창문을 통해 모자를 쓰고 키가 큰 **사람의 형상**을 볼 수 있었다. 04 많은 유명 **인사들**이 정치적 또는 사업적인 목적으로 연설 작가를 고용해왔다. 05 컴퓨터가 갑자기 꺼져서 난 뭐가 문제인지 **알아내려고** 애썼지만 알아내지 못했다. 06 높은 수준의 **훈육**을 시행함으로써 그 학교는 자퇴 비율을 낮추고 출석률을 높였다. 07 요가는 긴장을 푸는 법을 배우고 또한 체중을 줄이는 데 좋은 **단련법**이다. 08 당신이 추구하는 인물이 되고 싶다면 많은 **절제**와 투지가 필요하다. 09 이 저널은 과학, 공학 및 의학 **분야**에서 나노 기술의 최신 발전 정보를 제공한다.

*** **fit**
-fit/fitted-fit/fitted
[fit]

~에 알맞다

동 ~에 맞다

동 (의복 등이) ~에 꼭 맞다 명 몸에 맞는 옷

형 (~하기에) 적합한, 알맞은 → 몸의 알맞은 상태 → 형 건강한

명 (감정·행동의) 격발

01 He couldn't find a key that **fit** the lock.
02 She likes the suit, but the jacket doesn't **fit** her.
03 I think this is not a **fit** place for us to live in.
04 I try to keep **fit** by jogging every day.
05 Some studies showed that **fits** of anger are more likely to intensify those feelings. [수능응용]

*** **exercise**
[éksərsàiz]

가축을 우리에서 몰아내어 일을 시키다

몸을 움직이게 하므로 → 명 동 운동(하다) → 능력 향상을 위한 운동 → 명 (기량을 닦기 위한) 연습, 훈련

일을 시키기 위해 힘을 사용하므로 → 명 동 (권력·권리 등을) 행사(하다) (= exert)

06 Try to do 20 minutes of vigorous **exercise** every day.
07 Have you done your violin **exercises** yet?
08 When he appeared in court, he **exercised** his right to remain silent.

01 그는 그 자물쇠에 **맞는** 열쇠를 찾을 수 없었다. 02 그녀는 그 정장이 마음에 들지만, 재킷이 그녀에게 **맞지** 않는다. 03 내 생각에 이곳은 우리가 살기에 **적합한** 곳이 아닌 것 같아. 04 나는 매일 조깅을 하여 **건강한** 상태를 유지하려고 노력한다. 05 몇몇 연구들은 분노의 **표출**이 그러한 감정을 심화시킬 가능성이 더 크다는 것을 보여주었다. 06 매일 20분간 격렬한 **운동**을 하도록 노력하라. 07 바이올린 **연습**을 벌써 끝냈니? 08 그는 법정에 출두했을 때 묵비권을 **행사했다**.

Phrasal Verbs | into가 포함된 구동사 1

다음 구동사의 의미를 추론하여 오른쪽 빈칸에 쓰고 페이지 하단의 해석과 대조해 보시오.

** **be into** ~ 안으로 들어가 있다

01 I'**m** not really **into** science fiction. [수능] ➡ 공상과학 소설을 ________

** **break into** 깨고 안으로 들어가다

02 She **broke into** the conversation at a crucial moment. ➡ 대화에 ________

03 Armed robbers **broke into** a jewelry shop. ➡ 보석상에 ________

** **crash into** 부수고 안으로 들어가다

04 The brakes failed and the car **crashed into** a tree. ➡ 자동차가 나무에 ________

** **fall into** ~ 안으로 떨어지다

05 He said that he **fell into** politics by chance. ➡ 정치를 ________

06 What genre does the book **fall into**? ➡ 책이 어떤 장르에 ________

** **fit into** ~ 안으로 꼭 맞다

07 There are borderline cases that **fit** partly **into** one category and partly into another. [수능] ➡ 부분적으로는 어느 범주에 ________

*** **get into** ~ 안으로 들어가다

08 Women are rapidly **getting into** traditionally male positions. [모의응용] ➡ 남성들의 지위까지 ________

*** **go into** ~ 안으로 들어가다

09 The increased population brought more demand for food, and more money **went into** farming. [수능] ➡ 많은 돈이 농업에 ________

** **grow into** 자라서 ~ 안으로 들어가다

10 Local conflicts can often **grow into** larger wars. [수능응용] ➡ 지역 분쟁이 더 큰 전쟁으로 ________

01 나는 공상과학 소설을 그다지 **좋아하지** 않는다. 02 그녀는 아주 중요한 순간에 대화에 **끼어들었다.** 03 무장 강도가 보석상에 **침입했다.** 04 브레이크가 고장 나서 자동차가 나무에 **충돌했다.** 05 그는 우연히 정치를 **시작하게 되었다**고 말했다. 06 그 책은 어떤 장르에 **속하나요?** 07 부분적으로는 한 부류에 **들어맞고** 다른 부류에도 들어맞는 경계선상의 문제가 있기 마련이다. 08 여성들은 전통적으로 남성들만이 가졌던 지위까지 급속히 **진입하고** 있다. 09 인구의 증가로 식품에 대한 수요가 늘어났고 더 많은 돈이 농업에 **투입되었다.** 10 지역 분쟁이 종종 더 큰 전쟁으로 **커질** 수 있다.

17강

Themes | 화학

1. 화학 일반

* **di-** [dai] ((화학)) 둘(2)의 주요 화합물 | Appendix 531쪽

* **dioxide** [daiάksaid] 명 ((화학)) 이산화물 ((산소 원자가 두 개 포함되어 있는 산화물))

01 carbon **dioxide**

*** **element** [éləmənt] 명 요소; ((화학)) 원소 주요 원소 | Appendix 531쪽

02 The chemical **elements** of water molecules are hydrogen and oxygen. [모의응용]

2. 물질의 성질

* **-proof** [pru:f] ~을 막는, 내(耐)-, 방(防)-

* **fireproof** [fáiərprù:f] 형 불연성의 ((불에 타지 않는))

고난도 **solvent** [sάlvənt] 형 지불 능력이 있는; 용해력이 있는
명 용매 ((용질을 녹여 용액을 만드는 액체))

03 Do not use flammable **solvents** near fire.

cf. soluble 형 해결할 수 있는; (액체에) 녹는

---

* **durable** [djúərəbəl] 형 오래 견디는

04 **durable** goods such as refrigerators or cars

* **durability** [djùərəbíləti] 명 내구성

고난도 **volatile** [vάlətəl] 형 휘발성의; 변덕스러운

05 **Volatile** liquids evaporate more rapidly than others.

** **absorb** [əbsɔ́:rb] 동 흡수하다; (사람의 마음을) 열중시키다

06 a fabric that **absorbs** sweat

* **absorption** [əbsɔ́:rpʃən] 명 흡수; 전념

01 **이산화**탄소 02 물 분자의 화학 **원소**는 수소와 산소이다. 03 가연성 **용매**를 불 근처에서 사용하지 마라. 04 냉장고나 자동차 같은 **내구**재 05 **휘발성** 액체는 다른 것들보다 더 빨리 증발한다. 06 땀을 **흡수하는** 직물

| 물질의 기타 성질 |

acidic	형 산성의 (= acid) *cf.* alkaline 형 염기성의
elastic	형 탄력 있는, 신축성 있는 (= resilient, springy)
noxious	형 해로운, 유독한 *cf.* venomous 형 (뱀 등이) 독이 있는
porous	형 작은 구멍이 많은; 투과성의 *porosity 명 다공성; 투과성
permeable	형 (액체·기체가) 침투할 수 있는
metallic	형 금속(성)의 *cf.* ore 명 광석 금속의 종류 | Appendix 532쪽

3. 물질의 상태

** **dense** [dens]
형 **빽빽한; (안개 등이) 짙은**
01 Water is eight hundred times **denser** than air.

* **density** [dénsəti]
명 **밀도; 농도**

*** **solid** [sálid]
형 **고체의; 순수한** (= pure) 명 **고체**
02 a **solid** form
03 **solid** gold

cf. gaseous 형 가스 상태의; 기체의
cf. liquid 형 액상의 (= fluid) 명 액체

* **solidify** [səlídəfài]
동 **굳어지다**

* **solidity** [səlídəti]
명 **굳음** (= solidness)**; 견고함**

고난도 **solidarity** [sàlədǽrəti]
명 **연대, 결속**

---

* **saturate** [sǽtʃərèit]
동 **흠뻑 적시다; 포화 상태로 만들다**
04 When air is **saturated** it cannot hold any more moisture.

* **saturation** [sæ̀tʃəréiʃən]
명 ((화학)) **포화 (상태)**

고난도 **precipitate** [prisípitèit]
동 (나쁜 일을) **촉발시키다; 침전하다** 명 ((화학)) **침전물**

고난도 **precipitation** [prisìpitéiʃən]
명 **강수(량); ((화학)) 침전**
05 the annual **precipitation**

---

* **refine** [rifáin]
동 **정제하다; 개선하다**

* **refined** [rifáind]
형 (물질이) **정제된; 교양 있는, 세련된**
06 **refined** sugar

01 물은 공기보다 800배 **더 밀도가 높다.** 02 **고체** 형태 03 **순금** 04 공기가 **포화 상태가 되면** 더는 수분을 포함할 수 없다. 05 연간 **강수량** 06 **정제된** 설탕

| 물질의 상태 변화 |

liquefy	동 (기체가) 액화하다
condense	동 (기체·액체를) 응결시키다
freeze	동 얼다 (↔ thaw, melt 해동하다)
crystallize	동 결정체를 이루다 *crystal 명 수정; 결정체
molten	형 (금속 등이) 녹은
dilute	동 희석하다 형 (액체가) 희석된
vapor	동 증발하다 명 증기
osmosis	명 삼투 (현상) ((액체 농도가 낮은 데서 높은 쪽으로 옮겨가는 현상))

4. 화학 반응

* **corrode** [kəróud] 동 (금속이) **부식하다**

01 Rainwater may **corrode** steel containers.

* **corrosion** [kəróuʒən] 명 **부식**

고난도 **oxidize** [ɑ́ksədàiz] 동 **산화시키다; 녹슬게 하다** (= rust)

02 Iron **oxidizes** to form rust.

고난도 **oxidation** [ɑ̀ksədéiʃən] 명 **산화**

고난도 **oxidant** [ɑ́ksidənt] 명 **산화제** (↔ antioxidant 항산화제)

---

* **residue** [rézidjù:] 명 **잔여, 나머지** (= remnant, remainder); ((화학)) **잔류물**

고난도 **alchemy** [ǽlkəmi] 명 **연금술;** (물건을 변질시키는) **마력**

고난도 **alchemist** [ǽlkəmist] 명 **연금술사**

---

* **tarnish** [tɑ́:rniʃ] 동 (윤이 나는 것이) **흐려지다;** (평판을) **손상시키다** 명 **변색**

03 Gold does not **tarnish** easily.

---

* **ignite** [ignáit] 동 **불이 붙다**

* **ignition** [igníʃən] 명 **점화**

고난도 **combust** [kəmbʌ́st] 동 **연료를 태우다, 연소하다** (= burn)

고난도 **combustion** [kəmbʌ́stʃən] 명 **연소; 산화**

04 the efficiency of the internal **combustion** engine

01 빗물이 철 컨테이너를 **부식시킬** 것이다. 02 철이 **산화되어** 녹을 만든다. 03 금은 쉽게 **변색하지** 않는다. 04 내**연** 기관의 효율성

A 다음의 우리말은 영어로, 영어는 우리말로 그 뜻을 쓰시오.

① 내구성
② 받아들임, 수락
③ 빽빽한; (안개 등이) 짙은
④ 정제하다; 개선하다
⑤ 예외적인; 출중한
⑥ 불이 붙다
⑦ 흠뻑 적시다; 포화 상태로 만들다
⑧ 맨 앞, 선두; 가장 중요한 위치
⑨ (윤이 나는 것이) 흐려지다; 변색
⑩ 연금술; (물건을 변질시키는) 마력
⑪ 요소; ((화학)) 원소
⑫ 흡수하다; (마음을) 열중시키다
⑬ 차단; (통신의) 도청
⑭ (어떤 것을) 받는 사람, 수령인
⑮ fireproof
⑯ volatile
⑰ ancestry
⑱ corrode
⑲ conceit
⑳ deceit
㉑ captivate
㉒ combustion
㉓ precipitation
㉔ conceptual
㉕ oxidation
㉖ residue
㉗ solvent
㉘ solidify

B 다음 빈칸에 들어갈 가장 적절한 어휘를 고르시오.

1. Things like typewriters, sealing wax and floppy disks all seem ______ in modern society.
① antiquated ② sensitive ③ conceivable ④ permeable

2. Researchers say that a chemical found abundantly in red wine helps protect against influenza, especially after a rigorous respiratory workout, when the body is more ______ to infection.
① soluble ② deceitful ③ susceptible ④ durable

3. Computer criminals are often quite different from other kinds of criminals. They are generally quite young and they ______ into others' computers in order to steal, add, or change information. [모의응용]
① grow ② fit ③ except ④ break

4. During the medieval era, the Church ______ almost unquestioned authority over people's lives.
① anticipated ② exercised ③ forecasted ④ antedated

5. The employee was stranded because of an air service disruption due to ______ circumstances and couldn't return to work.
① refined ② obsolete ③ unforeseen ④ receptive

C 다음을 읽고 문제에 답하시오.

You've probably spent hours going through a piece of creative work that doesn't quite hang together, wondering what the weak element is so that you can fix it. But quite often, it's the ideas that you're deeply in love with that are throwing everything else out of balance. So be brave, take a deep breath, and erase the parts that look most important. Then see how everything else stands up. You might be surprised by how even and harmonious the resulting elements are. If your family will bear it, you can try this discipline with your meals. Make an apple pie without any apple in it. Cook a Sunday roast chicken with all the trimmings—but without the chicken! Suddenly the potatoes, the gravy, the vegetables will take up more of everyone's attention. The whole flavor and atmosphere of the meal will be different. [모의]

* gravy 그레이비 ((육즙에 밀가루 등을 넣어 만든 소스))

Q. What does the underlined part, discipline, mean in this text?

① Approach all aspects of life in the same way.
② Abandon the main element in your work.
③ Be willing to try tasks that others won't.
④ Remove everything except what is essential.

D 각 네모 안에서 문맥에 알맞은 어휘를 고르시오.

1. Be careful! Your eyes can [conceive / deceive] you. People tend to see what they want to see.

2. The mayor had the [foresight / foreword] to see the future of aviation and positioned the city to become a leader by investing in the building of a major airport.

E 다음 ① ~ ⑤ 중, 문맥상 밑줄 친 낱말의 쓰임이 적절하지 않은 것을 고르시오.

① Everyone collapsed in fits of laughter.
② The storms and rains of that year foreshadowed a long period of unstable weather conditions.
③ In most traditional societies, people tended to look to the past. They were taught to worship their descendants and to retain their traditions. [모의]
④ Twain spoke for twenty minutes at a banquet and was received with great enthusiasm by the audience. [모의응용]
⑤ He must be a leading figure in the music industry.

18강

Word Complete

Part

Prefixes	이전·미리·먼저(2) pre-
Essential Roots/Stems	ced(e) / ceed / cess / ceas = go
Words with Multiple Meanings	occupy / succeed / withdraw / present
Phrasal Verbs	into가 포함된 구동사 2
Themes	지구과학·생물

Words & Phrases

앞으로 학습할 예문에 쓰인 필수 어휘 모음입니다. 예문에 해당 단어 밑에는 점선이 표시(interact)되어 있습니다.
아는 단어는 □□에 체크하고 모르는 단어는 뜻 확인을 반복하세요.

**	□□	adolescent [ӕ̀dəlésənt]	명 청소년 (= teenager)
***	□□	adoption [ədɑ́pʃən]	명 채택; 입양 ※ adopt 동 채택하다; 입양하다 cf. foster 동 육성하다; 위탁 양육하다 필수 다의어 | 289쪽
**	□□	assume [əsúːm]	동 가정하다; 떠맡다; ~인 척하다 필수 다의어 | 051쪽
*	□□	authorized [ɔ́ːθəràizd]	형 인정받은; 공인된; 권한을 부여받은
*	□□	axis [ǽksis]	명 (중심) 축, 축선
**	□□	barrel [bǽrəl]	명 (목재·금속으로 된 대형) 통; 한 통의 양
고난도	□□	cub [kʌb]	명 (곰, 사자 등의) 새끼
고난도	□□	den [den]	명 (야생 동물이 사는) 굴, 동굴; (부정한 행위를 하기 위한) 소굴; 은신처
***	□□	gender [dʒéndər]	명 성, 성별 cf. gender discrimination 명 성차별
고난도	□□	go to seed	한창때가 지나다, 쇠퇴하다
*	□□	hazardous [hǽzərdəs]	형 (특히 사람의 건강·안전에) 위험한
**	□□	individualized [ìndəvídʒuəlàizd]	형 개별화된
**	□□	infection [infékʃən]	명 감염; 전염병 ※ infectious 형 전염성의
***	□□	instruction [instrʌ́kʃən]	명 가르침, 교육; ((pl.)) 지시; 사용 설명서
**	□□	noted [nóutid]	형 유명한 (= famed, renowned) ※ note 동 주목하다; 언급하다 필수 다의어 | 472쪽
*	□□	parliament [pɑ́ːrləmənt]	명 의회, 국회
*	□□	personnel [pə̀ːrsənél]	명 (회사·군대 등의) 인원; 인사과 (= human resources)
**	□□	primary [práimeri]	형 초기의; 주요한 cf. secondary, subordinate 형 부차적인
**	□□	qualification [kwɑ̀ləfikéiʃən]	명 자격(증); 자질, 능력
**	□□	reverse [rivə́ːrs]	동 뒤집다
*	□□	runaway [rʌ́nəwèi]	명 도망자, (특히 청소년) 가출자 형 달아난, 고삐 풀린
**	□□	takeoff [téikɔ̀(ː)f]	명 출발(점), 이륙 (지점); 제거, 분리
**	□□	territory [térətɔ̀ːri]	명 지역, 영토; (자기 소유의) 영역
*	□□	vegetation [vèdʒətéiʃən]	명 (특정 지역의) 초목, 식물
**	□□	virtually [və́ːrtʃuəli]	부 사실상, 거의; ((컴퓨터)) 가상으로

Prefixes | 이전·미리·먼저(2) pre-

pre- = before (~보다 전에, 앞에)

premature → pre(before)+mature → 정상보다 이른; 조산의; 시기상조의

* **predate** [pri:déit]

동 ~보다 선행하다 (= antedate) (↔ postdate 뒤에 일어나다)

01 Stone knives **predate** bows and arrows.

---

* **predominant** [pridámənənt]

형 우세한 (= dominant); 두드러진, 눈에 띄는

pre(before)+domin(rule)+ant(형)

02 The **predominant** view was that she was guilty.

* **predominance** [pridámənəns]

명 우위, 우세

** **preoccupy** [pri:ákjupài]

동 선취하다; 마음을 빼앗다

pre(before)+occupy

03 It is normal for adolescents to be extremely **preoccupied** with how they look.

** **preoccupation** [priàkjupéiʃən]

명 (생각·걱정 등에) 사로잡힘; 집착 (= obsession)

** **preface** [préfis]

명 서문 (= foreword) 동 서문을 쓰다

pre(before)+face(speak)

** **prejudice** [prédʒədis]

명 편견 (= bias) 동 편견을 갖게 하다

pre(before)+judice(judgment)

04 A judge must be free from **prejudice**.

---

* **prelude** [prélju:d]

명 (음악의) 서곡 (= overture); (중요한 일의) 서곡, 전조

pre(before)+lude(play)

05 This is just a **prelude** to a larger attack.

01 돌칼은 활과 화살**보다 먼저 생겼다.** 02 그녀가 유죄라는 의견이 **우세했다.** 03 청소년들이 자신의 외모에 극도로 **사로잡혀 있는** 것은 정상이다. 04 판사는 **편견**이 없어야 한다. 05 이것은 더 큰 공격을 알리는 **서곡**에 불과하다.

* **premise** [prémis]

명 (주장의) **전제** (= presupposition)
pre(before)+mise(send)

01 The idea that there is life on other planets is the central **premise** of the novel.

---

* **prerequisite** [prirékwəzit]

명 (필요한) **전제 조건** (= precondition)
pre(before)+re(again)+quisite(ask)

02 Good language skills are a **prerequisite** for the job.

cf. requisite 형 필요한 명 필수품; 필수 조건

---

* **presume** [prizú:m]

동 (사실일 것으로) **추정하다** (= assume, speculate)
pre(before)+sume(take)

03 We could only **presume** that our car had been stolen.

* **presumption** [prizʌ́mpʃən] 명 **추정(되는 것)**

* **presumably** [prizú:məbli] 부 **아마, 추정컨대** (= probably, supposedly)

** **preview** [prí:vjù:]

명 **시사회; 예고편** (= trailer) 동 **시연을 보이다; 사전 조사하다**
pre(before)+view(보다)

04 a press **preview**

Essential Roots / Stems

ced(e) / ceed / cess / ceas = go 가다

** **precede** [prisí:d]

동 **~에 선행하다** (↔ follow 뒤따르다)
pre(before)+cede(go)

05 The fire was **preceded** by a loud explosion.

* **precedence** [présədəns] 명 **우선(함), 우선권** (= priority)

* **precedent** [présədənt]

명 **선례, 전례**

06 to set a **precedent**

* **unprecedented** [ʌnprésədèntid]

형 **전례 없는** (= unexampled)

07 The team has enjoyed **unprecedented** success this year.

01 다른 행성들에도 생명체가 있다는 생각이 그 소설의 중심 **전제**이다. 02 뛰어난 언어 실력은 그 직업의 **전제 조건**이다. 03 우리는 우리 차가 도난당했다고 **추정할** 수 있을 뿐이었다. 04 기자 **시사회** 05 화재에 **앞서** 큰 폭발이 있었다. 06 **선례**를 만들다 07 그 팀은 올해 **전례 없는** 성공을 누렸다.

* **predecessor** [prédəsèsər]

명 **전임자** (↔ successor 후임자); **이전 것**

pre(before)+de(away)+cess(go)+or(명)

01 The new mayor reversed many of the policies of his **predecessor**.

*** **proceed** [prəsíːd]

동 **나아가다**; (계속) **진행하다**; **소송을 제기하다**

pro(forward)+ceed(go)

02 Passengers for flight 406 to New York should **proceed** to Gate 32.

* **proceeding** [prəsíːdiŋ]

명 ((*pl.*)) **소송 절차**; **행사**; **회의록**

03 divorce **proceedings**

*** **process** [práses]

명 **과정**; **진행** 동 **가공하다**; **처리하다**

pro(forward)+cess(go)

04 a new facility for **processing** nuclear fuel

* **processed** [prəsést]

형 **가공한**

05 **processed** food

---

* **procession** [prəséʃən]

명 **행렬**; **행진**

pro(forward)+cess(go)+ion(명)

06 There was a **procession** of children carrying candles.

*** **procedure** [prəsíːdʒər]

명 **절차, 방법**; **수술**

pro(forward)+ced(go)+ure(명)

07 Hand-washing is the single most important **procedure** for preventing infections. [모의]

08 Medical **procedures** sometimes present the risk of dying. [모의응용]

* **procedural** [prəsídʒərəl]

형 **절차상의**

** **access** [ǽkses]

명 ((to)) (~로의) **접근(권)** 동 (컴퓨터에) **접속하다**

ac(to)+cess(go)

09 Only authorized personnel have **access** to the computer system.

** **accessible** [əksésəbəl]

형 **접근하기 쉬운** (↔ inaccessible 접근할 수 없는)

* **accessibility** [əksèsəbíləti]

명 **접근성**

18강

01 새로운 시장은 **전임자**의 정책 중 많은 것을 반대로 뒤집었다. 02 뉴욕행 406편 탑승객은 32번 게이트로 **가셔야** 합니다. 03 이혼 **소송 절차** 04 핵연료를 **처리하기** 위한 새로운 시설 05 **가공**식품 06 촛불을 든 아이들의 **행렬**이 있었다. 07 손 씻기는 감염을 예방하는 가장 중요한 단 한 가지 **방법**이다. 08 의료 **수술**은 종종 사망 위험성을 제시한다. 09 승인 받은 직원만 그 컴퓨터 시스템에 **접속**할 수 있다.

* **antecedent** [æ̀ntəsíːdənt]
형 앞서는, 선행하는 명 선례; ((문법)) 선행사; ((*pl.*)) 조상, 선조
ante(before)+ced(go)+ent(형명)
01 **antecedent** events

** **exceed** [iksíːd]
동 초과하다 (= surpass)
ex(out)+ceed(go)
02 The cost **exceeded** our estimate.

** **excess** 명 [iksés, ékses] 형 [ékses]
명 초과; 과잉 형 초과한

** **excessive** [iksésiv]
형 지나친, 과도한 (↔ moderate 적당한)
03 We spend an **excessive** amount of time every day browsing the web.

* **exceedingly** [iksíːdiŋli]
부 극도로, 대단히 (= extremely)

---

* **concede** [kənsíːd]
동 인정하다, 수긍하다; 허락하다
con(completely)+cede(go)
04 to **concede** defeat

* **concession** [kənséʃən]
명 양보; 인정

---

* **recede** [risíːd]
동 물러가다; 퇴각하다 (= withdraw, retreat); (가치 등이) 감소하다
re(back)+cede(go)
05 I sat through takeoff watching the ground **recede**.

* **recess** [risés, ríːses]
명 휴회 (기간), (학교 등의) 쉬는 시간 동 휴회를 하다
06 Parliament returns from its summer **recess** next week.

* **recession** [riséʃən]
명 후퇴; 불경기, 불황

*** **succeed** [səksíːd]
동 계승하다 (↔ precede 선행하다); 상속하다; 성공하다 필수 다의어 | 275쪽
suc(after)+ceed(go)

** **decease** [disíːs]
명 사망 동 사망하다
de(away)+ceas(go)
07 In the event of the **decease** of the president, the vice president will assume his duties.

01 **선행** 사건들 02 가격이 우리 견적을 **초과했다**. 03 우리는 매일 인터넷 검색을 하면서 **과도한** 시간을 보낸다. 04 패배를 **인정하다** 05 나는 이륙하는 내내 앉아서 땅이 **멀어지는** 것을 지켜보았다. 06 의회는 다음 주 여름 **휴회**를 끝내고 돌아온다. 07 대통령이 **사망**하면 부통령이 그의 직무를 맡는다.

Words with Multiple Meanings 필수 다의어의 이해

** **occupy**
[ɑ́kjupài]

손에 넣다
- 동 (공간·지역·시간을) **차지하다, 사용하다** → 동 **점령[점거]하다**
- 동 (지위·일자리를) **차지하다**

01 Thirty minutes before the play began, all the seats in the theater were **occupied**.
02 The territories were **occupied** by Japan during the Second World War.
03 In countries where women **occupy** an equal position to men in society, such as Sweden, there is virtually no gender gap in math ability. [모의응용]

- occupation 명 (건물·토지 등의) 사용, 거주; 점유; 직업
- occupant 명 (건물·방 등의) 사용자[입주자]

*** **succeed**
[səksí:d]

다음에 가다 → (뒤에) 계속되다
- 동 (자리·지위 등을) **계승하다; 상속하다**
- 일이 계속 잘 풀리다
  - 동 (하려던 일에) **성공하다**
  - 동 (부·명예 등을 얻어) **성공하다, 출세하다**

04 He is expected to **succeed** Daniel as president of the board.
05 They have **succeeded** in keeping street corners clean. [모의응용]
06 You need to have excellent communication skills to **succeed**.

- succession 명 연속; 계승; 상속
- successor 명 계승자; 상속자
- successive 형 연속되는, 계속적인 (= consecutive, uninterrupted)
  Clark remains champion for the sixth **successive** year.
  클라크는 6년 **연속** 챔피언으로 남아 있다.
- success 명 성공
- successful 형 성공적인

01 연극이 시작되기 30분 전에 극장 안의 모든 좌석이 **찼다**. 02 그 지역들은 제2차 세계대전 동안 일본에 의해 **점령당했다**. 03 스웨덴과 같이 여성이 사회적으로 남성과 동등한 지위를 **차지하고 있는** 국가에서는 수학 실력에서 사실상 성별 차이가 없다. 04 그는 이사장으로서 대니얼의 **뒤를 이을** 것으로 예상된다. 05 그들은 거리 구석구석을 깨끗하게 유지하는 데 **성공했다**. 06 당신이 **출세하기** 위해서는 뛰어난 의사소통 능력을 갖출 필요가 있다.

** **withdraw**

-withdrew-withdrawn

[wiðdrɔ́ː]

빼다, 뒤로 물리다

동 철수시키다

동 (제공 등을) 중단하다, 취소하다

동 (활동·조직에서) 탈퇴[기권]하다

동 (계좌에서 돈을) 인출하다

01 Both powers began to **withdraw** their forces from the region.

02 The bus service in many mountain areas has been **withdrawn**.

03 A knee injury forced him to **withdraw** from the competition.

04 He found that thirty dollars had been **withdrawn** from his account. [모의응용]

*** **present**

형 명 [prézənt]

동 [prizént]

(눈) 앞에 있다

형 (사람·사물이) 있는, 존재하는; 참석한

명 현재 형 현재의

앞으로 내밀다

남 앞에 내밀다

동 증정[수여]하다 → 남에게 주는 것 → 명 선물

동 제시하다, 제출하다

문제를 내밀어 드러내다 → 동 (문제 등을) 일으키다, 겪게 하다

05 I was **present** at the meeting and read one of the survey papers.

06 No one has to let errors of the past destroy his **present** or cloud his future. [수능]

07 Our school annually **presents** the Community Service Award to the student who best serves our community. [모의]

08 With an e-ticket there is no need to **present** a paper ticket at check-in. [모의]

09 Use of these hazardous chemicals may **present** a fire risk.

01 양 강대국은 그 지역에서 군대를 **철수시키기** 시작했다. 02 많은 산간 지역에서 버스 운행이 **중단되었다**. 03 무릎 부상 때문에 그는 어쩔 수 없이 그 대회를 **기권해야** 했다. 04 그는 자신의 계좌에서 30달러가 **인출되었다는** 것을 알게 되었다. 05 나는 회의에 **참석하여** 조사 논문 중 하나를 읽었다. 06 누구도 과거의 실수가 자신의 **현재**를 파괴하거나 장래를 어둡게 하도록 해서는 안 된다. 07 우리 학교는 지역 사회에 봉사를 가장 열심히 한 학생에게 매년 사회봉사상을 **수여합니다**. 08 전자 항공권이 있으면 탑승 수속에서 종이 항공권을 **제시할** 필요가 없다. 09 이 위험한 화학 물질의 사용은 화재 위험을 **일으킬** 수도 있다.

Phrasal Verbs | into가 포함된 구동사 2

다음 구동사의 의미를 추론하여 오른쪽 빈칸에 쓰고 페이지 하단의 해석과 대조해 보시오.

** **put into** ~ 안으로 집어넣다

01 Good speakers have the ability to **put** their ideas **into** words. ➡ 말에 생각을 ________

** **run into** ~ 안으로 뛰어들다

02 As they tried to solve the problem, they **ran into** complications which only made the problem worse. [모의응용] ➡ 복잡한 문제들에 ________

* **talk into** 말해서 ~을 하게 하다

03 Instead of going home from work on Friday night, a man went to the local pub with friends and was **talked into** going fishing for the whole weekend. [사관학교] ➡ 낚시를 하자는 ________

* **throw into** ~ 안으로 던지다

04 He has **thrown** himself **into** researching and creating software for computer viruses. ➡ 소프트웨어를 연구하는 데 ________

*** **turn into** 돌아서 ~으로 되다

05 As the land loses its protective cover of vegetation, it soon **turns into** desert. ➡ 땅이 사막으로 ________

** **come into effect** 효력 안으로 들어오다

06 Recently new building codes **came into effect** in our city. [수능] ➡ 새로운 건물 법규가 ________

** **take into consideration** 생각 속으로 데리고 가다

07 The candidates' experience and qualifications will be **taken into consideration** when the decision is made. ➡ 지원자의 경력과 자질을 ________

01 훌륭한 연설가들은 말에 자신의 생각을 **더하는** 능력이 있다. 02 그들이 그 문제를 풀려고 할수록 그들은 문제를 더 악화시킬 뿐인 복잡한 문제들에 **부딪혔다.** 03 금요일 밤에 일을 끝내고 집으로 가는 대신에, 남자는 친구와 그 지역 술집으로 갔고 주말 내내 낚시를 하자는 **말에 넘어갔다.** 04 그는 컴퓨터 바이러스 소프트웨어를 연구하고 만들어내는 데 **전념해왔다.** 05 땅에서 보호막인 초목이 없어지면 그것은 곧 사막으로 **변한다.** 06 최근에 새로운 건축 법규가 우리 도시에서 **시행되었다.** 07 (채용을) 결정할 때 지원자의 경력과 자질이 **고려될** 것입니다.

18강

Themes | 지구과학·생물

1. 우주(Cosmos·Universe)

* **cosmos** [kázməs] 명 (질서 있는 시스템으로서의) **우주**

* **cosmic** [kázmik] 형 **우주의; 무한한**

---

* **eclipse** [iklíps] 명 (일식·월식의) **식(蝕)**; (중요성 등이) **빛을 잃음**

01 a solar[lunar] **eclipse**

---

* **celestial** [səléstʃəl] 형 **하늘의** (= heavenly)

02 a **celestial** body

cf. terrestrial 형 지구의 (= earthly); 육지의

| 천체 |

star cluster	명 성단 ((항성의 집단)) *cf.* cluster 명 무리 동 무리를 이루다
galaxy	명 ((the G-)) (태양계가 속한) 은하계 (= the Milky Way)
constellation	명 별자리, 성좌 별자리 | Appendix 532쪽
Polaris	명 북극성 (= the North Star)
magnitude	명 크기; ((천문)) (항성의) 광도(光度)
optical telescope	명 광학 망원경 *cf.* radio telescope 명 전파 망원경

** **orbit** [ɔ́:rbit] 명 **궤도** 동 **궤도를 돌다**

03 Venus **orbits** the Sun once every 225 Earth days.

2. 지구

* **hemisphere** [hémisfìər] 명 (지구·뇌의) **반구(半球)**

04 Oaks grow widely throughout the Northern **Hemisphere**. [모의]

---

* **latitude** [lǽtətjù:d] 명 **위도** ((지구의 세로축))

cf. longitude 명 경도 ((지구의 가로축))

** **rotate** [róuteit] 동 **회전하다** (= revolve); (일을) **교대로 하다**

05 The Earth **rotates** on an axis between the north and south poles.

01 일[월]**식** 02 **천체** 03 금성은 지구 날짜로 225일에 한 번 태양 **주위를 돈다.** 04 참나무는 북**반구**에서 널리 생장한다. 05 지구는 북극과 남극 사이의 지축을 중심으로 **자전한다.**

3. 생물 일반

** **organism** [ɔ́ːrgənìzəm] 명 유기체

* **organic** [ɔːrgǽnik] 형 유기체의; 유기농의

** **species** [spíːʃiːz] 명 ((*pl.* species)) **종(種)** ((생물 분류의 기본 단위))

** **evolve** [ivɑ́lv] 동 **진화하다;** (점진적으로) **발달하다**

** **evolution** [èvəlúːʃən] 명 ((생물)) **진화;** (점진적) **발달**

cf. coevolve 동 공진화하다 ((여러 개의 종(種)이 서로 영향을 주면서 진화하다))

---

* **mutant** [mjúːtənt] 형 **돌연변이의** 명 **변종**

01 **mutant** seeds of rice and corn

| 유전 |

heredity 명 유전(적 특징) *hereditary 형 유전[세습]되는

genome 명 게놈, 유전자 총체 ((생명 현상을 유지하는 데 필요한 유전자 총량))

18강

** **adapt** [ədǽpt] 동 **적응하다; 개작[각색]하다**

02 All organisms must **adapt** to their habitat to survive.

* **adaptation** [æ̀dəptéiʃən] 명 **적응; 각색**

* **adaptability** [ədæ̀ptəbíləti] 명 **적응성**

** **breed**-bred-bred [briːd] 동 **새끼를 낳다; 사육[재배]하다** 명 (가축의) **품종**

cf. interbreed 동 이종교배하다 ((종이 다른 생물의 암수를 교배하다))

| 번식 |

sperm 명 정자 *cf.* egg 명 난자

incubate 동 (알을) 품다 (= brood); 배양하다

pollinate 동 수분하다, 꽃가루받이하다

propagate 동 번식하다; 보급시키다

*propagation 명 (동식물의) 번식; (사상 등의) 전파

---

* **microbe** [máikròub] 명 **미생물** (= microorganism)**; 세균**

01 쌀과 옥수수의 **돌연변이** 종자 02 모든 유기체는 생존하기 위해서 서식지에 **적응해야** 한다.

고난도 **ferment**
동 [fərmént] 명 [fə́ːrment]

동 발효되다 명 발효균, 효소 (= enzyme); (사회적) 동요

01 The wine **ferments** in oak barrels.

4. 동물·식물

고난도 **fauna**
[fɔ́ːnə]

명 (특정 지역·시대의) 동물군 동물 관련 여러 어휘 | Appendix 532쪽

02 Tourism is damaging the flora and **fauna** of the island.

cf. flora 명 식물군

| 동물의 분류 |

ape	명 유인원 *cf.* primate 명 영장류
herbivore	명 초식동물 *cf.* carnivore 명 육식동물
vertebrate	명 척추동물 *cf.* invertebrate 명 무척추동물
mammal	명 포유류 *cf.* avian 형 조류의 / amphibian 명 양서류 / reptile 명 파충류 / rodent 명 설치류
poultry	명 가금 ((닭·오리 등 집에서 기르는 날짐승)) (= domestic fowls)

고난도 **nocturnal**
[naktə́ːrnl]

형 야행성의 (↔ diurnal 주행성의)

03 Hamsters are **nocturnal** creatures.

---

* **hibernate**
[háibərnèit]

동 동면하다

04 Bears **hibernate** in their dens during winter.

* **hibernation**
[hàibərnéiʃən]

명 동면

cf. dormant 형 휴면기의, 활동[성장]을 중단한

---

* **sprout**
[spraut]

동 싹이 나다 (= bud) 식물 관련 여러 어휘 | Appendix 534쪽

05 Potatoes will **sprout** if kept in a warm place.

고난도 **luxuriant**
[lʌgʒúəriənt]

형 (식물이) 무성한; 풍부한

06 This land was once covered with **luxuriant** forest.

고난도 **luxuriance** [lʌgʒúəriəns]

명 (식물의) 무성함; 풍부함; (문체의) 화려함

---

* **wither**
[wíðər]

동 시들다 (= wilt, droop); 말라 죽다

07 The plants **wither** away if they aren't planted well.

01 와인은 오크나무 통에서 **발효된다**. 02 관광산업이 이 섬의 식물군과 **동물군**을 훼손시키고 있다. 03 햄스터는 **야행성** 동물이다. 04 곰은 겨울 동안 굴에서 **동면한다**. 05 감자를 따뜻한 곳에 보관하면 **싹이 날** 것이다. 06 이 땅은 한때 **무성한** 숲으로 덮여 있었다. 07 잘 심지 않으면 식물은 **시들어 버린다**.

A

다음의 우리말은 영어로, 영어는 우리말로 그 뜻을 쓰시오.

① 인정하다, 수긍하다; 허락하다
② 궤도; 궤도를 돌다
③ 우주의; 무한한
④ 종(種) ((생물 분류의 기본 단위))
⑤ 돌연변이의; 변종
⑥ 야행성의
⑦ 절차, 방법; 수술
⑧ 동면하다
⑨ 새끼를 낳다; 사육[재배]하다; (가축의) 품종
⑩ 진화; (점진적) 발달
⑪ 발효되다; 효소; (사회적) 동요
⑫ (일식·월식의) 식
⑬ 소송 절차; 행사; 회의록
⑭ 지나친, 과도한
⑮ hemisphere
⑯ preoccupy
⑰ predominant
⑱ microbe
⑲ rotate
⑳ occupant
㉑ decease
㉒ wither
㉓ latitude
㉔ adaptation
㉕ sprout
㉖ organism
㉗ celestial
㉘ procedural

B

다음 빈칸에 들어갈 가장 적절한 어휘를 고르시오.

1. Individualized instruction is a teaching philosophy based on the ________ that teachers should adapt instruction to student differences.
① predominance ② preview ③ premise ④ prelude

2. Meeting the customers' requirements is a primary goal and ________ to be a key to a company's survival and growth.
① presumed ② exceeded ③ clustered ④ postdated

3. We regret the loss of jobs announced in November as a result of the continuing effects of the ________ in the building industry.
① succession ② concession ③ recession ④ procession

4. If grasses go to seed in the fall, the seeds lay ________ in the soil all winter and sprout in the spring.
① dominant ② dormant ③ antecedent ④ luxuriant

C

다음을 읽고 문제에 답하시오.

Many runaways come from homes in which there are clear problems. In any case, it is important for parents to be aware of the possibility that their child may run away, and to be aware of the warning signs that often precede it. One is a sudden change in behavior. This change may be one of eating or sleeping habits. Changes in social habits can indicate problems too, particularly when a normally social and easygoing teenager becomes withdrawn from friends and outside contacts.

Q. The word withdrawn in the passage is closest in meaning to

① processed ② retreated ③ speculated ④ revolved

D

각 네모 안에서 문맥에 알맞은 어휘를 고르시오.

1. One limitation of guide dogs for the blind is the natural inability of dogs to distinguish different colors of traffic lights and determine when it is safe to [proceed / precede] across the road.

2. When the chairman of Campbell's retired, McGovern was named as his [predecessor / successor].

E

다음 ① ~ ⑤ 중, 문맥상 밑줄 친 낱말의 쓰임이 적절하지 않은 것을 고르시오.

① Animal and plant species identification is often emphasized as a basic prerequisite for an understanding of ecology—one must understand the parts of an ecosystem before studying the whole ecosystem.

② Some sports are expensive, so participation is largely limited to wealthy people. Football, baseball, and basketball, however, are accessible to people of all income levels.

③ The prejudice against hiring someone 50 or older is unreasonable, because older people bring their wisdom and experience to the workforce.

④ The noted author has written a short preface to her story to explain some of the historical background.

⑤ The adoption or fostering of cubs between two female bears is rare, but not precedented. This behavior was documented in an article in a Yellowstone Science 2008 publication.

19강

Word Complete

Part

Prefixes	이동·관통(1) dia-, 이후·뒤·다음 post-
Essential Roots/Stems	scrib(e) / script = write
Words with Multiple Meanings	flat / foster / game / ground
Phrasal Verbs	along이 포함된 구동사
Themes	법

Words & Phrases

앞으로 학습할 예문에 쓰인 필수 어휘 모음입니다. 예문에 해당 단어 밑에는 점선이 표시(interact)되어 있습니다.
아는 단어는 □□에 체크하고 모르는 단어는 뜻 확인을 반복하세요.

**	□□	cast [kæst]	동 던지다; (빛 등을) 발하다, 드리우다 필수 다의어 | 177쪽
**	□□	convention [kənvénʃən]	명 (대규모) 회의, 집회; 조약, 협약; 관습
*	□□	copyright [kápiràit]	명 저작권, 판권 동 저작권[판권]을 얻다 형 저작권 보호를 받는
*	□□	deem [diːm]	동 (~으로) 여기다, 생각하다
고난도	□□	eviction [ivíkʃən]	명 쫓겨남, 퇴거
*	□□	get off the ground	이륙하다; 순조롭게 출발하다
**	□□	inevitable [inévitəbəl]	형 불가피한, 필연적인 (= unavoidable)
*	□□	integrity [intégrəti]	명 고결, 성실; 완전한 상태, 온전함
*	□□	irrigation [ìrəgéiʃən]	명 관개, 물을 끌어들임
*	□□	judiciary [dʒuːdíʃièri]	명 사법부 ※ judicial 형 사법의, 재판의
초고난도	□□	laureate [lɔ́ːriət]	명 (뛰어난 업적으로 상을 받은) 수상자
*	□□	lease [liːs]	명 임대차 계약 동 (부동산·장비를) 임대[임차·대여]하다
고난도	□□	lessee [lesíː]	명 ((법률)) 임차인 ((임대차 계약에 따라 돈을 주고 다른 사람에게 물건을 빌린 사람)) (↔ lessor 임대인)
*	□□	mediator [míːdièitər]	명 중재인; 중재[조정] 기관
*	□□	mugger [mʌ́gər]	명 노상강도
*	□□	omen [óumən]	명 징조, 조짐 (= portent)
*	□□	paradigm [pǽrədàim]	명 패러다임, 이론적 틀; 전형적인 예[양식]
*	□□	prominence [prámənəns]	명 중요성; 명성
**	□□	prompt [prampt]	형 즉각적인, 신속한; 시간을 엄수하는 동 촉발하다 (= provoke)
*	□□	radius [réidiəs]	명 반지름; 반경, 범위
고난도	□□	referendum [rèfəréndəm]	명 국민투표, 총선거
***	□□	regulation [règjəléiʃən]	명 규칙; 조절 ※ regulate 동 규정하다; 통제하다; 조절하다 regulator 명 규제 기관; (온도 등의) 조절 장치 regulatory 형 규제력을 지닌
**	□□	reluctant [rilʌ́ktənt]	형 꺼리는, 마지못한 ※ reluctantly 부 마지못해서
*	□□	scrap [skræp]	명 (종이 등의) 조각; 남은 음식; 폐품 동 폐기하다
고난도	□□	stipulate [stípjulèit]	동 규정하다, 명기하다
*	□□	unsporting [ʌ̀nspɔ́ːrtiŋ]	형 (특히 경기에서) 정정당당하지 않은

Prefixes | 이동·관통(1) dia-, 이후·뒤·다음 post-

dia- = across, through, throughout (이동, 관통하여)

dialog → dia(across)+log(speak) → 대화

post- = behind, after, afterward (시간·순서상으로 뒤에, 후에)

postwar → post(after)+war → 전후(戰後)(의)

---

* **diagonal** [daiǽgənəl]

형 (직선이) **사선의; 대각선의**

dia(across, through)+gon(angle)+al(형)

01 **diagonal** stripes

cf. beveled 형 (면이) 비스듬한

** **diagram** [dáiəgræ̀m]

명 **도표, 도해**

dia(across)+gram(drawing)

02 He illustrated his point by using a simple **diagram**.

---

* **diameter** [daiǽmitər]

명 **직경, 지름**

dia(across)+meter(measure)

03 The radius of a circle is half the **diameter**.

고난도 **diametric(al)** [dàiəmétrik(əl)]

형 **지름의; 정반대의**

04 It brought about results **diametric** to what we had hoped for.

** **dialect** [dáiəlèkt]

명 **방언, 사투리**

dia(across)+lect(speak)

05 It was difficult to understand the local **dialect**.

* **dialectal** [dàiəléktəl]

형 **방언의; 방언 특유의**

cf. dialectic 명 ((철학)) 변증법(적 방식)

---

* **posterity** [pastérəti]

명 **후세, 후대; 자손** (= descendant) (↔ ancestor 조상, 선조)

post(after)+ity(명)

06 A record of the events was preserved for **posterity**.

---

01 **사선으로 된** 줄무늬 02 그는 간단한 **도표**를 이용해서 요점을 설명했다. 03 원의 반지름은 **지름**의 반이다. 04 그것은 우리가 바랐던 것과 **정반대의** 결과를 초래했다. 05 그 지역의 **사투리**는 이해하기 어려웠다. 06 사건의 기록은 **후세**를 위해 보존되었다.

고난도 **posterior** [pastíəriər]

형 ((명사 앞)) **뒤의, 뒤쪽에 있는** (↔ anterior 앞의, 앞쪽에 있는)

위치 관계를 나타내는 여러 어휘 | Appendix 535쪽

01 the **posterior** part of the brain

---

* **postdate** [pòustdéit]

동 **실제보다 날짜를 늦추어 적다;** (시간상으로) **뒤에 일어나다** (↔ antedate, predate ~보다 선행하다)

post(after)+date(day, time)

02 His prominence as an artist **postdated** his death.

---

* **postindustrial** [pòustindʌ́striəl]

형 **탈공업화의, 탈공업화 시대의** ((1950년대 이후 중화학공업 중심에서 지식, 정보 산업 중심으로 전환된 선진 공업국의 상황))

03 the transformation of labor markets in **postindustrial** societies

---

** **postpone** [poustpóun]

동 **연기하다, 미루다** (= put off, suspend, defer)

post(after)+pone(put)

04 The inevitable conflict was merely **postponed** till the next meeting.

고난도 **posthumous** [pástʃuməs]

형 **사후(死後)의**

post(after)+humous(bury)

05 **posthumous** fame

Essential Roots / Stems

scrib(e) / script = write 글씨를 쓰다

* **postscript** [póustskrìpt]

명 (편지 등의) **추신** ((약어 PS)); (책 등의) **후기**

post(after)+script(write)

06 I added a **postscript** on the letter: "Please don't let anyone else see this." [모의응용]

07 an ironic **postscript** to the film

01 뇌의 **뒷**부분(후두엽) 02 예술가로서의 그의 명성은 사**후에 나타났다.** 03 **탈공업화** 사회에서 노동시장의 변형 04 불가피한 갈등은 다음 회의까지 그저 **연기되었다.** 05 **사후** 명성 06 나는 편지에 "다른 누구도 이것을 보지 않게 해 주세요."라는 **추신**을 덧붙였다. 07 영화에 대한 반어적인 **후기**

** **script** [skript]

명 대본; 글씨 동 대본을 쓰다

01 He **scripted** and directed the film.

cf. manuscript 명 (자필) 원고; 사본

고난도 **scripture** [skríptʃər]

명 ((*pl.*)) (특정 종교의) 경전; ((S- 혹은 the Scriptures)) 성서

script(write)+ure(명)

02 someone who frequently quotes **Scripture**

---

* **scribble** [skríbəl]

동 휘갈겨 쓰다; 낙서하다 명 휘갈겨 쓴 글씨; 낙서 (= scrawl)

03 I **scribbled** the number down on a scrap of paper, and now I can't find it!

cf. graffiti 명 (공공장소에 하는) 낙서, 그래피티

cf. doodle 동 (특히 지루해 하거나 딴 생각을 하면서) 뭔가를 끄적거리다

*** **describe** [diskráib]

동 묘사하다, 서술하다 (= depict)

de(down)+scribe(write)

04 The witnesses **described** the mugger in detail.

*** **description** [diskrípʃən] 명 묘사, 서술

** **descriptive** [diskríptiv] 형 묘사적인

고난도 **ascribe** [əskráib]

동 ((A to B)) A의 원인을 B에 두다, A를 B의 탓으로 돌리다 (= attribute, impute)

ad(to)+scribe(write)

05 The Nobel laureate **ascribed** the honor of winning the prize to his family.

고난도 **ascription** [əskrípʃən] 명 원인이 있다고 여김; 치부 ((마음속으로 그러하다고 여김))

** **transcribe** [trænskráib]

동 기록하다; 옮겨 적다; 복사하다

trans(across)+scribe(write)

06 He **transcribed** her statements so he could later take a close look at what she said.

** **transcription** [trænskrípʃən] 명 필사(본); 복사(본)

* **transcript** [trǽnskript] 명 사본; ((미)) 성적증명서

01 그는 그 영화의 **대본을 쓰고** 연출했다. 02 **성서**를 자주 인용하는 사람 03 그 번호를 종잇조각에 **휘갈겨 써놨는데** 지금 찾을 수가 없어! 04 목격자들은 상세히 그 노상강도를 **묘사했다.** 05 그 노벨상 수상자는 수상의 영광을 그의 가족**에게 돌렸다.** 06 그는 그녀가 말한 것을 나중에 면밀히 살피기 위해 그녀의 진술을 **기록해 두었다.**

** **prescribe** [priskráib]

동 (의사가) **처방하다; 규정하다**

pre(before)+scribe(write)

01 The drug should not be taken unless **prescribed** by a doctor.

** **prescription** [priskrípʃən]

명 **처방(전); 처방된 약; 규정**

02 I had my **prescription** filled at the pharmacy.

고난도 **prescriptive** [priskríptiv]

형 **규정하는, 지시하는; 규범적인**

03 A **prescriptive** approach tells people what they should do, rather than describing what is done.

---

* **inscribe** [inskráib]

동 (이름 등을 돌이나 금속에) **새기다**

in(in)+scribe(write)

04 a gold watch **inscribed** with her initials

* **inscription** [inskrípʃən]

명 **새겨진 글**

고난도 **circumscribe** [sə́ːrkəmskràib]

동 **주위에 선을 긋다;** (권리·자유 등을) **제한하다** (= restrict)

circum(around)+scribe(write)

05 He **circumscribed** the city on the map.

06 The President's power is **circumscribed** by Congress.

*** **subscribe** [səbskráib]

동 ((to, for)) **서명하여 동의하다;** (서비스를) **신청하다; 정기구독하다; 기부하다**

sub(underneath)+scribe(write)

07 We **subscribe** to all the major medical journals.

08 She **subscribes** to various different charitable organizations.

** **subscription** [səbskrípʃən]

명 **정기구독(료); 기부금**

09 an annual **subscription**

* **subscriber** [səbskráibər]

명 **정기구독자; 기부자** (= donor)

01 그 약은 의사의 **처방** 없이 복용해서는 안 된다. 02 나는 약국에서 **처방전**대로 조제해 받았다. 03 **지시적인** 접근방식은 사람들에게 행해진 일을 설명하기보다는 무엇을 해야 하는지를 알려주는 것이다. 04 그녀의 이니셜이 **새겨진** 금시계 05 그는 지도에서 그 도시 **둘레를 선으로 그었다.** 06 대통령의 권력은 의회에 의해 **제한된다.** 07 우리는 주요 의학 잡지를 전부 **정기구독한다.** 08 그녀는 다양한 자선 단체에 **기부하고 있다.** 09 연간 **정기구독**

Words with Multiple Meanings 필수 다의어의 이해

*** **flat**
[flæt]

형 평평한	명 **평원, 평지** → 명 **개펄**
	형 **납작한** → 형 **바람이 빠진** 형 명 **펑크 난 (타이어)** → 형 **김이 빠진; 생기가 없는**
	기복이 없는 균일한 상태 → 형 (요금이) **균일한, 고정된** → 균일한 형태의 집 → 명 **아파트식 주거지**

01 A lot of people used to think the earth was **flat**.
02 The birds eat tiny flies that live on the sand or on mud **flats**. [모의응용]
03 The beaver is a furry animal with a big **flat** tail. [모의응용]
04 On the way back home, we had a **flat** and no spare tire. [모의응용]
05 The bank charges a **flat** fee for money transfers.
06 I moved into a two-bedroom **flat**. [모의응용]

---

* **foster**
[fɔ́:stər]

동 (수양 자식으로 아이를) 기르다	동 **육성[촉진]시키다** → 감정을 자라게 하다 → 동 (감정 등을) **마음에 품다**

07 The couple wanted to adopt the boy they had been **fostering**.
08 Some schools focused on the programs that **foster** better relations among students and teachers.
09 The prince was still **fostering** the hope of being appointed king.

01 많은 사람들이 지구가 **평평하다고** 생각했다. 02 그 새는 모래나 **개펄**에 사는 작은 파리들을 먹는다. 03 비버는 크고 **납작한** 꼬리가 있는 털이 많은 동물이다. 04 집에 오는 길에 우리는 **타이어에 펑크**가 났지만 여분의 타이어가 없었다. 05 그 은행은 계좌 이체에 대해 **균일** 수수료를 부과한다. 06 나는 방 두 개짜리 **아파트**로 이사 왔다. 07 그 부부는 **수양 자식으로 기르고 있던** 소년을 입양하고 싶어 했다. 08 몇몇 학교들은 학생과 선생님 간의 더 나은 관계를 **육성하는** 프로그램에 집중했다. 09 그 왕자는 여전히 왕으로 임명되는 희망을 **마음에 품고** 있었다.

*** **game**
[geim]

놀이	재미를 주는 놀이 → 명 **경기, 게임** → 명 (대규모 스포츠) **대회** → 경기에서의 표적 → 명 **사냥감**
	명 **재미로 하는 일, 장난**

01 The unsporting behavior in last month's **game** was not acceptable. [모의응용]

02 The 2004 Olympic **Games** were held in Athens, Greece, the birthplace of the Olympics.

03 The hunters had good luck on that day, but they were not sure to find **game** the next time. [모의응용]

04 She enjoys frightening people, although she knows it is just a **game**. [모의응용]

*** **ground**
[graund]

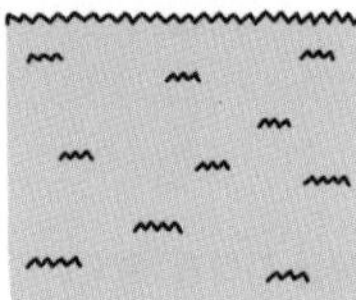

명 땅	목적을 가진 땅 → 명 (특정 용도를 위한) **장소, -장** → 명 **운동장** → 명 (건물 주위의) **뜰, 구내**
	명 **바닥** → 기반 → 명 **근거, 기초** 동 **근거[기초]를 두다** → 명 **입장, 의견**
	땅에 있게 하다 → 동 (벌로) **외출을 금지하다**

05 Settlers utilized the Native Americans' knowledge of farming and irrigation to create fertile **ground** for crops.

06 Smoking is not allowed anywhere on the hospital **grounds**.

07 There are strong **grounds** for believing his innocence.

08 The argument continued for some time as neither side seemed willing to give **ground**.

09 I got home at 2 a.m. and Dad **grounded** me for a week.

- give **ground** (to) (~에게) 기반을 내주다; 물러서다, 후퇴하다

01 지난달 **경기**에서의 정정당당하지 않은 행동은 용인되지 않았다. 02 2004년 올림픽 **대회**는 올림픽의 발상지인 그리스 아테네에서 개최되었다. 03 사냥꾼들은 그날은 운이 좋았지만 다음번에도 **사냥감**을 찾을 수 있을 거라고 확신할 수 없었다. 04 비록 **장난**이라는 걸 알고 있지만 그녀는 사람들을 놀라게 하는 것을 즐긴다. 05 정착민들은 작물을 (재배하기) 위한 비옥한 **땅**을 만들려고 농사와 관개에 대한 아메리카 원주민들의 지식을 이용했다. 06 병원 **구내** 어디에서든 흡연이 허용되지 않는다. 07 그의 결백을 믿는 데는 강력한 **근거**가 있다. 08 어느 쪽도 **입장**을 양보할 것처럼 보이지 않아 당분간 논쟁이 지속되었다. 09 내가 새벽 2시에 귀가해서 아버지는 내게 일주일간 **외출을 금지하셨다**.

Phrasal Verbs | along이 포함된 구동사

다음 구동사의 의미를 추론하여 오른쪽 빈칸에 쓰고 페이지 하단의 해석과 대조해 보시오.

*** bring along

~을 가지고 같이 오다

01 They **brought along** their computers, clipboards, and calculators. [모의]

➡ 컴퓨터를 ____________

*** come along

~을 따라오다[가다]

02 I've never seen a baseball game—do you mind if I **come along**?

➡ 내가 ____________ 괜찮겠어요?

** get along

따르게[같이 하게] 되다

03 A common belief is that if we find someone who likes to do the same things we do, then we will **get along** and be happy. [수능]

➡ 어떤 사람과 ____________

** go along (with)

(~을 함께) 따라가다

04 Everything was **going along** just fine until she turned up!

➡ 모든 일이 훌륭하게 ____________

05 I'll **go along with** your wish. [모의]

➡ 당신의 소원에 ____________

* play along (with)

~을 따라 연주하다

06 The trombonist sat down and began to **play along with** the others.

➡ 트롬본 연주자가 다른 사람들과 ____________

07 I don't really like their idea that much; but for now, it is probably a good idea simply to **play along**.

➡ 그들의 의견에 ____________

*** take along

~을 가지고[데리고] 같이 가다

08 My elder brother was reluctant to **take** me **along** with him.

➡ 나를 ____________

01 그들은 자신의 컴퓨터, 클립보드, 그리고 계산기를 **가지고 왔다**. 02 난 야구 경기를 본 적이 한 번도 없어요. 내가 **따라가도** 괜찮겠어요? 03 우리가 하는 것과 똑같은 일을 하는 것을 좋아하는 사람을 발견하면 우리는 **잘 어울려 지내고** 행복할 거라는 것이 일반적인 생각이다. 04 그녀가 나타날 때까지는 모든 일이 훌륭하게 **진행되고** 있었어! 05 내가 네 소원을 **들어줄게**. 06 트롬본 연주자는 앉아서 다른 이들과 **함께 연주하기** 시작했다. 07 그들의 생각이 그리 마음에 들지는 않지만, 지금으로서는 그냥 **장단을 맞추는(동조하는)** 게 좋은 생각일 것이다. 08 형은 나를 **데려가는** 것을 꺼렸다.

Themes | 법

1. 법·도덕·규범

** **constitution** [kɑ̀nstətjúːʃən]
명 구성; 체질; 헌법
01 The **Constitution** stipulates the independence of the judiciary.
cf. criminal law 명 형(사)법
cf. civil law 명 민(사)법

** **justice** [dʒʌ́stis]
명 공정성 (↔ injustice 부당성); 사법; 재판
02 the Ministry of **Justice**

---

* **norm** [nɔːrm]
명 ((the ~)) 표준; ((*pl.*)) 규범; 기준
03 social **norms**

** **moral** [mɔ́(ː)rəl]
형 도덕상의; 도덕적인 (↔ immoral 부도덕한) 명 교훈
04 In regard to **moral** justice, people should be treated equally.

** **morality** [mərǽləti]
명 도덕(성)

---

* **conscience** [kɑ́nʃəns]
명 양심

* **conscientious** [kɑ̀nʃiénʃəs]
형 양심적인; 성실한
05 He is a **conscientious** public servant.
cf. conscious 형 의식하는; 의도적인

** **legislate** [lédʒislèit]
동 법률을 제정하다 (= enact)
06 to **legislate** to protect people's right to privacy

** **legislation** [lèdʒisléiʃən]
명 법률 제정, 입법

* **legislative** [lédʒislèitiv]
형 입법의, 입법부의

* **legislature** [lédʒislèitʃər]
명 입법부, 입법 기관

---

* **regularize** [régjələràiz]
동 규칙화하다; 합법화하다
07 Illegal immigrants would be able to apply to **regularize** their legal status.

01 **헌법**은 사법부의 독립을 규정한다. 02 **법무부** 03 사회 **규범** 04 **도덕적** 정의와 관련하여 사람은 동등하게 대우받아야 한다. 05 그는 **양심적인** 공무원이다. 06 사람들의 사생활에 대한 권리를 보호하는 **법률을 제정하다** 07 불법 이민자들은 법적 신분을 **합법화하도록** 신청할 수 있을 것이다.

* **legitimate** [lidʒítəmət]

형 **합법적인** (= lawful, legal); **정당한**

01 a **legitimate** claim

** **amend** [əménd]

동 (법 등을) **개정하다**; (행실 등을) **고치다** (= modify)

02 Congress has **amended** the law to prevent discrimination based on race.

* **amendment** [əméndmənt]

명 **개정; 변경** (= modification)

---

* **abolish** [əbáliʃ]

동 (법률·제도·조직을) **폐지하다** (= repeal, annul)

03 the movement to **abolish** slavery

* **abolition** [æ̀bəlíʃən]

명 (법률·제도·조직의) **폐지** (↔ establishment 설립; (법률 등의) 제정)

2. 준수·위반

** **comply** [kəmplái]

동 (법·명령 등에) **따르다**

04 They refused to **comply** with the order of eviction.

* **compliance** [kəmpláiəns]

명 (법 등의) **준수**; (명령 등에) **따름**

---

* **uphold**-upheld-upheld [ʌphóuld]

동 (법 등을) **유지시키다**; (이전의 판결을) **확인하다**

05 We have a duty to **uphold** the law.

** **abide by**

동 (규칙 등을) **지키다**

06 All parties agreed to **abide by** the judgment of the mediator.

* **abiding** [əbáidiŋ]

형 **지속적인, 변치 않는**

고난도 **breach** [bri:tʃ]

명 **위반; 파괴** 동 (합의나 약속을) **위반하다**

07 They **breached** the agreement by failing to fulfill their obligation.

고난도 **infringe** [infríndʒ]

동 (법률 등을) **위반하다**; (법적 권리를) **침해하다**

08 They claim that her use of the name **infringes** their copyright.

고난도 **infringement** [infríndʒmənt]

명 (법규) **위반**; (특허권 등의) **침해**

01 **합법적** 요구[주장] 02 의회는 인종 차별을 막기 위해 법률을 **개정했다.** 03 노예제도를 **폐지하려는** 움직임[운동] 04 그들은 퇴거 명령에 **따르지** 않았다. 05 우리는 법을 **유지시킬** 의무가 있다. 06 모든 당사자들은 중재자의 결정을 **따르기로** 합의했다. 07 그들은 의무를 다하지 못하여 협약을 **위반했다.** 08 그들은 그녀가 그 이름을 사용하는 것이 자신들의 저작권을 **침해하는** 것이라고 주장한다.

3. 법집행

** **enforce** [infɔ́ːrs]
동 (법을) 집행[시행]하다; 강요하다 (= impose)
01 Police **enforced** the parking ban.

* **enforcement** [infɔ́ːrsmənt]
명 (법) 집행[시행]

** **grant** [grænt]
동 (특히 공식적·법적으로) 승인하다; (내키지 않지만) 인정하다
명 (정부나 단체에서 주는) 보조금
02 to **grant** political asylum
03 Relying too much on **grant** funding can be a risky strategy. [모의]

** **prohibit** [prouhíbit]
동 (법으로) 금지하다 (= ban, forbid)
04 The convention **prohibits** the dumping of waste at sea.

* **prohibitive** [prouhíbitiv]
형 (법으로) 금지하는; 엄두를 못 낼 만큼 비싼
05 The **prohibitive** regulations on businesses are making it hard for new companies to get off the ground.
06 The price of oil is **prohibitive**.

---

* **banish** [bǽniʃ]
동 (국외로) 추방하다 (= expel); 사라지게 만들다
07 The government **banished** the writer for his controversial writing.

고난도 **exile** [égzail, éksail]
명 망명(자); 추방 동 추방하다
08 They are living in **exile** in Egypt.

---

* **forfeit** [fɔ́ːrfit]
명 벌금; 몰수품 형 몰수된 동 몰수당하다
09 If the lessee does not pay the rent, the lease is liable to be **forfeited**.

---

* **rigid** [rídʒid]
형 뻣뻣한; (규칙 등이) 엄격한 (= rigorous)
10 **rigid** rules about student conduct

* **rigidity** [ridʒídəti]
명 단단함; 엄격

01 경찰은 주차 금지를 **집행했다.** 02 정치적 망명을 **승인하다** 03 **보조금** 지원에 너무 많이 의존하는 것은 위험한 전략이 될 수 있다. 04 그 협약은 쓰레기 해양 투기를 **금지한다.** 05 기업에 대한 **금지** 규제는 신생 기업들이 순조롭게 출발하는 것을 어렵게 하고 있다. 06 석유 가격이 **엄두를 못 낼 만큼 비싸다.** 07 정부는 그 작가의 논란이 많은 글 때문에 그를 **추방하였다.** 08 그들은 이집트에서 **망명** 생활을 하고 있다. 09 임차인이 임대료를 내지 않으면, 임대차 계약은 **박탈당하기** 쉽다. 10 학생들의 품행에 관한 **엄격한** 규정

Exercises

A

다음의 우리말은 영어로, 영어는 우리말로 그 뜻을 쓰시오.

① 도덕상의; 도덕적인; 교훈
② 사선의; 대각선의
③ 표준; 규범; 기준
④ 승인하다; 인정하다; 보조금
⑤ 구성; 체질; 헌법
⑥ 뻣뻣한; 엄격한
⑦ 방언, 사투리
⑧ 합법적인; 정당한
⑨ 벌금; 몰수품
⑩ 평지; 바람이 빠진; (요금이) 균일한
⑪ (법) 집행[시행]
⑫ 육성시키다; (감정 등을) 마음에 품다
⑬ 양심
⑭ diagram
⑮ inscribe
⑯ postindustrial
⑰ amend
⑱ abiding
⑲ regularize
⑳ legislation
㉑ scripture
㉒ uphold
㉓ compliance
㉔ abolish
㉕ exile
㉖ diameter

B

다음 빈칸에 들어갈 가장 적절한 어휘를 고르시오.

1. Except for the delays that occurred on every development project, the construction ____________ along pretty much as planned.
① brought ② played ③ took ④ went

2. Despite some adverse publicity, most lobbyists play a critical role in the ____________ process which leads to the approval of a bill.
① descriptive ② prescriptive ③ legislative ④ prohibitive

3. In Nepal, eclipses are traditionally considered bad luck, and hospitals have reported that would-be parents ____________ their operations, to ensure their children are not born under bad omens.
① comply ② postpone ③ depict ④ scribble

4. I grant permission for the interview to be recorded and ____________, and to be used only by the researchers for analysis of interview data.
① prescribed ② ascribed ③ subscribed ④ transcribed

C

다음 빈칸에 들어갈 말로 가장 적절한 것을 고르시오.

Paradigms are like glasses in that we need the correct paradigm to see ourselves in the best possible way. If we don't have the right paradigms about ourselves, it's like wearing glasses with the wrong ________. The lens affects how we see everything. For example, if you believe you're dumb, that very belief will make you dumb. If you believe your sister is dumb, you'll look for evidence to support your belief, find it, and she'll remain dumb in your eyes. On the other hand, if you believe you're smart, that belief will cast a rosy color on everything you do. [모의응용]

① script ② postscript ③ subscription ④ prescription ⑤ transcription

D

각 네모 안에서 문맥에 알맞은 어휘를 고르시오.

1. Adolescents may be eager to participate in the [abolition / establishment] of rules if they are allowed to create rules for their own privacy.

2. She was a very [conscientious / conscious] student and attended all of her lectures and seminars.

3. [Posterity / Postdate] will remember her as a woman of courage and integrity.

4. The [ascription / inscription] on the stone tablet has been rubbed away by the hands of countless tourists over the centuries.

E

다음 ① ~ ⑤ 중, 문맥상 밑줄 친 낱말의 쓰임이 적절하지 않은 것을 고르시오.

① July 29 marks the anniversary of Van Gogh's death and celebrates his incredible posthumous success.

② By registering at the library, readers are deemed to agree to abide by the regulations relating to the use of the facilities.

③ If the submitted design should infringe upon intellectual or industrial property rights, it will be disqualified.

④ Standard English may have first been used in fifteenth-century courts, which were founded to give prompt injustice to English citizens. [모의응용]

⑤ A constitutional amendment requires approval of two thirds of lawmakers as well as a majority in a national referendum result.

20강

Word Complete

Part

Prefixes	방향·접근 ad-
Essential Roots/Stems	tract = draw, pull
Words with Multiple Meanings	administer / address / direct
Phrasal Verbs	to가 포함된 구동사
Themes	범죄(Crime)·재판

Words & Phrases

앞으로 학습할 예문에 쓰인 필수 어휘 모음입니다. 예문에 해당 단어 밑에는 점선이 표시(interact)되어 있습니다.
아는 단어는 □□에 체크하고 모르는 단어는 뜻 확인을 반복하세요.

고난도 □□ actionable [ǽkʃənəbl] 형 소송을 제기할 수 있는
** □□ alibi [ǽləbài] 명 알리바이; 변명
** □□ allergy [ǽlərdʒi] 명 알레르기
* □□ as per A (미리 결정된) A에 따라
고난도 □□ autopsy [ɔ́:tɑpsi] 명 (시체) 부검, 검시
* □□ bribe [braib] 명 뇌물 동 뇌물을 주다, 매수하다
*** □□ capital [kǽpətl] 명 수도; 대문자; 자본 필수 다의어 | 178쪽
*** □□ contrast 명 [kɑ́ntræst] 동 [kəntrǽst] 명 차이; 대조; 화면의 명암 대비 동 대조하다, 대비하다
*** □□ cue [kju:] 명 신호, 단서 (= hint) 동 신호를 주다
* □□ custody [kʌ́stədi] 명 양육권, 보호권; (재판 전의) 유치, 구류

---

* □□ death with dignity 명 존엄사 ((소극적 의미의 안락사))
고난도 □□ embezzlement [imbézlmənt] 명 (위탁금 등의) 횡령 ※ embezzle 동 횡령하다
* □□ handcuff [hǽndkʌ̀f] 명 ((*pl.*)) 수갑 동 수갑을 채우다
* □□ intricate [íntrikət] 형 (여러 부분[내용]으로 되어 있어) 복잡한, 정교한
** □□ investigator [invéstəgèitər] 명 수사관, 조사관
※ investigate 동 수사하다; 조사하다; 연구하다
* □□ jury [dʒúəri] 명 배심원단; 심사위원단
** □□ lawsuit [lɔ́:sù:t] 명 소송, 고소
** □□ odor [óudər] 명 냄새, (특히) 악취; 낌새; 평판, 인기
** □□ patrol [pətróul] 명 순찰(대) 동 순찰하다
* □□ snorer [snɔ́:rər] 명 코 고는 사람 ※ snore 동 코를 골다

*** □□ statement [stéitmənt] 명 성명(서), 진술(서)
* □□ strained [streind] 형 긴장한 (= tense); (상황이) 불편한
* □□ terminally ill 말기의, 위독한
* □□ typographic [tàipəgrǽfik] 형 인쇄상의, 인쇄술의
* □□ vegetarian [vèdʒətɛ́əriən] 명 채식주의자 형 채식주의(자)의; 채식의
※ vegetarianism 명 채식(주의)
* □□ veterinarian [vètərənɛ́əriən] 명 수의사 (= vet) ※ veterinary 형 수의과의
** □□ witness [wítnis] 명 목격자, 증인 (= eyewitness) 동 목격하다; 증명하다
cf. witness stand 명 (법정의) 증인석

Prefixes | 방향·접근 ad-

ad- / ac- / ap- / as- / at- = to, toward (~쪽으로, ~을 향하여)

adjoin	→ ad(to)+join	→ 인접하다, 붙어 있다
accompany	→ ac(to)+company	→ 동반하다; (피아노로) 반주하다
approve	→ ap(to)+prove	→ 찬성하다; 승인하다
assure	→ as(to)+sure	→ 장담하다, 확언하다

** **adjust** [ədʒʌ́st]

동 **조절하다; 적응하다** (= adapt)

ad(to)+just(right, fair)

01 She **adjusted** the car seat so she could reach the pedals.

02 We have some programs created to help former prisoners **adjust** to their new lives.

* **adjustment** [ədʒʌ́stmənt]

명 **조정, 조절; 적응**

** **administer** [ədmínistər]

동 (회사·조직 등을) **관리하다; 집행하다;** (약을) **투여하다** 필수 다의어 | 303쪽

ad(to)+minister(serve)

03 She has been hired to **administer** the fund.

** **adhere** [ædhíər]

동 ((to)) **들러붙다;** (규칙 등을) **지키다, 고수하다** (= cling to, stick to)

ad(to)+here(stick)

04 The eggs of the insects **adhere** to plant leaves.

05 We must strictly **adhere** to the terms of the contract.

06 He **adheres** to traditional values.

* **adherence** [ædhí:ərəns]

명 **고수(固守), 집착**

* **adhesive** [ædhí:siv]

명 **접착제** 형 **들러붙는** (= sticky)

07 **adhesive** tape

---

* **adjacent** [ədʒéisnt]

형 **인접한, 가까운** (= contiguous, adjoining)

ad(to)+jac(lie)+ent(형)

08 Their house is **adjacent** to a wooded park.

cf. ajar 형 문이 약간 열린

01 그녀는 페달에 (발이) 닿도록 자동차 좌석을 **조절하였다.** 02 우리는 과거 수감자들이 새 삶에 **적응하는** 것을 돕기 위해 만든 몇 가지 프로그램이 있다. 03 그녀는 그 펀드를 **관리하도록** 고용되었다. 04 그 곤충들의 알은 식물 잎에 **들러붙는다.** 05 우리는 그 계약의 조건들을 엄격히 **지켜야** 한다. 06 그는 전통적 가치관을 **고수한다.** 07 **접착**테이프 08 그들의 집은 나무가 우거진 공원과 **가깝다.**

* **advocate**
명 [ǽdvəkət] 동 [ǽdvəkèit]

명 옹호자, 지지자 (= proponent); 변호사
동 지지하다 (↔ oppose 반대하다)

ad(to)+voc(call)+ate(명동)

01 a strong **advocate** of free market policies

02 Those who **advocate** death with dignity say the terminally ill should not have to suffer.

* **advocacy** [ǽdvəkəsi] 명 (공개적인) 지지, 옹호

** **accelerate**
[əksélərèit]

동 가속하다 (↔ decelerate 속도를 줄이다)

ac(to)+celer(hasten, swift)+ate(동)

03 The increased capital could greatly **accelerate** economic development.

** **accelerator** [əksélərèitər] 명 (자동차의) 액셀, 가속 장치

** **accumulate**
[əkjúːmjulèit]

동 (서서히) 모으다; 늘어나다 (= pile up)

ac(to)+cumul(heap 더미)+ate(동)

04 to **accumulate** wealth

** **accumulation** [əkjùːmjuléiʃən] 명 축적

** **accumulative** [əkjúːmjulèitiv] 형 누적되는, 늘어나는

고난도 **appease**
[əpíːz]

동 달래다 (= soothe, allay); (상대의) 요구를 들어주다

ap(to)+pease(peace)

05 They **appeased** the dictator by accepting his demands in an effort to avoid war.

** **approximate**
형 [əpráksimət] 동 [əpráksimèit]

형 거의 정확한, 근사치인 동 근사치를 내다; (성격·자질 등이) 근접하다

ap(to)+proxim(near)+ate(형동)

06 Online nicknames often give cues to the identity of Internet users, such as their gender, **approximate** age, and their interest in music or sports. [모의응용]

07 I've finally found a vegetarian burger that **approximates** the taste of real beef.

* **approximation**
[əpràksiméiʃən]

명 근사치

01 자유 시장 정책의 강력한 **지지자** 02 존엄사를 **지지하는** 사람들은 말기 환자들이 고통받지 말아야 한다고 주장한다. 03 자본의 증가가 경제 발달 **속도를 엄청나게 증가시킬 것이다.** 04 부를 **축적하다** 05 그들은 전쟁을 피하기 위해 독재자의 **요구를 들어주었다.** 06 인터넷 닉네임은 종종 인터넷 사용자의 성별과 **대략적** 나이, 음악이나 스포츠에 대한 관심 등 그들의 신원에 대한 단서를 준다. 07 나는 마침내 실제 소고기의 맛에 **근접한** 채식 버거를 찾아냈다.

** **assemble** [əsémbəl]

동 **모이다, 집합시키다; 조립하다** (↔ disassemble 흩어지다; 분해하다)
as(to)+semble(together)

01 Everyone who has been summoned to appear for jury duty must arrive by nine o'clock in the morning and **assemble** in the jury room. [모의응용]

* **assembly** [əsémbli]

명 **집회; 의회; 조립**

02 a National **Assembly** member

03 The cars are **assembled** on an **assembly** line.

---

* **attest** [ətést]

동 **증명하다;** (법정에서) **증언하다** (= testify)
at(to)+test(witness)

04 Police records **attest** to his long history of violence.

** **attain** [ətéin]

동 **이루다, 획득하다;** (특정한 수준에) **이르다** (= accomplish)
at(to)+tain(touch)

05 to **attain** their goal

* **attainment** [ətéinmənt] 명 **달성**

* **attainable** [ətéinəbəl] 형 **이룰 수 있는** (↔ unattainable 도달 불가능한)

Essential Roots / Stems

tract = draw, pull 끌다, 당기다

*** **attract** [ətrǽkt]

동 **끌어당기다; 매혹하다**
at(to)+tract(draw)

06 Female butterflies **attract** male butterflies with an odor. [모의응용]

*** **attraction** [ətrǽkʃən] 명 **인력; 매력;** (사람을 끄는) **명소**

*** **attractive** [ətrǽktiv] 형 **매력적인**

---

* **traction** [trǽkʃən]

명 **끌기, 견인(력)**

07 These tires get good **traction** on wet roads.

cf. tractor 명 트랙터, 견인차

cf. tract 명 (넓은) 지역[지대]; ((생물)) (기관의) 관(管)

01 배심원 의무에 소환된 모든 사람은 아침 9시까지 도착해 배심원 협의실에 **모여야** 한다. 02 국**회**의원 03 그 자동차는 **조립** 라인에서 **조립된다**. 04 경찰 기록은 그의 오랜 폭력 전과를 **증명한다**. 05 그들의 목적을 **이루다** 06 암컷 나비는 냄새로 수컷 나비를 **유인한다**. 07 이 타이어는 젖은 노면에서 **견인력**이 좋다(잘 미끄러지지 않는다).

** **abstract**
형 명 [ǽbstrækt]
동 [æbstrǽkt]

형 **추상적인, 관념적인** (↔ concrete 구체적인) 명 **개요, 발췌; 추상화**
동 **추출하다; 요약하다**
ab(away)+tract(draw)

01 The paintings are **abstract** arrangements of color and line, light and shadow. [모의응용]

02 She **abstracted** the main points from the argument.

* **abstraction** [æbstrǽkʃən]

명 **추상적 개념; 추출**

고난도 **detract**
[ditrǽkt]

동 ((from)) (가치·명예를) **손상시키다**
de(away)+tract(draw)

03 Numerous typographic errors in the text **detract** from its beautifully intricate plot.

---

* **distract**
[distrǽkt]

동 (주의를) **딴 데로 돌리다** (= divert); **산만하게 하다**
dis(away)+tract(draw)

04 You're **distracting** me from my work.

* **distraction**
[distrǽkʃən]

명 **집중을 방해하는 것; 오락(활동)**

05 We have work to do and it is essential that there are no **distractions**.

---

* **extract**
동 [ikstrǽkt] 명 [ékstrækt]

동 **뽑다, 추출하다** 명 **발췌; 추출물**
ex(out)+tract(draw)

06 Grapes are crushed to **extract** their juice. [모의응용]

* **extraction** [ikstrǽkʃən]

명 **추출**

---

* **retract**
[ritrǽkt]

동 (전에 한 말, 약속, 합의 등을) **취소하다, 철회하다**
re(back)+tract(draw)

07 The President later **retracted** his statement.

---

* **subtract**
[səbtrǽkt]

동 (수·양을) **빼다**
sub(under)+tract(draw)

08 If you **subtract** 80 from 100, you get 20.

* **subtraction**
[səbtrǽkʃən]

명 **뺄셈**

cf. addition 명 덧셈
cf. multiplication 명 곱셈
cf. division 명 나눗셈

01 그 그림들은 색과 선, 빛과 그림자의 **추상적인** 배열이다. 02 그녀는 그 주장에서 요점을 **뽑아냈다**. 03 그 글의 수많은 오타는 아주 매혹적으로 정교한 줄거리를 **훼손한다**. 04 너 때문에 내가 일에 **집중이 안 돼**. 05 우리는 할 일이 있고 **집중을 방해하는 것**이 없는 게 필수적이다. 06 포도는 즙을 **추출하기** 위해 으깨진다. 07 대통령은 나중에 자신의 발언을 **철회했다**. 08 100에서 80을 **빼면** 20이다.

Words with Multiple Meanings 필수 다의어의 이해

** **administer**
[ədmínistər]

01 Some people feel that the corporate structure is rigidly **administered**.
02 It takes much time to prepare, **administer**, and mark the tests.
03 Painkillers were **administered** to the boy.
04 Jim **administered** a severe blow to his opponent's head.

- administration 명 관리; 행정(부); 집행; (약물) 투여
- administrative 형 관리[행정]상의

*** **address**
동 [ədrés]
명 [ədrés, ǽdres]

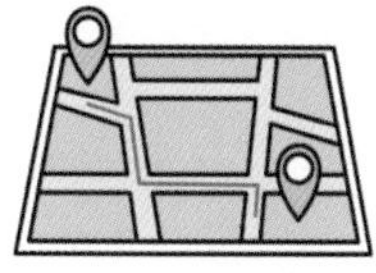

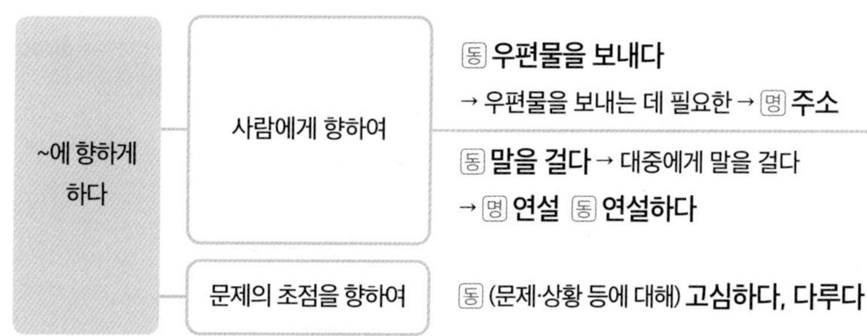

05 The envelope was worn and the only thing that I could read was the return **address**. [모의응용]
06 I was embarrassed when he **addressed** me in English.
07 The CEO is scheduled to deliver the keynote **address** at the conference.
08 The United States **addresses** the problem of immigrants who use their mother tongues. [수능응용]

01 일부 사람들은 그 회사의 체제가 엄격하게 **운영된다고** 생각한다. 02 시험을 준비하고 **집행하고** 채점하는 데는 많은 시간이 걸린다. 03 그 소년에게 진통제가 **투여되었다**. 04 짐은 상대의 머리에 심한 타격을 **가했다**. 05 그 봉투는 해져서 내가 읽을 수 있는 거라곤 발신인의 **주소**뿐이었다. 06 그가 내게 영어로 **말을 걸어** 나는 당황스러웠다. 07 최고 경영자(CEO)는 그 회의에서 기조**연설**을 할 예정이다. 08 미국은 모국어를 사용하는 이민자들의 문제에 대해 **고심하고 있다**.

*** **direct**

[dirékt, dairékt]

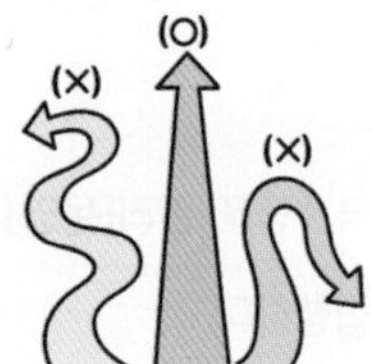

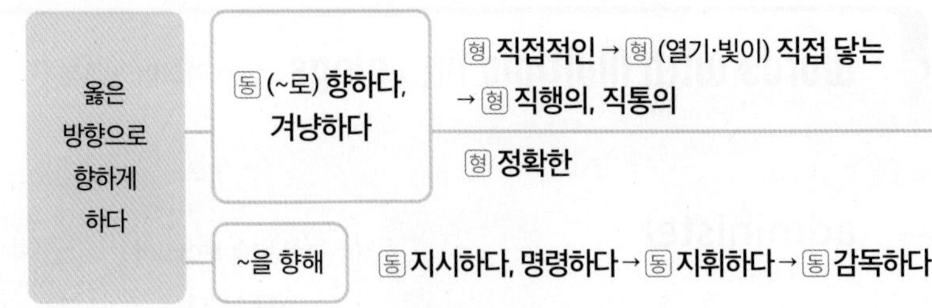

01 Our efforts are **directed** towards helping children who live in poverty.

02 In general, museums give us more **direct** educational experiences than other educational institutes. [모의]

03 You need to keep the plant out of **direct** sunlight. [모의응용]

04 I wish to fly to New York, then back to Seoul. Do you have any **direct** flights for such a trip? [모의]

05 The judge **directed** that the mother should be given custody of the children.

06 She was hired to **direct** a film based on Austen's classic novel, *Sense and Sensibility*. [모의응용]

- direction 명 방향; 목표; 지시, 명령; 지휘; (영화의) 감독

The army attacked from three different **directions**.
군대가 각기 다른 세 **방향**에서 공격했다.

Her mother felt that Rachel's life lacked **direction**.
레이철의 어머니는 레이철의 삶에 **목표**가 없다고 느꼈다.

Carefully read the **directions** before you begin the test.
시험을 시작하기 전에 **지시사항**을 주의 깊게 읽으시오.

He was put in charge and given overall **direction** of the program.
그는 책임이 주어져 그 프로그램의 총**감독**을 맡았다.

01 우리의 노력은 가난하게 사는 아이들을 돕는 데 **향해 있다.** 02 일반적으로 박물관은 다른 교육기관보다 더 **직접적인** 교육 경험을 제공한다. 03 그 식물은 **직사**광선을 피해서 두어야 합니다. 04 저는 비행기로 뉴욕으로 갔다가 서울로 돌아오려고 합니다. 이 여행에 **직항** 노선이 있나요? 05 판사는 아이들 엄마가 양육권을 가져야 한다고 **지시를 내렸다.** 06 그녀는 오스틴의 고전 소설인 'Sense and Sensibility'를 토대로 한 영화를 **감독하도록** 고용되었다.

Phrasal Verbs | to가 포함된 구동사

다음 구동사의 의미를 추론하여 오른쪽 빈칸에 쓰고 페이지 하단의 해석과 대조해 보시오.

*** lead to

~을 향해 인도하다

01 Someone's good intentions do not always **lead to** expected results. [수능응용]

➡ 예상한 결과로 __________

** refer to 필수 다의어 | 429쪽

~에 대해 말하다 / ~을 조회하다

02 Caffeine sensitivity **refers to** the amount of caffeine that will produce side effects. [모의]

➡ 카페인 양을 __________

03 Don't **refer to** the matter again.

➡ 그 문제를 __________

04 I couldn't read even one page without **referring to** a dictionary.

➡ 사전을 __________

cf. refer A to B A를 B로 보내 알아보도록 하다

Peter, how was the auto repair shop I **referred** you **to**? [모의]

피터, 내가 너를 **보내서 알아보도록 한** 자동차 수리점은 어땠니?

---

* resort to

~에 의존하다

05 We hope they will be able to resolve the situation without a need to **resort to** force.

➡ 무력에 __________

** stick to = cling to = adhere to = hold to

~에 들러붙다

06 Every year I make New Year's resolutions, but it is always very hard to **stick to** them.

➡ 새해 결심을 __________

** turn to

~으로 방향을 돌리다

07 When water **turns to** ice, it expands.

➡ 물이 얼음으로 __________

08 Knowing when something happened is important. Understanding why historic events took place is also important. To do this, historians often **turn to** geography. [수능]

➡ 역사가들은 지리에 __________

09 Without someone to **turn to** for advice, making the most appropriate choice can be difficult.

➡ 조언을 __________

20강

01 누군가의 좋은 의도가 항상 예상한 결과로 **이어지는** 것은 아니다. 02 카페인 민감도란 부작용을 일으키는 카페인의 양을 **나타낸다**. 03 그 문제를 다시는 **언급하지** 마라. 04 나는 사전을 **참조하지** 않고는 한 페이지도 읽을 수 없었다. 05 우리는 그들이 무력에 **의존할** 필요 없이 그 상황을 해결할 수 있기를 바란다. 06 나는 매해 새해 결심을 하지만 그것을 **지키는** 것은 항상 매우 어렵다. 07 물이 얼음으로 **바뀔** 때 팽창한다. 08 어떤 일이 언제 일어났는지를 아는 것은 중요하다. 역사적 사건이 왜 일어났는지를 이해하는 것도 중요하다. 이것을 위해 역사가들은 종종 지리에 **의지한다**. 09 조언을 **구할** 사람이 없다면, 가장 적절한 선택을 하는 것은 어려울 수 있다.

Themes | 범죄(Crime)·재판

1. 범죄

* **vice** [vais] — 명 악; 악덕 행위 (↔ virtue 선; 미덕)

* **vicious** [víʃəs] — 형 나쁜, 잔인한 (↔ virtuous 도덕적인, 고결한)

고난도 **felony** [féləni] — 명 중죄, 흉악 범죄

01 Drunk driving is charged as a **felony** in most countries.

고난도 **misdemeanor** [mìsdəmíːnər] — 명 경범죄; 비행(非行) (= misdeed, wrongdoing)

cf. demeanor 명 처신, 품행; 태도

고난도 **delinquency** [dilíŋkwənsi] — 명 (특히 청소년의) 비행, 범죄

cf. bully 명 (약자를) 괴롭히는 사람 동 괴롭히다, 따돌리다

| 범죄 행위 |

kidnap	동 유괴하다 *cf.* ransom 명 (납치된 사람의) 몸값
trespass	명 무단침입 동 무단침입하다 *cf.* housebreaking 명 주거침입죄
pirate	명 해적; 저작권 침해자 동 저작권을 침해하다
blackmail	명 협박; 갈취 동 돈을 뜯어내다
menace	명 협박, 위협 동 위협하다
slander	명 모략, 비방; 명예 훼손죄
homicide	명 살인 (= murder) *cf.* suicide 명 자살
rob	동 도둑질하다 (= steal, burgle)
	*robbery 명 (폭력을 이용한) 강도 사건
plunder	동 (특히 전쟁 중에) 약탈[강탈]하다 명 약탈(품)
theft	명 절도 *cf.* pilfer 동 좀도둑질하다

*** **criminal** [krímənəl] — 명 범인, 범죄자 (= culprit) 형 범죄의; 형사상의

| 범죄자 |

mugger	명 노상강도
pickpocket	명 소매치기 *cf.* shoplifter 명 가게 좀도둑
burglar	명 절도범, 빈집털이범 *burglary 명 절도(죄), 빈집털이
fugitive	명 도망자, 탈주자 형 도망 다니는
hijacker	명 (비행기나 차량의) 납치범
fraud	명 사기꾼; 사기(죄)

01 음주운전은 대부분 국가에서 **중죄**로 기소된다.

2. 수사·체포

고난도 **forensic** [fərénsik]

형 범죄 과학 수사의; 법정의

01 The investigator has just acquired the autopsy results from the **forensic** experts.

---

* **apprehend** [æ̀prihénd]

동 체포하다 (= arrest)

02 The patrol **apprehended** and handcuffed the suspect.

* **apprehension** [æ̀prihénʃən] 명 우려, 불안; 체포

3. 재판

고난도 **indict** [indáit]

동 기소하다 (= accuse, charge)

03 to **indict** him for fraud and embezzlement

고난도 **indictment** [indáitmənt] 명 기소 (= accusation, charge); 기소장; 비난

---

* **prosecute** [prásikjùːt] 동 기소[고발, 소추]하다; 검사가 사건을 담당하다

* **prosecution** [pràsikjúːʃən] 명 기소[고발, 소추]; 검사 측

04 criminal **prosecution**

* **prosecutor** [prásikjùːtər] 명 기소 검사

| 재판 관련 인물들 |

defendant	명 피고인 *cf.* accused 명 ((the ~)) (형사 사건의) 피고인, 피의자
plaintiff	명 (민사 소송의) 원고, 고소인
attorney	명 대리인; 변호사
judge	명 판사; 심판; 감식가 동 재판하다, 판결하다; 판단하다
juror	명 (한 사람의) 배심원 *cf.* jury 명 ((집합적)) 배심원단

---

* **petition** [pətíʃən]

동 진정하다, 청원하다 명 진정(서), 청원(서)

05 He decided to **petition** for custody of his children.

** **testify** [téstəfài]

동 증명하다; (법정에서) 증언하다 (= attest)

06 The witness **testified** for the defendant.

01 수사관이 **과학 수사** 전문가들로부터 부검 결과를 방금 입수했다. 02 순찰대가 용의자를 **체포하여** 수갑을 채웠다. 03 그를 사기 및 횡령으로 **기소하다** 04 형사 **소추** ((검사가 피고인을 기소하여 형사적 책임을 추궁하는 일)) 05 그는 아이들의 양육권을 위해 **청원을 하기로** 결정했다. 06 그 목격자는 피고를 위해 **증언했다**.

20강

* **allege** [əlédʒ] 　동 (증거 없이) 혐의를 제기하다[주장하다]

* **allegation** [æ̀ligéiʃən] 　명 (증거 없는) 주장, 혐의

* **alleged** [əlédʒd] 　형 (증거 없이) 주장된

01 The **alleged** killer's relative provided an alibi.

* **allegedly** [əlédʒidli] 　부 주장한[전해진] 바에 의하면

** **confess** [kənfés] 　동 자백하다

** **confession** [kənféʃən] 　명 (죄의) 자백; 고백, 인정

---

* **plead** [pli:d] -pleaded/pled-pleaded/pled 　동 변호하다; (법정에서 피고가) 답변하다; 간청[탄원]하다

* **plea** [pli:] 　명 (피고인의) 답변; (법원에 제출하는) 사유서; 간청, 탄원

02 to enter a **plea** of not guilty

4. 선고

* **verdict** [və́:rdikt] 　명 (배심원단의) 평결; 의견, 결정

03 to reach a **verdict**

---

* **convict** 동 [kənvíkt] 명 [kánvikt] 　동 유죄를 선고하다 (↔ acquit 무죄를 선고하다) 　명 재소자 (= inmate, prisoner)

* **conviction** [kənvíkʃən] 　명 유죄 선고; 확신

04 The defendant's **conviction** was based on strong evidence presented during the trial.

*** **innocent** [ínəsənt] 　형 순진한, 순결한; 무죄인, 결백한 (↔ guilty 유죄인)

*** **innocence** [ínəsəns] 　명 무죄, 결백 (↔ guilt 유죄(임); 죄책감)

고난도 **overrule** [òuvərú:l] 　동 기각하다 (= override)

05 His conviction was **overruled** by the Supreme Court.

고난도 **amnesty** [ǽmnəsti] 　명 사면; (범행·무기의) 자진 신고 기간

06 to grant **amnesty** to all political prisoners

01 살해 **혐의**자의 친척이 알리바이를 제공했다. 02 무죄 **항변**을 하다 03 **평결**을 내리다 04 피고의 **유죄 판결**은 재판 중에 제시된 강력한 증거에 근거한 것이었다. 05 그의 유죄 선고는 대법원에서 **기각되었다**. 06 모든 정치범들을 **사면**하다

Exercises

A 다음의 우리말은 영어로, 영어는 우리말로 그 뜻을 쓰시오.

① 자백하다
② 접착제; 들러붙는
③ (공개적인) 지지, 옹호
④ 조정, 조절; 적응
⑤ 중죄, 흉악 범죄
⑥ 순진한, 순결한; 무죄인, 결백한
⑦ 범죄 과학 수사의; 법정의
⑧ 주장한[전해진] 바에 의하면
⑨ 사면; (범행·무기의) 자진 신고 기간
⑩ 관리[행정]상의
⑪ 축적
⑫ 진정하다, 청원하다; 진정(서), 청원(서)
⑬ 근사치
⑭ 집회; 의회; 조립
⑮ (배심원단의) 평결; 의견, 결정
⑯ apprehend
⑰ attainment
⑱ overrule
⑲ criminal
⑳ plea
㉑ testify
㉒ subtraction
㉓ conviction
㉔ adjacent
㉕ prosecution
㉖ misdemeanor
㉗ indictment
㉘ bully
㉙ juror
㉚ defendant

B 다음 빈칸에 들어갈 가장 적절한 어휘를 고르시오.

1. Allergy medicine for dogs differ with the type of allergy. It is always better to ________ allergy medicines for dogs as per the instructions of a veterinarian.
① adjoin ② accomplish ③ administer ④ advocate

2. The branch office, which had already profited significantly from the sale, was greatly relieved to no longer feel pressured to ________ the headquarter's demand for growth and profits.
① convict ② appease ③ decelerate ④ attest

3. "Actionable" is a technical term ________ to something that provides grounds for a legal action or lawsuit.
① sticking ② referring ③ resorting ④ turning

4. Two artists, Picasso and Braque, were more interested in appealing to the viewer's mind and put less emphasis on painting things exactly the way they looked. Their finished paintings were more ________ than realistic. [모의응용]
① abstract ② vicious ③ concrete ④ contiguous

C

다음 빈칸에 들어갈 말로 가장 적절한 것을 고르시오.

Finding good prices for travel is so complicated. That is because airlines have complex formulas for inventory management so they can maximize profits by filling planes. When there are lots of reservations during peak seasons, these companies can charge higher prices and still be sure that somebody will need their services no matter how much it costs. On the other hand, during the off season, demand is low, so companies cut their prices to __________ people who would normally not travel at that time. One good place in which to find these last-minute bargains is on the Internet. [모의응용]

① allege ② attract ③ indict ④ distract ⑤ retract

D

각 네모 안에서 문맥에 알맞은 어휘를 고르시오.

1. They had to [assemble / disassemble] the television set before they could see what was wrong with the internal wiring.

2. Investigators were able to [extract / detract] useful information from the company's financial records.

3. A [vice / virtue] is a trait or quality that is deemed to be morally good and thus is valued as a foundation of good moral being.

E

다음 ①~⑤ 중, 문맥상 밑줄 친 낱말의 쓰임이 적절하지 않은 것을 고르시오.

① We need to address the problem of traffic congestion.

② To get the best performance out of your computer, be sure to adjust the brightness and contrast of the monitor carefully.

③ The police are investigating allegations that the official has accepted bribes from an organized crime figure.

④ She accelerated the car as we entered the school zone because she was worried about the safety of the children.

⑤ Many partners of snorers decide to sleep in separate rooms, and the resulting lack of bedtime chatting and physical intimacy can lead to a strained relationship.

[모의]

21강

Word Complete

Part

Prefixes	전방·전진 pro-
Essential Roots/Stems	mov(e) / mo(b) / mot(e) = move spec(t) / spic / specul = look at, view, watch
Words with Multiple Meanings	move / promote / respect / commit
Phrasal Verbs	on이 포함된 구동사 1
Themes	감정(Feelings·Emotions) 1

Words & Phrases

앞으로 학습할 예문에 쓰인 필수 어휘 모음입니다. 예문에 해당 단어 밑에는 점선이 표시(interact)되어 있습니다.
아는 단어는 □□에 체크하고 모르는 단어는 뜻 확인을 반복하세요.

*	□□	algae [ǽldʒiː]	명 ((alga의 복수형)) 조류(藻類) ((물속에 사는 하등 식물의 한 무리))
*	□□	applause [əplɔ́ːz]	명 박수(갈채) ※ applaud 동 박수를 치다; 갈채를 보내다
*	□□	aroma [əróumə]	명 (기분 좋은) 향기 (= scent, fragrance)
고난도	□□	artificial respiration	명 인공호흡
*	□□	brisk [brisk]	형 활발한; (바람·날씨가) 상쾌한; (말투 등이) 무뚝뚝한
*	□□	bump into	~와 우연히 마주치다
*	□□	bygone [báigɔ̀ːn]	형 지나간, 옛날의 명 ((pl.)) 지난 일
*	□□	complaint [kəmpléint]	명 불평, 항의; 고소 ※ complain 동 불평[항의]하다
*	□□	CPR	명 심폐소생술 (= cardiopulmonary resuscitation)
**	□□	customary [kʌ́stəmèri]	형 관례적인 (= usual); 습관적인 (= habitual)
**	□□	decline [dikláin]	명 감소, 하락 동 감소하다 (= decrease); 거절하다 (= refuse)
*	□□	electrical current	명 전류
고난도	□□	eloquently [éləkwəntli]	부 (유창한) 웅변으로 ※ eloquent 형 웅변을 잘하는; 감정을 드러내는
*	□□	errand [érənd]	명 심부름; 용건, 볼일 *cf.* run[do] an errand 심부름하다
**	□□	excessive [iksésiv]	형 지나친, 과도한
고난도	□□	nectar [néktər]	명 (꽃의) 꿀; (진한) 과일즙
*	□□	personnel [pə̀ːrsənél]	명 (조직의) 인원, 직원들; (회사의) 인사과
*	□□	pollen [pálən]	명 꽃가루, 화분
고난도	□□	pollinate [pálənèit]	동 수분하다 ((꽃의 암꽃술에 수꽃술의 꽃가루를 붙여 주는 일)) ※ pollinator 명 꽃가루 매개자 ((새·곤충 등))
*	□□	retro [rétrou]	형 복고풍의
고난도	□□	saliva [səláivə]	명 침, 타액
*	□□	scheme [skiːm]	명 계획, 책략 (= strategy, tactics) 동 책략을 꾸미다
*	□□	squeeze in	(스케줄에) ~을 간신히 끼워 넣다, ~을 위한 짬을 내다
고난도	□□	stalk [stɔːk]	명 (식물의) 줄기, 대 (= stem) *cf.* trunk 명 나무의 몸통
*	□□	thrilled [θrild]	형 (너무 좋아서) 아주 흥분한, 신이 난
고난도	□□	turnout [tə́ːrnàut]	명 참가자의 수; 투표자의 수, 투표율

Prefixes | 전방·전진 pro-

pro- = forth, forward; outward; ahead (앞으로, 미래로; 밖으로; 앞에)

propose → pro(forth)+pose(put) → (계획·생각 등을) 제안하다
prolong → pro(forth)+long → 연장하다 (= extend)

** **provision** [prəvíʒən]

명 **제공; 대비;** (법률 관련 문서의) **조항, 단서** (= proviso); ((*pl.*)) (여행) **식량**

pro(ahead)+vis(look)+ion(명)

01 The Red Cross is in charge of the **provision** of emergency relief.

02 You should make **provision** for things going wrong.

03 This contract includes a **provision** for salary increase over time.

04 On board were enough **provisions** for two weeks.

---

* **prominent** [prάmənənt]

형 **돌출된** (= projecting); **눈에 잘 띄는; 중요한** (= salient); **유명한**

pro(forth)+min(stick out, project)+ent(형)

05 What's the most **prominent** feature of his face?

06 She played a **prominent** part in the presidential campaign.

* **prominence** [prάmənəns] 명 **두드러짐; 중요성; 명성**

** **prologue** [próulɔːg]

명 **프롤로그** ((연극·책 등의 도입부))

pro(ahead)+logue(speech)

cf. epilogue 명 에필로그 ((연극·문학·음악 등의 끝나는 부분))

** **prophecy** [prάfəsi]

명 (특히 종교적·마법적인) **예언; 예언력**

pro(ahead)+phet(speak)+y(명)

07 He was thrilled by their **prophecy** that he'd become the king.

** **prophesy** [prάfəsài] 동 **예언하다**

** **prophet** [prάfit] 명 **예언자**

01 적십자사는 긴급 구호의 **제공**을 맡고 있다. 02 일이 잘못될 경우에 대한 **대비**를 해야 한다. 03 이 계약은 시간이 지날수록 급여가 오른다는 **조항**을 포함하고 있다. 04 선상에는 2주 동안 먹을 충분한 **식량**이 있었다. 05 그의 얼굴에서 가장 **눈에 잘 띄는** 부분은 무엇입니까? 06 그녀는 대통령 선거 운동에서 **중요한** 역할을 했다. 07 그는 자신이 왕이 될 거라는 그들의 **예언**에 매우 기뻐했다.

** **prompt** [prɑmpt]

형 **신속한; 시간을 엄수하는** (= punctual) 동 **유도하다** (= provoke)

pro(forth)+mpt(bring, take)

01 Staff should be **prompt** in dealing with complaints.

02 Curiosity **prompted** her to ask a few questions.

* **promptness** [prámptnis]

명 **재빠름, 신속; 시간 엄수** (= punctuality)

** **protest** 동 [prətést, próutest] 명 [próutest]

동 **항의하다** (= object, complain) 명 **항의; 시위**

pro(forth)+test(testify)

03 Judy was to **protest** against white people who treated black people unfairly. [모의응용]

Essential Roots / Stems ❶

mov(e) / mo(b) / mot(e) = move 이동하다

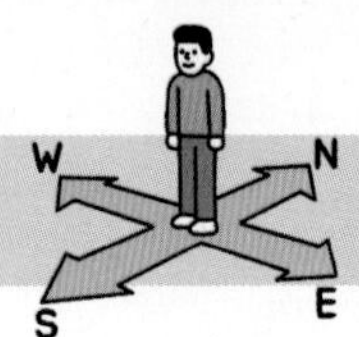

*** **promote** [prəmóut]

동 **증진하다, 촉진하다; 홍보하다; 승진시키다** 필수 다의어 | 317쪽

pro(forward)+mote(move)

** **mobile** [móubəl, móubail]

형 **이동하는** (↔ immobile, stationary 정지된)

명 **휴대전화** (= mobile phone); **모빌**

mob(move)+able(형)

04 **Mobile** access to services such as hotel reservations and airline ticketing generates interest and profits. [모의응용]

** **mobility** [moubíləti]

명 **이동성, 기동성**

* **mobilize** [móubəlàiz]

동 (사람·물자·군대 등을) **동원하다**

*** **motivate** [móutəvèit]

동 **동기를 부여하다**

motive(동기)+ate(동)

05 How would you **motivate** young employees?

*** **motivation** [mòutəvéiʃən]

명 **동기 부여; 자극**

*** **motive** [móutiv]

명 **동기, 이유** 형 ((명사 앞)) **원동력이 되는**

cf. motif 명 (문학·음악의) 주제 (= theme)

01 직원들은 (고객) 불만을 처리하는 데 **신속해야** 한다. 02 호기심이 그녀에게 몇 가지 질문을 하도록 **유도했다.** 03 주디는 흑인들을 부당하게 대우한 백인들에게 **항의할** 계획이었다. 04 호텔 예약, 항공권 발권과 같은 서비스에 **모바일(휴대전화)** 접근 권한을 주는 것은 (고객의) 관심과 수익을 만들어낸다. 05 젊은 직원들에게 어떻게 **동기부여하시겠습니까?**

* **commotion** [kəmóuʃən]

명 동요 (= agitation); 소동, 소란 (= riot)
com(together)+mot(move)+ion(명)

01 There was a terrible **commotion** outside.

---

* **locomotive** [lòukəmóutiv]

형 운동의, 이동의 명 기관차
loco(place)+mot(move)+ive(형명)

02 a steam **locomotive**

* **locomotion** [lòukəmóuʃən] 명 운동[이동](능력)

Essential Roots / Stems ❷

spec(t) / spic / specul = look at, view, watch 보다

*** **prospect** [práspekt]

명 기대; 가망, 가능성; 예상
pro(forward)+spect(look at)

03 Doctors say there is little **prospect** of his condition improving.

** **prospective** [prəspéktiv] 형 장래의; 유망한

** **spectator** [spékteitər]

명 (특히 스포츠 행사의) 관중; 구경꾼 (= onlooker, bystander)
spect(view, watch)+ate(동)+or(명)

** **spectacle** [spéktəkəl]

명 장관, 구경거리; ((pl.)) 안경
spect(view, watch)+cle(명)

** **spectacular** [spektǽkjələr] 형 장관을 이루는; 극적인

*** **inspect** [inspékt]

동 검사하다; 사찰하다
in(in)+spect(look at)

04 You shouldn't buy a used car before you **inspect** it.

*** **inspection** [inspékʃən] 명 검사; 사찰

*** **inspector** [inspéktər] 명 조사관, 감독관; (경찰) 경위

*** **aspect** [ǽspekt]

명 측면; 모양
ad(to)+spect(look at)

05 What **aspect** of college life do you consider most important?

01 밖에서 끔찍한 **소동**이 있었다. 02 증기 **기관차** 03 의사들은 그의 상태가 나아질 **가망**이 거의 없다고 말한다. 04 중고차를 **검사하지** 않고 구입해선 안 된다. 05 대학 생활의 어떤 **측면**이 가장 중요하다고 생각하십니까?

고난도 **introspective** [ìntrəspéktiv]

형 자기 성찰적인; 내성적인

intro(inward)+spect(look at)+ive(형)

01 Ben is naturally **introspective** and enjoys being alone.

고난도 **introspection** [ìntrəspékʃən] 명 자기 성찰; 내성적 성질

*** **suspect** 동 [səspékt] 명 [sʌ́spekt]

동 (좋지 않은 일이 있을 것으로) 의심하다; 혐의를 두다 명 용의자

sus(under)+spect(look at)

02 We should call the police if we **suspect** child abuse.

03 She had been murdered, and her neighbor was an obvious **suspect**.

** **suspicious** [səspíʃəs] 형 의심스러운, 수상한

** **suspicion** [səspíʃən] 명 혐의; 의심

cf. doubt 동 (아니라고) 의심하다; 믿지 않다 명 의심, 의문

** **specify** [spésəfài]

동 (구체적으로) 명시하다

spec(look at)+ify(동)

04 Please **specify** the date when the item was lost.

** **specification** [spèsəfikéiʃən] 명 (자세한) 설명서

*** **specific** [spisífik] 형 구체적인, 명확한; 특정한; 특유의

---

* **specimen** [spésəmən]

명 견본, 샘플; 표본

spec(look at)+men(명)

05 a blood **specimen** for medical checkup

---

* **conspicuous** [kənspíkjuəs]

형 눈에 잘 띄는 (↔ inconspicuous 눈에 띄지 않는)

con(강조)+spic(look at)+ous(형)

06 The sign was placed in a very **conspicuous** spot.

---

* **speculate** [spékjulèit]

동 추측하다; 투기하다

specul(look at, view)+ate(동)

07 We **speculated** on the reasons for his sudden departure.

* **speculation** [spèkjuléiʃən]

명 추측, 짐작; 투기

08 to regulate real estate **speculation**

01 벤은 원래 **내성적**이고 혼자 있는 것을 좋아한다. 02 아동 학대가 **의심될** 경우에는 경찰에 신고해야 한다. 03 그녀는 살해당하였고 그녀의 이웃이 명백한 **용의자**였다. 04 그 물품을 분실한 날짜를 **명시해** 주세요. 05 건강검진을 위한 혈액 **샘플** 06 그 표지판은 매우 **눈에 잘 띄는** 곳에 놓여 있었다. 07 우리는 그가 갑작스럽게 떠난 이유에 대해서 **추측했다**. 08 부동산 **투기**를 규제하다

Words with Multiple Meanings 필수 다의어의 이해

*** **move**
[muːv]

움직이다	집·근무지 등을 움직이다 → 동 **옮기다, 이사하다** 명 **이사**
	앞으로 움직이다 → 동 (~의 길·방향으로) **나아가다, 진행되다** → 일이 진행되기 위해 → 동 **조치를 취하다** 명 **조치, 행동**
	마음을 움직이다 → 동 **감동시키다**
	의견을 앞으로 움직여 놓다 → 동 (안건 등을) **제안하다, 제출하다**

01 The thought of having to **move** to an unfamiliar city brought tears to my eyes. [모의응용]
02 Things **moved** fast once the contract was signed.
03 The singer **moved** quickly to deny the rumors.
04 I was **moved** by his gesture of thoughtfulness and good manners. [모의응용]
05 I **move** that the money be used for library books.

*** **promote**
[prəmóut]

앞으로 움직이다	동 **증진하다, 촉진하다** → 판매를 촉진하기 위해 → 동 **홍보하다** → 동 **장려하다, 고무하다** → 동 (결과를) **조장하다**
	동 **승진시키다, 진급시키다**

06 The intense light **promotes** rapid growth of weeds and algae.
07 The marketing department is busy **promoting** the new line of children's clothing.
08 The government is committed to **promoting** the use of public transportation.
09 She worked hard and was **promoted** to general manager at the end of the year.

• promotion 명 촉진; 홍보; 승진

01 낯선 도시로 **이사해야** 한다는 생각에 내 눈에 눈물이 고였다. 02 계약이 성사되자 일이 빠르게 **진행되었다**. 03 그 가수는 소문을 부정하기 위해 재빨리 **조치를 취했다**. 04 나는 그의 사려 깊은 행동과 좋은 매너에 **감명을 받았다**. 05 저는 그 돈이 도서관 도서 구입에 쓰여야 한다고 **제안합니다**. 06 강한 빛은 수초와 조류의 급격한 성장을 **촉진한다**. 07 마케팅 부서는 새로운 아동 의류 라인을 **홍보하느라** 바쁘다. 08 정부는 대중교통 이용을 **장려하는** 데 열성적이다. 09 그녀는 열심히 일해서 연말에 본부장으로 **승진했다**.

*** **respect**
[rispékt]

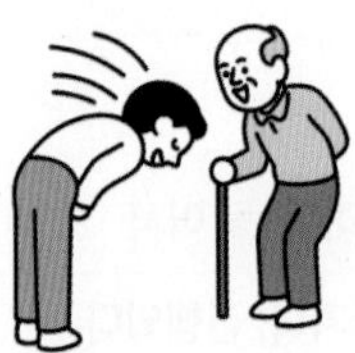

주목(注目)함
- 존경의 뜻을 갖고서 주목 → 명 존경; 존중 동 존경[존중]하다
- 주목하는 점 → 명 (측)면, 점, 사항

01 I believe old people deserve **respect** for their experience and wisdom. [모의응용]
02 People with different views can **respect** each other and live happily together. [모의응용]
03 In most **respects**, sign language is just like any spoken languages. [모의응용]

- respectful 형 존경심을 보이는; 공손한
- respectable 형 존경할 만한; 훌륭한
- respective 형 각자의, 각각의

** **commit**
-committed-committed
[kəmít]

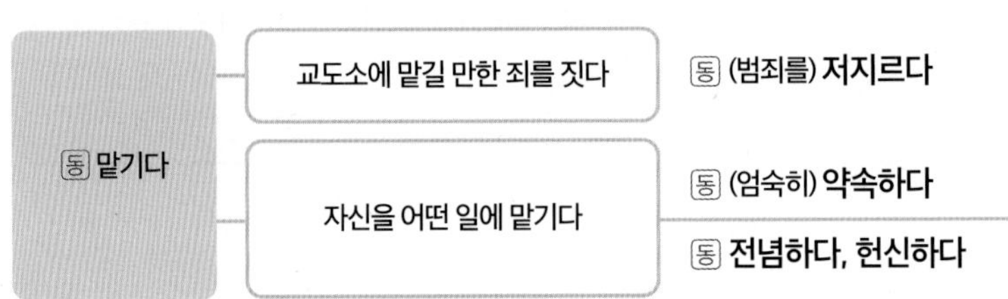

04 The boy was **committed** to the care of his aunt.
05 The studies aim to find out what makes people **commit** crimes.
06 Both countries **committed** themselves to settling the dispute peacefully.
07 The banks have **committed** themselves to boosting profits.

- commitment 명 위임; 약속; 책무; 전념, 헌신
- committee 명 (특정 업무가 맡겨진) 위원회
- commit A to memory A를 마음에 새기다[암기하다]
  Try to find a quiet environment first when you attempt to **commit** something **to memory**. [모의응용]
  당신이 무언가를 **암기하려고** 할 때는 우선 조용한 환경을 찾으려고 노력하라.

01 나는 노인들이 그들의 경험과 지혜로 **존경**을 받을만하다고 생각한다. 02 다른 견해를 가진 사람들도 서로 **존중하고** 더불어 행복하게 살 수 있다. 03 대부분의 **측면**에서 수어(手語)는 어떤 구어(口語)와도 유사하다. 04 그 소년은 이모의 보호를 받도록 **맡겨졌다.** 05 그 연구들은 사람들이 왜 범죄를 **저지르는지**를 알아내는 데 목적을 두고 있다. 06 양국은 그 분쟁을 평화적으로 해결하겠다고 **약속했다.** 07 은행들은 수익을 높이는 데 **전념해** 왔다.

Phrasal Verbs | on이 포함된 구동사 1

다음 구동사의 의미를 추론하여 오른쪽 빈칸에 쓰고 페이지 하단의 해석과 대조해 보시오.

** **act on** — ~을 근거로 행동하다

01 Now the tools of the digital age give us a way to easily get, share, and **act on** information in new ways. [수능] ➡ 정보에 ________

---

* **catch on** — 붙잡아서 접하다

02 Sports drinks have **caught on** as consumers have become more health-conscious. ➡ (관심을) 붙잡다 → 스포츠음료가 ________

03 The professor's low speaking-voice made it hard to **catch on** to what he was saying. ➡ (의미를) 붙잡다 → 교수님 말씀을 ________

** **call on** — 들러서 접하다 / ~을 향해 말하다

04 Before **calling on** an acquaintance, it's customary to telephone first. ➡ 지인을 ________

05 The civic groups **called on** the government to reveal all the details of the tragic accident. ➡ 정부에 ________

*** **carry on** — 계속 나르다[전달하다]

06 In this session, you'll learn how to **carry on** a social conversation in the English language. [모의응용] ➡ 사교적인 대화를 ________

*** **count on = depend on = rely on** — ~에 의지하여 셈하다

07 We have to **count on** our savings to meet our medical expenses. ➡ 저축에 ________

---

* **dwell on** — ~에 계속 살다

08 You shouldn't **dwell on** the past. Let bygones be bygones. ➡ 과거에 ________

** **feed on** — ~에 의지하여 먹고 살다

09 Flowers release an aroma to attract certain insects, which fly into them to **feed on** nectar and pollen. [수능응용] ➡ 꿀과 꽃가루를 ________

01 이제 디지털 시대의 도구들은 새로운 방법으로 쉽게 정보를 얻고, 공유하고 그리고 그에 **의거하여 행동하는** 길을 제공한다. 02 소비자들이 좀 더 건강을 의식하게 되면서 스포츠음료가 **유행하게** 되었다. 03 교수님의 목소리가 낮아서 말씀하시는 것을 **이해하기** 어려웠다. 04 지인을 **방문하기** 전에 먼저 전화를 하는 것이 관례이다. 05 시민단체들은 정부에 그 비극적 사건의 모든 세부 내용을 밝혀달라고 **요구했다.** 06 이번 학기에 여러분은 영어로 사교적 대화를 **계속할 수 있는** 법을 배우게 될 것입니다. 07 의료비를 대려면 저축에 **의지해야** 한다. 08 과거에 **연연해서는** 안 된다. 지나간 것은 지나간 것으로 두어라. 09 꽃은 특정한 곤충을 유인하는 향기를 발산하는데 그 곤충은 꿀과 꽃가루를 **먹기** 위해 꽃 속으로 날아든다.

Themes | 감정(Feelings·Emotions) 1

1. 감정 일반

* **kindle** [kíndl]

동 불붙이다 (= ignite); (감정을) 자극하다

01 Recent events have **kindled** hope for an end to the violence.

---

* **rouse** [rauz]

동 (잠든 사람을) 깨우다; (감정을) 불러일으키다; 성나게 하다

02 This project is a NASA scheme to **rouse** interest in science and space.

---

* **invoke** [invóuk]

동 기원하다; (법 등을) 적용하다; (느낌을) 불러일으키다 (= evoke)

03 These retro films are popular because they **invoke** youthful memories.

2. 기쁨·즐거움

* **rejoice** [ridʒɔ́is]

동 크게 기뻐하다

04 We all **rejoiced** over our unexpected victory on the soccer field.

| 기쁨 |

glee	명 신이 남; (특히 남의 불운에 대한) 큰 기쁨
bliss	명 더없는 행복 (= complete happiness)
delighted	형 아주 기쁜 (= thrilled)
gratified	형 만족한, 기쁜 *gratify 동 만족시키다; 기쁘게 하다
exult	동 (승리·성공을 하여) 기뻐서 어쩔 줄 모르다; 의기양양하다
flattered	형 (추켜세워져) 기쁜 *flatter 동 아첨하다 I'm **flattered** by your praise. 칭찬해 주시니 **기쁜데요.**

고난도 **exhilarated** [igzílərèitid]

형 아주 신나는

05 I felt **exhilarated** by the brisk autumn air.

고난도 **hilarious** [hilέəriəs]

형 아주 우스운[재미있는] (= amusing, entertaining)

06 She gave us a **hilarious** account of her first day as a teacher.

01 최근 사건들은 폭력 종식에 대한 희망에 **불을 붙였다.** 02 이 프로젝트는 과학과 우주에 대한 흥미를 **불러일으키기** 위한 나사의 계획이다. 03 이런 복고풍 영화가 인기 있는 이유는 젊은 시절의 기억을 **불러일으키기** 때문이다. 04 축구 경기장에서 우리는 모두 예상 밖의 승리에 크게 **기뻐했다.** 05 상쾌한 가을 공기로 나는 기분이 **들떴다.** 06 그녀는 교사로서의 첫 날에 있었던 **재미있는** 이야기를 우리에게 들려주었다.

* **festive** [féstiv]

형 축제의; 축하하는

01 The whole town is in a **festive** mood.

* **festivity** [festívəti]

명 축제 행사; 축제 기분

고난도 **quizzical** [kwízikəl]

형 (표정이) 약간 놀란[재미있어하는] 듯한

* **grin** [grin]

동 (소리 없이) 활짝 웃다

cf. chuckle 동 빙그레[싱긋] 웃다 (= laugh quietly)

cf. giggle 동 피식 웃다, 키득[낄낄]거리다 (= titter)

3. 화·분노

** **temper** [témpər]

명 (걸핏하면 화내는) 성질; 기분 동 완화시키다; (쇠를) 단련하다

* **tempered** [témpərd]

형 ((보통 복합어)) (~한) 기질의; 완화된; 단련된

02 hot[short]-**tempered**

* **temperament** [témpərəmənt]

명 기질 (= disposition); 신경질적임

** **rage** [reidʒ]

명 격노 (= wrath, fury, frenzy, outrage) 동 몹시 화를 내다

03 My parents flew into a **rage** before hearing what really happened.

* **outrageous** [autréidʒəs]

형 난폭한; 매우 모욕적인; 터무니없는

04 I must apologize for my **outrageous** behavior.

고난도 **infuriated** [infjúərièitid]

형 극도로 화가 난, 노발대발하는 (= irate, enraged)

* **indignant** [indígnənt]

형 분개한, 성난 (= furious, resentful)

05 James was **indignant** over being made to wait for 30 minutes outside the store.

* **indignation** [ìndignéiʃən]

명 분개, 분노

cf. indignity 명 모욕, 수모

21강

01 그 소도시 전체가 **축제** 분위기이다. 02 **성미**가 급한 03 부모님은 실제로 무슨 일이 일어났는지 듣기도 전에 버럭 **화**를 내셨다. 04 저의 **난폭한** 행동에 대해서 사과드리겠습니다. 05 제임스는 상점 밖에서 30분 동안 기다려야 했던 것에 대해 **분개했다**.

* **irritable** [írətəbəl]

형 짜증을 (잘) 내는 (= bad-tempered)

01 The traffic noise made me **irritable**.

** **glare** [glɛər]

동 노려보다; (불쾌하게) 눈부시다 명 노려봄; 눈부심

02 She **glared** at me as if she was going to strike me at any moment.

고난도 **retort** [ritɔ́ːrt]

동 쏘아붙이다, 대꾸하다

03 He offered to help me, but I **retorted** that I could do it myself.

* **soothe** [suːð]

동 (특히 화난 마음을) 달래다; (통증을) 누그러뜨리다 (= relieve)

04 The waiter tried to **soothe** the angry customer.

4. 슬픔

** **grief** [griːf]

명 큰 슬픔, 비통 (= heartbreak, woe)

05 Her face expressed her **grief** eloquently.

* **grieve** [griːv]

동 크게 슬퍼하다, 비통해하다 (= bewail, mourn)

* **lament** [ləmént]

동 슬퍼하다; 후회하다 명 애도

06 The school **lamented** the death of the student.

고난도 **bemoan** [bimóun]

동 한탄하다

07 an article **bemoaning** the decline in voter turnout

** **weep**-wept-wept [wiːp]

동 울다, 눈물을 흘리다

cf. sob 동 흐느껴 울다 명 흐느낌

cf. wail 동 통곡하다 명 통곡

cf. whimper 동 훌쩍이다

* **console** [kənsóul]

동 위로하다 (= comfort)

08 Brian was crying and I could do nothing to **console** him.

* **consolation** [kɑ̀nsəléiʃən]

명 위안(을 주는 사람[것]) (= solace)

01 자동차 소음 때문에 나는 **짜증이 났다**. 02 그녀는 언제라도 한 대 칠 것처럼 나를 **노려보았다**. 03 그가 나에게 도와주겠다고 제의했지만 나는 혼자 할 수 있다고 **쏘아붙였다**. 04 웨이터는 화난 손님을 **진정시키려고** 애썼다. 05 그녀의 얼굴에 **큰 슬픔**이 역력히 드러났다. 06 학교는 그 학생의 죽음을 **애도했다**. 07 투표율 하락을 **안타까워하는** 기사 08 브라이언이 울고 있었지만 내가 그를 **위로하기** 위해 할 수 있는 것은 아무것도 없었다.

Exercises

A

다음의 우리말은 영어로, 영어는 우리말로 그 뜻을 쓰시오.

① 예언하다
② 노려보다; 눈부시다
③ (소리 없이) 활짝 웃다
④ 기대; 가망, 가능성; 예상
⑤ 조사관; 감독관; (경찰) 경위
⑥ 돌출된; 눈에 잘 띄는; 중요한; 유명한
⑦ 추측, 짐작; 투기
⑧ 축제의; 축하하는
⑨ 동기 부여; 자극
⑩ 슬퍼하다; 후회하다; 애도
⑪ 측면; 모양
⑫ 위임; 약속; 책무; 전념, 헌신
⑬ 이동성, 기동성
⑭ 쏘아붙이다, 대꾸하다
⑮ 자기 성찰적인; 내성적인
⑯ spectator
⑰ hilarious
⑱ infuriated
⑲ kindle
⑳ irritable
㉑ grieve
㉒ exhilarated
㉓ console
㉔ bemoan
㉕ rejoice
㉖ quizzical
㉗ weep
㉘ outrageous
㉙ temperament
㉚ locomotive

B

다음 빈칸에 들어갈 가장 적절한 어휘를 고르시오.

1. Waiting outside, her friend soon heard a huge ____________ inside the hall, followed by loud applause.
① commotion ② consolation ③ inspection ④ provision

2. If parents are worried about having overweight kids, they should ____________ their kids to go out and exercise. [모의응용]
① soothe ② motivate ③ respect ④ speculate

3. If you see people wandering around or acting ____________ near garages or cars, please call 616-300-3200 to notify the police.
① suspicious ② gratified ③ spectacular ④ prospective

4. At a traffic light, I came to a stop too late and bumped into a van in front of me. Its driver immediately got out to ____________ the damage to his vehicle. [모의응용]
① commit ② prolong ③ inspect ④ mobilize

C 다음 빈칸에 들어갈 말로 가장 적절한 것을 고르시오.

Some people tend to be late as a general rule, whether they are busy or not. To stop being late, all one has to do is change their motivation by deciding that in all circumstances being on time is going to have first priority over any other consideration. Presto! You will never have to run for a plane or miss an appointment again. As a lifelong latecomer, that is how I cured myself. Having made the decision that ________ was now of major importance, I found that answers came automatically to such questions as "Can I squeeze in one more errand before the dentist?" or "Do I have to leave for the airport now?" The answers are always no, and yes. Choosing to be on time will make your life enormously easier, and that of your family, friends, and colleagues as well. [모의]

* **presto** 짠 ((무슨 일을 마술처럼 쉽고 빨리 해냈을 때 내는 감탄사))

① prominence ② specification ③ promptness ④ introspection ⑤ promotion

D 다음 ①~⑤ 중, 문맥상 밑줄 친 낱말의 쓰임이 적절하지 않은 것을 고르시오.

① Many individuals struck by lightning or exposed to excessive electrical currents can be saved with prompt and proper artificial respiration, or CPR.

② If you suspect a gas leak, do not strike a match or even turn on an electric light.

③ Scientists have discovered that mobile flowers are visited more often by pollinating insects than their counterparts. They have also concluded that, due to their greater range of motion, flowers with long, thin stalks attract more insects.

④ It is dangerous for prey to display inconspicuous color patterns that make them highly visible against the background of their environment.

⑤ DNA evidence is valid because its foundation is based on the unique set of genes held by each human being—except twins, who share the same DNA. When investigators collect specimens, such as blood and saliva, at a crime scene, they turn this evidence over to laboratory personnel. [모의]

22강

Word Complete

Part

Prefixes	다시·반복·뒤로 re-
Essential Roots/Stems	nov = new tain / ten = hold
Words with Multiple Meanings	content / reduce / novel / reflect
Phrasal Verbs	on이 포함된 구동사 2
Themes	감정(Feelings·Emotions) 2

Words & Phrases

앞으로 학습할 예문에 쓰인 필수 어휘 모음입니다. 예문에 해당 단어 밑에는 점선이 표시(interact)되어 있습니다.
아는 단어는 □□에 체크하고 모르는 단어는 뜻 확인을 반복하세요.

*	□□	accentuate [æksénʧuèit]	동 강조하다, 두드러지게 하다 (= emphasize)
*	□□	apply oneself	전념하다, 정진하다
**	□□	assess [əsés]	동 평가하다; (자질 등을) 가늠하다 ※ assessment 명 평가
초고난도	□□	boisterous [bɔ́istərəs]	형 활기가 넘치는, 명랑하고 떠들썩한
*	□□	brutality [bruːtǽləti]	명 잔인성 (= cruelty)
*	□□	cactus [kǽktəs]	명 선인장
***	□□	conserve [kənsə́ːrv]	동 보호[보존]하다 (= preserve); 아껴 쓰다
*	□□	contemporary [kəntémpərèri]	형 동시대의; 현대의 (= modern) 명 동년배, 동시대 사람
고난도	□□	corrosive [kəróusiv]	형 부식을 일으키는; 좀먹는
*	□□	elicit [ilísit]	동 (정보·반응을) 끌어내다
*	□□	exceedingly [iksíːdiŋli]	부 극도로, 대단히
*	□□	generosity [dʒènərɑ́səti]	명 너그러움
*	□□	graciously [gréiʃəsli]	부 우아하게; 상냥하게; 고맙게도
**	□□	grasp [græsp]	명 꽉 쥐기; (확실한) 통제; 이해 동 꽉 잡다; 완전히 이해하다
*	□□	greed [griːd]	명 탐욕; 식탐 ※ greedy 형 탐욕스러운
*	□□	inequality [ìni(ː)kwɑ́ləti]	명 불평등 (↔ equality 평등, 균등)
*	□□	limb [lim]	명 팔, 다리; (새의) 날개; (큰) 나뭇가지
**	□□	make every effort to-v	v하려고 온갖 노력을 다하다
*	□□	outnumber [àutnʌ́mbər]	동 ~보다 수가 더 많다, 수적으로 우세하다
*	□□	partially [pɑ́ːrʃəli]	부 부분적으로; 불공평하게
고난도	□□	pawnshop [pɔ́ːnʃɑ̀p]	명 전당포 ((물건을 잡고 돈을 빌려주는 곳))
**	□□	scent [sent]	명 향기, 냄새; (냄새를 통해 남아 있는) 자취
고난도	□□	stoop [stuːp]	동 몸을 굽히다[구부리다]
**	□□	supplement 명 [sʌ́plmənt] 동 [sʌ́pləmènt]	명 보충(물), 추가(물) 동 보충[추가]하다
*	□□	tune out	~을 듣지 않다, 무시하다
*	□□	wreck [rek]	명 난파선; 망가진 차량[사람] 동 난파시키다; 망가뜨리다

Prefixes | 다시·반복·뒤로 re-

re- / retro- = again (다시), back, backward (뒤로)

redefine → re(again)+define → 재정의[재정립]하다
remain → re(back)+main(stay) → 계속 ~이다; 남아 있다

** **recite** [risáit]
동 (시 등을) **암송하다, 낭독하다**
re(again)+cite(quote, mention)
01 Each student had to **recite** a poem to the class.

* **recitation** [rèsətéiʃən]
명 **낭독; 설명**
cf. recital 명 발표회; 장황한 설명

---

* **reconcile** [rékənsàil]
동 **화해시키다** (= reunite); **조화시키다**
re(again)+con(together)+cile(call)
02 The couple has been making every effort to **reconcile**.

** **reinforce** [rì:infɔ́:rs]
동 **강화하다; 보강하다; 증원하다**
re(again)+en(into)+force(power)
03 The roof will need to be **reinforced**.

* **reinforcement** [rì:infɔ́:rsmənt]
명 **강화**; ((*pl.*)) (군대 등의) **증강 병력**

** **reproduce** [rì:prədjú:s]
동 **복사[복제]하다** (= duplicate, replicate); **재생하다; 번식하다**
re(again)+produce
04 Lobsters can **reproduce** a lost limb.

* **reproduction** [rì:prədʌ́kʃən] 명 **복사, 복제; 재생; 번식**

** **resume** [rizú:m]
동 **다시 시작하다, 재개되다**
re(again)+sume(take)
05 Normal service will **resume** shortly.
cf. résumé 명 이력서

* **resumption** [rizʌ́mpʃən] 명 **재개**

01 각각의 학생들은 학급 앞에서 시를 **암송해야** 했다. 02 그 커플은 **화해하려고** 온갖 노력을 다하고 있다. 03 그 지붕은 **보강할** 필요가 있을 것이다. 04 바닷가재는 잃어버린 다리를 **재생할** 수 있다. 05 정상적인 서비스가 곧 **재개될** 것입니다.

* **retrieve** [ritríːv]

동 되찾아오다, 회수하다; ((컴퓨터)) (정보를) 검색하다
re(again)+trieve(find)

01 She stooped to **retrieve** the key from the ground.

* **retrieval** [ritríːvəl]

명 회수

---

* **recline** [rikláin]

동 비스듬히 기대다[눕다]; (의자 등받이를) 뒤로 넘기다
re(back)+cline(bend)

02 May I **recline** my seat?

고난도 **redeem** [ridíːm]

동 (저당물을 돈을 주고) 되찾다; (주식·상품권 등을) 현금[상품]으로 바꾸다; (결함 등을) 보완하다 (= compensate for, make up for)
re(back)+(d)eem(buy)

03 She was able to **redeem** her ring from the pawnshop.

04 The exciting ending partially **redeems** what is otherwise a very dull movie.

---

* **reflex** [ríːfleks]

명 반사 작용[운동]
re(back)+flex(bend)

05 In ancient times, our **reflexes** had to be quicker for survival. [모의응용]

** **refund** 동 [ri(ː)fʌ́nd] 명 [ríːfʌnd]

동 환불하다 명 환불(금)
re(back)+fund(pour)

06 There are no **refunds** for cancellations after classes have started. [모의응용]

고난도 **rehabilitate** [rìːhəbílətèit]

동 회복시키다; 재활 치료를 하다
re(back)+habilit(able)+ate(동)

07 to **rehabilitate** injured athletes

** **retreat** [riːtríːt]

동 후퇴하다; 물러가다 (= recede, withdraw) 명 후퇴; 물러섬
re(back)+treat(draw)

08 The army, suddenly outnumbered, was forced to **retreat**.

01 그녀는 바닥에서 열쇠를 **주우려고** 몸을 구부렸다. 02 좌석을 **뒤로 젖혀도** 되겠습니까? 03 그녀는 자신의 반지를 전당포에서 **되찾을** 수 있었다. 04 그 흥미진진한 결말은 그렇지 않으면 아주 지루한 영화라는 점을 부분적으로나마 **보완한다**. 05 고대에는 우리의 **반사 작용**이 생존을 위해 더 빨라야 했다. 06 수업이 시작된 후에는 취소에 대한 **환불**이 없습니다. 07 부상 선수들을 **재활 치료하다** 08 그 군대는 갑자기 수적으로 열세가 되어 **후퇴할** 수밖에 없었다.

고난도 **retrograde** [rétrəgrèid]

형 **역행하는, 퇴보하는** (= retrogressive) (↔ progressive 진보적인)

retro(backward)+grade(go)

01 a **retrograde** policy that would leave more people poorer than they are now

---

고난도 **retrospect** [rétrəspèkt]

명 **회상, 회고**

retro(backward)+spect(look at)

02 In **retrospect**, we should never have made the decision.

고난도 **retrospective** [rètrəspéktiv]

형 **회고하는;** ((법률)) **소급 적용되는** ((과거에까지 거슬러 올라가서 적용되는))

03 The museum is having a **retrospective** exhibit of the artist's early works.

Essential Roots / Stems ❶

nov = new 새로운

** **renovate** [rénəvèit]

동 (낡은 건물 등을) **수리[보수]하다; 혁신하다**

re(again)+nov(new)+ate(동)

04 to **renovate** the historic building

** **renovation** [rènəvéiʃən]

명 **수리, 보수; 혁신**

---

* **novice** [návis]

명 **초보자**

05 Climbing in the Himalayas is not for **novices**.

*** **novel** [návəl]

형 **새로운** 명 **(장편) 소설** 필수 다의어 | 332쪽

cf. noble 형 귀족의; 고귀한

고난도 **nova** [nóuvə]

명 ((*pl.* novae, novas)) ((천문)) **신성(新星)**

cf. supernova 명 초신성 ((보통 신성보다 1만 배 이상의 빛을 내는 신성))

** **innovate** [ínəvèit]

동 **혁신하다; 획기적으로 하다**

in(into)+nov(new)+ate(동)

06 The fashion industry is always desperate to **innovate**.

** **innovation** [ìnəvéiʃən]

명 **혁신; 획기적인 것**

01 더 많은 사람들을 지금보다 더 가난하게 하는, **(시대에) 역행하는** 정책 02 **돌이켜 생각**해 보면 우리는 그 결정을 절대 하지 말았어야 했다. 03 그 미술관은 그 화가의 초기 작품들로 **회고** 전시회를 열고 있다. 04 역사적 건물을 **보수하다** 05 히말라야 등반은 **초보자**를 위한 것이 아니다. 06 패션 산업은 항상 필사적으로 **혁신하려고** 한다.

22강

Essential Roots / Stems ❷

tain / ten = hold 잡고 있다

** **retain** [ritéin]

동 (계속) **보유하다, 유지하다**

re(back)+tain(hold)

01 The village has **retained** its old charm.

* **retention** [ritén∫ən]

명 **보유, 유지**

---

* **abstain** [əbstéin]

동 ((from)) **삼가다** (= refrain); (투표에서) **기권하다**

ab(away from)+tain(hold)

02 I managed to **abstain** from smoking for a month.

*** **contain** [kəntéin]

동 **포함하다**; (감정을) **억누르다** (= restrain); (안 좋은 일을) **방지하다**

con(together)+tain(hold)

03 Your blood should normally **contain** a certain amount of water and salt. [모의]

04 I couldn't **contain** my excitement.

05 to **contain** the fire

---

* **detain** [ditéin]

동 (가지 못하게) **붙들다; 억류하다**

de(from, away)+tain(hold)

06 One man has been **detained** for questioning.

* **detention** [ditén∫ən]

명 **억류; 구금**

** **sustain** [səstéin]

동 **지탱하다; 뒷받침하다** (= support); **지속하다** (= maintain)

sus(under, below)+tain(hold)

07 The ice will not **sustain** your weight.

** **sustainable** [səstéinəbəl]

형 (환경 파괴 없이) **지속 가능한; 오랫동안 유지 가능한**

08 Cycling is a totally **sustainable** form of transportation.

*** **obtain** [əbtéin]

동 (노력 끝에) **얻다** (= acquire, procure)

ob(강조)+tain(hold)

09 People take supplements in an attempt to **obtain** nutrients. [모의응용]

01 그 마을은 오래된 매력을 **유지해** 왔다. 02 나는 한 달간 흡연을 **삼갈** 수 있었다. 03 혈액은 통상 특정 양의 수분과 염분을 **함유해야** 한다. 04 나는 흥분을 **억누를** 수 없었다. 05 화재를 **방지하다** 06 한 남자가 심문을 받기 위해 **구금되었다**. 07 얼음이 네 체중을 **지탱하지** 못할 것이다. 08 자전거는 완전히 **지속 가능한** 형태의 운송 수단이다. 09 사람들은 영양분을 **얻기** 위해 보충제를 복용한다.

Words with Multiple Meanings 필수 다의어의 이해

** **content**
형동 [kəntént]
명 [kɑ́ntent]

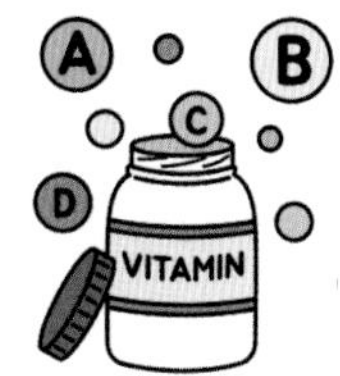

모두 포함하여

형 **만족하는** 동 **만족시키다**; 명 **만족** [kəntént]

포함한 것 → 명 ((*pl.*)) (어떤 것의) **내용물**
- 내용물의 양 → 명 **함유량**
- (책·문서 등의) 내용 → 명 ((*pl.*)) (책의) **목차**

01 The richest person is someone who is **content** with having the least. [모의응용]

02 Please check the **contents** of this box immediately.

03 This cheese has a high fat **content**. Don't eat too much of it.

*** **reduce**
[ridjúːs]

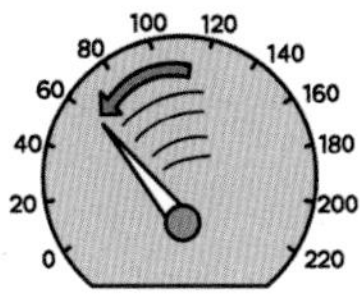

뒤로 되돌리다

동 (크기·양 등을) **줄이다, 축소하다**
- 동 (간단하게) **정리하다** → 동 ((to)) **바꾸다**
- 동 ((to)) (가격을) **낮추다, 할인하다**

04 Some people try to **reduce** the amount of fuel they use in order to conserve resources, **reduce** pollution, or save money.

05 We should try to **reduce** the complicated points to one simple issue.

06 Stress at work had **reduced** him to a nervous wreck.

07 All women's shoes are now **reduced** to twenty dollars a pair.

- reduction 명 감소, 축소 (↔ expansion 확대); 할인
- -duce = lead, bring

re**duce** 뒤로 이끌다 → 줄이다
pro**duce** 앞으로 이끌다 → 생산하다

22강

01 가장 부유한 사람은 가장 적게 가진 것에도 **만족하는** 사람이다. 02 즉시 이 상자의 **내용물**을 확인해 보세요. 03 이 치즈는 지방 **함유량**이 많습니다. 너무 많이 먹지 마세요. 04 몇몇 사람들은 자원을 보존하거나 오염을 **줄이거나** 돈을 아끼기 위해 연료의 사용량을 **줄이려고** 한다. 05 우리는 복잡한 사항들을 하나의 간단한 쟁점으로 **정리해야** 한다. 06 직장에서의 스트레스가 그를 신경 쇠약자로 **만들었다**. 07 모든 여성화는 지금 한 켤레에 20달러로 **할인됩니다**.

*** **novel**
[návəl]

형 새로운	형 **참신한, 신기한**
	새로운 종류의 이야기 → 명 **(장편) 소설**

01 The task you're facing demands creativity and **novel** ideas. [모의응용]
02 *The Adventures of Tom Sawyer* is one of my favorite American **novels** of all time.

- novelty 명 새로움, 참신함; 진기함

** **reflect**
[riflékt]

뒤로 굴절하다	동 (빛 등을) **반사하다** → 동 (거울 등에 이미지를) **비추다** → 동 (속성·태도·감정을) **나타내다, 반영하다**
	되돌아보다 → 동 **반성하다** → 동 **깊이 생각하다**

03 When the sun's rays hit the Earth, a lot of the heat is **reflected** back into space.
04 He could see himself **reflected** in her eyes.
05 Their music **reflects** their interests in African culture.
06 The boss suspended me from the project and advised me to **reflect** deeply on what I had done wrong.

- reflection 명 반사; (거울 등에 비친) 상[모습]; 반영; 심사숙고
- reflective 형 반사하는; 반영하는; 사색적인

01 당신이 직면하고 있는 과제는 창의력과 **새로운** 아이디어를 요구한다. 02 '톰 소여의 모험'은 지금까지 내가 가장 좋아하는 미국 **소설** 중의 하나이다. 03 태양 광선이 지구에 닿을 때 상당량의 열이 다시 우주로 **반사된다**. 04 그는 그녀의 눈에 **비친** 자신을 볼 수 있었다. 05 그들의 음악은 아프리카 문화에 대한 그들의 관심을 **나타낸다**. 06 상사는 나를 그 프로젝트에서 유보시켰고 내가 무엇을 잘못했는지 **깊이 생각해보라고** 충고했다.

Phrasal Verbs | on이 포함된 구동사 2

다음 구동사의 의미를 추론하여 오른쪽 빈칸에 쓰고 페이지 하단의 해석과 대조해 보시오.

* get on with
~와 함께 계속하다

01 Please keep quiet and let me **get on with** the driving. [수능응용] ➡ 운전을 ________

*** go on
계속 가다

02 She named a village by the sea and then **went on** to describe a view that was unknown to me. [수능] ➡ 풍경에 대한 설명을 ________

*** hang on (to)
~에 단단히 매달리다

03 Many contemporary religions have **hung on to** ancient practices. ➡ 고대의 관행을 ________

04 I think we should **hang on** and see the end of the game. ➡ ________ 경기의 끝을 보다

05 **Hang on**, I'll be with you in a minute! ➡ ((전화)) ________

** hit on
~에 부딪치다[맞닥뜨리다]

06 He **hit on** a good idea. ➡ 좋은 생각이 ________

07 She was scared he might **hit on** the truth. ➡ 진실을 ________

*** hold on (to)
계속[단단히] 붙들고 있다 / (시간을) 붙들고 있다

08 You need to live in the present, as well as **hold on to** your dreams for the future. [수능] ➡ 꿈을 ________

09 **Hold on** a minute while I get my breath back. ➡ 잠깐만 ________

* let on = disclose = reveal = expose
*관용적 의미

10 She planned the surprise party without **letting on** to her husband. ➡ 남편에게 ________

*** live on
~에 의존하여 살다

11 Giraffes **live on** the leaves of tall trees. ➡ 나뭇잎을 ________

22강

01 제발 조용히 하고 내가 운전을 **계속할** 수 있게 내버려 둬. 02 그녀는 해안가에 있는 어떤 마을을 이야기하고는 나에겐 생소한 풍경을 **계속해서** 설명하였다. 03 많은 현대 종교들은 고대의 관행을 **고수해** 왔다. 04 나는 우리가 **기다려서** 경기의 끝을 봐야 한다고 생각해. 05 **(끊지 말고) 기다려**, 내가 바로 너한테 갈게! 06 그는 좋은 생각이 **떠올랐다**. 07 그녀는 그가 진실을 **발견할**지도 몰라 두려웠다. 08 미래의 꿈을 **단단히 붙들고 있는** 것만큼 현재를 (충실히) 살 필요가 있다. 09 내가 한숨 돌리는 동안 잠깐만 **기다려 줘**. 10 그녀는 남편에게 **말하지** 않고 깜짝 파티를 계획했다. 11 기린은 키가 큰 나무의 잎을 **주식으로 한다**.

Themes | 감정(Feelings·Emotions) 2

1. 좋아함·애정

* **adore** [ədɔ́ːr]
동 **흠모하다; 아주 좋아하다**
01 The ancient Egyptians **adored** their pharaohs.

** **adorable** [ədɔ́ːrəbəl]
형 **사랑스러운** (= charming)

---

* **cherish** [tʃériʃ]
동 **소중히 여기다**
02 She still **cherishes** that memory.

---

* **esteem** [istíːm]
명 (대단한) **존경** 동 (대단히) **존경하다**
03 As a well-known educator, she is held in high **esteem**.

| 존경 |
honor 명 명예, 명성 (= renown); 존경 동 존경하다; (약속을) 지키다
*honorable 형 훌륭한; 명예로운 honorary 형 명예(직)의
*honorific 형 명예를 나타내는
venerable 형 공경할 만한 *cf.* vulnerable 형 (~에) 취약한; 연약한

고난도 **emulate** [émjulèit]
동 (흠모하여) **모방하다**
04 The boy tried to **emulate** the famous guitarist.
cf. mimic 동 흉내를 내다; 모방하다 (= imitate)
cf. mimicry 명 흉내, 모방

---

* **enchant** [intʃǽnt]
동 **매혹하다** (= fascinate, captivate); **마법을 걸다**
05 The book has **enchanted** children for almost a century.

---

* **endear** [indíər]
동 **사랑받게 하다**
06 Her generosity has **endeared** her to the public.

* **endearment** [indíərmənt]
명 **애정을 담은 말[표현]**

** **idol** [áidəl]
명 **우상**

* **idolize** [áidəlàiz]
동 **우상화하다, 숭배하다**

01 고대 이집트인은 파라오를 **흠모했다.** 02 그녀는 그 기억을 여전히 **소중히 여긴다.** 03 저명한 교육자로서 그녀는 많은 **존경**을 받는다. 04 소년은 유명 기타리스트를 **모방하려고** 노력했다. 05 그 책은 거의 1세기 동안 아이들의 **마음을 사로잡았다.** 06 그녀의 너그러움으로 인해 그녀는 대중의 **사랑을 받았다.**

* **nostalgic** [nɑstǽldʒik]
형 향수의, 향수를 불러일으키는
01 Many people are **nostalgic** for the good old days.

* **nostalgia** [nɑstǽldʒiə]
명 향수 (= homesickness) ((고향을 그리워하는 마음))

---

* **lure** [luər]
명 매력; 미끼 동 꾀다, 유혹하다 (= allure, tempt, seduce)
02 Bees are **lured** by the scent of flowers.

2. 싫어함·짜증

* **averse** [əvə́ːrs]
형 ((to)) (~을) 싫어하는, 반대하는
03 He was **averse** to discussing the subject.

---

* **disgusted** [disgʌ́stid]
형 역겨워하는
04 He was **disgusted** with the brutality of the film.

* **disgusting** [disgʌ́stiŋ]
형 역겨운 (= unpleasant, filthy)

---

* **hideous** [hídiəs]
형 흉측한, 끔찍한 (= ugly, unattractive)
05 He had committed a **hideous** crime.

** **hateful** [héitfəl]
형 혐오스러운

** **hatred** [héitrid]
명 증오(감), 혐오(감)

** **irritated** [íritèitid]
형 짜증이 난 (= annoyed); (몸에) 염증이 난

| 짜증·귀찮음 |
bothered 형 성가신 *bother 동 신경 쓰이게 하다; 귀찮게 하다
pester 동 (자꾸 부탁하여) 성가시게 하다
nuisance 명 성가신 사람[것]; ((법)) 소란 행위
hassle 명 귀찮은 상황; 따지기, 들볶기 동 재촉하다

** **reluctant** [rilʌ́ktənt]
형 꺼리는, 마지못한 (= unwilling)
06 He seems **reluctant** to reveal his innermost feelings. [모의응용]

** **reluctantly** [rilʌ́ktəntli]
부 마지못해서

01 많은 이들이 좋았던 옛날을 **그리워한다.** 02 벌은 꽃의 향기에 **이끌린다.** 03 그는 그 주제로 토론하는 것을 **싫어했다.** 04 그는 그 영화의 잔인함에 **아주 역겨워했다.** 05 그는 **끔찍한** 범죄를 저질렀다. 06 그는 자신의 가장 내밀한 감정을 드러내는 것을 **꺼려하는** 것 같다.

3. 불쌍함·연민

* **compassionate** [kəmpǽʃənət]
형 **연민 어린, 동정하는** (= sympathetic, pitying)
01 He is a **compassionate** person by nature.

** **miserable** [mízərəbəl]
형 **비참한**

* **misery** [mízəri]
명 **비참(함); (심신의) 고통**

---

* **deplorable** [diplɔ́:rəbəl]
형 **한탄스러운; 비참한**
02 to work in the most **deplorable** conditions

| 불쌍함·비참함 |
wretched 형 비참한; 가련한, 불쌍한 (= pitiful); 끔찍한
to live in **wretched** poverty **비참한** 가난 속에 살다
piteous 형 불쌍한, 애처로운

4. 기타 감정

고난도 **ambivalent** [æmbívələnt]
형 **반대 감정이 병존하는**
03 The artist's latest exhibit elicited an **ambivalent** reaction from critics.

---

* **burdensome** [bə́:rdənsəm]
형 **부담스러운; 힘든**
04 Giving a presentation is **burdensome**.

** **gratitude** [grǽtətjù:d]
명 **고마움; 감사** (= gratefulness) (↔ ingratitude 고마움[은혜]을 모름)

** **gloomy** [glú:mi]
형 **음울한, 어두운** (= dismal, dreary); (표정이) **우울한** (= blue)

* **gloom** [glu:m]
명 **어두침침함; 우울**

cf. grim 형 엄숙한, 단호한; 암울한; 음산한

---

* **solitary** [sálətèri]
형 **혼자의; 외로운** (= lonesome, lonely); **외딴** (= isolated)

* **solitude** [sálətjù:d]
명 (편안한) **고독**

01 그는 천성적으로 **인정 많은** 사람이다. 02 가장 **비참한** 환경 속에서 일하다 03 그 화가의 최근 전시회는 비평가들로부터 **상반된** 반응을 이끌어냈다. 04 발표를 하는 것은 **부담스럽다**.

Exercises

A 다음의 우리말은 영어로, 영어는 우리말로 그 뜻을 쓰시오.

① 증오(감), 혐오(감)
② 비스듬히 기대다[눕다]; 뒤로 넘기다
③ 부담스러운; 힘든
④ (시 등을) 암송하다, 낭독하다
⑤ 복사하다; 재생하다; 번식하다
⑥ 소중히 여기다
⑦ 역겨워하는
⑧ 반사 작용[운동]
⑨ 만족하는; 내용물; 함유량
⑩ 되찾아오다; (정보를) 검색하다
⑪ 화해시키다; 조화시키다
⑫ 수리, 보수; 혁신
⑬ 억류; 구금
⑭ 보유, 유지
⑮ lure
⑯ esteem
⑰ resumption
⑱ gloom
⑲ misery
⑳ endear
㉑ emulate
㉒ adore
㉓ compassionate
㉔ rehabilitate
㉕ irritated
㉖ gratitude
㉗ averse
㉘ obtain

B 다음 빈칸에 들어갈 가장 적절한 어휘를 고르시오.

1. I would never ____________ on to anyone that I found the task of producing the paper to be exceedingly difficult. I was afraid my classmates would think I was dumb.
① go ② hit ③ hold ④ let

2. All three universities in the West of England play an important role in education and research to make the city ____________ and environmentally friendly.
① hideous ② reluctant ③ retrospective ④ sustainable

3. As a complete ____________ at anything to do with websites, I had to depend on her guidance, and she graciously led me through the process step by step.
① recitation ② nova ③ novice ④ reinforcement

4. He has been ____________ in a hospital for at least two weeks to allow the hospital adequate time to properly assess and plan treatment for him.
① detained ② redefined ③ refunded ④ innovated

C 다음 빈칸에 들어갈 말로 가장 적절한 것을 고르시오.

Wall Street is occupied by protesters who stand against corporate greed, social inequality and the corrosive power of major banks and multinational corporations. Michael Kaplan, 24, a senior vice president at an investment firm near the stock exchange who also lives in the area, said the protests had done little to affect his workday. But some demonstrators' evening routine—boisterous bar-hopping, with an occasional horn appearance—has been difficult to tune out. "I feel like I'm sleeping at a soccer game," he said. Like many who represent the Wall Street bankers and investors, Mr. Kaplan was ______ about the protests. He acknowledged the demonstrators' right to free speech, but said they had not presented a firm grasp of personal responsibility. "I'm the same age as these kids," he said. "I have the same college debt. But I looked for opportunities and applied myself."

* bar-hop 여러 술집을 돌아다니며 술을 마시다

① ambivalent ② sympathetic ③ nostalgic ④ adorable ⑤ deplorable

D 각 네모 안에서 문맥에 알맞은 어휘를 고르시오.

1. When it is dry, the cactus contracts like an accordion to minimize the surface area exposed to the sun and [reduce / retain] as much water as possible. [모의]

2. We must [abstain / maintain] from eating too many fats and sweets, especially during the holidays when these foods are often available.

E 다음 ①~⑤ 중, 문맥상 밑줄 친 낱말의 쓰임이 적절하지 않은 것을 고르시오.

① Light pollution interrupts the mating calls of male frogs at night, lowering the rate of reproduction. [모의응용]

② State law requires a five-cent deposit on all aluminum cans sold. Empty cans can be redeemed for the deposit at recycling centers. [모의응용]

③ There's a legend about a beautiful creature, a mermaid. The legend says the mermaid has a melodious voice and that her song enchants all fishermen. [모의응용]

④ The RPC, founded in 1996, describes itself as a retrograde organization fighting for social change. Its mission is to move the nation and the world towards social, racial, and economic justice. [수능]

⑤ Nowhere, indeed, was any sign or suggestion of life except the barking of a distant dog, which served to accentuate the solitary scene. [수능]

23강

Word Complete

Part

Prefixes	이동·관통(2) trans-
Essential Roots/Stems	grad / gress / gred = step, go
Words with Multiple Meanings	degree / hold / intelligence / issue
Phrasal Verbs	on이 포함된 구동사 3
Themes	태도·성격 1

Words & Phrases

앞으로 학습할 예문에 쓰인 필수 어휘 모음입니다. 예문에 해당 단어 밑에는 점선이 표시(interact)되어 있습니다.
아는 단어는 □□에 체크하고 모르는 단어는 뜻 확인을 반복하세요.

**	□□	accusation [ӕkjuzéiʃən]	명 혐의 (제기); 고발, 고소; 비난 ※ accuse 동 고발하다
*	□□	angelic [ӕndʒélik]	형 천사 같은
*	□□	bottom line	명 (결산서의) 맨 밑줄; 최종 결과, 총결산; 핵심
*	□□	breakthrough [bréikθrù:]	명 돌파구; (과학 등의) 큰 발전
고난도	□□	chronicle [kránikl]	명 연대기 동 연대순으로 기록하다
**	□□	cling to	~을 고수하다, ~에 집착하다 (= stick to, adhere to)
**	□□	conform [kənfɔ́:rm]	동 (규칙·관습 등을) 따르다 (= abide by)
**	□□	confront [kənfrʌ́nt]	동 직면하다; 맞서다
*	□□	contaminant [kəntǽmənənt]	명 오염 물질 (= pollutant)
고난도	□□	counterintuitive [kàuntərintjú:itiv]	형 직관에 반하는, 반직관적인
**	□□	coverage [kʌ́vəridʒ]	명 적용 범위; ((보험)) 보상 (범위); 보도[방송] (범위)
*	□□	dependency [dipéndənsi]	명 의존 (상태), 종속
*	□□	dictatorship [diktéitərʃìp]	명 독재 국가[정권]
*	□□	fingerprinting [fíŋgərprìntiŋ]	명 지문 채취
*	□□	human resources department	명 인력개발부, 인사부
*	□□	in session	개회 중의
*	□□	inn [in]	명 (보통 시골 지역의) 여관
*	□□	intruder [intrú:dər]	명 불법 침입자, 불청객 ※ intrude 동 침범하다; 방해하다
**	□□	joint [dʒɔint]	형 공동의 명 관절; 연결 부위
**	□□	lab [lӕb]	명 실험실 (= laboratory)
**	□□	leopard [lépərd]	명 표범 *cf.* leopardess 명 암표범
**	□□	merit [mérit]	명 가치; 장점 (↔ demerit 단점, 약점) 동 (칭찬·관심 등을) 받을 만하다[가치가 있다]
**	□□	modest [mádist]	형 겸손한; 얌전한; (크기·가격 등이) 보통의, 적당한
고난도	□□	perpetrator [pə́:rpitrèitər]	명 (범행·과실 등을 저지른) 가해자, 범인
*	□□	plagiarism [pléidʒərìzm]	명 표절 ※ plagiarize 동 표절하다
**	□□	pony [póuni]	명 조랑말 *cf.* donkey 명 당나귀 / mule 명 노새
*	□□	principally [prínsəpəli]	부 주로, 대개
**	□□	safeguard [séifgà:rd]	동 보호하다 명 안전장치
고난도	□□	silver lining	명 구름의 흰 가장자리; 밝은 희망[전망]
**	□□	stroll [stroul]	명 산책 동 산책하다, 한가로이 거닐다
**	□□	toll [toul]	명 요금, 통행료; (재난 등의) 사상자 수 필수 다의어 | 499쪽
*	□□	wrongdoing [rɔ́:ŋdù:iŋ]	명 범법[부정] 행위, 비행

Prefixes | 이동·관통(2) trans-

trans- = across / beyond, through (이동, 관통하여)

translate → trans(across)+late(carry) → (다른 형태로) 옮기다; 번역하다

* **transient** [trǽnʃənt]

형 **일시적인** (= temporary, fleeting); **잠깐 머무르는** 명 **단기 체류자**

trans(across)+i(t)(go)+ent(형명)

01 **transient** fashions

---

* **transit** [trǽnsit]

명 **수송;** (다른 곳으로 가기 위한) **환승**

trans(across)+it(go)

02 During the Middle Ages, merchant ships paid a modest toll to safeguard their **transit**. [모의응용]

** **transition** [trænsíʃən]

명 (다른 상태로의) **변화, 이행(移行)**

trans(across)+it(go)+ion(명)

03 a peaceful **transition** from dictatorship to democracy

* **transitional** [trænsíʃənl]

형 **변천하는; 과도기의**

04 a **transitional** period

** **transaction** [trænsǽkʃən]

명 **처리; 거래, 매매**

trans(across)+action

05 a record of your banking **transactions**

---

* **transcend** [trænsénd]

동 **초월하다; 능가하다** (= outdo, outstrip)

trans(beyond)+scend(climb)

06 One aim of this meditation practice is to **transcend** fear.

고난도 **transcendence** [trænséndəns]

명 **초월(성); 탁월**

고난도 **transcendental** [træ̀nsendéntl]

형 **초월적인; 탁월한**

01 **일시적인** 유행 02 중세시대에는 상선들이 **통행**을 보장받기 위해 약간의 통행료를 냈다. 03 독재 국가에서 민주 국가로의 평화로운 **이행** 04 **과도**기 05 당신의 은행 **거래** 기록 06 이 명상 수행의 한 가지 목적은 두려움을 **초월하는** 것이다.

*** **transform** [trænsfɔ́ːrm]

동 **변형시키다**; (더 좋게) **완전히 바꿔 놓다**
trans(across)+form

01 The old factory has been **transformed** into an art gallery.

** **transformation** [trӕ̀nsfərméiʃən]

명 (완전한) **변화, 변신**; (곤충의) **변태** ((성장 과정에서의 형태적 변화))

고난도 **transfuse** [trænsfjúːz]

동 **수혈하다**; (액체를) **주입하다**; (사상 등을) **불어넣다** (= infuse)
trans(across)+fuse(pour)

02 a teacher who is able to **transfuse** his passion to his students

고난도 **transfusion** [trænsfjúːʒən]

명 **수혈**; (추가 자금의) **투입**

---

* **transparent** [trænspέərənt]

형 **투명한** (↔ opaque 불투명한); **알기 쉬운, 명료한**
trans(through)+par(appear)+ent(형)

03 The plastic is **transparent**.

04 The way the system works will be **transparent** to the user.

cf. translucent 형 반투명한

---

* **transplant** 동 [trænsplǽnt] 명 [trǽnsplæ̀nt]

동 (식물을) **옮겨 심다**; **이식하다** 명 **이식**

05 to receive a kidney **transplant**

cf. implant 동 (생각 등을) 심다; ((의학)) (인공물을 사람 몸에) 심다 명 임플란트 ((인공 치아))

---

* **transcontinental** [trӕ̀nskɑntənéntl]

형 **대륙 횡단의**
trans(across, through)+continent(대륙)+al(형)

06 a **transcontinental** railroad

cf. transatlantic 형 대서양 횡단의; 대서양 건너편의

고난도 **transgenics** [trænsdʒéniks]

명 **유전자 이식(학)**
trans(across)+gene(유전자)+ics(study)

07 The use of **transgenics** merits a serious discussion regarding its relevance to food security.

고난도 **transgenic** [trænsdʒénik]

형 (동식물이) **이식 유전자를 가진** 명 **유전자 이식 식물[동물]**

01 오래된 공장이 미술관으로 **바뀌었다**. 02 자신의 열정을 학생들에게 **불어넣을** 수 있는 교사 03 그 플라스틱은 **투명하다**. 04 그 시스템의 작동 방식은 사용자들에게 **알기 쉬울** 것이다. 05 신장 **이식**을 받다 06 **대륙 횡단** 철도 07 **유전자 이식**의 이용은 식품 안전과의 관련성을 고려하면 진지한 논의를 할 가치가 있다.

Essential Roots / Stems

grad / gress / gred = step, go 단계, 나아가다

고난도 **transgress** [trænsgrés]
동 (도덕적·법적 한계를) 넘어서다, 벗어나다
trans(beyond)+gress(go)
01 His plays **transgress** accepted social norms.

** **transgression** [trænsgréʃən] 명 위반, 범죄; (종교·도덕적) 죄

*** **grade** [greid] 명 등급 (= rank); 성적 (= mark); 학년 동 등급을 나누다

*** **gradation** [grədéiʃən]
명 단계적 차이, 점진적 변화
02 **gradation** in size

*** **gradual** [grǽdʒuəl]
형 점진적인 (↔ sudden 갑작스러운)
03 Aging is a result of the **gradual** failure of the body's cells and organs to replace and repair themselves. [모의]

*** **gradually** [grǽdʒuəli]
부 서서히 (= little by little, by degrees)
04 A puddle of water on the ground **gradually** dried out. [모의응용]

---

* **degrade** [digréid]
동 비하하다; 강등시키다; (질적으로) 저하하다; (화학적으로) 분해하다
de(down)+grade(step)
05 Loud noise can **degrade** hearing ability.
06 Microbes can **degrade** certain organic contaminants.

* **degradation** [dègrədéiʃən] 명 비하; 강등; 저하; (화학적) 분해

고난도 **biodegradable** [bàioudigréidəbl]
형 생분해될 수 있는 ((미생물에 의해 분해될 수 있는))
bio(life)+degrade+able(형)
07 **Biodegradable** products break down into harmless substances.

고난도 **nonbiodegradable** [nanbàioudigréidəbl]
형 생분해성이 아닌

01 그의 희곡은 용인되는 사회적 규범을 **벗어난다**. 02 크기의 **점진적 변화** 03 노화는 신체 세포와 기관의 자가 교체 및 회복의 **점진적인** 쇠퇴에 따른 결과다. 04 땅에 고인 물웅덩이가 **서서히** 말라서 없어졌다. 05 큰 소음은 청력을 **저하시킬** 수 있다. 06 미생물은 특정 유기 오염물을 **분해할** 수 있다. 07 **생분해될 수 있는** 제품은 무해한 물질로 분해된다.

* **aggress** [əgrés]
㊂ 공격하다; 시비를 걸다
ad(to)+gress(go)

*** **aggressive** [əgrésiv]
㊒ 공격적인; 진취적인, 적극적인
01 The team plays a very **aggressive** style of defense.

** **aggression** [əgréʃən]
㊔ 공격 (= invasion)
02 The government says that it will view any attempt to fly over its territory as an act of **aggression**.

* **aggressor** [əgrésər]
㊔ (먼저) 공격[침략]을 한 사람[국가]

*** **progress** ㊂ [prəgrés] ㊔ [prágres]
㊂ (앞으로) 나아가다; 진보하다 ㊔ 전진; 진행
pro(forward)+gress(go)
03 As DNA research **progresses**, DNA may become an even more important tool in the criminal justice system than fingerprinting. [모의]
04 in **progress**

*** **progression** [prəgréʃən]
㊔ 전진, 진보; ((수학)) 수열

** **progressive** [prəgrésiv]
㊒ 진보적인 (↔ conservative 보수적인); 점진적인
05 The design for the new building is **progressive**; it sends a message that we are advancing into the future, not clinging to the past. [모의응용]

---

* **regress** [ri:grés]
㊂ 퇴행하다, 퇴보하다
re(back)+gress(go)
06 The patient had **regressed** to a state of childish dependency.

* **regression** [rigréʃən]
㊔ 퇴행; 회귀

---

* **congress** [káŋgrəs]
㊔ 의회, 국회; 회의
con(together)+gress(step)
07 **Congress** is not currently in session.

** **ingredient** [ingrí:diənt]
㊔ (요리) 재료, 성분; 구성 요소
in(in)+gred(go)+ent(㊔)
08 the **ingredients** of a salad

01 그 팀은 매우 **적극적인** 방식으로 수비를 한다. 02 정부는 영토 위를 비행하려는 어떠한 시도도 **공격** 행위로 보겠다고 선언했다. 03 DNA 연구가 **진보하면서** DNA가 형사 사법 제도에서 지문 채취보다 훨씬 더 중요한 도구가 될지 모른다. 04 (현재) **진행** 중인 05 그 신축 건물의 디자인은 **진보적이다**. 그것은 우리가 과거에 집착하지 않고 미래로 전진하고 있다는 메시지를 전한다. 06 그 환자는 아이와 같은 의존 상태로 **퇴행했다**. 07 **국회**는 현재 개회 중이 아니다. 08 샐러드의 **재료**

필수 다의어의 이해

*** degree
[digríː]

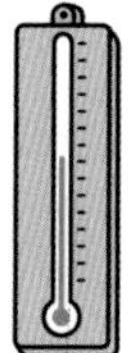

명 정도
- 각도·온도의 정도 → 명 (각도·온도 단위인) **도**
- 교육의 정도를 나타내는 → 명 **학위**

01 Our team project has had some **degree** of success.

02 Summer temperatures in a city can be several **degrees** higher than in surrounding rural areas. [모의응용]

03 He got a master's **degree** in music from the Manhattan School of Music. [모의응용]

*** hold
-held-held
[hould]

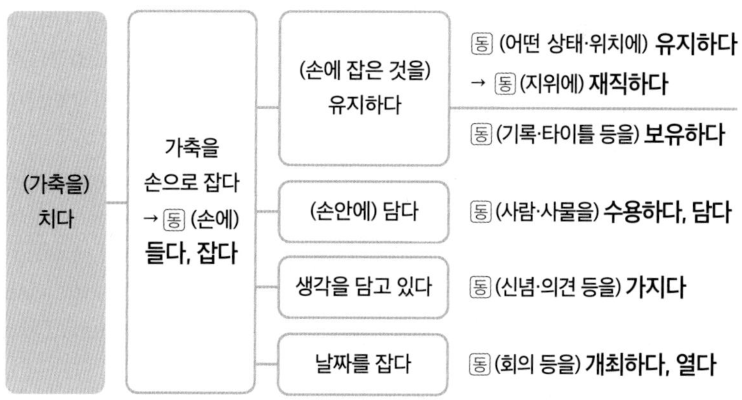

04 **Hold** the position for thirty seconds.

05 President Franklin Roosevelt **held** office for twelve years.

06 He **holds** the world record for the long jump.

07 The new stadium **holds** a total of 40,000 spectators.

08 She **holds** some pretty interesting views on the causes of cancer.

09 We made the difficult decision not to **hold** the Asian Ethnic Festival this summer. [모의응용]

23강

01 우리 팀의 프로젝트는 어느 **정도**의 성공을 거두었다. 02 도시의 여름 기온은 인근의 시골 지역보다 몇 **도** 더 높을 수 있다. 03 그는 맨해튼 음악 학교에서 석사 **학위**를 받았다. 04 그 자세를 30초 동안 **유지하세요.** 05 프랭클린 루스벨트 대통령은 12년 동안 **재임하였다.** 06 그는 멀리뛰기에서 세계 기록을 **보유하고 있다.** 07 새 경기장은 총 4만 명의 관중을 **수용한다.** 08 그녀는 암의 원인에 대해 꽤 흥미로운 관점을 **갖고 있다.** 09 우리는 올여름에 아시아 민족 축제를 **개최하지** 않기로 어렵게 결정했다.

*** **intelligence**
[intélidʒəns]

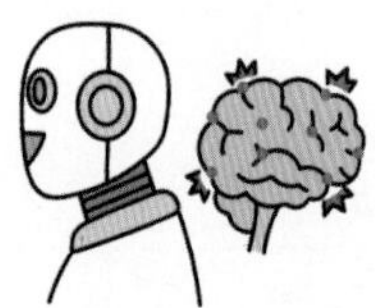

명 지능	명 지성 어떤 것에 대한 지식 → 명 (기밀) **정보** → (기밀) 정보 관련 일을 하는 → 명 **정보기관[요원]**

01 Some tests and scales use 100 as the IQ of a person of average **intelligence**.
02 The satellite could also be used to gather **intelligence**.
03 The soldier was trained in military **intelligence** and was responsible for gathering information about the enemy's plans.

** **issue**
[íʃuː]

밖으로 나가다	유출	토론에서 나온 것 → 명 (걱정거리가 되는) **문제** → 명 **쟁점, 주제, 사안** 공적인 것이 나가는 것 → 명 **발표** 동 **발표하다** → 명 (우표·동전·주식의) **발행(물)** 동 **발행하다** → 명 (정기 간행물의) **호**

04 If you have any **issues**, please call or email.
05 This is a sensitive **issue**; we need more time to think about it.
06 They **issued** a joint statement denying the accusation of plagiarism.
07 The board is planning a new share **issue**.
08 Have you seen the latest **issue** of TIME magazine?

01 어떤 검사와 척도에서는 평균 **지능**을 가진 사람의 지능 지수로 100을 사용한다. 02 위성은 **기밀 정보**를 수집하는 데도 사용될 수 있을 것이다. 03 그 군인은 군사 **정보기관**에서 훈련을 받았고 적의 계획에 대한 정보 수집을 담당했다. 04 무슨 **문제**가 있으면 전화 주시거나 이메일을 보내 주세요. 05 이것은 민감한 **사안**이니 우리는 그것에 대해 생각할 시간이 더 필요하다. 06 그들은 표절 혐의를 부인하는 공동 성명을 **발표했다**. 07 이사회는 새 주식 **발행**을 계획하고 있다. 08 타임지 최신 **호**를 봤니?

Phrasal Verbs | on이 포함된 구동사 3

다음 구동사의 의미를 추론하여 오른쪽 빈칸에 쓰고 페이지 하단의 해석과 대조해 보시오.

*** **put on** — ~을 (몸에) 접촉하여 두다

01 Make sure to **put on** your helmet when you ride your bike. [모의응용] ➡ 헬멧을 ________

** **take on** — 취해서 접하다

02 Some civic groups can **take on** tasks once performed by governments. [수능응용] ➡ 일을 ________

* **tell on** — *관용적 의미

03 His irregular eating and sleeping habits began to **tell on** him. [수능] ➡ 그에게 ________

04 Please promise not to **tell on** me! ➡ 나를 ________

*** **turn on** — 돌려서 연결하다

05 Mary **turned on** the hose but the flow of water was too strong. [모의응용] ➡ 호스를 ________

*** **try on** — 시험 삼아 (몸에) 접촉시키다

06 You can **try** it **on** in the fitting room. ➡ 탈의실에서 ________

*** **wait on** — ~에 대해 기다리다 / ~을 (돕기 위해) 기다리다

07 We're **waiting on** some test results. ➡ 검사 결과를 ________

08 My grandmother is still strong enough to look after herself. She doesn't want to be **waited on**. ➡ 할머니를 ________

** **work on** — ~에 대하여 일하다

09 It should only take about an hour. You can come back and **work on** the report in the afternoon. [수능] ➡ 보고서를 ________

10 Assessing your current capabilities will give insight into areas you might need to **work on** in the future. ➡ 향후 ________ 할 영역

01 자전거를 탈 때 헬멧을 반드시 **착용하세요**. 02 일부 시민단체들이 한때는 정부에 의해서 수행되었던 일을 **떠맡을** 수 있다. 03 그의 불규칙적인 식사 습관과 수면 습관이 그에게 **영향을 끼치기** 시작했다. 04 나를 **고자질하지** 않겠다고 약속해줘! 05 메리는 호스를 **틀었는데** 물 흐름이 너무 강했다. 06 탈의실에서 그것을 **입어 볼** 수 있습니다. 07 우리는 몇 가지 검사 결과를 **기다리고 있는** 중이다. 08 우리 할머니는 아직 정정하셔서 자신을 스스로 돌보실 수 있다. 할머니께서는 누군가 자신을 **돌보아 주는** 것을 원치 않으신다. 09 한 시간 정도밖에 걸리지 않을 테니 돌아와서 오후에 보고서를 **작성해도** 돼. 10 현재의 능력을 평가해 보는 것이 당신이 향후 **노력해야** 할 영역에 대한 통찰력을 줄 수 있다.

Themes | 태도·성격 1

고난도 **demeanor** [dimíːnər] 명 **처신, 품행; 태도**

cf. manner 명 ((*pl.*)) 예의

| 태도·성격 |
posture 명 자세; 마음가짐, 태도 동 가식적으로 행동하다
trait 명 (성격상의) 특성 (= characteristic, attribute, feature, property)

---

* **hospitable** [hάspitəbl, haspítəbl] 형 **환대하는; 쾌적한** (↔ inhospitable 불친절한; 사람이 살기 힘든)

01 The local people were very kind and **hospitable**.

** **hospitality** [hὰspitǽləti] 명 **환대; 접대**

cf. hostility 명 적의, 적대감; (생각·계획 등에 대한) 강한 반대

---

* **committed** [kəmítid] 형 **헌신적인** (= dedicated, devoted)

02 **committed** supporters

---

* **candid** [kǽndid] 형 **솔직한** (= frank); (사진이) **자연스러운 모습 그대로 찍은**

03 a **candid** opinion

고난도 **candor** [kǽndər] 명 **솔직함** (= frankness)

** **sincere** [sinsíər] 형 **진실한** (= genuine) (↔ insincere 진실하지 않은, 불성실한)

04 a **sincere** promise

* **sincerity** [sinsérəti] 명 **진실, 성실** (= integrity)

---

* **exemplary** [igzémpləri] 형 **모범적인;** ((법)) (처벌이) **가혹한**

05 an **exemplary** manner

** **loyal** [lɔ́iəl] 형 **충성스러운;** (약속 등에) **충실한; 성실한**

06 a **loyal** servant

** **loyalty** [lɔ́iəlti] 명 **충실; 충성심**

cf. royal 형 국왕의

cf. royalty 명 왕족(들); 저작권 수익금

01 현지인들은 아주 친절하고 **따뜻이 맞아주었다.** 02 **헌신적인** 지지자들 03 **솔직한** 의견 04 **진심 어린** 약속 05 **모범적인** 태도 06 **충성스러운** 하인

고난도 **meticulous** [mətíkjələs]

형 세심한, 꼼꼼한

01 **meticulous** research

고난도 **altruistic** [æ̀ltruístik]

형 이타적인 (= selfless) (↔ egoistic, selfish 이기적인)

02 **altruistic** behavior

고난도 **altruism** [ǽltruːìzm]

명 이타주의

cf. egotism 명 이기주의 (= egoism)

** **tolerant** [tálərənt]

형 관대한; 내성이 있는

03 Customer service positions require **tolerant** people who are used to dealing with angry customers.

* **tolerance** [tálərəns]

명 관용; 내성

---

* **merciful** [mə́ːrsifəl]

형 자비로운 (↔ merciless 무자비한)

04 We can only hope the judge is **merciful**.

* **mercy** [mə́ːrsi]

명 자비

---

* **leisurely** [líːʒərli]

형 여유로운, 느긋한 부 느긋하게

05 a **leisurely** stroll

---

* **docile** [dásəl]

형 유순한, 온순한 (= meek)

06 I had a **docile** young pony that went wherever it was led.

---

* **spontaneous** [spɑntéiniəs]

형 자발적인; 저절로 일어나는; 즉흥적인

07 Her speech received **spontaneous** applause.

고난도 **spontaneity** [spɑ̀ntəníːəti]

명 자발적임; 자연스러움, 자연 발생

** **bold** [bould]

형 대담한, 용감한 (= daring, courageous); (윤곽선·글자체 등이) 굵은

08 a **bold** explorer

---

* **humble** [hʌ́mbl]

형 겸손한 (= modest); 미천한

09 He is very **humble** about his achievements.

01 **꼼꼼한** 조사 02 **남을 생각하는** 행동 03 고객 서비스직은 화가 난 고객을 대하는 데 익숙한 **관대한** 사람이 필요하다. 04 우리는 판사님이 **자비롭기를** 바랄 뿐이다. 05 **여유로운** 산책 06 나는 어디든 이끄는 대로 가는 **온순한** 어린 조랑말이 있었다. 07 그녀의 연설은 **자연스럽게 터져 나오는** 박수를 받았다. 08 **용감한** 탐험가 09 그는 자신이 이룬 것에 대해 매우 **겸손하다**.

** **decent** [dí:sənt]
형 적절한; 품위 있는 (= gracious, graceful, elegant)
01 Sarah married a **decent** young man.

** **noble** [nóubl]
형 귀족의; 고귀한
02 **noble** ideals

* **nobility** [noubíləti]
명 ((the ~)) 귀족; 고귀함

* **nobleman** [nóublmən]
명 귀족(인 사람)

---

* **sophisticated** [səfístəkèitid]
형 세련된; (기계 등이) 정교한
03 She was a **sophisticated** and intellectual woman.

* **sophisticate** [səfístəkèit]
명 세련된 사람

* **sophistication** [səfìstəkéiʃən]
명 교양; 세련

---

* **zealous** [zéləs]
형 열성적인, 열렬한 (= ardent, passionate, enthusiastic, eager)
04 The detective was **zealous** in her pursuit of the kidnappers.

* **zeal** [zi:l]
명 열성, 열의

고난도 **strenuous** [strénjuəs]
형 격렬한, 열렬한; 몹시 힘든 (= arduous)
05 **strenuous** diplomatic efforts to resolve the conflict

---

* **agile** [ǽdʒəl]
형 (동작이) 민첩한; (생각이) 기민한
06 Leopards are very fast and **agile**.

고난도 **agility** [ədʒíləti]
명 민첩함; 기민함

---

* **vibrant** [váibrənt]
형 진동하는; 활기찬
07 a **vibrant** personality

*** **steady** [stédi]
형 (발달·전개 등이) 꾸준한; 변함없는, 한결같은
08 They do a **steady** business at the restaurant.

* **steadiness** [stédinis]
명 착실함; 끈기

01 사라는 **품위 있는** 젊은이와 결혼했다. 02 **고귀한** 이상 03 그녀는 **세련되고** 지적인 여자였다. 04 그 형사는 유괴범 추적에 **열성적**이었다. 05 분쟁을 해결하기 위한 **필사적인** 외교적 노력 06 표범은 매우 빠르고 **민첩하다**. 07 **활기찬** 성격 08 그들은 레스토랑 사업을 **꾸준하게** 하고 있다.

Exercises

A

다음의 우리말은 영어로, 영어는 우리말로 그 뜻을 쓰시오.

① 일시적인; 잠깐 머무르는; 단기 체류자
② 충실; 충성심
③ 수송; 환승
④ 여유로운, 느긋한; 느긋하게
⑤ 자비로운
⑥ 자발적인; 저절로 일어나는; 즉흥적인
⑦ 관용; 내성
⑧ 진동하는; 활기찬
⑨ 대륙 횡단의
⑩ 퇴행; 회귀
⑪ 민첩한; 기민한
⑫ 모범적인
⑬ 환대하는; 쾌적한
⑭ docile
⑮ bold
⑯ candid
⑰ humble
⑱ steady
⑲ strenuous
⑳ sincerity
㉑ noble
㉒ sophisticated
㉓ decent
㉔ degradation
㉕ committed
㉖ meticulous

B

다음 빈칸에 들어갈 가장 적절한 어휘를 고르시오.

1. For many years, doctors had been trying to perform __________, but the patients often died. To learn the reason for this, a doctor from Austria performed countless lab experiments with mixtures of blood from different people. [모의]
① transgressions ② transfusions ③ invasions ④ gradations

2. Her angelic vocals __________ musical genres, so it is no surprise that she has many fans from all across the musical spectrum.
① transplant ② aggress ③ transcend ④ degrade

3. Gorillas are not __________ animals. When an intruder disturbs them, they may make a lot of noise, but they rarely confront another animal.
① altruistic ② aggressive ③ tolerant ④ loyal

4. The rates at this inn are extremely low, so guests should not expect to be __________ on. They have to make their own beds and get their own breakfast.
① taken ② tried ③ put ④ waited

23강

C 다음을 읽고 문제에 답하시오.

Making Character First is a book about an Oklahoma company's struggle in a tough economy, and its transformation into a revolutionary new kind of business. Author Tom Hill chronicles his discovery of the important role character plays in achieving success, and he has his company's bottom line to prove it. His breakthrough came when he made a single but significant change in his human resources department. Hill stopped hiring employees principally for their skills and experience, and now hires and rewards individuals for their good character. This counterintuitive decision has dramatically changed Hill's business and personal life, and has since spread around the world to transform other lives and companies.

Q. What does the underlined part, its transformation, mean in this text?

① emphasizing character instead of skills and experience
② putting importance on work-related abilities
③ giving top priority to human resources departments
④ finding the silver lining in a difficult economy

D 각 네모 안에서 문맥에 알맞은 어휘를 고르시오.

1. Citizens are asking for a more [transparent / opaque] and democratic government.

2. Later in life, many of us experience a [gradual / sudden] weight gain that can be very hard to notice before it is too late.

3. Online banking sites generally execute and confirm [transactions / transitions] quicker than ATM processing speeds.

E 다음 ①~⑤ 중, 문맥상 밑줄 친 낱말의 쓰임이 적절하지 않은 것을 고르시오.

① The show has all the ingredients needed to attract a large audience.
② Some people are progressive in their approach. They tend to reject behavior that does not conform to traditional values of society.
③ As a result of increasingly heated competition between news organizations, the local press has become zealous in its coverage of wrongdoing and naming of perpetrators.
④ Biodegradable bags are developed to make your daily tasks of waste reduction easier, safer and better for the environment.
⑤ Steps were taken to convene a congress for re-establishing the party.

24강

Word Complete

Part

Prefixes	이동·관통(3) per-, 멀리 tele-
Essential Roots/Stems	mit / miss = send, let go path = feel, suffer
Words with Multiple Meanings	perspective / yield / last / leave
Phrasal Verbs	through가 포함된 구동사
Themes	태도·성격 2

Words & Phrases

앞으로 학습할 예문에 쓰인 필수 어휘 모음입니다. 예문에 해당 단어 밑에는 점선이 표시(interact)되어 있습니다.
아는 단어는 □□에 체크하고 모르는 단어는 뜻 확인을 반복하세요.

*	□□	abortion [əbɔ́ːrʃən]	명 낙태, 임신중절 (= termination)
***	□□	armchair [ɑ́ːrmtʃὲər]	명 안락의자 형 (책이나 텔레비전 등을 통해) 간접적으로 아는, 탁상공론식의
고난도	□□	artifice [ɑ́ːrtəfis]	명 책략, 계략
**	□□	assumption [əsʌ́mpʃən]	명 가정, 추측; (권력·책임의) 인수, 취임
*	□□	auditory [ɔ́ːditɔ̀ːri]	형 청각의
***	□□	babysitter [béibisìtər]	명 (보통 돈을 받고) 아기를 봐주는 사람
**	□□	challenging [tʃǽlindʒiŋ]	형 도전적인; 힘든; 저항하는
***	□□	confirm [kənfə́ːrm]	동 (증거를 들어) 사실임을 보여주다; 확정하다, 공식화하다
**	□□	criticism [krítisìzm]	명 비판, 비난; 비평, 평론
*	□□	deforestation [difɔ̀(ː)ristéiʃən]	명 삼림 벌채[파괴]
*	□□	desertification [dèzəːrtəfəkéiʃən]	명 사막화
*	□□	documentation [dɑ̀kjumentéiʃən]	명 증거 서류 (제출); 기록, 문서화
*	□□	eating disorder	명 식이 장애
**	□□	extent [ikstént]	명 정도; (어떤 지역의) 규모
*	□□	grind [graind]-ground-ground	동 (곡식 등을) 갈다, 빻다; (날을) 갈다 명 고된 일, 따분한 일
***	□□	illusion [ilúːʒən]	명 착각; 환상
**	□□	inspiration [ìnspəréiʃən]	명 영감; 영감[자극]을 주는 것
**	□□	mess [mes]	명 엉망인 상태[상황] 동 엉망으로 만들다
*	□□	misspelling [mìsspéliŋ]	명 틀린 철자 ※ misspell 동 철자가 틀리다
**	□□	oncoming [ɑ́nkʌ̀miŋ]	형 다가오는 (= approaching)
**	□□	orphan [ɔ́ːrfən]	명 고아 동 (아이를) 고아로 만들다 ※ orphanage 명 보육원
*	□□	perseverance [pə̀ːrsəvíərəns]	명 인내(심) ※ persevere 동 인내심을 갖고 계속하다
**	□□	persistent [pərsístənt]	형 끈질긴; 끊임없는 ※ persist 동 고집하다; 지속되다
***	□□	remind A of B	(유사한 점 때문에) A에게 B를 연상시키다
고난도	□□	remorse [rimɔ́ːrs]	명 회한, 자책
**	□□	sensitivity [sènsətívəti]	명 민감함 (↔ insensitivity 둔감함); 세심함; (예술적) 감성
**	□□	temptation [temptéiʃən]	명 유혹; 유혹하는 것 ※ tempt 동 유혹하다
**	□□	tune [tjuːn]	명 곡(조), 선율 동 (악기의) 음을 맞추다; 조정하다
*	□□	tyrant [táiərənt]	명 폭군, 독재자 ※ tyranny 명 압제, 폭압; 독재 (정치)

Prefixes | 이동·관통(3) per-, 멀리 tele-

per-, tele- = through / far, far off (관통하여 / 먼, 멀리 떨어진)

perfume → per(through)+fume(smoke) → 향기; 향수
telecommunication → tele(far)+communication → (원거리) 전기 통신

* **perpetual** [pərpétʃuəl]

형 (오랫동안) **끊임없이 계속되는** (= unceasing, continuous)
per(through)+petu(go to)+al(형)

01 **perpetual** snow

** **perspective** [pərspéktiv]

명 **전망; 관점; 원근법** 필수 다의어 | 359쪽
per(through)+spect(look at)+ive(명)

고난도 **perspire** [pərspáiər]

동 **땀을 흘리다** (= sweat)
per(through)+spire(breathe)

02 I have a job interview in an hour and my palms are already **perspiring**.

고난도 **perspiration** [pə̀ːrspəréiʃən]

명 **땀(흘리기); 노력**

03 Genius is 1% inspiration and 99% **perspiration**.

* **pervade** [pərvéid]

동 (구석구석) **스며들다, 만연하다**
per(through)+vade(go)

04 Eating disorders have **pervaded** society for many centuries, even dating back to the ancient Greeks.

* **pervasive** [pərvéisiv]

형 (구석구석) **스며드는, 만연하는**

* **telecommuting** [téləkəmjùːtiŋ]

명 (컴퓨터 등의 통신 시설을 이용하는) **재택근무** (= teleworking)
tele(far)+commuting(통근)

** **telegraph** [téləgræf]

동 **전보를 보내다** 명 **전보, 전신** (= telegram)
tele(far)+graph(write)

01 **만년**설 02 한 시간 후에 면접이 있는데 난 벌써 손바닥에 **땀이 나고** 있다. 03 천재는 1%의 영감과 99%의 **노력**으로 이루어진다. 04 식이 장애는 심지어 고대 그리스까지 거슬러 올라갈 정도로 오랫동안 사회에 **만연해** 왔다.

** **telescope** [téləskòup]

명 **망원경**

tele(far)+scope(observe)

cf. microscope 명 현미경

---

* **televise** [téləvàiz]

동 **텔레비전으로 방송하다**

tele(far)+vise(see)

Essential Roots / Stems ❶

mit / miss = send, let go 보내다, 가게 하다

*** **permit** 동 [pərmít] 명 [pə́rmit] -permitted-permitted

동 **허락하다** 명 **허가증**

per(through)+mit(let go, send)

01 The judge **permitted** the release of the prisoner.

*** **permission** [pərmíʃən]

명 **허락**

*** **admit** [ædmít] -admitted-admitted

동 (입학·입장을) **허가하다;** (마지못해) **인정하다**

ad(to)+mit(send, let go)

02 He stubbornly refuses to **admit** the truth.

** **admission** [ædmíʃən]

명 **입장(료); 입학 (허가)**

cf. admittance 명 (입학·입장) 허가

* **admittedly** [ædmítidli]

부 **인정하건대**

** **dismiss** [dismís]

동 **해산시키다; 해고하다** (= discharge, fire); **묵살하다**

dis(away, apart)+miss(send)

03 He claimed that he had been unfairly **dismissed**.

04 We **dismiss** information that doesn't confirm our beliefs. [모의응용]

* **dismissal** [dismísəl]

명 **해고; 묵살;** (소송) **기각**

** **emit** [imít] -emitted-emitted

동 (빛·열 등을) **방출[배출]하다** (= release)

e(out)+mit(send, let go)

05 The carbon dioxide that is **emitted** causes global warming. [모의]

** **emission** [imíʃən]

명 (빛·열 등의) **발산;** (대기 속의) **배출물**

01 판사는 그 재소자의 석방을 **허가했다.** 02 그는 그 진실을 **인정하기를** 완강히 거부한다. 03 그는 자신이 부당하게 **해고되었다고** 주장했다. 04 우리는 우리의 믿음을 확증해 주지 않는 정보는 **묵살한다.** 05 **배출되는** 이산화탄소는 지구 온난화를 일으킨다.

* **intermit** [ìntərmít] -intermitted-intermitted

동 **일시적으로 중단하다** (= suspend)
inter(between)+mit(send)
01 I wish to **intermit** my course.

** **intermission** [ìntərmíʃən]

명 (연극·수업 등의) **중간 휴식 시간** (= interval); **중지**
02 Latecomers will be admitted only during **intermission**. [수능]

고난도 **intermittent** [ìntərmítənt]

형 **간헐적인, 간간이 일어나는** (= sporadic)
inter(between)+mit(send)+ent(형)
03 **intermittent** showers

*** **omit** [oumít] -omitted-omitted

동 **생략하다** (= take out, leave out)
ob(강조)+mit(send, let go)
04 Important details had been **omitted** from the article.

** **omission** [oumíʃən]

명 **생략**

---

* **remit** [rimít] -remitted-remitted

동 **송금하다, 보내다**; (빚 등을) **면제하다; 완화하다**
re(back)+mit(send)
05 A hundred dollar prize will be **remitted** to the winner.

고난도 **remittance** [rimítəns]

명 **송금(액)**

*** **submit** [səbmít] -submitted-submitted

동 ((to)) **굴복하다** (= yield, surrender); (보고서 등을) **제출하다**
sub(under)+mit(let go, send)
06 to **submit** to a conqueror
07 Download the application form from the school website and **submit** your application to this email address. [모의응용]

*** **submission** [səbmíʃən]

명 **항복; 제출**

* **submissive** [səbmísiv]

형 **순종적인** (= docile, meek)

** **transmit** [trænsmít] -transmitted-transmitted

동 **전송하다; 전염시키다**; (열·전기 등을) **전도하다**
trans(across)+mit(send)
08 a signal **transmitted** from a satellite

** **transmission** [trænsmíʃən]

명 **전송; 전염; 전도**

01 교육 과정을 **일시적으로 중단하고** 싶습니다. 02 늦게 오시면 **중간 휴식 시간** 동안만 입장할 수 있습니다. 03 **간간이 오는** 소나기 04 중요한 세부사항들이 그 기사에서 **생략되었다**. 05 100달러의 상금이 우승자에게 **송금될** 것입니다. 06 정복자에게 **굴복하다** 07 학교 웹사이트에서 지원서 양식을 다운로드 받아 지원서를 다음 이메일 주소로 **제출하세요**. 08 위성에서 **전송된** 신호

Essential Roots / Stems ❷

path = feel, suffer 느끼다, 고통 받다

** **telepathy** [təlépəθi]
명 텔레파시
tele(far)+path(feel)+y(명)

** **sympathy** [símpəθi]
명 공감; 동정 (= compassion)
sym(together)+path(feel)+y(명)
01 His remorse is just an artifice to gain **sympathy**.

** **sympathize** [símpəθàiz]
동 ((with)) 공감하다; 동정하다

** **sympathetic** [sìmpəθétik]
형 공감하는; 동정적인

---

* **empathy** [émpəθi]
명 감정 이입, 공감
em(in)+path(feel)+y(명)

** **empathize** [émpəθaiz]
동 ((with)) 감정 이입하다, 공감하다
02 She **empathized** with the old man, who reminded her of her father.

* **empathic** [empǽθik]
형 감정 이입의

고난도 **antipathy** [æntípəθi]
명 반감
anti(against)+path(feel)+y(명)

고난도 **apathy** [ǽpəθi]
명 무관심; 냉담함
a(without)+path(feel)+y(명)
03 Political **apathy** results in low voter turnout.

고난도 **apathetic** [æ̀pəθétik]
형 무관심한; 냉담한

---

* **pathetic** [pəθétik]
형 불쌍한; 비참한 (= miserable); 한심한
path(suffer)+tic(형)
04 The orphaned child looked so small and **pathetic**.

---

* **pathos** [péiθɑs]
명 비애; 페이소스 ((말·글·연극에서 연민을 자아내는 힘))

01 그의 자책은 **동정**을 얻기 위한 책략에 불과하다. 02 그녀는 그 노인에게 **감정 이입**이 되었는데, 그는 그녀에게 아버지를 생각나게 했다. 03 정치적 **무관심**이 낮은 투표율을 초래한다. 04 부모를 잃은 그 아이는 아주 작고 **불쌍해** 보였다.

Words with Multiple Meanings 필수 다의어의 이해

** **perspective**
[pə*r*spéktiv]

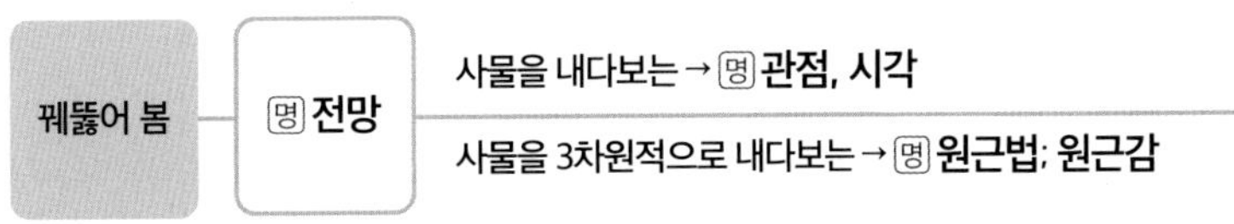

01 From the window of the hotel room, you can enjoy a **perspective** of the whole valley.

02 Environmental problems like deforestation and desertification need to be considered from a global **perspective**.

03 An object that is out of **perspective** does not have the correct size compared with other things in the picture.

---

* **yield**
[ji:ld]

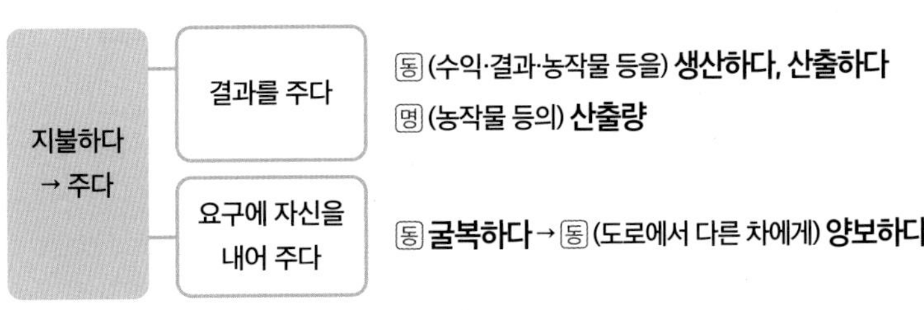

04 I have a peach tree, a pear tree, and an apple tree that **yield** several pounds of fruit a year. [모의응용]

05 I **yielded** to temptation and had a large slice of cake.

06 **Yield** to oncoming traffic.

24강

01 호텔 방의 창문을 통해 계곡 전체가 보이는 **전망**을 즐기실 수 있습니다. 02 삼림 파괴와 사막화 같은 환경 문제는 전 세계적 **관점**에서 고려될 필요가 있다. 03 **원근법**에 맞지 않는 사물은 그림 속의 다른 것들과 비교해서 크기가 알맞지 않다. 04 나는 한 해에 몇 파운드의 과일을 **생산해내는** 복숭아나무, 배나무, 사과나무가 있다. 05 나는 유혹에 **굴복하여** 케이크를 크게 한 조각 먹었다. 06 다가오는 차에게 **양보하시오**.

*** **last**
[læst]

형 마지막의	지금까지의 것 중에서 마지막의 → 형 **가장 최근의, 지난**
	가능성이 가장 마지막인[가장 낮은] → 형 **결코 ~할 것 같지 않은**
	마지막까지 계속되는 → 동 **계속하다, 지속되다**

01 I had easily answered all the questions until I read the **last** one. [모의응용]
02 The law banning abortion was passed **last** August.
03 He is the **last** person who would tell a lie.
04 If pain **lasts** more than a week, consult your physician. [모의응용]

*** **leave**
-left-left
[liːv]

(두고) 떠나다; 방치하다	동 (사람·장소에서) **떠나다**	동 (살던 집·직장·학교 등을) **그만두다**
		직장에서 잠시 떠나는 → 명 **휴가 (기간)**
	동 **~한 상태로 계속 놓아두다**	동 (어떤 결과를) **남기다**
		동 (일을 즉각 하지 않고) **미루다**

05 His mother wished for him to **leave** school and assist her in managing the farm. [모의응용]
06 Every employee can use three days of sick **leave** per month for any illness. [모의응용]
07 Don't **leave** him waiting outside in the rain.
08 The rich culture and customs of Vietnam **leave** a deep impression on visitors.
09 He always **leaves** everything till the last moment.

01 나는 **마지막** 문제를 읽기까지는 모든 문제에 쉽게 답을 했다. 02 낙태를 금지하는 법이 **지난** 8월에 통과되었다. 03 그는 **결코** 거짓말을 **할 것 같지 않은** 사람이다. (→ 그는 거짓말을 **할** 사람이 **아니다**.) 04 통증이 일주일 이상 **지속된다면** 의사와 상담하세요. 05 그의 어머니는 그가 학교를 **그만두고** 자신을 도와 농장을 관리하기를 바랐다. 06 모든 직원들은 어느 질병 때문이든 한 달에 3일의 **병가**를 낼 수 있다. 07 비가 오는데 그를 밖에서 **계속** 기다리게 **하지** 마라. 08 베트남의 풍부한 문화와 관습은 방문객들에게 깊은 인상을 **남긴다**. 09 그는 항상 모든 일을 마지막 순간까지 **미룬다**.

Phrasal Verbs | through가 포함된 구동사

다음 구동사의 의미를 추론하여 오른쪽 빈칸에 쓰고 페이지 하단의 해석과 대조해 보시오.

*** be through

끝까지 한 상태이다

01 Don't lean back and announce, "I'**m through**," when others are not finished. [수능]

➡ 다른 사람들이 끝내지 못했는데 나는 ________

** browse through

처음부터 끝까지 둘러보다

02 As you **browse through** the news articles, you can enjoy a delicious cup of fresh black coffee. [사관학교응용]

➡ 뉴스 기사들을 ________

*** come through

~을 통과하여 오다

03 Amazingly, the old boat **came through** the storm without a scratch.

➡ 폭풍을 ________

** get through

~을 통과하여 나가다

04 I had trouble **getting through** customs. [수능]

➡ 세관을 ________

05 We need a good way to **get through** this situation. [모의응용]

➡ 이 상황을 ________

** go through

처음부터 끝까지 가다

06 No cars seemed to be coming, so I decided to **go through** the red light. [수능]

➡ 빨간불에 ________

07 As they **go through** life, people of the same age will in some ways understand each other better than people of different ages. [수능]

➡ 인생을 ________

08 Let's **go through** our checklist one last time. [모의]

➡ 체크리스트를 ________

*** look through

처음부터 끝까지 보다

09 I **looked through** the manuscript for misspellings.

➡ 원고를 ________

01 다른 사람들이 아직 마치지 못했을 때 뒤로 젖히고 앉아서 "나는 **끝냈어**."라고 말하지 마라. 02 뉴스 기사들을 **훑어보면서** 갓 내린 블랙커피 한 잔을 맛있게 즐길 수 있다. 03 놀랍게도 그 낡은 보트는 상처 하나 없이 폭풍을 **뚫고 나왔다**. 04 나는 세관을 **통과하는** 데 힘들었다. 05 우리는 이 상황을 **빠져나갈** 좋은 방법이 필요하다. 06 차가 한 대도 오지 않는 것 같아 나는 빨간불에 **길을 건너기로** 결심했다. 07 인생을 **경험함**에 따라, 같은 연령의 사람들은 다른 연령의 사람들보다 어떤 면에서는 서로 더 잘 이해할 것이다. 08 우리의 체크리스트를 마지막으로 한번 **자세히 살펴보자**. 09 나는 원고에 오탈자가 없는지 **죽 살펴보았다**.

Themes | 태도·성격 2

* **cynical** [sínikəl]

형 냉소적인

---

* **pessimistic** [pèsəmístik]

형 비관적인 (↔ optimistic 낙관적인)

01 He has an extremely **pessimistic** attitude.

* **pessimist** [pésəmist]

명 비관주의자 (↔ optimist 낙관주의자)

고난도 **complacent** [kəmpléisənt]

형 현실에 안주하는, 자기만족적인

02 We've been winning, but we're not going to get **complacent**.

---

* **contemptuous** [kəntémptʃuəs]

형 경멸하는 (= scornful)

** **contempt** [kəntémpt]

명 경멸, 멸시 (= scorn, disdain, mockery)

| 다른 사람에 대한 부정적 태도 |

aloof	형 냉담한 (= unfriendly)
irreverent	형 불경한, 불손한 *irreverence 명 불경, 불손
defy	동 무시하다; 반항하다; 맞서다
insult	동 모욕하다 명 모욕 *insulting 형 모욕적인
humiliate	동 굴욕감을 주다 *humiliation 명 굴욕(감)
disparage	동 폄하하다 (= belittle)
demean	동 위신을 떨어뜨리다; 비하하다
tease	동 놀리다, 장난하다, 집적거리다

---

* **sinister** [sínistər]

형 사악한, 해로운; 불길한

03 a **sinister** criminal

---

* **wicked** [wíkid]

형 못된, 사악한 (= evil); 짓궂은 (= mischievous)

04 stories about a **wicked** witch

** **brutal** [brú:təl]

형 잔인한, 잔혹한 (= cruel, inhumane)

05 The prisoners endured **brutal** treatment.

* **brutality** [bru:tǽləti]

명 잔인성 (= cruelty)

01 그는 매우 **비관적인** 태도를 취하고 있다. 02 우리는 이기고 있지만 **현실에 안주하지는** 않을 것이다. 03 **사악한** 범죄자 04 **못된** 마녀의 이야기 05 수감자들은 **잔인한** 처우를 견뎌냈다.

* **ruthless** [rú:θlis]
형 무자비한; 인정사정없는 (= merciless, pitiless)
01 a **ruthless** tyrant

고난도 **relentless** [riléntlis]
형 냉혹한, 잔인한; 수그러들지 않는 (= unrelenting)
02 **relentless** criticism

* **fierce** [fiərs]
형 사나운, 맹렬한 (= ferocious); (기상 조건이) 극심한
03 The wind was so cold and **fierce**.

* **egocentric** [i:gouséntrik]
형 자기중심적인

| 스스로 자랑하고 뽐내는 태도 |

snobbish	형 속물적인, 우월감에 젖어 있는
arrogant	형 오만한 *arrogance 명 오만
boast	동 뽐내다, 자랑하다 *boastful 형 뽐내는, 자랑하는
vanity	명 자만심, 허영심; 헛됨

** **stubborn** [stʌ́bərn]
형 완고한, 고집스러운 (= obstinate)
04 a **stubborn** objection
cf. tenacious 형 집요한, 끈질긴; 지속적인 (= persistent)

* **picky** [píki]
형 까다로운 (= fussy)
05 a **picky** eater

** **demanding** [dimǽndiŋ]
형 요구가 많은; (일이) 부담이 큰
06 Young children can be very **demanding**.

* **fitful** [fítfəl]
형 발작적인; 변덕스러운 (= erratic)
07 a **fitful** night's sleep

** **stingy** [stíndʒi]
형 인색한 (= sparing, mean)
08 The company was too **stingy** to raise salaries.

* **solemn** [sɑ́ləm]
형 (표정이) 근엄한; (행동 등이) 엄숙한
09 a very **solemn** expression

01 **무자비한** 폭군 02 **냉혹한** 비판 03 바람이 너무 차고 **맹렬했다.** 04 **강경한** 반대 05 입맛이 **까다로운** 사람 06 어린 아이들은 **요구가** 매우 **많을** 수 있다. 07 **자주 깨는** 밤잠 08 그 회사는 너무 **인색해서** 급여를 올려주지 않았다. 09 매우 **근엄한** 표정[표현]

고난도 **sluggish** [slʌ́giʃ]

형 느릿느릿한; 부진한 (= slack, tardy)

01 Do not be **sluggish** in your work.

cf. indolent 형 나태한, 게으른

---

* **stern** [stəːrn]

형 엄격한, 단호한 (= severe, strict)

02 Her father was **stern** and hard to please.

** **coward** [káuərd] 명 겁쟁이

* **cowardice** [káuərdis] 명 겁, 비겁

* **cowardly** [káuərdli] 형 겁 많은

---

* **daunt** [dɔːnt]

동 겁먹게[기죽게] 하다

03 Even the most challenging tasks don't **daunt** us.

cf. undaunted 형 (곤경 등에도) 의연한, 흔들림 없는

** **timid** [tímid]

형 소심한, 자신감 없는

04 She's very **timid** when meeting strangers.

** **hesitant** [hézətənt]

형 주저하는

05 Many witnesses are still **hesitant** to come forward.

*** **hesitate** [hézətèit] 동 주저하다, 망설이다

*** **hesitation** [hèzətéiʃən] 명 주저, 망설임 (= hesitance, hesitancy)

---

* **indecisive** [ìndisáisiv]

형 우유부단한; (결과가) 뚜렷하지 않은

06 a weak and **indecisive** leader

* **indecision** [ìndisídʒən] 명 (결정을 못 내리고) 망설임, 우유부단 (= irresolution)

---

* **naive** [nɑːíːv]

형 ((주로 부정적)) 순진해 빠진

07 She was so **naive** as to trust him.

---

* **masculine** [mǽskjulin]

형 남자의; 사내다운 (↔ feminine 여성의; 여성스러운)

cf. macho 형 (거칠게) 남자다움을 과시하는

01 **느릿느릿** 일하지 마라. 02 그녀의 아버지는 **엄격하고** 마음에 들기 어려웠다. 03 가장 힘든 과제조차 우리를 **기죽이지** 못한다. 04 그녀는 낯선 사람을 만날 때 매우 **자신감이 없다**. 05 많은 목격자들이 앞으로 나서기를 여전히 **주저한다**. 06 나약하고 **우유부단한** 지도자 07 그녀는 **순진해 빠져서** 그를 믿었다.

Exercises

A

다음의 우리말은 영어로, 영어는 우리말로 그 뜻을 쓰시오.

① 전송; 전염; 전도
② 우유부단한; (결과가) 뚜렷하지 않은
③ 겁쟁이
④ (구석구석) 스며들다, 만연하다
⑤ 비관적인
⑥ 주저하다, 망설이다
⑦ (빛·열 등의) 발산; (대기 속의) 배출물
⑧ 소심한, 자신감 없는
⑨ 현실에 안주하는, 자기만족적인
⑩ 자기중심적인
⑪ 순진해 빠진
⑫ 생략
⑬ 냉소적인
⑭ 전망; 관점; 원근법
⑮ 해고; 묵살; (소송) 기각
⑯ picky
⑰ perpetual
⑱ ruthless
⑲ telescope
⑳ masculine
㉑ wicked
㉒ stern
㉓ sinister
㉔ contemptuous
㉕ relentless
㉖ fierce
㉗ stingy
㉘ pathetic
㉙ sluggish
㉚ solemn

B

다음 빈칸에 들어갈 가장 적절한 어휘를 고르시오.

1. A coffee tree will ________ enough coffee beans to fill a one-pound can of ground coffee during each growing season.
① admit ② last ③ yield ④ daunt

2. Please ensure that you have all documentation completed before submitting your application. No editing changes are permitted; therefore, if you have ________ any details to your application, you will have to start over and complete it again.
① omitted ② emitted ③ remitted ④ submitted

3. People live under the illusion that when they are experiencing time pressure, they are also more creative. This explains why time pressure is ________ and to some extent accounts for the increase in rates of depression. [모의응용]
① submissive ② sympathetic ③ pervasive ④ hesitant

C

다음 글의 빈칸에 들어갈 말로 가장 적절한 것을 고르시오.

The enemy of "learning" is "knowing!" Take a minute and think about this thought. Knowing means that you will not be looking at the assumptions that exist behind what you think and know. It means that the thinking process leading to knowing may never be revisited. The result could be a persistent determination to hold onto a belief in spite of all evidence that it should be changed. A "blind person" like this chooses to reject all new evidence that could change his or her knowing. He or she becomes ________. This blind condition will prevent him or her from learning life's lessons that are necessary for personal growth. [모의]

① apathetic ② fitful ③ demanding ④ stubborn ⑤ brutal

D

각 네모 안에서 문맥에 알맞은 어휘를 고르시오.

1. Some scientific discoveries are made by armchair research, but most of them require considerable experimental work and represent a lot of perseverance and [perspiration / permission].

2. She always sends her [admittance / remittance] on time, so she won't ever be charged a late fee on her electric bill.

3. After trying to get [admission / submission] to many medical schools, she was finally accepted by a medical school in Philadelphia. [모의응용]

E

다음 ①~⑤ 중, 문맥상 밑줄 친 낱말의 쓰임이 적절하지 않은 것을 고르시오.

① The children had been so mischievous that we had to pay the babysitter extra and then clean up the mess.
② There was a fifteen-minute intermission after the first act, which stretched a little longer as the band's sound technicians needed to tune some instruments.
③ Let's not forget the victims of others' selfishness; they haven't received antipathy, compassion, or sensitivity.
④ Hearing occurs when sound waves travel through the air, enter your ears, and are transmitted by the auditory nerve to your brain. [모의]
⑤ In 14th-century England, laws governed the permitted length of the pointed toe, depending upon social status. [모의응용]

25강

Word Complete

Part

Prefixes	함께·같이(1) com-
Essential Roots/Stems	ply / plic = fold pel / puls(e) = drive, push
Words with Multiple Meanings	apply / company / mean / command
Phrasal Verbs	with가 포함된 구동사
Themes	기분(Mood·Feelings)

Words & Phrases

앞으로 학습할 예문에 쓰인 필수 어휘 모음입니다. 예문에 해당 단어 밑에는 점선이 표시(interact)되어 있습니다.
아는 단어는 □□에 체크하고 모르는 단어는 뜻 확인을 반복하세요.

고난도	□□	acrobatic [ækrəbǽtik]	형 곡예의, 곡예적인
고난도	□□	audacity [ɔːdǽsəti]	명 대담함, 뻔뻔함
**	□□	colony [kɑ́ləni]	명 식민지; 집단, 거주지; (동식물의) 군집
*	□□	dart [dɑːrt]	명 다트, 던지는 화살 동 (시선·화살 등을) 던지다; (화살처럼) 날아가다
**	□□	draft [dræft]	명 밑그림, 초안 동 초안을 작성하다; 선발하다; 징병하다
**	□□	formality [fɔːrmǽləti]	명 형식상의 절차; 형식적인 일
*	□□	humiliating [hjuːmílièitiŋ]	형 굴욕적인
고난도	□□	indigenous [indídʒənəs]	형 토착의; 고유한
*	□□	irresistible [ìrizístəbl]	형 저항할 수 없는; 억누를 수 없는
**	□□	literally [lítərəli]	부 문자 그대로; 사실상
*	□□	manipulation [mənìpjuléiʃən]	명 (교묘한) 조작
**	□□	mosquito [məskíːtou]	명 모기
*	□□	overwhelmed [òuvərhwélmd]	형 압도된
고난도	□□	particulate [pərtíkjulət]	명 ((*pl.*)) 미립자, 입자성 물질 형 미립자의; 미립자로 된
*	□□	phenomena [finɑ́mənə]	명 ((phenomenon의 복수형)) 현상
고난도	□□	plaque [plæk]	명 (기념) 명판; (치아에 끼는) 플라크
*	□□	pneumonia [njumóunjə]	명 폐렴
**	□□	primarily [praimérəli]	부 주로 (= chiefly, mainly, mostly)
*	□□	proceeding [prəsíːdiŋ]	명 행사; 소송 절차; 회의록
*	□□	radical [rǽdikəl]	형 근본적인; 급진적인 (= drastic) 명 급진주의자
*	□□	render [réndər]	동 ~이 되게 하다; 제공하다; 표현하다
***	□□	representative [rèprizéntətiv]	명 대표(자); 대리인 형 대표하는
**	□□	residence [rézidəns]	명 주택, 거주지; 거주
고난도	□□	sulfur dioxide	명 아황산가스
***	□□	swallow [swɑ́lou]	명 한 입[모금]; 제비 동 (음식 등을) 삼키다
**	□□	theft [θeft]	명 절도 ※ thieve 동 훔치다 (= steal)

Prefixes | 함께·같이(1) com-

com- = with, together, completely (함께, 같이, ((강조)) 완전히)

compose → com(together)+pose(put) → 구성하다

* **commemorate** [kəmémərèit]

동 기념하다 (= memorialize)

com(together)+memor(mindful)+ate(동)

01 The plaque **commemorates** the battle that took place here 200 years ago.

* **commemoration** [kəmèməréiʃən]

명 기념 (행사)

---

* **commence** [kəméns]

동 ((격식)) 시작하다

com(강조)+(m)ence(begin, initiate)

02 The court **commenced** criminal proceedings.

* **commencement** [kəménsmənt]

명 시작, 개시; ((미)) 학위 수여식, 졸업식

---

* **communal** [kəmjú:nəl]

형 공동의, 공용의 (= shared); (공동체 내의) 집단이 관련된

com(together)+mun(share)+al(형)

03 a **communal** kitchen

04 **communal** conflict between indigenous groups and immigrant workers

---

* **compatible** [kəmpǽtəbl]

형 양립[화합]할 수 있는; 호환이 되는

(↔ incompatible 양립할 수 없는; 호환성이 없는)

com(together)+pati(suffer)+ible(형)

05 The proposed new regulation is not **compatible** with our existing policy.

고난도 **commensurate** [kəménʃərət]

형 (크기나 액수가) 어울리는, 상응하는, 적당한

com(together)+mensura(measure)+ate(형)

06 Salary will be **commensurate** with experience.

01 그 명판은 200년 전 이곳에서 일어났던 전투를 **기념한다.** 02 법원은 형사 소송 절차를 **개시했다.** 03 **공동** 부엌 04 토착 집단들과 이민 온 노동자들 간의 **집단** 갈등 05 제안된 새 규정은 우리의 기존 정책과 **양립할** 수 없다. 06 급여는 경력에 **상응할** 것이다.

* **compile** [kəmpáil]

동 (여러 출처에서 자료를 따와) **엮다, 편집하다, 편찬하다**

com(together)+pile(쌓다)

01 We must protect citizens against the **compiling** of personal data. [수능]

* **compilation** [kὰmpəléiʃən] 명 (책이나 음반의) **모음집, 편집본**

** **complement** 명 [kάmpləmənt] 동 [kάmpləmènt]

명 **보완물;** ((문법)) **보어** 동 **~을 완전하게 하다; 보완하다**

com(강조)+ple(fill)+ment(명)

02 Different personalities can **complement** each other.

* **complementary** [kὰmpləméntəri] 형 **상호 보완적인**

cf. compliment 명 칭찬(의 말), 찬사 동 칭찬하다

cf. complimentary 형 칭찬하는; 무료의

*** **complex** 형 [kəmpléks, kά:mpleks] 명 [kά:mpleks]

형 **복잡한** (= complicated, intricate) 명 **복합 건물; 콤플렉스, 강박 관념**

com(together)+plex(weave 짜다; 엮다)

03 the **complex** manipulations required for tool use [모의]

* **complexity** [kəmpléksəti] 명 **복잡함**

** **compound** 명형 [kάmpaund] 동 [kəmpáund]

명 (화학적) **화합물; 복합체** 형 **합성의**

동 **혼합하다; 구성하다;** (문제 등을) **악화시키다**

com(together)+pound(put)

04 chemical **compounds**

Essential Roots / Stems ❶

ply / plic = fold 접다

*** **complicate** [kάmpləkèit]

동 (더) **복잡하게 만들다**

com(together)+plic(fold)+ate(동)

05 Let's not **complicate** matters any more.

** **complication** [kὰmpləkéiʃən] 명 **복잡함; 합병증**

*** **apply** [əplái]

동 **신청하다; 적용하다;** (페인트·크림 등을) **바르다** 필수 다의어 | 373쪽

ap(to)+ply(fold)

01 우리는 개인 자료의 **수집**으로부터 시민을 보호해야 한다. 02 다른 성격은 서로 **보완할** 수 있다. 03 공구 사용에 필요한 **복잡한** 조작 04 화학적 **화합물**
05 문제를 더 **복잡하게** 만들지 맙시다.

* **explicate** [ékspləkèit]

동 (사상·작품 등을) **설명하다, 해석하다**

ex(out)+plic(fold)+ate(동)

01 The professor took time to **explicate** the literary work.

* **explicable** [iksplíkəbl]

형 **설명[해명]되는** (↔ inexplicable 설명할 수 없는)

02 phenomena **explicable** by the laws of physics

---

* **explicit** [iksplísit]

형 **명시적인, 분명한** (↔ implicit 암시적인)

ex(out)+plic(fold)+it(형)

03 He gave me **explicit** directions on how to get there.

---

* **implicate** [ímplikèit]

동 (범죄 등에) **연루시키다; 암시하다** (= imply, suggest)

im(in)+plic(fold)+ate(동)

04 His business partner was **implicated** in the theft.

* **implication** [ìmpləkéiʃən]

명 (범죄에의) **연루; 함축, 암시; 영향**

05 Figuring out a text's **implications** tests our analytical powers. [모의]

---

* **replicate** [répləkeit]

동 **모사하다, 복제하다** (= duplicate, reproduce)

re(back)+plic(fold)+ate(동)

06 to **replicate** classic artwork

* **replication** [rèpləkéiʃən]

명 **복제**

고난도 **replica** [réplikə]

명 **모사품, 복제품**

| 모방·모조 |

fake	형 가짜의 명 모조품 (= phony, imitation) 동 위조하다
parody	명 패러디, 풍자적으로 모방한 작품
plagiarize	동 표절하다 *plagiarism 명 표절

25강

Essential Roots / Stems ❷

pel / puls(e) = drive, push 몰다, 밀다

** **compel**-compelled-compelled [kəmpél]

동 **강요하다; ~하게 만들다** (= force, constrain)

com(together)+pel(drive, push)

07 The order **compelled** him to appear as a witness.

01 교수는 그 문학 작품을 **해석하는** 데 시간을 들였다. 02 물리학 법칙으로 **설명되는** 현상들 03 그는 나에게 그곳에 가는 방법을 **분명하게** 알려 주었다. 04 그의 동업자가 절도에 **연루되었다**. 05 텍스트의 **의미**를 파악하는 것은 우리의 분석력을 시험한다. 06 고전 작품을 **모사하다** 07 그 명령에 의해 그는 증인으로 출석**해야 했다**.

** **compulsion** [kəmpʌ́lʃən] — 명 강요, 강제

** **compulsory** [kəmpʌ́lsəri] — 형 강제적인 (↔ voluntary 자발적인); 의무적인, 필수의

* **compulsive** [kəmpʌ́lsiv] — 형 강박적인, 조절이 힘든 (= uncontrolled)

01 **compulsive** spending

** **pulse** [pʌls] — 명 맥박; 고동; (음향 등의) 진동

02 The excitement quickened his **pulse**.

---

* **dispel** [dispél] -dispelled-dispelled — 동 (느낌 등을) 떨쳐 버리다, 없애다

dis(off, away)+pel(drive, push)

03 He made an official statement to **dispel** any rumors about his retirement.

---

* **expel** [ikspél] -expelled-expelled — 동 쫓아내다; 퇴학시키다; 배출하다

ex(out)+pel(drive, push)

04 The student was **expelled** from school for wrongdoing.

---

* **impel** [impél] -impelled-impelled — 동 (생각·기분이) ~해야만 하게 하다

im(into)+pel(drive)

05 Though I was angry, something **impelled** me to smile.

** **impulse** [ímpʌls] — 명 충동; 충격, 자극

06 an irresistible **impulse**

* **impulsive** [impʌ́lsiv] — 형 충동적인 (= impetuous)

---

* **propel** [prəpél] -propelled-propelled — 동 나아가게 하다; (특정한 상황으로) 몰고 가다

pro(forward)+pel(drive, push)

07 a boat **propelled** only by oars

** **propeller** [prəpélər] — 명 프로펠러, 추진기

---

* **repel** [ripél] -repelled-repelled — 동 물리치다; 쫓아버리다; 혐오감을 주다 (= repulse)

re(back)+pel(drive, push)

08 Lavender essential oil is effective at **repelling** mosquitoes.

* **repellent** [ripélənt] — 형 혐오감을 주는 (= repulsive) 명 방충제; 방수제

01 **강박적인** 소비 02 흥분해서 그의 **맥박**이 빨라졌다. 03 그는 공식 발표를 하여 그의 은퇴에 관한 소문을 **없앴다.** 04 그 학생은 비행을 저질러 학교에서 **퇴학당했다.** 05 나는 화가 나 있었지만 무언가가 나를 웃을 수**밖에 없게 했다.** 06 억누를 수 없는 **충동** 07 노를 저어야만 **나아가는** 배 08 라벤더 에센셜 오일은 모기를 **퇴치하는** 데 효과적이다.

Words with Multiple Meanings 필수 다의어의 이해

*** apply
[əplái]

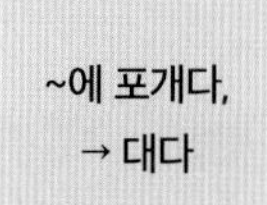

자신을 (일자리·대학 등에) 대다 → 동 **신청하다, 지원하다**

특정 대상에 대다 → 동 **적용하다** → 적용해서 → 동 **쓰다, 사용하다**
→ 페인트·크림 등을 쓰다 → 동 **(페인트·크림 등을) 바르다**

01 My family was so poor that I wasn't even planning to **apply** to college. [모의]

02 In this class, you can learn how to **apply** basic math to real life. [모의응용]

03 The new technology is being **applied** to almost every industrial process.

04 The best protection against insect bites is to **apply** insect repellent to your skin and clothing. [모의응용]

- apply for ~을 신청[지원]하다
- application 명 신청(서), 지원(서); (특정 용도에) 적용; (페인트·크림 등을) 바름
- applicant 명 신청자, 지원자

*** company
[kʌ́mpəni]

친구
(companion)

명 **함께 있음, 동반** → 명 **함께 있는 사람들**
→ 사람들과 함께 일하는 → 명 **회사**

05 I didn't enjoy her **company** at first, but now I have a close bond with her.

06 Some jokes are just not suitable to tell in mixed **company**, as they may be offensive or inappropriate.

07 Steve had supervised one of his **company**'s warehouse stores for four years. [수능응용]

01 우리 집안은 너무 가난해서 나는 대학에 **지원할** 계획조차 하지 않고 있었다. 02 이 수업에서 여러분은 기초 수학을 실생활에 **적용하는** 방법을 배울 수 있습니다. 03 그 신기술은 거의 모든 산업 공정에 **사용되고 있다**. 04 곤충에 물리지 않기 위한 최선의 보호 방법은 곤충 퇴치제를 피부와 옷에 **바르는** 것이다. 05 나는 처음에 그녀가 **함께 있는 게** 좋지 않았지만, 지금은 그녀와 돈독한 관계를 맺고 있다. 06 일부 농담들은 불쾌감을 주거나 부적절할 수 있기 때문에 여러 사람이 있는 **무리**에서는 말하기에 적합하지 않다. 07 스티브는 **회사**의 창고 매장 중 하나를 4년간 감독했다.

*** **mean**

-meant-meant

[miːn]

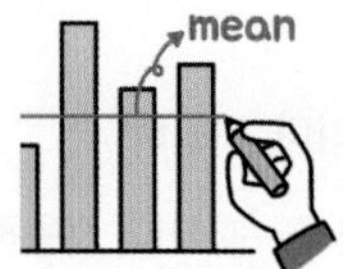

동 의미하다	의미를 의도하여 → 동 **의도하다, 작정하다** → 의도한 결과 → 동 (결국) **~하게 되다**
공통의 (common)	형 **보통의, 평균의**

형 **비열한, 못된** 명 ((*pl.*)) **수단, 방법**

01 Mars appears to be lifeless. But does that **mean** there was no life on Mars? [모의응용]
02 Sorry! I didn't **mean** to step on your toes.
03 Spending a little more money now will **mean** spending less in the future.
04 The **mean** annual rainfall is 840 millimeters.
05 You are so **mean** to your little sister!
06 The government has various **means** of collecting taxes, including taking legal action. [모의응용]

** **command**

[kəmǽnd]

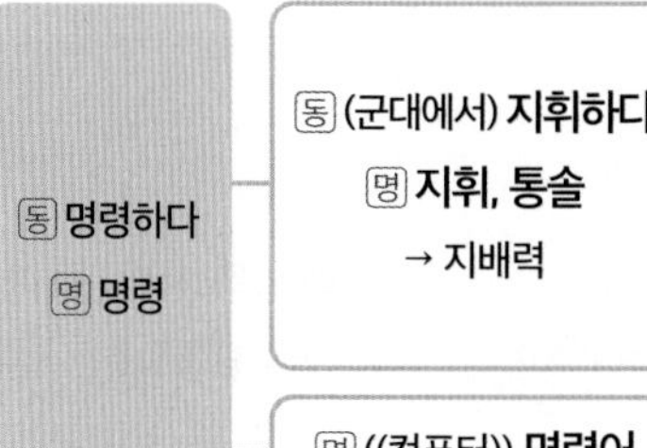

지배력으로 인해 → 동 (관심·존경 등을) **받다**

한 분야를 지배하는 → 명 **전문적 기술[지식]; (언어) 구사 능력**

07 The committee **commanded** that work on the building should cease.
08 The troops were **commanded** by General Picard.
09 Philip was a remarkable teacher who was able to **command** the respect of the class.
10 The student's **command** of a language will be judged by how well he or she can perform in public. [모의응용]
11 I have problems remembering all the **commands** for the program.

01 화성에는 생명체가 살지 않는 것처럼 보인다. 그러나 그것이 화성에 생명체가 전혀 없었다는 것을 **의미할까**? 02 죄송합니다! 발을 밟으려고 **(의도)한** 건 아니었어요. 03 지금 좀 더 많은 돈을 쓰면 **결국** 나중에 적게 소비**하게 될** 것이다. 04 연**평균** 강우량은 840밀리미터이다. 05 넌 여동생에게 매우 **못되게** 구는구나! 06 정부는 법적 조치를 취하는 것을 포함하여 세금을 걷는 다양한 **수단**을 갖고 있다. 07 위원회는 그 건물 공사를 중단할 것을 **명령했다**. 08 그 군대는 피카르 장군의 **지휘를 받았다**. 09 필립은 학급 학생들의 존경을 **받을** 수 있는 뛰어난 교사였다. 10 그 학생의 언어 **구사 능력**은 사람들 앞에서 언어를 얼마나 잘 사용할 수 있는지에 의해서 판단될 것이다. 11 나는 그 프로그램의 모든 **명령어**를 외우는 데 어려움이 있다.

Phrasal Verbs | with가 포함된 구동사

다음 구동사의 의미를 추론하여 오른쪽 빈칸에 쓰고 페이지 하단의 해석과 대조해 보시오.

** cope with

~과 함께 맞서다

01 Through relaxation, meditation, and positive thinking, I found that feeling good about myself helps me **cope with** difficult situations and even diseases. [사관학교응용]

➡ 어려운 상황에 ________

** contend with

~과 함께 겨루다

02 My husband and I have to **contend with** radical differences between what our children think about a given situation and what we think about it. [수능]

➡ 근본적인 차이점과 ________

*** deal with

~과 상대하다

03 When you are feeling overwhelmed by presentations, paper deadlines, or tests, you will probably spend all your time studying to **deal with** these pressures. [모의]

➡ 압박감을 ________

** go with

~과 함께 가다

04 Any shoes will **go** well **with** your new clothes. ➡ 새 옷과 잘 ________

05 Disease often **goes with** poverty. ➡ 빈곤과 질병이 ________

06 I'm sorry I can't **go with** you on your new plan. ➡ 계획에 ________

** dispense with = do without = go without

*관용적 표현

07 Let's **dispense with** the formalities and get down to business.

➡ 형식 절차를 ________

** identify with

~과 동일시하다

08 To love someone is to **identify with** them. -Aristotle

➡ (자신을) 그들과 ________

cf. identify as ~라고 밝히다

Many people who **identify as** vegan choose not to consume any animal products.

비건이라고 **밝힌** 많은 사람들은 어떠한 동물성 제품도 소비하지 않기를 선택한다.

25강

01 휴식과 명상, 그리고 긍정적인 생각을 통하여 나는 자신에 대해 좋은 느낌을 갖는 것이 어려운 상황과 심지어 질병까지도 **대처하는** 데 도움이 된다는 점을 알게 됐다. 02 남편과 나는 주어진 상황에 대해 아이들이 어떻게 생각하는지와 우리가 어떻게 생각하는지 사이의 근본적인 차이점과 **싸워야** 한다. 03 발표나 보고서 마감 시간, 혹은 시험 등에 압도당하는 느낌이 들 때는 아마도 이러한 압박감을 **처리하기** 위해 애쓰는 데 모든 시간을 보낼 것이다. 04 네 새 옷과는 어떤 신발이든 잘 **어울릴** 거야. 05 질병은 흔히 빈곤과 **공존한다[동반된다]**. 06 유감스럽지만 당신의 새 계획에 **동조할** 수 없습니다. 07 형식 절차를 **없애고** 일을 시작합시다. 08 누군가를 사랑한다는 것은 (자신을) 그들과 **동일시하는[일체감을 갖는]** 것이다. -아리스토텔레스

Themes | 기분(Mood·Feelings)

1. 놀람·공포

* **astonished** [əstániʃt] — 형 (깜짝) 놀란 (= amazed)
  01 He was **astonished** by the amount of junk in the house.
* **astonish** [əstániʃ] — 동 깜짝 놀라게 하다 (= amaze)

---

* **astounded** [əstáundid] — 형 경악한, 몹시 놀란
  02 an **astounded** expression
* **astound** [əstáund] — 동 경악시키다, 큰 충격을 주다
  03 His audacity **astounded** us.

---

* **stunned** [stʌnd] — 형 (놀라서) 할 말을 잃은
  04 After the shocking ending of the movie, the audience sat in **stunned** silence.
* **stun** [stʌn] — 동 (소식 등이) 망연자실하게 만들다; 기절시키다

---

* **startled** [stáːrtld] — 형 (약간 공포의 감정을 동반하여) 놀란
  05 I was **startled** to see a face suddenly appear at the window.
* **startle** [stáːrtl] — 동 깜짝 놀라게 하다

고난도 **intimidated** [intímədèitid] — 형 겁이 난
  06 She refused to be **intimidated** by their threats.

고난도 **intimidate** [intímədèit] — 동 겁을 주다, 위협하다

| 공포·무서움 |

terror	명 (심한) 공포, 두려움 *terrorize 동 공포에 떨게 하다
horror	명 공포 *cf.* panic 명 (갑작스러운) 공포; 공황 (상태)
terrified	형 무서워하는, 겁먹은 *terrify 동 무섭게 하다
horrified	형 겁에 질린 *horrify 동 소름끼치게 만들다
haunted	형 (건물이) 귀신이 나오는; 겁에 질린
eerie	형 으스스한
shriek	동 (놀라서) 소리를 지르다
appall	동 간담을 서늘케 하다

01 그는 그 집의 쓰레기 양을 보고 **깜짝 놀랐다.** 02 **경악한** 표정 03 그의 대담함이 우리를 **경악시켰다.** 04 충격적인 영화의 결말 이후에 관객들은 (놀라서) **할 말을 잃고** 침묵 속에 앉아 있었다. 05 나는 창에 갑자기 나타난 얼굴을 보고 **놀랐다.** 06 그녀는 그들의 협박에 **겁을 먹지** 않았다.

2. 괴로움·불안·실망

* **agonize** [ǽgənàiz]
⑤ 고민하다, 고뇌하다
01 He **agonized** over her absence.

* **agony** [ǽgəni]
명 (심신의) 극심한 고통, 괴로움 (= anguish)
cf. torment 명 (특히 정신적인) 고통 동 고통을 주다

---

* **inflict** [inflíkt]
동 (괴로움 등을) 가하다 (= afflict)
02 They **inflicted** a humiliating defeat on their rivals.

괴로움
harass	동 (불쾌한 말·행동으로) 괴롭히다, 희롱하다 *harassment 명 희롱
nag	동 잔소리하다, 바가지를 긁다; 계속 괴롭히다
distress	명 (정신적) 고통; (배·항공기의) 조난 동 고통스럽게 하다
spite	명 앙심, 악의 (= malice) 동 (고의적으로) 괴롭히다
ordeal	명 (힘들거나 불쾌한) 시련
plight	명 역경, 곤경 (= predicament)

고난도 **fret**-fretted-fretted [fret]
동 초조해하다, 안달하다
03 Don't **fret**. We are only five minutes late.

고난도 **fretful** [frétfəl]
형 초조해하는, 안달하는

초조·불안
fidget	동 (초조, 지루함 등으로) 안절부절못하다, 가만히 못 있다
restless	형 (지루해서) 가만히 못 있는
agitated	형 불안해하는, 동요된
strained	형 긴장한 (= tense); 접질린

---

* **disheartened** [dishɑ́ːrtnd]
형 실망한, 낙담한 (= disappointed)
04 Don't be **disheartened** by a single failure.
cf. despair 명 절망 동 절망하다
cf. dismay 명 실망; 당황 동 크게 실망시키다; 당황하게 하다

고난도 **bewilder** [biwíldər]
동 어리둥절하게 만들다, 당황하게 하다 (= embarrass, puzzle, perplex)
05 The shop sells a **bewildering** variety of cheeses.

01 그는 그녀의 부재를 두고 **고민했다**. 02 그들은 경쟁자들에게 치욕스런 패배를 **안겨 주었다**. 03 **안달하지** 마. 겨우 5분 늦었어. 04 단 한 번의 실패로 **낙담하지** 마라. 05 그 가게에서는 **당황스러울 정도로** 다양한 종류의 치즈를 판다.

고난도 **flounder** [fláundər]

동 (어쩔 줄 몰라) **허둥대다; 허우적대다**

01 I found myself **floundering** as I tried to answer her questions.

---

* **confound** [kənfáund]

동 **어리둥절하게 하다; 틀렸음을 입증하다**

02 The unexpected results of the experiment **confounded** the researchers.

---

* **sulk** [sʌlk]

동 **부루퉁하다, 샐쭉하다** 명 **부루퉁함**

03 She **sulked** all the way to the theater.

* **sulky** [sʌ́lki]

형 **부루퉁한** (= sullen)

3. 소망·갈망·포기

*** **envy** [énvi]

명 **부러움, 선망** 동 **부러워하다**

*** **envious** [énviəs]

형 **부러워하는, 선망하는**

** **longing** [lɔ́(ː)ŋiŋ]

형 **갈망하는** (= craving, yearning, eager, desperate) 명 **갈망, 동경**

---

* **implore** [implɔ́ːr]

동 **애원[간청]하다** (= beg, solicit)

04 She **implored** them not to go.

---

* **indulge** [indʌ́ldʒ]

동 **마음껏 하다;** (욕구·관심 등을) **채우다**

05 Let children **indulge** their curiosity.

* **indulgent** [indʌ́ldʒənt]

형 **멋대로 하게 하는; 관대한**

---

* **deter**-deterred-deterred [ditə́ːr]

동 **단념시키다, 그만두게 하다**

06 Don't let failure **deter** you.

* **deterrent** [ditə́ːrənt]

형 **제지하는** 명 **제지하는 것**

고난도 **forgo**-forewent-foregone [fɔːrgóu]

동 (하거나 갖고 싶은 것을) **포기하다**

07 The company chose to **forgo** its holiday party in order to donate the funds to charity.

01 나는 그녀의 질문들에 답하려고 애쓰면서 **허둥지둥하는** 나 자신을 발견했다. 02 그 실험의 예상치 못한 결과는 연구원들을 **혼란스럽게** 했다. 03 그녀는 극장에 가는 내내 **부루퉁했다.** 04 그녀는 그들에게 가지 말라고 **간청했다.** 05 아이들이 호기심을 **채우게** 하라. 06 실패가 당신을 **단념시키지** 못하게 하라. 07 그 회사는 그 자금을 자선단체에 기부하기 위해 연휴 파티를 **포기하기로** 결정했다.

Exercises

A 다음의 우리말은 영어로, 영어는 우리말로 그 뜻을 쓰시오.

① 부러워하는, 선망하는
② 고민하다, 고뇌하다
③ 망연자실하게 만들다; 기절시키다
④ 맥박; 고동; (음향 등의) 진동
⑤ (책이나 음반의) 모음집, 편집본
⑥ (하거나 갖고 싶은 것을) 포기하다
⑦ 충동; 충격, 자극
⑧ 기념 (행사)
⑨ 마음껏 하다; (욕구·관심 등을) 채우다
⑩ 명령(하다); 지휘(하다); (언어) 구사 능력
⑪ 혐오감을 주는; 방충제; 방수제
⑫ (더) 복잡하게 만들다
⑬ 단념시키다, 그만두게 하다
⑭ intimidate
⑮ inflict
⑯ complexity
⑰ disheartened
⑱ implore
⑲ replica
⑳ confound
㉑ fret
㉒ compulsive
㉓ astound
㉔ bewilder
㉕ explicate
㉖ commensurate

B 다음 빈칸에 들어갈 가장 적절한 어휘를 고르시오.

1. If you ask for a job description, you will be given a list of the responsibilities and duties that ______ with the job you are interviewing for.
① cope ② contend ③ go ④ dispense

2. Sulfur dioxides have been found to be a major factor in infant deaths, and particulates have been ______ in deaths from pneumonia and influenza.
① complemented ② implicated ③ compiled ④ compounded

3. Most birds use their wings to create lift and ______ themselves forward through the air, but penguins use their wings primarily for swimming.
① apply ② dispel ③ commence ④ propel

4. The mystery of those strange noises became ______ once we realized that a colony of bats had taken up residence.
① sulky ② impulsive ③ explicable ④ communal

C 다음을 읽고 문제에 답하시오.

Birds have evolved over millions of years into extremely efficient creatures. Flight, the defining characteristic of birds, can be divided into two major categories— simple and complex. Soaring birds are examples of simple flyers. They can literally float through the air for long periods of time without moving their wings. On the other hand, complex flight is well demonstrated by the birds that depend on catching insects for their food. Watch a swallow darting and zooming close to the ground, and you'll see a real air show. With its wings almost constantly in motion, the swallow climbs and dives. [모의응용]

Q. What does the underlined part, complex, refer to in this text?

① soaring high in the sky without wing movement

② flight that takes place when not actively hunting

③ highly acrobatic flight that requires wing motion

④ using sight to find prey from great distances

D 각 네모 안에서 문맥에 알맞은 어휘를 고르시오.

1. The print and online publications are [complementary / complimentary], not competitive.

2. If someone keeps saying things like, "You don't seem like yourself," you may feel [expelled / impelled] to go to the doctor to get checked out. [모의응용]

3. Wearing a school uniform is no longer [voluntary / compulsory] in many British schools. Students at these schools are free to wear what they like.

E 다음 ① ~ ⑤ 중, 문맥상 밑줄 친 낱말의 쓰임이 적절하지 않은 것을 고르시오.

① The Universal Declaration of Human Rights was drafted by representatives from across the world, making it compatible with different cultures and religions.

② They installed an intricate machine that requires at least three days of training to use properly.

③ Indulgent parenting, also called permissive, non-directive parenting, is characterized as having few behavioral expectations for the child.

④ The paragraph is rendered explicit by the writer's careless, inconsiderate, and frequent use of pronouns.

⑤ Magnets attract or repel other magnets and certain metals, but they have no effect on aluminum.

26강

Word Complete

Part

Prefixes	함께·같이(2) con-
Essential Roots/Stems	gen = birth, produce; race, kind, family
Words with Multiple Meanings	measure / meet / odd / order
Phrasal Verbs	about이 포함된 구동사
Themes	사고(Thinking)

Words & Phrases

앞으로 학습할 예문에 쓰인 필수 어휘 모음입니다. 예문에 해당 단어 밑에는 점선이 표시(interact)되어 있습니다.
아는 단어는 □□에 체크하고 모르는 단어는 뜻 확인을 반복하세요.

*	□□	aftermath [ǽftərmæ̀θ]	명 (전쟁·사고 등의) 여파, 후유증
*	□□	Antarctica [æntɑ́ːrktikə]	명 남극 대륙
**	□□	assumption [əsʌ́mpʃən]	명 추정; (권력·책임의) 인수
***	□□	confirm [kənfə́ːrm]	동 (증거를 들어) 사실임을 보여주다
고난도	□□	crooked [krúkid]	형 비뚤어진, 구부러진; 부정직한
**	□□	defective [diféktiv]	형 결함이 있는 (= faulty)
*	□□	dine [dain]	동 식사를 하다 ※ diner 명 (식당에서) 식사하는 사람; ((미)) 작은 식당
*	□□	enact [inǽkt]	동 (법을) 제정하다; (연극을) 상연하다
*	□□	inequality [inikwɑ́ləti]	명 불평등, 불균등
**	□□	investigator [invéstəgèitər]	명 수사관, 조사원
**	□□	inquiry [inkwáiəri, ínkwəri]	명 연구, 탐구; 조사; 문의
*	□□	in (a) ~ fashion	~한 방식으로
**	□□	leading [líːdiŋ]	형 가장 중요한; 선두의
*	□□	leisurely [líːʒərli]	형 한가한, 여유로운
*	□□	lodge [lɑdʒ]	명 오두막 동 숙박하다
*	□□	monument [mɑ́njumənt]	명 (동상 등의) 기념물; 기념비적인 건축물
*	□□	out and about	(병을 앓고 난 후에) 다시 나다니는; (어디를) 돌아다니는
*	□□	reconcile [rékənsàil]	동 화해시키다; (두 가지 이상의 생각 등을) 조화시키다
*	□□	recurring [rikə́ːriŋ]	형 되풀이하여 발생하는; ((수학)) 순환하는
**	□□	rug [rʌg]	명 깔개, 양탄자 *cf.* rugged 형 바위투성이의; 강인한
*	□□	run low on	~이 고갈되다, 모자라게 되다
**	□□	site [sait]	명 (건물 등의) 위치, 장소; (건설) 현장, 부지; (사건 등의) 현장
*	□□	standby [stǽndbài]	명 의지할 만한 것; 예비품, 대기자 형 대기의
*	□□	stationery [stéiʃənèri]	명 문구류; 편지지 *cf.* stationary 형 정지된
**	□□	tackle [tǽkl]	동 (힘든 상황과) 씨름하다; 태클하다 명 태클
**	□□	transmit [trænsmít]	동 전송하다; 전염시키다
**	□□	yawn [jɔːn]	명 하품 동 하품하다

Prefixes | 함께·같이(2) con-

con- = with, together, completely (함께, 같이, ((강조)) 완전히)

convene → con(together)+vene(come) → (회의 등을) 소집하다, 모이다

*** **concentrate** [kánsəntrèit]
동 (정신을) **집중하다**; (한 곳에) **모으다** 명 **농축물**
con(together)+center(중심)+ate(동명)
01 I can't **concentrate** with all that noise going on.
02 fruit juice **concentrate**

*** **concentration** [kànsəntréiʃən]
명 **집중; 농도**

---

* **concerted** [kənsə́ːrtid]
형 (둘 이상의 사람·국가가) **합심한, 결연한**
con(together)+cert(contend)+ed(형)
03 A victory results from the **concerted** effort of the entire team.

** **conform** [kənfɔ́ːrm]
동 (규칙·관습 등에) **따르다** (= comply, abide by); (~에) **일치하다**
con(together)+form(만들다)
04 A uniform is a way to have you **conform** even if you do not want to. [수능응용]

* **conformity** [kənfɔ́ːrməti]
명 (규칙·관습 등에) **따름, 순응; 일치**

** **confront** [kənfrʌ́nt]
동 **직면하다, 맞서다** (= face up to); (문제가) **닥치다**
con(together)+front(face 마주하다)
05 We need to **confront** problems before it's too late.

** **confrontation** [kànfrəntéiʃən]
명 **대치, 대립**

---

* **condemn** [kəndém]
동 **비난[규탄]하다; 선고를 내리다**
con(강조)+demn(damage, harm)
06 We **condemn** terrorism in all its forms.

01 저렇게 계속 소음이 나니까 **집중할** 수가 없어. 02 과일즙 **농축액** 03 승리는 팀 전체가 **합심한** 노력으로 이루어 낼 수 있다. 04 제복이란 비록 당신이 원하지 않더라도 **따르도록** 하는 한 가지 방법이다. 05 우리는 너무 늦기 전에 문제들에 **맞서야** 한다. 06 우리는 모든 형태의 테러를 **규탄한다**.

* **congregate** [káŋgrigèit]
동 모이다
con(together)+greg(flock, gather)+ate(동)
01 Skiers **congregated** around the lodge's fireplace.

** **consequent** [kánsəkwənt]
형 ~의 결과로 일어나는
con(together)+sequ(follow)+ent(형)
02 factory closures and the **consequent** loss of local jobs

*** **consequently** [kánsəkwəntli] 부 그 결과, 따라서 (= accordingly)

*** **consequence** [kánsəkwəns] 명 결과

** **consistent** [kənsístənt]
형 일관된, 변함없는 (↔ inconsistent 일관성 없는)
con(together)+sist(place)+ent(형)
03 Habits are **consistent**, almost unconscious responses and behaviors. [모의]

** **consistency** [kənsístənsi] 명 일관성

*** **constitute** [kánstətjù:t]
동 구성하다, 이루다; 제정하다; 설립하다
con(together)+stitute(set)
04 Nine players **constitute** a baseball team.

* **constituent** [kənstítʃuənt] 형 구성하는 명 구성 성분; (특정 선거구) 유권자

*** **consume** [kənsú:m]
동 소비하다; 섭취하다
con(강조)+sume(take)

*** **consumption** [kənsʌ́mpʃən] 명 소비

---

* **consolidate** [kənsálədèit]
동 통합하다; (권력·지위 등을) 강화하다, 굳건하게 하다
con(together)+solid(고체의; 단단한)+ate(동)
05 The company has **consolidated** its position as the country's leading gas supplier.

---

* **contagious** [kəntéidʒəs]
형 전염성의 (= infectious, communicable)
con(together)+tagi(touch)+ous(형)
06 the spread of directly **contagious** diseases

01 스키어들이 오두막의 벽난로 주위로 **모여들었다**. 02 공장 폐쇄와 그것**의 결과로 발생한** 지역 일자리 감소 03 습관이란 **변하지 않는** 거의 무의식적인 반응과 행동이다. 04 아홉 명의 선수가 야구팀 하나를 **구성한다**. 05 그 회사는 국내 가스 공급사의 선두 자리를 **굳혔다**. 06 직접 **전염되는** 질병의 전파

* **configure** [kənfígjər]

동 (틀에 맞추어) **배열하다**; (컴퓨터의) **환경을 설정하다**

con(together)+figure(form, shape)

01 Please **configure** the settings on your computer to connect to the Wi-Fi network.

* **configuration** [kənfìgjuréiʃən]

명 **배열**; (컴퓨터) **환경 설정**

*** **context** [kántekst]

명 **맥락, 전후 사정**; (글의) **문맥**

con(together)+text(weave 짜다; 엮다)

02 Words often mean slightly different things depending on their **context**.

---

* **converge** [kənvə́ːrdʒ]

동 **모여들다, 집중되다** (↔ diverge 갈라지다)

con(together)+verge(bend)

03 a station where three railway lines **converge**

* **convergence** [kənvə́ːrdʒəns] 명 (한 점으로의) **집중**

Essential Roots / Stems

gen = birth, produce 탄생, 생산; race, kind, family 종족, 종류, 가족

고난도 **congenial** [kəndʒíːnjəl]

형 **같은 성질의, 마음이 맞는; 적합한; 친절한**

con(together)+gen(birth)+ial(형)

04 I'd choose a more **congenial** colleague over a more capable one.

cf. congenital 형 선천적인, 타고난

*** **generate** [dʒénərèit]

동 **만들어내다**; (전기·열 등을) **발생시키다**

05 A lot of electricity is still **generated** by burning fossil fuels.

cf. regenerate 동 재건하다; 재생시키다

cf. degenerate 동 타락하다; 악화하다 (= deteriorate, aggravate)

** **generator** [dʒénərèitər] 명 **발전기**

*** **generation** [dʒènəréiʃən]

명 **세대**; (전기·열 등의) **발생**

06 The site was preserved as a monument for future **generations**.

01 컴퓨터의 설정을 Wi-Fi 네트워크에 연결하도록 **설정하세요**. 02 단어는 종종 **문맥**에 따라 약간 다른 것을 의미한다. 03 세 개의 철로가 **모이는** 역 04 나는 좀 더 능력 있는 동료보다는 **마음이 맞는** 동료를 택하겠다. 05 많은 전기가 여전히 화석 연료의 연소로 **만들어진다**. 06 그 현장은 미래 **세대**를 위한 기념물로 보존되었다.

고난도 **gene** [dʒiːn] — 명 유전자

고난도 **genetic** [dʒənétik] — 형 유전의; 유전학의

01 Heavy drinking may affect the structure of the father's **genes**, and the **genetic** change might cause the baby to be born defective in some way. [모의응용]

*** **gender** [dʒéndər] — 명 성(性), 성별

02 to tackle **gender** inequalities in employment

cf. engender 동 (감정·상황을) 불러일으키다[낳다]

---

* **genesis** [dʒénəsis] — 명 기원, 발생 (= origin); ((G-)) 창세기

03 Many people disagree about the **genesis** of life.

---

* **generic** [dʒənérik] — 형 일반적인, 포괄적인; 통칭의

gen(race)+ic(형)

04 "Woodpecker" is a **generic** term for birds that pierce trees.

고난도 **homogeneous** [hòumədʒíːniəs] — 형 동종의; 동질적인 (↔ heterogeneous 이종의; 이질적인)

homo(same)+gen(birth)+ous(형)

05 a **homogeneous** nation

고난도 **homogeneity** [hòumədʒəníːəti] — 명 동종; 동질성 (↔ heterogeneity 이종; 이질성)

고난도 **indigenous** [indídʒənəs] — 형 토착의; 고유한

indi(in)+gen(birth)+ous(형)

06 Antarctica has no **indigenous** population.

고난도 **ingenious** [indʒíːnjəs] — 형 기발한; 독창적인

in(in)+gen(produce)+ous(형)

07 She's very **ingenious** when it comes to finding excuses.

고난도 **ingenuity** [ìndʒənjúːəti] — 명 기발한 재주; 독창성

고난도 **ingenuous** [indʒénjuəs] — 형 솔직한; 순진한 (= naive)

08 The man gave **ingenuous** answers to all the investigator's questions.

01 과음은 아버지의 **유전자** 구조에 영향을 미칠 수 있고, 그 **유전적인** 변화 때문에 아이가 어떤 식으로 결함을 가지고 태어날 수도 있다. 02 고용의 **성** 불평등을 없애기 위해 노력하다 03 많은 사람이 생명의 **기원**에 대해서 의견이 다르다. 04 '딱따구리'는 나무에 구멍을 뚫는 새들의 **총칭**이다. 05 **단일 민족** 국가 06 남극대륙에는 **토착** 인구가 없다. 07 그녀는 변명거리를 찾아내는 데 있어서는 아주 **기발하다.** 08 그 남자는 수사관의 모든 질문에 **솔직하게** 대답했다.

Words with Multiple Meanings 필수 다의어의 이해

*** **measure**
[méʒər]

동 측정하다	동 치수를 재다 → 동 ~의 길이[폭, 높이]이다 → 기준에 따라 → 동 평가[판단]하다
	측정 기구 → 명 척도, 기준 → 명 수단, 대책, 조치; 법안, 정책

01 She was being **measured** for her wedding dress while having an amusing conversation with her friend.
02 If the room **measures** smaller than the rug, then it will not be the best option.
03 Doctors are trying to figure out the best approach to **measure** the effectiveness of the drug in humans.
04 Many argue that IQ isn't an accurate **measure** of intelligence.
05 The incident demonstrates the need for better security **measures**.

*** **meet**
-met-met
[miːt]

동 만나다	동 (힘들거나 불쾌한 일을) 만나다, 겪다
	두 개가 만나 닿다 → 동 ~에 닿다 → 필요·요구에 닿아 → 동 (필요·요구 등을) 충족시키다 → 금전적 요구를 충족시키다 → 동 (비용을) 지불하다, 부담하다

06 As soon as I **met** him I knew I would spend the rest of my life with him. [모의응용]
07 I had to **meet** challenges more important than money or business, and I had to **meet** them alone. [모의응용]
08 The company says it is unable to **meet** union demands for higher wages.
09 The government promised to **meet** the cost of cleaning up after the floods.

01 그녀는 친구와 재미있는 이야기를 나누면서 자신의 웨딩드레스를 위한 몸의 **치수를 재고** 있었다. 02 만약 방이 깔개보다 더 작은 **크기라면** 그것은 최선의 선택이 아닐 것이다. 03 의사들은 그 약이 사람들에게 효과가 있는지를 **판단하기** 위한 최적의 접근법을 알아내려고 노력하고 있다. 04 많은 사람들은 IQ가 지능의 정확한 **척도**가 아니라고 주장한다. 05 그 사건은 더 나은 안전 **조치**가 필요하다는 것을 입증한다. 06 그를 **만나자마자** 나는 여생을 그와 함께 보내게 될 것을 알았다. 07 나는 돈이나 사업보다 더 중요한 도전들을 **겪어야** 했는데, 그것들을 홀로 **겪어야** 했다. 08 회사는 노조의 임금 인상 요구를 **들어줄** 수 없다고 한다. 09 정부는 홍수 뒤 청소에 드는 비용을 **부담하겠다고** 약속했다.

** **odd**

[ɑd]

(짝에서 비어져 나온) 여분의, 남은

- 형 (두 개가 한 벌이 되는 것 중) 한 짝의
- 짝수에서 여분이 있는 것 → 형 **홀수의**
- 짝에서 떨어져 나와 → 형 **이상한, 기묘한**
- 형 **이따금의; 임시의**

01 Almost every sock has a hole, so I had to put on **odd** socks.

02 An even number multiplied by an **odd** number is always even.

03 The unattractive produce, such as crooked carrots and **odd**-looking tomatoes, was not valuable to the grocery store, where only 'perfect' produce was sold.

04 After his father died he did a lot of **odd** jobs.

*** **order**

[ɔ́ːrdər]

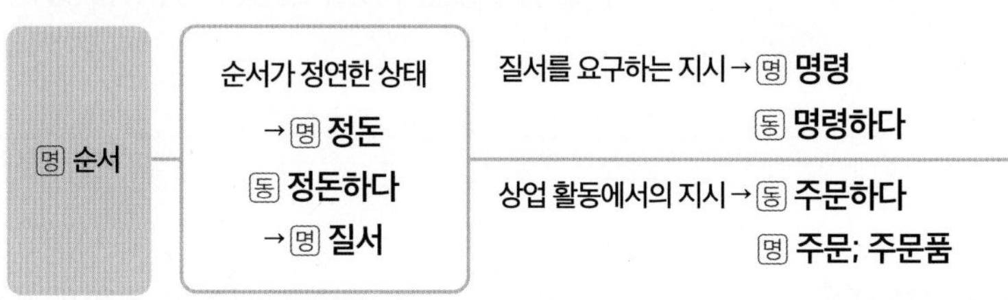

05 These documents are categorized in alphabetical **order**.

06 Teachers use a variety of strategies to maintain **order** in the classroom.

07 The company was **ordered** to pay compensation of $5 million to the victim's family.

08 I placed an **order** for ten copies of the book.

09 The manager informed me that my stationery **order** had arrived.

01 거의 모든 양말에 구멍이 나 있어서 나는 **짝짝이** 양말을 신어야 했다. 02 짝수 곱하기 **홀수**는 항상 짝수이다. 03 구부러진 당근과 **이상한** 모양의 토마토처럼 볼품없는 농산물은 '완벽한' 농산물만 판매하는 그 식료품점에는 가치가 없었다. 04 아버지가 돌아가신 후 그는 많은 **부**업을 했다. 05 이 문서들은 알파벳 **순서**로 분류되어 있다. 06 선생님들은 교실 내에서 **질서**를 유지하기 위해 다양한 전략을 사용한다. 07 그 회사는 피해자 가족에게 5백만 달러의 보상금을 지급하라고 **명령받았다**. 08 나는 그 책을 10권 **주문**했다. 09 문구류 **주문품**이 도착했다고 관리자가 내게 알려주었다.

Phrasal Verbs | about이 포함된 구동사

다음 구동사의 의미를 추론하여 오른쪽 빈칸에 쓰고 페이지 하단의 해석과 대조해 보시오.

*** bring about

~을 가져오다

01 The company hopes that its new marketing campaign will **bring about** an increase in sales.

➡ 매출 상승을 ____________

*** come about

~ 주위에 오다

02 How did this economic crisis **come about**?

➡ 경제 위기가 ____________

** go about

~ 주위에 가다

03 Take a good look at your weekly plan and decide which activities can be dropped. Then you can **go about** the important activities in a more leisurely fashion. [수능]

➡ 중요한 활동들을 ____________

04 You will meet ordinary people **going about** their daily lives. [모의응용]

➡ 일상생활을 ____________

** move about[around]

주변을 옮겨 다니다

05 It's easier to **move about** in an aisle seat.

➡ 통로 쪽 좌석에서 ____________

** see about

~의 주위를 보다

06 I'll **see about** getting tickets for the concert tomorrow.

➡ 티켓을 살지 ____________

07 Mothers and fathers often get up at night to **see about** their babies.

➡ 밤에 일어나 아기를 ____________

** set about

~의 주위에 놓다

08 I wanted to make a blog but I didn't know how to **set about** it.

➡ 블로그를 ____________

26강

01 그 회사는 새로운 마케팅 전략이 매출 증가를 **가져올** 것으로 기대하고 있다. 02 이 경제 위기가 어떻게 **발생하게** 되었죠? 03 주간 계획을 잘 보고 어떤 활동을 탈락시켜야 할지를 결정해라. 그러면 중요한 활동들을 좀 더 여유롭게 **시작할** 수 있다. 04 당신은 일상생활을 **계속 해나가는** 평범한 사람들을 만나게 될 것이다. 05 통로 쪽 좌석에서 **이동하는** 것이 더 쉽다. 06 나는 내일 콘서트의 티켓을 살지 **고려해 볼거야**. 07 부모들은 아기를 **돌보기** 위해 밤에 일어나는 경우가 자주 있다. 08 나는 블로그를 만들고 싶었지만 그것을 어떻게 **시작해야** 할지 몰랐다.

Themes | 사고(Thinking)

1. 생각·사고

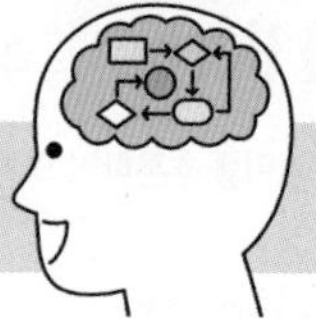

* **mentality** [mentǽləti] — 명 사고방식 (= mindset)

---

* **contemplate** [kάntəmplèit] — 동 생각하다; 심사숙고하다 (= ponder); (오래) 응시하다

01 He **contemplated** the meaning of the poem for a long time.

* **contemplation** [kὰntəmpléiʃən] — 명 사색, 명상; 응시

** **obsess** [əbsés] — 동 (어떤 생각이 사람의 마음을) 사로잡다, 집착하게 하다

02 People are **obsessed** with weight, diets, and calories.

** **obsession** [əbséʃən] — 명 집착, 강박 상태

** **standpoint** [stǽndpɔ̀int] — 명 견지, 관점 (= viewpoint, perspective)

---

* **stereotype** [stériətàip] — 명 고정관념; 정형화된 표현 동 고정관념을 형성하다; 정형화하다

03 Many gender **stereotypes** are disappearing.

---

* **flip side** — 명 뒷면; (생각 등의) 다른 면

04 Loss of privacy is the **flip side** of fame.

---

* **fallacy** [fǽləsi] — 명 (많은 사람이 믿는) 그릇된 생각; 오류

05 a common logical **fallacy**

| 생각·사고 관련 수식어 |

rational	형 합리적인 (↔ irrational 비합리적인)
shrewd	형 상황 판단이 빠른, 기민한
tactful	형 눈치 있는 (↔ tactless 눈치 없는)
arbitrary	형 (행동·법칙 등이) 임의적인; 독단적인
absurd	형 터무니없는 (= ridiculous)
cunning	형 교활한 (= artful)
imprudent	형 경솔한, 무분별한 (↔ discreet, deliberate 신중한)
reckless	형 무모한, 신중하지 못한
whimsical	형 엉뚱한, 기발한

01 그는 오랫동안 그 시의 의미를 **생각했다.** 02 사람들은 체중, 다이어트, 그리고 칼로리에 **사로잡혀** 있다. 03 많은 성 **고정관념**이 사라지고 있다. 04 유명세의 **뒷면**에는 사생활이 없어진다는 점이 있다. 05 흔한 논리적 **오류**

2. 판단·의식

* **criteria** [kraitíriə]
명 ((criterion의 복수형)) (판단) **기준, 표준** (= standard)
01 These essays were evaluated according to the same **criteria**. [수능응용]

*** **conscious** [kánʃəs]
형 **의식하는; 지각 있는**
02 Many employers are becoming more safety-**conscious**.

** **consciousness** [kánʃəsnis] 명 **의식; 자각**

고난도 **oblivious** [əblíviəs] 형 **의식하지 못하는** (= unaware)

고난도 **oblivion** [əblíviən]
명 **의식하지 못하는 상태; 망각**
03 to disappear into **oblivion**

고난도 **unwittingly** [ʌnwítiŋli]
부 **자신도 모르게** (= inadvertently, unknowingly)
04 Wittingly or **unwittingly**, she hurt my feelings again.

cf. subliminal 형 알지 못하는 사이에 영향을 미치는

| 의식·정신 상태 |

sober	형 술 취하지 않은; 냉철한
sane	형 제정신인; 분별 있는 (↔ insane 정신 이상의)
	*sanity 명 온전한 정신; 분별 (↔ insanity 정신 이상)
absent-minded	형 방심 상태의, 멍하고 있는
alert	형 경계하는 (= wary, watchful); 기민한

3. 논리·인과

*** **logic** [ládʒik]
명 **논리(학)** (↔ illogic 비논리; 모순)
05 **Logic** is vital to scientific inquiry and invention. [모의응용]

* **causal** [kɔ́:zəl]
형 **인과 관계의**
06 the **causal** relationship between poverty and disease

* **causation** [kɔ:zéiʃən] 명 **인과 관계;** (다른 사건의) **야기**

01 이 에세이들은 똑같은 **기준**에 의해 평가되었다. 02 많은 고용주들이 갈수록 안전을 **의식하고** 있다. 03 **망각** 속으로 사라지다 04 알고 그랬든 **모르고 그랬든** 그녀는 다시 내 감정을 상하게 했다. 05 **논리**는 과학적 탐구와 발명에 필수적이다. 06 가난과 질병 간의 **인과** 관계

고난도 **ensue** [insú:]

동 (결과가) **뒤따르다**

01 We don't know what problems will **ensue** when the new policy is enacted.

4. 분류·구별

** **classify** [klǽsəfài]

동 **분류하다** (= categorize, sort, assort); (정보·문서 등을) **기밀 취급하다**

02 to **classify** books by subject

** **classified** [klǽsəfàid]

형 **분류된; 기밀의**

03 **classified** documents

*** **distinct** [distíŋkt]

형 **구별되는; 뚜렷한, 분명한**

04 a **distinct** smell of gas

*** **distinction** [distíŋkʃən]

명 **구별; 차이; 특징; 우수성**

** **distinctive** [distíŋktiv]

형 **독특한**

** **priority** [praiɔ́:rəti]

명 **우선 (사항)**

05 a high **priority**

* **prioritize** [praiɔ́:rətàiz]

동 **우선순위를 매기다**

고난도 **disparate** [díspərət]

형 (본질적으로) **다른; 이종(異種)의**

06 the difficulties of dealing with **disparate** groups of people

고난도 **disparity** [dispǽrəti]

명 (특히 한쪽에 불공평한) **차이, 불일치**

cf. discrepancy 명 (같아야 할 것들 사이의) 차이, 불일치

5. 선택·인정

*** **option** [ápʃən]

명 **선택(권)**

** **optional** [ápʃənəl]

형 **선택적인**

*** **acknowledge** [əknálidʒ]

동 **인정하다;** (공식적으로) **감사를 표하다**

07 They readily **acknowledged** their mistake.

01 우리는 새로운 정책이 시행되었을 때 어떤 문제들이 **뒤따를지** 알지 못한다. 02 책들을 주제로 **분류하다** 03 **기밀**문서 04 **분명한** 가스 냄새 05 최**우선순위** 06 **서로 다른** 그룹에 속하는 사람들을 다루는 것의 어려움 07 그들은 순순히 자신들의 실수를 **인정했다**.

Exercises

A

다음의 우리말은 영어로, 영어는 우리말로 그 뜻을 쓰시오.

① 우선 (사항)
② 뒷면; (생각 등의) 다른 면
③ 직면하다, 맞서다; (문제가) 닥치다
④ 선택적인
⑤ 비난[규탄]하다; 선고를 내리다
⑥ 논리(학)
⑦ 일관성
⑧ 집중; 농도
⑨ 분류된; 기밀의
⑩ 인과 관계의
⑪ 고정관념; 정형화된 표현
⑫ (많은 사람이 믿는) 그릇된 생각; 오류
⑬ 합심한, 결연한
⑭ 홀수의; 이상한; 임시의
⑮ 성, 성별
⑯ convergence
⑰ oblivion
⑱ distinct
⑲ constituent
⑳ generation
㉑ unwittingly
㉒ mentality
㉓ congregate
㉔ disparate
㉕ generic
㉖ consolidate
㉗ conformity
㉘ obsession
㉙ criteria
㉚ genesis

B

다음 빈칸에 들어갈 가장 적절한 어휘를 고르시오.

1. Vampire energy, also called standby power, refers to the electric power ________ by home electronic devices even when they are turned off or not being used.
① convened ② concentrated ③ consumed ④ configured

2. Guatemala has one of the highest percentages of ________ peoples of any country in the Americas, with over 40% of its population having ancient Guatemalan ancestors.
① consequent ② communicable ③ contagious ④ indigenous

3. We ________ to laws and social norms most of the time because to do otherwise would risk our relationships with others.
① generate ② contemplate ③ conform ④ ensue

4. "Zoonotic diseases" are ________ diseases, such as bird flu, that are found in animals and can be transmitted to humans.
① infectious ② conscious ③ homogeneous ④ ingenuous

C 다음을 읽고 문제에 답하시오.

During World War II, the US Naval Intelligence had been reading the Japanese code for months, and found that the letters "AF" were continuously recurring. They believed that these letters referred to "Midway Island" and that the Japanese were planning an attack there. However, they had no way of confirming this assumption. Then, an ingenious suggestion, by a young officer, led them to discover the Japanese plan. His idea was to radio disguised information in plain English that Midway Island was running low on drinking water. If the Japanese referred to this using the code name in their coded messages, then the US's guess would be true—that Japan was planning to attack Midway. The Japanese fell into US Intelligence's trap.

Q. What does the underlined part, an ingenious suggestion, mean in this text?

① to spread a fake report in order to confirm their assumption
② to upgrade the security of their own codes to compete with the Japanese
③ to attack the Japanese where they were lacking in resources
④ to prepare hidden forces for a surprise defense of Midway Island

D 각 네모 안에서 문맥에 알맞은 어휘를 고르시오.

1. Many companies have [converged / diverged] communication technologies into one device that can act as a phone, take photographs, and send email.

2. If you've ever dined at the restaurant, you've probably met the chef—a [congenital / congenial] host who is always out and about in the dining room going from table to table talking to his guests.

E 다음 ①~⑤ 중, 문맥상 밑줄 친 낱말의 쓰임이 적절하지 않은 것을 고르시오.

① Researchers have difficulty determining the link between alcohol consumption and cancer. [모의]
② If you want to stay alert and active, it is essential that you yawn. Yawn as many times a day as possible. [모의]
③ Someday we will have the complete genetic information of every plant and animal, and the ability to forever store those details of life on computers.
④ Listening, speaking, reading, then writing constitute the fundamental order in language learning.
⑤ In the aftermath of a sudden car accident, several witnesses gave consistent descriptions of what happened. Unfortunately, there seemed little hope of reconciling all the various versions of the events.

27강

Word Complete

Part

Prefixes	함께·같이(3) co-, syn-
Essential Roots/Stems	chron(o), tempor = time
Words with Multiple Meanings	party / pay / plain / practice
Phrasal Verbs	around가 포함된 구동사
Themes	건강

Words & Phrases

앞으로 학습할 예문에 쓰인 필수 어휘 모음입니다. 예문에 해당 단어 밑에는 점선이 표시(interact)되어 있습니다.
아는 단어는 □□에 체크하고 모르는 단어는 뜻 확인을 반복하세요.

고난도	□□	arthritis [ɑːrθráitis]	명 관절염 ※ arthritic 형 관절염의
*	□□	auction house	명 경매장; 경매 전문 회사
고난도	□□	bilateral [bailǽtərəl]	형 쌍방의; 좌우 양측의
*	□□	coma [kóumə]	명 혼수상태
**	□□	confidential [kɑ̀nfədénʃəl]	형 기밀의; 은밀한; 신뢰를 받는
고난도	□□	curator [kjuréitər]	명 큐레이터 ((박물관·미술관 등의 전시 책임자))
**	□□	deficiency [difíʃənsi]	명 결핍(증); 결함
*	□□	dimension [diménʃən, dai-]	명 (공간의) 크기, (높이 등의) 치수; 규모, 범위; 차원
***	□□	expense [ikspéns]	명 비용, 경비
*	□□	fat-soluble [fǽtsɑ̀ljəbl]	형 지용성의 *cf.* water-soluble 형 수용성의
고난도	□□	hype up	과대광고하다, 과장하여 선전하다
*	□□	immune [imjúːn]	형 면역성이 있는; ~의 영향을 받지 않는; ~이 면제되는 (= exempt)
*	□□	inhale [inhéil]	동 (숨·연기 등을) 들이마시다 (↔ exhale 숨을 내쉬다)
*	□□	integration [ìntəgréiʃən]	명 통합 ※ integrate 동 통합시키다
**	□□	irritation [ìrətéiʃən]	명 짜증 나게 함; 자극하는 것, 염증
*	□□	measles [míːzəlz]	명 홍역
*	□□	mistress [místris]	명 (하인을 부리는) 여주인; ((비유)) (~의) 여왕
*	□□	profitability [prɑ̀fitəbíləti]	명 수익성, 이윤율
**	□□	rearing [ríəriŋ]	명 양육; (가축) 사육 ※ rear 동 기르다 (= raise) 형 뒤쪽(의)
***	□□	remark [rimɑ́ːrk]	명 발언, 논평 (= comment); 주목 동 언급하다, 논평하다
***	□□	revive [riváiv]	동 되살리다, 부활시키다; (예전 연극·영화를) 재상연하다
*	□□	secondhand smoke	명 간접흡연
**	□□	shade [ʃeid]	명 그늘; 색조; 음영
*	□□	spatial [spéiʃəl]	형 공간의, 공간적인
*	□□	stimuli [stímjəlài]	명 ((stimulus의 복수형)) 자극; 자극이 되는 것
**	□□	untried [ʌntráid]	형 경험이 없는; 검증되지 않은 (= untested)
*	□□	vivid [vívid]	형 (기억 등이) 생생한; (색깔 등이) 선명한

Prefixes | 함께·같이(3) co-, syn-

co- / cor- / col-, syn- / sym- = with, together (함께, 같이)

cooperation → co(together)+operation(활동) → 협력, 협조
correlation → cor(together)+relation → 연관성, 상관관계
synonym → syn(together)+onym(name) → 동의어, 유의어

---

* **coalition** [kòuəlíʃən]
명 **연립 정부; (정치적) 연합체**
co(together)+ali(grow)+tion(명)
01 The two parties have formed a **coalition**.

** **coherent** [kouhíərənt]
형 **일관성 있는** (↔ incoherent 일관성이 없는)
co(together)+her(stick)+ent(형)
02 The politician's speech was not **coherent** and left many questions unanswered.

* **coherence** [kouhíərəns]
명 **일관성**

---

* **cohesive** [kouhí:siv]
형 **화합하는, 결합하는**
co(together)+hes(stick)+ive(형)
03 Sport has been a **cohesive** force in international relations.

* **cohesion** [kouhí:ʒən]
명 **화합, 결합; 응집력**

---

* **coincide** [kòuinsáid]
동 **동시에 일어나다** (= synchronize); (의견 등이) **일치하다** (= concur)
co(together)+in(in)+cide(fall)
04 His party was arranged to **coincide** with our trip.

* **coincidence** [kouínsidəns]
명 **우연의 일치; 동시 발생; (의견 등의) 일치**

---

* **coexist** [kòuigzíst]
동 **공존하다**
05 In Canada, English and French cultures **coexist**.

* **coexistence** [kòuigzístəns]
명 **공존**

01 그 두 정당은 **연립 정부**를 수립했다. 02 그 정치인의 연설은 **일관성 있지** 않았고 해소되지 않은 많은 의문점들을 남겼다. 03 스포츠는 국제관계를 **화합하는** 힘이 되어 왔다. 04 그의 파티가 우리 여행과 **겹치게** 정해졌다. 05 캐나다에는 영어권 문화와 프랑스 문화가 **공존한다**.

*** **correspond** [kɔ̀:rəspάnd]

동 서신을 주고받다; ((with, to)) 일치하다; 상응하다

cor(together)+respond(대답하다; 대응하다)

01 Joan and Patrick **corresponded** for many years.

02 The statistics do not **correspond** with our own experience.

03 All rights have **corresponding** responsibilities.

** **correspondent** [kɔ̀:rəspάndənt]

명 편지를 쓰는 사람; (특정 지역이나 주제 담당) 기자, 특파원

* **correspondence** [kɔ̀:rəspάndəns]

명 서신, 편지; 일치; 관련성

** **collaborate** [kəlǽbərèit]

동 협력하다 (= cooperate)

col(together)+labor(work)+ate(동)

** **collaboration** [kəlæ̀bəréiʃən]

명 협력; 공동 작업

* **collaborative** [kəlǽbərèitiv]

형 협력적인; 공동의

04 **collaborative** research between universities and industry

---

* **collateral** [kəlǽtərəl]

형 서로 나란한, 평행한 (= parallel); 부수적인, 이차적인 명 담보물

col(together)+later(side)+al(형명)

05 the **collateral** effects of the government's policies

06 He put his house up as **collateral** for the loan.

고난도 **colloquial** [kəlóukwiəl]

형 구어(口語)의, 일상적인 대화체의

col(together)+loqu(speak)+al(형)

07 It's hard to understand the **colloquial** expressions of a foreign language.

cf. literary 형 문어(文語)의

** **collide** [kəláid]

동 충돌하다; (의견 등이) 상충하다 (= clash, conflict)

col(together)+lide(strike)

08 His religious beliefs often **collided** with the realities of his life.

* **collision** [kəlíʒən]

명 충돌

01 조안과 패트릭은 수년간 **서신을 주고받았다.** 02 그 통계수치는 우리의 경험과 **일치하지** 않는다. 03 모든 권리에는 **상응하는** 책임이 있다. 04 산학 **협력** 연구 05 정부 정책의 **부수적인** 영향 06 그는 대출을 받기 위해 집을 **담보**로 잡혔다. 07 외국어의 **구어체** 표현을 이해하는 것은 어렵다. 08 그의 종교적 신념은 종종 삶의 현실과 **충돌을 일으켰다.**

고난도 **collusion** [kəlúːʒən]

명 **공모, 결탁; 유착**
col(together)+lu(play)+sion(명)

01 **collusion** between politics and business

고난도 **collusive** [kəlúːsiv]

형 **공모의, (미리) 결탁한**

** **syndrome** [síndroum]

명 **증후군; 일련의 증상[태도]**
syn(together)+drome(run)

02 AIDS (Acquired Immune Deficiency **Syndrome**)

---

* **synergy** [sínərdʒi]

명 **시너지 효과, 동반 상승효과**
syn(together)+ergy(work)

03 Profitability is expected to increase from **synergies** between the two operations.

** **synthetic** [sinθétik]

형 (인위적으로) **합성한, 인조의** (= artificial, man-made); **종합적인**
syn(together)+the(put)+tic(형)

04 Plastics are **synthetic** materials made from chemicals in factories. [모의]

* **synthesize** [sínθəsàiz]

동 **합성하다; 종합하다**

* **synthesis** [sínθəsis]

명 **합성**

cf. photosynthesis 명 광합성

---

* **symmetry** [símətri]

명 **대칭; 균형** (↔ asymmetry 비대칭; 불균형)
sym(together)+metr(measure)+y(명)

05 bilateral **symmetry**

---

* **symposium** [simpóuziəm]

명 **심포지엄, 학술 토론회**
sym(together)+posis(drink)+ium(명)

cf. seminar 명 토론식 수업, 세미나

cf. forum 명 공개 토론, 포럼

** **symptom** [símptəm]

명 **증상;** (특히 불길한) **징후** (= indication)
sym(together)+ptom(fall)

06 He showed no apparent physical **symptoms** of the disease.

* **symptomatic** [sìmptəmǽtik]

형 **증상을 보이는**

01 정경**유착** 02 에이즈 (후천성 면역 결핍**증**) 03 두 사업 간의 **시너지 효과**로 수익성이 오를 것으로 예상된다. 04 플라스틱은 공장에서 화학물질로 만들어진 **합성** 물질이다. 05 좌우 **대칭** 06 그는 그 병의 뚜렷한 신체적 **증상들**을 보이지 않았다.

Essential Roots / Stems

chron(o), tempor = time 시간

* **synchronize** [síŋkrənàiz]

동 **동시에 발생하다**

syn(together)+chron(time)+ize(동)

01 Our company must **synchronize** production with marketing campaigns.

고난도 **chronicle** [kránikl]

명 **연대기, 연대표** 동 **연대순으로 기록하다**

02 Her novel is a **chronicle** of life in an English village.

고난도 **chronology** [krənálədʒi]

명 **연대순, 연대표**

고난도 **chronological** [krànəládʒikəl]

형 (여러 사건이) **연대순의, 시간 순서대로 된**

03 I memorized all the kings of the Joseon period in **chronological** order.

---

* **chronic** [kránik]

형 (병 등이) **장기간에 걸친, 만성적인** (↔ acute 급성의); **상습적인**

04 As people age, they are more likely to develop **chronic** conditions.

---

* **temporal** [témpərəl]

형 **시간의; 세속적인** (= worldly, secular)

tempor(time)+al(형)

05 a universe which has spatial and **temporal** dimensions

** **temporary** [témpərèri]

형 **일시적인** (= provisional, transitory)

tempor(time)+ary(형)

06 These pills should give you **temporary** relief from the pain, just until you can get to a dentist.

---

* **contemporary** [kəntémpərèri]

형 **동시대의; 현대의** (= modern) 명 **동시대인**

con(together)+tempor(time)+ary(형명)

07 Abraham Lincoln was **contemporary** with Charles Darwin.

01 우리 회사는 생산과 마케팅 캠페인을 **동시에 진행해야** 한다. 02 그녀의 소설은 영국의 한 마을에서의 삶의 **연대기**이다. 03 나는 그 조선시대의 모든 왕을 **연대순**으로 암기했다. 04 나이가 들수록 **만성** 질환이 생기기 쉽다. 05 공간적, **시간적** 차원을 갖는 우주 06 이 약은 당신이 치과에 갈 수 있을 때까지만 **일시적으로** 통증을 완화해 줄 것입니다. 07 에이브러햄 링컨은 찰스 다윈과 **동시대의** 사람이었다.

Words with Multiple Meanings 필수 다의어의 이해

*** **party**
[pɑ́ːrti]

부분(part)으로 나누다 — 나누어진 사람들의 무리
- 명 일행, 단체, 무리 → 명 (사교 상의) 모임, 파티 / → 명 정당
- 명 (계약·소송 등의) 당사자

01 Last weekend a search **party** was sent out to look for the missing climbers.
02 She loves going to **parties** dressed as the "The Mistress of the Dark." [모의응용]
03 They want to rebuild the Labor **Party**.
04 The lawyer is helping the two **parties** to reach an agreement.

*** **pay**
-paid-paid
[pei]

지불하다
- 동 (비용·임금 등을) 지불하다 → 명 보수, 임금
- 지불하여 긍정적 대가가 오다 → 동 (~에게) 이득이 되다 → 동 수익을 내다
- 부정적 대가를 지불하다 → 동 (자신의 신념·행동에 대한) 대가를 치르다

05 She could not afford to **pay** hospital expenses. [모의응용]
06 We are pushing for better **pay** and conditions at work.
07 It **pays** to get some advice before you make a difficult decision.
08 We'll have to sell the restaurant if it doesn't start to **pay**.
09 I hope that he **pays** for his remark.

01 지난 주말에 실종된 등산객들을 찾기 위해 수색**대**가 파견되었다. 02 그녀는 '어둠의 여왕'처럼 차려입고 **파티**에 가는 것을 즐긴다. 03 그들은 노동**당**을 재건하길 원한다. 04 그 변호사는 양쪽 **당사자들**이 합의에 이를 수 있도록 돕고 있다. 05 그녀는 병원비를 **지불할** 여유가 없었다. 06 우리는 더 나은 **보수**와 근무 조건을 요구하고 있다. 07 어려운 결정을 하기 전에 몇몇 조언을 구해보는 것이 **이득이 된다**. 08 그 식당이 **수익이 나기** 시작하지 않으면 우리는 그것을 매각해야 할 것이다. 09 난 그가 자신의 말에 대한 **대가를 치르면** 좋겠어.

** **plain**
[plein]

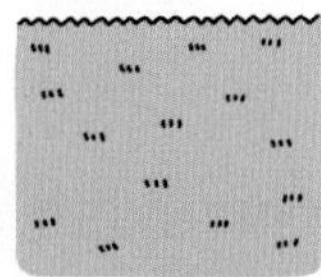

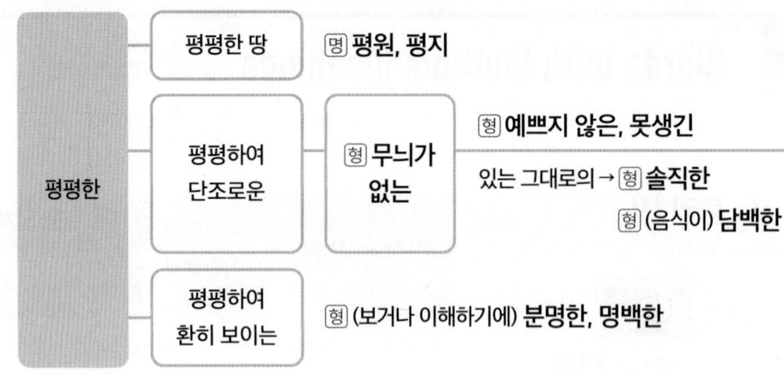

01 The distant hills were a soft shade of blue, and the far-reaching **plain** was vivid green. [모의응용]
02 We're currently offering two **plain** blankets for the price of one. [수능]
03 To be **plain** with you, I am tired of seeing your children tear the branches off my apple tree. [모의응용]
04 Small changes can help you improve your health. **Plain** foods are the best. [모의]
05 The message was short, but the meaning was **plain** enough.

*** **practice**
[prǽktis]

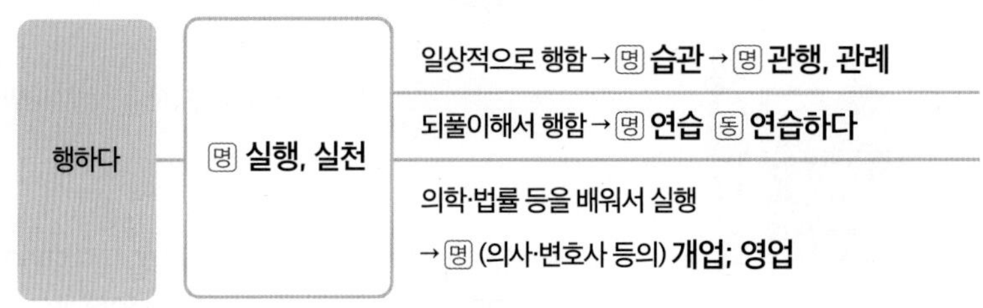

06 Professor Agassiz believes **practice** is as important as theory. [모의응용]
07 It is good **practice** to check your work before submitting it.
08 Our company needs a review of its working **practices**.
09 The study of math needs lots of concentration and **practice**. [모의응용]
10 Starting a private **practice** is too costly for most young doctors. [모의응용]

01 먼 산은 부드러운 푸른빛을 띠었고 저 멀리 펼쳐진 **평원**은 선명한 초록빛이었다. 02 저희는 현재 **무늬가 없는** 담요를 한 장 가격에 두 장 드리고 있습니다. 03 **솔직히** 말해서, 저는 당신의 아이들이 제 사과나무의 가지를 꺾는 걸 보는 데 질려 버렸습니다. 04 작은 변화가 당신의 건강을 증진하는 데 도움을 줄 수 있다. **담백한** 음식이 가장 좋다. 05 그 메시지는 짧았지만, 의미는 충분히 **명백했다**. 06 아가시 교수는 **실천**이 이론만큼 중요하다고 믿는다. 07 과제를 제출하기 전에 그것을 점검해 보는 것은 좋은 **습관**이다. 08 우리 회사는 업무 **관행**에 대한 검토가 필요하다. 09 수학 공부는 집중과 **연습**이 많이 필요하다. 10 개인 병원을 **개업**하는 것이 대부분의 젊은 의사들에게는 비용이 너무 많이 드는 일이다.

Phrasal Verbs | around가 포함된 구동사

다음 구동사의 의미를 추론하여 오른쪽 빈칸에 쓰고 페이지 하단의 해석과 대조해 보시오.

** **come around = come to one's senses** 방향을 바꿔서 오다

01 The accident victim was in a coma for six hours, and then he **came around**. ➡ 혼수상태에서 ________

** **get around** 주위를 다니다

02 Most people use buses or subways to **get around** Seoul. [모의응용] ➡ 서울을 ________

** **hang around** 주위에 매달려 있다

03 I would **hang around** the hotel while Dad was busy in meetings. ➡ 호텔 ________

cf. hang around with ~와 시간을 보내다

He doesn't like to **hang around with** people who are negative.

그는 부정적인 사람들과 **어울리는** 것을 좋아하지 않는다.

** **show around** 주위를 보여 주다

04 A tour guide will **show** you **around**. ➡ 관광 안내원이 ________

---

* **shop around** 주위를 둘러 쇼핑하다

05 Charges vary, so be sure to **shop around** for the best deal. [사관학교] ➡ 가장 싼 가격에 사기 위해 ________

*** **turn around** 방향을 바꿔 돌리다

06 **Turn around** and face the other way. ➡ ________ 반대쪽을 보다

07 I used to be opposed to capital punishment, but my thinking is beginning to **turn around**. ➡ 내 생각이 ________

08 The rival parties have begun to talk about possible ways to **turn around** the economy. ➡ 경제를 ________

01 그 사고 희생자는 여섯 시간 동안 혼수상태에 있었는데 그 후 **의식이 돌아왔다.** 02 대부분의 사람들은 서울을 **돌아다니기** 위해 버스나 지하철을 이용한다. 03 나는 아빠가 회의로 바쁘신 동안 호텔 **주위를 어슬렁거리곤** 했다. 04 관광 안내원이 **두루 안내해 드릴** 겁니다. 05 요금은 다양하니 가장 싼 가격에 사기 위해 **가게들을** 꼭 **둘러보세요.** 06 **돌아서서** 반대쪽을 봐라. 07 나는 사형제도에 반대했지만 내 생각이 **바뀌려** 하고 있다. 08 여야 정당들은 경제를 **회복시킬** 수 있는 가능한 방법들에 대해 이야기하기 시작했다.

Themes | 건강

1. 건강

* **complexion** [kəmplékʃən]
명 안색
01 She had a dark **complexion**.

고난도 **metabolism** [mətǽbəlìzəm]
명 신진[물질]대사
02 The human **metabolism** is slowed down by extreme cold.

고난도 **metabolic** [mètəbálik]
형 신진대사의

고난도 **metabolize** [mətǽbəlàiz]
동 대사 작용을 하다

---

* **robust** [roubʌ́st]
형 원기 왕성한; 튼튼한 (= sturdy, stout)
03 You need to be **robust** to go rock climbing.

---

* **vigorous** [vígərəs]
형 활발한, 격렬한; 활기찬 (= lively) 신체·동작·움직임 | Appendix 536쪽
04 Students are recommended to engage in **vigorous** activity. [모의응용]

* **vigor** [vígər]
명 힘, 활력

---

* **inert** [inə́ːrt]
형 기력이 없는; 움직이지 않는 (= inactive)
05 He appears to be **inert** from the cold.
cf. inertia 명 타성; 무력(증); ((물리)) 관성

---

* **vulnerable** [vʌ́lnərəbəl]
형 (~에) 취약한, 연약한 (= susceptible)
06 Children are especially **vulnerable** to secondhand smoke.

* **vulnerability** [vʌ̀lnərəbíləti]
명 상처받기 쉬움; 취약성

** **weary** [wí(ː)əri]
형 (몹시) 지친; ((of)) (~에) 싫증 난 (= wearisome, tedious)
07 They were **weary** after a long journey.

고난도 **debilitate** [dibílətèit]
동 (심신을) 약화시키다
08 The virus **debilitates** the body's immune system.

01 그녀는 **안색**이 어두웠다. 02 사람의 **신진대사**는 극도의 추위에 의해 느려진다. 03 암벽 등반을 하려면 **튼튼해야** 한다. 04 학생들은 **활발한** 활동에 참여하는 것이 권장된다. 05 그는 감기 때문에 **기력이 없어** 보인다. 06 아동들은 간접흡연에 특히 **취약하다**. 07 그들은 긴 여행 후에 **몹시 지쳤다**. 08 그 바이러스는 신체의 면역 체계를 **약화시킨다**.

*** **disabled** [diséibəld] 형 **장애를 가진** (= handicapped)

** **disability** [dìsəbíləti] 명 (신체적) **장애**

cf. inability 명 무능, 불능

---

* **frail** [freil] 형 **노쇠한** (= infirm); **부서지기 쉬운** (= fragile)

01 My grandmother is **frail**, but still manages to walk with a stick.

---

* **detrimental** [dètrəméntəl] 형 **해로운** (= harmful, injurious)

02 Overexposure to sunlight can have a **detrimental** effect on the skin.

---

* **obese** [oubíːs] 형 **비만인**

03 **Obese** people have a higher risk of developing arthritis.

* **obesity** [oubíːsəti] 명 **비만**

| 체형 |

physique 명 (사람의) 체격 *cf.* stature 명 (사람의) 키; 위상
overweight 형 과체중의 (↔ underweight 저체중의)
cf. fleshy 형 살집이 있는 / plump 형 포동포동한 (= chubby)
skinny 형 깡마른 *cf.* slim 형 날씬한 / lean 형 군살이 없는, 여윈

2. 건강관리(Healthcare)

* **sanitary** [sǽnətèri] 형 **위생의; 위생적인** (= hygienic)

04 **sanitary** facilities

* **sanitation** [sæ̀nətéiʃən] 명 **위생** (= hygiene); **위생시설[관리]**

* **sanitize** [sǽnitàiz] 동 **위생 처리하다, 살균하다**

---

* **hazardous** [hǽzərdəs] 형 (특히 건강·안전에) **위험한**

05 These are **hazardous** chemicals that can cause death if inhaled.

** **hazard** [hǽzərd] 명 **위험 (요소)**

cf. pitfall 명 함정; (눈에 잘 안 띄는) 위험

cf. peril 명 위험(성)

01 우리 할머니는 **노쇠하시지만**, 여전히 지팡이를 짚고 그럭저럭 걸어 다니실 수 있다. 02 햇빛에 너무 많이 노출되면 피부에 **해로운** 영향을 줄 수도 있다. 03 **비만인** 사람들은 관절염에 걸릴 위험이 크다. 04 **위생** 시설 05 이것들은 들이마시면 죽음을 초래할 수 있는 **위험한** 화학물질이다.

고난도 **inoculate** [inákjulèit]

동 예방 접종하다; (사상 등을) 주입하다

01 The children were **inoculated** against measles.

---

* **vaccinate** [vǽksənèit]

동 (특히 백신으로) 예방 접종하다 (= immunize)

02 We **vaccinate** all the animals that come to our shelter.

* **vaccination** [væ̀ksənéiʃən]

명 백신[예방] 접종

3. 감각(Sense·Sensation)

* **intuition** [ìntjuíʃən]

명 직관(력), 직감, 육감

* **intuitive** [intjú:itiv]

형 직관에 의한; 직관력이 있는

03 an **intuitive** judgment

고난도 **tactile** [tǽktil, tǽktail]

형 촉각의; 촉감의

04 **tactile** stimuli

---

* **acoustic** [əkú:stik]

형 청각의; 음향의; 전자 장치를 쓰지 않는

* **acoustics** [əkú:stiks]

명 ((단수 취급)) 음향학; ((복수 취급)) 음향시설

---

* **resonate** [rézənèit]

동 소리가 울려 퍼지다, 공명이 잘되다 (= resound, echo)

소리 | Appendix 539쪽

05 The siren **resonated** throughout the city.

고난도 **resonant** [rézənənt]

형 소리가 깊이 울리는

고난도 **resonance** [rézənəns]

명 소리의 울림

| 어구로 알아보는 감각 관련 어휘 |

blurred vision	**흐릿한** 시력
a **fuzzy** image	**어렴풋한** 모습
to detect a **subtle** change	**미묘한** 변화를 감지하다
aromatic herbs	**향이 좋은** 약초
fragrant oils and perfumes	**향기로운** 오일과 향수
foul odors from the factory	공장에서 나는 **악취**
fluffy kittens	**솜털로 뒤덮인** 새끼 고양이들
coarse cloth	**거친** 옷감
a **scratchy** wool sweater	**따끔거리는** 울 스웨터

01 그 아이들은 홍역 **예방 접종을 받았다.** 02 우리는 보호소에 오는 모든 동물들에게 **예방 주사를 맞힌다.** 03 **직관적인** 판단 04 **촉각** 자극 05 도시 전역에 사이렌 **소리가 울려 퍼졌다.**

Exercises

A

다음의 우리말은 영어로, 영어는 우리말로 그 뜻을 쓰시오.

① 대칭; 균형
② (신체적) 장애
③ 합성
④ 연대순의, 시간 순서대로 된
⑤ 동시대의; 현대의; 동시대인
⑥ 비만
⑦ 상처받기 쉬움; 취약성
⑧ 대사 작용을 하다
⑨ 협력적인; 공동의
⑩ 청각의; 음향의
⑪ 공존
⑫ 촉각의; 촉감의
⑬ 구어의, 일상적인 대화체의
⑭ 안색
⑮ intuitive
⑯ resonate
⑰ hazardous
⑱ coincide
⑲ weary
⑳ collide
㉑ inert
㉒ sanitary
㉓ robust
㉔ frail
㉕ detrimental
㉖ metabolic
㉗ inoculate
㉘ symptomatic

B

다음 빈칸에 들어갈 가장 적절한 어휘를 고르시오.

1. Their argument has come from a(n) ________ between two opposing philosophies regarding the rearing of children.
① synergy ② correlation ③ collision ④ vigor

2. Industry is making rapid progress, but because of labor-saving machinery, wages are not rising to ________ with increasing costs of living.
① correspond ② debilitate ③ clash ④ chronicle

3. She's bored and frustrated staying at home or ________ around with nothing to do; she wants to continue her own career.
① paying ② hanging ③ showing ④ turning

4. Auction houses are accused of ________ with artists, critics, and curators to inflate prices and hype up artists' reputations.
① coherence ② collateral ③ coincidence ④ collusion

C

다음을 읽고 문제에 답하시오.

Theatergoers have been offered many good plays including *West Side Story*, *The King and I*, and *Dracula* for several decades. However, they have rarely had the opportunity to see new works, because many producers have avoided new plays. Part of the reason for this may be the tremendous cost of making a new production these days. It is true that many producers asked to invest a few hundred thousand dollars in a production prefer a play of proven merit and past success to a new, untried play. That sounds like a reasonable excuse, but the fact is that this practice leads to an undesirable situation. Unless new plays are given a chance today, there will be nothing to revive in the future. [모의응용]

Q. What does the underlined part, this practice, mean in this text?
① the process of repeatedly performing something in order to improve
② the tradition of reviving old plays and reworking them in new ways
③ the way in which investment money is generated for new productions
④ the tendency of producers to avoid new plays because of potential risk

D

각 네모 안에서 문맥에 알맞은 어휘를 고르시오.

1. They have found the files that are full of confidential [correspondence / cohesion] containing the company's expansion plans.

2. Vitamin D is a fat-soluble vitamin that is [synthesized / synchronized] by the body after exposure to sunlight, specifically the UV rays from the sun.

3. [Acute / Chronic] sore throats last relatively long and range from being a mild irritation to extremely painful.

E

다음 ①~⑤ 중, 문맥상 밑줄 친 낱말의 쓰임이 적절하지 않은 것을 고르시오.

① Even a little bit of exercise everyday will help, but try and work in some vigorous exercise for better results.
② In this city, diverse industries coexist while depending on each other. [모의응용]
③ Successful integration benefits everyone, and contributes to the development of safe and cohesive communities.
④ It is normal for vision to be slightly blurred right after the eye surgery and it should gradually clear over the next few days.
⑤ It counts to have an incoherent plan to improve student achievement rather than a list of unconnected efforts.

28강

Word Complete

Part

Prefixes	하게 함 en-, 스스로, 자동 auto-
Essential Roots/Stems	graph / gram = write; drawing bio = life
Words with Multiple Meanings	race / reason / regard / relief
Phrasal Verbs	for가 포함된 구동사 1
Themes	의료

Words & Phrases

앞으로 학습할 예문에 쓰인 필수 어휘 모음입니다. 예문에 해당 단어 밑에는 점선이 표시(interact)되어 있습니다.
아는 단어는 □□에 체크하고 모르는 단어는 뜻 확인을 반복하세요.

*	□□	asthma [ǽzmə]	명 천식 ※ asthmatic 형 천식의 명 천식 환자
**	□□	bet [bet]-bet-bet	명 내기 (돈); 짐작 동 (내기에) 돈을 걸다; (~이) 틀림없다
*	□□	celebrity [səlébrəti]	명 유명 인사; 명성
*	□□	communion [kəmjú:njən]	명 친교, 교감; 성찬식; 종교 단체
***	□□	consult [kənsʌ́lt]	동 상담하다; (참고서 등을) 찾아보다 ※ consultation 명 상담; (전문가의) 협의; (서적 등의) 참조
**	□□	diagnose [dáiəgnòus]	동 (질병·문제의 원인을) 진단하다 ※ diagnosis 명 진단
**	□□	district [dístrikt]	명 구역, 지구 (= area, region, sector)
*	□□	dweller [dwélər]	명 거주자, 주민
*	□□	exemplify [igzémpləfài]	동 전형적인 예가 되다; 예를 들다 (= illustrate)
**	□□	extension [iksténʃən]	명 연장, 확대; (전화의) 내선
*	□□	humanitarian [hju:mæ̀nitɛ́əriən]	형 인도주의적인, 인도주의자의
*	□□	obligate [ábləgèit]	형 필수[의무]적인; 불가피한 동 의무를 지우다; 강요하다 ※ obligation 명 의무
*	□□	ointment [ɔ́intmənt]	명 연고
***	□□	operate [ápərèit]	동 (기계 등이) 작동하다; 작용하다; 수술하다
*	□□	on grounds of	~을 이유[근거]로
**	□□	persist [pərsíst]	동 고집하다; 지속하다 ※ persistence 명 고집; 인내; 지속(성)
고난도	□□	pharmaceutical [fɑ̀:rməsú:tikəl]	형 약학의; 제약의
**	□□	pill [pil]	명 알약 *cf.* tablet 명 정제 ((둥글넓적한 모양의 약제))
*	□□	pneumonia [njumóunjə]	명 폐렴
*	□□	prevalent [prévələnt]	형 일반적인, 널리 퍼져 있는 ※ prevail 동 만연하다
*	□□	repressive [riprésiv]	형 억압적인, 탄압하는
**	□□	sign up for	~을 등록[가입]하다
*	□□	steering wheel	명 (자동차의) 핸들
*	□□	temperament [témpərəmənt]	명 기질, 성질 (= inclination, disposition)
*	□□	tolerate [tálərèit]	동 참다; 견디다; 용인하다
*	□□	validity [vəlídəti]	명 유효함; 타당성
초고난도	□□	virulent [vírjulənt]	형 악성의, 치명적인; 매서운, 맹렬한
**	□□	wound [wu:nd]	명 상처, 부상 동 상처를 입히다

Prefixes | 하게 함 en-, 스스로, 자동 auto-

en- / em- / im- = make; put in (만들다, ~하게 하다; ~ 속에 넣다)
auto- = self (스스로)

enlarge	→ en(make)+large	→ 확대하다
encase	→ en(put in)+case	→ 상자 속에 넣다
automobile	→ auto(self)+mobile	→ 자동차

* **enact** [inǽkt]

동 (법을) **제정하다; 상연하다**
en(make)+act(법률; 연기)

01 No bill was **enacted** into law this session.
02 The actor had to work hard to **enact** the character's complex emotions.

---

* **encompass** [inkʌ́mpəs]

동 **둘러싸다** (= enclose); (많은 것을) **포함하다**
en(make)+compass(범위; 나침반)

03 The district **encompasses** most of the downtown area.

---

* **entail** [intéil]

동 (필연적 결과로) **수반하다** (= involve)
en(make)+tail(limitation)

04 a situation that **entails** considerable risks

고난도 **entrench** [intréntʃ]

동 (변경이 어렵게) **단단히 자리 잡게 하다**
en(make)+trench(도랑)

05 to abandon **entrenched** behaviors

** **enroll** [inróul]

동 **등록하다, 입학시키다** (= register, sign up)
en(make)+roll(명단)

06 About 10 percent of U.S. students are **enrolled** in private schools.

---

* **entrust** [intrʌ́st]

동 (일을) **맡기다** (= assign)
en(make)+trust(믿다)

07 We cannot **entrust** these tasks to unqualified people.

01 이번 회기에는 어떤 법안도 법률로 **제정되지** 않았다. 02 그 배우는 그 배역의 복잡한 감정을 **연기하기** 위해 열심히 노력해야 했다. 03 그 구역은 시내 대부분을 **포함한다**. 04 상당한 위험을 **수반하는** 상황 05 **고착화된** 행동을 버리다 06 약 10퍼센트의 미국 학생들이 사립학교에 **입학하고** 있다. 07 우리는 이 과업들을 자격이 없는 사람들에게 **맡길** 수 없다.

* **embattled** [imbǽtld]
㉻ 공세에 시달리는; 교전 중인
em(make)+battle(전투)+ed(㉻)
01 The **embattled** army finally surrendered.

고난도 **embed** [imbéd] -embedded-embedded
㉲ (단단히) 박다, 끼워 넣다; (마음에) 깊이 새겨두다
em(make)+bed(dig, pierce)
02 He is trying to pull out a thorn **embedded** in his finger.

---

* **embody** [imbádi]
㉲ 구현하다, 구체화하다 (= represent); 포함하다
em(make)+body(물체)
03 Our constitution **embodies** all the fundamental principles of democracy.

* **embodiment** [imbádimənt]
㉴ 구체화; 전형, 본보기

---

* **embark** [imbá:rk]
㉲ (배·비행기에) 승선하다 (↔ disembark 내리다); ((on)) (~에) 착수하다
em(put in)+bark(a sailing ship)
04 We **embarked** on a voyage to the Caribbean.

---

* **impoverish** [impávəriʃ]
㉲ 가난하게 하다; 저하시키다 (↔ enrich 부유하게 하다; 질적으로 향상시키다)
im(make)+pover(poor)+ish(㉲)
05 The dictator enriched himself but **impoverished** his people.

*** **automatic** [ɔ̀:təmǽtik]
㉻ (기계가) 자동의 (↔ manual 수동의); 반사적인
auto(self)+mat(think)+ic(㉻)
06 **Automatic** Teller Machine (ATM)

* **automation** [ɔ̀:təméiʃən]
㉴ 자동화

---

* **autonomy** [ɔ:tánəmi]
㉴ 자치권; 자주성, 자율성 (= independence)
auto(self)+nom(law)+y(㉴)
07 Rebel leaders are demanding **autonomy**.

* **autonomous** [ɔ:tánəməs]
㉻ 자주적인, 자율적인 (= sovereign, self-governing)
08 **autonomous** cars[vehicles]

01 **공세에 시달리던** 그 군대는 마침내 항복했다. 02 그는 손가락에 **박힌** 가시를 빼내려고 애쓰고 있다. 03 우리의 헌법은 민주주의의 모든 기본 원칙을 **구현하고** 있다. 04 우리는 카리브 해 제도를 향한 항해를 **시작했다**. 05 그 독재자는 자기 배는 불렸지만 백성은 **가난하게 했다**. 06 현금 **자동** 인출기 07 반란군의 지도자들은 **자치권**을 요구하고 있다. 08 **자율** 주행 차량

* **autocracy** [ɔːtákrəsi]
명 독재 정치; 독재 국가 (= dictatorship)
auto(self)+cracy(rule, government)
01 the victory against **autocracy**

* **autocrat** [ɔ́ːtəkræ̀t]
명 전제 군주, 독재자 (= dictator)

Essential Roots / Stems ❶

graph / gram = write; drawing 글씨를 쓰다; 그림

** **autograph** [ɔ́ːtəgræ̀f]
명 (유명인의) 사인, 자필 서명 동 사인을 해주다
auto(self)+graph(write)
02 celebrity handprints and **autographs**
cf. signature 명 서명; 특징

---

* **phonograph** [fóunəgræ̀f]
명 축음기, 레코드플레이어
phono(sound)+graph(write)

---

* **calligraphy** [kəlígrəfi]
명 서예; 달필
calli(beauty)+graph(write)+y(명)
cf. typography 명 활판 인쇄술

고난도 **demographic** [dèməgræ̀fik]
형 인구학의; 인구통계학의
demo(people)+graph(write)+ic(형)
03 **demographic** changes over the next 20 years

고난도 **demographics** [dèməgræ̀fiks]
명 인구통계학

고난도 **polygraph** [páligræ̀f]
명 거짓말 탐지기 (= lie detector)
poly(many, much)+graph(write)
04 The police gave him a **polygraph** test.

고난도 **pictogram** [píktəgræm]
명 그림 문자; 상형 문자
pict(picture)+gram(write, drawing)
cf. logogram 명 표어문자[기호] ((\$ 표시 등))
cf. ideogram 명 표의문자 ((한자와 같이 글자 하나하나가 뜻을 가진 문자)); 기호

01 **독재 정치**에 대한 승리 02 유명 인사 핸드프린트(손바닥 자국)와 **사인** 03 앞으로 20년 동안의 **인구학적** 변화 04 경찰은 그에게 **거짓말 탐지기** 테스트를 했다.

Essential Roots / Stems ❷

bio = life 삶

** **autobiography** [ɔ̀:təbaiágrəfi]
명 자서전
auto(self)+bio(life)+graph(write)+y(명)
cf. biography 명 전기(傳記), 일대기

*** **biology** [baiálədʒi]
명 생물학
bio(life)+logy(study)

** **biological** [bàiəládʒikəl]
형 생물학의; 생물체의
01 **biological** parents

고난도 **antibiotic(s)** [æ̀ntibaiátik(s)]
명 항생제, 항생물질
02 An **antibiotic** exposes a weakness in the bacteria and kills most of them. [모의]

고난도 **antibiosis** [æ̀ntibaióusis]
명 항생작용

고난도 **biosphere** [báiəsfìər]
명 생물권 ((생물이 살 수 있는 지구 표면과 대기권))
bio(life)+sphere(space)
03 The Earth's **biosphere** and climate is driven by the energy received from the Sun.

고난도 **biomass** [báioumæ̀s]
명 (특정 지역의) 생물량; 바이오매스 ((에너지원인 생물체와 그 배출물의 총체))
bio(life)+mass(질량; 덩어리)
04 **Biomass** is a renewable energy source which is derived from organisms.

고난도 **symbiosis** [sìmbióusis, sìmbaióusis]
명 공생 (관계)
sym(together)+bio(life)+sis(명)

고난도 **symbiotic** [sìmbiátik, -bai-]
형 공생하는 (↔ parasitic 기생하는)

고난도 **symbiont** [símbiànt, -bai-]
명 공생자, 공생 동물 (↔ parasite 기생 동물)
05 Some **symbiotic** relationships are obligate, meaning that both **symbionts** entirely depend on each other for survival.

01 **생물학적** 부모(친부모) 02 **항생제**는 박테리아의 약점을 드러내어 대부분을 박멸한다. 03 지구의 **생물권**과 기후는 태양으로부터 얻는 에너지에 의해 형성된다. 04 **바이오매스**는 유기체로부터 얻어지는 재생 가능한 에너지원이다. 05 어떤 **공생**관계는 필수적인데, 이는 양쪽 **공생자들**이 생존을 위해 서로에게 전적으로 의지함을 의미한다.

Words with Multiple Meanings 필수 다의어의 이해

** **race**
[reis]

흐름
명 달리기 동 달리다 → 명 (급히) 서두름 동 서두르다 → 명 경주 동 경주하다
명 경쟁 동 경쟁하다 → 명 선거전; ((*pl.*)) 경마

명 인종; 민족, 국민

01 He **raced** his car through the parking lot, hoping to get to the meeting on time.
02 Pharmaceutical companies are in a **race** to find a cure for the new infectious disease.
03 With the Governor's **race** heating up, many candidates were concerned about the results.
04 People go to the **races** to gamble, but there's little likelihood that they'll win their bets.
05 Discrimination on grounds of **race** will not be tolerated.

*** **reason**
[ríːzən]

명 사고력, 이성 — 이성적으로 생각하다 — 동 추론하다; 논리적으로 생각하다 → 추론해서 알아낸 → 명 이유, 원인, 근거

06 Out of all the creatures on Earth, only human beings are capable of **reason**.
07 Intelligence is the ability to **reason**, and to solve new problems. [모의응용]
08 There is no **reason** why museums should provide the service free of charge. [모의응용]

28강

01 그는 제시간에 회의에 도착하고 싶어서 주차장에서 차를 **급히 몰았다.** 02 제약 회사들은 새로운 감염병의 치료법을 찾기 위해 **서두르고** 있다. 03 주지사 **선거전**이 가열되면서, 많은 후보자들이 결과를 염려했다. 04 사람들은 도박하러 **경마장**에 가지만 그들이 내기에 이길 가능성은 거의 없다. 05 **인종**을 이유로 한 차별은 용납되지 않을 것입니다. 06 지구상의 모든 창조물 중에서 오직 인간만이 **이성적 생각**을 할 수 있다. 07 지능은 **논리적으로 생각하고** 새로운 문제를 해결하는 능력이다. 08 박물관이 서비스를 무료로 제공해야 할 **이유**는 없다.

*** **regard**
[rigɑ́ːrd]

지켜보다	동 생각[간주]하다 → 동 고려하다 명 고려 → 고려되어야 할 → 명 점, 사항
	동 존중[중요시]하다 명 존경, 존중
	관심 있게 지켜보다 → 명 관심

01 If a law is **regarded** as being just and in the common good, any effective way of enforcing it should be accepted.
02 Bicycles are often used by people seeking to improve their health. In this **regard**, cycling is especially helpful for those who are unable to pursue sports that cause impact to the knees.
03 I have a deep **regard** for humanitarian aid workers who risk everything to help the poor.
04 People with antisocial personality disorder typically have no **regard** for right and wrong.

• regard A as B　A를 B로 여기다[간주하다]

** **relief**
[rilíːf]

명 (고통·불안 등의) 경감[완화]	불안이 줄어든 결과 → 명 안심, 안도
	재난으로 인한 고통·불안을 줄여주는 → 명 구호(품)
	일을 덜기 위해 여럿이 교대하는 → 명 (업무 등의) 교대자[팀]

05 This is a drug commonly prescribed for pain **relief**.
06 I breathed a sigh of **relief**; no one was hurt in the car accident.
07 Jim raised over one million dollars to provide **relief** for the drought victims in Africa. [수능응용]
08 The next **relief** crew comes on duty at ten o'clock.

01 만일 어떤 법이 정당하고 공익을 위한 것으로 **생각된다면**, 그 법을 집행하는 효과적인 어떠한 방법도 받아들여져야 한다. 02 자전거는 흔히 건강을 향상하고자 하는 사람들에 의해 이용된다. 이 **점**에서, 자전거 타기는 무릎에 충격을 주는 스포츠를 할 수 없는 사람들에게 특히 도움이 된다. 03 나는 가난한 사람들을 돕기 위해 모든 위험을 무릅쓰는 인도주의적인 구조원들을 매우 **존경**한다. 04 반사회적 인격 장애를 가진 사람들은 전형적으로 옳고 그름에 무**관심**하다. 05 이것은 통증 **완화**에 흔히 처방되는 약이다. 06 나는 **안도**의 한숨을 쉬었다. 왜냐하면 자동차 사고로 아무도 다치지 않아서였다. 07 짐은 아프리카 가뭄 이재민에게 **구호품**을 제공하기 위해 100만 달러 이상을 모금하였다. 08 다음 승무원 **교대 팀**은 10시에 근무를 시작한다.

Phrasal Verbs | for가 포함된 구동사 1

다음 구동사의 의미를 추론하여 오른쪽 빈칸에 쓰고 페이지 하단의 해석과 대조해 보시오.

** account for

~에 대해 설명하다

01 People have been using birth order to **account for** personality factors such as an aggressive behavior or a passive temperament. [수능]

➡ 성격 요인들을 ________

02 About three percent of the weight of sea water is **accounted for** by salt. [모의]

➡ 바닷물 무게의 3% 가량을 소금이 ________

** allow for

~을 받아들이다

03 It will take about an hour to get there, **allowing for** traffic delays.

➡ 교통 체증을 ________

** answer for

~에 대해 답변하다

04 You have to **answer for** any problems that happen during the show.

➡ 어떤 문제라도 ________

*** ask for

~에 대해 묻다[요청하다]

05 They wouldn't **ask for** help unless it were a matter of life and death.

➡ 도움을 ________

cf. be asking for it[trouble] 자업자득이다

** call for

~을 위해 부르다

06 After the nineteenth-century disaster, experts **called for** a tsunami warning system in the Indian Ocean similar to the successful one now operating in the Pacific. [모의]

➡ 쓰나미 경보 시스템을 ________

07 The weather forecast today **calls for** clear skies with only a five percent chance of rain. [수능]

➡ 일기예보가 맑은 하늘을 ________

*** care for

~을 위해 돌보다 / ~을 좋아하다

08 She has to stay at home to **care for** her elderly mother.

➡ 노모를 ________

09 I don't **care for** seafood.

➡ 해산물을 ________

28강

01 사람들은 공격적 행동이나 수동적 기질 같은 성격 요인들을 **설명하기** 위해 출생 순서를 사용해왔다. 02 바닷물 무게의 3% 가량을 소금이 **차지한다.** 03 교통 체증을 **고려하면,** 그곳에 도착하는 데 한 시간 정도가 걸릴 것이다. 04 당신은 프로그램 도중에 일어나는 어떠한 문제에도 **책임을 져야** 할 것이다. 05 그들은 생사의 문제가 아니면 도움을 **청하지** 않을 것이다. 06 19세기 재해 이후, 전문가들은 태평양에서 지금 성공적으로 사용되고 있는 것과 유사한 쓰나미 경보 시스템을 인도양에서도 **요구했다.** 07 오늘 일기예보는 비가 올 가능성이 단 5% 정도인 맑은 하늘을 **예상한다.** 08 그녀는 노모를 **돌보기** 위해 집에 있어야 한다. 09 나는 해산물을 **좋아하지** 않는다.

Themes | 의료

1. 증상(Symptom)·통증·부상

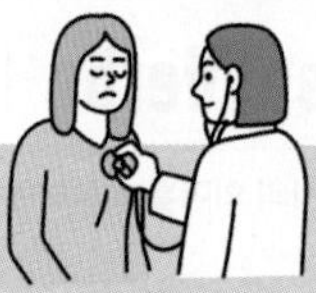

* **insomnia** [insɑ́mniə]

명 **불면증** (= sleeplessness) 주요 질환명 | Appendix 539쪽

01 Asthma and **insomnia** are more prevalent among city dwellers.

---

* **diabetes** [dàiəbí:ti:z]

명 **당뇨병**

02 **Diabetes** should be diagnosed as early as possible so that treatment can be started.

---

* **sharp[acute] pain**

명 **심한 통증**

03 If the **sharp pain** persists, you should consult your doctor.

cf. sore 형 아픈, 따가운, 화끈거리는

cf. ache 명 (계속되는) 통증

cf. stab 명 찌르는[쑤시는] 듯한 통증

| 증상 |

nausea	명 메스꺼움 *nauseate 동 메스껍게 하다
diarrhea	명 설사
rash	명 발진; (보통 불쾌한 일 등의) 빈발, 다발(多發)
cramp	명 (근육의) 경련; ((*pl.*)) 심한 복통 *cramped 형 비좁은; 경련을 일으킨
dizzy	형 어지러운; 아찔한 *cf.* muzzy 형 (의식이) 몽롱한
numb	형 감각을 잃은, 마비된
lethargic	형 혼수상태의; 무기력한
hoarse	형 (목이) 쉰
sickening	형 역겨운, 구역질나는
vomit	동 토하다 (= throw up) *vomiting 명 구토
cough	동 기침하다 *cf.* sneeze 동 재채기하다
choke	동 숨이 막히다; 질식시키다 (= suffocate, stifle, smother)

** **fatal** [féitl]

형 **치명적인, 죽음을 초래하는** (= lethal, deadly)

04 a **fatal** virus that affects all species of birds

* **fatality** [fətǽləti]

명 **사망자; 치사율**

01 천식과 **불면증**은 도시 거주자들에게 더 일반적이다. 02 **당뇨병**은 치료가 시작될 수 있도록 가능한 한 일찍 진단받는 것이 중요하다. 03 **심한 통증**이 지속된다면 의사의 진찰을 받아야 한다. 04 모든 조류에 영향을 미치는 **치명적인** 바이러스

* **throb**-throbbed-throbbed [θrɑb]
동 (규칙적으로) 고동치다; 욱신거리다 명 진동; 욱신거림
01 a **throbbing** headache

* **ail** [eil]
동 괴롭히다; 병들게 하다
02 Various diseases severely **ailed** her throughout her life.

* **ailment** [éilmənt]
명 (가볍거나 만성적인) 질병

* **trauma** [trɔ́:mə, tráumə]
명 외상; 정신적 충격[외상], 트라우마

* **traumatic** [trəmǽtik]
형 정신적 외상의; 대단히 충격적인
03 post-**traumatic** stress disorder (PTSD)

| 상처·부상 |

scar	명 흉터, 상처 동 흉터[상처]를 남기다
blemish	명 (피부 등의) 티, 흠
bruise	동 멍이 생기다; 타박상을 입히다 명 멍, 타박상
strain	동 세게 잡아당기다; 염좌를 입다 명 부담, 압박; 염좌, 좌상
sprain	동 (발목 등을) 삐다 *cf.* splint 명 부목 / crutch 명 목발
swell	동 부어오르다; 증가하다 *swelling 명 부어오른 곳
infiltration	명 침입; ((병리)) 침윤 ((염증 등이 인접한 조직에 번지는 일))
inflamed	형 염증이 생긴 *inflammation 명 염증

2. 의료·치료·약

*** **remedy** [rémədi]
명 치료(약); 해결책 동 바로잡다; 개선하다
04 A tea made from basil leaves is used as a **remedy** for colds in India.

cf. medication 명 약물 (치료)

*** **heal** [hi:l]
동 고치다, 치유하다 (= cure) 의료 기관·관계자 | Appendix 540쪽
05 The ointment will help **heal** the wound.

* **alleviate** [əlí:vièit]
동 완화하다 (= relieve, soothe)
06 The drugs did nothing to **alleviate** his pain.

* **alleviation** [əlì:viéiʃən]
명 완화

cf. painkiller 명 진통제

01 **욱신거리는** 두통 02 여러 질병이 그녀를 평생 심하게 **괴롭혔다**. 03 **외상** 후 스트레스 장애 04 바질 잎을 우려낸 차는 인도에서 감기 **치료약**으로 사용된다. 05 그 연고는 상처를 **치유하는** 데 도움이 될 것이다. 06 그 약은 그의 통증을 **완화하는** 데 전혀 효과가 없었다.

* **sterilize** [stérəlàiz] — 동 살균[소독]하다 (= disinfect); 불임이 되게 하다

* **sterile** [stéril] — 형 소독한; 척박한; 불임의

01 **sterile** water

---

* **hospitalize** [háspitəlàiz] — 동 입원시키다

02 Some people have to be **hospitalized** for pneumonia.

* **hospitalization** [hɑ̀spitəlizéiʃən] — 명 입원; 입원 기간

---

* **irreparable** [irépərəbəl] — 형 (손실·부상 등이) 회복할 수 없는

03 A virus caused **irreparable** damage to her heart.

** **dose** [dous] — 명 (약의) 복용량 동 (약을) 투여하다

04 Do not exceed the recommended **dose**.

cf. overdose 명 (약물) 과다 복용 동 (약을) 과다 복용하다

** **dosage** [dóusidʒ] — 명 (약의) 복용량

** **abuse** 명 [əbjúːs] 동 [əbjúːz] — 명 남용, 오용; 학대 동 남용[오용]하다 (= misuse); 학대하다

05 alcohol **abuse**

* **abusive** [əbjúːsiv] — 형 남용[오용]하는; 모욕적인

---

* **ingest** [indʒést] — 동 (음식·약 등을) 삼키다[먹다]

06 The drug is more easily **ingested** in pill form.

cf. digest 동 소화하다

** **side effect** — 명 부작용 (= adverse[ill] effect)

---

* **medicinal** [mədísənəl] — 형 약효가 있는

07 The plants are used for **medicinal** purposes.

고난도 **placebo** [pləsíːbou] — 명 플라세보, 위약 ((약효가 없는데 있는 것처럼 하여 투여하는 가짜 약))

08 A **placebo** is sometimes given for a patient's psychological benefit.

01 **살균**수 02 어떤 사람들은 폐렴 때문에 **입원해야** 한다. 03 바이러스가 그녀의 심장에 **회복할 수 없는** 손상을 입혔다. 04 1**회** 권장**량**을 초과하지 마시오. 05 알코올 **남용** 06 그 약은 알약 형태로 더 쉽게 **삼켜진다**. 07 그 식물은 **약**용으로 사용된다. 08 **위약**은 때때로 환자의 심리적 이익을 위해 주어진다.

Exercises

A 다음의 우리말은 영어로, 영어는 우리말로 그 뜻을 쓰시오.

① 남용[오용]하는; 모욕적인
② (법을) 제정하다; 상연하다
③ 약효가 있는
④ 구체화; 전형, 본보기
⑤ 서예; 달필
⑥ 입원시키다
⑦ (음식·약 등을) 삼키다[먹다]
⑧ (약의) 복용량; (약을) 투여하다
⑨ 둘러싸다; (많은 것을) 포함하다
⑩ 공세에 시달리는; 교전 중인
⑪ (기계가) 자동의; 반사적인
⑫ 당뇨병
⑬ 외상; 정신적 충격
⑭ 생물학의; 생물체의
⑮ 괴롭히다; 병들게 하다
⑯ fatal
⑰ irreparable
⑱ pictogram
⑲ alleviation
⑳ nausea
㉑ side effect
㉒ entail
㉓ entrench
㉔ remedy
㉕ sterile
㉖ biosphere
㉗ insomnia
㉘ throb
㉙ autonomous
㉚ numb

B 다음 빈칸에 들어갈 가장 적절한 어휘를 고르시오.

1. The people's demand for greater ________, which eventually led to virulent conflict, was fueled by the government's increasingly repressive policies.
① autocrat ② autograph ③ autobiography ④ autonomy

2. Recent studies show that bacteria can become resistant to ________, and that these dangerous bacteria are common in meat.
① antibiotics ② hospitalization ③ placebos ④ scars

3. Many people who suffer from addiction experience their first ________ when they can share their pain with others and feel that they have been truly heard.
① race ② reason ③ regard ④ relief

4. The manager will send notifications to all employees who have not already signed up for a health plan to ________ by the end of the month. [모의응용]
① embark ② heal ③ enroll ④ assign

C

다음 빈칸에 들어갈 말로 가장 적절한 것을 고르시오.

No matter what the purpose or the size, people project bodily senses into every kind of tool that requires skilled use. It may come as a surprise to hear construction workers speak of communion with their big machines, but the physical bonding they experience is real. One machine operator reported, "You're part of the machine. The machine becomes indistinguishable from you." Likewise, cars ________ their drivers. Think about how you know the size of your car well enough to park it in a small space or pull it into your garage without hitting anything. You can't actually see the car's outer dimensions, yet you know the size and shape of your car. At the moment the car responds instantly to your hand motions and moves as you operate the steering wheel. It feels like the car becomes an extension of your body. [모의응용]

① alleviate ② embed ③ embody ④ impoverish ⑤ enlarge

D

각 네모 안에서 문맥에 알맞은 어휘를 고르시오.

1. The validity of the results from [phonograph / polygraph] tests have been called into question—sometimes the tests showed people were lying when they weren't.

2. The acacia ant is best known and named for living in [antibiosis / symbiosis] with the Bullhorn Acacia throughout Central America. The ant and the acacia exemplifies the coevolution of mutually dependent species.

E

다음 ①~⑤ 중, 문맥상 밑줄 친 낱말의 쓰임이 적절하지 않은 것을 고르시오.

① It's important to sterilize tools and furniture in hospitals so germs don't get spread between patients.

② Before the late 18th century, since most of the manufacturing process was conducted by automatic labor and took years to complete, musical instruments were very expensive. [모의응용]

③ Man has mainly been blamed for the threatened Arctic. However, there's a natural cause that may account for much of the Arctic warming which has melted sea ice. [모의]

④ Since babies can easily choke, you should stop them from putting small toys or other objects in their mouths.

⑤ The personal information entrusted with us will not be used for purposes other than what is necessary to carry out client services. [모의응용]

29강

Word Complete

Part

Prefixes	좋은 bene-, 나쁜 mal(e)-, 잘못 mis-
Essential Roots/Stems	dic(t) = tell, say; word
Words with Multiple Meanings	refer to / reference / represent / resolve
Phrasal Verbs	for가 포함된 구동사 2
Themes	일상생활 1

Words & Phrases

앞으로 학습할 예문에 쓰인 필수 어휘 모음입니다. 예문에 해당 단어 밑에는 점선이 표시(interact)되어 있습니다.
아는 단어는 □□에 체크하고 모르는 단어는 뜻 확인을 반복하세요.

*	□□	additive [ǽdətiv]	명 첨가물, 첨가제
**	□□	appetizer [ǽpitàizər]	명 전채 요리, 애피타이저, 식욕을 돋우기 위한 것 (= starter) *cf.* main dish 명 주요리 / side dish 명 곁들임 요리
*	□□	broth [brɔːθ]	명 (걸쭉한) 수프 *cf.* porridge 명 포리지 ((곡물로 만든 죽))
*	□□	canning [kǽniŋ]	명 통조림 제조(업)
**	□□	component [kəmpóunənt]	명 구성 요소; 성분
*	□□	dent [dent]	명 움푹 들어간 곳 동 움푹 들어가게 하다; 훼손하다
**	□□	faultless [fɔ́ːltlis]	형 흠잡을 데 없는
고난도	□□	fetal [fíːtəl]	형 태아(胎兒)의, 태아 상태의 ※ fetus 명 태아
**	□□	firmly [fə́ːrmli]	부 단호히, 확고히
*	□□	food group	명 식품군 ((비슷한 영양소를 함유하는 식품끼리 묶어 분류한 것))
**	□□	inheritance [inhéritəns]	명 유산; 유전
**	□□	inhibit [inhíbit]	동 억제하다; 못하게 하다 ※ inhibition 명 억제
*	□□	margarine [máːrdʒərin]	명 마가린
**	□□	negotiation [nigòuʃiéiʃən]	명 협상
**	□□	on occasion	이따금, 가끔
*	□□	plump [plʌmp]	형 통통한; (물건·과일 등이) 불룩한, 속이 가득 찬
*	□□	queue [kjuː]	명 (차례를 기다리는 사람의) 줄 동 줄을 서다
*	□□	relentlessly [riléntlisli]	부 가차 없이
*	□□	resign oneself	체념하다
*	□□	retailer [ríːteilər]	명 소매상, 소매업 ※ retail 명 소매 동 소매하다
**	□□	spice [spais]	명 양념, 향신료 *cf.* condiment 명 조미료, 양념; (음식의) 소스
***	□□	spread [spred]	동 펼치다; 확산되다; (얇게 펴서) 바르다 명 확산, 전파; 스프레드 ((빵에 발라 먹는 식품))
*	□□	stand trial	((for)) (~의 혐의로) 재판을 받다 (= go on trial)
**	□□	stew [stjuː]	명 스튜 ((고기와 채소를 넣고 끓인 국물 요리)) 동 뭉근히 끓이다; 마음 졸이다, 애태우다
고난도	□□	stranglehold [strǽŋglhòuld]	명 목 조르기; 옥죄기
*	□□	vegetarian [vèdʒətέəriən]	명 채식주의자 형 채식주의자의 ※ vegetarianism 명 채식(주의)
*	□□	victorious [viktɔ́ːriəs]	형 승리를 거둔
고난도	□□	villain [vílən]	명 (연극·이야기 등의) 악인, 악당
**	□□	wrinkle [ríŋkəl]	명 주름; (천 등의) 구김살 동 주름이 생기다

Prefixes | 좋은 bene-, 나쁜 mal(e)-, 잘못 mis-

bene- = good (좋은)

mal(e)-, mis- = bad(ly), wrong (나쁜, 잘못된)

benefit → bene(good)+fit(make, do) → 혜택, 이득; 유익하다

malfunction → mal(bad)+function → 기능 불량, 오작동

misuse → mis(wrong)+use → 남용, 오용, 악용

* **benevolent** [bənévələnt]

형 **자애로운, 인정 많은** (↔ malevolent, malicious 악의적인)

bene(good)+vol(wish)+ent(형)

01 a **benevolent** smile

---

* **benefactor** [bénəfæ̀ktər]

명 **선행자; 기부자, 후원자**

bene(good)+fact(make, do)+or(명)

02 The museum received five million dollars from an unnamed **benefactor**.

* **benefaction** [bènəfǽkʃən]

명 **기부금, 후원금** (= donation)

---

* **beneficent** [bənéfəsənt]

형 **선행하는; 자비로운** (= charitable, merciful, generous)

bene(good)+fic(make, do)+ent(형)

03 He was a **beneficent** ruler, and he was beloved by the people.

* **beneficence** [bənéfəsəns]

명 **선행; 자선**

** **beneficial** [bènəfíʃəl]

형 **유익한, 이로운** (↔ harmful, detrimental 해로운; unprofitable 무익한)

04 He hopes the new drug will prove **beneficial** to many people.

---

* **beneficiary** [bènəfíʃièri]

명 **수혜자; (유산) 수령인**

05 His nephew is the sole **beneficiary** of the insurance policy.

고난도 **malady** [mǽlədi]

명 (만성적인) **병; 심각한 문제, 병폐**

06 The airline suffers from a common **malady**—lack of cash.

01 **자애로운** 미소 02 그 박물관은 익명의 **기부자**로부터 5백만 달러를 받았다. 03 그는 **자비로운** 통치자였고 국민들에게 사랑받았다. 04 그는 새로운 약이 많은 사람에게 **도움이 되기**를 바란다. 05 그의 조카가 보험 증서의 유일한 **수혜자**이다. 06 그 항공사는 흔히 발생하는 **심각한 문제**인 현금 부족으로 고전하고 있다.

고난도 **maladaptive** [mæ̀lədǽptiv]

형 **순응성이 없는, 부적응의**

01 **Maladaptive** behaviors refer to types of behaviors that inhibit a person's ability to adjust to particular situations.

---

* **malefactor** [mǽləfæ̀ktər]

명 **악인, 악한**

male(badly)+fact(do)+or(명)

02 The victim gave a clear description of the **malefactor** to the police.

---

* **malnutrition** [mæ̀lnjuːtríʃən]

명 **영양실조(증)**

03 a program to help poor children suffering from **malnutrition**

---

* **maltreat** [mæltríːt]

동 **학대하다, 혹사하다** (= mistreat, ill-treat, abuse)

04 Officers were accused of **maltreating** prisoners.

---

* **malevolent** [məlévələnt]

형 **악의적인**

male(badly)+vol(wish)+ent(형)

05 Who is responsible for these **malevolent** rumors?

---

* **malice** [mǽlis]

명 **악의, 적의** (= ill will, spite)

mal(bad)+ice(명)

06 criticisms without **malice**

* **malicious** [məlíʃəs]

형 **악의적인** (= vicious, spiteful)

고난도 **malignant** [məlígnənt]

형 **악의에 찬;** (종양·병이) **악성의** (↔ benign 상냥한; 양성의)

mal(badly)+gn(born)+ant(형)

07 He has a **malignant** tumor in his neck and will soon begin therapy.

고난도 **malpractice** [mælprǽktis]

명 (전문 직종에서의) **위법 행위; 의료 과실**

08 He is currently standing trial for alleged **malpractices**.

01 **부적응** 행동이란 특정 상황에 적응하는 개인의 능력을 저해하는 행동 양식을 일컫는다. 02 피해자는 경찰에게 **악한**을 명확히 설명했다. 03 **영양실조**로 고통 받는 가난한 어린이들을 돕는 프로그램 04 교도관들이 죄수들을 **학대하여** 기소되었다. 05 누가 이런 **악의적인** 소문들을 퍼뜨렸나? 06 **악의** 없는 비판 07 그는 목에 **악성** 종양이 있어 곧 치료를 시작할 것이다. 08 그는 **위법 행위** 혐의로 현재 재판을 받고 있다.

* **malformation** [mæ̀lfɔːrméiʃən]

명 (몸의) **기형 (상태)** (= deformity)

01 Some fetal **malformations** cannot be diagnosed until late in pregnancy.

** **misbehave** [mìsbihéiv]

동 **못된 짓을 하다, 비행을 저지르다**

02 On occasion, it is necessary for children to be disciplined when they **misbehave**.

** **misbehavior** [mìsbihéivjər] 명 **버릇없음; 비행, 부정행위**

---

* **misconception** [mìskənsépʃən]

명 (옳지 않은 정보에 근거한) **오해; 잘못된 통념** (= myth)

03 a common **misconception**

---

* **mishap** [míshæp]

명 **작은 사고; 불행**

mis(bad)+hap(luck)

04 They suffered a series of **mishaps** during the trip.

---

* **mislead**-misled-misled [mislíːd]

동 **잘못 인도하다** (= misguide); **오해하게 하다, 속이다** (= deceive)

05 Don't be **misled** by appearances.

** **misplace** [mispléis]

동 **제자리에 두지 않다** (그래서 찾지 못하다) (= mislay(-mislaid-mislaid))

06 In his rush to get to the hotel, Tom had **misplaced** his wallet. [모의응용]

* **misplaced** [mispleist] 형 **부적절한, 잘못된**

---

* **misdirect** [mìsdirékt]

동 **엉뚱한 곳으로 보내다; 적절하지 못하게 이용하다**

07 Their mail was **misdirected** to our address.

08 He accused them of trying to **misdirect** national resources.

Essential Roots / Stems

dic(t) = tell, say; word 말하다; 말

* **benediction** [bènədíkʃən]

명 **축복; 축복 기도**

bene(good)+dict(tell)+ion(명)

01 태아의 몇몇 **기형 상태**는 임신 후반이 되어야 비로소 발견될 수 있다. 02 이따금 어린아이들이 **못된 짓을 할** 때 그들을 훈육하는 것은 필요하다. 03 흔한 **오해** 04 그들은 여행 중에 일련의 **불상사**를 겪었다. 05 겉모습에 **속지** 마라. 06 호텔에 서둘러 가려던 톰은 지갑을 **제자리에 두지 않아 찾지 못했**다. 07 그들의 편지가 우리 주소로 **잘못 왔다**. 08 그는 그들을 국가 자원을 **부당하게 사용하려고** 시도한 죄로 고소했다.

* **malediction** [mæ̀lədíkʃən]

명 **저주, 비방** (= curse, imprecation)
male(badly)+dict(tell)+ion(명)

*** **dictate** [díkteit]

동 **받아쓰게 하다; 지시[명령]하다; 영향을 주다**
dict(tell)+ate(동)

01 I have letters to **dictate** to my secretary.

02 Your attitude **dictates** whether you are living life or life is living you. [모의]

*** **dictation** [diktéiʃən]

명 **받아쓰기**

** **dictator** [díkteitər]

명 **독재자**

03 The country has long been ruled by a **dictator**.

* **dictatorship** [diktéitərʃip]

명 **독재 (정권)**

** **diction** [díkʃən]

명 **발음; 말투; 어휘 선택**

04 It is very helpful for a teacher to have good **diction**.

*** **predict** [pridíkt]

동 **예측[예언]하다** (= forecast, foretell, foresee)
pre(before)+dict(tell)

05 The best way to **predict** the future is to study the past. [모의]

*** **prediction** [pridíkʃən]

명 **예측, 예언**

Guess What!

정답 및 해석 595쪽

주어진 단어의 의미를 <보기>에서 찾아 그 번호를 빈칸에 쓰시오.

<보기>
① 부조화 ② (정보를) 잘못 전하다 ③ 잘못 해석[이해]하다 ④ 불신(하다)
⑤ 비행, 악행 ⑥ 불운, 불행 ⑦ 계산 착오 ⑧ 잘못 관리[경영]하다

01. misfortune ______ 02. misrepresent ______ 03. misdeed ______
04. mistrust ______ 05. mismanage ______ 06. mismatch ______
07. miscalculation ______ 08. misinterpret ______

01 나는 비서에게 **받아쓰게 할** 편지가 있다. 02 당신의 태도가 당신이 삶을 살아가는지 삶이 당신을 살고 있는지(지배하는지)에 **영향을 준다**. 03 그 나라는 오랜 시간 동안 **독재자**의 지배를 받아 왔다. 04 교사가 **발음**이 좋은 것은 매우 도움이 된다. 05 미래를 **예측하는** 최상의 방법은 과거를 연구하는 것이다.

Words with Multiple Meanings 필수 다의어의 이해

** **refer to**

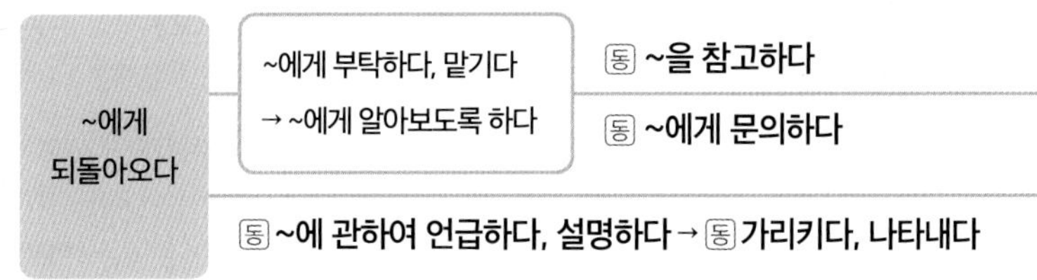

01 Please **refer to** the catalog for details of all the products.
02 The receptionist **referred** me **to** the librarian when I asked for the book's location.
03 The professor **referred to** the subject several times during her lecture.
04 The term 'Alexia' is used to **refer to** any acquired disorder of reading.

*** **reference**
[réfərəns]

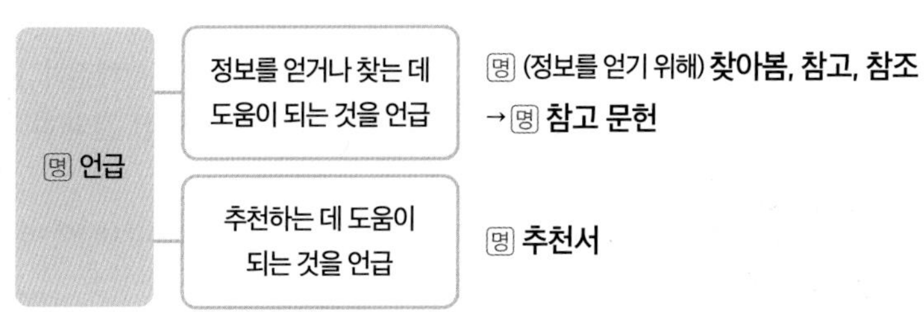

명 언급
정보를 얻거나 찾는 데
도움이 되는 것을 언급
명 (정보를 얻기 위해) 찾아봄, 참고, 참조
→ 명 참고 문헌
추천하는 데 도움이
되는 것을 언급
명 추천서

05 There is no direct **reference** to his own childhood in the novel.
06 The sentences in this book are numbered for ease of **reference**.
07 There is a list of **references** at the end of the book.
08 We need **references** from your former employers.

01 모든 제품의 상세 사항은 카탈로그를 **참고해 주세요.** 02 안내직원은 내가 도서 위치를 묻자 사서에게 **문의하라고 했다.** 03 교수는 강연 도중에 그 주제를 몇 번씩 **언급했다.** 04 '실독증'이라는 용어는 후천적 읽기 장애를 **가리키는** 데 사용된다. 05 소설에는 그의 어린 시절에 대한 직접적인 **언급**이 없다. 06 이 책의 문장들은 쉽게 **찾아볼** 수 있도록 번호가 매겨져 있다. 07 그 책 끝에는 **참고 문헌** 목록이 있다. 08 저희는 당신의 전 고용주들로부터의 **추천서**가 필요합니다.

** **represent**

[rèprizént]

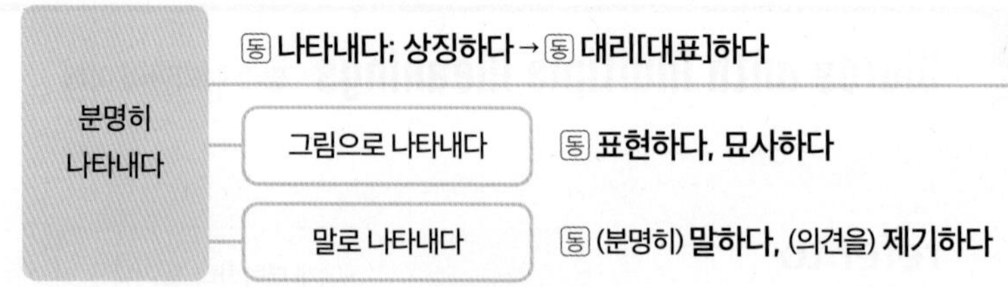

01 Cherry blossoms are one of the flowers that **represent** spring.

02 The royal cuisine of the Joseon dynasty that exists today is an invaluable cultural inheritance that **represents** Korea.

03 Paintings do not have to **represent** history accurately. The creation of a work of art is an act of imagination; errors of fact don't matter much.

04 He **represented** that the refugees were in urgent need of help.

- representative 명 대표(자); 대리인 형 대표하는
- representation 명 대표(제), 대의제; 묘사, 표현

*** **resolve**

[rizálv]

동 분해하다

문제를 분해하다 → 동 **해결하다** → 의문을 해결하다
→ 명 동 **결심(하다), 결의(하다)**

05 The chemist used a process to **resolve** the compound into its individual components.

06 The crisis was **resolved** by negotiation.

07 She **resolved** that she would make up for her mistakes.

08 As time passed, he strengthened his **resolve** to become a UN ambassador.

- resolution 명 (문제의) 해결; 결의, 결심; (모니터의) 해상도

01 벚꽃은 봄을 **상징하는** 꽃 중의 하나이다. 02 오늘날 존재하는 조선왕조의 궁중요리는 한국을 **대표하는** 소중한 문화유산이다. 03 그림이 역사를 정확하게 **묘사할** 필요는 없다. 예술 작품 창작은 상상력의 행위이며 사실에 대한 오류는 그리 중요하지 않다. 04 그는 난민들이 급히 원조가 필요한 상태라고 **말했다.** 05 그 화학자는 화합물을 개별 성분으로 **분해하는** 과정을 사용했다. 06 위기는 협상을 통해 **해결되었다.** 07 그녀는 자신의 실수를 만회하겠다고 **결심했다.** 08 시간이 지날수록 그는 유엔대사가 되겠다는 **결심**을 굳혔다.

Phrasal Verbs | for가 포함된 구동사 2

다음 구동사의 의미를 추론하여 오른쪽 빈칸에 쓰고 페이지 하단의 해석과 대조해 보시오.

** feel for
~을 느끼다 / ~을 (찾으려고) 만져보다

01 I know you're disappointed and upset, and I **feel for** you. ➡ 너의 기분을 ________

02 I **felt for** my wallet in my bag. ➡ 지갑을 ________

** go for
~에게 가다

03 I don't **go for** war films very much. ➡ 전쟁 영화를 ________

04 What I told him **goes for** you too. ➡ 너에게도 ________

05 Instead of butter, I always **go for** margarine or low-fat spread. ➡ 버터 대신에 마가린을 ________

cf. Go for it! ((응원)) 힘내!

** long for = yearn for = be anxious[eager] for = crave
~을 추구하여 원하다

06 Captain Koppe looked out at the island through the window. He had been **longing for** this moment since his childhood. [수능응용] ➡ 그는 어릴 적부터 이 순간을 ________

** make for
~을 위해 만들다/~을 향해 가다

07 Your cooperation will **make for** the success of our project. ➡ 프로젝트의 성공에 ________

08 He rose from his seat and **made for** the door. ➡ 자리에서 일어나 문 ________

* speak for
~을 대신하여 말하다

09 I can't **speak for** the others. ➡ 다른 사람들을 ________

** stand for
~을 대신하여 서 있다

10 The letters FTA **stand for** Free Trade Agreement. ➡ 자유무역협정을 ________

11 Our party **stands for** racial harmony. ➡ 인종 간의 화합을 ________

29강

01 네가 실망하고 속상한 거 알고, 나도 **공감해**. 02 나는 가방 속을 **더듬어** 지갑을 **찾았다**. 03 나는 전쟁 영화를 그다지 **좋아하지** 않는다. 04 내가 그에게 말한 것은 너한테도 **해당돼**. 05 나는 항상 버터 대신에 마가린이나 저지방 스프레드를 **선택한다**. 06 콥 선장은 창문을 통해 그 섬을 내다보았다. 그는 어릴 적부터 이 순간을 **갈망했다**. 07 당신의 협조가 우리 프로젝트의 성공에 **도움이 될 것입니다**. 08 그는 자리에서 일어나 문 **쪽으로 갔다**. 09 나는 다른 사람들을 **대변할** 수 없다. 10 FTA라는 글자들은 자유무역협정을 **의미한다**. 11 우리 당은 인종 간의 화합을 **지지한다**.

Themes | 일상생활 1

1. 일과(Daily Routine)

** **chore** [tʃɔːr]

명 (정기적으로 하는) **일; 하기 싫은 일**

cf. errand 명 심부름

| 집안일 관련 어휘 |

sweep-swept-swept	동 청소하다, 쓸다; 휩쓸다
vacuum	동 진공청소기로 청소하다 명 진공; 공백
mess	명 엉망인[지저분한] 상태 *messy 형 지저분한 *cf.* clutter 명 잡동사니; 어수선함
polish	동 (윤이 나도록) 닦다 명 광택(제); 닦기
stain	동 얼룩지게 하다 명 얼룩
detergent	명 세제 *cf.* bleach 명 표백제 동 표백하다

---

* **junk** [dʒʌŋk]

명 **쓸모없는 물건, 폐물** 동 **폐물로 처분하다**

01 a pile of old **junk**

cf. junk food 명 정크 푸드 ((건강에 좋지 않은 것으로 여겨지는 인스턴트 음식이나 패스트푸드))

| 쓰레기 |

trash	명 쓰레기 동 엉망으로 만들다
garbage	명 (주방에서 나오는) 쓰레기
rubbish	명 ((영)) 쓰레기; 형편없는 것
refuse	명 ((격식)) 쓰레기
litter	명 (특히 공공장소에 버려진) 쓰레기 동 어지럽히다

2. 의생활

*** **clothing** [klóuðiŋ]

명 ((집합적)) **의류** 의류·색깔 | Appendix 540쪽

| 복장·의류 |

outfit	명 (특별한 경우, 목적을 위한) 옷[복장] (= costume); 장비
attire	명 옷차림새, 복장 *e.g.* casual **attire** 평상복
apparel	명 (좋은) 의류, 의복 (= garment)

---

* **ragged** [rǽgid]

형 **누더기가 된** (= worn, shabby); (표면이) **고르지 못한** (= rough)

02 **ragged** clothes

cf. tatters 명 (찢어진) 조각; 누더기 옷 (= rag)

01 오래된 **폐물** 더미 02 **다 해진** 옷

* **drape**
[dreip]

동 (옷·천 등을 느슨하게) **걸치다, 씌우다** 명 **휘장**

01 She wore a long scarf **draped** around her neck.

---

* **fad**
[fæd]

명 (일시적인) **유행** (= craze)

02 The new clothing has caused a **fad**, with long queues outside its retailers.

---

* **fabric**
[fǽbrik]

명 **직물, 천** (= textile); **구조**

03 Linen is a coarse-grained **fabric**.

04 the **fabric** of society

| 옷 만들기 |

spin-spun-spun	동 돌리다; 방적하다, 실을 잣다 *cf.* yarn 명 (직물용) 실
weave-wove-woven	동 (옷감 등을) 짜다 명 (직물) 짜는 법; 무늬
sew	동 바느질하다 *cf.* stitch 명 바늘땀 동 꿰매다

3. 식생활

** **recipe**
[résəpiː]

명 **조리법**

05 a basic vegetable broth **recipe** for vegetarians

cf. cuisine 명 (보통 비싼 식당의) 요리; 요리법

---

* **season**
[síːzən]

명 **계절** 동 **양념[간]하다**

06 You can **season** your beef stew with various spices.

** **grain** [grein]

명 **곡물; 낟알; 티끌;** (천 등의) **결** 식재료 | Appendix 542쪽

* **granular** [grǽnjulə*r*]

형 **낟알의; 오돌토돌한**

---

* **grind**-ground-ground
[graind]

동 (곡식을) **분쇄하다** (= mill); (날을) **갈다** 조리 관련 | Appendix 542쪽

07 freshly **ground** black pepper

| 가정용 기기 | 생활용품 | Appendix 543쪽

- domestic **appliances**: washing machines and dishwashers
  가정용 **가전제품**: 세탁기, 식기세척기
- cooking **utensils**: knives, spoons and measuring cups
  조리 **도구**: 칼, 숟가락, 계량컵
- kitchen **gadgets**: toasters and kettles 주방 **기구**: 토스터, 주전자

01 그녀는 목에 긴 스카프를 **느슨하게 걸쳐** 둘렀다. 02 그 새 의류는 **유행**을 일으켜서 소매상 밖에 긴 줄이 늘어섰다. 03 리넨(마)은 결이 거친 **직물**이다. 04 사회 **구조** 05 채식주의자를 위한 간단한 채소 수프 **조리법** 06 다양한 향신료로 고기 스튜를 **양념할** 수 있다. 07 갓 **갈아놓은** 후춧가루

** **dietary** [dáiətèri]
형 음식물의; 식이 요법의
01 **dietary** supplements

** **portion** [pɔ́ːrʃən]
명 부분; (음식의) 1인분 동 (부분·몫으로) 나누다
02 She divided the pie into six equal **portions**.

---

* **gourmet** [guərméi]
명 미식가, 식도락가 형 미식가를 위한
03 tasty **gourmet** appetizers
cf. glutton 명 대식가; 열심인 사람

** **sip**-sipped-sipped [sip]
동 (음료를) 홀짝거리다 식사 동작 | Appendix 544쪽
04 She **sipped** her coffee while she watched the sun rise.

---

* **fast** [fæst]
동 단식[금식]하다 명 단식, 금식
05 One day a week he **fasts** for health reasons.

* **fasting** [fǽstiŋ]
명 단식, 금식

---

* **edible** [édəbəl]
형 먹을 수 있는 (↔ inedible 먹을 수 없는)
06 the illegal addition of non-**edible** materials to food and misuse of food additives

---

고난도 **succulent** [sʌ́kjulənt]
형 즙이 많은 (= juicy) 음식 상태 | Appendix 544쪽
07 plump and **succulent** grapes

** **nourish** [nə́ːriʃ]
동 영양분을 공급하다 영양소의 종류 | Appendix 544쪽

* **nourishment** [nə́ːriʃmənt]
명 영양(분) (= nutrition)

** **nourishing** [nə́ːriʃiŋ]
형 자양분이 많은 (= nutritious)
cf. nutritional 형 영양상의
cf. nutrient 명 영양소

---

* **feast** [fiːst]
명 연회, 잔치 동 (아주 즐겁게) 맘껏 먹다
cf. banquet 명 (공식) 연회, 만찬
cf. potluck 명 각자 음식을 가져와서 나눠 먹는 식사

01 **식이** 보충제 02 그녀는 파이를 똑같은 크기의 여섯 **조각**으로 나누었다. 03 **미식가를 위한** 맛있는 애피타이저 04 그녀는 일출을 바라보며 커피를 **한 모금 마셨다.** 05 그는 건강상의 이유로 일주일에 하루는 **금식한다.** 06 비**식용** 물질을 불법으로 음식에 첨가하고 식품 첨가제를 남용하는 것 07 속이 꽉 차고 **과즙이 많은** 포도

Exercises

A

다음의 우리말은 영어로, 영어는 우리말로 그 뜻을 쓰시오.

① (정기적으로 하는) 일; 하기 싫은 일
② 영양실조(증)
③ 선행자; 기부자, 후원자
④ 연회, 잔치; 맘껏 먹다
⑤ 버릇없음; 비행, 부정행위
⑥ 먹을 수 있는
⑦ 직물, 천; 구조
⑧ 단식[금식]하다
⑨ 악의에 찬; (종양·병이) 악성의
⑩ (느슨하게) 걸치다, 씌우다; 휘장
⑪ 곡물; 낟알; 티끌; (천 등의) 결
⑫ 미식가(를 위한), 식도락가
⑬ 부분; (음식의) 1인분; 나누다
⑭ 음식물의; 식이 요법의
⑮ 발음; 말투; 어휘 선택
⑯ malice
⑰ sip
⑱ beneficiary
⑲ fad
⑳ malediction
㉑ recipe
㉒ misplace
㉓ ragged
㉔ succulent
㉕ beneficent
㉖ junk
㉗ grind
㉘ maladaptive
㉙ dictate
㉚ malpractice

B

다음 빈칸에 들어갈 가장 적절한 어휘를 고르시오.

1. Emotionally ______ and neglected for years by her husband, she had long ago resigned herself to a loveless marriage.
① resolved ② maltreated ③ represented ④ nourished

2. Sumerians combined pictures to show ideas. For example, an eye with tears might be used to ______ for "sorrow." Similarly, a face with wrinkles might be used for "old." [모의응용]
① make ② stand ③ go ④ long

3. This car insurance provides coverage for a range of ______, including minor dents and scratches.
① benedictions ② donations ③ mishaps ④ dictatorships

4. The company is to close thirty-five ______ stores in Europe where sales have continued to be poor.
① malicious ② generous ③ benign ④ unprofitable

29강

C 다음 빈칸에 들어갈 말로 가장 적절한 것을 고르시오.

A king consulted an oracle to know if he would be victorious in a war against his enemy. The kingdom of his enemy was separated from his own by a river. The king received this answer from the oracle "If you cross the river, you will destroy a great empire." He interpreted this to mean that he would win. He went to war, firmly believing that he would be victorious. However, he was defeated. Taken prisoner by his enemy, he sent messengers to complain to the oracle about ________. The oracle answered him: "You should have asked the gods which empire they spoke of, your own or your enemy's." [모의응용]

* oracle 신관 ((신탁을 전하는 사람))

① the miscalculation
② the curse
③ the bad prediction
④ the right question
⑤ the malfunction of his ships

D 각 네모 안에서 문맥에 알맞은 어휘를 고르시오.

1. The novel dynamically describes the conflict between relentlessly [benevolent / malevolent] villains on one side and faultless saints on the other.

2. She underwent surgery to correct a heart [malformation / malefactor].

3. Don't be [mislaid / misled] by products with the word "fresh" on the label. It actually means the product hasn't been preserved by freezing, canning, or chemical treatment. However, it may have spent time in processing and transport.

E 다음 ①~⑤ 중, 문맥상 밑줄 친 낱말의 쓰임이 적절하지 않은 것을 고르시오.

① Some people who hold misconceptions do not even know that their ideas are false or incorrect. When they are told they are wrong, they often have a hard time giving up their views.
② Parents should promote a healthy-eating lifestyle for their children by preparing three nourishing meals a day that contain all the food groups.
③ The use of traditional cleaning chemicals and equipment has been found to be extremely beneficial to our health. This includes links to minor allergies, deadly cancers, and everything in between.
④ The dictator had a fierce stranglehold on the country, controlling every aspect of its citizens lives and keeping its people in poverty and ignorance.
⑤ In the old days, people frequently suffered from a variety of unknown maladies.

30강

Word Complete

Part

Prefixes	수·양(1) mon(o)-, un(i)-, du-, bi(n)-
Essential Roots/Stems	ann(u) / enn = year ped(e) / pedi = foot
Words with Multiple Meanings	scale / settle / serve / sound
Phrasal Verbs	across, against가 포함된 구동사
Themes	일상생활 2

Words & Phrases

앞으로 학습할 예문에 쓰인 필수 어휘 모음입니다. 예문에 해당 단어 밑에는 점선이 표시(interact)되어 있습니다.
아는 단어는 □□에 체크하고 모르는 단어는 뜻 확인을 반복하세요.

*	□□	abolish [əbáliʃ]	동 (법률·제도·조직 등을) 폐지하다
**	□□	accidentally [æ̀ksidéntəli]	부 우연히, 뜻하지 않게 (= by accident, by chance)
**	□□	candidate [kǽndidèit]	명 (선거의) 입후보자, 출마자; (일자리의) 후보자 (= applicant)
**	□□	declaration [dèkləréiʃən]	명 선언(문); 신고(서)
**	□□	dispute [dispjúːt]	명 분쟁, 논쟁 동 반박하다, 이의를 제기하다; 논란을 벌이다
*	□□	distort [distɔ́ːrt]	동 (형체 등을) 비틀다; (사실을) 왜곡하다 ※ distortion 명 찌그러뜨림; 왜곡
*	□□	equator [ikwéitər]	명 ((the ~)) 적도
고난도	□□	evict [ivíkt]	동 (주택이나 땅에서) 쫓아내다 ※ eviction 명 축출, 쫓아냄
*	□□	faction [fǽkʃən]	명 당파, 파벌 ※ factional 형 파벌의 / factionalism 명 파벌주의
*	□□	grease [griːs]	명 기름; (기계의) 윤활유 동 기름을 바르다
*	□□	hedge [hedʒ]	명 (정원 등의) 울타리; ((against)) (금전 손실에 대한) 대비책 동 울타리를 치다; 얼버무리다; (손실에) 대비하다
*	□□	have a way of v-ing	흔히 v하게 되어 가다
*	□□	just in case	(혹시라도) (~할) 경우에 대비해서
**	□□	make it	성공하다; 참석하다; (간신히) 시간 맞춰 가다
*	□□	overinterpret [òuvərintə́ːrprit]	동 확대해석하다 ※ overinterpretation 명 확대해석
***	□□	pole [poul]	명 막대기; (지구·자석의) 극
***	□□	pose [pouz]	동 (문제 등을) 제기하다; 자세를 취하다
*	□□	reassure [riːəʃúər]	동 안심시키다
**	□□	rescuer [réskjuːər]	명 구조자, 구출자
*	□□	scarcity [skɛ́ərsəti]	명 부족, 결핍
**	□□	shelter [ʃéltər]	명 주거지; 대피(처), 보호소 동 막아 주다, 보호하다; 피하다
*	□□	simultaneously [sàiməltéiniəsli]	부 동시에, 일제히
***	□□	stream [striːm]	명 개울; (계속 이어진) 줄, 흐름 동 줄줄 흘러나오다
*	□□	subsidy [sʌ́bsədi]	명 (국가·기관이 제공하는) 보조금[장려금]
*	□□	tariff [tǽrif]	명 관세(율)
**	□□	virtual [və́ːrtʃuəl]	형 사실상의, 거의 ~과 다름없는; ((컴퓨터)) 가상의

Prefixes | 수·양(1) mon(o)-, un(i)-, du-, bi(n)-

mon(o)-, un(i)- = one, single, alone (하나)
du-, bi(n)- = two (둘)

monolog → mono(one)+log(speak) → 독백
uniform → uni(one)+form → 유니폼, 교복
duplex → du(two)+plex(parts) → 두 세대용 건물; 복층 아파트
biweekly → bi(two)+weekly → 격주의[로]; 일주일에 2회의[씩]

* **monotone** [mánətòun]
명 단조로운 소리 형 (소리·색깔이) 단조로운
mono(one)+tone(sound)
01 He spoke in a dull **monotone**.

* **monotony** [mənátəni]
명 단조로움

* **monotonous** [mənátənəs]
형 단조로운; 지루한
02 If you want to sleep, listen to a **monotonous** sound. [모의응용]

---

* **monopoly** [mənápəli]
명 (시장의) 독점; 전매권
mono(one)+pol(sell)+y(명)
03 The company has a virtual **monopoly** on tea sales.

* **monopolize** [mənápəlàiz]
동 독점하다

* **monopolist** [mənápəlist]
명 독점기업, 전매자

---

* **monolingual** [mànəlíŋgwəl]
형 단일 언어의 명 단일 언어 사용자
mono(one)+lingua(tongue)+al(형명)
04 a **monolingual** country

cf. bilingual 형 2개 국어를 사용하는 명 2개 국어 사용자
cf. multilingual 형 여러 언어를 사용하는 명 다중 언어 사용자

고난도 **monogamous** [mənágəməs]
형 일부일처의
mono(single, alone)+gam(marriage)+ous(형)
05 In our society, only **monogamous** marriages are acceptable.

고난도 **monogamy** [mənágəmi]
명 일부일처제

cf. polygamy 명 일부다처제

01 그는 따분하고 **단조로운 톤**으로 말했다. 02 잠들고 싶을 때에는 **단조로운** 소리를 들어라. 03 그 회사는 차(茶) 판매에 대한 실질적인 **독점권**을 갖고 있다. 04 **단일어를 사용하는** 나라 05 우리 사회에서는 **일부일처제**의 결혼만 허용된다.

고난도 **monoxide** [manáksaid]

명 ((화학)) **일산화물**
mon(one)+oxide(acid)

01 carbon **monoxide**

---

* **unanimous** [ju:nǽniməs]

형 **만장일치의**
un(one)+anim(mind)+ous(형)

02 a **unanimous** vote

** **unify** [jú:nəfài]

동 **통합하다, 통일하다** (= unite) (↔ divide 나누다)

03 They're trying to find a candidate who will **unify** all factions.

* **unification** [jù:nəfikéiʃən]

명 **통일**

** **unity** [jú:nəti]

명 **통합, 통일(성)** (↔ disunity 분열; 불일치)

04 The dispute has destroyed **unity** among the workers.

---

* **unilateral** [jù:nəlǽtərəl]

형 **일방적인, 단독의**
uni(one)+later(side)+al(형)

05 a **unilateral** declaration of independence

cf. bilateral 형 쌍방의
cf. multilateral 형 다자간의

*** **dual** [djú:əl]

형 **두 부분으로 된; 이중의** (= double, twofold)

06 This car is fitted with **dual** airbags.

* **duality** [djuǽləti]

명 **이중성**

---

* **duplicate** 동 [djú:plikèit] 형명 [djú:plikət]

동 **복사[복제]하다** (= replicate) 형 **똑같은; 사본의** 명 **사본**
du(two)+plic(fold)+ate(동형명)

07 I want to avoid simply **duplicating** work that has already been done.

고난도 **duplicity** [dju:plísəti]

명 **이중성, 표리부동**
du(two)+plic(fold)+ity(명)

01 **일산화**탄소 02 **만장일치** 투표 03 그들은 모든 당파를 **통합할** 후보를 찾으려고 노력 중이다. 04 그 분쟁은 노동자들 사이의 **단합**을 무너뜨렸다. 05 **일방적인** 독립 선언 06 이 자동차는 **이중** 에어백이 장착되어 있다. 07 나는 이미 되어 있는 것을 단순히 **베끼는** 일을 피하고 싶다.

* **bin**ary
[báinəri]

형 2진법의; 2진수의; 두 부분으로 이루어진
bin(two)+ary(형)

01 Computers operate using **binary** numbers.

cf. decimal 형 십진법의 명 (0.1 등의) 소수

---

* **bin**oculars
[binákjulərz]

명 쌍안경
bin(two)+ocul(eye)+ar(명)+s(복수형)

Essential Roots / Stems ❶

ann(u) / enn = year 해, 년

* biannual
[baiǽnjuəl]

형 연 2회의
bi(two)+annu(year)+al(형)

02 You will need to have a routine **biannual** examination.

cf. biennial 형 2년에 한 번씩의, 격년의

** annual
[ǽnjuəl]

형 매년의; 연간의 (= yearly)

03 The **annual** death rate was reduced by half. [모의]

** annually [ǽnjuəli]

부 매년; 일 년에 한 번

고난도 annals [ǽnəlz]

명 연대기; 연보

*** anniversary
[æ̀nəvə́:rsəri]

명 (매년의) 기념일
ann(year)+vers(turn)+ary(명)

04 My parents will celebrate their thirtieth wedding **anniversary** next month. [모의응용]

cf. jubilee 명 (25주년·50주년) 기념일

---

* centennial
[senténiəl]

명 100주년 형 100년마다의
cent(one hundred)+enn(year)+al(명형)

05 Next year is the **centennial** of her death.

cf. bicentennial 명 200년 기념제[일] 형 200년 기념(일)의

30강

01 컴퓨터는 **이진**수를 사용하여 작동한다. 02 **일 년에 두 번** 정기적인 검진을 받으셔야 합니다. 03 **연간** 사망률이 절반으로 줄었다. 04 우리 부모님은 다음 달에 30주년 결혼**기념일**을 맞으신다. 05 내년은 그녀가 사망한 지 **100주년**이 되는 해다.

* **millennium** [miléniəm]

명 천 년; 새로운 천 년이 시작되는 시기
mill(thousand)+enn(year)+ium(명)

01 Since the new **millennium**, businesses have experienced more global competition. [모의응용]

고난도 **perennial** [pəréniəl]

형 영원한; 계속 반복되는; (식물이) 다년생인 명 다년생 식물
per(through)+enn(year)+al(형명)

02 Water scarcity is a **perennial** problem in this region.

Essential Roots / Stems ❷

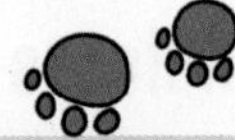

ped(e) / pedi = foot 발

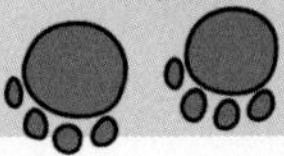

* **biped** [báiped]

명 두발짐승
bi(two)+ped(foot)

---

* **peddle** [pédəl]

동 (물건을) 팔러 다니다, 행상하다

03 He's **peddling** T-shirts on the beach.

* **peddler** [pédlər]

명 행상; 잡상인

---

* **pedestrian** [pədéstriən]

명 보행자 형 보행자의

고난도 **pedestal** [pédəstəl]

명 받침대; 기초, 근거
ped(foot)+de(of)+stal(place, seat)

04 The statue stands on a low marble **pedestal**.

** **expedition** [èkspədíʃən]

명 탐험(대), 원정(대)
ex(out)+pedi(foot)+tion(명)

05 He joined an **expedition** exploring the Senegal River. [모의]

---

* **impede** [impí:d]

동 (진행을) 방해하다 (= hinder, hamper)
im(in)+pede(foot)

06 The darkness was **impeding** his progress.

* **impediment** [impédəmənt]

명 장애(물) (= obstacle)

01 **새 천년** 이래로 기업들은 더 많은 글로벌 경쟁을 겪어 왔다. 02 물 부족은 이 지역에서 **계속 반복되는** 문제다. 03 그는 해변에서 티셔츠 **행상을 하고 있다**. 04 그 동상은 낮은 대리석 **받침대** 위에 있다. 05 그는 세네갈 강을 탐험하는 **원정대**에 합류했다. 06 어둠이 그가 앞으로 나아가는 것을 **방해하고** 있었다.

Words with Multiple Meanings 필수 다의어의 이해

** **scale**
[skeil]

껍질	명 비늘; 치석 동 비늘[치석]을 벗기다	
나누다, 쪼개다	단계별로 나눈 것	명 (특히 다른 것과 비교해서 본) **규모, 범위**
		명 (측정용) **등급** → 측정하여 재는 것 → 명 **저울** 동 **저울로 달다**
		단계를 오르다 → 동 (아주 높고 가파른 곳을) **오르다**

01 Fish have **scales**, which serve as a protective layer around the body. [모의응용]
02 The size of our world has not changed, but the **scale** of human activities has increased greatly. [수능]
03 We are going to evaluate performance on a **scale** of 1 to 10.
04 She weighs herself every morning on the **scales** in the bathroom.
05 Rescuers had to **scale** a steep cliff to reach the injured climber.

*** **settle**
[sétəl]

움직이지 않게 놓다, 앉히다	동 **정착하다** → 동 **직업에 종사하게 하다**		
	동 (마음 등을) **진정시키다**		
	문제를 가라앉히다	동 **해결하다**	동 **결정하다, 결심하다**
			동 (주어야 할 돈을) **지불[정산]하다**

06 The young birds must **settle** in a habitat that provides shelter. [수능응용]
07 He called me before my interview to reassure me and to help **settle** my nerves.
08 I hope you can help me **settle** the conflict. [모의]
09 We **settled** on March 27 for the wedding date.
10 He **settled** his debt by making payments every month for two years.

• settlement 명 정착(지); 합의, 해결; 지불

30강

01 물고기는 **비늘**이 있는데, 그것은 몸의 보호층으로서 역할을 한다. 02 이 세상의 크기는 변하지 않았지만, 인간 활동의 **규모**는 매우 증가했다. 03 우리는 1에서 10까지의 **등급**으로 성과를 평가할 것입니다. 04 그녀는 매일 아침 욕실 **체중계**로 몸무게를 잰다. 05 구조원들은 부상당한 등산객이 있는 곳으로 가기 위해 가파른 절벽을 **올라야** 했다. 06 어린 새들은 대피처를 제공하는 서식지에 **정착해야** 한다. 07 그는 나를 안정시키고 내 긴장을 **진정시키는** 데 도움을 주려고 인터뷰 전에 내게 전화했다. 08 당신이 내가 분쟁을 **해결하는** 것을 도와줄 수 있기를 바랍니다. 09 우리는 결혼 날짜를 3월 27일로 **정했다**. 10 그는 2년간 매달 갚아서 빚을 **청산했다**.

*** **serve**

[səːrv]

노예, 하인

- 동 (식당 등에서 음식을) **제공하다, 상에 차려주다**
  → 동 (상품·서비스를) **제공하다**
- 동 **도움이 되다, 기여하다**
  → 동 (특정 용도로) **이용할 수 있다, 적합하다**
- 동 (사람·국가 등을 위해) **일하다, 복무하다**
- 동 (교도소에서) **복역하다**
- 동 (테니스 등에서) **서브를 넣다**

01 Breakfast is **served** between 7 and 10 a.m.

02 Under a social system, taxes, subsidies, tariffs, and regulations often **serve** to protect existing large players in the marketplace. [모의응용]

03 He **served** as a captain in the army.

04 She is **serving** two years for theft.

*** **sound**

[saund]

- 명 소리 → 동 **~처럼 들리다; ~인 것 같다**
- 형 믿을 만한; 견실한
  - 믿을 만한 지식을 갖춘 → 형 **정통한; 철저한**
  - 몸이 견실한 → 형 (신체·정신이) **건강한, 온전한**
    → 형 (수면이) **깊은**

05 Light travels faster than **sound**, so we see lightning before we hear thunder. [모의응용]

06 They didn't **sound** surprised when I told them the news.

07 The teacher gave me some very **sound** advice.

08 She has a **sound** knowledge of European history.

09 The jury found that the criminal was of **sound** mind.

10 It's no wonder that you often wake up with great ideas after a **sound** sleep. [모의응용]

01 아침 식사는 7시에서 10시 사이에 **제공됩니다.** 02 사회 체제하에서 세금, 보조금, 관세, 규제가 종종 시장에서 기존의 대기업들을 보호하는 **역할을 한다.** 03 그는 육군에서 대위로 **복무했다.** 04 그녀는 절도죄로 2년형을 **복역** 중이다. 05 빛이 **소리**보다 더 빠르므로 우리는 천둥소리를 듣기 전에 번개를 보게 된다. 06 내가 그들에게 그 소식을 말해주었을 때 그들은 놀라는 **것 같지** 않았다. 07 선생님은 내게 매우 **믿을 만한** 충고를 해 주셨다. 08 그녀는 유럽 역사에 관해 **정통한** 지식을 지니고 있다. 09 배심원단은 그 범인이 **온전한** 정신 상태였음을 알게 되었다. 10 종종 **깊은** 잠을 자고 나서 아주 멋진 아이디어와 함께 깨어나는 것은 놀라운 일이 아니다.

Phrasal Verbs | across, against가 포함된 구동사

다음 구동사의 의미를 추론하여 오른쪽 빈칸에 쓰고 페이지 하단의 해석과 대조해 보시오.

** come across
오다가 서로 교차하다

01 I **came across** an interesting article in the newspaper today. ➡ 흥미로운 기사를 ________

02 Your point really **came across** at the meeting. ➡ 요점이 ________

03 I don't know Emily very well, but she sometimes **comes across** as being arrogant. ➡ 거만한 ________

* get across
~을 건너서 옮기다

04 The professor knows his subject but has trouble **getting** his ideas **across** to his students. ➡ 생각을 학생들에게 ________

** run across[into] = bump into = encounter
가다가 서로 교차하다

05 When cleaning closets, people often **run across** things they thought they had lost. ➡ 잃어버린 줄 알았던 물건들을 ________

** go against
~에 맞서서 가다

06 He would not **go against** his parents' wishes. ➡ 부모님의 뜻을 ________

07 The jury's verdict **went against** him. ➡ 평결이 그에게 ________

08 Abandoning a dog **goes against** her principles. ➡ 원칙에 ________

* set against
~에 맞서 배치하다

09 The civil war **set** brother **against** brother. ➡ 형과 동생이 ________

30강

01 나는 오늘 신문에서 흥미로운 기사를 **우연히 보게 되었다.** 02 당신의 요점은 회의에서 정말 잘 **이해되었습니다.** 03 내가 에밀리를 잘 아는 것은 아니지만, 때때로 그녀는 거만한 **인상을 준다.** 04 그 교수는 주제에 대해서 알고는 있지만, 자신의 생각을 학생들에게 **이해시키는** 데 어려움을 겪고 있다. 05 옷장을 청소하다가 사람들은 종종 잃어버린 줄 알았던 물건들을 **우연히 발견한다.** 06 그는 부모님의 뜻을 **거스르려고** 하지 않았다. 07 배심원들의 평결이 그에게 **불리했다.** 08 개를 유기하는 것은 그녀의 원칙에 **어긋나는** 것이다. 09 내전으로 형과 동생이 **대립하게 되었다.**

1. 주생활

** **reside** [rizáid]
동 (특정한 곳에) 살다, 거주하다 (= dwell)
01 He still **resides** at his parents' house.

** **residence** [rézidəns]
명 거주(지) (= dwelling)
02 This building is partly a private **residence**.

*** **resident** [rézidənt]
명 거주자 (= dweller) 형 거주하는

* **residential** [rèzidénʃəl]
형 거주하기 좋은

---

* **inhabit** [inhǽbit]
동 살다, 서식하다 (= dwell in, reside in, populate)
03 The village is mainly **inhabited** by artists.
cf. inhibit 동 억제하다; 못하게 하다

** **inhabitant** [inhǽbitənt]
명 주민; 서식 동물
04 The **inhabitants** of this city number about a million.

* **inhabitable** [inhǽbitəbəl]
형 살기에 적합한 (= habitable)

---

* **ventilate** [véntəlèit]
동 환기하다
05 She opened the windows to **ventilate** the room.

* **ventilation** [vèntəléiʃən]
명 통풍; 환기

* **vent** [vent]
명 통풍구 동 (감정을) 발산하다

---

* **illumination** [ilùːminéiʃən]
명 조명; 계몽 (= enlightenment)

---

* **insulate** [ínsəlèit]
동 절연[단열/방음] 처리를 하다; 격리하다
06 to **insulate** houses to save energy

* **insulation** [ìnsəléiʃən]
명 절연; 절연체

---

* **cozy** [kóuzi]
형 편안한; 친밀한
07 a **cozy** little house

01 그는 아직 부모님 집에 **산다.** 02 이 건물은 일부는 개인 **주택**이다. 03 그 마을에는 주로 예술가들이 **산다.** 04 이 도시의 **주민**은 약 백만 명이다. 05 그녀는 방을 **환기하려고** 창문을 열었다. 06 에너지를 절약하기 위해 주택을 **단열 처리하다** 07 **안락한** 작은 집

2. 주택 구하기

** **spacious** [spéiʃəs]
형 (방·건물이) **넓찍한** (= roomy)
01 The **spacious** garden is a special feature of the house.

* **tenant** [ténənt]
명 **세입자, 임차인**
02 He evicted his **tenants** for non-payment of rent.
cf. landlord 명 (방·집 등을 빌려주는) 주인, 임대인

** **estate** [istéit]
명 **사유지; 재산**
03 a real **estate** agent (= a realtor)

* **lease** [liːs]
명 **임대차 계약** 동 **임대[임차/대여]하다**
04 Our **lease** ends in two weeks.

** **rent** [rent]
명 **집세, 임대료** 동 **임대[임차/대여]하다**
05 What's the **rent** on this house?

** **rental** [réntəl]
명 **임대(료); 임대물**

** **utility** [juːtíləti]
명 **유용;** (수도·전기 등의) **공익사업**
06 Are the **utility** fees included in the rent?

** **furnish** [fə́ːrniʃ]
동 (가구를) **비치하다**

** **furnished** [fə́ːrniʃt]
형 **가구가 비치된** (↔ unfurnished 가구가 비치되어 있지 않은)
07 to find fully **furnished** apartments for temporary stays

* **furnishing** [fə́ːrniʃiŋ]
명 (집·방의) **가구**

3. 유지 보수(Maintenance)

* **clog**-clogged-clogged [klɑg]
동 **막다; 막히다** 명 **나막신**
08 The sink was **clogged** by dirt and grease.

30강

01 **넓찍한** 정원이 그 집의 특징이다. 02 그는 집세를 내지 않은 **세입자들**을 내쫓았다. 03 부동**산** 매매 중개인 04 우리의 **임대차 계약**이 2주 후에 만료된다. 05 이 집 **임대료**가 얼마예요? 06 집세에 **공과금**이 포함되나요? 07 임시 거주를 위해 **가구가** 완전히 **갖추어진** 아파트를 찾다 08 싱크대가 오물과 기름 때문에 **막혔다**.

** **leak** [liːk]
명 새는 곳[틈]; 누설 동 새다
01 He isn't sure what to do about the **leak** in his roof.

* **leakage** [líːkidʒ]
명 누출

* **leaky** [líːki]
형 새는, 구멍이 난

---

* **mow** [mou]
동 (잔디를) 깎다; (풀 등을) 베다

* **mower** [móuər]
명 (잔디) 깎는 기계

** **trim**-trimmed-trimmed [trim]
동 다듬다; 장식하다 명 다듬기; 테두리
02 The hedges need to be **trimmed**.

* **trimming** [trímiŋ]
명 (테두리 등의) 장식; ((*pl.*)) 곁들이는 음식

*** **decorate** [dékərèit]
동 장식하다 (= adorn, embellish)
03 I enjoy **decorating** the Christmas tree.

*** **decoration** [dèkəréiʃən]
명 장식(품) (= ornament)

** **decorative** [dékərətiv, dékərèitiv]
형 장식용의 (= ornamental)

* **decor** [déikɔːr, deikɔ́ːr]
명 (실내) 장식

** **install** [instɔ́ːl]
동 설치하다
04 Security cameras are **installed** in the house.

* **installation** [ìnstəléiʃən]
명 설비, 설치

cf. installment 명 할부(금); (시리즈물 등의) 회분

---

* **drain** [drein]
동 물을 빼다; 따라 내다 명 배수관 기타 주생활 관련 여러 어휘 | Appendix 544쪽
05 to call in a plumber to unblock the **drain**

cf. ditch 명 (배)수로 동 팽개쳐 버리다

* **drainage** [dréinidʒ]
명 배수 (시설)

* **drained** [dreind]
형 진이 빠진

01 그는 지붕의 **새는 곳**을 어떻게 해야 할지 모른다. 02 울타리를 **다듬어야** 한다. 03 나는 크리스마스트리 **장식하는** 것을 즐긴다. 04 그 집에는 보안카메라가 **설치되어** 있다. 05 **배수관**을 뚫기 위해 배관공을 부르다

Exercises

A 다음의 우리말은 영어로, 영어는 우리말로 그 뜻을 쓰시오.

① 만장일치의
② 영원한; (식물이) 다년생인
③ 사유지; 재산
④ 일방적인, 단독의
⑤ 다듬다; 장식하다; 테두리
⑥ 통풍구; (감정을) 발산하다
⑦ 유용; (수도·전기 등의) 공익사업
⑧ 절연[단열/방음] 처리를 하다
⑨ 일부일처제
⑩ 행상; 잡상인
⑪ 거주자; 거주하는
⑫ (잔디를) 깎다; (풀 등을) 베다
⑬ 주민; 서식 동물
⑭ 2진법의; 2진수의
⑮ 진이 빠진
⑯ illumination
⑰ tenant
⑱ decorative
⑲ unification
⑳ duplicity
㉑ binoculars
㉒ rental
㉓ centennial
㉔ monotonous
㉕ installation
㉖ cozy
㉗ reside
㉘ leakage
㉙ lease
㉚ furnish

B 다음 빈칸에 들어갈 가장 적절한 어휘를 고르시오.

1. You may think that a weakness is a serious ________ in your life. However, as you try to overcome this weakness, you may discover a surprising strength or ability in yourself. [모의응용]
① annals ② monotony ③ pedestal ④ impediment

2. If you tend to accidentally lock yourself out of your car, it's a good idea to carry a ________ key with you just in case.
① bilateral ② duplicate ③ decimal ④ spacious

3. Their works imply a(n) ________ of accepting Western art while simultaneously keeping their own traditional artistic identity.
① residence ② duality ③ insulation ④ biped

4. To release smoke, heat, and dangerous gases, they ________ the building by opening windows and even cutting holes in roofs and walls. [모의응용]
① scaled ② drained ③ clogged ④ ventilated

C 다음을 읽고 문제에 답하시오.

Clients send a steady stream of clues and messages through their facial expressions, body movements, and voice pitch. Counselors need to learn how to read these messages without distorting or overinterpreting them in order to establish and maintain relationships with their clients. For instance, when Denise says to Jennie, "It seems that it's hard for you to talk about yourself," Jennie says, "No, I don't mind at all." But the real answer is probably in her nonverbal behavior, for she speaks hesitatingly while looking away and frowning. Reading such clues helps Denise understand Jennie better. Our nonverbal behavior has a way of 'leaking' messages about what we really mean. The unplanned nature of nonverbal behavior contributes to this leakage even in the case of highly defensive clients. [모의응용]

Q. What does the underlined part, 'leaking' messages, mean in this text?

① showing our true feelings
② sending secret information to a client
③ reacting negatively to excessive questioning
④ adapting our speech and manners to those around us

D 각 네모 안에서 문맥에 알맞은 어휘를 고르시오.

1. A copyright supplies its holder with a kind of [monopoly / monotone], meaning that only the holder can control profits from the copyrighted work. [모의응용]

2. Leptin is a hormone that helps maintain your normal weight on a long-term basis. It helps [inhabit / inhibit] hunger and regulate energy balance.

E 다음 ① ~ ⑤ 중, 문맥상 밑줄 친 낱말의 쓰임이 적절하지 않은 것을 고르시오.

① Electric cars produce less noise pollution because they run quietly on battery power. This makes it difficult for electric cars to be heard, which some believe could pose a danger to pedestrians, especially the blind. [모의응용]
② The most effective way to abolish war is to settle international conflicts through agreement among nations. [모의]
③ As global temperatures rise, scientists argue that Earth's habitable climatic zones will start moving too, generally away from the equator and toward the poles. [모의응용]
④ In some cultures, everyone speaks more than one language. People within these cultures are said to be either bilingual or monolingual. [모의응용]
⑤ In 1924, a member of a British expedition made it to just 900 feet below the summit of Everest. [수능응용]

31강

Word Complete

Part 2

Prefixes	수·양(2) tri-, multi-
Essential Roots/Stems	medi = middle
Words with Multiple Meanings	quarter / spell / stake / stand
Phrasal Verbs	aside, by가 포함된 구동사
Themes	교통·수송

Words & Phrases

앞으로 학습할 예문에 쓰인 필수 어휘 모음입니다. 예문에 해당 단어 밑에는 점선이 표시(interact)되어 있습니다.
아는 단어는 □□에 체크하고 모르는 단어는 뜻 확인을 반복하세요.

*	□□	diminish [dimíniʃ]	동 줄이다; (중요성을) 깎아내리다
*	□□	excavation [èkskəvéiʃən]	명 발굴(지); 땅파기
고난도	□□	extant [ékstənt, ekstǽnt]	형 (아주 오래된 것이) 현존하는, 남아 있는
고난도	□□	fiscal year	명 회계 연도 ((세입·세출을 구분한 1년의 기간))
고난도	□□	flurry [flʌ́ri]	명 (잠시 한바탕 벌어지는) 소동; 한차례 흩뿌리는 눈[비]
*	□□	formula [fɔ́ːrmjələ]	명 공식; 방식 ※ formulation 명 공식화
*	□□	fugitive [fjúːdʒətiv]	명 도망자, 탈주자 (= escapee) 형 도망 다니는
*	□□	grudge [grʌdʒ]	명 원한, 유감 동 (무엇을 하거나 주는 것을) 아까워하다; 샘내다
*	□□	hay [hei]	명 건초 *cf.* straw 명 짚, 지푸라기
*	□□	impair [impέər]	동 손상시키다, 악화시키다
**	□□	impose [impóuz]	동 ((on)) (법률 등을) 도입하다; (힘든 것을) 부과하다; (의견을) 강요하다
**	□□	insignificant [ìnsignífikənt]	형 대수롭지 않은, 하찮은 (= petty, trivial, trifling)
고난도	□□	marshal [máːrʃəl]	동 (사람 등을) 집결시키다, 모으다
*	□□	mitigate [mítəgèit]	동 완화시키다, 경감시키다 (= soothe, alleviate)
*	□□	monumental [mànjuméntəl]	형 기념비적인; 엄청난, 대단한
*	□□	outskirts [áutskəːrts]	명 (도시의) 변두리, 교외 (= suburbs)
*	□□	perpetual [pərpétʃuəl]	형 (오랫동안) 끊임없이 계속되는; 빈번한
*	□□	porch [pɔːrtʃ]	명 현관; 베란다
*	□□	ram [ræm]	동 (차량 등이) 들이받다; (억지로) 밀어 넣다 명 숫양
*	□□	retrieve [ritríːv]	동 되찾아오다, 회수하다
*	□□	secluded [siklúːdid]	형 (장소가) 한적한, 외딴 (= remote, solitary)
*	□□	sequel [síːkwəl]	명 (영화 등의) 속편; 뒤이어 일어난 일
고난도	□□	solidarity [sὰlədǽrəti]	명 연대, 결속
*	□□	take the chance of	~을 운에 맡기고 해보다; ~의 기회를 이용하다
*	□□	territorial [tèrətɔ́ːriəl]	형 영토의; 세력권을 주장하는
**	□□	turning point	명 전환점, 전기 *cf.* watershed 명 (중요한 변화를 나타내는) 분수령
*	□□	unspoiled [ʌnspɔ́ild]	형 (장소가) 자연 그대로의, 훼손되지 않은
**	□□	vessel [vésəl]	명 (대형) 선박; 그릇; 혈관

Prefixes | 수·양(2) tri-, multi-

tri- = three (셋)
multi- = many/much (많은)

triangle → tri(three)+angle(각도) → 삼각형
multinational → multi(many)+national → 다국적의

** **triple** [trípl]

형 3배의; 3개로 이뤄진 동 3배로 만들다
tri(three)+ple(fold)

01 The company is expected to **triple** its earnings this fiscal year.
02 Naples's population is about **triple** that of Venice.

** **trillion** [tríljən]

명 1조; 엄청난 양
tri(three)+(m)illion(백만)

03 We have a **trillion** things to do this morning.

고난도 **trilogy** [trílədʒi]

명 (책·영화 등의) 3부작
tri(three)+logy(story)

---

* **tridimensional** [tràidiménʃənl]

형 3차원의, 입체의 (= three-dimensional)
tri(three)+dimension(차원)+al(형)

04 3D printers can make any **tridimensional** object.

| 기타 tri-가 붙는 어휘들 |

triathlon	명 철인3종경기 ((수영, 사이클, 마라톤을 연이어 겨루는 경기))
tricycle	명 세발자전거; 삼륜 오토바이
tridaily	형 1일 3회의; 3일에 한 번의 *triweekly 형 1주 3회의; 3주일마다의 trimonthly 형 3개월마다의
triennial	형 3년마다 한 번씩 있는 *triennium 명 3년의 기간
trilingual	형 3개 국어를 말하는 명 3개 국어 사용자
trinity	명 3인조, 3개가 한 조로 된 것 (= triad)
triplet	명 ((*pl.*)) 세쌍둥이
tripod	명 삼각대
trident	명 삼지창
trisect	동 삼등분하다

01 그 회사는 올 회계 연도에 수익이 **3배가 될** 것으로 예상된다. 02 나폴리의 인구는 베니스 인구의 약 **3배**이다. 03 우리는 오늘 아침에 할 일이 **엄청나게 많다**. 04 3D 프린터는 어떤 **3차원** 물체도 만들 수 있다.

• 숫자를 나타내는 기타 접두어

의미	접두어	어휘
4	tetra-, quadr(u)-	tetragon 명 4각형 quadruple 동 4배가 되다 quadruplet 명 ((pl.)) 네쌍둥이 quadruped 명 네발짐승 quadrant 명 4분면 ((한 평면을 두 직선으로 나눈 네 부분 중 하나))
5	penta-	pentagon 명 5각형 pentagram 명 별 모양
6	hexa-	hexagon 명 6각형 hexahedron 명 6면체
7	hepta-	heptagon 명 7각형 heptachord 명 7음 음계
8	octa-	octagon 명 8각형 octave 명 옥타브, 8도 음정
9	nona-	nonagon 명 9각형 nonagenarian 명 90대인 사람
10	deca-	decade 명 10년 decathlon 명 10종 경기 decagon 명 10각형
100	cent(i)-	century 명 100년, 세기 centimeter 명 센티미터 (1/100미터)
1,000	kilo-	kilometer 명 킬로미터(1,000미터)
1,000,000	mega-	megavolt 명 100만 볼트

* **multilateral** [mʌltilǽtərəl]

형 **다자간의; 다국가 간의; 다각적인** (↔ unilateral 일방적인; 단독의)

multi(many)+later(side)+al(형)

01 a **multilateral** effort to marshal allied forces

*** **multiply** [mʌ́ltiplài]

동 **곱하다; (수·양이) 많이 증가하다**

multi(many)+ply(fold)

02 2 **multiplied** by 4 is 8.

03 People's worries about the economy have **multiplied**.

* **multiplier** [mʌ́ltiplàiər]

명 **증가시키는 것; 승수, 곱하는 수**

04 Perpetual optimism is a force **multiplier**.

*** **multiple** [mʌ́ltipəl]

형 **많은, 다수의** (= manifold) 명 ((수학)) **배수**

05 Words can have **multiple** meanings.

** **multitasking** [mʌ̀ltitǽskiŋ]

명 (컴퓨터) **다중 작업; 동시에 여러 가지 일을 하는 능력**

06 Research shows that **multitasking** decreases productivity, impairs cognitive ability, and diminishes creativity.

01 연합군을 모으기 위한 **다자간의** 노력 02 2 **곱하기** 4는 8이다. 03 경제에 대한 사람들의 걱정이 **많이 증가했다.** 04 지속적인 긍정적 사고는 능력을 **배가**시킨다. 05 말에는 **다양한** 의미가 있을 수 있다. 06 연구에 따르면 **다중 작업**은 생산성을 감소시키고, 인지 능력을 손상시키며, 창의성을 감소시킨다.

*** **multitude**
[mʌ́ltitjùːd]

명 **다수; 군중**
multi(many)+tude(명)

01 I love a novel with a **multitude** of characters and lots of action.

cf. magnitude 명 크기; (지진) 규모; ((천문)) (행성의) 광도(光度)

| '수·양이 많음'의 의미인 어휘 |

abundant	형 풍부한 (= plentiful) *abundance 명 풍부 / abound 동 아주 많다
redundant	형 과잉의; 불필요한 (= inessential); 정리해고 당한
innumerable	형 셀 수 없이 많은 (= countless, incalculable)
myriad	명 무수함
prolific	형 다산의 (= fertile, productive); 풍부한
profuse	형 많은, 다량의
ample	형 충분한; 풍만한
bunch	명 다발, 송이; (양·수가) 많음
heap	명 더미, 무더기 (= stack, pile)
copious	형 엄청난 (양의), 방대한 (= vast, immense, tremendous)
inundate	동 감당 못할 정도로 주다; 침수시키다, 범람하다
miscellaneous	형 여러 가지 종류의
preponderance	명 (수적으로) 우세함 (= predominance)
replete	형 ~이 가득한

Essential Roots / Stems

medi = middle 한가운데, 중간

*** **multimedia**
[mʌ̀ltimíːdiə]

명 **멀티미디어, 다중매체** 형 **멀티미디어의**
multi(many)+media(매체)

02 We hope all students will take advantage of the **multimedia** room. [모의]

*** **medium**
[míːdiəm]

명 ((*pl.* media, mediums)) **수단;** (대중 전달용) **매체**
형 **중간의** (= average)

03 Money is merely a convenient **medium** of exchange. [수능]

04 a person of **medium** build

고난도 **median** [míːdiən]

명 **중앙값** 형 **중앙의; 중간값의**

01 나는 **다수**의 등장인물이 있고 사건이 많은 소설을 좋아한다. 02 우리는 모든 학생들이 **멀티미디어**실을 이용하기를 바랍니다. 03 돈은 편리한 교환 **수단**일 뿐이다. 04 **중간** 체격의 사람

* **medieval** [mì:dií:vəl, mèdií:vəl]

형 **중세의**

medi(middle)+eval(age)

01 **Medieval** customs are extant in some parts of Europe.

---

* **mediate** [mí:dièit]

동 (해결책을 위해) **중재하다** (= intervene); **타결을 보다** (= negotiate)

medi(middle)+ate(동)

02 They **mediate** between neighboring nations in territorial disputes.

cf. meditate 동 명상하다; ~을 꾀하다

* **mediation** [mì:diéiʃən] 명 **조정, 중재**

* **mediator** [mí:dièitər] 명 **중재자**

*** **intermediate** [intərmí:diət]

형 **중간의, 중급의** 명 **중급자**

inter(between)+medi(middle)+ate(형명)

03 You can take the exam at the **intermediate** or the advanced level.

고난도 **mediocre** [mì:dióukər]

형 **평범한, 보통밖에 안 되는**

medi(middle)+ocre(mountain)

04 They improved the quality from **mediocre** to above average.

cf. mundane 형 평범한; 재미없는; 세속의

고난도 **mediocrity** [mì:diákrəti]

명 ((부정적)) (썩 뛰어나지 않은) **보통, 평범; 보통 사람**

05 His acting career started brilliantly, then sank into **mediocrity**.

Guess What!

정답 및 해석 596쪽

주어진 단어의 의미를 보기에서 찾아 그 번호를 빈칸에 쓰시오.

<보기>

① 여러 언어를 하는	② 다문화의	③ 다목적의	④ 다기능의
⑤ 여러 학문에 걸친	⑥ 여러 감각이 관여하는	⑦ 다차선의	⑧ 다민족의

01. multicultural ______ 02. multidisciplinary ______ 03. multifunctional ______

04. multilane ______ 05. multilingual ______ 06. multipurpose ______

07. multiracial ______ 08. multisensory ______

01 **중세의** 풍습이 유럽의 일부 지역에 남아 있다. 02 그들은 인접 국가 간의 영토 분쟁을 **중재한다**. 03 당신은 **중급**이나 고급 수준의 시험을 칠 수 있습니다. 04 그들은 품질을 **보통**에서 평균 이상으로 향상시켰다. 05 그의 연기 인생이 시작은 훌륭했지만, 그 후에 점차 **평범**해졌다.

Words with Multiple Meanings 필수 다의어의 이해

** **quarter**
[kwɔ́ːrtər]

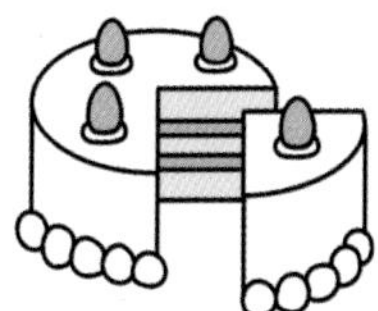

명 4분의 1	1시간의 4분의 1 → 명 **15분**
	1달러의 4분의 1 → 명 **25센트**
	1년의 4분의 1 → 명 **1분기 (3개월)**
	동서남북 중 하나 → 명 **방위** → 어떤 방위의 장소 → 명 **지역, 지구**

01 Over a **quarter** of our total income goes toward buying food.
02 We will arrive at a **quarter** after five.
03 I put two **quarters** in the vending machine, but nothing came out.
04 Profits totaled $8 million during the period from July through September, up from $5 million in the third **quarter** of last year.
05 The excavations in the historic **quarter** of the city have revealed architectural remains mainly from the Roman era.

** **spell**
[spel]

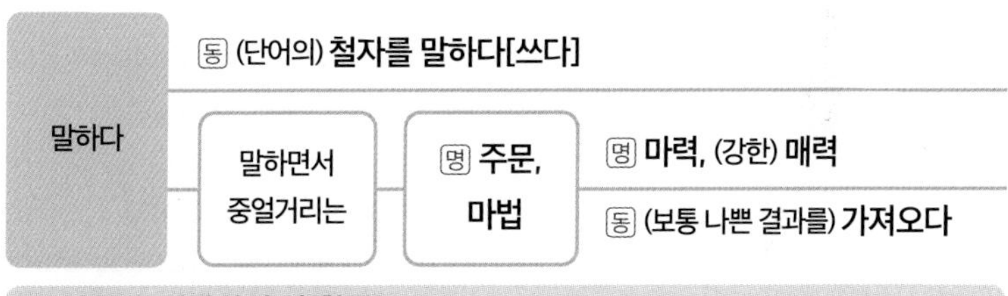

06 I suddenly forgot how to **spell** *controlled*. [모의응용]
07 Unfortunately, nobody has been able to find the magic stick to break the **spell**. [모의응용]
08 When he saw Jenny for the first time, he completely fell under her **spell**.
09 The lack of rain is **spelling** disaster for many farmers.
10 After a quiet **spell** there was a sudden flurry of phone calls.

31강

01 우리의 총소득 중 **4분의 1** 이상이 식료품 구매로 나간다. 02 우리는 5시 **15분**에 도착할 것이다. 03 내가 자판기에 **25센트 (동전)** 두 개를 넣었지만, 아무것도 나오지 않았다. 04 7월에서 9월 기간 동안 수익이 총 8백만 달러였는데, 작년 3**분기** 5백만 달러에서 증가한 것이었다. 05 그 도시에서 역사적으로 유명한 **지역** 내 발굴로 대부분 로마시대에 지어진 건축 잔해들이 드러났다. 06 나는 갑자기 'controlled'의 **철자를** 어떻게 **쓰는지** 잊어버렸다. 07 안타깝게도, 누구도 그 **마법**을 풀어줄 마술 지팡이를 찾지 못했다. 08 제니를 처음 보았을 때, 그는 그녀의 **매력**에 푹 빠졌다. 09 강우 부족은 많은 농부에게 재난을 **가져다주고** 있다. 10 **한동안** 조용하다가 갑자기 전화가 빗발쳤다.

* **stake**
[steik]

명 말뚝	말뚝을 박아 소유의 경계를 표시 → 명 **지분(持分)** → 명 (사업·계획 등에 대한 개인적인) **이해관계** → 이해관계가 얽힌 내기·도박 → 명 (내기에) **건 돈** 동 (돈을) **걸다**

01 A wooden **stake** was driven firmly into the ground.
02 They took a 60% **stake** in the company last year.
03 He has a personal **stake** in the success of the play.
04 They played cards for high **stakes**.

• at stake 성패가 달린, 위태로운
We have to win the contract; thousands of jobs are **at stake**.
우리는 그 계약을 따내야 한다. 수천 명 일자리의 **성패가 달렸다**.

*** **stand**
stood-stood
[stænd]

서 있다	한쪽에 서 있다 → 동 (~에 대해 특정한) **입장에 있다** 명 **입장, 태도**
	참으며 서 있다 → 동 **참다** → 참으며 저항하는 것 → 명 **저항, 반항**
	길거리에 세워져 있는 것 → 명 **판매대, 매점**

05 Where do you **stand** on private education?
06 Jack suddenly slipped and couldn't move at all. He couldn't **stand** the pain. [모의응용]
07 We must make a strong **stand** against racism.
08 Patrick ran an annual lemonade **stand** to raise money for childhood cancer research. [모의응용]

• stand for (약어나 상징물이) ~을 나타내다; 입후보하다
ATM **stands for** Automated Teller Machine.
ATM은 Automated Teller Machine(현금 자동 입출금기)을 **의미한다**.

• stand out ~에서 두드러지다
If you want to **stand out** from the group, you have to make your ideas known to others. 당신이 그룹에서 **두각을 나타내고** 싶다면, 다른 사람들에게 당신의 생각을 알려야 한다.

• stand by 지지[지원]하다; 수수방관하다; 대기하다
She **stood by** her husband in times of trouble.
그녀는 곤경에 처한 남편의 **곁을 지켰다**.

01 나무 **말뚝**이 땅에 단단히 박혔다. 02 작년에 그들은 회사에서 60퍼센트의 **지분**을 갖고 있었다. 03 그는 그 연극의 성공에 개인적인 **이해관계**가 있다. 04 그들은 큰 **판돈**을 걸고 카드 게임을 했다. 05 사교육에 대해 당신은 어떤 **입장입니까**? 06 잭은 갑자기 미끄러져서 전혀 움직일 수 없었다. 그는 고통을 **참을** 수 없었다. 07 우리는 인종 차별에 대해 강력히 **저항**해야 한다. 08 패트릭은 소아암 연구를 위한 돈을 모금하기 위해서 해마다 레모네이드 **판매대** 행사를 열었다.

Phrasal Verbs | aside, by가 포함된 구동사

다음 구동사의 의미를 추론하여 오른쪽 빈칸에 쓰고 페이지 하단의 해석과 대조해 보시오.

** push aside

밀어서 옆에 두다

01 Small pains seem monumental, and important things get **pushed aside** as if they were insignificant. [모의]

➡ 중요한 일들을 ___________

** put aside = set aside

옆에 두다

02 I can't spend everything I earn. I must **put** money **aside** for my trip.

➡ 여행갈 돈을 ___________

03 He urged them to **set aside** minor differences for the sake of peace.

➡ 사소한 차이점들을 ___________

** step aside

옆으로 비켜서다

04 Could you please **step aside** to allow other passengers to pass through?

➡ 다른 승객들이 지나갈 수 있도록 ___________

05 He was forced to **step aside** from his post.

➡ 자리에서 ___________

** live by

~에 따라 살다

06 Disharmony enters our relationships when we try to impose our values on others by wanting them to **live by** what we feel is right and fair. [수능응용]

➡ 옳고 정당하다고 느끼는 것에 ___________

*** pass by

옆을 지나가다

07 Don't let this great business opportunity **pass** you **by**. [수능]

➡ 좋은 사업 기회를 ___________

*** stop by = drop by[in]

옆에 멈추다

08 I'll **stop by** your office tomorrow. [수능응용]

➡ 사무실에 ___________

31강

01 자그만 고통은 엄청난 것 같고 중요한 일들은 마치 그것들이 중요하지 않다는 듯이 **제쳐놓는다**. 02 나는 내가 버는 것을 모두 써버릴 수 없다. 나는 여행 갈 돈을 **따로 떼어 두어야** 한다. 03 그는 그들에게 평화를 위해 사소한 차이점들은 **무시하라고** 촉구했다. 04 다른 승객들이 지나갈 수 있도록 **옆으로 비켜** 주시겠습니까? 05 그는 어쩔 수 없이 자리에서 **물러났다**. 06 우리가 옳고 정당하다고 느끼는 것에 **따라 살기를** 타인들에게 바라면서 그들에게 우리 기준을 강요하려고 할 때 우리 관계에 불화가 시작된다. 07 이렇게 좋은 사업 기회를 **놓치지** 마라. 08 내일 당신 사무실에 **잠깐 들를게요**.

Themes | 교통·수송

1. 운전

* **detour** [díːtuər]

명 **우회도로** (= bypass, diversion) 동 **돌아서 가다**

01 He had to make a **detour** around the outskirts of the city.

cf. shortcut 명 지름길; 손쉬운 방법

| 도로 |

avenue	명 도로; 길 ((약어 Ave.))
boulevard	명 넓은 가로수길; ((B-)) 대로 ((약어: Blvd.))
freeway	명 고속도로 *cf.* highway 명 고속도로; 간선도로 ((시내와 연결된 주요 도로))
lane	명 좁은 길; 차선; (경주 등의) 레인 *cf.* fast lane 명 추월 차선
alley	명 골목, 좁은 길
pavement	명 포장도로 *cf.* off-road 형 포장도로를 벗어난
on-ramp	명 (고속도로) 진입로
driveway	명 (도로에서 집·차고까지의) 진입로 *cf.* roadway 명 차도
overpass	명 고가도로; 육교 *cf.* underpass 명 지하도; 아래쪽 도로
roundabout	명 로터리 ((사거리의 원형 교차로))
verge	명 길가, 도로변
tollbooth	명 톨게이트, 요금소
pothole	명 (바닥의) 움푹 팬 곳
curb	명 (보도의) 연석; 경계석
bumpy	형 (길이) 울퉁불퉁한 *bump 동 부딪히다
sloppy	형 (길 등이) 질퍽한; 엉성한; (옷이) 헐렁한

---

* **tow** [tou]

동 (줄로) **잡아당기다;** (차를) **견인하다**

02 The car was **towed** to the nearest garage after the accident.

cf. tow-away zone 명 불법주차 견인 지역

---

* **honk** [haŋk]

동 (자동차 경적을) **울리다**

03 Drivers **honked** their horns in solidarity with those marching for peace.

cf. blare 동 (경적 등을) 요란하게 울리다

고난도 **skid**-skidded-skidded [skid]

동 (보통 차량이) **미끄러지다** 명 **미끄러짐**

04 The truck **skidded** and rammed into a wall.

01 그는 시 외곽을 따라 **돌아가야** 했다. 02 그 차는 사고 후에 가장 가까운 정비소로 **견인되었다.** 03 운전자들은 평화를 위해 행진하는 사람들과 연대하여 경적을 **울렸다.** 04 트럭이 **미끄러져** 벽에 부딪혔다.

* **junction** [dʒʌ́ŋkʃən]

명 **접합(점); 교차로** (= crossroads)

| 교차로 |
crosswalk 명 횡단보도
crossing 명 횡단; (도로의) 교차점; 건널목
traffic signal 명 교통 신호등 (= traffic light) *cf.* traffic sign 명 교통 표지판
signpost 명 표지판; 길잡이 동 (도로에) 표지를 세우다
bottleneck 명 병목(지점), 좁은 통로

2. 항공·선박

* **airway** [έərwèi]

명 **항공로;** ((*pl.*)) **항공사;** (코에서 폐까지의) **기도**

---

* **altitude** [ǽltətjùːd] *cf.* aptitude 명 적성, 소질

명 **(해발)고도; 고지(高地)**

---

* **aviation** [èiviéiʃən]

명 **비행, 항공** 탈것·교통수단 | Appendix 546쪽

** **landing** [lǽndiŋ]

명 **상륙; 착륙** (↔ take-off 이륙)

** **runway** [rʌ́nwèi]

명 **활주로;** (패션쇼장의) **무대** (= catwalk)

** **anchor** [ǽŋkər]

명 **닻;** (뉴스) **앵커** 동 **닻을 내리다; 고정시키다**

01 The ship dropped **anchor** in a secluded harbor.

02 The ropes were **anchored** to the rocks.

* **anchorage** [ǽŋkəridʒ]

명 **닻을 내림; 고정시키는 곳**

** **canal** [kənǽl]

명 **운하, 수로;** (체내의) **관**

03 The **canal** was built to transport coal, cotton, flour and other goods.

---

* **dock** [dɑk]

명 **부두** 동 (배를) **부두에 대다;** (급여에서) **공제하다** (= deduct)

04 The next ship was not expected to **dock** until May 23.

05 They **dock** your wages if you're late.

01 그 배는 외딴 항구에 **닻**을 내렸다. 02 줄은 바위에 **고정되었다**. 03 석탄, 면화, 밀가루 그리고 기타 물품을 운송하기 위해 **운하**가 건설되었다. 04 다음 배는 5월 23일에나 **부두에 도착할** 예정이었다. 05 당신이 지각하면 급여에서 **공제한다**.

*** **harbor** [há:rbər]

명 항구; 피난처 동 숨겨 주다; (생각을) 품다

01 Two vessels entered the **harbor**.

02 to **harbor** a fugitive

03 I didn't **harbor** any grudge against you.

** **shipping** [ʃípiŋ]

명 ((집합적)) 선박; 선적; 해운

cf. shipment 명 선적물; 수송

cf. shipper 명 해운 회사

cf. shipyard 명 조선소 ((배를 만들거나 고치는 곳))

* **adrift** [ədríft]

형 표류하는; 떨어져 나간

04 They were spotted after three hours **adrift** in a boat.

* **wreck** [rek]

명 난파(선) (= shipwreck); 망가진 차량 동 난파시키다

05 a **wrecked** cargo ship

3. 수송 (Transit)

* **cargo** [ká:rgou]

명 (선박·비행기의) 화물

* **freight** [freit]

명 화물; 화물 운송 동 화물로 보내다

*** **load** [loud]

명 짐; 작업량 동 (짐을) 싣다 (↔ unload (짐을) 내리다)

06 to **load** the truck with hay

** **loaded** [lóudid]

형 (짐을) 실은; 가득한 (= laden)

* **compartment** [kəmpá:rtmənt]

명 (열차 안의 칸막이) 객실

* **postal** [póustəl]

형 우편의; 우편에 의한

07 **postal** charges (= postage)

01 배 두 척이 **항구**로 들어왔다. 02 도망자를 **숨겨 주다** 03 나는 네게 어떤 원한도 **품지** 않았어. 04 그들은 보트를 타고 세 시간 **표류한** 끝에 발견되었다. 05 **난파된** 화물선 06 트럭에 건초를 **싣다** 07 **우편** 요금

Exercises

A 다음의 우리말은 영어로, 영어는 우리말로 그 뜻을 쓰시오.

① 3배의; 3배로 만들다
② 중간의, 중급의; 중급자
③ 항구; 피난처; 숨겨 주다; (생각을) 품다
④ 난파(선); 난파시키다
⑤ 1조; 엄청난 양
⑥ 다중 작업
⑦ 중세의
⑧ 상륙; 착륙
⑨ 활주로; (패션쇼장의) 무대
⑩ (열차 안의 칸막이) 객실
⑪ 말뚝; 지분; (내기에) 건 돈
⑫ 우편의; 우편에 의한
⑬ cargo
⑭ boulevard
⑮ junction
⑯ aviation
⑰ trinity
⑱ median
⑲ prolific
⑳ miscellaneous
㉑ trilogy
㉒ pentagon
㉓ honk
㉔ crosswalk

B 다음 빈칸에 들어갈 가장 적절한 어휘를 고르시오.

1. Your business should be more noticeable and easier to find. Don't take the chance of having a potential customer ________ your business.
① stand for ② live by ③ pass by ④ stop by

2. If you should find that your vehicle has been ________ by the police, you may need to receive a release form so that you can retrieve your vehicle.
① anchored ② detoured ③ multiplied ④ towed

3. Solar radiation that strikes cities is absorbed by streets, parking lots, and buildings. The ________, steel, and concrete heat up and then radiate energy back into the atmosphere. [모의응용]
① bypass ② pavement ③ canal ④ bottleneck

4. The invention and acceptance of money as a(n) ________ of exchange was a huge turning point in the development of trade and commerce.
① anchorage ② freight ③ medium ④ tripod

C

각 네모 안에서 문맥에 알맞은 어휘를 고르시오.

1. [Overpasses / Underpasses] frequently suffer damage during floods due to their position relative to the ground.

2. Carbon neutrality can play a role in encouraging countries to take part in a [multilateral / unilateral] effort to mitigate climate change.

   * carbon neutrality 탄소 중립 ((경제활동으로 배출되는 탄소의 양이 전혀 없는 상태가 되는 것))

3. There are a [multiplier / multitude] of unspoiled anchorages and protected bays just waiting to be explored by adventurous boaters.

4. A low [altitude / aptitude] may be compensated by high motivation or vice versa.

5. When you [meditate / mediate], you may clear away the information overload that builds up every day and contributes to your stress.

6. As the economy weakens, more and more jobs will be made [abundant / redundant].

D

다음 ① ~ ⑤ 중, 문맥상 밑줄 친 낱말의 쓰임이 적절하지 않은 것을 고르시오.

① Mediation is a way of resolving disputes between two or more parties. A third party, the mediator, assists the parties to negotiate their own settlement.

② The delivery driver arrived at the destination, loaded the packages from the truck and brought them to the front porch.

③ The movie went unseen by many people because it was the sequel to a great piece of sci-fi cinema—a formula that often results in mediocrity.

④ After being adrift in a lifeboat for eight days without companions, he was finally rescued and brought to a hospital.

⑤ The driver lost control on the sloppy road and the vehicle skidded off the road.

32강

Word Complete

Part

Suffixes	동사화 접미사
Essential Roots/Stems	man(u) / mani = hand
Words with Multiple Meanings	declare / identify / note / state
Themes	문화·예술 1

Words & Phrases

앞으로 학습할 예문에 쓰인 필수 어휘 모음입니다. 예문에 해당 단어 밑에는 점선이 표시(interact)되어 있습니다.
아는 단어는 □□에 체크하고 모르는 단어는 뜻 확인을 반복하세요.

*	□□	abolition [æbəlíʃən]	명 폐지 ※ abolish 동 폐지하다
*	□□	aristocrat [ərístəkræ̀t]	명 귀족(인 사람) ※ aristocratic 형 귀족적인 / aristocracy 명 귀족 (계층)
*	□□	artwork [ɑ́ːrtwə̀ːrk]	명 삽화; (박물관의) 미술품
*	□□	bump [bʌmp]	동 부딪치다 명 충돌; 혹, 타박상
**	□□	cattle [kǽtl]	명 ((집합적)) 소
*	□□	dexterity [dekstérəti]	명 (손이나 머리를 쓰는) 재주
**	□□	draft [dræft]	명 밑그림, 초안; ((the ~)) 징병 동 선발하다
고난도	□□	exploitation [èksplɔitéiʃən]	명 착취; 부당한 이용; (토지 등의) 개발 ※ exploit 동 착취하다; (부당하게) 이용하다
*	□□	GNP (Gross National Product)	명 국민 총생산 ((일정 기간 한 나라의 국민이 생산한 최종 생산물을 시장가격으로 평가한 총액))
*	□□	illuminate [ilúːmənèit]	동 불을 비추다; 계몽하다 (= enlighten) ※ illumination 명 조명; 계몽 (= enlightenment)
*	□□	immortal [imɔ́ːrtl]	형 죽지 않는 명 신 (↔ mortal 영원히 살 수는 없는; 인간) ※ immortality 명 불사, 불멸
**	□□	intensify [inténsəfài]	동 강화하다 (= reinforce) ※ intensity 명 강도
*	□□	layout [léiàut]	명 (책·건물 등의) 배치
**	□□	masterpiece [mǽstərpìːs]	명 걸작, 대표작
고난도	□□	muse [mjuːz]	명 (예술적 영감을 주는) 뮤즈 ((예술을 관장하는 고대 그리스 신)) 동 사색하다, 생각에 잠기다
***	□□	occasion [əkéiʒən]	명 (특정한) 때[경우]; (특별한) 행사[의식] 동 일으키다
***	□□	perform [pərfɔ́ːrm]	동 실행하다; 성과를 내다; 공연[연주]하다 ※ performance 명 실행; 성과; 공연, 연주(회)
*	□□	pledge [pledʒ]	명 (굳은) 약속, 서약, 공약
*	□□	populous [pɑ́pjuləs]	형 인구가 많은
*	□□	ranch [ræntʃ]	명 (대규모) 목장
*	□□	rapturous [rǽptʃərəs]	형 황홀해하는, 열광적인 ※ rapture 명 황홀; 기뻐 날뜀
*	□□	robe [roub]	명 예복, 가운 동 예복[가운]을 입히다
*	□□	sealing [síːliŋ]	명 바다표범[물개] 사냥 ※ seal 명 바다표범, 물개
고난도	□□	subantarctic [sʌ̀bæntɑ́ːrktik]	형 아남극의, 남극에 가까운
*	□□	vocalist [vóukəlist]	명 가수 ※ vocal 형 목소리의 / vocalization 명 발성

Suffixes | 동사화 접미사

stem/root		접미사	의미	어휘	
broad weak strength	형 (폭이) 넓은 형 약한 명 힘; 내구력	-en	to make into ~으로 만들다	**broaden** **weaken** **strengthen**	동 넓히다; 퍼지다 동 약화시키다 동 강화시키다
just class	형 공정한 명 학급; 종류, 부류	-(i)fy		**justify** **classify**	동 정당화시키다; 옹호하다 동 분류하다, 구분하다
maximum minimum	명형 최대(의) 명형 최저(의)	-ize		**maximize** **minimize**	동 극대화하다 동 최소화하다
motive active	명 동기, 이유 형 활동적인	-ate		**motivate** **activate**	동 동기를 부여하다 동 활성화하다; 작동시키다

** **harden** [háːrdn]

동 **굳히다, 굳어지다** (= solidify, stiffen); (태도가) **단호해지다**

01 The bread will **harden** if you don't cover it.

---

* **madden** [mǽdn]

동 **정말 화나게 하다** (= infuriate, enrage) (↔ calm 진정시키다)

---

* **amplify** [ǽmplifài]

동 **확대하다; 증폭시키다**

ample(wide, large)+ify(동)

02 using spices to **amplify** the flavors of the food

** **clarify** [klǽrifài]

동 **명확하게 하다; 분명히 말하다**

clar(clear)+ify(동)

03 He was asked to **clarify** his opinion.

* **clarification** [klæ̀rəfikéiʃən]

명 **설명, 해명**

---

* **dignify** [dígnəfài]

동 **위엄 있어 보이게 하다**

dign(worthy)+ify(동)

04 That formal clothing would help **dignify** the occasion.

** **dignity** [dígnəti]

명 **위엄, 품위**

01 빵을 덮어놓지 않으면 **딱딱해질** 것이다. 02 음식의 풍미를 **강화하기** 위한 양념 사용 03 그는 의견을 **분명히 말해 달라는** 요청을 받았다. 04 그 정장이 의식을 **위엄 있어 보이게** 도와줄 것이다.

* **exemplify** [igzémplifài]

동 예를 들다 (= illustrate); 전형적인 예가 되다 (= typify)

exempl(model)+ify(동)

01 The building **exemplifies** the style of architecture which was popular at the time.

---

* **magnify** [mǽgnifài]

동 확대하다 (= enlarge); 과장하다 (= exaggerate)

magn(large, great)+ify(동)

02 a **magnifying** glass

03 This report tends to **magnify** the risks involved in investing.

** **notify** [nóutifài]

동 알리다, 통지하다 (= inform)

not(known)+ify(동)

04 Please **notify** us at your earliest convenience.

* **notification** [nòutifikéiʃən]

명 알림, 통지

** **authorize** [ɔ́ːθəràiz]

동 권한을 부여하다; 인가하다

author(originator, creator)+ize(동)

05 The city council **authorized** the sale of the land.

---

* **fertilize** [fə́ːrtəlàiz]

동 (토지에) 비료를 주다; ((생물)) 수정시키다

fertile(fruitful)+ize(동)

06 The soil is so rich that there is no need to **fertilize**.

* **fertilizer** [fə́ːrtəlàizər]

명 (인공적인) 비료

cf. manure 명 거름, 천연 비료

cf. compost 명 퇴비 동 퇴비를 주다

---

* **immunize** [ímjunàiz]

동 (특히 백신 주사로) 면역력을 갖게 하다 (= vaccinate)

im(not)+mune(exchange, share)+ize(동)

07 When we **immunize** against a disease, we are injecting a weakened strain of the disease. [모의응용]

---

* **penalize** [píːnəlàiz]

동 처벌하다; 벌칙을 부과하다

penal(punishment)+ize(동)

08 The company was **penalized** for not paying taxes.

01 그 건물은 당대 인기 있었던 건축 양식의 **전형적인 예가 된다**. 02 **확대**경 03 이 보고서는 투자에 수반되는 위험을 **과장하는** 경향이 있다. 04 되도록 빨리 저희에게 **알려** 주십시오. 05 시 의회는 그 토지의 판매를 **인가했다**. 06 흙이 아주 비옥해서 **비료를 줄** 필요가 없다. 07 어떤 질병에 대한 **면역력을 가지려 할** 때 우리는 그 질병의 약화된 변종을 주입한다. 08 그 회사는 세금 미납으로 **처벌을 받았다**.

* **domesticate** [dəméstikèit]

동 (동물을) **길들이다, 가축화하다** (= tame); (작물을) **재배하다** (= cultivate)

domestic(house)+ate(동)

01 Cattle were **domesticated** for their usefulness in supplying labor and resources.

---

* **evacuate** [ivǽkjuèit]

동 (위험한 장소를) **떠나다, 대피하다**

e(out)+vacu(empty)+ate(동)

02 If the alarm sounds, all students should **evacuate** the school immediately.

* **evacuation** [ivæ̀kjuéiʃən] 명 **피난, 대피**

---

* **excavate** [ékskəvèit]

동 (구멍 등을) **파다; 발굴하다**

ex(out)+cav(cave)+ate(동)

03 An ancient village has been **excavated**. [모의응용]

* **excavation** [èkskəvéiʃən] 명 **땅파기; 발굴(지)**

---

* **exterminate** [ikstə́ːrmənèit]

동 **몰살시키다, 전멸시키다** (= wipe out)

ex(out of, thoroughly)+termin(end)+ate(동)

04 He used the poison to **exterminate** mice.

cf. terminate 동 끝나다; (버스 등이) 종점에 닿다

Essential Roots / Stems

man(u) / mani = hand 손

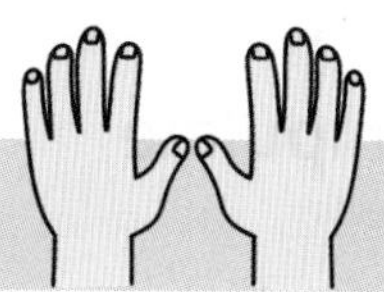

고난도 **emancipate** [imǽnsəpèit]

동 (법적·사회적 제약에서) **해방하다** (= set free, release, liberate)

e(out of)+man(hand)+cip(seize)+ate(동)

05 The 19th-century abolition of slavery **emancipated** people from oppression and exploitation.

*** **manual** [mǽnjuəl]

형 **손으로 하는; 육체노동의** 명 **설명서**

manu(hand)+al(형명)

06 toys designed to help develop **manual** dexterity

01 소는 노동력과 자원을 제공해 주는 유용함 때문에 **가축이 되었다**. 02 경보가 울리면 모든 학생은 즉시 학교에서 **대피해야** 한다. 03 고대 마을이 **발굴되었다**. 04 그는 쥐를 **몰살시키기** 위해 독을 사용했다. 05 19세기 노예제 폐지는 사람들을 억압과 착취에서 **해방시켰다**. 06 **손**재주의 발달을 돕도록 고안된 장난감

** **manuscript** [mǽnjuskrìpt]

명 (자필) 원고; 필사본, 사본

manu(hand)+script(write)

01 The water in the vase spilled all over the **manuscript**. [모의응용]

*** **manufacture** [mæ̀njufǽktʃər]

명 제조, 생산; ((*pl.*)) 제품 동 생산하다

manu(hand)+fact(make)+ure(명)

02 The **manufacturing** process was performed by manual labor. [모의]

*** **manufacturer** [mæ̀njufǽktʃərər]

명 제조 회사, 제조자

*** **manage** [mǽnidʒ]

동 (어떻게든) 해내다; 운영[관리]하다

03 I don't think I can **manage** a long walk today.

04 This restaurant is **managed** by the owner's daughter.

* **managerial** [mæ̀nidʒíəriəl]

형 경영[관리]의

** **manageable** [mǽnidʒəbəl]

형 관리할 수 있는 (↔ unmanageable 관리하기 어려운)

* **mandate** [mǽndeit]

명 명령; (선거에 의해 주어진) 권한 동 명령하다; 권한을 주다

man(hand)+date(give)

05 The election victory gave the party a **mandate** to continue its reform.

** **mandatory** [mǽndətɔ̀ːri]

형 법에 정해진; 의무[명령]의 (= obligatory, compulsory)

06 The tests are **mandatory** for all students wishing to graduate.

** **manipulate** [mənípjulèit]

동 (능숙하게) 조작하다; (교묘하게) 조종하다

mani(hand)+pul(fill)+ate(동)

07 He's accused of trying to **manipulate** the price of the stock.

* **manipulation** [mənìpjuléiʃən]

명 조작; 조종

* **maneuver** [mənúːvər]

명 (기술적) 동작, 움직임; 책략; ((군사)) 작전행동

동 (능숙하게) 움직이다; 책략을 쓰다

man(hand)+euver(work, operate)

08 We attempted to **maneuver** the canoe closer to the land.

01 꽃병에 있던 물이 **원고** 전체에 엎질러졌다. 02 **제조** 공정은 수작업으로 진행되었다. 03 오늘 오래 걷기를 **해낼** 수 없을 것 같아. 04 이 식당은 주인의 딸에 의해 **운영된다**. 05 선거에서의 승리로 그 당은 개혁을 계속할 수 있는 **권한**을 부여받았다. 06 그 시험은 졸업을 희망하는 모든 학생에게 **의무적이다**. 07 그는 주가를 **조작하려고** 시도하여 기소되었다. 08 우리는 카누를 **움직여** 육지에 더 가까이 가려고 시도했다.

Words with Multiple Meanings 필수 다의어의 이해

** **declare**
[diklέər]

명백하게 하다 — 명백히 말하다
- 대중에게 명백히 말하다 → 동 **선언하다, 공표하다**
- 동 **분명히 말하다, 단언하다**
- 동 (세관에 소득이나 과세 물품을) **신고하다**

01 The government **declared** war on the drug dealers.
02 He **declared** that he had no intention of giving up the fight.
03 All income must be **declared** in your annual tax return.

• declaration 명 선언(문); 공표; (자세한 정보를 담은) 신고서
Declaration of Independence 미국 독립 **선언(문)**
customs **declaration** form 세관 **신고서**

** **identify**
[aidéntəfài]

동일하다고 간주하다
- 동 ((with)) (~와) **동일시하다** → 동 **이해하고 공감하다**
- 동 (신원 등을) **확인하다** → 동 **~임을 알려주다** → 동 **찾다, 발견하다**

04 Some people **identify** success with having a lot of money.
05 I didn't enjoy the play, because I couldn't **identify** with any of the characters or situations.
06 The police took fingerprints and **identified** the body of the man found today.
07 In many cases, the clothes people wear **identify** them as belonging to a particular social class.
08 Scientists have **identified** the gene responsible for the disease.

• identification 명 신원 확인; 신분증; (심리적) 동일시
• identity 명 신원, 정체; 독자성; (긴밀한) 유사성

01 정부는 마약 거래자들에게 전쟁을 **선포했다.** 02 그는 그 싸움을 포기할 생각이 전혀 없다고 **분명히 말했다.** 03 모든 소득은 연간 소득 신고서에 **신고되어야** 한다. 04 어떤 사람들은 성공과 돈이 많은 것을 **동일시한다.** 05 나는 그 연극이 재미없었는데, 어떤 등장인물이나 상황에도 **공감할** 수 없었기 때문이었다. 06 경찰은 오늘 발견된 시신의 지문을 채취해 **신원을 확인했다.** 07 많은 경우에 사람들이 입는 옷은 그들이 특정 사회 계층에 속함을 **알려준다.** 08 과학자들은 그 질병의 원인이 되는 유전자를 **찾아냈다.**

*** **note**

[nout]

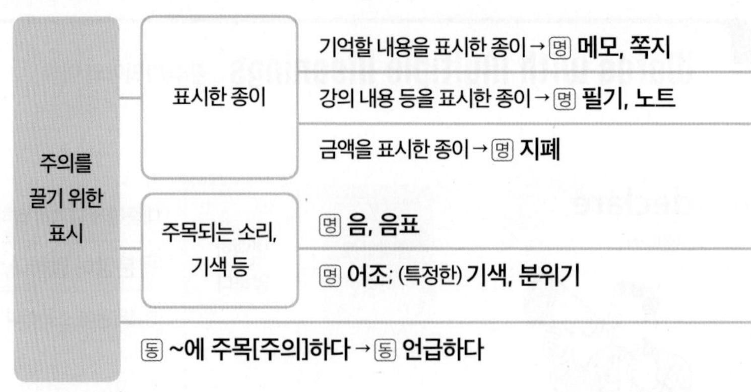

01 I left a **note** for Jenny on the kitchen table.
02 **Note**-taking gives us helpful information to review. [모의응용]
03 Please change this 1,000 won **note** into 500 won coins.
04 When I hit the highest **note**, a large wine glass suddenly broke. [수능응용]
05 There was a **note** of doubt in his voice.
06 It's a great way to get each day started on a positive **note**. [모의응용]
07 Social scientists have long **noted** the relationship between lifelong education and income. [모의응용]

*** **state**

[steit]

United States of America

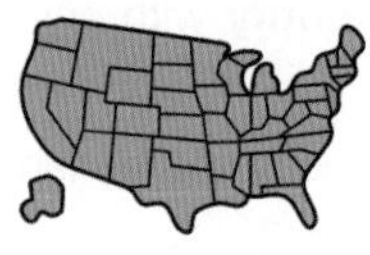

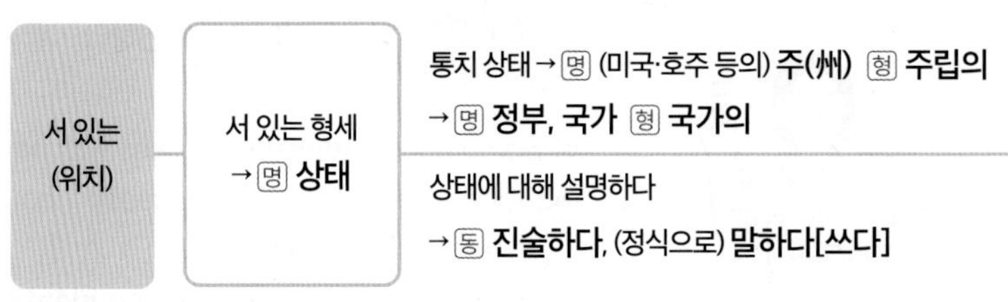

서 있는 (위치)
서 있는 형세 → 명 상태
통치 상태 → 명 (미국·호주 등의) 주(州) 형 주립의
→ 명 정부, 국가 형 국가의
상태에 대해 설명하다
→ 동 진술하다, (정식으로) 말하다[쓰다]

08 The government has declared a **state** of emergency in the flooded regions.
09 California is the most populous **state**; its large population lives mainly near the ocean. [모의응용]
10 The **state** should play a bigger role in encouraging investment.
11 She **stated** that she had not seen the man before.

01 나는 부엌 식탁 위에 제니에게 쓴 **쪽지**를 남겼다. 02 **노트** 필기는 우리에게 복습에 유용한 정보를 제공한다. 03 여기 천 원짜리 **지폐**를 오백 원짜리 동전으로 바꿔 주세요. 04 내가 가장 높은 **음**을 냈을 때, 커다란 포도주 잔이 갑자기 깨졌다. 05 그의 목소리에는 의심의 **어조**가 깔려 있었다. 06 긍정적인 **분위기**로 하루를 시작하는 것은 아주 좋은 방법이다. 07 사회과학자들은 평생교육과 수입과의 관계에 대해 오랫동안 **주목해** 왔다. 08 정부는 침수 지역에 비상**사태**를 선포했다. 09 캘리포니아는 인구 밀도가 가장 높은 **주(州)**이다. 인구 대부분은 주로 바다 가까이에 살고 있다. 10 **정부**는 투자를 장려하는 데 더 큰 역할을 해야 한다. 11 그녀는 전에 그 남자를 본 적이 없다고 **진술했다**.

1. 공연 일반

* **repertoire** [répərtwɑ̀ːr]
명 레퍼토리, 공연[연주] 목록 (= repertory)
01 The band's **repertoire** includes modern jazz.

** **rehearsal** [rihə́ːrsəl]
명 리허설, 예행연습
02 A vocalist is performing at **rehearsal**.

** **rehearse** [rihə́ːrs]
동 리허설을 하다; 연습하다

---

* **debut** [deibjúː]
명 데뷔, 첫 출연 동 데뷔하다
03 She's making her New York **debut** at Carnegie Hall.

---

* **applause** [əplɔ́ːz]
명 박수(갈채); 칭찬
04 to receive rapturous **applause**

* **applaud** [əplɔ́ːd]
동 박수를 치다; 칭찬하다

---

* **ovation** [ouvéiʃən]
명 (열렬한) 박수
05 a standing **ovation**

---

* **acclaim** [əkléim]
동 칭송하다, 환호를 보내다 명 (특히 예술적 업적에 대한) 찬사
06 The nonverbal performances, such as *Nanta* and *Jump*, have reached the level of international **acclaim**.

* **acclamation** [æ̀kləméiʃən]
명 환호, 박수갈채

---

* **encore** [ɑ́(ː)ŋkɔːr]
명 앙코르, 재청; 앙코르 곡[연주] 동 앙코르를 요청하다
07 The singer came back on stage for an **encore**.

cf. curtain call 명 커튼콜 ((연극이 끝난 뒤 관객의 박수를 받으며 배우들이 무대 위에 나오는 것))

32강

01 그 밴드의 **공연 목록**에는 현대 재즈가 포함된다. 02 한 가수가 **리허설**을 하고 있다. 03 그녀는 카네기 홀에서 뉴욕 **데뷔** 무대를 갖는다. 04 열광적인 **박수**를 받다 05 기립**박수** 06 '난타', '점프'와 같은 비언어 공연은 세계적인 **찬사**를 받는 경지에 이르렀다. 07 그 가수는 **앙코르 곡**을 위해 무대에 다시 올랐다.

2. 연극·영화

*** **drama** [drάːmə] 명 드라마, 극; 연극; 극적인 사건

** **dramatic** [drəmǽtik] 형 희곡의; 극적인

* **dramatize** [drǽmətàiz] 동 각색하다; (실제보다 더) 극적으로 보이게 하다, 과장하다

01 His novel was successfully **dramatized** for the stage.

02 She has a tendency to **dramatize** almost every situation.

---

* **theatrical** [θiǽtrikəl] 형 연극의; 연극조의, 과장된

03 Many actors consider **theatrical** acting to be the purest form of acting because you're forced to sustain a character for an hour or more, in front of audiences.

---

* **protagonist** [proutǽgənist] 명 (연극·영화 등의) 주인공; (정책·운동의) 지지자, 주동 인물

04 Ralph is the **protagonist** in the classic novel *Lord of the Flies*.

05 a leading **protagonist** of the conservation movement

cf. villain 명 (연극·영화 등의) 악인, 악당

---

* **puppet** [pʌ́pit] 명 꼭두각시, 인형

06 Most kids love **puppet** shows.

---

* **tearjerker** [tíərdʒə̀ːrkər] 명 (눈물을 흘리게 하는) 최루성 영화[연극]

---

* **sequel** [síːkwəl] 명 (책·영화 등의) 속편; 뒤이어 일어난 일

07 A **sequel** to the movie releases next week.

---

* **dub**-dubbed-dubbed [dʌb] 동 (다른 언어로) 재녹음하다, 더빙하다; 별명을 붙이다 (= nickname)

08 It was an English film **dubbed** into Korean.

* **dubbing** [dʌ́biŋ] 명 재녹음, 더빙

cf. subtitle 명 자막 동 자막을 달다

01 그의 소설은 연극으로 성공적으로 **각색되었다**. 02 그녀는 거의 모든 상황을 **과장하는** 경향이 있다. 03 많은 배우들이 **연극** 연기를 가장 순전한 형태의 연기로 여기는데, 한 시간 혹은 그 이상 동안 관객들 앞에서 배역을 유지해야 하기 때문이다. 04 랄프는 고전 소설 '파리대왕'의 **주인공**이다. 05 환경운동의 주도적 **지지자** 06 대부분의 아이들은 **인형**극을 좋아한다. 07 그 영화의 **속편**은 다음 주에 개봉한다. 08 그것은 한국말로 **더빙한** 영국 영화였다.

3. 음악

* **notate** [nóuteit] — 동 (특히 악보에) **기록하다**

01 to **notate** compositions

* **notation** [noutéiʃən] — 명 (특히 음악 등에서) **표기법, 기호**

---

* **lyric** [lírik] — 형 **서정(시)의; 노래의** 명 **서정시;** ((pl.)) (노래의) **가사**

02 a song with beautiful **lyrics**

* **lyrical** [lírikəl] — 형 **서정적인,** (표현이) **아름다운**

---

* **anthem** [ǽnθəm] — 명 (국가(國歌) 등의) **노래; 성가, 찬송가**

03 the national **anthem** of Korea

---

* **chant** [tʃænt] — 명 **노래;** (연이어 외치는) **구호** 동 (노래를) **부르다;** (구호를) **외치다**

04 They **chanted** "Sara, Sara" until she came back on stage.

** **tune** [tjuːn] — 명 **곡(조); 선율** 동 (악기를) **조율하다; 맞추다** (= attune)

05 One of the guitars sounds a little out of **tune**.

* **attuned** [ətjúːnd] — 형 **익숙한, 적절히 대응하는**

---

* **chord** [kɔːrd] — 명 ((음악)) **코드, 화음**

---

* **chorus** [kɔ́ːrəs] — 명 **합창; 후렴; 이구동성** 동 **합창하다; 이구동성으로 말하다**

06 Everyone joined in the **chorus**.

* **choral** [kɔ́ːrəl] — 형 **합창의**

cf. choir 명 합창단, 성가대

고난도 **virtuoso** [vəːrtʃuóusou] — 명 (음악 연주의) **거장** 형 **기교가 뛰어난**

07 He was gaining a reputation as a piano **virtuoso**.

---

* **podium** [póudiəm] — 명 **지휘대; 연단**

08 the conductor on the **podium**

32강

01 곡을 **적다** 02 **가사**가 아름다운 노래 03 애국**가** 04 그들은 그녀가 무대에 다시 나타날 때까지 "사라, 사라"를 **외쳤다**. 05 기타 중 한 개가 **음**이 조금 맞지 않는 것처럼 들린다. 06 모두가 **후렴**을 함께 불렀다. 07 그는 피아노의 **거장**이라는 평판을 얻고 있었다. 08 **지휘대** 위에 선 지휘자

4. 미술

* **fine art** 명 ((pl.)) (순수) 미술

cf. applied art 명 응용 미술 ((도안, 장식 등 실제적인 효용에 목적을 둔 미술))

** **portray** [pɔːrtréi] 동 그리다 (= depict); 나타내다 (= represent)

01 The painting **portrays** the queen in a purple robe.

* **portrayal** [pɔːrtréiəl] 명 묘사

** **portrait** [pɔ́ːrtrət] 명 초상화; (생생한) 묘사

---

* **aesthetic** [esθétik] 형 (예술적) 미(美)의; 미학의 명 ((pl.)) 미학

02 an artwork of great **aesthetic** appeal

---

* **exquisite** [ikskwízit, ékskwizit] 형 매우 아름다운, 정교한

03 The garden's highlight is the **exquisite** harmony of its natural and artificial features.

---

* **patron** [péitrən] 명 (예술가 등에 대한) 후원자; (상점·식당 등의) 고객

04 The aristocrat was not only the **patron** of many artists but also a muse.

* **patronage** [péitrənidʒ] 명 후원; 단골

** **auction** [ɔ́ːkʃən] 명 경매 동 경매로 팔다

05 She bought the draft of an immortal masterpiece at an art **auction**.

---

* **bid**-bid-bid [bid] 동 (경매에서) 값을 부르다; 입찰하다; 애쓰다 명 입찰; 가격 제시; 노력

06 I **bid** a tremendous amount for the painting.

07 Many firms will be **bidding** for the contract.

08 The team is **bidding** to retain its place in the league.

* **bidding** [bídiŋ] 명 (경매의) 가격 제시; 입찰; 명령

01 그 그림은 보라색 예복을 입은 여왕을 **묘사한다**. 02 대단한 **미학적** 매력이 있는 미술품 03 그 정원의 하이라이트(압권)는 자연적인 것과 인공적인 특징의 **아름다운** 조화다. 04 그 귀족은 많은 예술가의 **후원자**였을 뿐 아니라 예술적 영감을 주는 사람이었다. 05 그녀는 불후의 걸작의 밑그림을 미술품 **경매**에서 구매했다. 06 나는 그 그림에 어마어마한 **값을 불렀다**. 07 많은 회사들이 그 계약에 **입찰할** 것이다. 08 그 팀은 리그에서 자기 위치(순위)를 고수하려고 **애쓰고 있다**.

Exercises

A

다음의 우리말은 영어로, 영어는 우리말로 그 뜻을 쓰시오.

① 위엄 있어 보이게 하다
② 명확하게 하다; 분명히 말하다
③ 비료를 주다; ((생물)) 수정시키다
④ (예술가 등에 대한) 후원자; 고객
⑤ 매우 아름다운, 정교한
⑥ 주인공; 지지자, 주동 인물
⑦ 희곡의; 극적인
⑧ 노래; (연이어 외치는) 구호
⑨ 피난, 대피
⑩ 곡(조); 선율; (악기를) 조율하다; 맞추다
⑪ (국가(國歌) 등의) 노래; 성가, 찬송가
⑫ (특히 악보에) 기록하다
⑬ (책·영화 등의) 속편; 뒤이어 일어난 일
⑭ dub
⑮ podium
⑯ theatrical
⑰ repertoire
⑱ penalize
⑲ lyrical
⑳ virtuoso
㉑ portray
㉒ auction
㉓ choral
㉔ puppet
㉕ notify
㉖ acclamation

B

다음 빈칸에 들어갈 가장 적절한 어휘를 고르시오.

1. After campaigning on a pledge to lower taxes, he won the election and immediately __________ a 15 percent tax cut.
① mandated ② rehearsed ③ domesticated ④ immunized

2. The two marine mammals found on land are the subantarctic fur seal and the southern elephant seal. Both were abundant until sealing began at the end of the 18th century and nearly __________ both species within a hundred years.
① hardened ② magnified ③ exterminated ④ bid

3. The GNP (Gross National Product) is a measure of the economic activity within one country. It is a good measure of many aspects of human activity, but it cannot measure happiness, respect, or human __________.
① note ② manuscript ③ notification ④ dignity

4. Animal rights activists tried to __________ several minks from an inhumane mink ranch.
① emancipate ② declare ③ acclaim ④ manipulate

C

다음을 읽고 문제에 답하시오.

Do you ever wonder why some customers leave retail stores empty-handed? It may have something to do with the design of the shopping space. If we consider how people shop, retail environments need to be designed to maximize sales. First, consider that each customer has an area of personal space. This is an area that, when invaded, causes customers to feel uncomfortable. In a retail environment, this suggests that when shoppers are bumped or pushed while looking at merchandise, they may become uncomfortable, lose interest, or leave the area. Irritated shoppers do not continue shopping; in fact, they frequently leave before buying what they came for. Creating maneuvering room for customers eliminates or greatly reduces this problem. [모의응용]

Q. What does the underlined part, maneuvering room, mean in this text?

① places for customers to take breaks from shopping
② plenty of room to clearly display merchandise
③ flexibility in designing the layout of stores
④ sufficient space for shoppers to feel comfortable

D

각 네모 안에서 문맥에 알맞은 어휘를 고르시오.

1. The trial judge imposed the [mandatory / manual] sentence of life imprisonment, despite the fact that she had mixed feelings about the verdict.

2. As time goes by, the unpleasant aspects of memories fade and the good parts remain, intensify, and even become [amplified / exemplified] beyond reality. [모의응용]

3. People who live along the coast are being [evacuated / excavated] as the hurricane approaches.

E

다음 ①~⑤ 중, 문맥상 밑줄 친 낱말의 쓰임이 적절하지 않은 것을 고르시오.

① If we truly want to deal with an unmanageable person in any relationship, we should first empathize with them. “Why do they do that?”
② It is a good idea to limit the number of individuals in your organization who are authorized to delete files from shared folders.
③ Our goals are to make our website more accessible to everyone and to weaken online security. [모의]
④ These lamps are rarely chosen for the purpose of illuminating a room. They are more aesthetic than functional.
⑤ He was welcomed by a warm ovation when he came out onto the stage.

33강

Word Complete

Part

Suffixes	형용사화 접미사
Essential Roots/Stems	aud = hear sens(e) / sent = feel
Words with Multiple Meanings	still / suit / term
Themes	문화·예술 2

Words & Phrases

앞으로 학습할 예문에 쓰인 필수 어휘 모음입니다. 예문에 해당 단어 밑에는 점선이 표시(interact)되어 있습니다.
아는 단어는 □□에 체크하고 모르는 단어는 뜻 확인을 반복하세요.

*	□□	abnormality [æbnɔːrmǽləti]	명 이상, 기형
*	□□	acoustics [əkúːstiks]	명 ((단수 취급)) 음향학; ((복수 취급)) 음향시설
*	□□	adept [ədépt]	형 능숙한 (= skilled, skillful)
**	□□	capability [kèipəbíləti]	명 능력; 역량; 가능성 ※ capable 형 (~을) 할 수 있는; 유능한
*	□□	carve [kɑːrv]	동 조각하다; (글씨를) 새기다; (노력해서) 이루다 ※ carving 명 조각(품); 조각술
**	□□	cast [kæst]	동 던지다; (빛·의혹 등을) 드리우다; 주조하다 명 거푸집; 주조물; 깁스붕대 필수 다의어 | 177쪽
**	□□	clay [klei]	명 점토, 찰흙
*	□□	clumsy [klʌ́mzi]	형 어설픈; 서투른 (= awkward)
**	□□	crack [kræk]	명 (갈라진) 금; 틈 동 금이 가다; 날카로운 소리가 나다
**	□□	devise [diváiz]	동 고안하다, 만들다 ※ device 명 장치, 기구

**	□□	dynamics [dainǽmiks]	명 ((물리)) 역학 (관계); ((음악)) 강약법; 원동력, 활력
**	□□	file [fail]	명 파일, 서류철 동 (문서를 정리하여) 보관하다; (소송을) 제기하다
고난도	□□	infrared [ìnfrəréd]	형 적외선의 *cf.* ultraviolet 형 자외선의
**	□□	inspiration [ìnspəréiʃən]	명 영감; 영감[자극]을 주는 것
*	□□	installation [ìnstəléiʃən]	명 설치; 장치; 시설
**	□□	interference [ìntərfíərəns]	명 간섭, 방해
*	□□	limestone [láimstòun]	명 석회암, 석회석
*	□□	mill [mil]	명 (제조) 공장; 방앗간, 제분소; 제분기 동 분쇄하다
*	□□	neurologist [njuərɑ́lədʒist]	명 신경학자, 신경과 전문의
**	□□	offend [əfénd]	동 기분 상하게 하다; (도덕·상식 등에) 위배되다 필수 다의어 | 079쪽

*	□□	publicity [pʌblísəti]	명 홍보, 광고; 언론의 관심[주목]
***	□□	room [ruːm]	명 방; 공간; 여지, 여유
고난도	□□	scaffolding [skǽfəldiŋ]	명 (건축장의) 발판, 비계 ((높은 곳에서 공사할 수 있도록 임시로 설치한 가설물))
*	□□	shortcut [ʃɔ́ːrtkʌ̀t]	명 지름길; 손쉬운 방법
*	□□	skyscraper [skáiskrèipər]	명 마천루, 초고층 빌딩
***	□□	stretch [stretʃ]	동 늘리다; 내뻗다 명 뻗침; 신축성; (길게 뻗은) 지역; 기간
**	□□	upload [ʌ́plòud]	동 업로드하다 ((다른 컴퓨터로 파일이나 자료를 전송하다))
*	□□	verify [vérifài]	동 확인하다; 입증하다

Suffixes | 형용사화 접미사

stem/root		접미사	의미	어휘	
afford	동 (금전적·시간적) 여유가 되다	-able/ -ible	ability, fitness 가능, 적합	affordable	형 (가격이) 알맞은
reverse	동 뒤바꾸다, 뒤집다			reversible	형 뒤집을 수 있는; 되돌릴 수 있는
harm	명 해, 피해	-ful	full 풍부	harmful	형 해로운
disrespect	명 무례			disrespectful	형 무례한, 실례되는
wire	명 전선	-less	lack 부족, 결핍	wireless	형 무선의
worth	명 가치			worthless	형 가치 없는
artist	명 화가, 예술가	-ic/ -ical	having to do with, related to ~와 관련된	artistic	형 예술의; 예술적 감각이 있는
type	명 유형, 종류			typical	형 전형적인, 대표적인
adventure	명 모험	-ous		adventurous	형 모험심이 강한; 흥미진진한
monument	명 기념비	-(u)al		monumental	형 기념비적인; 엄청난
habit	명 습관			habitual	형 습관적인
please	동 기쁘게 하다	-ant/ -ent		pleasant	형 쾌적한; 즐거운
differ	동 다르다			different	형 서로 다른
passion	명 열정	-ate/ -ite		passionate	형 열정적인
favor	명 호의; 애호, 총애			favorite	형 가장 좋아하는
red	명 빨간색	-ish		reddish	형 불그스레한
circle	명 원형	-ar(y)		circular	형 원형의; 순환하는
custom	명 풍습; 습관			customary	형 관례적인; 습관적인
moment	명 순간			momentary	형 순간적인
contradict	동 부정하다, 반박하다	-ory		contradictory	형 모순되는
obligate	동 의무를 지우다, 강요하다			obligatory	형 의무적인, 강제의
decorate	동 장식하다	-ive/ -ative		decorative	형 장식용의
inform	동 알리다, 통지하다			informative	형 유용한 정보를 주는, 유익한
dead	형 죽은	-ly		deadly	형 치명적인; 극도의
man	명 남자			manly	형 남자다운
dust	명 먼지, 가루	-y	full of, characterized by ~이 가득한, ~의 특성이 있는	dusty	형 먼지투성이인
risk	명 위험			risky	형 위험한

** **accessible** [əksésəbəl]

㉻ 접근[이용]하기 쉬운 (↔ inaccessible 접근하기 어려운; 쉽게 얻을 수 없는)

01 Places have become more **accessible** as transportation improvements have made travel faster and cheaper. [모의응용]

---

* **legible** [lédʒəbəl]

㉻ (필적·인쇄가) 읽기 쉬운 (↔ illegible 읽기 어려운)

leg(read)+ible(㉻)

02 Her handwriting was so tiny that it was barely **legible**.

cf. unreadable ㉻ (재미가 없어) 안 읽히는; 판독하기 어려운

** **fruitful** [frúːtfəl]

㉻ 생산적인 (= productive) (↔ fruitless 성과[결실] 없는)

03 a very **fruitful** tree that gives us plenty of apples every year

---

* **mindful** [máindfəl]

㉻ 의식하는, 염두에 두는 (= conscious)

04 The school is **mindful** of its responsibilities towards all the children.

** **flawless** [flɔ́ːlis]

㉻ 흠 없는; 완벽한

05 a **flawless** diamond

고난도 **optimal** [áptəməl]

㉻ 최선의, 최적의 (= optimum, ideal)

optim(best)+al(㉻)

06 They are in **optimal** condition to run the marathon. [모의]

* **optimize** [áptəmàiz]

㉺ 최적화하다

---

* **desolate** [désələt]

㉻ (장소가) 황량한, 적막한

de(강조)+sole(alone)+ate(㉻)

07 He looked down upon a vast stretch of **desolate** land.

---

* **advisory** [ədváizəri]

㉻ 권고의; 자문의 ㉽ 주의보, 경보

advise+ory(㉻㉽)

08 the **advisory** committee on the safety of nuclear installations

09 an **advisory** for dense fog

01 교통수단의 발달로 이동이 더 빠르고 저렴해지면서 장소들이 더 **접근하기 쉬워졌다**. 02 그녀의 글씨는 아주 작아서 겨우겨우 **읽을 수 있었다**. 03 매년 풍족한 양의 사과를 주는 아주 **생산적인** 나무 04 학교는 모든 아이들에 대한 책임을 **염두에 두고** 있다. 05 **흠 없는** 다이아몬드 06 그들은 마라톤을 뛰기에 **최적의** 상태에 있다. 07 그는 광활하게 뻗어 있는 **황량한** 땅을 내려다보았다. 08 원자력 시설의 안전에 관한 **자문** 위원회 09 짙은 안개 **주의보**

* **affirmative** [əfə́ːrmətiv]

형 긍정하는, 동의하는 (↔ negative 부정적인) 명 긍정, 동의

af(to)+firm(strengthen)+ative(형명)

01 an **affirmative** answer

** **affirm** [əfə́ːrm]

동 단언하다

02 We cannot **affirm** that this painting is genuine.

** **costly** [kɔ́(ː)stli]

형 많은 돈이 드는; 대가가 큰

cost(비용)+ly(형)

03 They won the game, but their best player was injured, so it was a **costly** victory.

Essential Roots / Stems ❶

aud = hear 듣다

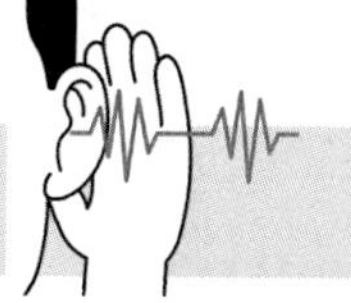

** **audible** [ɔ́ːdəbəl]

형 들을 수 있는, 들리는 (↔ inaudible 들리지 않는)

04 The sound of a door opening was clearly **audible**.

*** **audition** [ɔːdíʃən]

명 (가수·배우 등의) 오디션

cf. talent show 명 장기자랑; 신인 발굴 프로그램 ((연예계 진출을 위한 아마추어 경연))

** **auditorium** [ɔ̀ːditɔ́ːriəm]

명 강당; 객석

05 Please come to the **auditorium** next Monday at 5:30 p.m. to hear "A Talk with Graduates." [모의응용]

---

* **auditory** [ɔ́ːditɔ̀ːri]

형 청각의

06 the **auditory** nerve

** **audiovisual** [ɔ̀ːdiouvíʒuəl]

형 시청각의; 시청각 교재의

07 The school will buy new **audiovisual** equipment.

01 **긍정적인** 대답 02 우리는 이 그림이 진품이라고 **단언할** 수 없다. 03 그들은 경기에서 이겼지만, 최고의 선수가 부상당했기 때문에 **대가가 큰** 승리였다. 04 문 열리는 소리가 분명하게 **들렸다**. 05 다음 주 월요일 오후 5시 30분에 **강당**에 와서 '졸업생과의 대화'를 들으세요. 06 **청**신경 07 그 학교는 새 **시청각** 장비를 구매할 것이다.

Essential Roots / Stems ❷

sens(e) / sent = feel 느끼다

** **senseless** [sénslis]
형 의식이 없는; 무분별한; 무의미한
01 I was close to being run over by a **senseless** driver who was on his phone while he was driving.

** **sensitive** [sénsətiv]
형 민감한; 예민한; 감수성이 풍부한 (↔ insensitive 둔감한)
02 He acts like a tough guy, but he's really very **sensitive** to criticism.

고난도 **sensuous** [sénʃuəs]
형 (심미적으로) 감각적인; 감각을 만족시키는
03 The **sensuous** sounds of music created a warm atmosphere.

고난도 **sensual** [sénʃuəl]
형 (육체적) 감각의; 쾌락적인
04 the **sensual** pleasure of good food

** **sensible** [sénsəbəl]
형 분별력 있는, 현명한; 의식하고 있는
05 a **sensible** way of dealing with the problem
cf. insensible 형 무감각한; 의식불명의

---

* **sensibility** [sènsəbíləti]
명 (문학·예술적) 감성; ((*pl.*)) (영향·상처를 쉽게 받는) 감정
06 She's a woman of poetic **sensibility**.
07 Avoid using words that might offend someone's racial or moral **sensibilities**.

** **sensor** [sénsər]
명 센서, 감지기
08 Infrared **sensors** can track an object's movement.

---

* **sensory** [sénsəri]
형 감각의, 지각의
09 A study was conducted on **sensory** stimulation and its effects on the brain.

01 나는 운전 중에 통화하던 **무분별한** 운전자에게 거의 치일 뻔했다. 02 그는 강한 사람처럼 행동하지만, 실제로는 비난에 아주 **예민하다**. 03 **감각적인** 음악 소리가 따뜻한 분위기를 만들어냈다. 04 좋은 음식이 주는 **감각적인** 즐거움 05 문제를 처리하는 **현명한** 방법 06 그녀는 시적인 **감성**을 지녔다. 07 다른 사람의 인종적 혹은 도덕적 **감정**을 불쾌하게 할 수 있는 단어의 사용을 피하라. 08 적외선 **센서**는 물체의 움직임을 추적할 수 있다. 09 **감각** 자극과 그것이 뇌에 미치는 영향에 관한 연구가 수행되었다.

*** **sensation** [senséiʃən] — 명 느낌, 감각; 선풍적 반응, 센세이션

01 She felt a burning **sensation** in her throat.

02 A prominent neurologist caused a **sensation** by arguing that criminal behavior is the result of brain abnormalities.

*** **sensational** [senséiʃənəl] — 형 선풍적 인기의; 인기 끌기 위주의

** **sentiment** [séntimənt] — 명 감정, 정서; (지나친) 감상

03 an expression of antiwar **sentiments**

** **sentimental** [sèntiméntəl] — 형 감정적인; 감상적인

---

* **assent** [əsént] — 명 찬성, 승인 동 찬성하다

as(to)+sent(feel)

04 She gave her **assent** for the project to move ahead.

---

* **dissent** [disént] — 명 반대 (의견) 동 반대하다

dis(apart)+sent(feel)

05 Anyone who **dissented** was encouraged to speak out.

** **consent** [kənsént] — 명 동의, 허락 (= approval) 동 동의하다, 허락하다

con(with, together)+sent(feel)

06 He entered the building without the owner's **consent**.

---

* **consensus** [kənsénsəs] — 명 합의, 의견 일치

07 We still hope that further talks will result in a **consensus**.

cf. census 명 인구 조사

---

* **resent** [rizént] — 동 분개하다

re(강조)+sent(feel)

08 Everybody began to **resent** his frequent interference. [모의]

* **resentment** [rizéntmənt] — 명 분개

* **resentful** [rizéntfəl] — 형 분개하는

33강

01 그녀는 목이 타는 듯한 **느낌**이 들었다. 02 한 저명한 신경학자가 범죄 행위는 뇌 이상의 결과라고 주장하여 **센세이션**을 불러일으켰다. 03 반전 **정서**의 표현 04 그녀는 그 프로젝트를 진행하는 데 **찬성**했다. 05 **반대하는** 사람은 누구든 공개적으로 말하도록 장려되었다. 06 그는 주인의 **동의** 없이 건물에 들어갔다. 07 우리는 여전히 더 이야기를 나누어 **합의**에 이르기를 희망한다. 08 모두가 그의 잦은 간섭에 **분개하기** 시작했다.

Words with Multiple Meanings 필수 다의어의 이해

*** still
[stil]

형 조용한; 정지한 — 정지된 상태가 계속되는 — 부 아직(도) (계속해서) / 명 스틸 ((영화·비디오의 한 장면을 담은 사진))

부 ((비교급 수식)) 훨씬, 더욱; 그럼에도 불구하고

01 He discovered the house was quite **still** and deserted.
02 I stayed in a village where time has stood **still**.
03 We are **still** talking about the wonderful vacation we spent with you. [모의응용]
04 The pictures I took included many publicity **stills**.
05 You are tall enough, but Timmy is **still** taller.
06 He has some faults. **Still**, I love him.

*** suit
[su:t]

뒤따르다
- 특정 상황에 따르는 옷 → 명 (특정한 활동 때 입는) 옷, 정장
- 법적 절차에 따르는 것 → 명 소송
- 특정인의 편의를 따르다 → 동 (~에게) 맞다, 편리하다 → 옷·색상 등이 맞다 → 동 (옷·색상 등이) 어울리다

07 I found several pens in the pockets of a **suit** I was wearing. [모의응용]
08 Residents have filed **suit** against the construction company.
09 You should decide which job will best **suit** your personality. [모의응용]
10 A: This coat really **suits** you.
B: Really? But it's too big for me.

01 그는 그 집이 매우 **조용하고** 사람이 떠나 버린 곳임을 알게 됐다. 02 나는 시간이 **정지해** 버린 어느 마을에서 머물렀다. 03 저희는 당신과 함께 보낸 그 멋진 휴가에 대해 **아직도** 이야기하고 있습니다. 04 내가 찍은 사진들에는 홍보용 **스틸(사진)**이 많이 포함되어 있었다. 05 너도 키가 꽤 크지만, 티미가 **훨씬** 더 커. 06 그는 몇 가지 단점이 있다. **그럼에도** 나는 그를 사랑한다. 07 나는 입고 있던 **정장** 주머니에서 펜 여러 개를 발견했다. 08 주민들은 건설 회사를 상대로 **소송**을 제기했다. 09 어떤 직업이 당신의 성격과 가장 잘 **맞을지** 결정해야 한다. 10 A: 이 코트는 너한테 정말 잘 **어울려**. B: 그래? 하지만 나한테 너무 커.

*** **term**

[təːrm]

한계, 마지막	시간적인 한계 → 명 (정해진) **기간** → 명 **학기; 임기**
	의미를 한정하는 것 → 명 **용어**
	계약을 한정하는 것 → 명 **조건, 조항**
	둘 사이를 한정한 → 명 ((*pl.*)) **관계, 사이**

01 In the long **term**, alcohol abuse causes high blood pressure.

02 Michael's grades for the **term** were lower than he had expected when he started the **term**. [모의응용]

03 I'm not sure whether his **term** of office has expired.

04 The **term** "well-heeled," which means rich, originated from the wealthy wearing high-heeled footwear. [모의응용]

05 Some insurance companies don't offer reasonable **terms**.

06 I asked if he's still on friendly **terms** with Catherine.

• in terms of　~의 면에서, ~에 관하여

In terms of learning new skills and information, older people are at no disadvantage. [모의응용]

새로운 기술과 정보를 습득하는 **면에서** 노인들은 전혀 불리한 입장에 있지 않다.

cf. terminal　형 말기의　명 종점, 터미널

terminal cancer **말기**암

terminate　동 끝나다; (버스 등이) 종점에 닿다

His contract **terminates** at the end of the season. 그의 계약은 시즌 말에 **종료된다**.

termination　명 종료, 종결

01 장**기**적으로 보면, 알코올 남용은 고혈압을 일으킨다. 02 마이클의 그 **학기** 성적은 **학기**를 시작할 때 그가 예상했던 것보다 더 낮았다. 03 그의 **임기**가 끝났는지는 잘 모르겠어요. 04 'well-heeled'란 **용어**는 부유함을 의미하는데, 굽 높은 신발을 신은 부자들에서 유래하였다. 05 일부 보험 회사는 타당한 (보험) **조건**을 제시하지 않는다. 06 나는 그가 여전히 캐서린과 친한 **사이**인지를 물었다.

Themes | 문화·예술 2

1. 조각·공예

* **sculpt** [skʌlpt]
㉯ **조각하다; 형태를 만들다** 모양 관련 여러 어휘 | Appendix 547쪽
01 She carefully **sculpted** the wood.

cf. engrave ㉯ (나무·돌 등에) 새기다 (= inscribe)
cf. chisel ㉯ (끌로) 새기다, 깎다 ㉢ 끌, 조각칼

** **sculpture** [skʌ́lptʃər]
㉢ **조각(품)**

| 조각상 |
statue ㉢ 조각상
colossus ㉢ 거상 ((아주 큰 조각상)); 위인
torso ㉢ 몸통; 토르소 ((몸통만 있는 조각상))

---

* **mold** [mould]
㉢ **틀, 거푸집; 곰팡이** ㉯ (틀에 넣어) **만들다**
02 A clay **mold** is used for casting bronze statues.

** **craft** [kræft]
㉢ **기술, 기교; (수)공예; 항공기, 우주선** ㉯ **공들여 만들다**
03 The exhibition features traditional bamboo **crafts**.

* **craftsman** [krǽftsmən]
㉢ **(수)공예가, 장인(匠人)** (= craftsperson, artisan)
04 Adept **craftsmen** carved the masterpiece in the photo.

* **craftsmanship** [krǽftsmənʃip]
㉢ **손재주; 솜씨**

cf. dexterity ㉢ (손이나 머리를 쓰는) 재주
cf. knack ㉢ 재주; 요령
cf. artistry ㉢ 예술가적 기교

| 공예품 |
handicraft ㉢ 수공예(품) *handcrafted ㉧ 수공예품인
ceramic ㉢ 도자기; ((*pl.*)) 도예 ((도자기 공예))
cf. china ㉢ 고령토; 도자기
pottery ㉢ 도자기류; 도예 (공방) *potter ㉢ 옹기장이; 도예가
earthenware ㉢ 질그릇, 토기 ㉧ 도기의
metalworking ㉢ 금속 세공(술)
woodcarving ㉢ 목각 (장식품)

01 그녀는 나무를 조심스럽게 **조각했다**. 02 황동 조각상을 뜨려면 진흙 **틀**이 사용된다. 03 그 전시회는 전통 대나무 **공예**가 특징이다. 04 능숙한 **공예가들**이 사진 속의 그 걸작을 조각했다.

* **apprentice** [əpréntis]

명 **수습생, 도제** ((실무를 배워 익히면서 일하는 사람))

01 The clumsy **apprentice** working in a small pottery broke lots of ceramics.

* **apprenticeship** [əpréntəsʃìp]

명 **수습 기간; 수습직**

2. 건축

*** **foundation** [faundéiʃən]

명 **창설, 설립; 기초, 토대**

02 The inspector discovered a crack in the house's **foundation**.

*** **architect** [á:rkitèkt]

명 **건축가; 설계자**

*** **architecture** [á:rkitèktʃər]

명 **건축(학); 건축 양식; 구조**

* **architectural** [à:rkətéktʃərəl]

형 **건축(학)의**

03 **architectural** features

---

* **blueprint** [blú:prìnt]

명 **청사진** ((건축이나 기계의 도면을 복사하는 데 쓰는 사진)); (상세한) **계획**

04 a **blueprint** for the new shopping mall

cf. bird's-eye view 명 조감도 ((높은 곳에서 비스듬히 내려다 본 것처럼 그린 그림이나 지도))

*** **construct** [kənstrʌ́kt]

동 **건설하다; 구성하다**

05 the plan to **construct** another skyscraper

*** **construction** [kənstrʌ́kʃən]

명 **건설; 건물; 구조**

** **constructive** [kənstrʌ́ktiv]

형 **건설적인** (↔ destructive 파괴적인)

06 She welcomes **constructive** criticism.

** **collapse** [kəlǽps]

동 (건물 등이) **붕괴하다;** (사람이) **쓰러지다; 접다** 명 **붕괴; 쓰러짐**

07 The mill stood for years in a state of near **collapse**, supported by scaffolding.

* **collapsible** [kəlǽpsəbəl]

형 **접을 수 있는** (= foldable)

08 a **collapsible** umbrella

01 작은 도예 공방에서 일하는 서투른 **수습생**이 많은 도자기를 깨뜨렸다. 02 그 조사관은 그 집의 **토대**에서 균열을 발견했다. 03 **건축학적** 특징 04 새 쇼핑몰의 **청사진** 05 또 다른 초고층 빌딩을 **건설하려는** 계획 06 그녀는 **건설적인** 비판을 환영한다. 07 그 공장은 몇 년 동안 거의 **무너진** 상태로 비계 가설물에 지탱한 채 서 있었다. 08 **접이식** 우산

고난도 **quarry**
[kwɔ́ːri]

명 **채석장** 동 (돌을) **캐내다**

01 an area where workers are **quarrying** for limestone

---

* **timber**
[tímbər]

명 **목재** (= lumber)

02 a **timber**-framed house

고난도 **vault**
[vɔːlt]

명 **아치형 천장; 금고** 동 **아치형 천장으로 만들다; 뛰어넘다**

03 The **vaulted** ceiling is supported by twelve columns.

cf. arch 명 아치(형 구조물) 동 아치 모양을 그리다

cf. dome 명 둥근 천장 동 둥근 천장으로 덮다

** **framework**
[fréimwə̀rk]

명 (건물 등의) **뼈대, 골조; 틀, 구조; 체계**

04 The **framework** of the building has been completed.

05 to create a legal **framework**

| 건물 구조 |

underpinning	명 (벽 등의) 지주(支柱); 토대
keystone	명 (아치 꼭대기의) 쐐기돌 ((돌을 쌓아 올릴 때, 돌과 돌의 틈에 박아 돌리는 돌)); 핵심
facade	명 (건물의) 정면; 겉보기
pillar	명 기둥 동 기둥으로 장식하다[받치다]
spire	명 뾰족탑; 끝이 가늘고 뾰족한 것; 소용돌이 동 돌출하다
towering	형 우뚝 솟은; (감정이) 격렬한; (재능 등이) 아주 훌륭한

01 일꾼들이 석회암을 **캐내고** 있는 곳 02 골조가 **목재**로 된 가옥 03 그 **아치형** 천장은 12개의 기둥으로 지탱된다. 04 집의 **골조**가 완성되었다. 05 법적 **체계**를 만들다

Exercises

A 다음의 우리말은 영어로, 영어는 우리말로 그 뜻을 쓰시오.

① 건설적인
② 권고의; 자문의; 주의보, 경보
③ 접근[이용]하기 쉬운
④ 아치형 천장; 금고; 뛰어넘다
⑤ 건축가; 설계자
⑥ 손재주; 솜씨
⑦ 수습생, 도제
⑧ 감정적인; 감상적인
⑨ (건물 등이) 붕괴하다; (사람이) 쓰러지다; 접다
⑩ 최적화하다
⑪ 흠 없는; 완벽한
⑫ 단언하다
⑬ foundation
⑭ sculpture
⑮ affordable
⑯ affirmative
⑰ timber
⑱ terminal
⑲ auditorium
⑳ sensation
㉑ mold
㉒ handicraft
㉓ pillar
㉔ framework

B 다음 빈칸에 들어갈 가장 적절한 어휘를 고르시오.

1. Once you have uploaded the document into the online application, you will be able to click the "view document" button to verify whether the uploaded document is ______________. If it is not, then try again.
① audiovisual ② informative ③ conscious ④ legible

2. The city entered the third day of lockdown on Monday: Schools, shopping malls, public transit and markets remained closed, and hotels and bars were ______________.
① desolate ② costly ③ productive ④ senseless

3. The entire family argued over what to eat on Thanksgiving, but since no one wanted to cook, eventually a ______________ was reached and they went out to dinner.
① consensus ② sensor ③ resentment ④ sensibility

4. The company has recently been consulting with multiple advertisers and marketers, with the goal of achieving ______________ profits.
① sensuous ② auditory ③ optimal ④ architectural

5. It is hard not to feel sorry for a recently fired co-worker, but there is no room for ______________ in the business world.
① consent ② sentiment ③ audition ④ quarry

C 다음을 읽고 문제에 답하시오.

Composers describe their private world through the use of sound. Making such a description concrete and detailed requires not just inspiration but certain practical tools and skills. No matter what style of music you write, you need to understand dynamics and speed as well as the uses of harmony and rhythm. You also need to know the range and capabilities of instruments, the possibilities of the human voice, and the problems of acoustics. You need to be able to devise a blueprint that communicates to your musicians what it is you want performed. An aspiring composer who takes a shortcut in this technical training in his rush to play the role of a composer will dry up very fast. If the proper techniques are learned first, then the passion, if it is genuine, will come through.

[모의응용]

Q. What does the underlined part, a blueprint, mean in this text?

① the talent and ingenuity common to great composers
② a plan for the future work of a composer
③ a musical score made with technical and practical skills
④ detailed lessons for the education of musicians

D 각 네모 안에서 문맥에 알맞은 어휘를 고르시오.

1. He is really [sensible / sensory] about what he eats. He never overeats and never touches junk food. [모의]

2. Thomas Edison failed so many times to produce an electric light bulb that many people advised him to give up his [fruitful / fruitless] attempts. [모의응용]

3. Securing the [assent / dissent] of one's superiors is necessary before any important decision in a command-oriented organization such as the military.

E 다음 ①~⑤ 중, 문맥상 밑줄 친 낱말의 쓰임이 적절하지 않은 것을 고르시오.

① It's obvious from his angry remarks that he resents being dropped from the team.
② They filed a suit against the company that had manufactured the faulty heater, claiming that it was responsible for the fire.
③ Most children will naturally overcome a fear of strangers, but some are more sensitive and may need help to conquer their fear. [모의응용]
④ Sally was mindful that her comments might upset him.
⑤ She spoke so quietly that she was almost audible to everyone except those who were sitting beside her.

34강

Word Complete

Part

Suffixes	명사화 접미사
Essential Roots/Stems	geo = earth
Words with Multiple Meanings	toll / touch / treat / trial
Themes	여가·여행

Words & Phrases

앞으로 학습할 예문에 쓰인 필수 어휘 모음입니다. 예문에 해당 단어 밑에는 점선이 표시(interact)되어 있습니다.
아는 단어는 □□에 체크하고 모르는 단어는 뜻 확인을 반복하세요.

*	□□	agile [ǽdʒəl]	형 민첩한 ※ agility 명 민첩함
**	□□	applicant [ǽplikənt]	명 지원자
*	□□	awe [ɔː]	명 경외감 동 경외심을 갖게 하다
**	□□	circuit [sə́ːrkit]	명 순환(로), 순회; (전기) 회로
*	□□	civilization [sìvəlizéiʃən]	명 문명 (사회)
**	□□	chore [tʃɔːr]	명 (정기적으로 하는) 일; 하기 싫은[따분한] 일
*	□□	clinical [klínikəl]	형 임상[치료, 진찰]의
*	□□	drastic [drǽstik]	형 과감한, 극단적인; 급격한
*	□□	deluxe [dəlʌ́ks]	형 호화로운, 고급의 (= luxury)
*	□□	excavate [ékskəvèit]	동 (구멍 등을) 파다; 발굴하다
**	□□	externally [ikstə́ːrnəli]	부 외부적으로, 외부에서 (↔ internally 내부적으로)
**	□□	filter [fíltər]	동 여과하다; 스며들다; 서서히 이동하다 명 필터, 여과 장치
*	□□	individuality [ìndəvidʒuǽləti]	명 개성, 특성
*	□□	meteorite [míːtiəràit]	명 운석 *cf.* meteor 명 유성, 별똥별
*	□□	on a budget	한정된 예산으로, 불필요한 지출을 피해
*	□□	outermost [áutərmoust]	형 가장 바깥쪽의 (↔ innermost 가장 안쪽의)
***	□□	permanent [pə́ːrmənənt]	형 영구적인 (↔ temporary 일시적인, 임시의)
**	□□	remote [rimóut]	형 먼, 외딴 (= secluded); ((컴퓨터)) 원격의
***	□□	rock [rɑk]	명 바위; 록 음악 동 흔들리다; 동요하다; 록을 연주하다
*	□□	scenic [síːnik]	형 경치가 좋은; (연극) 무대 장치의
*	□□	sheer [ʃiər]	형 (직물 등이) 얇은; 순수한, 순전한; 가파른
*	□□	sparkle [spɑ́ːrkəl]	동 반짝이다; 생기 넘치다 명 반짝거림; 생기
*	□□	sway [swei]	동 (전후좌우로) 흔들다
*	□□	tow [tou]	명 견인, 예인 동 (줄로) 잡아당기다; (차를) 견인하다
고난도	□□	verdant [və́ːrdənt]	형 파릇파릇한, (풀 등이) 녹색의

Suffixes | 명사화 접미사

stem/root		접미사	의미	어휘	
employ	동 고용하다	-er	doer 행위자, ~하는 사람	employer	명 고용주
operate	동 작동하다	-or		operator	명 (기계를) 조작하는 사람
assist	동 돕다	-ant		assistant	명 조수, 보조원
reside	동 거주하다	-ent		resident	명 거주자, 주민
zoology	명 동물학	-ist		zoologist	명 동물학자
relate	동 관련시키다	-ive		relative	명 친척
represent	동 대표하다	-ative		representative	명 대표자 (미국) 하원 의원
secret	명 비밀	-ary		secretary	명 비서
address attend employ	동 (우편물을) 보내다 동 참석하다 동 고용하다	-ee	recipient 행위를 당하는 사람, 관련된 사람	addressee attendee employee	명 (우편물) 수취인 명 참석자 명 피고용인, 종업원
connect	동 연결하다	-ion	action, condition, quality 행동, 상태, 특성	connection	명 연결; 관련성
observe	동 관찰하다; 준수하다	-(a)tion		observation *cf.* observance	명 관찰; 논평 명 (규칙 등의) 준수
endure rely	동 견디다 동 의지하다	-ance		endurance reliance	명 인내(력) 명 의존, 의지
refer	동 언급하다; 참조하다; 나타내다	-ence		reference	명 (~에 대한) 언급; 참조; 추천(서)
certain	형 확실한	-(e)ty		certainty	명 확실한 것, 확실성
familiar subjective	형 익숙한 형 주관적인	-ity		familiarity subjectivity	명 익숙함; 친근함 명 주관(성)
recover slave	동 회복되다 명 노예	-(r)y		recovery slavery	명 회복, 되찾음 명 노예; 노예제도
refuse revive	동 거절하다 동 부활하다	-al		refusal revival	명 거절, 거부 명 회복, 부활; 부흥, 재유행
commit	동 약속하다; 전념하다	-ment		commitment	명 약속; 전념, 헌신; 책무
conscious	형 의식하는	-ness		consciousness	명 의식; 자각
accurate	형 정확한	-(a)cy		accuracy	명 정확(도)
true	형 사실인, 참인	-th		truth	명 사실, 진실
leader member	명 리더 명 구성원, 회원	-ship	state, condition, of being 지위, 상태, 구성원	leadership membership	명 지도력, 리더십 명 회원 자격; 회원들
critic organize real	명 비평가 동 조직하다 형 진짜[실제]의	-ism	action, state, doctrine 행동, 상태, 정책, 주의	criticism organism realism	명 비판, 비난; 비평, 평론 명 유기체; 유기적 조직체 명 사실주의, 리얼리즘
adult neighbor	명 성인 명 이웃	-hood	condition, position 상태, 집단	adulthood neighborhood	명 성인, 성년 명 근처, 이웃

** **interviewer** [íntərvjùːər] 명 면접관, 인터뷰 진행자

** **interviewee** [ìntərvjuːíː] 명 면접 받는 사람

01 While a job interview can put the **interviewee** into a cold sweat, the **interviewer** may also have a hard time seeking details from the applicant.

---

* **immersion** [imə́ːrʒən] 명 (액체 속에) 담금; 몰입, 몰두

im(into)+mers(dip)+ion(명)

02 Total **immersion** is the very best way to learn a language.

* **immerse** [imə́ːrs] 동 (액체에) 담그다; (~에) 몰두하다

03 If you get burned, immediately **immerse** the affected part in cold water.

고난도 **procrastination** [proukræ̀stənéiʃən] 명 (해야 할 일을 하기 싫어서) 꾸물거림; 지연

pro(forward)+crastin(belonging to tomorrow)+ate(동)+ion(명)

04 He hates delay and **procrastination** in all its forms.

고난도 **procrastinate** [proukræ̀stənèit] 동 미루다, 질질 끌다

05 He **procrastinated** and missed the submission deadline.

---

* **immensity** [iménsəti] 명 광대함; 막대함

im(not)+mens(measured)+ity(명)

06 We were overwhelmed by the sheer **immensity** of the canyon.

** **sensitivity** [sènsətívəti] 명 감수성; 민감함 (↔ insensitivity 무감각, 둔감)

sens(feel)+tiv(형)+ity(명)

07 A good teacher has **sensitivity** to students' needs.

** **mastery** [mǽstəri] 명 숙달, 통달; 지배(력)

08 Silk printing demands a high level of technical **mastery**. [모의]

** **burial** [bériəl] 명 매장; 장례식

bury(땅에 묻다)+al(명)

09 An ancient **burial** site was excavated.

01 취업 면접 때문에 **면접 받는 사람**이 식은땀을 흘릴 수 있지만, **면접관** 역시 지원자로부터 세부적인 정보를 찾아내는 데 애먹을지도 모른다. 02 완전한 **몰입**은 언어를 배우는 가장 좋은 방법이다. 03 만일 (뜨거운 것에) 데면, 즉시 환부를 찬물에 **담가라**. 04 그는 모든 형태의 지연과 **꾸물거림**을 싫어한다. 05 그는 **미루다가** 제출 마감 일자를 놓쳤다. 06 우리는 그 계곡의 **광대함** 자체에 압도당했다. 07 훌륭한 교사는 학생들의 요구에 대해 **민감성**을 가지고 있다. 08 실크 인쇄는 높은 수준의 기술적 **숙달**을 요구한다. 09 한 고대 **매장**지가 발굴되었다.

* **delicacy**
[délikəsi]

명 연약함; 섬세함; 미묘함; (특정 지역의) 진미, 별미

de(away)+lica(lure)+cy(명)

01 all the **delicacies** of the season

** **delicate**
[délikət]

형 연약한; 섬세한; 미묘한

02 Tourists often disturb the **delicate** balance of nature on the island.

고난도 **alignment**
[əláinmənt]

명 가지런함; 일직선; (정치적) 지지

a(to)+lign(line)+ment(명)

03 Keep your back in **alignment**.

04 the senator's **alignment** with the conservative party

고난도 **replenishment**
[ripléniʃmənt]

명 (원래처럼) 다시 채움, 보충

re(again)+plenish(fill)+ment(명)

05 Computerization has enabled the automatic **replenishment** of stock.

고난도 **replenish**
[ripléniʃ]

동 다시 채우다, 보충하다

06 to **replenish** food and water supplies

---

* **authorship**
[ɔ́:θərʃip]

명 저술 작업; (원)저자

author(writer)+ship(명)

07 The **authorship** of the poem is unknown.

** **ownership**
[óunərʃip]

명 소유(권)

08 Pet **ownership** increased among U.S. households. [모의응용]

---

* **factionalism**
[fǽkʃənəlìzəm]

명 파벌주의

faction(파벌)+al(형)+ism(명)

09 **Factionalism** exists in the majority of parties.

** **livelihood**
[láivlihùd]

명 생계 (수단)

10 a means[source] of **livelihood**

01 제철에 나는 갖가지 **진미** 02 관광객들은 종종 섬의 **섬세한** 자연의 균형을 교란시킨다. 03 등을 **일직선**으로 유지하세요. 04 상원의원의 보수당에 대한 **지지** 05 컴퓨터화는 (가게) 재고의 자동 **보충**을 가능하게 했다. 06 식량과 식수 비축량을 **보충하다** 07 그 시의 **원저자**는 알려지지 않았다. 08 반려동물의 **소유**가 미국 가정들 사이에서 증가했다. 09 **파벌주의**는 대부분의 정당 내에 존재한다. 10 **생계** 수단

Essential Roots / Stems

geo = earth 지구, 땅

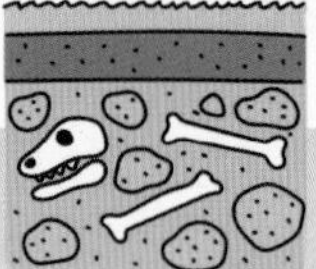

* **geologist** [dʒiál(ː)lədʒist]

명 **지질학자**

geo(earth)+log(study)+ist(명)

01 **Geologists** have studied the way that heat flows from the center of the earth.

* **geology** [dʒiá(ː)lədʒi]

명 **지질학**

* **geologic(al)** [dʒìːəládʒik(əl)]

형 **지질의, 지질학의**

** **geographer** [dʒiá(ː)grəfər]

명 **지리학자**

geo(earth)+graph(write)+er(명)

** **geography** [dʒiá(ː)grəfi]

명 **지리학; (한 지역의) 지형**

02 To explain how the Egyptians came to be a successful civilization, you must look at the **geography** of Egypt. [수능응용]

** **geographic(al)** [dʒìːəgrǽfik(əl)]

형 **지리적인; 지리학의**

---

* **geometry** [dʒiá(ː)mətri]

명 **기하학** ((도형 및 공간의 성질에 대하여 연구하는 학문)); **기하학적 구조**

geo(earth)+metry(measure)

03 Tomas was attracted by the **geometry** of a spider's web.

cf. algebra 명 대수학 ((숫자를 대신하는 문자(x, y 등)를 사용하여 수의 관계, 성질, 계산 법칙 등을 연구하는 학문))

* **geometric** [dʒìːəmétrik]

형 **기하학의, 기하학적인**

고난도 **geostationary** [dʒìːoustéiʃənèri]

형 (인공위성이) **지구 정지 궤도 상에 있는**

geo(earth)+sta(stand)+tion(명)+ary(형)

04 Some **geostationary** satellites provide real-time weather data.

고난도 **geothermal** [dʒìːouθə́ːrməl]

형 **지열(地熱)의**

geo(earth)+therm(heat)+al(형)

05 **geothermal** energy

01 **지질학자들**은 열이 지구 중심부에서 유출되는 방법을 연구해 왔다. 02 고대 이집트인들이 성공적인 문명에 도달한 방법을 설명하기 위해서는 이집트의 **지형**을 살펴봐야 한다. 03 토마스는 거미줄의 **기하학적 구조**에 (마음이) 끌렸다. 04 **지구 정지 궤도 상에 있는** 몇몇 위성들은 실시간 날씨 자료를 제공한다. 05 **지열** 에너지

** **toll**
[toul]

사용세, 요금	명 통행료
	사고·재해 등의 대가 → 명 (사고·재해 등의) **사상자 수** *cf.* casualty 명 ((*pl.*)) 사상자
종을 울리다	동 (죽은 사람을 애도하는 종 등을) **울리다**

01 I don't know why there are so many **toll** roads in our city.
02 The earthquake took a heavy **toll**, killing hundreds of people.
03 We **tolled** a bell for those killed in the war.

cf. tollgate 명 (고속 도로 등의) 통행료 징수소, 톨게이트 (= tollbooth)
death toll 명 (사고·전쟁·재난 등에 의한) 사망자 수

*** **touch**
[tʌtʃ]

접촉하다, 닿다	동 (손 등으로) **만지다, 건드리다** 명 **만지기, 손길** → 명 **촉각** / → 명 (마무리) **손질**
	동 (둘 이상의 사물·표면 등이) **접촉하다, 닿다**
	접촉하여 영향을 미치다 → 동 **감동시키다**

04 Most museums are just for looking, but today some museums have many things to **touch**. [모의응용]
05 Children's imaginations are stimulated through sight, **touch**, and smell.
06 I spent the morning putting the finishing **touches** on the paper.
07 Make sure the wires don't **touch** each other.
08 Her story **touched** us all and inspired our students.

01 나는 우리 도시에 왜 그렇게 많은 **통행료** (징수) 도로가 있는지 모르겠다. 02 그 지진은 수백 명의 목숨을 앗아가며 많은 **사상자 수**를 기록했다. 03 우리는 전사자들을 위하여 조종(弔鐘)을 **울렸다**. 04 대부분의 박물관은 관람만을 위한 것이지만, 요즘 일부 박물관은 **만질** 수 있는 것을 많이 소장하고 있다. 05 아이들의 상상력은 시각, **촉각**, 그리고 후각을 통해 자극받는다. 06 나는 논문에 마무리 **손질**을 하면서 오전 시간을 보냈다. 07 반드시 그 전선들이 서로 **접촉하지** 않도록 하세요. 08 그녀의 이야기는 우리 모두에게 **감동을 주었으며** 우리 학생들을 고무시켰다.

*** **treat**
[triːt]

취급하다 — 사람·문제·질환 등을 취급하다[다루다]

- 동 (특정한 태도로) **다루다, 대우하다**
- 동 (문제 등을) **처리하다; 논의하다**
- 동 **치료하다**
- 친절하게 다루다 → 동 **대접하다**
  명 **대접, 한턱**; (대접하여 주는) **특별한 선물**

01 **Treat** your audience with respect, and they will enjoy your speech. [모의응용]

02 The matter is **treated** in more detail in the next chapter.

03 The oil from birch trees is applied externally to **treat** skin problems.
* birch 자작나무 [모의응용]

04 You don't need to worry about the cost. I'll **treat** you.

** **trial**
[tráiəl]

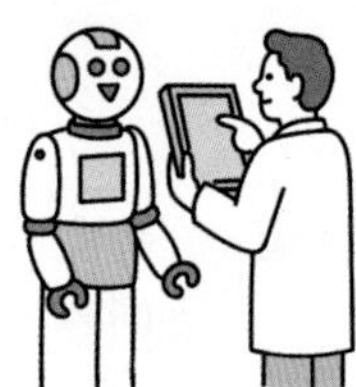

시험하기

- 명 **시도** → 명 (품질·성능 등의) **시험, 실험** → 시험받고 있는 상태 → 명 **시련, 고난; 골칫거리**
- 법 적용 등의 시험 → 명 **재판, 공판**

05 Download the program for a 30-day free **trial** and start making your own website today. [모의]

06 Currently, the new drug is undergoing clinical **trials** to see if it will be released on the market.

07 He was a **trial** to his family because he caused many problems.

08 The defendant was declared not guilty at the end of the **trial** due to lack of evidence.

- trial and error 명 시행착오

We acquire social skills through socially guided **trial and error** and socially guided practice. [모의응용]
우리는 사회적으로 유도되는 **시행착오**와 연습을 통해 사회적 기술을 습득한다.

01 청중을 존중하는 마음으로 **대하세요**. 그러면 그들은 당신의 연설을 즐길 것입니다. 02 그 문제는 다음 장에서 더 상세히 **논의된다**. 03 자작나무에서 나오는 기름은 피부 문제를 **치료하기** 위해 외용으로 바른다. 04 비용에 대해선 걱정하실 필요 없어요. 제가 **대접할게요**. 05 30일 무료 **시험** 프로그램을 다운로드하고 오늘 여러분 자신의 웹사이트를 만들기 시작하십시오. 06 현재 그 신약은 시장에 출시할지 알아보기 위해 임상 **시험** 중이다. 07 그는 많은 문제들을 일으켰기 때문에 가족에게 **골칫거리**였다. 08 피고인은 증거 부족으로 **재판**이 끝날 때 무죄를 선고 받았다.

Themes | 여가·여행

1. 여가

** **pastime** [pǽstàim]

명 **취미** 여가·취미·스포츠·신체 단련 | Appendix 548쪽

01 Cycling is an enjoyable **pastime** for people of all ages.

cf. past time 명 지나간 시간, 과거

---

* **avocation** [æ̀vəkéiʃən]

명 **취미, 여가 활동; 부업**

02 He is a professional musician, but his **avocation** is photography.

cf. vocation 명 직업, 천직; 소명 의식

** **stroll** [stroul]

명 **산책** 동 **산책하다, 한가로이 거닐다**

03 He **strolled** down the scenic route to the beach.

| 걷는 동작 |

roam	동 (이리저리) 돌아다니다
shuffle	동 발을 끌며 걷다; 뒤섞다
tiptoe	동 발끝으로 살금살금 걷다
sneak	동 살금살금 가다 (= creep) *sneakers 명 운동화
tramp	동 터벅터벅 걷다 (= plod)
	명 (터벅터벅 걷는) 발자국 소리; 떠돌이
trudge	동 (지쳐서) 터덜터덜 걷다
stride	동 성큼성큼 걷다
stomp	동 쿵쿵거리며 걷다
strut	동 뽐내며 걷다, 으스대며 걷다 (= swagger)
waddle	동 (오리처럼) 뒤뚱뒤뚱 걷다
hop	동 깡충깡충 뛰다
	cf. skip 동 깡충깡충 뛰다; 건너뛰다
leap	동 뛰어오르다[넘다]

** **outing** [áutiŋ]

명 **소풍; (짧은) 여행** (= excursion)

04 a family **outing** to a remote mountain lake

---

* **serene** [səríːn]

형 **고요한, 평화로운** (= tranquil)

05 A **serene** sky and verdant fields filled me with joy.

* **serenity** [sərénəti]

명 **고요함, 평온함**

01 자전거 타기는 모든 연령대의 사람들이 즐길 수 있는 **취미**다. 02 그는 직업 음악가이지만, **취미**는 사진 찍는 것이다. 03 그는 해변으로 가는 경치 좋은 길을 **거닐었다**. 04 외딴 산악 호수로의 가족 **소풍** 05 **고요한** 하늘과 신록의 들판이 내 마음을 기쁨으로 충만케 했다.

2. 여행

* **itinerary** [aitínərèri]

명 **여행 일정표**

01 She got a detailed **itinerary** from the travel agency.

** **reconfirm** [rìːkənfə́ːrm]

동 (예약을) **재확인하다**

02 You have to **reconfirm** your flight 24 hours before traveling.

---

* **jet lag**

명 **시차증** ((비행기를 이용한 장거리 여행 시 시차로 인한 피로감))

03 **Jet lag** is caused because the body clock does not readjust immediately to the time change.

cf. time difference 명 (세계 각 지역 간의) 시차

cf. time lag 명 (관련된 두 가지 일 사이의) 시간상의 차이 (= time lapse)

| 항공 여행 관련 |

outbound	형 (비행기 등이) 떠나는 (↔ inbound 귀항하는)
destination	명 목적지
round trip	명 왕복 여행 (= return trip)
check-in	명 (공항에서의) 탑승 수속(대); (호텔에서의) 투숙 절차
baggage	명 수화물; (마음의) 앙금[응어리]
	a **baggage** claim (area) **수화물** 찾는 곳
airsick	형 비행기 멀미가 난 *cf.* seasick 형 뱃멀미가 난

---

* **high[peak] season**

명 (관광지 등의) **성수기**

cf. off[slow] season 명 비수기

---

* **trek**-trekked-trekked [trek]

동 **트레킹을 하다,** (힘들게 오래) **걷다** 명 **트레킹, 오지 여행**

04 It took us the whole day to **trek** across the rocky terrain.

---

* **hitchhiker** [hítʃhàikər]

명 **히치하이커** ((지나가는 자동차를 얻어 타는 사람))

* **hitchhike** [hítʃhàik]

명 **히치하이크** 동 **히치하이크하다**

cf. hike 명 하이킹, 도보 여행 동 도보 여행하다

01 그녀는 여행사로부터 상세한 **여행 일정표**를 얻었다. 02 여행하기 24시간 전에 항공편을 **재확인해야** 한다. 03 **시차증**은 생체 시계가 시간 변화에 즉각적으로 재조정되지 않기 때문에 생긴다. 04 우리는 바위투성이의 지형을 가로질러 **트레킹을 하는** 데 하루 온종일 걸렸다.

** **accommodate**
[əkámədèit]

동 수용하다; 숙박시키다 (= lodge)

01 Over 600 people can be **accommodated** on the cruise ship.

** **accommodation**
[əkɑ̀mədéiʃən]

명 숙소, 숙박 시설

02 Rates are higher for deluxe **accommodations**.

* **accommodating**
[əkámədèitiŋ]

형 (기꺼이 남을) 도와주는, 친절한 (= obliging)

03 They are very **accommodating** to foreign visitors.

---

* **suite**
[swi:t]

명 (물건의) 한 벌; (호텔의) 스위트룸

04 a **suite** of furniture

05 a family **suite** of two interconnecting rooms

cf. guesthouse 명 (순례자·여행자용) 숙소; 게스트 하우스

cf. inn 명 (보통 시골 지역에 있는) 여관; 소형 호텔

---

* **exotic**
[igzátik]

형 이국적인; 외래의

06 She traveled to **exotic** locations all over the world.

07 **exotic** plants

---

* **ripple**
[rípəl]

동 잔물결을 이루다; (소식 등이) 파문처럼 퍼지다 명 잔물결; 파문

08 The sea **rippled** and sparkled.

09 The news **rippled** through the country and left many in awe.

** **horizon**
[həráizən]

명 지평선, 수평선; (사고 등의) 시야

10 The sea stretched away to the distant **horizon**.

** **horizontal**
[hɔ̀:rəzántəl]

형 수평의; 가로의

cf. vertical 형 수직의; 세로의

---

* **memento**
[məméntou]

명 기념품 (= souvenir)

11 The photos will be a permanent **memento** of your trip.

---

* **caravan**
[kǽrəvæ̀n]

명 캠핑용 자동차 (= trailer, camper); (사막의) 대상 ((교역하는 상인들의 집단))

01 그 유람선에 600명이 넘는 인원을 **수용할** 수 있다. 02 고급 **숙박 시설**은 요금이 더 비싸다. 03 그들은 외국 관광객들에게 매우 **친절하다**. 04 가구 한 **벌** 05 방 두 개가 연결된 가족 **스위트룸** 06 그녀는 전 세계의 **이국적인** 장소들을 여행했다. 07 **외래**식물 08 바다는 **잔물결을 이루며** 반짝였다. 09 그 소식은 온 나라에 **파문처럼 퍼져** 많은 이들에게 경외감을 남겼다. 10 바다는 먼 **수평선**까지 펼쳐졌다. 11 그 사진들은 네 여행의 영구적 **기념품**이 될 거야.

Exercises

A

다음의 우리말은 영어로, 영어는 우리말로 그 뜻을 쓰시오.

① 파벌주의
② 기하학; 기하학적 구조
③ 연약함; 섬세함; 미묘함; 진미, 별미
④ 저술 작업; (원)저자
⑤ 숙달, 통달; 지배(력)
⑥ 시도; 시험, 실험; 재판
⑦ 면접 받는 사람
⑧ 소유(권)
⑨ 미루다, 질질 끌다
⑩ 지리학; (한 지역의) 지형
⑪ 매장; 장례식
⑫ 통행료; 사상자 수; (종을) 울리다
⑬ 지평선, 수평선; (사고 등의) 시야
⑭ replenishment
⑮ geologist
⑯ caravan
⑰ itinerary
⑱ immerse
⑲ suite
⑳ stroll
㉑ jet lag
㉒ pastime
㉓ outing
㉔ memento
㉕ vocation
㉖ immensity

B

다음 빈칸에 들어갈 가장 적절한 어휘를 고르시오.

1. For travelers on a budget, farmstays can be a real bargain compared to other types of ____________. By the time you leave, you feel less like a guest and more like a member of the family. [모의응용]
① reference ② organism ③ endurance ④ accommodation

2. The water ____________ under the dock, swaying the rowboat tied to the outermost post. Its orange stripes dipped into the water as it rocked lazily.
① trekked ② rippled ③ sneaked ④ trudged

3. ____________ heat helps keep the temperature several meters under the ground at a nearly constant 10℃ to 20℃. [모의응용]
① Exotic ② Serene ③ Geometric ④ Geothermal

4. Activities that cause ____________ include work, chores, studying, or anything else we don't feel like doing right now.
① alignment ② commitment ③ immersion ④ procrastination

C

다음 빈칸에 들어갈 말로 가장 적절한 것을 고르시오.

Errors and failures typically corrupt all human designs. Indeed, the failure of a single component of your car's engine could force you to call for a tow truck. Similarly, a tiny wiring error in your computer's circuits can mean having to throw your whole computer out. Natural systems are different, though. Since the beginning of life on Earth, species have continually gone extinct, and the current rate of extinction appears to be increasing. However, such natural extinctions appear to cause little harm. Over millions of years the ecosystem has developed an amazing ________ to errors and failures, surviving even such drastic events as the impact of the Yucatan meteorite, which killed tens of thousands of species. [모의응용]

① criticism ② consciousness ③ insensitivity
④ accuracy ⑤ subjectivity

D

각 네모 안에서 문맥에 알맞은 어휘를 고르시오.

1. A satellite is in [geostationary / geological] orbit when it stays directly above a single location on Earth's surface, thereby enabling continuous observation.

2. Brown bears are not only surprisingly fast, but also, for such huge beasts, amazingly agile; they can climb up and down nearly [horizontal / vertical] inclines. [모의]

E

다음 ① ~ ⑤ 중, 문맥상 밑줄 친 낱말의 쓰임이 적절하지 않은 것을 고르시오.

① The Masai live along the border of Kenya and Tanzania, and move their homes from time to time to follow the source of their livelihood, their cattle. [모의응용]

② Because of Korea's unique geographical position, ancient Chinese culture was filtered through Korea into Japan.

③ One of the most effective ways to avoid becoming burned out at work is to develop an enjoyable avocation that helps you deal with stress.

④ I just stayed home for the holiday because I reconfirmed the trip due to a bad cold.

⑤ From a present perspective, we tend to believe that "artists' individuality" is a universal idea. But there was a time when priority was given to an observance of tradition rather than to an artist's personality. [모의]

인생에 관련된 명언

• Life is either a daring adventure or nothing.

— Helen Keller

• There is more to life than increasing its speed.

— Mahatma Gandhi

• A man has to have a code, a way of life to live by.

— John Wayne

• The unexamined life is not worth living.

— Socrates

인생은 과감한 모험이든가, 아니면 아무 것도 아니다. — 헬렌 켈러
인생에는 서두르는 것 말고도 더 많은 것이 있다. — 마하트마 간디
인간은 인생의 방향을 결정할 규칙을 가지고 있어야 한다. — 존 웨인
반성하지 않는 삶은 살 가치가 없다. — 소크라테스

35강

Word Complete

Part

추론전략

Strategy 1	유사한 의미를 지닌 표현을 활용하라
Strategy 2	상반되는 의미의 표현을 활용하라
Strategy 3	정의하거나 부연 설명을 해주는 표현을 찾아라
Strategy 4	이어지는 예시나 설명을 활용하라
Strategy 5	인과관계를 따져보라
Strategy 6	상식을 동원하여 대강의 의미를 이해하라

전략 적용 훈련

Words & Phrases

앞으로 학습할 예문에 쓰인 필수 어휘 모음입니다. 예문에 해당 단어 밑에는 점선이 표시(interact)되어 있습니다.
아는 단어는 □□에 체크하고 모르는 단어는 뜻 확인을 반복하세요.

*	□□	anthropology [æ̀nθrəpɑ́lədʒi]	명 인류학 ※ anthropologist 명 인류학자
*	□□	disagreeable [dìsəgríːəbl]	형 불쾌한; 마음에 들지 않는; 무뚝뚝한
*	□□	dwindling [dwíndliŋ]	형 줄어드는, 감소하는 ※ dwindle 동 (수가 점점) 줄어들다
**	□□	execute [éksikjùːt]	동 실행하다; 사형[처형]하다 ※ execution 명 실행; 처형
*	□□	falsify [fɔ́ːlsəfài]	동 (문서를) 위조하다
*	□□	flesh [fleʃ]	명 (사람·동물의) 살, 고기
*	□□	formidable [fɔ́ːrmidəbl]	형 가공할, 무시무시한
*	□□	gleam [gliːm]	동 어슴푸레[희미하게] 빛나다
고난도	□□	hit A up for B	A에게 B를 달라고 부탁하다
**	□□	identical [aidéntikəl]	형 동일한
*	□□	increment [ínkrəmənt]	명 (수·양의) 증가; 정기적인 임금 인상
*	□□	insert 동 [insə́ːrt] 명 [ínsəːrt]	동 끼우다, 삽입하다 명 삽입물; 삽입 광고
고난도	□□	installment [instɔ́ːlmənt]	명 할부금; (전집의) 1권
*	□□	intricacy [íntrikəsi]	명 복잡한 사항[내용]; 복잡함
*	□□	lay-off [léiɔ̀(ː)f]	명 정리 해고; 중단 기간
*	□□	legitimize [lidʒítəmàiz]	동 정당화하다; 합법화하다 (= legalize)
고난도	□□	loom [luːm]	동 어렴풋이[흐릿하게] 보이다; (거대한 것이) 불쑥 나타나다
*	□□	migratory [máigrətɔ̀ːri]	형 이주[이동]하는
*	□□	minute [mainjúːt]	형 극미한, 극히 작은; 대단히 상세한 ※ minute [mínit] 명 (시간의) 분
*	□□	perceptible [pərséptəbl]	형 감지[지각]할 수 있는 ※ perceive 동 지각하다
*	□□	prey on	~을 먹이로 하다
**	□□	quote [kwout]	동 인용하다; 견적을 내다; 시세를 매기다
*	□□	resilient [rizíljənt]	형 회복력 있는; 탄력 있는
고난도	□□	scrutiny [skrúːtəni]	명 정밀 조사, 철저한 검토
*	□□	set up shop	사업을 시작하다
고난도	□□	shaggy [ʃǽgi]	형 털북숭이의; 텁수룩한
*	□□	signature [sígnətʃər]	명 서명; 특징
*	□□	stained [steind]	형 얼룩투성이의, 얼룩이 묻은
*	□□	stink [stiŋk]	동 (고약한) 냄새가 나다; 수상쩍다
*	□□	testability [tèstəbíləti]	명 시험[검사] 가능성
고난도	□□	trapper [trǽpər]	명 (특히 모피를 얻기 위해) 덫을 놓는 사냥꾼
*	□□	unaided eye	명 육안, 맨눈 (= naked eye)
*	□□	well off	형 ((비교급: better off)) 잘사는, 부유한; 형편이 좋은 (↔ badly off 넉넉하지 못한; 난처한)

추론전략

아무리 많은 단어를 익혔어도 시험 당일에 모르는 어휘는 반드시 있기 마련이다. 가지고 있는 어휘교재의 모든 어휘를 외우는 게 목표여서는 안 된다. 진정한 어휘력은 어휘의 의미를 문맥에서 추론해낼 수 있는 능력에서 나온다. 지금까지 학습한 접사·어근 지식들을 총동원하고 이에 문맥 정보를 더하여 보다 정확하게 어휘의 의미를 추론하는 훈련을 집중적으로 해보자.

STRATEGY 1 유사한 의미를 지닌 표현을 활용하라 Synonym Context Clues

signal words **as / also / like / likewise / similar to / the same as 등**

*signal words가 명시적으로 드러나지 않는 경우도 많으나, 이때도 문맥, 즉 주변 어휘들을 통해 판단이 가능할 수 있다.

Toads are the same as frogs except that a toad's skin is dry and rough.

≒

✔ toad의 뜻은?

✔ 피부가 건조하고 거친 것 외에는 frog(개구리)와 같다고 했으므로, 개구리와 비슷한 동물의 이름일 것으로 추론 가능 (toad → 두꺼비)

The number of people who need medical help for breathing problems like asthma tends to increase during very windy weather.

≒

✔ asthma의 뜻은?

✔ breathing problem(호흡 장애) 증상을 보이는 어떤 질병의 이름일 것으로 추론 가능 (asthma → 천식)

STRATEGY 2 상반되는 의미의 표현을 활용하라 Antonym Context Clues

signal words **but / whereas / however / although / on the contrary / by contrast / in contrast to / on the other hand 등**

*signal words가 없더라도 문맥을 통해서 상반되는 개념을 찾을 수 있는 경우가 있다.

I tried reading his notes but I found them illegible. However, yours were easy to read.

↔

✔ illegible의 뜻은?

✔ illegible ↔ easy to read: 읽기 쉬운

✔ illegible → 읽기 어려운

The economy faltered badly last year but has now started to improve.

↔

✔ falter의 뜻은?

✔ 경기가 나아지는 것(improve)과 상반되는 개념으로 추론 가능 (falter → 불안정해지다, 흔들리다)

STRATEGY 3 정의하거나 부연 설명을 해주는 표현을 찾아라 Definition or Restatement Context Clues

signal words **be동사 / 대시(—) / 콜론(:) / 세미콜론(;) / 동격을 나타내는 콤마(,)나 of / that is 등**

*A = B 라고 직접적으로 정의되거나 뒤에 부연 설명이 이어진다.

Moles are dark spots on human skin. They can vary in color from light brown to dark brown or black. [수능]

✔ mole의 뜻은?

✔ mole → 사람 피부에 있는 어두운 색의 점

STRATEGY 4 이어지는 예시나 설명을 활용하라 Example or Explanation Context Clues

signal words **such as / for example / for instance 등**

Recently, sales of major home appliances such as refrigerators and ranges have risen. [수능]

✔ home appliance의 뜻은?

✔ home appliance = refrigerator, range와 같은 것 → 가전제품

STRATEGY 5 인과관계를 따져보라 Cause-and-Effect Context Clues

signal words **because / since / therefore / consequently / as a result / when 등**

Jessica became incensed when I refused to give her my biology notes, and she hasn't spoken to me since.

✔ incensed의 뜻은?

✔ 내가 제시카에게 생물학 노트를 보여주지 않자 그녀가 incensed되었고, 그 이후로 내게 말을 하지 않았으므로 제시카가 화가 났다는 의미로 추론 가능

✔ incensed → 몹시 화난

STRATEGY 6 상식을 동원하여 대강의 의미를 이해하라

모르는 단어의 뜻을 상식을 통해 추론해보자. 문맥상 적합한 대강의 우리말 뜻을 생각해보거나 또는 그 어휘가 주는 느낌 정도라도 파악해본다. 정확하지는 않더라도 문맥상 대충 어떤 '행동'을 나타낸다든지, 어떤 '감정'을 나타낸다든지, 아니면 '긍정적'인지 '부정적'인지 정도의 감만 잡아도 충분하다.

전략 적용 훈련

35강 MP3

지금까지 학습한 접사·어근·구동사의 지식, 그리고 문맥을 활용하여 밑줄 친 어구의 뜻으로 알맞은 것을 오른쪽의 선택지 중에서 고르고, 하단의 어구 정리에서 확인하세요.

01 cost-effective

In this digital age, images are essential units of information, and knowing how to use photography effectively is more important than ever. Fortunately, enrolling at the Hobbiton Institute of Photography is one of the easiest, most **cost-effective** ways to take your photography to the next level. [수능]

□ 비용 대비 효율적인
□ 비용이 많이 드는

02 qualifier

The identical claim, expressed in two social contexts, may have different **qualifiers**. When talking among friends, you might say, "Lucé is the world's finest restaurant." When speaking to a group of French chefs, you might find yourself saying, "Lucé is an excellent restaurant, comparable to some of the best in France." Why did you say it differently? Perhaps because you expected a different critical scrutiny in the two groups. Maybe because your confidence in the claim was strong enough for friends but not as strong among the most knowledgeable. [수능]

□ 수식어구
□ 영향력

03 off limits

Marking the Nepal-Tibet border, Everest looms as a three-sided pyramid of gleaming ice and dark rock. The first eight expeditions to Everest were British, all of which attempted the mountain from the northern, Tibetan, side—not because it presented the most obvious weakness in the peak's formidable defenses but because in 1921 the Tibetan government opened its borders to foreigners, while Nepal remained **off limits**. [수능]

□ 한계가 정해지지 않은
□ 출입할 수 없는

01	*	**cost-effective** [kɔ́:stifèktiv]	형 비용 대비 효율적인
02	고난도	**qualifier** [kwɑ́ləfàiər]	명 자격을 주는 사람[것]; 한정하는 것; 예선 통과자; 예선 경기; ((문법)) 수식어구
03	*	**off limits**	명 출입 금지 (지역) 형 출입 금지의

04 hit one's stride

I always ask people to respect their own body rhythms when scheduling appointments. In my experience, most people are far more productive in the morning, but there are those who differ and **hit their stride** later in the day. [모의]

□ 업무 성과가 낮다
□ 본래 컨디션을 되찾다

05 sedentary

Birds of the same species may be migratory in one area, but **sedentary** elsewhere. [모의]

□ 무리를 형성하지 않는
□ 이주하지 않는

06 demoralized

Essentially, your reputation is your most valuable asset—so guard it well. But do not be terribly **demoralized** if you make some mistakes along the way. With time it is possible to repair a stained reputation. [모의]

□ 사기가 꺾이는
□ 교훈을 얻는

07 wind down

After a stressful day, how do you **wind down** and clear your mind? Relaxing in a comfortable chair, putting on some soothing sounds, and reading something light and entertaining are all good methods to get ready for some restful sleep. [모의]

□ 긴장을 풀다
□ 정신을 집중하다

08 hallmark

Fieldwork is the **hallmark** of cultural anthropology. It is the way we explore and learn about the vast detailed intricacy of human culture and individual behavior. And it is, importantly, the way in which most cultural anthropologists earn and maintain their professional standing. [모의]

□ 보완할 약점
□ 전형적인 특징

04 고난도 **hit one's stride** 본래 컨디션을 되찾다
05 고난도 **sedentary** [sédəntèri] 형 주로 앉아서 하는; 한곳에 머물러 사는
06 고난도 **demoralized** [dimɔ́:rəlàizd] 형 사기가 저하된 *cf.* moralize 동 훈계하다
07 고난도 **wind down** 긴장을 풀고 쉬다; (기계가) 서서히 멈추다
08 고난도 **hallmark** [hɔ́:lmɑ̀:rk] 명 (전형적인) 특징, 특질; (귀금속의) 품질 보증 마크

09 align

Being happy requires you to realize that there will be times when you are unhappy and to recognize that life sometimes stinks. We are not saying you should lower your expectations for your so-called perfect life or downsize your goals; we just believe that if you can **align** your expectations with reality a little more by expecting to face challenges, you will be better off in the end. [모의응용]

□ 높게 조정하다
□ (일직선으로) 맞추다

10 come to naught

Life has always been full of hazards, and this was no different for primitive man. Disease, enemies, and starvation meant that all of humankind's knowledge, strength, and resources often **came to naught**. Somehow, in spite of this harsh lesson, he struggled on, and even found enjoyment in life. [모의응용]

□ 발전을 거듭하다
□ 실패[무효]로 돌아가다

11 monocropping

The green revolution was a mixed blessing. Over time, farmers came to rely heavily on broadly adapted, high-yield crops to the exclusion of varieties adapted to local conditions. **Monocropping** vast fields with the same genetically uniform seeds helps boost yield and meet immediate hunger needs. Yet high-yield varieties are also genetically weaker crops that require expensive chemical fertilizers and toxic pesticides. [모의]

□ 단일 농작물 경작
□ 일모작 ((같은 땅에서 일 년에 농작물을 한 번 심어 거두는 방식))

12 convoluted

The plot of the novel is **convoluted**, as is the main character's mind. He has very strange and twisted ideas.

□ 난해한
□ 평범한

09	*	**align** [əláin]	동 (~에 맞춰) 조정하다; 나란히 만들다, (일직선으로) 맞추다
10	고난도	**come to naught**	무효화하다, 실패로 끝나다 *cf.* naught 명 제로, 영 (= nought); 무(無)
11	고난도	**monocropping** [mánəkrɑpiŋ]	명 단일 재배, 단종 재배 (= monoculture)
12	고난도	**convoluted** [kánvəlù:tid]	형 대단히 난해한[복잡한]; 구불구불한

13 disengage

One day in February 2009, Stephanie called Betty, her best friend, who was the only employee of her business Best Wedding. Once again, they discussed the company's expenses and dwindling revenue. But this time, Stephanie knew what she had to do. She gathered up her courage and told her friend and colleague: "I have to make this work. I have to let you go." Betty was hurt but wasn't particularly surprised. In a businesslike fashion, the two women began figuring out how to **disengage**. [수능]

□ 고용 관계를 청산하다
□ 수익을 올리다

14 crafty

The red fox often acts in ways that seem extremely **crafty**. Trappers seeking red foxes must clean their equipment well to rid it of human smells, or the foxes will not come near. [모의]

□ 어리석은
□ 약삭빠른

15 impart

A large number of efficiency experts set up shop in London, advertising themselves as knowledgeable about every type of new manufacturing process, trade, and business. For a substantial fee, they would **impart** their knowledge to their clients. [모의]

□ 감추다
□ 나눠주다

16 interdisciplinary

A positive trend in education today is **interdisciplinary** studies: teaching math as it applies to science, for example, or relating the various humanities to one another. [모의응용]

□ 징계 처리를 받은
□ 여러 학문 분야가 관련된

13	*	**disengage** [dìsingéidʒ]	동 풀다, 분리하다; (의무·속박에서) 해방하다
14	*	**crafty** [krǽfti]	형 약삭빠른, 교활한 (= cunning)
15	고난도	**impart** [impɑ́ːrt]	동 (정보·지식 등을) 나눠주다
16	고난도	**interdisciplinary** [ìntərdísəplənèri]	형 학제 간의 ((여러 학문 분야가 관련된))

17 diffusion

When one group borrows things such as ideas, values, foods, or styles of architecture from another group, change occurs through **diffusion**. **Diffusion** is a process by which one culture or society borrows from another. [수능]

□ 문화 충돌
□ 문화의 전파

18 weed out

What is distinctive about science is the search for negative instances— the search for ways to falsify a theory, rather than to confirm it. The real power of scientific testability is negative, not positive. Testing allows us not merely to confirm our theories but to **weed out** those that do not fit the evidence. [수능]

□ 탐색하다
□ 제거하다

19 quantitative

Issues that can be expressed in **quantitative**, measurable units are easy to slice. For example, compensation demands can be divided into cents-per-hour increments or lease rates can be quoted as dollars per square foot. [수능]

□ 질적인
□ 양적인

20 downplay

I realized I was unintentionally teaching my son to be a little monster. I paid little attention to him when he behaved well, but plenty of attention when he behaved badly! Now I'm trying hard to notice and reward his good behavior and **downplay** my reactions to his mistakes. [모의응용]

□ 주목하다
□ 대단치 않게 생각하다

21 acupuncture

Acupuncture involves inserting thin needles into the body and has been part of Chinese medicine since ancient times.

□ 침술
□ 자수

17	*	**diffusion** [difjú:ʒən]	명 발산, 유포; ((물리)) 확산 (작용); (문화 등의) 전파, 보급
18	*	**weed out**	(불필요하거나 부족한 대상 등을) 제거하다[뽑아 버리다]
19	*	**quantitative** [kwάntitèitiv]	형 양적인, 정량(定量)적인 (↔ qualitative 질적인, 정성(定性)적인)
20	*	**downplay** [dàunpléi]	동 경시하다, 대단치 않게 생각하다
21	고난도	**acupuncture** [ǽkjupʌ̀ŋktʃər]	명 침술 (요법)

22 devour

In 2007 scientists discovered a very strange flesh-eating plant. The plant, *Nepenthes attenboroughii*, is so large that it can swallow and **devour** rats whole. [모의]

□ 발견하다
□ 먹어버리다

23 err

To **err**, or to make mistakes, is indeed human. But it seems that most people don't want to accept responsibility for their mistakes. Rather, they are likely to do the opposite—to find someone else to shift the blame to. [모의응용]

□ 실수를 범하다
□ 실수를 인정하다

24 amortization

Lend money to a friend and you risk losing both; so the saying goes. So what should you do when someone close hits you up for a loan? First, know your financial strength: if you can't afford to give it away, you can't afford to lend it. Next, get it in writing, and for big amounts include dates for regular installments as well as the final date for full **amortization** of the loan. This helps to legitimize the deal, and makes both of you more comfortable, because in this way neither of you can consider the loan as charity. [사관학교응용]

□ 만기 연장
□ (부채의) 할부 상환(액)

25 trifling

Without sufficient size, no object can be perceived as having parts that can be arranged in a pattern, or a perceptible structure. A lion or a shark, therefore, can be beautiful, because their parts form a meaningful, well-structured whole. A flea, however, cannot be beautiful, not because it is a **trifling** or disagreeable animal, but because it is too minute for the unaided eye to perceive parts that are arranged meaningfully. [모의]

□ 사소한
□ 소중한

22	*	**devour** [diváuər]	동 게걸스레 먹다; 삼켜버리다
23	*	**err** [ɛːr]	동 실수를 범하다
24	초고난도	**amortization** [æ̀mərtəzéiʃən]	명 ((법)) 법인에의 부동산 양도; ((경제)) (부채의) 할부 상환(액)
25	*	**trifling** [tráifliŋ]	형 하찮은, 사소한 (= trivial, insignificant)

26 obtrusive

For the past two decades, advertisements in magazines have become increasingly loud and **obtrusive**, while the space given to actual stories has shrunk—sometimes to the point of extinction.

☐ 줄어드는
☐ 두드러지는

27 premonition

It is certainly true that individuals who are concerned about a traumatic event, such as the threat of the loss of a loved one who is sick, will dream about that loved one more than would otherwise be the case. If the dreamer then finds that the loved one has died, it is understandable for him or her to assume that the dream was a **premonition** of that death. But this is a mistake. [수능]

☐ 전조
☐ 예방

28 defy

The process of journal-keeping, through writing and drawing, helped heal me from a mysterious illness which had **defied** the doctors and their medicines. [수능응용]

☐ 필요로 하다
☐ 맞서다

29 underprivileged

Upon graduating from high school, I went to college as a fine art major and English minor. After becoming a professional artist, marriage followed, then the birth of two daughters. A career change came next which led to teaching **underprivileged** young children in a poor area in Los Angeles. [수능응용]

☐ 경제적으로 어려운
☐ 공부에 흥미 없어 하는

26	고난도	**obtrusive** [əbtrúːsiv]	형 (보기 싫게) 눈에 띄는, 두드러지는
27	*	**premonition** [prèməníʃən]	명 (특히) 불길한 예감; 전조, 징후
28	*	**defy** [difái]	동 무시하다; 반항하다; 맞서다
29	*	**underprivileged** [ʌ̀ndərprívəlidʒd]	형 (사회·경제적으로) 혜택을 못 받는 ((poor의 완곡한 표현))

35강

30 non-shedding

Here are some tips to consider when choosing a dog that is right for you. First, pick a dog that fits your home. Bring a big one into your house only if you can give him a lot of space. Second, don't buy a shaggy dog if you're allergic. Getting a **non-shedding** dog is a good idea if you're worried about loose hairs or your kids' allergies. [모의]

□ 잘 짖지 않는
□ 털이 빠지지 않는

31 exact

An executed purpose is a transaction in which the time and energy spent on the execution are balanced against the resulting assets, and the ideal case is one in which the former approximates to zero and the latter to infinity. Purpose, then, justifies the efforts it **exacts** only conditionally, by their fruits. [수능응용]

□ 요구하다
□ 받아들이다

32 plasticity

A fascinating species of water flea exhibits a kind of flexibility that evolutionary biologists call adaptive **plasticity**. If the baby water flea is developing into an adult in water that includes the chemical signatures of creatures that prey on water fleas, it develops a helmet and spines to defend itself against predators. If the water around it doesn't include the chemical signatures of predators, the water flea doesn't develop these protective devices. [수능]

□ 가소성
□ 불변성

30 * **non-shedding** [nὰnʃédiŋ] 형 흘리지[떨어지지] 않는; 발산하지 않는
31 * **exact** [igzǽkt] 동 무리하게 요구하다; (나쁜 일을) 일으키다 형 정확한
32 고난도 **plasticity** [plæstísəti] 명 가소성((외부적 요인으로 인한 변형을 의미하는 특성)); 유연성, 적응성

Exercises

A

다음의 우리말은 영어로, 영어는 우리말로 그 뜻을 쓰시오.

① 자격을 주는 사람[것]; 예선 통과자; 수식어구
② (보기 싫게) 눈에 띄는, 두드러지는
③ 출입 금지 (지역); 출입 금지의
④ 몹시 화난
⑤ 제로, 영; 무(無)
⑥ 비용 대비 효율적인
⑦ 침술 (요법)
⑧ 천식
⑨ (특히) 불길한 예감; 전조, 징후
⑩ 단일 재배, 단종 재배
⑪ plasticity
⑫ falter
⑬ hallmark
⑭ convoluted
⑮ crafty
⑯ diffusion
⑰ downplay
⑱ devour
⑲ interdisciplinary
⑳ non-shedding

B

다음 빈칸에 들어갈 가장 적절한 어휘를 고르시오.

1. Entrance into top graduate schools for engineering is highly competitive, and certain test scores are often used as a first criterion to ________ unqualified candidates.
① insert ② err ③ weed out ④ hit their stride

2. He was a patient and generous teacher, and sought to ________ not only the details of the law but the philosophy behind it.
① dwindle ② loom ③ falsify ④ impart

3. As they say, nobody can ________ the relentless passing of time, and he is not as strong and resilient as he used to be.
① gleam ② defy ③ moralize ④ stink

C 다음 빈칸에 들어갈 말로 가장 적절한 것을 고르시오.

If you do not strongly desire to achieve a goal, or are pursuing a goal for the wrong reasons, you are unlikely to be motivated to see it through to completion or even start on it at all. Your goal should excite you and be something that you think about most of the time. Your goal should also be what you really want, and not what someone else wants or thinks that you should have. So when setting goals, try to ____________________. Ask yourself, "What is important to me?" "What do I really care about?" "What do I really want?" and "What do I believe in?" The more your goals parallel your basic values, the stronger your desire to achieve those goals will be.

① find the general motivation and keep going
② examine why people come to naught
③ wind down with the work that you have to do
④ prepare yourself to the best of your ability
⑤ align them with your basic values

D 다음 ①~⑤ 중, 문맥상 밑줄 친 낱말의 쓰임이 적절하지 않은 것을 고르시오.

① It was her mission in life to better the lives of those who were underprivileged, or didn't have the opportunity or a voice in improving their lives.

② Pressure, if maintained below a certain level, can lead to higher performance. However, constant pressure from lay-offs demoralizes employees, leading to a drop in performance.

③ My coworkers argued incessantly about who spilled the coffee, which seemed like a trifling matter to me, considering the seriousness of our other problems.

④ Quantitative research collects non-numerical data such as words, images, and sounds. The focus is on exploring subjective experiences, opinions, and attitudes, often through observation and interviews.

⑤ They recognized that the country would revive only if it thoroughly disengaged from the chaos of the old regime.

APPENDIX 1

1 언어 학습·언어학 용어
2 fiction의 종류
3 동화
4 가정·가족
5 중고등 교과 과목명
6 학문명
7 학문 성격·이론
8 정치 체제·이념
9 군대의 편제
10 무기 관련 어휘
11 육군 계급 / 군인 관련 어휘
12 종교의 종류
13 신문 각 부분의 명칭
14 주요 직업명
15 주요 직위·직책명
16 주식 관련
17 계급의 구분
18 지리·지형
19 날씨·자연재해
20 컴퓨터
21 빛의 발산
22 주요 화합물
23 주요 원소
24 금속의 종류
25 별자리
26 동물 관련 여러 어휘
27 식물 관련 여러 어휘
28 위치 관계를 나타내는 여러 어휘
29 신체·동작·움직임
30 소리
31 주요 질환명
32 의료 기관·관계자
33 의류·색깔
34 식재료
35 조리 관련
36 생활용품
37 식사 동작
38 음식 상태
39 영양소의 종류
40 기타 주생활 관련 여러 어휘
41 탈것·교통수단
42 모양 관련 여러 어휘
43 여가·취미·스포츠·신체 단련

02 강

❶ 언어 학습·언어학 용어

grammatical 형 문법의
grammarian 명 문법학자
affix 명 접사 동 붙이다
prefix 명 접두사
suffix 명 접미사
singular 명 단수(형) 형 단수의
※ singularity 명 특이성; 단독
plural 명 복수(형) 형 복수의
※ plurality 명 많은 수; 복수
comparative 명 비교급 형 비교(급)의
cf. the positive degree 명 원급
superlative 명 최상급 형 최상(급)의
part of speech 명 품사
noun 명 명사
pronoun 명 대명사
verb 명 동사
adjective 명 형용사
adverb 명 부사
preposition 명 전치사
conjunction 명 접속사
interjection 명 감탄사 (= exclamation)
phrase 명 구(句)
※ phrasing 명 말, 표현
sentence 명 문장; 형벌
subject 명 주어
object 명 목적어
complement 명 보어; 보완물
※ complementary 형 보충[보완]하는
parenthesis 명 삽입어구; 괄호
punctuate 동 구두점을 찍다
※ punctuation 명 구두점
phoneme 명 ((음성)) 음소 ((e.g. sip의 /s/와 zip의 /z/는 두 개의 다른 음소))
syllable 명 음절
etymology 명 어원(학)
cadence 명 억양 (= intonation); (시의) 운율
inflection 명 (단어의) 어형 변화; 억양, 어조

❷ fiction의 종류

comedy 명 희극 (작품)
tragedy 명 비극 (작품)
mystery 명 추리 소설[영화], 미스터리
thriller 명 스릴러물 ((범죄와 관련된 이야기를 담은 책·연극·영화))
science fiction 명 공상 과학 소설 (= SF)
fantasy fiction 명 공상 소설
romance 명 연애 (소설)
saga 명 (중세 북유럽) 전설; 일련의 모험; 대하소설
fairy tale 명 동화
folk tale 명 민간 설화
mythology 명 신화; (대중들의) 근거 없는 믿음 (= myth)
※ mythic(al) 형 신화적인; 가공의, 상상의
※ mythological 형 (고대) 신화의

❸ 동화

fairy 명 (이야기 속의) 요정
elf 명 (마술을 부리는) 꼬마 요정
mermaid 명 인어
dwarf 명 난쟁이
apparition 명 유령
haunt 동 (유령이) 나타나다
※ haunted 형 유령이 나오는; 겁에 질린
witch 명 마녀
cf. wizard 명 (남자) 마법사
conjure 동 마술을 하다
magic wand 명 마술 지팡이
levitate 동 (초자연적인 힘에 의해) 공중에 뜨다
※ levitation 명 공중 부양

03강

4 가정·가족

1 가족

household 명 가정
※ householder 명 세대주
extended family 명 대가족
nuclear family 명 핵가족
lineage 명 혈통 (= ancestry)
heir 명 상속인; 계승자, 후계자
inherit 동 상속하다
※ inheritance 명 상속; 유산
legacy 명 (죽은 사람이 남긴) 유산; (과거의) 유산
cf. heritage 명 (국가·사회의) 유산
maternal 형 어머니의
※ maternity 명 어머니임
paternal 형 아버지의
※ paternity 명 아버지임
foster parents 명 양부모
stepfather 명 의붓아버지
stepsister 명 이복누이[자매]
brotherly 형 형제의
sibling 명 형제자매
identical twins 명 일란성 쌍둥이
binovular twins 명 이란성 쌍둥이 (= fraternal twins)
great-grandfather 명 증조부
son-in-law 명 사위

2 결혼 육아

courtship 명 (결혼 전의) 교제; 구혼
engagement 명 약속; 약혼
fiancée 명 약혼녀
cf. fiancé 명 약혼남
wed 동 결혼하다
bride 명 신부
cf. (bride)groom 명 신랑
bridesmaid 명 신부 들러리
newlyweds 명 신혼부부
spouse 명 배우자
marital status 명 혼인 여부
matrimony 명 결혼 (생활); 기혼(임)
nurture 동 양육하다 (= raise, rear, bring up)
명 양육 (= upbringing)
nursery 명 탁아시설; 유치원
cf. nursery rhyme 명 동요
parental leave 명 육아 휴가
cf. maternity leave 명 (여성) 육아 휴가
paternity leave 명 (남성) 육아 휴가

04강

5 중고등 교과 과목명

Korean	국어
English	영어
mathematics	수학
social studies[science]	사회
politics	정치
economics	경제
geography	지리
science	과학
physics	물리
chemistry	화학
biology	생물
earth science	지구과학
Korean history	국사
world history	세계사
ethics	윤리
home economics	가정
classical Chinese	한문
second foreign language	제2외국어
music	음악
fine arts	미술
PE (physical education)	체육

6 학문명

1 인문학

the humanities 명 인문학
cf. humanity 명 인류, 인간
anthropology 명 인류학
archaeology 명 고고학
ethnology 명 민족학
cf. ethnography 명 민족지(誌)학 ((민족학 연구를 위한 자료를 수집하고 기록하는 학문))
ethic(s) 명 윤리(학)
theology 명 신학
philosophy 명 철학
aesthetics 명 ((철학)) 미학
metaphysics 명 형이상학
Chinese classics 명 한문(漢文)학

2 사회과학

politics 명 정치학
economics 명 경제학
sociology 명 사회학
sociolinguistics 명 사회언어학
futurology 명 미래학
psychology 명 심리학; 심리
※ psyche 명 마음, 정신
psychic 형 심령의; 초능력이 있는

3 자연과학

biology 명 생물학
botany 명 식물학
zoology 명 동물학
ornithology 명 조류학
paleontology 명 고생물학
ecology 명 생태(학)
physics 명 물리학
chemistry 명 화학
physiology 명 생리(학)
anatomy 명 해부(학)
topography 명 지형(학)
meteorology 명 기상학
astronomy 명 천문학
cosmology 명 우주론 ((우주의 기원·구조를 연구하는 천문학의 한 부문))
engineering 명 공학
electronics 명 전자 공학; 전자 기술; 전자 장치
aeronautics 명 항공학; 항공술
shipbuilding 명 조선(학)

7 학문 성격·이론

empirical 형 경험[실험]에 의거한, 실증적인
existential 형 (인간의) 존재에 관한; 실존주의적인
holistic 형 전체론의 ((전체는 부분의 총합으로 설명할 수 없다는 이론))
humanitarian 형 인도주의적인, 인간애의
humanistic 형 인본주의적인
pragmatic 형 실용적인
positivism 명 ((철학)) 실증주의
determinism 명 ((철학)) 결정론
sophistic 형 궤변의

05 강

8 정치 체제·이념

1 정치 체제

democracy 명 민주주의
※ democratic 형 민주주의의; ((D-)) ((미)) 민주당의
bureaucracy 명 관료제; 관료주의
※ bureaucratic 형 관료주의적인
republicanism 명 공화주의
※ republican 형 공화주의의 명 공화주의자
totalitarianism 명 전체주의
※ totalitarian 형 전체주의의 명 전체주의자

2 이념

ideology 명 이데올로기

communism 명 공산주의
※ communist 명 공산주의자; ((C-)) 공산 당원 형 공산주의의

socialism 명 사회주의
※ socialist 명 사회주의자 형 사회주의의

capitalism 명 자본주의
※ capitalist 명 자본가; 자본주의자

liberalism 명 (정치적) 진보주의, 자유주의
※ liberalize 동 (법률·정치·종교적 시스템을) 완화하다

conservatism 명 (정치적) 보수주의

anarchism 명 무정부주의
※ anarchy 명 무정부 상태; 혼란
anarchist 명 무정부주의자 형 무정부주의의

3 정치적 태도

authoritarian 형 권위주의적인
cf. authoritative 형 (정보 등이) 권위 있는; (태도 등이) 권위적인

radical 형 근본적인; 과격한, 급진적인 (= drastic)
명 급진주의자

liberal 형 자유주의의; 진보적인 명 자유주의자

conservative 형 보수주의의; 보수적인 명 보수주의자

moderate 형 보통의, 중간의; (정치적 견해가) 온건한; 적당한 (↔ immoderate 과도한)
동 누그러지다
※ moderation 명 적당함
moderator 명 중재자

neutral 형 중립적인
※ neutrality 명 중립
neutralize 동 상쇄시키다; 중화시키다

06강

9 군대의 편제

troop 명 ((*pl.*)) (대규모의) 병력, 군대; 무리
동 무리 지어 걷다

corps 명 군단; (특수 임무) 부대 (= unit)

infantry 명 보병(대)

cavalry 명 (과거의) 기사(騎士); (현대의) 기갑 부대

squad 명 분대 ((보병 부대 편성의 가장 작은 단위))

platoon 명 소대

company 명 중대

battalion 명 대대

squadron 명 ((공군)) 중대; 대대 ((해군)) 소함대

fleet 명 함대; ((the ~)) 한 국가의 전 해군 함대

10 무기 관련 어휘

sword 명 (무기로 쓰이는 긴) 칼, 검

dagger 명 단검

blade 명 칼날

spear 명 창

lance 명 (옛날에 말 탄 무사들이 쓰던) 긴 창

shield 명 방패

rifle 명 라이플총, 소총

shotgun 명 엽총

pistol 명 권총

bullet 명 총알
cf. bulletproof jacket 명 방탄복 (= body armor)

trigger 명 방아쇠; (사건을 유발한) 계기
동 (일을) 촉발시키다

cannon 명 대포
cf. cannonball 명 포탄

gunpowder 명 화약

landmine 명 지뢰
cf. aerial mine 명 공중 투하 기뢰
torpedo 명 어뢰 ((물고기 모양의 함선 공격용 수뢰))

ammunition 명 탄약; (논쟁 등에서의) 공격 수단

cartridge 명 탄약통; 카트리지 ((기계에 필요한 내용물을 바꿔 끼우는 용기))

⓫ 육군 계급 / 군인 관련 어휘

1 육군 계급

원수: ((미)) **general of the army** ((영)) **field marshal**
대장: **general**
중장: **lieutenant general**
소장: **major general**
준장: **brigadier (general)**
대령: **colonel**
중령: **lieutenant colonel**
소령: **major**
대위: **captain**
중위: **(first) lieutenant**
소위: **second lieutenant**
원사: **command sergeant major**
상사: **master sergeant / first sergeant**
중사: **sergeant first class**
하사: **staff sergeant**
병장: **sergeant**
상병: **corporal**
일(등)병: **private first class**
이(등)병: **private**

2 기타 군인·병사

commander	명 지휘관, 사령관; (해군) 중령
veteran	명 전문가; 퇴역 군인 형 노련한
marine	명 해병대원
paratrooper	명 낙하산병 *cf.* parachute 명 낙하산
scout	명 정찰(병); 스카우트 단원 동 정찰하다
warrior	명 (특히 과거의) 전사
knight	명 (중세의) 기사(騎士); (영국의) 나이트 작위 ((국가에 대한 공로에 주어지는 영예))
crusader	명 십자군 전사 ※ the Crusades 명 십자군

07강

⓬ 종교의 종류

Christianity	명 기독교 ※ Christian 형 기독교의 명 기독교도
Catholicism	명 (로마) 가톨릭교, 천주교 ※ Catholic 형 (로마) 가톨릭교회의, 천주교의 명 천주교도 cathedral 명 대성당
Protestantism	명 (개)신교, (개)신교도 ※ Protestant 명 (개)신교도 형 (개)신교의
Buddhism	명 불교 ※ Buddhist 형 불교의 명 불교 신자 Buddha 명 부처
Confucianism	명 유교 ※ Confucius 명 공자 ((유교의 창시자)) Confucian 형 유교의
Islam	명 이슬람교 ※ Muslim 명 이슬람교도 형 이슬람교의 *cf.* mosque 명 모스크, 이슬람교 사원
Hinduism	명 힌두교 ※ Hindu 명 힌두교 신자 형 힌두교의
Judaism	명 유대교 ※ Jew 명 유대인 Jewish 형 유대인의; 유대교의 *cf.* rabbi 명 라비 ((유대교의 지도자·교사)) synagog(ue) 명 유대교 회당

09 강

⑬ 신문 각 부분의 명칭

editorial 명 (신문의) 사설, 논평 형 편집과 관련된; 사설의

feature (story) 명 기획기사, 특집기사

cf. sidebar 명 (주요 기사 옆에 짧게 곁들이는) 관련 기사

caption 명 캡션 ((사진, 삽화 등에 붙인 설명)); 자막

headline 명 (신문 기사 등의) 표제 (= heading) 동 (기사에) 표제를 달다

cf. crossline 명 (신문 기사 등에서) 한 줄짜리 표제

classified ads 명 (신문의) 안내 광고 ((구인, 구직 등 항목별로 구분되어 있음))

obituary 명 (신문에 실리는) 사망 기사, 부고

10 강

⑭ 주요 직업명

1 농업·어업·목축업

peasant 명 소작농, 소농

angler 명 낚시꾼

fisherman 명 어부

cf. fishery 명 어장

herder 명 목동 (= herdsman)

shepherd 명 양치기

wrangler 명 (특히 말을 돌보는) 카우보이

nomad 명 유목민 형 방랑하는

※ nomadic 형 유목의

2 제조·기술

bootmaker 명 구두 만드는 사람

blacksmith 명 대장장이

plumber 명 배관공

※ plumbing 명 (건물의) 배관

mason 명 석공; 벽돌공 동 돌로 만들다

carpenter 명 목수

※ carpentry 명 목수 일; 목공품

technician 명 기술자

civil engineer 명 토목 기사

3 판매

butcher 명 정육점 주인; 도살업자

florist 명 꽃집 주인[직원]

clerk 명 점원; 사무원

solicitor 명 (방문 판매원·텔레마케터 등의) 상품 판촉원

4 문학·예술

essayist 명 수필가; 평론가

choreographer 명 안무가

curator 명 큐레이터 ((박물관 등의 전시 책임자))

5 서비스

catering 명 (연회 등을 대상으로 한) 음식 공급(업)

chef 명 주방장

nanny 명 아기를 돌봐주는 여성

maid 명 하녀, 가정부

butler 명 집사

flight attendant 명 (비행기) 승무원

usher 명 좌석 안내원 동 안내하다

6 학문

oceanographer 명 해양학자

cartographer 명 지도 제작자

chemist 명 화학자

cf. alchemist 명 연금술사

7 공공

firefighter 명 소방관

lifeguard 명 인명 구조원

ranger 명 삼림 관리원; 기습 공격대원

8 스포츠

umpire 명 심판 (= referee)

commentator 명 (신문·방송의) 해설자; 실황 방송 아나운서

9 작가

- **wright** 명 ((주로 복합어)) 장인, 기능인; 작가
- **scriptwriter** 명 시나리오 작가 (= playwright)
- **sportswriter** 명 스포츠 담당 기자
- **songwriter** 명 작사가, 작곡가
- **copywriter** 명 광고 문안 작성자, 카피라이터
- **cartoonist** 명 만화가

10 기타

- **veterinarian** 명 수의사 (= vet)
  ※ veterinary 형 수의과의
- **nutritionist** 명 영양사 (= dietitian)
- **janitor** 명 문지기; (빌딩 등의) 관리인
- **mariner** 명 선원
- **clown** 명 광대 동 광대 짓을 하다
- **examiner** 명 심사 위원; 조사관
- **layman** 명 비전문가; 평신도
- **rookie** 명 초보자; 신인 선수

15 주요 직위·직책명

1 고위직

- **CEO (chief executive officer)** 명 최고 경영자
- **COO (chief operating officer)** 명 최고 운영자
- **president** 명 대통령; (사업체 등의) 회장, ~장
- **vice president** 명 부통령; 부사장
- **board (of directors)** 명 이사회
- **executive** 명 경영간부, 중역
- **chief** 명 (단체의) 최고위자[장] 형 최고의
- **director** 명 (회사) 임원; 책임자, 감독
- **general manager** 명 총지배인, 총감독
- **adviser, advisor** 명 조언자, 고문

2 보좌직

- **deputy** 명 대리(인), 부관
- **aide** 명 보좌관
- **assistant** 명 조수 형 부(副)~, 조(助)~
- **secretarial** 형 비서직의

3 사원

- **sales rep(representative)** 명 영업 사원
- **staff** 명 직원 동 직원으로 일하다
- **intern** 명 인턴사원
  ※ internship 명 인턴의 신분[기간]

11 강

16 주식 관련

- **stock market** 명 증권 시장; 주식 시세; 가축 시장
- **stockholder** 명 ((미)) 주주 (= ((영)) shareholder)
  cf. stockbroker 명 증권 중개인
- **bondholder** 명 회사 채권 소유자
- **holding** 명 (한 회사에 대한) 보유 주식 수; 보유 자산
- **portfolio** 명 (특히 구직 때 제출하는 사진·그림 등의) 작품집; (개인·기관의) 유가 증권 보유 목록
- **fluctuate** 동 (주가 등이) 변동하다
  ※ fluctuation 명 변동
- **dividend** 명 배당금

13강

⑰ 계급의 구분

the intellectual[educated] class 명 지식 계급
the proletariat 명 무산 노동자 계급, 프롤레타리아
the bourgeoisie[propertied class] 명 유산 계급, 부르주아
the privileged class 명 특권 계급
※ privilege 명 특권, 특혜
landed[landowning] class 명 지주 계급
※ landed 형 많은 토지를 소유한
the upper[middle, lower] classes 명 상[중, 하]류 계급
working class 명 노동 계급
slave 명 노예
cf. slavery 명 노예 (신분); 노예제도

14강

⑱ 지리·지형

continent 명 대륙, 육지
※ continental 형 대륙의
peninsula 명 반도
islet 명 작은 섬
Atlantic 명 ((the ~)) 대서양 (= the Atlantic Ocean) 형 대서양의
arctic 형 북극의; 극도로 추운 명 ((the A-)) 북극
the South Pole 명 남극 (= the Antarctic)
glacier 명 빙하
※ glacial 형 빙하의
icecap 명 (산꼭대기 등의) 만년설; (머리에 얹는) 얼음주머니
borderline 명 경계 형 경계선상의
compass 명 나침반; ((*pl.*)) (제도용) 컴퍼스; 한계, 범위
brink 명 (벼랑, 강가 등의) 가장자리 (= edge); 직전
canyon 명 깊은 협곡
cove 명 작은 만; 협곡
foothill 명 (산기슭의) 작은 언덕
gorge 명 골짜기 동 게걸스럽게 먹다
plateau 명 고원 ((높고 평평한 땅)); 안정기
ridge 명 산등성이 ((산의 등줄기))
elevation 명 높이, 고도; 해발
rugged 형 바위투성이의; 강인한
cliff 명 벼랑, 절벽
ashore 부 해안으로, 물가에
cape 명 곶, 갑 ((바다 쪽으로 뾰족하게 뻗은 육지))
bay 명 만 ((바다가 육지 속으로 파고 들어와 있는 지형))
gulf 명 만 ((bay보다 크기가 큼))
headland 명 곶, 갑 ((바다 쪽으로, 부리 모양으로 뾰족하게 뻗은 육지))
lagoon 명 석호 ((퇴적된 모래 등이 만의 입구를 막아 바다와 분리되어 생긴 호수))
reef 명 암초
pebble 명 조약돌, 자갈
coast 명 해안 (지방)
동 (자전거 등이) 관성으로[저절로] 움직이다
※ coastal 형 해안의
coastline 명 해안선
offshore 부 앞바다에 형 연안의; 국외에서의
seashore 명 해변
brook 명 개울
cascade 명 작은 폭포 동 폭포처럼 흐르다
creek 명 시내
mainstream 명 (강 등의) 주류; 대세 형 주류의
동 주류에 순응시키다
torrent 명 급류; 마구 쏟아짐
crater 명 (화산의) 분화구; 큰 구멍
동 구멍이 뚫리다
chasm 명 (지면 등의) 크게 갈라진 틈
crevice 명 (지면 등의 좁고 깊게) 갈라진 틈
marsh 명 습지
swamp 명 늪 동 늪에 빠지다; 침수시키다
gravel 명 자갈 동 자갈을 깔다
sludge 명 진흙 (같은 것); 폐기물
puddle 명 (특히 비 온 뒤의) 물웅덩이

19 날씨·자연재해

Celsius 형 섭씨(온도)의 (= centigrade)
cf. Fahrenheit 형 화씨(온도)의

mild 형 (날씨가) 온화한 (= clement)

chilly 형 쌀쌀한

freezing 형 몹시 추운; 어는

humid 형 습한
※ humidity 명 습도; 습기
humidifier 명 가습기

damp 형 (불쾌감을 줄 정도로) 축축한, 눅눅한
cf. moist 형 (기분 좋게) 촉촉한

frost 명 서리; 성에

dew 명 이슬

mist 명 옅은 안개
cf. dense fog 명 짙은 안개
haze 명 연무, 실안개

thunder and lightning 명 천둥번개

hail 명 우박 동 우박이 쏟아지다

snowflake 명 눈송이

blizzard 명 눈보라

drizzle 명 이슬비 동 (비가) 보슬보슬 내리다

downpour 명 폭우

rainstorm 명 폭풍우
cf. thunderstorm 명 뇌우(雷雨)

blast 명 폭발; 강한 바람 (= gale, gust)

breeze 명 산들바람, 미풍

barometer 명 기압계; (경제·사회·정치 상황 등을 보여 주는) 지표
cf. hygrometer 명 습도계

drought 명 가뭄

deluge 명 폭우, 대홍수; 쇄도 (= flood)

typhoon 명 태풍

avalanche 명 눈[산]사태
cf. landslide 명 (산)사태; (선거에서) 압도적인 승리

16 강

20 컴퓨터

1 일반

analog 형 유사의; 아날로그(방식)의

digital 형 숫자를 사용하는; 디지털(방식)의

portable 형 휴대가 쉬운

high tech 형 첨단 기술의

nanotechnology 명 나노테크놀로지 ((반도체 등 미세 가공 기술))

artificial intelligence (AI) 명 인공 지능

robotic 형 로봇을 이용하는
※ robotics 명 로봇 공학

computation 명 계산; 컴퓨터의 사용

computer engineer 명 컴퓨터 공학자

connectivity 명 (다른 기종과의) 접속 가능성

hardware 명 쇠붙이; 기계 설비; ((컴퓨터)) 하드웨어

hardwired 형 하드웨어에 내장된

disk 명 (납작한) 원반; (컴퓨터) 디스크

byte 명 ((컴퓨터)) 바이트 ((정보 전달 단위))
cf. megabyte 명 메가바이트 ((100만 바이트))
gigabyte 명 기가바이트 ((10억 바이트))

database 명 데이터베이스 ((컴퓨터 정보의 축적 및 정보 제공 서비스))

cycle time 명 사이클 타임 ((기억 장치의 읽는 속도))

coding 명 부호화, 코딩

2 네트워크·기타

cybernetic 형 인공 두뇌학의

cyberspace 명 가상 현실 ((컴퓨터 네트워크에 의해 형성되는 공간))

networking 명 네트워킹 ((여러 대의 컴퓨터 등이 연계된 시스템))

avatar 명 구현; (컴퓨터) 아바타

data mining 명 데이터 마이닝 ((인터넷 같은 방대한 정보의 바다에서 유용한 정보를 추출하는 기술))

upload 동 업로드하다 ((다른 컴퓨터로 정보를 옮겨 보내는 것))
cf. download 동명 다운로드(하다)

browser 명 브라우저 ((인터넷의 정보를 검색·열람할 수 있게 해 주는 프로그램))

social media — 명 소셜 미디어 ((e.g. 블로그, 소셜 네트워크 등))

email account — 명 이메일 계정

inbox — 명 받은 편지함 ((수신된 이메일을 보관하는 폴더))
cf. outbox 명 보낼 편지함 ((발송 예정 이메일의 임시 보관함))

21 빛의 발산

flash 명 번쩍임; 번쩍하는 빛 동 (빛을) 번쩍 비추다

flare 동 (불이) 확 타오르다 명 확 타오르는 불길

flicker 동 (전깃불 등이) 깜박거리다; (감정·생각 등이) 스치다
※ flickering 형 깜빡거리는

dim 형 (빛이) 어둑한; (형체가) 흐릿한 동 어둑해지다

gleam 명 흐릿한 빛; (순간적인) 번쩍임 동 어슴푸레 빛나다

glimmer 동 희미하게 깜박이다[빛나다] 명 (희미하게) 깜박이는 빛

glisten 동 (젖은 것이) 반짝이다 명 반짝임

glitter 동 반짝반짝 빛나다 (= shine, twinkle, sparkle) 명 반짝거림

glow 명 불꽃 없이 타는 빛; 달아오름 동 계속 은은히 빛나다

dazzle 동 (강한 빛이) 눈부시게 하다
※ dazzling 형 눈부신

phosphorescence 명 인광 ((빛의 자극을 받아 빛을 내던 물질이, 그 자극이 멎은 뒤에도 계속하여 내는 빛))

17강

22 주요 화합물

carbonate 명 탄산염 ((탄산의 수소가 금속으로 치환 된 염)) 동 탄산가스로 포화시키다
※ carbonated 형 탄산이 든

calcium carbonate 명 탄산칼슘 (($CaCO_3$))

carbon dioxide 명 이산화탄소 ((CO_2))

carbon monoxide 명 일산화탄소 ((CO))

dioxide 명 이산화물
cf. monoxide 명 일산화물 ((산소 원자 하나와 결합한 화합물))

sulfate 명 황산염

sulfide 명 황화물

sulfuric acid 명 황산

hydrochloric acid 명 염산

23 주요 원소

hydrogen 수소 ((기호 H))

oxygen 산소 ((기호 O))

nitrogen 질소 ((기호 N))

calcium 칼슘 ((기호 Ca))

potassium 칼륨 ((기호 K))

magnesium 마그네슘 ((기호 Mg))

iron 철 ((기호 Fe))

carbon 탄소 ((기호 C))

radium 라듐 ((기호 Ra))

silicon 규소 ((기호 Si))

sodium 나트륨 ((기호 Na))

sulfur (유)황 ((기호 S))

uranium 우라늄 ((기호 U))

24 금속의 종류

brass 명 놋쇠, 황동; ((음악)) 금관 악기
bronze 명 청동 형 청동빛의
copper 명 구리 형 구리로 만든; 구릿빛의
nickel 명 니켈; 5센트짜리 동전
steel 명 강철
tin 명 주석; 깡통
aluminum 명 알루미늄

18강

25 별자리

Aquarius / the Water Carrier[Bearer] (1월 20일 ~ 2월 18일) 물병자리
Pisces / the Fish (2월 19일 ~ 3월 20일) 물고기자리
Aries / the Ram (3월 21일 ~ 4월 19일) 양자리
Taurus / the Bull (4월 20일 ~ 5월 20일) 황소자리
Gemini / the Twins (5월 21일 ~ 6월 21일) 쌍둥이자리
Cancer / the Crab (6월 22일 ~ 7월 22일) 게자리
Leo / the Lion (7월 23일 ~ 8월 22일) 사자자리
Virgo / the Virgin (8월 23일 ~ 9월 22일) 처녀자리
Libra / the Scales (9월 23일 ~ 10월 22일) 천칭자리
Scorpio / the Scorpion (10월 23일 ~ 11월 22일) 전갈자리
Sagittarius / the Archer (11월 23일 ~ 12월 24일) 사수자리
Capricorn / the Goat (12월 25일 ~ 1월 19일) 염소자리

26 동물 관련 여러 어휘

hybrid 명 (동식물의) 잡종 형 잡종의
※ hybrid car 명 하이브리드 승용차 ((휘발유, 전기 병용))
herd 명 (짐승의) 떼
동 (짐승 등의 무리를) 이끌다
cf. horde 명 (사람들의) 무리 (= crew)
stampede 동 (사람·동물들이 한쪽으로) 우르르 몰리다; 재촉하다 명 쇄도

1 양서류·파충류

bullfrog 명 황소개구리
tadpole 명 올챙이
toad 명 두꺼비
lizard 명 도마뱀
tortoise 명 거북
turtle 명 바다거북
rattlesnake 명 방울뱀
flipper 명 (거북 등의) 지느러미 모양의 발
croak 명 개굴개굴 우는 소리 동 개굴개굴 울다

2 조류

cock 명 수탉 *cf.* hen 명 암탉
goose 명 ((*pl.* geese)) 거위
magpie 명 까치
crow 명 까마귀
dove 명 비둘기
sparrow 명 참새
parrot 명 앵무새
canary 명 카나리아
woodpecker 명 딱따구리
thrush 명 개똥지빠귀
mockingbird 명 흉내지빠귀 ((다른 새의 울음소리를 흉내내는 새))
thunderbird 명 천둥새
hummingbird 명 벌새
lark 명 종달새
cuckoo 명 뻐꾸기
stork 명 황새
swan 명 백조
seagull 명 갈매기
chick 명 병아리
duckling 명 새끼 오리
nestling 명 어린 새 (= fledgling)
chirp 동 짹짹거리다
coo 동 (비둘기가) 구구 울다
quack 명 (오리가) 꽥꽥 우는 소리

tweet	명 짹짹 (소리)
twitter	동 새가 지저귀다 명 지저귐
brood	동 (새가) 알을 품다 명 (같은 때에 태어난) 새끼들
plumage	명 깃털
feathered	형 깃털이 있는 (↔ featherless 깃털 없는)
wingspan	명 날개 길이
beak	명 부리
crest	명 (조류 머리 위의) 볏
roost	명 (새가 올라앉는) 홰

3 포유류

pug	명 퍼그
hound	명 사냥개
hare	명 산토끼
ram	명 숫양
mole	명 두더지
porcupine	명 호저 ((몸에 길고 뻣뻣한 가시털이 덮여 있는 동물))
opossum	명 주머니쥐
raccoon	명 미국너구리
reindeer	명 순록
moose	명 무스 ((북미산 큰사슴))
antelope	명 영양
swine	명 돼지
cattle	명 소 *cf.* bull 명 황소 ox 명 ((*pl.* oxen)) 황소
hippopotamus	명 하마 ((줄여서 hippo))
rhinoceros	명 코뿔소 ((줄여서 rhino))
polar bear	명 북극곰
leopard	명 표범
panther	명 검은 표범
pony	명 조랑말
zebra	명 얼룩말
mustang	명 무스탕 ((아메리카산 작은 야생마))
chimpanzee	명 침팬지 ((줄여서 chimp))
puss	명 고양이 ((애칭))
bunny	명 ((아동어)) 토끼
piglet	명 새끼 돼지
calf	명 송아지
cub	명 (곰·사자 등의) 새끼
bellow	동 큰 소리로 울다
growl	동 으르렁거리다
grunt	동 꿀꿀거리다
neigh	동 (말이 히힝 하고) 울다
purr	동 (고양이 등이 기분이 좋아) 가르랑거리다
snarl	동 으르렁거리다
howl	명 (멀리서) 짖는 소리
wag	동 (개가 꼬리를) 흔들다
champ	동 우적우적 씹다
burrow	동 굴을 파다; (~에) 파묻다 명 (토끼 등의) 굴; 은신처 *cf.* furrow 명 밭고랑
fang	명 (뱀·개 등의) 송곳니
tusk	명 (코끼리의) 상아

4 수생 생물

walrus	명 바다코끼리 *cf.* seal 명 바다표범
sea horse	명 해마
jellyfish	명 해파리
shrimp	명 새우
starfish	명 불가사리
squid	명 오징어
octopus	명 문어
crayfish	명 가재
coral	명 산호 *cf.* coral reef 명 산호초 ((산호가 퇴적되어 형성된 암초))
mussel	명 홍합
oyster	명 굴
clam	명 대합조개
seashell	명 조개껍데기
catfish	명 메기
trout	명 송어
snapper	명 도미(의 일종)
tuna	명 참치
bass	명 농어
cod	명 대구 (= codfish)
eel	명 장어
flatfish	명 넙치류 생선
mackerel	명 고등어
shark	명 상어
tentacle	명 (오징어 등의) 촉수
gill	명 아가미
dorsal	형 (물고기나 동물의) 등에 있는

5 곤충

bug	명 (작은) 곤충
swarm	명 (곤충의) 떼, 무리
moth	명 나방
dragonfly	명 잠자리
firefly	명 반딧불이
ladybug	명 무당벌레

APPENDIX 1

beetle	명 딱정벌레
dung beetle	명 쇠똥구리
silkworm	명 누에
termite	명 흰개미
drone	명 수벌 동 윙윙거리다
hive	명 벌집; 벌 떼
beeswax	명 밀랍
centipede	명 지네
snail	명 달팽이
pest	명 해충
cockroach	명 바퀴벌레
mosquito	명 모기
mite	명 진드기
flea	명 벼룩
louse	명 ((*pl.* lice)) 이
leech	명 거머리
larva	명 ((*pl.* larvae)) 애벌레 *cf.* lava 명 용암
caterpillar	명 애벌레
cocoon	명 고치
pupa	명 번데기
cobweb	명 거미줄
foreleg	명 앞다리
hind	형 (동물의 다리를 가리킬 때) 뒤의
paw	명 (발톱이 달린) 발
spiny	형 가시가 있는
antenna	명 ((*pl.* antennae)) (곤충의) 더듬이
infest	동 (곤충·동물 등이) 우글거리다, 들끓다
sting	동 쏘다

27 식물 관련 여러 어휘

vegetation	명 (특정 지역의) 초목
underbrush	명 덤불
shrub	명 관목
bulb	명 구근 (식물)
grove	명 (작은) 숲; 과수원
stump	명 (나무의) 그루터기
germinate	동 싹트다, 발아하다

1 구조

stalk	명 줄기 동 뒤를 몰래 밟다
trunk	명 나무의 몸통
resin	명 송진; 합성수지
sap	명 수액
bough	명 큰 가지
tendril	명 덩굴손
thorn	명 가시 ※ thorny 형 가시가 있는 *cf.* prickly 형 가시로 뒤덮인
bark	명 나무껍질
prune	동 (가지를) 잘라 내다 명 말린 자두
crotch	명 나뭇가지가 갈라져 나온 밑 부분; 분기점
leaflet	명 작은 잎; 광고 전단
leafy	형 잎이 무성한
bushy	형 무성한
greenery	명 녹색 나뭇잎[화초]
foliage	명 (한 나무의) 잎 (전부)
bud	명 꽃봉오리, 눈
petal	명 꽃잎
sepal	명 꽃받침
stamen	명 (꽃의) 수술
pollen	명 꽃가루
nectar	명 (꽃의) 꿀
bloom	명 (화초의) 꽃; 개화(기) 동 꽃이 피다 ※ blooming 형 활짝 핀
blossom	명 (특히 유실수의) 꽃 동 꽃이 피다
flowery	형 꽃으로 덮인
floral	형 꽃의
pod	명 (콩이 들어 있는) 꼬투리 (= seedpod, hull)
kernel	명 (견과류·씨앗의) 알맹이; (사상·주제의) 핵심

2 꽃 이름

cherry blossom	명 벚꽃
dandelion	명 민들레
daffodil	명 수선화
peony	명 모란, 작약
orchid	명 난초
rosebud	명 장미꽃 봉오리
chrysanthemum	명 국화
saffron	명 사프란 ((붓꽃과))
lotus flower	명 연꽃

3 열매/곡식 등

nut	명 견과 *cf.* nutshell 명 견과의 껍질
acorn	명 도토리

bean 명 콩
sesame 명 참깨
oat 명 ((*pl.*)) 귀리 형 귀리로 만든
cf. oatmeal 명 오트밀, 귀리 가루
sugarcane 명 사탕수수 (= cane)
cinnamon 명 계피
turnip 명 순무
eggplant 명 가지
lettuce 명 상추
herb 명 허브, 약초
※ herbal 형 허브[약초]의
rosemary 명 로즈메리
mint 명 박하

4 나무 이름

sycamore 명 (미국산) 플라타너스; (유럽) 단풍나무의 일종
oak 명 오크나무
redwood 명 미국삼나무
mulberry 명 뽕나무, 오디
willow 명 버드나무
beech 명 너도밤나무
birch 명 자작나무
cottonwood 명 미루나무
ebony 명 흑단
fir 명 전나무
vine 명 덩굴; 덩굴식물
cf. grapevine 명 포도덩굴[나무]

5 기타

cactus 명 ((*pl.* cacti, cactuses)) 선인장
algae 명 ((alga의 복수형)) 해조류
seaweed 명 해초
reed 명 갈대
moss 명 이끼 (= lichen)

APPENDIX 1

19강

28 위치 관계를 나타내는 여러 어휘

1 위, 꼭대기

apex 명 꼭대기, 정점
atop 전 꼭대기에, 맨 위에
pinnacle 명 정점, 절정; 산봉우리
summit 명 산꼭대기; 정상 회담
crest 명 산마루 동 꼭대기에 오르다; 최고조에 달하다
crown 명 왕관; 왕위; 꼭대기
tip-top 형 최고의, 최상의
uppermost 형 가장 위의; 가장 중요한 부 가장 높이

2 중간

amid 전 가운데에; ~에 둘러싸여
midsection 명 중간부
midst 명 중앙, 한가운데

3 근처

proximity 명 가까움, 근접
periphery 명 주변
※ peripheral 형 주변의; 지엽적인
perimeter 명 주변; ((수학)) 둘레
vicinity 명 부근, 인근
flank 명 측면
lateral 형 옆[측면]의
abreast 부 나란히

4 기타

frontal 형 정면의
squarely 부 정면으로; 곧바로
rearmost 형 가장 뒤쪽의
intersperse 동 (속·사이에) 배치하다
stray 동 제 위치를 벗어나다 형 길을 잃은

29 신체·동작·움직임

1 신체 부위

scalp 명 두피
full face 형 (얼굴의) 정면을 보여주는
profile 명 (얼굴의) 옆모습; 개요; 프로필
brow 명 이마 (= forehead); 눈썹 (= eyebrow)
eyelid 명 눈꺼풀
nostril 명 콧구멍
mustache 명 코밑수염
beard 명 (턱)수염
jaw 명 턱
pupil 명 눈동자; (특히 초·중학교) 학생
iris 명 (안구의) 홍채; 붓꽃
lens 명 렌즈; (안구의) 수정체
cornea 명 각막
eardrum 명 고막
palate 명 구개, 입천장
gum 명 잇몸; 고무; 껌
taste bud 명 미뢰, 맛봉오리 ((혀의 미각 기관))
wisdom tooth 명 사랑니
breast 명 (젖)가슴
chest 명 가슴, 흉부
abdomen 명 배, 복부
※ abdominal 형 복부의
belly 명 (불룩한) 배
tummy 명 ((아동어)) 배
hip 명 골반 부위
buttock 명 엉덩이
limb 명 팔다리; (새의) 날개
thigh 명 넓적다리
lap 명 무릎 ((의자에 앉았을 때 양다리 위의 넓적한 부분))
forearm 명 팔뚝
armpit 명 겨드랑이
cf. underarm 형 겨드랑이 밑의
wrist 명 손목
palm 명 손바닥
fist 명 주먹
fingernail 명 손톱
fingertip 명 손가락 끝
index finger 명 집게손가락 (= forefinger)
pinkie 명 새끼손가락 (= little finger)
heel 명 뒤꿈치

2 혈관·분비(기관)·배설 등

blood vessel 명 혈관
artery 명 동맥
vein 명 정맥
circulatory 형 혈액 순환의
cardiovascular 형 심혈관의
membrane 명 (피부·조직의 얇은) 막
gland 명 분비샘
endocrine 형 내분비의, 호르몬의
secretion 명 분비(물); 숨김, 은닉
saliva 명 침, 타액
※ salivary 형 침의
urine 명 소변
※ urinate 동 소변을 보다
urination 명 배뇨 (작용)
excrete 동 배설하다

3 뼈·근육

skeleton 명 뼈대, 골격
※ skeletal 형 골격의
skull 명 두개골
jawbone 명 (아래) 턱뼈
spine 명 척추 (= backbone)
※ spinal 형 척추의
bone marrow 명 골수
cheekbone 명 광대뼈
rib 명 갈비(뼈)
bone density 명 골밀도
joint 명 관절; 접합 부분 형 공동의
※ jointly 부 공동으로
ligament 명 (관절의) 인대
muscle 명 근육
※ muscular 형 근육의

4 장기

organ 명 (생물의) 장기[기관] (= apparatus); ((악기)) 오르간
cardiopulmonary 형 심폐의 ((심장과 폐의))
bronchial 형 기관지의
lung 명 폐
gastric 형 위(胃)의

kidney 명 신장, 콩팥
bladder 명 방광; 주머니
cf. gall bladder 명 쓸개, 담낭
liver 명 간
intestine 명 장, 창자
cf. the small[large] intestine 명 소장[대장]
pancreas 명 췌장
appendix 명 맹장; 부록

5 소화

gut 명 소화관 (= digestive tract); 내장; ((pl.)) 배짱
digestive enzymes 명 소화 효소
belch 동 트림하다 (= burp)

6 머리 모양

crew cut 명 스포츠머리 ((아주 짧게 깎은 머리 모양))
bobbed 형 단발의; 꼬리를 자른
braid 명 (실로 만든) 장식용 수술; 땋은 머리 (= plait, pigtail)
※ braided 형 짠, 꼰; 머리를 땋은
ponytail 명 뒤에서 하나로 묶어 늘어뜨린 머리 모양
dreadlocks 명 (특히 흑인들이 하는) 여러 가닥으로 땋은 머리
shaggy 형 머리털이 텁수룩한

7 동작·움직임

(1) 얼굴

blink 동 눈을 깜박이다
behold 동 (바라)보다
gaze 명 응시; 시선 동 뚫어지게 보다
glance 명 흘끗 봄 동 흘끗 보다
glimpse 명 잠깐 봄 동 잠깐 보다
peep 동 (작은 틈으로) 훔쳐보다
scan 동 (유심히) 살피다; (대충) 훑어보다; (스캐너로) 스캔하다
cf. scrutinize 동 면밀하게 살피다
scrutiny 명 철저한 조사
pore 동 ((over)) 세세히 보다; 숙고하다
명 (피부 등의) 구멍
sniff 동 코를 훌쩍이다; 코를 킁킁거리다
puff 동 숨을 내뿜다; 숨을 헐떡이다
※ puffed 형 숨을 헉헉거리는
peck 동 (부리로) 쪼다; 가볍게 입을 맞추다
contort 동 (얼굴을) 찡그리다
spit 동 (침·입에 든 음식 등을) 뱉다
명 침; (침 등을) 뱉기

(2) 손·팔

slap 동 철썩 때리다
smash 동 때려 부수다; 충돌시키다
lash 동 후려치다 (= bash, whack); 묶다
명 채찍
spank 동 (체벌로) 엉덩이를 때리다
pummel 동 연타를 날리다, 주먹으로 치다
lob 동 (공중으로 꽤 높이) 던지다
splash 동 (물을) 끼얹다; 첨벙거리다
caress 동 어루만지다
pat 동 쓰다듬다, 토닥거리다
fumble 동 (손으로) 더듬거리다; (말을) 더듬거리다
beckon 동 손짓으로 부르다
flick 동 (손가락 등으로) 튀기다; 잽싸게 움직이다
pluck 동 잡아 뜯다
hack 동 (마구) 자르다, 베다; 해킹하다
hoist 동 들어 올리다, 높이 올리다
pinch 동 꼬집다; 꼭 집다
crumple 동 구기다
crush 동 으스러뜨리다
※ crushing 형 참담한
squash 동 짓누르다, 으깨다
squeeze 동 (손으로 꼭) 짜다
rinse 동 (물로) 씻다, 헹구다
scrape 동 (떼어 내기 위해) 긁어내다
snap 동 탁 부러뜨리다 명 찰칵하는 소리
clasp 동 (꽉) 움켜쥐다
clench 동 (주먹을) 꽉 쥐다; (이를) 악물다
clutch 동 (꽉) 움켜잡다
grasp 동 꽉 잡다; 이해하다
grab 동 (단단히) 움켜잡다
seize 동 와락 붙잡다
snatch 동 잡아채다; 빼앗다
tug 동 잡아당기다
rip 동 찢다
ruffle 동 헝클어 놓다; 물결이 일게 하다
pound 동 (여러 번 세게) 두드리다
tap 동 (가볍게) 두드리다 (= rap); (음악에 맞춰 손발 등으로) 박자를 맞추다
hurl 동 (거칠게) 던지다
toss 동 던지다; 흔들다; 뒤척이다
poke 동 쿡 찌르다
nudge 동 (팔꿈치로) 슬쩍 찌르다; 주의를 환기시키다
cram 동 (좁은 곳에) 밀어 넣다
scrawl 동 휘갈겨 쓰다, 낙서를 하다

fling	동 내던지다
perforate	동 구멍을 뚫다
lug	동 (무거운 것을 힘들게) 나르다[끌다]

(3) 발·다리

kneel	동 무릎 꿇다
limp	동 절뚝거리다 (= hobble)
형 기운이 없는; 흐느적거리는
teeter	동 불안정하게 서다[움직이다]
stumble	동 발을 헛디디다; 비틀거리며 걷다 (= stagger)
tread	동 발을 디디다, 밟다
trample	동 짓밟다
gallop	동 전속력으로 달리다

(4) 전신

budge	동 약간 움직이다; 의견을 바꾸다
bustle	동 바삐 움직이다 명 부산함
※ bustling 형 부산한
brushing	형 휙 스쳐 가는; 빠른
dodge	동 재빨리 움직이다[피하다]
fetch	동 (가서) 가져오다
flail	동 (팔다리를) 마구 움직이다, 휘두르다
wallow	동 뒹굴다
crane	동 (더 잘 보려고 몸이나 목을) 길게 빼다
명 학, 두루미; 기중기
crawl	동 기어가다
climb	동 오르다; 등산하다
mount	동 올라가다; 올라타다
※ mounted 형 말을 탄
dismount	동 (말 등에서) 내리다
scramble	동 재빨리 기어오르다 (= clamber); 서로 밀치다; 허둥지둥 해내다
stretch	동 잡아 늘이다; 기지개를 켜다
crouch	동 (몸을) 웅크리다; 쪼그리고 앉다 (= squat)
perch	동 앉아 있다 명 횃대; 높은 자리
huddle	동 몸을 움츠리다; 뒤죽박죽 쌓아 올리다
stoop	동 몸을 굽히다; (자세가) 구부정하다
pounce	동 (공격하거나 잡으려고 확) 덮치다
lunge	동 달려들다, 돌진하다
zoom	동 (아주 빨리) 붕[쌩] 하고 가다
nimble	형 (동작이) 민첩한; 영리한
※ nimbleness 명 민첩성; 영리함
cuddle	동 (애정의 표시로) 꼭 껴안다
gesticulate	동 몸짓[손짓]으로 나타내다
flit	동 (가볍게) 돌아다니다
flop	동 털썩 주저앉다
glide	동 미끄러지듯 가다
quiver	동 (가볍게) 떨다
shiver	동 (추위·두려움 등으로) 몸을 떨다
flex	동 (준비 운동으로) 몸을 풀다
tumble	동 굴러떨어지다; 폭락하다
※ tumbling 명 ((체조)) 텀블링
plunge	동 (앞·아래로) 거꾸러지다
twitch	동 씰룩거리다, 경련하다; 홱 잡아채다
jiggle	동 (아래위나 양옆으로 빠르게) 움직이다, 흔들다
wiggle	동 (씰룩씰룩) 움직이다
squirm	동 꿈틀[꼼지락]대다
sprawl	동 팔다리를 아무렇게나 뻗다
thrash	동 몸부림치다, 허우적거리다; (벌로서 매를) 때리다
nestle	동 편안하게 눕다
straddle	동 다리를 벌리고 앉다[서다]
hustle	동 (사람을) 밀치다
thrust	동 밀치다
※ thrusting 형 자기주장이 강한
piggyback	형 어깨[등]에 탄
명 (등에) 업기; 목말 타기

(5) 사물의 움직임

bounce	동 (공 등이) 튀다
※ bouncing 형 건강한, 활발한
dangle	동 (달랑달랑) 매달리다
constrict	동 수축하다
floppy	형 헐렁한, 늘어진
fluttery	형 펄럭이는
flip	동 홱 뒤집다
mingle	동 섞이다
vibrate	동 진동하다
※ vibration 명 진동
oscillate	동 (두 지점 사이를) 왔다 갔다 하다 (= swing); 진동하다
falter	동 불안정해지다, 흔들리다
sway	동 (전후좌우로) 흔들다
wobble	동 (불안정하게) 흔들리다; 뒤뚱거리며 가다
swivel	동 회전하다 (= spin) 명 회전 고리
whirl	동 빙빙 돌다 (= twirl)
cf. vortex 명 소용돌이 (= whirlpool, whirlwind)
splatter	동 후두두 떨어지다; (액체 방울 등을) 튀기다 (= spatter)
drip	동 (액체가) 뚝뚝 떨어지다
※ dripping 형 물이 뚝뚝 떨어지는
drift	동 표류하다
명 (서서히 일어나는) 이동; 표류

hover	동 (허공을) 맴돌다	**vanish**	동 사라지다
whiz	동 쌩 하고 지나가다	**lag**	동 뒤에 처지다
(6) 기타		**linger**	동 남아 있다
flap	동 (새가 날개를) 퍼덕거리다; 펄럭이다	**lurk**	동 숨어 있다, 도사리다
elude	동 (교묘히) 피하다	**stall**	동 멎게 하다, 옴짝달싹 못하게 하다
hush	동 ((명령문으로)) 쉿, 조용히 해; ~을 조용히 시키다		

30 소리

sonic	형 소리의, 음(파)의; 음속의	**wheeze**	동 (숨쉬기가 힘이 들어서) 쌕쌕거리다
beep	명 (전자 기기 등에서 나는) 삐 소리	**clash**	명 충돌; (충돌할 때 나는) 요란한 소리
creak	명 삐걱거리는 소리	**rattle**	명 달그락거리는 소리 (= clatter)
	※ creaky 형 삐걱거리는	**rustle**	명 바스락거리는 소리
hiss	동 쉿 하는 소리를 내다	**tick**	명 똑딱[재깍]거리는 소리
squeak	동 끽 소리를 내다 (= squeal)	**tinkle**	명 쨍그랑[짤랑/딸랑]하는 소리
buzz	명 윙윙거리는 소리; 잡음	**thump**	명 쿵[탁] 하는 소리
	※ buzzing 형 윙윙거리는	**rumble**	명 우르릉[윙윙]거리는 소리
whizz	동 윙 소리 내며 움직이다	**roaring**	형 으르렁거리는
hum	동 윙윙거리다; 콧노래를 부르다		
	※ humming 형 윙윙거리는; 콧노래를 부르는		

28강

31 주요 질환명

1 내과 질환

asthma	명 천식
	※ asthmatic 형 천식의 명 천식 환자
anemia	명 빈혈
leukemia	명 백혈병
sepsis	명 패혈증
	※ septic 형 패혈성의
ulcer	명 궤양
tumor	명 종양
lump	명 (특정 형태가 없는) 덩어리; 혹
rabies	명 광견병

2 전염성·바이러스 질환

germ	명 세균, 병균
contagion	명 전염
catching	형 전염되는 (= infectious)
pandemic	명 전국[전 세계]적인 유행병
plague	명 전염병; ((the ~)) 페스트
pinkeye	명 유행 결막염
smallpox	명 천연두
measles	명 홍역
shingles	명 대상포진
tuberculosis	명 (폐) 결핵
pneumonia	명 폐렴

3 성인병

stroke	명 뇌졸중
palsy	명 중풍, 마비
heart attack	명 심장마비 (= heart failure)
high blood pressure	명 고혈압 (= hypertension)

4 정신과 질환

psychiatry	명 정신 의학
	※ psychiatric 형 정신의학[질환]의
	psychiatrist 명 정신과 의사

APPENDIX 1

psychotherapy 명 정신 치료
※ psychotherapist 명 심리치료사
psychoanalysis 명 정신 분석
※ psychoanalyst 명 정신 분석가
mental disorder 명 정신 질환
ADHD (attention deficit hyperactivity disorder)
명 주의력 결핍 과잉행동 장애
autism 명 자폐증
※ pautistic 형 자폐증의
paranoia 명 편집증
nervous breakdown 명 신경쇠약
PTSD (post-traumatic stress disorder)
명 외상 후 스트레스장애
Alzheimer's disease 명 알츠하이머병, 치매
memory lapse 명 깜빡 잊음, 기억력 쇠퇴
amnesia 명 기억상실(증)
seizure 명 발작
lunatic 형 미친, 정신이상의
hypnosis 명 최면 (상태); 최면술
cf. hypnotic 형 최면술의 명 수면제

5 정형외과 질환

arthritis 명 관절염
※ arthritic 형 관절염의

rheumatism 명 류머티즘
※ rheumatic 형 류머티즘의
osteoporosis 명 골다공증
fracture 명 골절
cf. plaster 명 깁스; 석고 반죽
backache 명 요통
polio 명 소아마비

6 피부과 질환

acne 명 여드름 (= pimple)
freckle 명 주근깨
speckle 명 작은 반점
dandruff 명 (머리의) 비듬

7 외과 질환

fester 동 (상처가) 곪다
frostbitten 형 동상에 걸린

8 치과 질환

cavity 명 (물체 속의) 구멍; 충치

32 의료 기관·관계자

clinic 명 진료소; (전문) 병원
※ clinical 형 임상의
subclinical 형 무증상의, 잠재성의
ward 명 (특정 상태의 환자들을 위한) -실[병동]
emergency room (ER) 명 응급실
cf. first aid 명 응급 처치
sanatorium 명 요양원 (= sanitarium)
cf. nursing home 명 (작은 사설) 양로원
hospice 명 호스피스 ((말기 환자용 병원))

general practitioner 명 (전문의가 아닌) 일반의(醫)
cf. specialist 명 전문의
paramedic 명 구급 의료대원; 준 의료 종사자
pharmacist 명 약사
※ pharmacy 명 약(제)학; 약국
pharmaceutical 형 약학[제약]의
명 (제)약
therapist 명 치료 전문가
※ therapy 명 치료, 요법
therapeutic 형 치료상의

29 강

33 의류·색깔

1 옷

cloak 명 망토 동 가리다
overalls 명 멜빵 달린 작업복

hood 명 (외투에 달린) 모자
headgear 명 쓰개, 모자
wig 명 가발

bridal veil　명 신부의 면사포
vest　명 조끼
garland　명 화환 동 화환을 씌우다
robe　명 예복; 길고 헐거운 겉옷
tailcoat　명 연미복
cardigan　명 카디건
gown　명 (여성용) 드레스; 가운
undergarment　명 속옷 (= underwear)
sportswear　명 운동복; 평상복
　cf. sporty 형 운동복[평상복] 같은
sweatshirt　명 운동복 상의
jersey　명 (운동 경기용) 셔츠
protective clothing　명 방호복
wetsuit　명 잠수복

2 신발

boots　명 부츠
loafer　명 로퍼 ((끈으로 묶지 않고 편하게 신을 수 있는 낮은 가죽신)); 빈둥거리며 시간을 보내는 사람
moccasin　명 모카신 ((부드러운 가죽으로 만든 납작한 신. 원래 북미 원주민들이 신던 형태))
pumps　명 펌프스 ((굽이 있는 형태로 앞코가 둥근 디자인의 구두))
flip-flops　명 (엄지와 둘째 발가락 사이로) 끈을 끼워 신는 샌들
shoelace　명 신발[구두] 끈

3 옷의 부분 명칭

frill　명 주름 장식
collar　명 (윗옷의) 칼라, 깃; 목걸이
　동 붙잡다
cuff　명 소매 끝동; ((*pl.*)) 수갑
shirt-tail　명 셔츠 자락
tuck　명 접어 넣은 단
　동 (끝부분을) 밀어 넣다
hem　명 옷단 동 옷단을 만들다
strip　명 길고 가느다란 조각
　동 옷을 벗다
sash　명 (몸에 두르는) 띠
buckle　명 (벨트의) 버클 동 버클로 잠그다
braces　명 ((영)) 멜빵
　cf. suspenders 명 ((미)) 멜빵
fringe　명 (실을 꼬아 만든) 술 (장식); 주변부; 앞머리
thong　명 가죽끈
leash　명 가죽끈; 사슬 동 속박하다
lining　명 안감
seam　명 솔기; 이음매
　cf. seamless 형 솔기가 없는
knot　명 매듭

4 무늬

striped　형 줄무늬의
checked　형 체크무늬의 (= checkered)
grid　명 격자무늬
polka dot　명 물방울무늬
zigzag　명 지그재그 동 지그재그로 나아가다
streak　명 줄, 선; 줄무늬
patch　명 (옷에 덧대는 데 쓰이는) 조각; (작은) 부분
crease　명 주름 동 주름이 생기다

5 기타

muff　명 머프 ((방한용 토시))
glove　명 장갑
gem　명 보석
　cf. gemstone 명 보석의 원석
tattoo　명 문신
must-have item　명 필수품
dresser　명 의상 담당자; (형용사와 함께 쓰여) 옷차림이 ~한 사람
stylist　명 (헤어) 스타일리스트; 디자이너
fitting room　명 탈의실
wardrobe　명 옷장; (개인 소유의) 옷
pouch　명 작은 주머니[지갑]
purse　명 핸드백; 지갑
bracelet　명 팔찌
brooch　명 브로치
corsage　명 코르사주 ((옷에 다는 작은 꽃 장식))
stud　명 장식 단추

6 색깔

coloration　명 (생물의) 천연색
coloring　명 (식품) 색소; (지니고 있는) 색
hue　명 빛깔, 색조
snow-white　형 눈같이 흰
ivory　명 상아(색), 아이보리색
beige　명 베이지색
yellowish　형 노르스름한
buff　명 담황색
amber　명 호박(색)
pinkish　형 분홍빛을 띤
rosy　형 장밋빛의
crimson　형 진홍색의
ruby　명 루비; 다홍색

reddish　형 발그레한
auburn　형 (머리칼이) 적갈색의
brownish　형 약간 갈색인
greenish　형 녹색을 띤
verdant　형 파릇파릇한
bluish　형 푸르스름한
indigo　명 남색
mocha　명 모카커피; 커피색

34 식재료

1 곡류

cereal　명 곡류; (우유에 말아 먹는) 시리얼
barley　명 보리
flour　명 (밀)가루

2 고기

raw meat　명 생고기
bacon　명 베이컨
beef　명 소고기
　cf. veal 명 송아지 고기
pork　명 돼지고기
mutton　명 양고기
　cf. lamb 명 (새끼 양의) 양고기
patty　명 패티 ((고기 등을 다져 동글납작하게 빚은 것))

3 채소·과일

spinach　명 시금치
radish　명 무
cabbage　명 양배추
ginger　명 생강
garlic　명 마늘
yam　명 얌 ((마와 같은 뿌리채소))
ginseng　명 인삼
berry　명 산딸기류 열매, -베리
raisin　명 건포도
tangerine　명 탄제린 ((오렌지의 일종))
chestnut　명 밤; 밤나무
walnut　명 호두; 호두나무

4 기타

yolk　명 난황, 노른자(위)
yeast　명 이스트, 효모균
noodle　명 ((주로 *pl.*)) 국수
dairy　형 유제품의; 낙농업의
　※ dairy product 명 유제품
processed food　명 가공식품

35 조리 관련

1 재료

dough　명 밀가루 반죽
paste　명 반죽; 풀
filling　명 충전물; (음식물의) 소

2 조리 동작

immerse　동 (액체에) 담그다; ~에 몰두하다
　※ immersed 형 (액체에) 집어넣은
drain　동 물을 빼내다 명 배수관, 배수구
funnel　명 깔때기; 굴뚝 동 좁은 통로로 흐르게 하다
blend　동 섞다; 혼합하다
　※ blender 명 믹서기
knead　동 (반죽을) 치대다; (근육을) 안마하다
stuff　동 (빽빽이) 채워 넣다 명 물건, 것; 재료
　※ stuffed 형 속을 채운; 잔뜩 먹은
slice　동 (얇게) 썰다 명 얇은 조각
chop　동 (토막으로) 썰다; 내려치다
shred　동 (작고 가늘게) 자르다
　※ shredder 명 분쇄기
pare　동 (얇은 껍질을) 벗기다[깎다]; 축소하다
peel　동 껍질을 벗기다 명 껍질
grate　동 강판에 갈다
　※ grater 명 강판
grind　동 (곡식 등을) 갈다
mince　동 (기계에 고기를) 갈다
sift　동 체로 치다; 엄밀히 조사하다
skim　동 (액체 위 기름 등을) 걷어내다; (표면을) 스쳐 지나가다; 훑어보다
smear　동 (기름기 등을) 마구 바르다; 비방하다
broil　동 굽다
roast　동 (고기 등을) 굽다
grill　동 그릴[석쇠]에 굽다
brew　동 (맥주를) 양조하다; (차를) 끓이다
pasteurize　동 저온 살균하다

36 생활용품

1 수납 용품

crate	명 나무상자
sack	명 부대, 자루
carton	명 (음식이나 음료를 담는) 갑[통]; 상자
packet	명 통; 소포
cask	명 (술을 담아 두는 나무로 된) 통
bin	명 (뚜껑 달린) 통
	cf. tub 명 (뚜껑 없는) 통

2 미용/위생용품

cosmetic	명 화장품 형 겉치레의; 성형의
sunscreen	명 자외선 차단제
mouthwash	명 구강 청결제
toothpick	명 이쑤시개
hand sanitizer	명 손 소독제
diaper	명 기저귀
razor	명 면도기
nail clipper	명 손톱깎이
toilet paper	명 화장실용 화장지

3 청소/세탁용품

mop	명 자루걸레
broom	명 빗자루
	cf. broomstick 명 대가 긴 빗자루
dustpan	명 쓰레받기
trash can	명 쓰레기통 (= wastebasket, dustbin)
ashtray	명 재떨이
detergent	명 세제
fabric softener	명 섬유 유연제

4 실내장식(장식품)

plaque	명 (기념) 명판; (치아에 끼는) 플라크
frame	명 액자, 틀; 뼈대
candlelight	명 촛불
candlestick	명 촛대
clapper	명 (종·방울의) 추
lighting	명 조명 (시설)
light fixture	명 조명 기구
lampshade	명 전등의 갓
chandelier	명 샹들리에
floor lamp	명 플로어 스탠드 ((바닥에 세워 놓는, 키 큰 스탠드))
fishbowl	명 어항
stuffed animal	명 봉제 동물 인형; 박제된 동물

5 줄/끈

strap	명 (가죽·천) 끈
string	명 줄, 끈 (= cord)
	※ stringy 형 실 같은; 섬유질의
twine	명 노끈 ((두 가닥 이상을 꼬아서 만든 끈))
	동 꼬다; 휘감다

6 주방용품

kitchenware	명 주방용품
cookware	명 취사도구
glassware	명 유리 제품
saucepan	명 냄비
pot	명 냄비; 항아리 동 화분에 심다
	※ potted 형 단지에 넣은; 화분에 심은
jug	명 (손잡이가 달린) 항아리; 주전자
tray	명 쟁반; (다용도 플라스틱) 상자
saucer	명 (컵 등의) 받침(접시)
brim	명 (컵 등의) 위 끝부분
	동 (넘칠 듯) 그득하다; 그득 채우다
chip	명 (그릇 등의) 이가 빠진 흔적; 조각
corkscrew	명 코르크 마개 뽑는 기구
tin can	명 통조림통
canister	명 통
canned	형 통조림으로 된
	※ canned food 명 통조림 식품
bottled	형 병에 담은
scoop	명 (작은 국자같이 생긴) 숟가락; (신문의) 특종
ladle	명 국자 (= dipper)
grindstone	명 숫돌 ((연장의 날을 세우는 데 쓰는 돌))
pitcher	명 주전자; (야구의) 투수
kettle	명 주전자
teakettle	명 (금속의) 찻주전자
teapot	명 (도자기로 된) 찻주전자
airtight	형 밀폐된
foil	명 (음식을 싸는 알루미늄) 포장지, 포일
	동 좌절시키다
bubble wrap	명 버블랩 ((깨지기 쉬운 것의 포장에 쓰는, 기포가 들어 있는 비닐 포장재))

37 식사 동작

swallow	동 삼키다 명 제비	**crunch**	명 으드득(하는 소리) ※ crunchy 형 바삭바삭한
chew	동 씹다 ※ chewy 형 쫄깃쫄깃한	**munch**	동 아삭아삭[우적우적] 먹다
lick	동 핥다	**crispy**	형 (기분 좋게) 바삭바삭한 (= crisp)
soak	동 (액체 속에 푹) 담그다	**crumble**	동 바스러지다; (조직이) 무너지다 *cf.* crumb 명 부스러기; 작은 것
dunk	동 (음식을 액체 속에) 적시다	**nibble**	동 조금씩 물어뜯다; 잠식하다
dip	동 (액체에) 살짝 담그다		

38 음식 상태

stale	형 신선하지 않은	**tender**	형 (고기 등이) 연한 *cf.* tough 형 (고기 등이) 질긴
soggy	형 질척거리는; (음식이) 눅눅한	**caffeinated**	형 카페인을 함유한 (↔ decaffeinated 카페인을 제거한)
greasy	형 기름이 많은 *cf.* oily 형 기름기가 함유된; 기름 같은		
starchy	형 탄수화물이 많은		

39 영양소의 종류

carbohydrate	탄수화물	**mineral**	무기질
protein	단백질	**fiber**	섬유소, 섬유질
fat	지방 *cf.* trans fat 트랜스 지방	**salinity**	염분

30 강

40 기타 주생활 관련 여러 어휘

1 건물 종류

edifice	명 (크고 인상적인) 건축물
mansion	명 저택
condominium	명 아파트
annex	명 부속 가옥, 별관
bungalow	명 단층집, 방갈로
pavilion	명 (박람회의) 전시관; 가설 건축물; 부속 건물
studio	명 원룸; (촬영) 스튜디오; 작업실
cottage	명 (시골의) 작은 집
cabin	명 객실; 오두막집
lodge	명 오두막 동 숙박하다
lodging	명 임시 숙소; 하숙
shack	명 판잣집 (= shanty)

2 공간·시설

utility room	명 (특히 가정집의) 다용도실
refectory	명 (특히 종교기관 등의) 식당
lobby	명 로비 ((공공건물 현관 안쪽 공간)); (정치적) 압력 단체
aisle	명 통로
passageway	명 복도; 통로
corridor	명 복도, 회랑
hallway	명 현관; 복도
shaft	명 (건물의) 수직 통로
stairwell	명 계단통 ((건물 내부에 계단이 나 있는 공간))
(hand)rail	명 난간
railing	명 철책
peg	명 말뚝

hearth 명 난로
cellar 명 지하 저장고
repository 명 저장소
warehouse 명 창고 (= storehouse)
shed 명 헛간, 창고
barn 명 헛간, 축사
pen 명 (가축 등의) 우리
conservatory 명 (가옥에 딸린) 온실; 예술[음악] 학교
water butt 명 빗물 받는 통
gutter 명 (지붕의) 홈통
hydrant 명 소화전

3 욕실

basin 명 대야; 세면대
bathtub 명 욕조
faucet 명 (수도)꼭지
flush toilet 명 수세식 화장실
※ flush 동 (변기의) 물을 내리다); (얼굴이) 붉어지다 (= blush)
lavatory 명 (공중)화장실

4 문·창문

porch 명 현관; 베란다
portal 명 (웅장한) 정문; ((컴퓨터)) 포털 사이트
hinge 명 (문 등의) 경첩
cf. hinged door 명 여닫이문 (↔ sliding door 미닫이문)
trapdoor 명 (바닥·천장의) 작은 문
groove 명 (문지방 등의) 홈; (음악의) 리듬
doorknob 명 문손잡이
latch 명 걸쇠, 빗장 동 걸쇠를 걸다
sill 명 창턱; 문턱
threshold 명 문지방; 출발점; 한계점
ledge 명 (창문 아래의) 선반
glaze 동 유리를 끼우다; 광택제를 바르다
windowpane 명 창유리
awning 명 (창이나 문 위의) 차양, 해 가리개

5 공구

kit 명 조립 용품 세트
drill 명 드릴, 송곳; 반복 연습
동 구멍을 뚫다; 반복 연습시키다
crane 명 기중기
digger 명 파는 사람[도구·기계], 굴착기; 광부
cutter 명 자르는 사람; 절단기
ax 명 도끼
jigsaw 명 실톱
chainsaw 명 (벌목용) 전기톱
rake 명 갈퀴
lever 명 레버; 지레, 지렛대
cf. leverage 명 지레의 작용
rod 명 (가늘고 긴) 막대; 낚싯대
thumbtack 명 압정 (= tack)
clip 동 클립으로 고정하다; (가위 등으로) 자르다
명 클립, 핀; (짧게) 깎음
※ clipper 명 깎는 도구, 가위
bolt 명 볼트, 나사못; 빗장, 걸쇠
screw 명 나사(못)
screwdriver 명 드라이버
shovel 명 삽 (= spade)
spike 명 못; 스파이크
trap 명 덫 동 덫을 놓다
sandpaper 명 사포 동 사포로 닦다
coating 명 칠, 도금
gizmo 명 (흔히 새롭고 쓸모 있는) 간단한 장치 (= gadget)
hoe 명 괭이 동 괭이질을 하다
plow 명 쟁기 동 쟁기로 갈다
wheelbarrow 명 외바퀴 손수레
cable 명 케이블, 전선
wire 명 철사; 전선
※ wired 형 유선의 (↔ wireless 무선의)
wiring 명 배선 (장치)

APPENDIX 1

41 탈것·교통수단

1 차량 일반

vehicle 명 차량, 탈것; 수단, 매개체

2 비행기

aircraft 명 항공기

flyer 명 비행사; 비행기 승객; (곤충, 새, 비행기 등) 나는 것

shuttle 명 정기 왕복 항공기[버스·기차] 동 왕복하다

glider 명 글라이더 ((엔진과 같은 추진 장치 없이 기류(氣流)로 비행하는 항공기))

3 배

vessel 명 (대형) 선박; 그릇; 혈관

barge 명 바지선 ((바닥이 납작한 운반선))

cruiser 명 순양함; (유람용) 모터보트; 순찰차

ferry 명 (카)페리 ((여객을 태우거나 자동차를 운반하는 배)) 동 수송하다

liner 명 (대형) 여객선

cf. ocean liner 명 원양 정기선

raft 명 뗏목; 고무보트

rowboat 명 (노를 젓는) 보트

yacht 명 요트

sailboat 명 범선, 요트

※ sail 명 돛

sailing ship 명 (대형) 범선

oar 명 (고정된 긴) 노

paddle 명 (고정되지 않은 짧은) 노

nautical 형 항해의; 선박의

4 차

chariot 명 (고대의) 전차, 마차

carriage 명 마차; (기차의) 객차

harness 명 마구 ((말을 타거나 부리는 데 쓰는 기구)) 동 마구를 채우다; (동력원으로) 이용하다

sedan 명 세단형 자동차 ((운전석을 칸막이하지 않은 보통의 승용차))

van 명 밴, 승합차

axle 명 (바퀴의) 차축 ((두 개의 바퀴를 이은, 바퀴 회전의 중심축이 되는 쇠막대기))

handlebar 명 (자전거 등의) 핸들

steer 동 (차량을) 조종하다; 나아가다; 이끌다

※ steering 명 (차량의) 조종 장치

steering wheel 명 (자동차의) 핸들

pedal 명 페달 동 (자전거를) 타고 가다

training wheel 명 (초보용 자전거의) 보조 바퀴

footrest 명 (오토바이 등의) 발판

windshield 명 (자동차의) 앞 유리

※ windshield wiper 명 (자동차 앞 유리의) 와이퍼

bumper 명 (차량의) 범퍼 형 대단히 큰

brake 명 브레이크; ((on)) 억제(를 하는 것)

gear 명 톱니바퀴, 기어; (특수) 장비[복장] 동 ((to)) ~에 맞게 하다

exhaust pipe 명 (엔진의) 배기관

headlight 명 헤드라이트

dashboard 명 (자동차의) 계기판

odometer 명 (자동차의) 주행 기록계

puncture 명 구멍; (타이어) 펑크 동 펑크 내다; (자존심 등이) 상하게 만들다

5 기타

metro 명 ((the M-)) (파리 등의) 지하철

tram 명 전차 ((지상에 설치된 궤도 위를 다니는 차))

lorry 명 트럭, 화물 자동차

snowmobile 명 스노모빌 ((눈·얼음 위를 달리는 차))

motorcycle 명 오토바이

motorist 명 (자동차) 운전자

motorize 동 엔진을 달다

steam engine 명 증기기관(차)

steamer 명 증기선 (= steamship); 찜통

steam locomotive 명 증기 기관차

depot 명 (작은) 역, 정거장; (대규모) 창고

42 모양 관련 여러 어휘

1 도형

globe 명 구(球); 지구
cone 명 원뿔
※ conical 형 원뿔 모양의
cylinder 명 원통
※ cylindrical 형 원통형의
polygon 명 다각형
rectangle 명 직사각형
※ rectangular 형 직사각형의
ellipse 명 타원
※ elliptical 형 타원형의
semicircle 명 반원(형 물체)
arc 명 (원)호; 둥근 모양
sector 명 부채꼴; 부분, 분야

2 곡선

circular 형 원형의; 순환하는
curve 명 곡선 동 곡선을 이루다
※ curved 형 곡선의, 약간 굽은
spiral 명 나선; 소용돌이
swirl 명 소용돌이(무늬) 동 (빠르게) 빙빙 돌다
concave 형 오목한
convex 형 볼록한
hoop 명 테, 고리
hoofed 형 발굽 모양의; 발굽 있는
humped 형 혹 모양의; 혹이 있는
rim 명 (둥근 물건의) 테(두리), 가장자리

3 돌출

bulging 형 튀어나온
overhang 동 (위로) 돌출하다 명 돌출부
protrude 동 돌출되다
extrusion 명 밀어냄; 돌출된 부분

4 구불구불함

curl 동 곱슬곱슬하다; 돌돌 감기다
※ curly 형 곱슬곱슬한
crooked 형 비뚤어진, 구부러진
winding 형 구불구불한 (= sinuous)
crinkly 형 곱슬곱슬한; 주름이 많은

5 얽힘

intertwine 동 뒤얽히다; 밀접하게 관련되다
interweave 동 섞어 짜다
jumble 동 (마구) 뒤섞다
tangle 동 얽히게 하다 명 꼬인 상태
※ tangled 형 헝클어진; 복잡한
cf. entangle 동 얽히게 하다; (골치 아픈 일 등에) 말려들게 하다
disentangle 동 엉킨 것을 풀다; 해결하다
ravel 동 (상황을) 더 꼬이게 만들다 (↔ unravel (엉클어진 것·어려운 것 등을) 풀다)

6 처짐

droop 동 아래로 처지다
sag 동 축 처지다; 약화되다

7 뭉툭함/날카로움

blunt 형 무딘; 무뚝뚝한; 직설적인
butt 명 뭉툭한 끝부분
stubby 형 뭉툭한, 짤막한
keen 형 날카로운; 예리한; 열망하는
pointed 형 뾰족한; 날카로운; 신랄한
jagged 형 삐죽삐죽한, 들쑥날쑥한

8 비스듬함

tilt 동 기울(이)다 명 기울기
※ tilted 형 경사진, 기울어진
slant 명 비스듬함; (편향된) 관점
pitched 형 (지붕이) 경사진

9 기타

hollow 형 속이 빈
amorphous 형 무정형의, 형체가 없는 (= shapeless)

43 여가·취미·스포츠·신체 단련

1 여가·취미

fishing 명 낚시; 어장
hook 명 갈고리; (낚시) 바늘 동 갈고리에 걸다
bait 명 미끼 (= lure) 동 미끼를 놓다
bonfire 명 모닥불
sled 명 썰매
cf. sleigh 명 (보통 말이 끄는) 썰매
mountaineer 명 등산가, 등산객
sitcom 명 시트콤 ((situation comedy의 약어))
soap opera 명 연속극, 드라마

2 스포츠

athletic 형 (운동)경기의; (몸이) 탄탄한
※ athletics 명 운동경기
weightlifting 명 역도
gymnastic 형 체조의; 체육의
※ gymnastics 명 체조
gym 명 체육관, 헬스클럽
wrestle 동 레슬링을 하다; 몸싸움을 벌이다
※ wrestle with (힘든 문제로) 씨름하다
duel 명 결투; (양자 간의) 다툼
surf 동 파도타기를 하다; (인터넷을) 검색하다
rowing 명 조정, 노 젓기
martial art 명 무술, 무도

3 신체 단련

fitness 명 신체 단련; 건강; 적합성
※ fitness center 명 헬스클럽, 피트니스 센터
stamina 명 체력, 스태미나
dumbbell 명 아령
sit-up 명 윗몸 일으키기
jog 동 조깅하다; 살짝 치다
treadmill 명 트레드밀 ((회전식 벨트 위를 달리는 운동 기구))
limber 동 몸을 유연하게 하다 형 유연한

APPENDIX 2

1 듣기·말하기 필수 고난도 말뭉치 100선

2 주요 콜로케이션 100선

3 기출 및 출제 예상 복합어(Compound Words)

4 외우지 않아도 의미를 추론할 수 있는 숙어

5 기출 및 출제 예상 혼동어휘

6 기출 및 출제 예상 반의어

1 듣기·말하기 필수 고난도 말뭉치 100선

01 결심·바람

- I should definitely give it a try. — 나도 그걸 꼭 한번 해봐야겠다.
- I won't let you down. — 실망시켜 드리지 않을게요.
- I really need to get in shape. — 나는 정말 몸을 좀 만들어야겠어.
- I really want to return the favor. — 정말 은혜를 갚고 싶어요.
- I don't want to take any chances. — 나는 어떤 모험도 하고 싶지 않아.
- I'm dying for a puppy! — 전 강아지가 몹시 갖고 싶어요!

02 대화

- Let's continue from where we left off. — (지난번에) 끝난 곳에서부터 계속하죠.
- Hang on a moment. — 잠깐만 기다려줘.
- Aha! Now it makes sense. — 아! 이제 이해가 됐어.
- We're both too one-sided. — 우리 둘 다 너무 한쪽으로 치우쳤어.

03 질문

- What's it to you? — 그게 너랑 무슨 상관이야?
- What does that have to do with John? — 그게 존과 무슨 상관이야?
- What about it? — 그래서 어쨌다는 거야?
- Are you all set? — 준비 다 됐니?
- What's the occasion? — 오늘 무슨 특별한 날이야? / 무슨 좋은 일 있어?
- What makes you smile all the time? — 왜 계속 웃고 있니?
- What brings you here? — 여긴 어쩐 일로 온 거야?
- What am I supposed to do while waiting for you? — 너를 기다리는 동안 난 무엇을 해야 하지?
- Do you have a date for the party yet? — 파티에 함께 갈 파트너 구했니?
- What's the hurry? — 왜 그렇게 서두르니?
- Why are you so dressed up? — 왜 그렇게 차려입었어?

04 전화

- My cell phone battery is dead. — 내 휴대전화 배터리가 없어.
- I'm in the middle of a phone call. — 저 통화 중이에요.

05 약속

- What time shall we make it? — 우리 몇 시에 만날까?
- I can't make it then. — 그때는 내가 시간이 안 돼.
- I have a family get-together in an hour. — 한 시간 후에 가족 모임이 있어.

06 요청

- We're a bit short-handed. — 우리는 일손이 좀 부족해요.
- Could you move over a little, please? — 자리를 옆으로 좀 옮겨 주시겠어요?
- Count me in. — 나도 끼워줘.
- Make my hair short and thin it out, please. — 머리를 짧게 잘라 주시고 숱도 솎아 주세요.

07 심경	• I totally blew the test!	시험을 완전히 망쳤어!
	• Today is a big day for us.	오늘은 우리에게 아주 중요한 날이야.
	• I couldn't sleep a wink the whole night.	밤새 한숨도 못 잤어.
	• I got nervous and I kept stumbling over my words.	떨려서 말을 계속 더듬었어.
	• I have butterflies in my stomach just thinking about my presentation.	발표 생각만 해도 마음이 조마조마해.
	• Don't get on my nerves.	내 신경을 건드리지 마.
	• I'm mixed up.	머리가 혼란한 상태야. / 뭐가 뭔지 모르겠어.
	• I was at such a loss.	나는 (당황해서) 어찌할 바를 몰랐어.
08 위로·응답	• It's no big deal. Cheer up!	별일 아니야. 기운 내!
	• It's no bother.	별거 아니야. / 누워서 떡 먹기야.
	• Don't trouble yourself.	괜히 신경 쓰지 마.
	• You can say that again.	정말 그래. / 동감이야.
	• You said it!	그건 맞는 말이야! / 그렇긴 해!
	• You bet.	물론이지.
	• That's what I thought.	내 생각이 바로 그거야.
	• I see your point.	무슨 말씀인지 알겠어요.
	• I can't help it. (= It cannot be helped.)	어쩔 수가 없어.
	• That's too much.	그건 너무해.
	• Oh, don't get me started.	오, 그 얘기 꺼내지도 마. / 말도 마.
	• Oh! You're in hot water now.	오! 너 큰일났구나.
09 변명·사과	• Sorry, I'll be late. Something came up.	미안해, 늦겠어. (갑자기) 일이 생겼어.
	• It must have slipped my mind.	깜박했나 봐요.
	• You owe me an apology!	넌 나한테 사과해야 해!
	• I'm sorry, I lost track of time.	미안해요. 시간 가는 줄 몰랐어요.
	• Is there any way I can make it up to you?	제가 당신께 보상해 드릴 수 있는 방법이 있을까요?
10 감사·인사	• I owe you a big favor.	당신에게 큰 신세를 졌네요.
	• It was great having you.	함께 해서 즐거웠습니다.
	• I haven't seen you in ages.	굉장히 오랜만이네.
	• What are you up to?	뭐하고 지내? / 뭐해?
	• Why the long face? Something wrong?	왜 그렇게 시무룩해? 무슨 일 있어?
	• Why are you making a face?	왜 얼굴을 찌푸리고 있어?
	• You look under the weather today.	오늘 기분이 안 좋아 보여.
	• How come you're so tense today?	오늘 왜 그렇게 긴장하고 있는 거야?
	• Are you having a bad hair day?	오늘 일진이 안 좋니?

11 제안	• Let me do it for you.	내가 해줄게.
	• Let's grab something to eat.	간단히 요기나 하자.
	• Why don't we stay here until the rain lets up?	비가 그칠 때까지 여기에 있자.
	• Shall we get together this Saturday?	우리 이번 주 토요일에 만날까요?
	• How about going out for dinner tonight?	오늘 저녁 외식하는 게 어때?
	• Take a look for yourself.	직접 한번 보세요.
12 충고	• Make it quick.	빨리 해. / 서둘러.
	• Just be yourself.	그냥 자연스럽게 행동해.
	• Don't take it too seriously.	너무 심각하게 받아들이지 마.
	• You've been spending like there's no tomorrow.	내일이 없는 것처럼 돈을 쓰는구나. / 돈을 흥청망청 쓰는구나.
	• Well, this jacket looks out of season.	이 재킷을 입을 때는 아닌 거 같은데.
	• Don't lose sleep over it.	너무 걱정하지 마.
13 칭찬	• This pie is out of this world!	이 파이는 맛이 끝내주네!
	• It couldn't be better.	더 이상 좋을 수 없겠는걸.
	• You deserve a lot of credit for that.	그건 당신의 공적이에요.
	• I'm a big fan of yours.	저는 당신의 열렬한 팬입니다.
14 교통·이동	• Step on it, please.	빨리 좀 갑시다.
	• I'll give you a ticket.	(교통위반) 딱지를 발부하겠습니다.
	• Traffic is really heavy today.	오늘 길이 정말 많이 막히는데.
	• Isn't it within walking distance?	걸어갈 만한 거리가 아닌가요?
	• Where are you off to?	어디 갈 거니?
	• Are you familiar with this area?	이 지역 지리를 잘 아시나요?
15 쇼핑	• Wow, what a steal[bargain]!	와, 물건 한번 싸게 샀구나!
	• Are you being helped, ma'am?	도와드릴까요, 손님?
	• I'm just browsing.	그냥 구경하는 거예요.
	• Take your time.	천천히 둘러보세요.
	• Do you have anything in mind?	생각해 두신 것이 있나요?
	• Can you come down a little more?	조금만 더 깎아주실 수 있나요?
	• That style comes in two models.	저 스타일로는 두 가지 모델이 나와요.
	• The model is selling like hot cakes these days.	이 모델은 요즘 날개 돋친 듯이[불티나게] 팔리고 있습니다.

16 기타

• My sweater is inside out.	나 스웨터를 뒤집어 입었어.
• The machine is out of order.	이 기계는 고장 났어.
• Summer vacation is just around the corner.	여름방학이 곧 시작이야.
• My life is full of ups and downs.	내 인생은 기복이 많아.
• I'm not much of a dancer.	나는 춤을 잘 못 춰.
• What are friends for?	친구 좋다는 게 뭐겠어?

2 주요 콜로케이션 100선

❶ 동사+명사

achieve a feat 위업을 달성하다

administer first aid 응급처치를 하다

apply a bandage 붕대를 감다

apply ointment 연고를 바르다

balance the books 회계장부를 결산하다

bear witness (목격 따위의) 증언을 하다, 증인이 되다

bid farewell to ~에게 작별을 고하다

break even (사업 등이) 본전치기를 하다, 이익도 손해도 안 보다

break the news (좋지 않은) 소식을 알리다

catch[hold] one's breath 숨죽이다; 잠시 숨을 가다듬다

claim lives 생명을 앗아가다

claim one's luggage (공항에서) 짐을 찾다

coin a term 신조어를 만들다

cut a deal (with somebody) (~와) 계약을 하다

deal somebody[something] a blow ~에 큰 충격[해]을 주다

defy description 이루 다 말할 수 없다, 형언할 수 없다

draw a blank 아무 반응[결과]을 얻지 못하다

drive something home (to somebody) (~에게) …을 알아듣게[납득하게] 만들다

enjoy longevity 장수를 누리다

entertain a doubt 의심을 품다

entertain questions 질문에 응하다

exercise caution 주의하다

feel one's forehead 이마를 짚어보다

file[bring] a suit 고소하다

fill a prescription 처방에 의해 조제하다

follow suit 방금 남이 한대로 따라 하다

generate[raise] funds[revenue, profit] 자금[수익]을 만들어 내다

give somebody a hand ~에게 박수를 보내다

have a fat chance of ~할 가망이 전혀 없다

have a large[small, limited] circulation 발행 부수가 많다[적다]

hit[strike] home 급소[정곡]를 찌르다

hit[strike] pay dirt 노다지를 캐다, 횡재를 하다

hold[fill] office 재직하다

lift a ban 금지 조치를 해지하다

make a fool of somebody ~을 놀리다[웃음거리로 만들다]

make a will 유서를 쓰다

make change for 잔돈으로 바꾸다

make[pull] faces[a face] (무엇이 마음에 안 들어서 또는 남을 웃기려고) 얼굴을 일그러뜨리다

make house calls 왕진을 가다; 출장 수리하러 가다

make the[one's] bed 잠자리를 정돈하다

make the grade 필요한 수준에 이르다; 성공하다

mind the shop (누가 없는 동안에) ~을 담당하다

pass judgment (주로 비판적인) 판단을 내리다

pay a visit 방문하다

pick a fight[quarrel] (with somebody) (~에게) 싸움을 걸다

pin one's hopes[faith] on something[somebody] ~에 희망을 걸다

put (an) emphasis on ~을 강조하다

reduce an equation 방정식을 풀다

run a commercial 광고를 내보내다

run a temperature[fever] 열이 나다

run the show 운영하다, 꾸려나가다

shed tears 눈물을 흘리다

shoot a film 영화를 촬영하다

spare no pains 노고를 아끼지 않다

spill the beans 비밀을 누설하다

stand a chance 가능성이 있다

steal the show 관심[인기]을 독차지하다

stretch the truth[facts]	진실을 왜곡하다
strike a bargain[deal]	(양측 다 유리하게) 타협을 보다
take a heavy toll	타격[피해]을 주다[입히다]
take a stance	입장을 취하다
take great pains	공들이다, 몹시 애쓰다
take heart	자신감을 얻다
take[run] a risk	위험을 무릅쓰다
take stock[inventory]	재고를 조사하다
throw a party	파티를 열다
tip the balance[scales]	결과에 영향을 주다, 국면을 전환시키다
wear a hole in one's something	(옷 등에) 구멍이 나다
weather the storm	난관을 극복하다
work miracles[wonders]	기적을 낳다

2 명사/형용사+명사

a big cheese[wheel]	중요 인물
a bounced check	부도 수표
a chance meeting	우연한 만남
a close call[shave]	아슬아슬한 상황, 위기일발
a fast friendship	변하지 않는 우정
a fat book[dictionary]	두꺼운 책[사전]
a heavy smoker	애연가
a legal practice	변호사업
a long face	시무룩한[침통한] 얼굴
a long shot	거의 승산 없는 것
a medical practice	병원 운영
a mere formality	허례허식
a speed merchant	(자동차의) 속도광
a square meal	제대로 된[만족스러운] 식사
a report card	성적표
a tall order	어려운 주문, 무리한 요구
a tall story[tale]	믿기지 않는 이야기; 거짓말
a tax break	세금 우대[감세] 조치
an apple of discord	분쟁의 씨
an educated guess	어느 정도 알고 하는 추측
at tender age	어린 나이에
bottom line	핵심, 요점
dairy product	유제품
death toll	사망자 수
fast[sound] asleep	깊게 잠들어
flat broke	완전히 파산한, 무일푼이 된
morning sickness	입덧, 구토증
real estate	부동산
solid evidence	확실한 증거
the naked eye	육안, 맨눈

3 기출 및 출제 예상 복합어(Compound Words)

a coming-of-age ceremony	성인식
a quick-returns policy	박리다매 정책
able-bodied	신체가 튼튼한, 몸이 건강한
all-or-nothing	전부 아니면 아무것도 아닌; 양단간의 ((이것 아니면 저것인)); 모든 것을 건
all-round	다방면의 (= all-around)
assembly line	(공장 등의) 조립라인
back-breaking	허리를 휘게 하는, 등골 빠지는
big-ticket	돈이 많이 드는
blood sugar	혈당
bumper-to-bumper	(차량이) 정체된, 꼬리를 문
by-law	(지방 자치제의) 조례; (단체의) 내규
by-product	부산물; 부작용
cash-and-carry	현금 판매 방식의
ceasefire	정전, 휴전
clean-cut	용모 단정한
clear-cut	명백한
cliffhanger	서스펜스가 연속되는 드라마[영화]; 마지막 순간까지 결과를 알 수 없는 경쟁[시합]
close-knit	(집단 구성원들이) 굳게 단결된
concertgoer	연주회에 자주 다니는 사람
cost-effective	비용 대비 효과가 큰
cover-up	은폐(공작)
cure-all	만병통치약
custom-designed[made]	주문에 의해 설계된[제작된]
cut and dried	(말·계획 등이) 틀에 박힌
cutting-edge	최첨단의
death-defying	죽음을 불사하는; 아슬아슬한
double-talk	빨리 지껄이는 실없는 말; 애매한 말
down-and-out	빈털터리, 노숙자
either-or	양자택일의, 흑백논리의
epoch-making	획기적인, 신시대를 여는
ever-present	항상 존재하는
eye-catching	눈길을 끄는
eye-opener	놀라운 사건[경험]
eye-opening	괄목할 만한; 안목을 넓히는
far-off	먼, 멀리 떨어진
far-sighted	선견지명이 있는
fill-in	대리인; 대역 (= stand-in)
first-hand	직접 얻은; 직접 경험한
flat-rate	정액 요금의
flesh and blood	(평범한·정상적인) 인간
fuel-efficient	(자동차) 연비가 좋은
get-together	(비격식적인) 모임, 파티
get-well card	문병 카드
go-between	중개자
goal-oriented	목표지향적인
good-natured	온화한, 부드러운
hand in hand	손에 손을 잡은; 친밀한; 제휴한
hands-on	(말만 하지 않고) 직접 해 보는
hands-off	불간섭주의의
hard-and-fast	(규칙 등이) 엄중한
hard-boiled	(달걀이) 완숙된; 감정을 잘 드러내지 않는
hard-nosed	냉철한
hard-sell	강매하는
head-butt	머리로 들이받다
head-start	(남보다 일찍 시작해서 갖게 되는) 유리함
head-to-head	직접 대면하는
hide-and-seek	숨바꼭질
high-end	(동종의 제품 중에) 최고급의

hit-and-run	뺑소니의; 기습적인
hoped-for	기대된, 원하는
hot-tempered	욱하는 성미가 있는
ill-defined	불분명한; 뚜렷하지 않은
ill-fated	(특히 죽음·실패로) 불행하게 끝나는
in-depth	철저하고 상세한, 면밀한
in-service	(교육 과정 등이) 재직 중에 진행되는
jam-up	정체, 혼잡
knock-back	거절, 퇴짜
know-it-all	아는 체하는 사람
labor-intensive	노동집약적인
laid-back	한가로운, 느긋한
level-headed	냉철한; 분별력 있는
lift-off	(우주선의) 발사
make-believe	가장, ~하는 체 하기; 환상
matter-of-fact	(아무런 감정 표현 없이) 사무적인
merry-go-round	회전목마
near-sighted	근시(안)의 (= short-sighted)
no-frills	꼭 필요한[기본적인] 요소만 있는
no-holds-barred	규칙에 얽매이지 않는, 무제한의
off-key	음정이 맞지 않는
off-season	비수기 (= low season); 철이 지난
off-site	(특정 장소에서) 떨어진, 현장 밖의
off-the-books	장부에 기장되지 않은
on a first-come-first-served basis	선착순으로
on-site	현지의, 현장의
on-the-job	실지로 배우는; 근무 중의
on-the-spot	현장의; 즉석의
one-on-one	일대일로
one-size-fits-all	널리[두루] 적용되도록 만든
open-ended	제약을 두지 않은; 조정 가능한
open-mouthed	(놀람·충격으로) 입이 떡 벌어진
out-of-date	구식의, 낡은, 시대에 뒤떨어진
out-of-doors	집 밖의
over-the-counter	약국에서 파는, 처방전 없이 살 수 있는
peace-keeping	평화 유지의
poker-faced	무표정한
poverty-stricken	가난에 시달리는
pull-out	책 속의 책; (군대의) 철수
rough-and-tumble	무질서한, 마구잡이의
run-down	황폐한; 부진한; (과로로) 지친
second-guess	(결정 등을) 예측[추측]하다; 뒤늦게 비판하다
self-actualization	자아실현 (= self-realization)
self-appointed	자기 혼자 정한; 자칭의
self-concept	자아 개념
self-conscious	남의 시선을 의식하는; 자의식이 강한
self-consistent	앞뒤가 맞는, 자기모순이 없는
self-contained	자기만족적인
self-delusion	자기기만
self-deprecating	자기 비하적인
self-doubt	자기 회의, 자신감 상실
self-examination	자기 성찰
self-fulfilling	자기 충족[달성]의
self-induced	자기 유도의
self-interest	자기 이익, 사리사욕
self-justification	자기 정당화
self-motivated	스스로 동기를 부여하는
self-pity	자기 연민

기출 및 출제 예상 복합어(Compound Words)

self-reflection 자기반성, 성찰

self-reliant 자립적인; 자신을 믿는

self-respect 자기 존중, 자존심

self-revelation (자연스러운) 자기 현시[표출]

self-sacrifice 자기희생

self-sufficiency 자급자족

self-sustaining 자립하는, 자급자족의

self-worth 자아 존중감, 자부심 (= self-esteem)

sharp-sighted 시력이 좋은; 눈치 빠른

single-minded (한 가지 목적에만) 전념하는, 성실한; 한결같은

sit-up 윗몸 일으키기 (운동)

smash hit 대성공

soft-boiled (달걀이) 반숙된

start-up 신생기업

state-of-the-art 최첨단 기술을 사용한, 최신식의

state-owned 국가 소유의, 국유의

ten to one 십중팔구

the well-to-do 부유한 사람들

time-consuming (많은) 시간이 걸리는

time-honored 예로부터의, 유서(由緖) 깊은

toe-to-toe 정면으로 맞선

tongue-tied (긴장해서) 말이 잘 안 나오는

top-notch 최고의, 일류의

topsy-turvy 거꾸로 된, 뒤죽박죽의

trade-in 보상 판매

trade-off (서로 대립되는 요소 사이의) 균형

trick or treat ((핼러윈)) 과자를 안 주면 장난칠 거예요 ((아이들이 집집마다 다니며 하는 말))

up-and-coming 전도가 유망한

up-to-date 최신(식)의

up-to-the-second[minute] 최신의; 최첨단의

upside-down 거꾸로 된, 뒤집은

value-laden 가치 판단적인, 개인의 의견에 영향을 받는

weak-willed 의지가 약한

weather-beaten 햇볕[비바람]에 거칠어진

well-grounded 정당한 근거가 있는

well-off 복 받은, 유복한, 순탄한 환경에 있는

well-rounded 균형 잡힌; (지식 등이) 폭넓은; 통통한

wide-eyed (놀람 등으로) 눈이 휘둥그레진; (경험이 없어서) 순진한

working-class 노동자 계급의

would-be (장차) ~이 되려고 하는, ~을 지망하는

year-round 연중 계속되는

zero-sum (게임·관계 등에서) 쌍방의 득실(得失)의 합이 영(0)인

외우지 않아도 의미를 추론할 수 있는 숙어

• a drop in the bucket	무시해도 좋을 만큼 적은 양
• a hard[tough] nut to crack	어려운 문제, 다루기 어려운 사람
• a pain in the neck	아주 귀찮은 사람[것], 골칫거리
• a rule of thumb	경험에 근거한 규칙[척도], 주먹구구식 지침
• a slip of one's tongue	실언
• at one's disposal	마음대로 할 수 있는
• back-seat driver	참견 잘하는 사람
• be all thumbs	손재주가 없는
• be at the mercy of	~에 지배되다, 휘둘리다
• be barking up the wrong tree	잘못 짚다; 엉뚱한 사람을 비난하다
• be caught red-handed	현행범으로 잡히다
• be down to somebody[something]	~ 때문에 생기다; ~의 책임이다
• be dressed to kill	멋지게 옷을 입다
• be in the red[black]	적자[흑자]이다
• be snowed under	(특히 많은 일에) 파묻히다
• beat around the bush	변죽을 울리다, 돌려서 말하다
• beside[off, wide of] the mark	빗나간, 틀린
• bite off more than one can chew	분에 넘치는[힘겨운] 일을 하려고 하다
• bite one's tongue off	실언을[말하고 나서] 후회하다
• bite the bullet	(피할 수는 없는 일을) 이를 악물고 하다
• blow one's own horn[trumpet]	자랑하다, 떠벌리고 다니다
• boil down to something	핵심[본질]이 ~이다, ~로 귀결되다
• break the ice	서먹서먹한[딱딱한] 분위기를 깨다
• bring something to light	~을 밝히다; 폭로하다
• burn the midnight oil	(공부나 일을 하느라) 밤늦게까지 불을 밝히다
• by halves	어중간하게; 불성실하게
• by hook or by crook	수단과 방법을 안 가리고, 어떻게 해서든지
• by leaps and bounds	급속히; 대폭
• by the book	(엄격히) 규칙대로
• by the skin of one's teeth	간신히, 가까스로
• call a spade a spade	자기 생각을 그대로[숨김없이] 말하다
• call it a day	하루 일을 마치다
• cancel each other out	서로를 상쇄시키다
• clear one's throat	(말하기 전에) 목을 가다듬다
• come home to somebody	~의 가슴에 뼈저리게 와 닿다
• cry one's eyes out	눈이 붓도록 울다
• cut corners	절차[원칙]를 무시[생략]하다
• day in and day out	언제나

외우지 않아도 의미를 추론할 수 있는 숙어

• down in the mouth	풀이 죽은, 의기소침한
• draw a blank	아무 반응[결과]을 얻지 못하다
• eat one's heart out	(사람 또는 물건을) 부럽게 생각하다; 애태우다
• eat one's words	먼저 한 말을 취소하다
• face the prospect of	~이 될 예정이다
• fall back on	~에 기대다[의지하다]
• fly in the face of	(일상적인 것·예상에) 위배되다, 반대하다
• follow in somebody's footsteps	~의 선례[전철]를 따르다
• from hand to mouth	하루 벌어 하루 먹는 식으로
• get a grip on	~을 파악하다; ((oneself)) 자제하다
• get a head start	남보다 유리한 출발을 하다
• get a move on	((명령문)) 빨리 해[서둘러]
• get cold feet	갑자기 초조해지다, 겁이 나다
• get even (with)	(~에게 해를 입은 만큼) 되갚아 주다
• get off the ground	이륙하다; 순조롭게 시작하다
• get on one's nerves	신경을 건드리다, 짜증 나게 하다
• get a word in (edgeways)	남의 대화에 끼어들어서 말하다
• get one's own back	복수하다
• get out of hand	과도해지다; 감당할 수 없게 되다
• get somebody[something] wrong	~을 오해하다
• get the ax	해고당하다; 퇴학당하다
• get the idea across[over]	~을 이해시키다
• get the picture	(설명을 듣고 상황을) 이해하다
• get[have] wind of	(소문 따위를) 우연히 듣다; 낌새를 채다
• give one's right arm	희생을 무릅쓰다
• give somebody[something] a wide berth	~의 가까이에 가지 않다
• give the game away	(자신도 모르게) 비밀을 발설하다
• give way to	(특히 감정에) 못 이기다; ~로 바뀌다[대체되다]
• go back on one's word[promise]	약속을 배반하다
• go one's own way	독자적인 길을 가다; 소신대로 행동하다
• go through the motions	~을 하는 척하다
• go through the roof	(물가 등이) 급등하다; 화가 머리끝까지 치밀다
• grease somebody's palm	~에게 뇌물을 주다; ~을 매수하다
• hang by a thread	위기일발이다
• have a bee in one's bonnet	머리가 좀 이상해져 있다; 뭔가를 골똘히 생각하다
• have a big mouth	입이 싸다; 자기 자랑이 많다
• have a chip on one's shoulder	싸움을 걸려고 하다
• have[take] a day off	하루 휴가를 얻다

- have a finger in the pie 관여하다, 간섭하다
- have a hand in ~에 관여하다[참가하다]
- have a say 발언권[결정권, 참여권]이 있다
- have a sweet tooth 단것을 좋아하다
- have an eye for something ~을 보는 눈이 있다
- have[feel, get] butterflies in one's stomach (중요한 일을 하기 전에) 긴장되다
- have it both ways 양다리 걸치다
- have it out 결판을 내다, 매듭짓다
- have mixed feelings (~에 대해) 복잡한 감정을 품다; 확신이 없다
- have one's hands full 손을 놓을 수 없다; 아주 바쁘다

- have one's head in the clouds 공상에 잠기다
- have one's head screwed on 빈틈이 없다, 분별이 있다
- have second thoughts 다시 생각한 후 마음을 바꾸다
- have the upper hand 이기다, 우세하다
- hit below the belt 반칙 행위를 하다, 비겁한 짓을 하다
- hit the books 열심히 공부하다
- hit the ceiling 격노하다, 길길이 뛰다
- hit the nail on the head 정확히 맞는 말을 하다
- in deep water 곤경에 처한
- in round numbers 어림잡아, 대략

- ins and outs 상세한 사정, 내용
- keep a straight face 진지한 표정을 하다
- keep an eye on ~을 계속 지켜보다
- keep one step ahead 조금 낫다, 한발 앞서 있다
- keep somebody posted ~에게 최신 정보를 계속 알려주다
- keep your hair on ((화가 난 사람에게 하는 말)) 진정해라
- laugh[smile] in[up] one's sleeve 뒤에서[숨어서] 웃다
- laugh one's head off 자지러지게 웃다
- laugh under one's breath 낄낄 웃다
- lay[put] one's finger on ~을 정확하게 지적하다; ~을 생각해내다

- leave for the day 퇴근하다
- leave nothing[little] to be desired 전혀[거의] 흠잡을 데가 없다, 완벽하다
- let the cat out of the bag 무심코 비밀을 누설하다
- like a fish out of water 장소[상황]에 어울리지 않는
- live it up (보통 돈을 펑펑 쓰면서) 신나게 살다
- lose face 체면을 잃다
- lose one's heart (to) (~와) 사랑에 빠지다, (~에) 반하다
- lose track of ~을 놓치다; ~와 접촉이 끊기다

외우지 않아도 의미를 추론할 수 있는 숙어

• make a scene[fuss]	한바탕 소란을 피우다, 야단법석을 떨다
• make allowances for	~을 감안하다
• make (both) ends meet	수지를 맞추다
• make one's way to	~로 나아가다
• meet somebody halfway	~와 타협하다
• move heaven and earth	(달성하기 위해) 온갖 노력을 다하다
• odds and ends	잡동사니, 자질구레한 것들
• off the beaten track[path]	사람의 발길이 닿지 않는
• off the record	비공개를 전제로
• on edge	안절부절못하는, 좌불안석인
• on hand	가까이에; 그 자리에 있는
• on pins and needles	초조하여, 조마조마해서
• on the house	(식당에서 음식이) 서비스로 제공되는
• out of humor	불쾌해서, 성이 나서
• out of print	(책이) 절판된
• pave the way for	~을 위해 준비하다; ~을 용이하게 하다
• play fast and loose (with)	(~을) 아무렇게나 대하다
• play it by ear	임기응변으로 처리하다; 즉흥 연주하다
• pull one's socks up	정신을 차리고 새로 시작하다
• put one's feet up	누워서[발을 무언가에 올려놓고] 쉬다
• put one's foot down	굳은 결심을 하다, 결연한 태도를 취하다
• put one's foot in one's mouth	실언을 하다; 후회할 일을 말하다
• put one's life on the line	목숨을 걸고 하다
• put[stick] the boot in	(이미 쓰러진 사람을) 세게 걷어차다; (곤란한 상황에 처한 사람에게) 비난을 해대다
• put two and two together	이것저것 종합해서[자기가 보고 들은 것으로] 추측하다
• rack one's brain	지혜를 짜내다
• rain or shine	날씨에 관계없이
• save (one's) face	체면을 지키다[세우다]
• second to none	최고인, 일등인
• see eye to eye	의견이 일치하다
• see red	몹시 화를 내다
• shed crocodile tears	거짓 눈물을 흘리다
• shed[throw, cast] light on	~을 비추다; 밝히다, 해명하다
• sit[be, stand] on the fence	중립적인 태도를 취하다
• slip one's mind	잊어버리다
• split hairs	사소한 것에 지나치게 신경을 쓰다
• stand[mount, keep] guard over	~을 지키다[보호하다]
• stand (somebody) up	(특히 연인 사이에서) ~을 바람맞히다

- stick[dig] one's heels[feet, toes] in — 자신의 입장[의견]을 양보하지 않다, 완강하게 버티다
- stick to one's guns — 자기의 입장을 고수하다
- stick to one's last — 자기의 직분[본분]을 지키다
- stop at nothing — (원하는 것을 얻기 위해) 어떤 일도 서슴지 않다
- straight from the shoulder — (비판 등을) 직설적으로
- swallow one's words — 한 말을 취소하다
- take a dim view of — ~을 별로 좋지 않게 여기다
- take heart — 자신감을 얻다, 힘내다
- take sides — 편을 들다
- take the easy way out — (곤란한 상황을 끝내기 위해) 쉬운 길을 택하다

- take the initiative in — 앞장서서 ~을 하다, 선수를 치다
- talk one's fears away — ~을 설득시켜서 안심하게 하다
- talk one's head off — 쉴 새 없이 지껄이다
- talk one's way (into/out of) — 교묘한 말로 설득하여 들어가다[나오다]
- the name of the game — (어떤 활동에서) 가장 중요한 점[자질]
- the nuts and bolts (of something) — (어떤 주제·활동의) 기본적인 사항들
- the salt of the earth — 세상의 소금 ((아주 선하고 신뢰할 만한 사람))
- throw one's weight about[around] — 뽐내다, 권력을 휘두르다
- throw one's weight behind — ~을 지원하기 위해서 힘쓰다
- turn a blind eye (to) — (~을 보고도) 못 본 체하다

- turn a deaf ear (to) — (~에) 귀를 기울이지 않다
- turn over a new leaf — 새로운 삶을 시작하다
- turn up[down] the thumb — 만족[불만]의 뜻을 나타내다, 칭찬하다[헐뜯다]
- under the weather — 기분이 안 좋은; (몸이) 찌뿌둥한
- up in the air — 아직 미정인
- up to much — (가치가) 큰, 소중한
- up to no good — 나쁜 짓을 하는[꾸미는]
- up to one's neck[ears] (in) — ~에 몰두하여, ~에 깊이 관여하여
- with (all) one's heart and soul — 진심으로; 정성을 기울여
- with one's hand in the cookie jar — 현장에서 붙들려, 현행범으로

APPENDIX 2

5 기출 및 출제 예상 혼동어휘

| 파생어 | 공통 어원이거나, 어휘들 사이에 관련이 있지만 의미가 다른 어휘

동사

lie 놓여있다	**/ lay** ~을 놓다	
rise 올라가다	**/ arise** 생기다, 발생하다	
sit 앉다	**/ seat** 앉히다	

명사

application 신청	**/ appliance** (가정용) 기기	**/ applicant** 지원자
attention 주목	**/ attendant** 안내원	**/ attendance** 출석; 참석
capability 능력	**/ capacity** 용량	
destination 목적지	**/ destiny** 운명, 숙명	
detection 탐지	**/ detective** 탐정	
disability (신체·정신) 장애	**/ inability** 무능	
habitat 서식지	**/ habitant** 거주자	**/ inhabit** 거주하다
hardness 단단함	**/ hardship** 어려움, 곤란	
hospital 병원	**/ hospitality** 환대	
identity 신원; 유사성	**/ identification** 신분 증명(서)	
major 전공; 주요한	**/ majority** 다수	
objective 목표; 객관적인	**/ objection** 반대	
observance (법률·규칙) 준수	**/ observation** 관찰	
organism 유기체, 생물체	**/ organization** 조직, 단체, 기구	
participation 참가	**/ participant** 참가자	
popularity 인기; 대중성	**/ population** 인구	
presence 존재; 참석	**/ presentation** 제출; 발표	
product 상품	**/ production** 생산	**/ productivity** 생산성
profession 직업	**/ professional** 프로 (선수); 전문적인	**/ professor** 교수
receipt 영수증	**/ reception** 접수처; 환영회	
response 대답; 반응	**/ responsibility** 책임, 의무	
signal 신호	**/ signature** 서명	**/ significance** 중요성

형용사

auditory 청각의	**/ audible** 들을 수 있는	
comparable 비교할 만한; 비슷한	**/ comparative** 비교의, 상대적인	**/ compatible** 양립하는; 호환이 되는
competitive 경쟁하는	**/ competent** 능숙한	
comprehensible 이해할 수 있는	**/ comprehensive** 종합적인, 포괄적인	
confident 확신하는	**/ confidential** 비밀의; 신뢰받는	
considerable 상당한, 많은	**/ considerate** 사려 깊은	
economic 경제의	**/ economical** 경제적인; 절약하는	**/ economics** 경제학
forgetful 잘 잊는	**/ forgettable** 쉽게 잊힐	

healthy 건강한	/ healthful 건강에 좋은	
historic 역사적으로 중요한	/ historical 역사적인, 역사의	
industrial 산업의	/ industrious 근면한	/ industry 산업; 근면성
joint 공동의	/ joined 연결된	
literal 문자 그대로의	/ literary 문학의	
literature 문학	/ literate 글을 읽고 쓸 줄 아는	
luxurious 호화로운	/ luxuriant (식물이) 무성한, 풍성한	
numerous 수많은	/ numerical 수의, 수와 관련된	
respectful 공손한	/ respectable 존경할 만한	/ respective 각각의
sensational 선풍적인	/ sensible 분별 있는	
sensitive 민감한	/ sensory 감각의	
social 사회의	/ sociable 사교적인	
subject 영향을 받아 ~될 수 있는	/ subjective 주관적인	
successful 성공적인	/ successive 연속적인	
succession 연속	/ successor 후계자	
terrible 무서운	/ terrific 멋진	

| 유사 철자 | 철자가 비슷해서 혼동되는 어휘

동사

absorb 흡수하다	/ observe 관찰하다	
abstain 자제하다	/ obtain 얻다	
acquire 습득하다	/ inquire 묻다	/ require 요구하다
adopt 채택하다	/ adapt 적응하다	
amuse 즐겁게 하다	/ amaze 놀라게 하다	
announce 발표하다	/ pronounce 발음하다	
anticipate 기대하다	/ participate 참가하다	
assist 돕다	/ resist 저항하다	
attain 획득하다	/ retain 보유하다	/ detain 억류하다
avoid 피하다	/ devoid ~이 전혀 없는	
banish 추방하다	/ vanish 사라지다	
blow 불다; 날리다	/ glow 빛나다	
bond 접착시키다	/ bend 구부리다	
bury 매장하다	/ vary 달라지다	
cherish 소중히 여기다	/ perish 소멸되다	
commute 통근(하다)	/ compute 계산하다	
concentrate 집중하다	/ contaminate 오염시키다	
confine 국한시키다	/ define 정의하다	/ refine 정제하다

APPENDIX 2

confirm 확인하다	/ conform 순응하다	
consent 동의(하다)	/ contend 다투다	/ content 만족시키다
correct 바로잡다	/ collect 수집하다	
captivate 마음을 사로잡다	/ cultivate 경작하다; 함양하다	
deprive 박탈하다	/ derive (다른 것에서) 끌어내다	
devote (노력·시간을) 쏟다	/ devour 집어삼키다	
die 죽다	/ dye 염색하다	
distribute 분배하다	/ contribute 기여[기부]하다	/ attribute ~탓으로 돌리다
dread 두려워하다	/ tread 걷다, 밟다	
elect 선출하다	/ erect (똑바로) 세우다	
eliminate 제거하다	/ illuminate 비추다; 밝히다	
emerge 나타나다	/ merge 합병하다	
emigrate 이민을 가다	/ immigrate 이민을 오다	
enhance 향상시키다	/ enchant 마법을 걸다	
evolve 발달하다; 진화하다	/ involve 관련시키다	
expand 팽창하다	/ expend 소비하다	
explore 탐험하다	/ exploit 이용하다	/ explode 폭발하다
imply 암시하다	/ comply (법·명령 등에) 따르다	
impose 강요하다	/ oppose 반대하다	/ expose 드러내다
infect 감염시키다	/ inspect 검사하다	/ suspect 의심하다
inherit 상속받다	/ inhibit 억제하다	/ inhabit 거주[서식]하다
inject 주사하다	/ eject 내쫓다	/ project 계획하다; 투영하다
insult 모욕하다	/ insert 삽입하다	
interpret 해석하다	/ interrupt 방해하다	
irritate 짜증 나게 하다	/ irrigate 땅에 물을 대다	
mediate 중재하다	/ meditate 명상하다	
pray 기도하다	/ prey 먹이로 삼다	
prefer 선호하다	/ prepare 준비하다	
proceed 나아가다	/ precede 앞서다	
protect 보호하다	/ prevent 막다	
reject 거절하다	/ reflect 반영하다	
release 방출하다, 석방하다	/ relieve 안도하게 하다	
resemble 닮다	/ assemble 모으다; 조립하다	
reserve 예약하다	/ reverse 뒤집다	
retreat 물러가다	/ retrieve 회수하다	
simulate 가장하다	/ stimulate 자극하다	
sow 씨를 뿌리다	/ saw 톱질하다	/ sew 바느질하다
spill 흘리다	/ split 분열시키다; 나누다	
stare 응시하다	/ scare 겁주다	
strip (껍질 등을) 벗기다	/ strap 끈으로 묶다	

submit / admit
제출하다 / 인정하다

substitute / constitute
대신하다 / 구성하다

suspect / suspend
의심하다 / 매달다; 유보하다

transform / transport
변형시키다 / 수송하다

wander / wonder
돌아다니다 / 궁금해 하다; 놀라다

명사

access / excess / assess
접근 / 초과, 과잉 / 평가하다

addiction / addition
중독 / 추가, 부가

altitude / aptitude / attitude
고도 / 적성 / 태도; 자세

avenue / revenue
거리 / 수익, 세입

belief / relief
신념 / 안도

calculation / circulation
계산 / 순환, 유통

command / comment / commend
명령(하다) / 논평(하다) / 칭찬하다

commitment / commandment
전념; 헌신 / 계명(誡命)

compilation / compliance
모음집 / (법 등의) 준수

complement / compliment
보완(하다) / 칭찬(하다)

comprehension / apprehension
이해력 / 불안

confidence / conference
신뢰; 자신 / 회의

contact / contract / contrast
연락, 접촉 / 계약 / 대조

contribution / distribution
기여; 기부(금) / 분배; 분포

convenience / consequence
편리 / 결과

conversation / conservation
대화 / 보존, 보호

corruption / eruption
부패, 타락 / 폭발; 분출

counsel / council
상담(하다) / 의회

desert / dessert
사막 / 후식, 디저트

designation / destination
지정 / 목적지

distinction / extinction
구분; 차이 / 멸종

distortion / distraction
왜곡 / 집중을 방해하는 것

description / prescription / subscription
묘사 / 처방(전) / 구독(료); 기부금

estimate / estate
추정(하다) / 사유지, 재산

facility / faculty
시설 / 교직원; 재능

fare / fair
(교통) 요금 / 박람회; 공평한

figure / feature
숫자; 모양; 인물 / 특징; 생김새

flash / flesh / fresh
섬광; 비치다 / (사람·동물의) 살 / 신선한

fraction / friction
부분 / 마찰

freight / fright
화물 / 두려움

consistency / constancy
일관성 / 불변성

insurance / assurance
보험 / 보증

intuition / tuition
직관 / 수업(료)

irritation / irrigation
짜증 / 관개, 물대기

loyalty / royalty
충성 / 왕족; 저작권 사용료

medication / meditation / mediation
약물 (치료) / 명상 / 조정, 중재

perspective / prospective
관점, 시각; 원근법 / 예상되는; 유망한

phrase / praise / prairie
구절; 관용구 / 칭찬(하다) / 대초원

preference / reference / inference
선호 / 언급; 참조; 문의 / 추론

prospect / retrospect
전망 / 회상

resolution / revolution
결의; 해결 / 혁명

status / statue
신분, 지위 / 조각상

stuff / staff
물건; 재료 / 직원

suspicion / suspension
의심 / 연기, 보류; 정학

vacation / vocation
방학, 휴가 / 천직, 소명

violence / violation
폭력 / 위반

형용사

apparent / transparent
분명한 / 투명한

bald / bold
대머리의 / 용감한

beneficial / beneficent
유익한 / 도움을 주는; 친절한

collective / selective
집단의; 공통의 / 선택적인

conscious / conscientious
의식하는, 자각하는 / 양심적인

deliberate / delicate
의도적인; 신중한 / 연약한

dense / tense
빽빽한 / 긴장한

efficient / effective / defective
능률적인 / 효과적인 / 결함이 있는

eligible / illegible
자격이 있는 / 읽기 어려운

eminent / imminent
저명한; 탁월한 / 임박한

eternal / external
영원한 / 외부의

imaginary / imaginable / imaginative
가상의 / 상상할 수 있는 / 상상력이 풍부한

imperious / imperative
고압적인 / 반드시 해야 하는

inferior / interior
열등한 / 내부(의)

jealous / zealous
질투하는 / 열성적인

monetary / momentary / momentous
통화[화폐]의 / 순간적인 / 중대한

moral / mortal
도덕적인 / 영원히 살 수는 없는; 치명적인

precious / previous / precise
소중한 / 이전의 / 정확한

sour / sore
맛이 신 / 아픈

suspicious / superstitious
의심스러운 / 미신적인

thorough / through
철저한 / 관통하는; ~을 통해서

tiny / tidy
아주 작은 / 깔끔한

valueless / priceless
무가치한 / 값을 매길 수 없는, 귀중한

부사

effectively / affectively
효과적으로 / 감정적으로

6 기출 및 출제 예상 반의어

| 접사가 붙어 반대 의미가 되는 어휘 |

동사

ascend	↔ ___scend	오르다, 올라가다 ↔ 내려오다, 내려가다	**de**scend
attach	↔ ___tach	붙이다 ↔ 떼다	**de**tach
centralize	↔ ___centralize	중앙 집중화하다 ↔ 분권화하다	**de**centralize
embark	↔ ___embark	(배·비행기에) 승선하다 ↔ 내리다	**dis**embark
emigrate	↔ ___migrate	이민을 가다 ↔ 이민을 오다	**im**migrate
encourage	↔ ___courage	격려하다 ↔ 좌절시키다	**dis**courage
import	↔ ___port	수입하다 ↔ 수출하다	**ex**port
include	↔ ___clude	포함하다 ↔ 제외하다	**ex**clude
increase	↔ ___crease	증가하다 ↔ 감소하다	**de**crease
inhale	↔ ___hale	(숨이나 연기 등을) 들이마시다 ↔ (숨을) 내쉬다	**ex**hale
lock	↔ ___lock	잠그다 ↔ 열다	**un**lock
overcharge	↔ ___charge	(금액을 더) 많이 청구하다 ↔ 제값보다 싸게 청구하다	**under**charge
persuade	↔ ___suade	설득하다 ↔ 만류하다	**dis**suade
tie	↔ ___tie	묶다 ↔ 풀다	**un**tie
underestimate	↔ ___estimate	과소평가하다 ↔ 과대평가하다	**over**estimate
understate	↔ ___state	(실제보다) 줄여서 말하다 ↔ 과장하다	**over**state

명사

ability	↔ ___ability	할 수 있음, 능력 ↔ 무능, 불능	**in**ability
ascent	↔ ___scent	상승 ↔ 하강	**de**scent
comfort	↔ ___comfort	편안 ↔ 불편	**dis**comfort
concord	↔ ___cord	화합, 일치 ↔ 불화, 다툼	**dis**cord
discretion	↔ ___discretion	신중함 ↔ 무분별한 행동	**in**discretion
emigrant	↔ ___migrant	(다른 나라로 가는) 이민자 ↔ (다른 나라로 온) 이민자	**im**migrant
exterior	↔ ___terior	(특히 건물의) 외부 ↔ 내부	**in**terior
extrovert	↔ ___vert	외향적인 사람 ↔ 내성적인 사람	**intro**vert
incentive	↔ ___incentive	우대책 ↔ 의욕을 꺾는 것	**dis**incentive
inflation	↔ ___flation	인플레이션, 물가 상승률 ↔ 디플레이션, 물가 하락	**de**flation
literacy	↔ ___literacy	글을 읽고 쓸 줄 아는 능력 ↔ 문맹	**il**literacy
merit	↔ ___merit	장점 ↔ 단점	**de**merit
sensitivity	↔ ___sensitivity	민감함; 민감성 ↔ 무감각, 둔감함	**in**sensitivity
similarity	↔ ___similarity	유사성 ↔ 차이점	**dis**similarity
stability	↔ ___stability	안정, 안정감 ↔ 불안정	**in**stability
unity	↔ ___unity	단결, 통합 ↔ (사람 사이의) 분열	**dis**unity

APPENDIX 2

형용사

accessible	↔ ___accessible	접근 가능한 ↔ 접근할 수 없는	**in**accessible
active	↔ ___active	적극적인 ↔ 소극적인	**in**active
adaptable	↔ ___adaptable	적응할 수 있는 ↔ 적응할 수 없는	**un**adaptable
adequate	↔ ___adequate	충분한 ↔ 불충분한	**in**adequate
alcoholic	↔ ___alcoholic	술의, 알코올이 든 ↔ 알코올을 포함하지 않는	**non**-alcoholic
appropriate	↔ ___appropriate	적절한 ↔ 부적절한	**in**appropriate
attentive	↔ ___attentive	주의를 기울이는 ↔ 주의를 기울이지 않는	**in**attentive
audible	↔ ___audible	들리는 ↔ 들리지 않는	**in**audible
certain	↔ ___certain	확실한 ↔ 불확실한	**un**certain
coherent	↔ ___coherent	(생각·주장 등이) 일관성 있는 ↔ 일관성 없는	**in**coherent
comfortable	↔ ___comforted	편안한; 쾌적한 ↔ 불편한; 불쾌한	**un**comfortable
common	↔ ___common	흔한 ↔ 드문	**un**common
compatible	↔ ___compatible	양립할 수 있는 ↔ 양립할 수 없는	**in**compatible
complete	↔ ___complete	완전한 ↔ 불완전한	**in**complete
considerate	↔ ___considerate	사려 깊은 ↔ 사려 깊지 못한	**in**considerate
consistent	↔ ___consistent	일관된 ↔ 일관성 없는	**in**consistent
conspicuous	↔ ___conspicuous	눈에 잘 띄는 ↔ 눈에 잘 안 띄는	**in**conspicuous
constructive	↔ ___structive	건설적인 ↔ 파괴적인	**de**structive
direct	↔ ___direct	직접적인; 직행의 ↔ 간접적인	**in**direct
dispensable	↔ ___dispensable	불필요한 ↔ 필수적인	**in**dispensable
effective	↔ ___effective	효과적인 ↔ 비효과적인	**in**effective
essential	↔ ___essential	필수적인 ↔ 필수적이지 않은	**in**essential
fair	↔ ___fair	공정한 ↔ 부당한	**un**fair
finite	↔ ___finite	유한한 ↔ 무한한	**in**finite
fruitful	↔ fruit___	생산적인 ↔ 성과 없는	fruit**less**
fulfilled	↔ ___fulfilled	충족되는 ↔ 충족되지 않은	**un**fulfilled
harmful	↔ harm___	해로운 ↔ 해가 없는	harm**less**
identical	↔ ___identical	동일한 ↔ 다른	**non**identical
internal	↔ ___nal	내부의 ↔ 외부의	**exter**nal
lawful	↔ ___lawful	합법적인 ↔ 불법의	**un**lawful
limited	↔ ___limited	제한된 ↔ 무한한	**un**limited
loyal	↔ ___loyal	충실한 ↔ 불충(실)한	**dis**loyal
mobile	↔ ___mobile	이동하는 ↔ 움직이지 않는	**im**mobile
moderate	↔ ___moderate	적당한 ↔ 과도한	**im**moderate
ordinary	↔ ___ordinary	보통의 ↔ 비범한	**extra**ordinary
practicable	↔ ___practicable	실행 가능한 ↔ 실행 가능하지 않은	**im**practicable
predictable	↔ ___predictable	예측할 수 있는 ↔ 예측할 수 없는	**un**predictable
proper	↔ ___proper	적절한; 정당한 ↔ 부적절한; 부당한	**im**proper

proven	↔ ___proven	입증된 ↔ 입증되지 않은	**un**proven
relevant	↔ ___relevant	관련 있는 ↔ 무관한	**ir**relevant
secure	↔ ___secure	안전한 ↔ 불안전한	**in**secure
selfish	↔ ___selfish	이기적인 ↔ 이기적이지 않은	**un**selfish
sensitive	↔ ___sensitive	예민한 ↔ 무감각한	**in**sensitive
significant	↔ ___significant	중요한 ↔ 사소한	**in**significant
sporting	↔ ___sporting	정정당당한 ↔ 정정당당하지 않은	**un**sporting
stable	↔ ___stable	안정된 ↔ 불안정한	**un**stable
sufficient	↔ ___sufficient	충분한 ↔ 불충분한	**in**sufficient
superior	↔ ___ior	우수한 ↔ 열등한	**infer**ior
tangible	↔ ___tangible	유형의; 만질 수 있는 ↔ 무형의	**in**tangible
valuable	↔ value___	귀중한 ↔ 무가치한	value**less**
visible	↔ ___visible	눈에 보이는 ↔ 눈에 보이지 않는	**in**visible
willing	↔ ___willing	꺼리지 않는 ↔ 꺼리는	**un**willing

부사

externally	↔ ___nally	외부적으로 ↔ 내부적으로	**inter**nally
implicitly	↔ ___plicitly	암시적으로 ↔ 명쾌하게	**ex**plicitly
intentionally	↔ ___intentionally	일부러 ↔ 무심결에	**un**intentionally
morally	↔ ___morally	도덕적으로 ↔ 비도덕적으로	**im**morally
properly	↔ ___properly	제대로, 올바로 ↔ 부적절하게	**im**properly
rationally	↔ ___rationally	합리적으로 ↔ 불합리하게	**ir**rationally

| 기타 반의어 |

동사

accept	↔ r________	수락하다 ↔ 거절하다	reject
admire	↔ d________	존경하다 ↔ 멸시하다	despise
advocate	↔ o________	지지하다 ↔ 반대하다	oppose
ban	↔ p________	금지하다 ↔ 허용하다	permit
change	↔ m________	변하다 ↔ 유지하다	maintain
conquer	↔ s________	정복하다 ↔ 항복하다	surrender
contaminate	↔ p________	오염시키다 ↔ 정화하다	purify
criticize	↔ p________	비판하다 ↔ 칭찬하다	praise
decline	↔ i________	내리다 ↔ 오르다	increase
deny	↔ a________	부인하다 ↔ 받아들이다, 인정하다	accept
elaborate	↔ s________	정교하게 만들어 내다 ↔ 단순화하다	simplify
eliminate	↔ c________	제거하다 ↔ 창조하다	create

emerge	↔ v________	나오다 ↔ 사라지다	vanish
employ	↔ d________	고용하다 ↔ 해고하다	dismiss
exaggerate	↔ u________	과장하다 ↔ 축소해서 말하다	understate
expand	↔ c________	팽창하다; 확대시키다 ↔ 줄어들다	contract
expose	↔ h________	드러내다 ↔ 감추다	hide
extend	↔ r________	더 길거나 크거나 넓게 만들다 ↔ 줄이다	reduce
integrate	↔ s________	통합시키다 ↔ 분리하다	separate
lengthen	↔ s________	길어지다, 늘어나다 ↔ 짧아지다	shorten
loosen	↔ t________	느슨하게 하다 ↔ 조이다	tighten
lower	↔ r________	낮추다 ↔ 들어 올리다	raise
anger	↔ c________	화나게 하다 ↔ 진정시키다	calm
maximize	↔ m________	극대화하다 ↔ 최소화하다	minimize
precede	↔ f________	선행하다 ↔ 따라가다	follow
produce	↔ c________	생산하다 ↔ 소비하다	consume
reveal	↔ c________	드러내다 ↔ 가리다, 덮다	cover
save	↔ s________	절약하다 ↔ 소비하다	spend
scatter	↔ g________	흩뿌리다 ↔ 모으다	gather
segregate	↔ u________	분리하다 ↔ 결합하다	unite
simplify	↔ c________	단순화하다 ↔ 복잡하게 만들다	complicate
soar	↔ f________, p________	급등하다 ↔ 떨어지다, 급락하다	fall, plunge
catch	↔ r________	붙잡다 ↔ 풀어주다	release
strengthen	↔ w________	강화하다 ↔ 약화시키다	weaken
unify	↔ d________	통합하다, 통일하다 ↔ 나누다	divide
withdraw	↔ d________	(계좌에서 돈을) 인출하다 ↔ 예금하다	deposit

명사

addition	↔ s________	덧셈 ↔ 뺄셈	subtraction
ancestor	↔ d________	조상 ↔ 자손	descendant
Antarctic	↔ A________	((the ~)) 남극 지역 ↔ ((the ~)) 북극	Arctic
cause	↔ e________	원인 ↔ 결과	effect
convergence	↔ d________	집중, 수렴 ↔ 확산, 발산	divergence
departure	↔ a________	출발 ↔ 도착	arrival
division	↔ i________	분할 ↔ 통합	integration
drought	↔ f________	가뭄 ↔ 홍수	flood
edge	↔ m________	가장자리 ↔ 중앙	middle
excess	↔ s________	과도 ↔ 부족	shortage
felony	↔ m________	중죄, 흉악 범죄 ↔ 경범죄	misdemeanor
former	↔ l________	((the ~)) 전자 ↔ ((the ~)) 후자	latter
lack	↔ a________	부족 ↔ 풍부	abundance

loss	↔ p________, g________	손실 ↔ 이익	profit, gain
majority	↔ m________	다수 ↔ 소수	minority
malediction	↔ b________	저주 ↔ 축복	benediction
maximum	↔ m________	최대(치) ↔ 최소(치)	minimum
modesty	↔ a________	겸손 ↔ 오만	arrogance
monarchy	↔ r________	군주제; 군주국 ↔ 공화국	republic
multiplication	↔ d________	곱셈 ↔ 나눗셈	division
opponent	↔ s________	반대자 ↔ 지지자, 후원자	supporter
part	↔ w________	부분 ↔ 전체	whole
permission	↔ p________	허락 ↔ 금지	prohibition
plaintiff	↔ d________	(민사 소송의) 원고, 고소인 ↔ 피고	defendant
poverty	↔ w________	가난 ↔ 부(富)	wealth
prose	↔ v________	산문(체) ↔ 운문	verse
prosperity	↔ p________	(물질적) 번영, 번성 ↔ 가난, 빈곤	poverty
reduction	↔ e________	축소 ↔ 확대	enlargement
reward	↔ p________	보상(금) ↔ 벌금; 위약금	penalty
simplicity	↔ c________	간단함 ↔ 복잡함	complexity
supply	↔ d________	공급 ↔ 수요	demand
surplus	↔ d________	과잉; 흑자 ↔ 부족; 적자	deficit
thrift	↔ e________	절약 ↔ 사치	extravagance
top	↔ b________	맨 위; 정상 ↔ 맨 아래; 바닥	bottom
uniformity	↔ v________	균등(성); 획일 ↔ 다양성	variety
virtue	↔ v________	선; 미덕 ↔ 악; 범죄	vice

형용사

absolute	↔ r________	절대적인 ↔ 상대적인	relative
abstract	↔ c________	추상적인 ↔ 구체적인	concrete
abundant	↔ s________	풍부한 ↔ 부족한	scarce
accidental	↔ i________	우연한 ↔ 의도적인	intentional
affirmative	↔ n________	긍정하는 ↔ 부정적인	negative
ancient	↔ m________	고대의, 아주 오래된 ↔ 현대의	modern
barren	↔ f________	(땅이) 척박한 ↔ 비옥한	fertile
beneficial	↔ h________	이로운 ↔ 해로운	harmful
benevolent	↔ m________, m________	자애로운, 인정 많은 ↔ 악의적인	malevolent, malicious
commercial	↔ n________	상업적인 ↔ 비영리적인	nonprofit
compulsory	↔ v________	강제적인, 의무적인 ↔ 자발적인	voluntary
constant	↔ v________	변함없는 ↔ 변동이 심한	variable
damaged	↔ r________	피해를 입은 ↔ 회복된	recovered
dull	↔ s________	무딘 ↔ 날카로운	sharp

APPENDIX 2

durable	↔ f________	내구성 있는 ↔ 부서지기 쉬운	fragile
extinct	↔ a________	멸종된 ↔ 살아있는	alive
flexible	↔ r________	유연한 ↔ 뻣뻣한, 단단한	rigid
fluid	↔ s________	부드러운 ↔ 단단한	solid
general	↔ s________	일반적인 ↔ 특정한	specific
gradual	↔ s________	점진적인 ↔ 갑작스러운	sudden
heroic	↔ c________	영웅적인; 용감무쌍한 ↔ 겁이 많은	cowardly
horizontal	↔ v________	수평의 ↔ 수직의	vertical
hostile	↔ f________	적대적인 ↔ 우호적인	friendly
individual	↔ c________	개인의 ↔ 집단의	collective
innocent	↔ g________	결백한 ↔ 유죄의	guilty
liberal	↔ c________	진보적인 ↔ 보수적인	conservative
mental	↔ p________	정신적인 ↔ 신체의	physical
natural	↔ a________	자연의 ↔ 인공의	artificial
objective	↔ s________	객관적인 ↔ 주관적인	subjective
optimistic	↔ p________	낙관적인 ↔ 비관적인	pessimistic
permanent	↔ t________	영구적인 ↔ 임시적인	temporary
present	↔ a________	참석한 ↔ 결석한	absent
progressive	↔ r________	진보적인 ↔ 퇴보[역행]하는	regressive
rare	↔ c________	드문, 희귀한 ↔ 흔한; 공통의	common
rough	↔ s________	거친 ↔ 부드러운	smooth
rural	↔ u________	시골의 ↔ 도시의	urban
selfless	↔ s________	이타적인 ↔ 이기적인	selfish
sensible	↔ s________	분별 있는 ↔ 분별없는	senseless
shallow	↔ d________	얕은 ↔ 깊은	deep
skeptical	↔ c________	의심 많은 ↔ 확신하는	convinced
straight	↔ b________	곧은, 똑바른 ↔ 구부러진, 휜	bent
uncomplicated	↔ i________	단순한 ↔ 복잡한	intricate
uneasy	↔ r________	불안한; 불편한 ↔ 느긋한; 편안한	relaxed
vacant	↔ o________	비어 있는 ↔ 사용 중인	occupied
vivid	↔ v________	(기억·묘사 등이) 생생한 ↔ 흐릿한	vague
vulnerable	↔ i________	취약한 ↔ 면역성 있는	immune

부사

automatically	↔ m________	자동으로 ↔ 수동으로	manually
below	↔ a________	아래에 ↔ 위에	above
greedily	↔ g________	욕심내어 ↔ 너그럽게	generously

Answer
정답 및 해석

Word Complete

01강

Exercises

본문 43쪽

A 1 finalize 2 illiterate 3 avowal 4 irrelevance 5 immemorial 6 recount 7 remarkable 8 definitely 9 blurt 10 assurance 11 maintenance 12 inhumane 13 exhort 14 discourse 15 무한한 16 논증 17 중얼거리다; 중얼거림 18 나눌 수 없는, 분리될 수 없는 19 암시하다, 시사하다; 넌지시 말하다 20 최종적인, 확정적인; 최고의 21 설득력 있는 22 (말이) 자꾸 끊어지는; 멈칫거리는 23 표시하다; 의미하다 24 구슬리다, 달래다 25 입증; (시범) 설명; 시위 26 저항할 수 없는; 억누를 수 없는 27 반박하다; 부인하다 28 만족시킬 수 없는, 만족할 줄 모르는

B 1 ④ 2 ① 3 ④ 4 ② 5 ②

C ③

D 1 animate 2 impartial 3 memorial

E ② (invariable → variable)

해석

B 1 그는 화이트, 먼슨, 그리고 킴벌이라는 거리를 지나쳤다. 그 이름들은 아주 오래전에 그곳에 살았던 친구들의 기억을 **상기시켰다**. 2 수리반이 내는 **끊임없는** 소음은 시험 보는 동안 정말로 방해가 되었다. 3 회사는 고객들이 지갑을 열도록 **설득할** 참신한 방법들을 찾는다. 4 그 소년은 자신의 신체적 **제약**이 축구를 향한 열정을 빼앗도록 내버려두지 않았다. 5 가장 단순하고 저렴한 방법이 **적용될 수 없다면**, 다른 좀 더 값비싼 선택안들이 고려되어야 한다.

C 과학은 미래를 만들고 있고, 국가들은 미래의 과학자들을 양성하느라 분주하다. 이러한 투자로 인해 과학이 더 많이 출현하면 할수록, 충분히 이해하면서 과학의 핵심을 따라잡을 필요성이 더욱 커진다. 즉, 평범한 우리들이 과학과 발맞추려면, 더 많은 과학 작가들과, 명확하고 현명하고 설득력 있으며 읽을 것이 요구되는 과학 저술물이 더 많이 필요하다. 사람들은 과학에서 소외당하고 있다고 느끼는 경우가 많으며, 과학자들이 하는 일을 이해하기 위해 석박사 학위가 필요하다고 굳게 믿는다. 그 결과, 사람들은 방어적으로 (과학과 관련된) 그 모든 일들을 자신들의 삶과는 거의 상관이 없는 배타적인 영역으로 대수롭지 않게 생각한다. 과학적 **문맹**에 대한 가장 확실한 치료법 중의 하나는, 단지 전문 용어를 쉬운 영어로 번역해놓거나 복잡한 개념을 간단하게 설명해놓은 것 이상의 저술물인 훌륭한 과학 서적이다.

D 1 만일 움직이고 있던 물체가 움직이지 않는다면 아기들은 그걸 무시하지만, **활기 있던** 얼굴이 무표정으로 바뀌면 아기들은 당황한다. 2 공영방송은 선거 유세 기간 동안 절대적으로 **공정해야** 한다. 3 한 훌륭한 지도자를 기억하고자, 그의 서거 1주년을 기념하여 최근 전국에서 열린 **추모** 행사에서 수천 명의 지지자들이 기도를 드리고 향을 피웠다.

E ① 갑작스런 움직임이 우리의 **주의를 끌었다**.
② 개개의 질병에 대한 기후의 영향은 매우 **변동이 없어서**(→ **가변적이어서**) 한때 생각되었던 것만큼 예측 가능하지 않을 수 있다.
③ 그의 의견은 대체로 **관련이 없어서** 우리가 본문제를 처리하는 데 주의를 집중하지 못하게 한다.
④ **무형** 자산은 특허, 저작권, 상표와 같은 것으로 물리적인 실체가 없는 자산이다.
⑤ 그 왕은 **불멸하려고** 다양한 수단으로 노력했지만 죽음을 피할 수 없었다.

02강

Exercises

본문 57쪽

A 1 untamed 2 verse 3 unrest 4 paraphrase 5 fluent 6 lexicon 7 linguist 8 article 9 equator 10 analogy 11 proverbial 12 literary 13 abbreviate 14 plot 15 아무 방해를[제약을] 받지 않는 16 문체의; 양식의 17 불안하게 만들다; 용기를 잃게 하다 18 (글·음악 등의) 발췌[인용] (부분); 발췌하다, 인용하다 19 허구의; 소설적인 20 일화 21 마지못해 22 평등; 균등 23 평론, 비평; 평론[비평]하다 24 (~에서) 비롯되다; 유래하다 25 동일시; 등식; 방정식 26 전문 용어 27 형식상의 절차; 격식 28 자음

B 1 ③ 2 ④ 3 ① 4 ④

C ②

D 1 equitable 2 unwind 3 uninhabited

E ② (undisturbed → disturbed)

해석

B 1 매 결정을 내린 뒤, 그 경영자는 그 결정이 옳은 것으로 판명될 때까지 걱정하곤 했다. 그가 **결국** 고혈압이 **되도록** 만든 것은 자신의 끊임없는 걱정과 불안이었다. 2 새 진통제의 진통 효과는 일반적으로 빠르게 느껴지지만, 그 약의 강도는 대부분의 다른 약들의 강도와 **동일하다**. 3 당신은 어떤 사람의 여행 사진들을 보고 그 사람의 취미가 여행이라고 추측할 수 있고, CD를 많이 가진 사람을 보고 음악을 좋아한다고 **추정할** 수 있다. 4 그 관리자들은 직원들을 형편없이 다루었고 정중히 대하지 않았다. 이 스트레스는 직원들이 **과도한** 실수를 하게 만들었고, 결국 회사가 대가를 치르게 되었다.

C 문자 그대로의 의미는 제2언어 학습자에게 덜 혼동된다. 하지만 비유적인 의미는 모국어 화자들의 경험에 뿌리내리고 있어서 그 언어를 배우는 사람과는 보통 거리가 멀다. 'hit my hand against the wall(벽을 손으로 치다)'나 'hit the target(목표물을 맞히다)'와 같이 영어 단어 'hit(치다, 맞히다)'를 직역한 수준의 **어휘적 상응물**은 다

른 많은 언어에서 찾아보기 쉽다. 그러나 이것은 비유적 사용의 사례, 즉 예를 들어 'hit the road(길을 나서다)'나 'that really hit the spot(그것이 바로 내가 원하는 것이다)'의 경우는 그렇지 않다.
① 원래 용법을 넘어 의미가 확장된 단어
② 영어 단어를 다른 언어로 직역한 것
③ 영어 단어의 영어 동의어
④ 발음은 같지만 의미가 다른 단어

D 1 나는 이 논란에 대한 **공정한** 해결책, 즉 양쪽 모두에게 공평하고 받아들여질 수 있을 만한 것을 찾고 있다. 2 숙면을 취하려면 회사에서 바쁜 하루를 보낸 뒤 **긴장을 푸는** 방법을 배워야 한다. 3 버려진 섬, 즉 **무인**도는 아직 사람이 거주하지 않는 섬이다.

E ① 소방관들은 자신들이 직면한 위험한 상황에도 **흔들림이 없었고** 불타는 건물로 용감하게 들어갔다.
② 만약 그 음악이 당신이 즐기는 스타일이 아니라면? 당신은 그 음악으로 심하게 **방해받지 않을(→ 방해받을)** 것이다. 게다가 안전 문제가 발생한다. 만일 당신이 음악 때문에 집중할 수 없다면 어떤 작업 현장에서는 그것이 심각한 부상을 초래할 수도 있다.
③ 보고서에 따르면, 대부분의 사고는 어린아이들이 집에 **혼자 방치되었을** 때 일어난다.
④ **의도하지 않은** 체중 감소는 심각한 질병의 징후일 수 있고, 아니면 위장 바이러스와 같은 경미한 것의 징후일 수도 있다.
⑤ 그 시체는 다른 신원 확인 수단이 더는 가능하지 않아서 치과 기록에 근거하여 **신원이 확인되었다**.

03강

Exercises

본문 71쪽

A 1 disproof 2 longevity 3 elapse 4 disqualify 5 disclosure 6 bond 7 onset 8 creditor 9 conclude 10 split 11 decode 12 perish 13 relevant 14 reminiscent 15 intimate 16 또래, 동년배; 유심히 보다 17 산발적인, 때때로 일어나는 18 못하게 하다, 불가능하게 하다 19 고립, 격리 20 (울타리 등이) 둘러싸다; 동봉하다 21 연이은 22 (운명으로) 예정된; ~행의 23 영원한 24 반대하다; 못마땅해하다 25 사교성 26 다 자라지 못한; 치기 어린 27 해독; 약물[알코올] 중독 치료 28 망신, 수치; 불명예 29 (어떤 일을) ~가 한 것으로 믿다; 승인하다, 인가하다 30 감정에 좌우되지 않는; 공정한

B 1 ① 2 ④ 3 ④ 4 ①

C ③

D 1 dissuaded 2 exclusive 3 demerits 4 credulous

E ① (disintegrate → integrate)

해석

B 1 그녀는 그것을 와인 목록에서 **찾아보고** 자신이 가장 좋아하는 와인이 놀랍게도 350달러에 팔린다는 것을 알게 되었다. 2 온라인 뱅킹 거래를 이용하시면, 머니워스 은행은 어떤 추가 수수료도 **부과하지** 않을 것이며, 따라서 온라인 뱅킹 선택으로 더 선호되는 은행이 될 것입니다. 3 방사선 피폭의 위험이 상당히 일찍부터 알려졌음에도 불구하고, 많은 이들이 그 경고를 **무시해서** 방사능 질환에 걸렸다. 4 그 의회는 소집된 지 몇 주 되지 않아 **해산했기** 때문에 단기의회로 알려졌다.

C 많은 회사가 사업의 근간인 **하나의 간단한 신념**을 갖고 있다. 예를 들어, 세계 최대의 서점인 반스앤드노블의 창립자 렌 리지오는 직원들에게 그들이 세탁 세제나 소다수 또는 청바지를 판매하는 업계에 종사하고 있지 않다는 것을 상기시킨다. 그들은 책을 판매하고, 책은 정보, 지식, 그리고 지혜로 가득 차 있다. 그들의 업무는 단지 계산대에서 거래하는 것이 아닌, 기쁨을 주는 대규모 사업이라고 그는 충고한다. 반스앤드노블 직원들은 자신들이 중요한 일을 한다는 것을 끊임없이 상기하게 된다.
① 전통적 믿음과 철학을 포괄하는 원칙
② 회사의 진행 방향과 확장 방법에 대한 의식
③ 비즈니스 모델을 정의한 일련의 믿음
④ 경쟁에 초점을 맞춘 (회사의) 강령

D 1 우리는 금요일에 가려고 했지만 심한 폭풍우 때문에 **단념했다**. 2 특허법은 보통 발명가에게 20년간 **독점** 판매권을 제공한다. 3 그 계획의 **단점**은 이점보다 더 크다. 4 그런 말도 안 되는 것을 믿을 만큼 **남의 말에 잘 속는** 사람은 거의 없다.

E ① 미국 연방 자금 금리를 낮추는 것과 같은 중앙은행의 조치는 그 효과가 경제로 완전히 **해체되는(→ 통합되는)** 데 약 6개월이 걸린다.
② 그 단거리 선수는 세계 선수권 대회에서 출발대를 일찍 벗어나서 **실격되었다**.
③ 평균 기대 수명이 늘어난 것은 공중보건 발전의 **공로이다**.
④ 정규직 근로자와 비교하여 **임시** 고용 근로자에게 동일한 근로 조건을 제공하는 것은 중요하다.
⑤ 여성은 과학 연구를 하기에는 너무 지적으로 한계가 있다고 간주하던 때, 그녀는 존경받는 과학자가 되었다. 그녀는 여자와 과학은 서로 대척된다는 개념이 **틀렸음을 입증했다**.

Exercises

본문 85쪽

A 1 preliminary 2 assess 3 instructional 4 antibacterial 5 synonymous 6 qualify 7 liberal arts 8 thesis 9 oppose 10 obstruction 11 certificate 12 composition 13 anonymous 14 faculty 15 complimentary 16 (특히 작가의) 필명 17 발휘하다; (영향력을) 행사하다; 노력하다 18 영재 19 적의, 적대감 20 (흔적을) 없애다, 지우다 21 잠재하는; 잠복하고 있는 22 합성의; 합성물 23 교육적인; 유익한 24 맞은편의; 반대; 반대되는 사람[것] 25 졸업 앨범; 연감 26 전문화; 전문 분야 27 잠재력; 가능성; 잠재력이 있는 28 항원 29 졸업장; 수료증 30 학업의; 학구적인; 교수

B 1③ 2① 3④ 4①

C ①

D 1 antiseptic 2 synonym 3 decompose 4 antagonist

E ② (opponent → proponent)

해석

B 1 나는 근처 주차장에 차를 세우고 지하철을 타기로 했다. 주차장도 꽉 차서 평행 주차를 할 수밖에 없었다. 깜빡이를 켜고 내가 주차하려는 곳의 앞차와 약 1미터 거리를 두고 **차를 세웠다**. 2 의료 서비스에 대한 대통령의 **제안**은 국회에서 많은 반대에 부딪혔다. 3 피부는 내장 기관과 외부 세상 사이의 필수적인 장벽이다. 이것은 뛰어난 보호물이지만, 많은 물질에 **노출**되는 것은 그래도 역시 해로울 수 있다. 우리는 사람들에게 필수적이지 않은 것은 사용을 피하라고 종종 조언한다. 4 우리가 일반적인 이론을 구축하고, 검증할 수 있는 **명제**를 추론하여, 그것을 표본 자료와 비교하여 옳거나 틀렸음을 입증해야 한다고 주장되어 왔다.

C 외국 여행 중에, 우리는 어느 미술관을 방문했다. 그 후 그 지역 언어를 못하면서도 묵을 호텔을 찾으러 우리끼리 출발하기로 했다. 우리는 즉시 어둠 속에서 길을 잃었고 어느 방향이 맞는지에 대한 말다툼을 했다. 우리는 사람들에게 물어보는 것 외에 다른 방도가 없음을 곧 깨달았다. 다행히도 나는 그때쯤엔 몇 가지 표현을 **알게 되어서** 적어도 대화를 시작할 수는 있었다.

D 1 외과 수술을 할 때, 스테인리스 그릇에 **소독제**를 채우고 두 손을 팔꿈치까지 액체 속에 담갔다가 씻어낸다. 2 알베르트 아인슈타인(1879-1955)은 독일에서 태어난 물리학자로, 그의 이름은 '천재'의 **동의어**가 되었다. 3 박테리아와 곰팡이는 유기물이 **분해되도록** 도우면서 메탄가스를 방출한다. 4 그 소설 주인공의 이름과 가장 안 좋은 순간에 항상 어떻게든 등장해서 해를 끼치는 **적수**의 이름을 말해줘.

E ① 현재 기술 발달 속도로는, 당신이 오늘 사는 전자제품이 일 년 내에 **구식**이 될 것이다.
② 첼시는 '전기 자동차 열광자'로 명단에 올라 있다. 그녀는 대체 연료 자동차의 **반대자(→ 지지자)**이다.
③ 북대서양 조약 기구는 'NATO'라는 **두문자어**로 알려져 있다.
④ 극의 줄거리는 등장인물들에 의해 이야기된다. 작가는 배우를 통해서 자신의 생각을 독자와 소통한다. 이러한 이유로 배우는 극에서 가장 중요한 **구성요소**이다.
⑤ **항산화제**는 부패, 특히 지방의 부패를 막기 위해서 식품에 자주 첨가된다.

Exercises

본문 99쪽

A 1 govern 2 propaganda 3 policy 4 senator 5 countervail 6 diplomat 7 monarchy 8 counterclockwise 9 rally 10 counteraction 11 counterparty 12 artifact 13 tenure 14 embassy 15 delegate 16 대응책; 보호 조치 17 효율(성); 능률 18 당파, 파벌 19 의회, 국회 20 역습[반격](하다) 21 취임(식) 22 유권자; 구성 성분; 구성하는 23 연방제의; 연방 정부의 24 지방 자치제의; 시(市)의 25 장엄한; 훌륭한 26 철회하다, 취소하다; 철회[취소] 명령 27 (후보자로) 지명[추천]하다; 임명하다 28 (국가 간의) 조약, 협정 29 투표용지; 무기명 투표; 무기명 투표를 하다 30 망명

B 1② 2③ 3① 4③

C ②

D 1 counterfeit 2 deficient 3 affectation

E ③ (counterproductive → productive)

해석

B 1 나는 그 강좌를 아직 끝내지 못했다. 그래서 휴일이 지나면 그것을 다시 **시작하여** 끝낼 것이다. 2 스필버그 씨는 언제나 직원들의 역량을 최고로 이끌어내는 **효과적인** 관리자이다. 3 만약 당신의 **청구서**에 대해 논의하고 싶다면, 전화 혹은 이메일로 고객 서비스 상담원에게 연락할 수 있습니다. 4 사랑하는 사람을 잃는 것은 모두에게 **영향을 미치**지만, 어떤 사람들은 다른 이들보다 더 심하게 영향을 받는다.

C 왜 뱀파이어 문학이 그렇게 인기 있는가? 사람의 가장 강력한 감정 중 두 가지는 두려움과 욕구이다. 그것들은 우리가 깨어 있을 때 행동의 상당수를 지배하고, 우리가 잠들어 있을 때 가장 생생한 꿈을 불어넣는다. 대대로 **뱀파이어의 흥미진진함**은 이 두 가지 감정을 결부시키는 것인데, 즉 우리가 뱀파이어를 무서워하지만, 그의 어둠이 바로 그를 아주 강력하고, 놀랍도록 매력적이게 만드는 것이다. 우리는 그와 함

께 있을 때 완전히 안전하다고 절대 확신할 수 없지만, 멀리할 수도 없다. 낭만 소설 속 주인공인 뱀파이어는 우리가 알고 있는 가장 원초적인 본능에 말을 건다. 누가 그런 매력을 거부할 수 있겠는가?

① 뱀파이어를 대중으로부터 숨기려는 계획
② 가공의 뱀파이어가 갖는 매력적 특징들
③ 뱀파이어가 인간에 맞서 음모를 꾸미는 방법
④ 소설 속에서 계속 바뀌는 뱀파이어의 모습

D 1 당국자들은 거의 백만 달러 상당의 **위조** 시계가 지적재산권을 위반하여 경찰에 의해 국경에서 압수되었다고 발표했다. 2 신체에 비타민 A가 **부족한** 지역에서는 비타민 A를 직접 섭취하거나 주사를 맞아 보충한다. 3 강인한 남자인 척 하는 그 젊은이의 **가장**은 매우 겁에 질린 소년을 가면으로 가리고 있었다.

E ① 간단하고 명확한 예시 하나로도 요점을 설명하기에 **충분할** 것이다.
② 2개 국어를 사용하는 사람이 두 언어 모두 동일하게 **유창하지** 않을 수 있다는 생각은 확실히 새로운 의견은 아니다.
③ 많은 발견으로 이끈 인기 있고 **비생산적인(→ 생산적인)** 풍조는 수학을 인문학과 과학에 실용적으로 적용하는 것과 같이 서로 다른 과목들 사이에 연계를 두는 연구에 초점을 맞추는 것이다.
④ 구제역은 **전염성이** 매우 **높은** 질병이다. 어떤 효과적인 치료도 존재하지 않고, 백신은 전염병을 통제하지만 (구제역을) 완전히 없애지는 못했다.
⑤ 조명이 너무 약하면 상품의 **결함**이 눈에 띄지 않을지도 모른다. 그러므로 반입 구역의 조명은 환해야 한다.

06강

Exercises

본문 113쪽

A 1 ally 2 armed 3 triumphant 4 salute 5 chance 6 camouflage 7 casualty 8 array 9 debris 10 belligerent 11 surrender 12 vice versa 13 confidential 14 morale 15 공격적인, 전투적인; 투사 16 군비, (대형) 무기; 군비 확충 17 (경쟁·전쟁 등에서) 완파하다 18 적; 상대 19 산산이 부수다; 파괴하다 20 싸우다; 전투 21 전략상의 22 포로수용소 23 (군대의) 선봉, 전위; (사회적 운동의) 선두 24 현기증 25 공격(하다); 폭행(하다) 26 논란 27 전리품 28 입대하다; 협조를 요청하다

B 1④ 2② 3④ 4①

C ①

D 1 contravened 2 extroverted 3 convert

E ④ (Irreversible → Reversible)

해석

B 1 어떤 사람들은 인터넷이 모든 사람에게 균등한 기회를 만들어준다고 주장한다. 그들은 인터넷이 부자들에게서 힘을 **빼앗고**, 우리 모두 인터넷에서 발언권을 가질 수 있다고 주장한다. 2 **좋지 않은** 날씨 때문에 전체 프로젝트가 지연되었고 일정이 뒤로 미뤄졌다. 3 그는 지난 몇 년간 대단히 다양한 배역을 연기한 매우 재능 있고 **다재다능한** 배우이다. 4 햇빛의 양이 충분하다면, 태양열 발전만으로 세계의 대양들을 **횡단하는** 것이 가능하다.

C 말보로는 오늘날 매사추세츠의 많은 선거들이 엎치락뒤치락하는 지역이다. 이 주(州)는 민주당 지지자가 공화당 지지자보다 삼 대 일의 비율로 더 많지만, 지금은 무당파 유권자가 그 둘 모두의 수를 넘는다. 주 유권자의 대다수가 더는 어느 당의 당원도 아니다. 그리고 최근의 여러 주 선거에서 이 무당파 유권자들은 두 당 중 어느 쪽으로든 **균형을 뒤집었다**.

① 어떤 것을 결정하는 요인이 되다
② 추가 자금을 보태다
③ 대중적인 제3의 대안을 형성하다
④ 유권자들을 조종하다

D 1 그는 그 오토바이들이 안전 규정을 **위반하였고**, (오토바이를) 이용하려면 면허와 안전검사가 필요하다고 말했다. 2 그는 아주 **활발하고** 사교적이었다. 그는 주말 대부분을 친구들과 어울리면서 보냈다. 3 그 특별한 창들은 염료로 인해 연기에 그을린 유리처럼 보일 수 있는데, 이는 태양으로부터 빛을 모으는 것을 도와주어 빛을 그 뒤에 전기로 **전환하는** 특수 축전지로 보낸다.

E ① 신문 보도에 의하면 시장(市長)은 사고가 난 운전자들에게 응급 서비스 비용을 청구하려는, **논란이 많은** 자신의 계획을 철회하기로 결정했다.
② 몸을 **거꾸로 하여** 손으로 물구나무를 서자, 그는 피가 머리로 몰리는 것을 느꼈다.
③ 한국전쟁은 평화 조약이 아니라 **휴전**으로 끝났는데, 이는 남한과 북한은 엄밀히 말하면 여전히 전쟁 중이라는 의미이다.
④ 당신은 더 추운 날에 입을 것이 필요하다. **되돌릴 수 없는(→ 뒤집어 입을 수 있는)** 재킷은 다양하게 사용할 수 있으므로 좋은 선택이다.
⑤ 범죄 행위를 막기 위한 관리 당국의 모든 노력에도 불구하고, 베네치아와 페라라 사이의 **밀수**품 거래가 계속되었다.

07강

Exercises

본문 127쪽

A 1 atheist 2 induction 3 colonize 4 historic 5 dehydrate 6 providence 7 abrasion 8 temporal 9 barbarian 10 abortion 11 prehistoric 12 persecute 13 transfer 14 conduce 15 ritual 16 (전승) 지식; 구비 설화; (민간) 전통 17 시작하다, 유래하다 18 구원; 구조[구제] 19 혐오하다 20 (학위·상 등의) 수여 21 안식(처); 성역; (야생동물) 보호구역 22 시대 23 냄새 제거제, 데오도란트 24 원시 사회의; 원시적인 25 고(古)기록; 기록 보관소; (기록 보관소 등에) 보관하다 26 유혹 27 성직자들 28 이정표; 중요한 사건 29 순례자 30 신[하느님]의; 신성한

B 1 ② 2 ① 3 ③ 4 ①

C ④

D 1 deferred 2 detached 3 conducive

E ③ (deviant → normal)

해석

B 1 그 두 회사는 제의된 30억 달러짜리 합병 계획을 금요일에 **취소했고**, 이는 투자자들에게 실망감을 안겼다. 2 수입 **규제 철폐**는 국내 산업에 미치는 영향을 우려하는 사람들의 강력한 반대에 부딪쳤다. 3 선거에 관한 인터뷰를 하는 대신에, 그 시장은 내일 지역 개발에 관한 **회의**에 참석할 것이다. 4 엘니뇨는 태평양의 **비정상적**으로 많은 양의 따뜻한 물에 의해 생긴다.

C 팔라디노 씨는 뉴욕 주지사 선거에 출마하고 있었다. 그는 잇따른 난처한 사건들을 견뎌왔고, 그중에는 친구들에게 인종차별적인 언급을 포함한 이메일을 전달한 것이 들통 난 것이 있었다. 팔라디노 씨의 사생활은 또한 집중조명을 받았다. 그의 아들 패트릭은 자동차 사고를 냈는데, 어떤 이들은 그의 아들이 당시에 술에 취했었다고 믿었다. 그의 과거사에 관한 **비판을 비껴나가도록** 돕기 위해 그는 위기관리 전문인 선거운동 담당자를 고용했다.

① 그의 아들을 비난에서 보호하다
② 그의 경쟁자들의 부정적인 면을 보여주다
③ 어려운 개인적 질문에 답하다
④ 그와 가족에 대한 인신공격을 피하다

D 1 두 가지 질문에 대해, 그 부서는 최종 결정이 있을 때까지 답변을 **미루었다**. 2 카메라 렌즈를 통해 바라보는 동안 참여할 수 없었기 때문에, 사진가는 현장에서 **분리된** 한낱 관찰자에 불과했다. 3 인도가 소프트웨어 산업으로 유명하기는 하지만, 전도유망한 기술 기업에 **도움이 되는** 환경에 있지는 않았다.

E ① 1943년 이탈리아의 나치 관료들은 교황을 **납치하고** 바티칸을 강탈하라는 히틀러의 직속 명령을 따르지 않았다.
② 두 대의 항공기가 디트로이트 상공에서 충돌할 뻔한 참사를 가까스로 **면했다**.
③ 사람들이 지진을 겪으면 일시적으로 자신의 미래에 대해 걱정하게 되지만, 조만간 **일탈적인(→ 정상적인)** 수준의 낙관론으로 돌아간다.
④ 1971년 방글라데시 독립 때 중추적 역할을 한 인도 총리인 인디라 간디에게 때늦은 명예상이 **수여되었다**.
⑤ 워싱턴 대학의 생물학자들이 **실시한** 새로운 연구에 따르면, 더 따뜻해진 기후에 적응한 곤충들이 더 높은 개체 수 증가율도 보여준다.

08강

Exercises

본문 141쪽

A 1 diversion 2 stagnant 3 currency 4 astronaut 5 treasury 6 biodiversity 7 digestion 8 interest 9 prosperity 10 taxation 11 loan 12 astrologer 13 diverge 14 soar 15 다른, 다양한 16 (과일의) 속[심]; (사물의) 중심부; 핵심; 핵심적인 17 진심 어린, 다정한 18 통화의, 화폐의; 금전상의 19 경제적인, 절약하는 20 (제자리에서 쫓겨난) 이동 21 자금; 재정, 재무; 자금을 대다 22 담보대출(금); (재산 등을) 저당 잡히다 23 처참한, 피해가 막심한 24 (물질적으로) 번영[번창]하다 25 일치; 조화, 화합 26 밀어올림; 격려; 부양책; (경기 등을) 부양하다; 북돋우다 27 일회용의 28 그래서; (상황에) 부응해서

B 1 ③ 2 ③ 3 ① 4 ②

C ②

D 1 Astronomy 2 dispatched 3 disinterested

E ③ (diversity → sameness)

해석

B 1 빛이 이 렌즈를 통과할 때, 빛이 굴절되어 광선이 **다른 방향으로 발산하게 된다**. 이런 유형의 렌즈는 오목한데, 즉 그릇의 내부처럼 안쪽으로 동그랗게 움푹하다. 2 다른 사람이 모르고 먹지 않도록 상한 음식은 즉시 **폐기되어야** 한다. 3 대부분의 실험자는 맛보기 실험에서 생수와 수돗물의 차이를 **구분하지** 못했다. 4 어제 유성우는 전문가들이 예견했던 것보다 다소 덜 강렬했지만, **천문학자들**은 주의 깊게 관측에 참여했다.

C 모든 경제의 기본적 특징은 미래 역량을 유지하거나 증가시키는 것과 비교하여 현재 요구를 충족시키는 데 자원을 투자하는 방식이다. 전통 사회에서는 이러한 결정들이 미래 경작을 위해 **씨앗을 따로 남겨두는**

것과 같은 것으로 결론이 난다. 산업이 발달한 사회에서, 미래 생산 투자에는 기존 회사와 신생 회사 모두에게 예금 기관, 금융 시장 그리고 자금 제공이 수반된다. 이러한 제공에는 은행 대출, 채권 그리고 프로젝트 내에서 개인 및 공공의 공동소유권 장려가 포함된다. 연구, 개발, 교육과 훈련에 투자하는 것은 생산성을 증가시키는 데 있어서 모두 필수적 고려 사항이다.

D 1 **천문학**은 천체와 함께 지구 대기 밖에서 비롯되는 현상의 연구를 다루는 자연 과학이다. 2 저희는 (상품에 대한) 입금 확인 후 12시간 이내에 상품이 **배송될** 것을 보장합니다. 3 그 **공평한** 재판관은 공정한 결정을 내리기 전에 양측 주장을 주의 깊게 고려하였다.

E ① 전자제품은 우리 수출품의 25퍼센트 이상을 **차지한다**.
② 훨씬 더 많은 양의 방사선이 해안가 바로 근처에서 감지되었다. 바다가 방사능 물질을 안전한 수준까지 **분산하여** 희석해야 한다.
③ 전부 같은 양식으로 쓰이고 주제도 반복되는 그의 이야기들의 **다양성(→ 동일성)**이 그것(이야기)을 너무나도 예측 가능하게 한다.
④ 그 강물의 50퍼센트 이상이 폭포에 도달하기 전에 네 개의 거대한 터널을 통해 **방향이 바뀐다**는 것을 아는 사람은 거의 없다.
⑤ 전통 배우들은 종종 특별한 복장을 입고 **변장했다**. 그들은 얼굴에 색칠을 하거나 가면을 쓰고 마을을 행진했다.

09강

Exercises

본문 155쪽

A 1 incidental 2 hub 3 infusion 4 inhalation 5 coverage 6 irrigate 7 fertile 8 customize 9 intrusive 10 installment 11 commercial 12 quota 13 pesticide 14 forage 15 bulk 16 물품, 상품; 판매하다 17 호흡기의 18 (비밀을) 누설하다 19 경작하다; 재배하다; 함양하다 20 밀어닥침, 유입 21 상업, 무역 22 (신체적·정신적) 장애 23 분배하다; (상품을) 유통하다 24 (글 등을) 수정하다; (책을) 편집하다 25 낭비하는; 방탕한 26 방출; 방출물 27 침범하다; 방해하다 28 실행[수행]하다; 도구, 기구 29 (시스템 등을) 간소화[능률화]하다; 유선형으로 하다 30 검열하다; 검열관

B 1 ③ 2 ④ 3 ① 4 ②

C ②

D 1 inherent 2 inhaling

E ⑤ (injected → ejected)

해석

B 1 선반이나 냉장고에 있는 어떤 식품이라도 사기 전에 용기나 캔, 혹은 팩에 적힌 **만료**일(유통기한)을 확인하고 내용물을 꼼꼼히 점검하세요. 2 무단결석생의 부모들에게 벌금을 **부과하려는** 학교의 의도를 비판하는 사람들은 그것(벌금 부과)이 문제의 근원을 해결하지 않는다고 말한다. 3 식품에 대한 정확한 정보가 소비자들에게 전달되기 위해서는 생산과 **유통** 체인이 추적 가능해야 한다. 4 나는 최근에 자신들의 농장이 **침공 당하자** 그곳에서 도망친 후 간신히 죽음을 면한, 추방된 가족을 만났다.

C 쇼핑을 할 때마다 당신이 쓰는 모든 돈은 구입하는 물건을 만든 회사에 투표를 하는 것이다. 대량 판매 시장에서 **윤리적인 소비**는 윤리에 기반을 둔 결정을 증가시키는데, 이는 비즈니스 관행에 대한 이해와 정보가 증가함으로써 가능해진다. 너무나 허다하게, 기업들은 개발도상국의 노동자들을 착취하거나 자연환경에 독성 화학물질을 버리는 것과 같은 비윤리적인 관행에 관여하고 있다. 반면에 도덕적으로 책임감 있는 방식으로 행동하려고 크게 노력을 하는 기업들이 있고, 우리는 소비자로서 그들의 제품을 구입하는 것으로 이러한 기업들을 찾아내고 지지할 기회가 있다. 우리가 윤리적인 기업의 제품을 구입할 때마다 우리는 모두에게 더 나은 세상을 만들기 위한 역할을 하고 있는 것이다.
① 충동구매를 피하기 위한 전략
② 윤리적인 제품의 의도적인 구매
③ 친환경 중고 물품에 대한 선호
④ 고급 제품을 만들고자 하는 경쟁

D 1 공격적인 행동을 하는 경향은 인간의 본성에 **내재되어** 있을지도 모르지만, 중요한 점은 인간이 자신의 공격적인 충동을 억제된 상태로 유지하는 독특한 능력을 가지고 있다는 것이다. 2 지역 주민들이 화재로 연기를 **들이마신** 뒤 병이 나서 입원 치료를 받아야 했다.

E ① 혼자 있는 과실수는 종종 **결실이 없는데**, 그 이유는 짝 나무가 없거나, 혹은 있다고 해도, 그 짝 나무가 꽃을 조금 다른 시기에 피우기 때문이다.
② 그의 풍부한 음성과 매력적인 스타일은 그의 공연에 힘을 **불어넣는다**.
③ 우리 각자가 위대한 업적을 **갈망해야** 하는데, 그러면 우리가 좋은 일을 할 가능성이 더 많아질 것이다.
④ 1998년, 유엔 안전보장 이사회는 아프리카산 다이아몬드의 판매를 막기 위한 **제재**를 가함으로써 불법 거래를 중단시키려고 시도했지만, 제한적인 성공을 거두었을 뿐이다.
⑤ 1980년 세인트헬렌스 산이 분화하면서 수백만 톤의 화산재를 **주입하였다(→ 분출하였다)**.

정답 및 해석

10강

Exercises

본문 169쪽

A 1 recruit 2 resignation 3 empower 4 tension 5 contention 6 intensity 7 designation 8 pretension 9 commute 10 incorporated 11 eviction 12 rewarding 13 toil 14 격하[좌천]시키다 15 집중적인 16 직업; (토지·가옥 등의) 사용, 거주 17 (회사 등의) 총인원; (회사의) 인사과 18 정도; (어떤 지역의) 규모 19 이민을 가다 20 기업가 21 기업, 회사; 법인 22 배상하다, 변상하다 23 감독자; 관리자; 건물 관리인 24 감독하다 25 (일 등을) 할당하다; (직책에) 임명하다 26 보상하다; 보수를 주다

B 1③ 2① 3④ 4④ 5①

C ④

D 1 intended 2 evict 3 contend

E ⑤ (soothe → intensify)

해석

B 1 많은 일들을 하기 전에 항상 '한 번에 하나씩'을 기억하라. 그러면 스트레스를 덜 받으면서 성공적으로 일을 **수행할** 수 있을 것이다. 2 필기는 학생들이 **집중력이 있는** 상태를 유지하기 위해 시도하는 활동 중 하나이지만, 그것은 또한 기억을 돕는 방법이기도 하다. 3 국립 환경운동가 협회에 기금을 기부함으로써 당신은 자생 식물과 멸종 위기에 처한 종들을 **멸종**으로부터 보호하는 데 도움을 주게 됩니다. 4 소방대원들이 현장에 도착했을 때, 수많은 이웃들이 건물 내 화재를 이미 **진화했다**. 5 찰스 박사의 보조금 신청을 **폭넓게** 검토한 후 예산 위원회는 만장일치의 투표를 하였고, 박사는 보조금 전액을 받았다.

C 당신이 회의에 참석하고 있다고 상상해 보라. 당신 편과 상대편이 탁자를 사이에 두고 마주앉아 있다. 당신은 특정한 주제에 대해 질문을 했는데 그에 대한 대답이 만족스럽지 못하다. 어떻게 하는 것이 최고의 반응이겠는가? 그것은 아무것도 하지 않는 것이다. 그러므로 당신이 더 많은 정보나 다른 종류의 정보를 얻으려 한다면, 침묵을 지키면서 그것을 요구하라. 대화가 장시간 끊기게 되면 사람들은 그것을 채워야 한다는 압도적인 필요를 느낀다. 만약 누군가 말을 끝냈는데 당신이 대화의 끝을 이어 (대화에) 참여하지 않으면, 그 사람은 자동으로 **상세히 설명하기** 시작할 것이다. 결국 그들은 당신이 듣고자 하는 것을 말하게 될 것이다.

D 1 비록 계획이 **의도한** 대로 되지 않더라도 당신의 자녀가 작은 실수로부터 배우도록 해야 한다. 2 그들의 집주인은 집세를 빨리 내지 않으면 그들을 **내쫓겠다고** 으름장을 놓았다. 3 우리는 기차와 비행기 사고뿐만 아니라 폭력 범죄, 테러 위협, 원전 사고, 석유 유출 문제와도 **씨름해야** 한다.

E ① 그의 아버지가 그에게 돈을 보내도록 설득하는 데 성공했다는 조짐은 없다. 그가 아버지로부터 큰 공감을 **끌어냈던** 것 같지 않다.
② 수확 시기가 다가오던 때에 목화 농부들에게는 해충 문제가 있었고, 그래서 그들은 25만 갤런의 농약을 사용하여 해충들을 **박멸해야**만 했다.
③ 피를 무서워했던 내 여동생이 외과 의사로 **유명**해질 거라고 예상할 수 있었던 사람은 거의 없었다.
④ 지역사회의 부유하고 존경받는 일원이 세금 납부를 **피하는** 방법들을 계속해서 찾는다면, 정부가 그들의 이름을 공개하는 것이 정당화될 수 있을 것이다.
⑤ 많은 사람들은 분노를 표현하면 분노가 없어질 것이라고 생각한다. 그와 반대로, 분노의 폭발은 분노를 **누그러뜨릴(→ 강화시킬)** 가능성이 더 많다.

11강

Exercises

본문 183쪽

A 1 asset 2 offset 3 outspoken 4 marketable 5 utmost 6 audit 7 publicity 8 curtail 9 associate 10 outcast 11 margin 12 concurrent 13 commission 14 bundle 15 scheme 16 반복; 재발 17 제휴하다; 가입하다; 계열사; 가입자 18 본사 19 지중해의 20 (도시의) 변두리, 교외 21 (경쟁자보다) 싸게 팔다; 약화시키다 22 특별한 목적을 위한; 임시의 23 아주 꼭 맞는 자리[역할]; (수익 가능성이 큰) 틈새시장 24 (사업상의) 모험; 벤처 (사업); 위험을 무릅쓰고 ~하다 25 소매; 소매하다 26 발언 27 (비용 절감을 위해 인원을) 축소하다 28 주변부의; 미미한 29 선구자; 선임자; 전조 30 지역, 영토; 영역

B 1③ 2① 3② 4①

C ④

D 1 extraneous 2 incurring 3 outburst

E ① (dissent → concur)

해석

B 1 사형이 유럽연합에서는 **불법인** 반면, 미국에서는 사형제도가 시행되고 있다. 2 학생의 학업 성적과 **과외** 활동 참여 둘 다 장학금 수여의 적격성과 장학금액을 결정하는 중요한 요인이다. 3 만일 개미로 인한 문제가 **계속 발생한다면**, 가장 좋은 해결책은 보금자리를 찾아 파괴하거나, 개미들이 숨겨진 집으로 가져가 집단 거주지의 모든 개미를 죽일 미끼를 이용하는 것이다. 4 사업적 관점에서 보면 홍보에 드는 작은 **비용**으로 방대한 배당금을 거둘 수 있다.

C 당신은 자신의 소유물을 당연하게 여기는가? 인디애나 대학의 제임스 피어스는 몇몇 예외를 제외하면 우리가 일상의 물건들에 대해 충분히 고마워하지 않는다고 생각한다. 그는 우리가 새것을 위해 오래된 것을 너무 자주, 생각 없이 버린다고 믿는다. 우리가 물건들을 던져 버리는 것에 대해 다시 한번 생각하도록, 그는 물건이 **특별한 기능**을 가짐으로써 더 매력적이고 의미 있게 만드는 방법을 고안했다. 예를 들면, 사용하는 동안 위에 올려놓는 무거운 물건들의 수를 보여주는 디지털 카운터가 있는 테이블, 너무 오래 켜두면 빛이 흐려지는 램프가 있다.

① 상품과 함께 제공되는 사은품과 서비스
② 경쟁 상품과 비교가 안 되는 신뢰도 증진
③ 예전에는 간과했던 필수적인 기능
④ 상품을 특별하게 만드는 창의적인 기능

D **1** 저희는 중요한 데이터에 집중하지 못하게 하는, 재무 서류와 **무관한** 어떤 정보도 원하지 않았습니다. **2** 다니엘은 작년에 약 4천 달러의 재산세를 내지 못했다. 그는 그 세금을 7개월 후에 냈는데, 500달러 정도의 이자를 **물었다**. **3** 분노를 **폭발**시키는 것이 때로는 잠시 안정을 줄 수도 있다는 것은 맞는 말이다.

E ① 나는 그 쇼핑몰이 제공하는 형편없는 서비스에 대한 의견들에 **반대한다(→ 동의한다)**. 업무 처리가 너무 오래 걸린다.
② 그 발견은 **외계** 생명체의 발견 가능성을 높이는 데 도움이 될 수 있을 것이다.
③ 나는 그 영화가 싫었고 **순전히** 넌센스라고 생각했을 뿐 아니라, 그 영화를 좋아하는 어떤 지인과도 연을 끊기로 결심했다.
④ 사업 실패의 가장 큰 원인은 **자금** 부족이다. 소기업 소유주들은 자신의 저축액을 투자해 사업을 시작하고 은행가들은 신규 회사에 돈을 빌려주고 싶어 하지 않는다.
⑤ 그렇게 중요한 여행을 떠나기 전에 주요 지형지물을 알아볼 수 있는, **지역**의 지도를 보는 것이 도움이 될 것이다.

12강

Exercises

본문 197쪽

A 1 congestion 2 citizenship 3 privatize 4 prevention 5 commonality 6 turbulent 7 rustic 8 eventual 9 corruption 10 bankruptcy 11 decentralize 12 civil 13 internal 14 interrogative 15 interrupt 16 대인관계에 관련된 17 사회[공공] 기반 시설 18 지역[지방]의 19 제약; 제한 20 명부, 등록부; 등록하다; 등기로 보내다 21 (특정한) 지구, 지역; 구역 22 지방의; 주(州)의; 편협한 23 중심에서 떨어진; 외딴, 외진 24 대도시[수도]의; (식민지나 속령이 아닌) 본국의 25 통행금지령; 통행금지 시간 26 교외의; 따분한 27 폭발; 분출 28 사회보장제도; 사회보장연금 29 모이다; (회의 등을) 소집하다 30 출현; 도래

B 1 ① 2 ④ 3 ① 4 ③

C 1 convention 2 revenue 3 disruptive 4 corrupt

D ④ (inventive → conventional)

해석

B **1** 마침내 경찰이 도착했을 때 우리는 없어진 물건의 **목록**을 작성했다. **2** 의류 업계의 규정으로 제정된 주당 36시간 근무제는 근로자들에게 오후 5시에 (그들의 주 출입구인) 뒷문을 통해 나갔다가 앞문으로 다시 들어와 몰래 오후 11시까지 일을 하게 함으로써 법을 **피해 갔다**. **3** 무력감과 분노는 시간이 지나면서 점점 커진다. 문제가 사람의 대처 능력을 압도하면 격한 감정이 폭력적이거나 자기 파괴적인 방식으로 **분출될** 수 있다. **4** 나날이 경쟁이 점점 치열해지고 있는 고용 시장에서는, 무리에서 **두드러지는**, 효과적이고 인상적인 이력서를 갖는 것이 중요하다.

C 이번 **회의** 시간 동안, 패널들은 리더에게 요구되는 성격 특성에 대해 논의할 것입니다. **2** 그 주(州)는 지출을 감당할 만큼 충분한 **세금**을 걷지 않는다. **3** 시위자들의 **지장을 주는** 행동으로 인해 행사가 취소되었다. **4** 그 나라의 사법체계는 뇌물을 받는 **부패한** 판사들로 가득하다.

D ① 그는 열세 살 때 지역 신문에 고등학교 스포츠에 대한 **칼럼**을 썼다.
② 목재산업과 제지업의 단기 이익에 대한 열망은 야생동물 다수 종을 **멸종시키고**, 노출된 대지를 침식시키며, 다른 심각한 환경적 재난을 야기하는 위협이 되고 있다.
③ 그 갈등은 이전 동맹국들 사이의 관계 **불화**를 야기했다.
④ 많은 사람들이 자신의 창의력을 미술을 통해 표현하지만 창의력이 미술에만 국한되지는 않는다. 요리사들은 전통적 요리법에서 벗어나 새로운 요리를 만들어낸다. 뜨개질하는 사람들은 이내 **독창적인 (→ 전통적인)** 문양을 버리고 자신만의 문양을 디자인한다.

⑤ 만약 당신이 아파서 학업을 시작할 수 없으면 교과 과정 (중간에) **휴식 기간**을 요청할 수 있습니다.

13강

Exercises

본문 211쪽

A 1 racial 2 assimilation 3 availability 4 harmonious 5 override 6 overlook 7 status 8 overcharge 9 overshadow 10 lavish 11 contribute 12 stratify 13 revolutionize 14 validity 15 multicultural 16 통합하다 17 민족성 18 버리다; 그만두다 19 압도적인; 저항하기 힘든 20 ~보다 더 커지다, 많아지다 21 반란 22 확인; 비준 23 계급, 계층; 위계질서 24 극복하다; (남을) 이기다 25 (정부·제도 등을) 뒤엎다; 타도, 전복 26 (사람을) 분리[차별]하다 27 군중; 폭도; (동물의) 떼 28 궁핍한, 가난한 29 (암석 등의) 층; (사회) 계층 30 부유한

B 1③ 2④ 3② 4③

C ②

D 1 valid 2 devalue 3 validate

E ① (valueless → (in)valuable)

해석

B 1 땅은 우리가 필요로 하는 것들, 즉 식탁에 올릴 음식, 장작으로 쓸 통나무, 그리고 다른 용도로 쓸 것들을 제공한다. 땅의 일부는 채소와 과일을 재배하는 데 **이용된다**. 2 당신은 신청서와 자기소개서를 다음 주 월요일까지 제출해야 합니다. 심사위원회는 당신의 신청서를 그때 **평가할** 것입니다. 3 올 연말에 완공 예정인 새 호텔은 규모 면에서 그 지역 내 다른 모든 호텔들을 **능가한다**. 4 직원들은 회사의 값싼 주식을 살 기회를 **이용했어야** 한다.

C 셰익스피어의 '베니스의 상인'은 유대인 샤일록과 기독교인 안토니오 사이의 극심한 불화를 묘사한다. 안토니오는 샤일록을 유대인이라는 이유로 끊임없이 멸시하는데, 이는 역대 가장 유명한 연설 중 하나로 결국 끝이 난다. 그 연설에서 샤일록은 질문을 던진다. "우리는 찔러도 피가 안 날 것 같은가? 우리는 간질여도 웃지 않을 것 같은가? 우리는 독살해도 죽지 않을 것 같은가? 우리를 모욕해도 우리는 복수하지 않을 것 같은가?" 샤일록이 가리키는 '우리'는 유대인들이다. 샤일록의 요지는 우리가 모두 인간이라는 것이다. 유대인과 기독교인, 흑인과 백인, 중국 국민과 독일 국민 등의 사이에는 본질적인 차이가 없다. 샤일록은 '베니스의 상인'에서 악당으로 묘사되지만, 어쩌면 우리는 모두 그에게서 **교훈**을 얻을 수 있을 것이다.

① 악당이라 하더라도 모든 사람은 우리에게 가르칠 것이 있다.
② 우리는 자기 민족 중심주의에서 온 부당한 편견을 피해야 한다.
③ 차별의 문제는 수 세기 동안 계속됐다.
④ 문화 간 근본적인 차이는 혁신을 활발하게 할 수 있다.

D 1 이 냉장고의 정가는 120달러이지만 30퍼센트 가격 할인을 받게 되실 겁니다. 이 제안은 10일간만 **유효합니다!** 2 어떤 학생들은 교육의 중요성을 **평가절하하는데**, 그들에게는 교육이 이끌어줄 어떤 성공의 길도 보이지 않기 때문이다. 3 사람들은 자신의 견해를 **입증하려고** 자신만의 개인적인 경험을 종종 들먹인다.

E ① 그녀는 혁신적이며 거의 감독할 필요가 없다. 그녀는 부서의 **가치 없는(→ 매우 귀중한)** 자산이다.
② 특혜를 바라고 뇌물을 건네는 것이 특히 정치권에서 효과가 있는 **지배적인** 방식이었던 때가 있었다.
③ 인사담당자들이 외국에서 일할 잠재 직원들을 찾을 때, 융통성과 새로운 환경에 쉽게 **동화되는** 능력이 원하는 자질이다.
④ **적절히** 고려한 끝에 우리는 파커 씨를 그 자리에 임명하기로 결정했다.
⑤ 나는 다른 사람들을 위해 한 것이 거의 없다. 나는 여생을 뜻깊게 쓰고 싶다. 나는 내 생명**보다 더 오래 남을** 그 무언가를 위해 여생을 보낼 것이다.

14강

Exercises

본문 225쪽

A 1 erosion 2 habitat 3 sediment 4 supervision 5 revision 6 purify 7 surveillance 8 recyclable 9 landfill 10 deforestation 11 desertification 12 exhaust 13 superstition 14 survival 15 tide 16 최고의, 최상의 17 회복; 부활; 재공연 18 생명력, 활력 19 명랑한, 쾌활한 20 방사능의 21 능가하다 22 내버리다; (헐값에) 팔아 치우다 23 대처[극복]할 수 없는 24 보호, 보존 25 썰물; 감퇴; (조수가) 빠지다 26 황폐화하다; 큰 충격을 주다 27 통치권, 자주권; (국가의) 독립 28 생태(계); 생태학 29 오염시키다 30 표면[피상]적인; 얄팍한

B 1② 2④ 3② 4③

C ④

D 1 superior 2 Vivid 3 invisible

E ④ (surplus → deficit)

해석

B **1** 공정무역을 홍보하는 그 무역 협회는 구매와 생산을 위한 선택이 사람과 환경의 안녕을 고려하여 이루어지는, 공평하고 지속 가능한 세계 경제 시스템을 **상상한다**. **2** 내가 자란 시골 지역은 매우 외딴 지역이다. 다른 차와 마주치지 않고 해변 도로에서 몇 마을을 운전할 수 있다. 어느 방향을 바라보아도 숨이 막힐 정도로 아름다운 **경치**가 보인다. **3** 선장은 (배의) 누수를 막으러 갑판 아래로 내려갈 동안 어쩔 수 없이 배를 일등 항해사에게 **맡겼다**. **4** 대학 교재 출판사들은 개정판에 더 많은 색조와 사진을 추가하여 교재에 **시각적인** 세련됨이 더해지도록 노력해왔다.

C 더 크고 강력한 정부가 될수록, **정부 면책 특권**은 시민의 권리를 소멸시킬 블랙홀이 될 가능성이 더 커진다. 그것은 해를 끼치거나 심지어 죽이는 것도 허용할 수 있다. 1998년 7월 12일, 경찰이 한밤중에 페드로 오리건의 아파트에 쳐들어갔다. 23세 청년이 침실로 도망치자 경찰은 문을 부수었고, 오리건이 권총을 들고 있는 것을 보고 30발의 연발 사격을 가했다. 오리건은 9발을 등에 맞고 사망했다. 경찰 측은 수색 허가를 받지 않았지만 누군가가 그 주소에서 마약 거래가 일어나는 것을 목격했다고 주장했다. 그곳에서 마약이 발견되지 않았지만, 변호인은 그 총격이 범죄가 되지 않는다고 주장했다. 일부 정부 직원들만 아주 드문 경우에 처벌된다는 것은 현대 정부의 힘이 아직 완전하지 않다는 점을 보여줄 뿐이다.

① 개인 자산과 정부 자산을 구분하는 법률
② 사회를 지배하는 완전한 법령집
③ 국민이 누리는 자유의 정도
④ 정부와 공무원들이 법적 처벌을 피할 수 있는 자격

D **1** 경쟁하는 회사가 많으면 그 회사들은 고객들에게 더욱 **우수한** 제품을 제공해야 한다. **2** **선명하고** 확실한 묘사는 이야기를 생동감 있게 한다. 구체적이고 명확한 세부사항들은 독자에게 더욱 기억할 만한 상황을 그리게 해준다. **3** 어떤 나비들은 위장하는 것으로 자신을 보호한다. 그들은 날개를 접어 주변 환경 속으로 섞인다. 이 전략을 통해 그들은 포식자들에게 거의 **보이지 않게** 된다.

E ① 신문 칼럼니스트는 매주 수백만 명의 독자들에게 조언을 **해준다**.
② 말할 **필요도 없지만**, 술을 마셨으면 수영하러 가지 마라.
③ 메리는 '럭키'라는 이름의 개를 기르고 있었다. 럭키는 아주 특이했다. 그 개는 자기의 **기호**를 자극하는 것은 무엇이든 지하실의 장난감 상자로 가져가곤 했다.
④ 경기가 좋아지고 정부가 이제 수입을 초과하여 지출하지 않는다면 내년에는 나라의 **흑자(→ 적자)**가 1조 1천억 달러로 떨어질 것이다.
⑤ 다섯 가지 다른 대사가 작성되었으나, 가장 좋은 선택은 그 배우가 직접 그 자리에서 구성한 **즉흥 대사**였다.

15강

Exercises

본문 239쪽

A 1 simulation 2 undertake 3 parallel 4 exponential 5 subsequent 6 factual 7 pendulum 8 undergraduate 9 incidence 10 generalization 11 appendix 12 supplementary 13 leap 14 pinpoint 15 statistical 16 (정보 등을 여기저기서) 모으다 17 탐침; (철저한) 조사; 탐사하다; 조사하다 18 줄어들다 19 확인하다, 알아내다 20 구체화하다, 구체적으로 명시하다 21 전반적인; 전부 22 (전체에 대한) 부분; 비율; 크기; 균형 23 가설; 추측 24 밑에 있는; 근본적인 25 (세심히) 만들어 내다; (의견을) 진술하다 26 비밀리에 하는; 첩보 활동의 27 구체적인; 콘크리트로 만든; 콘크리트 28 그럴듯한, 타당한 것 같은 29 (안 좋은 일이) 곧 닥칠, 임박한 30 매달기; 정지, 보류; 정학

B 1 ③ 2 ② 3 ① 4 ②

C 1 undermine 2 subsidies 3 undergone 4 dependent

D ④ (underestimate → overestimate)

해석

B **1** 예약 시스템에 **장애가 생길** 경우에 대비해, 복구 시간을 가능한 한 최소로 단축시키기 위해 다양한 기술들이 이용된다. **2** 컴퓨터 게임은 여러분의 영어 실력을 향상시키는 좋은 방법이기도 하다. 많은 게임에서 여러분은 모든 캐릭터들이 현실감 있는 영어를 말하는 것을 들을 수 있다. 이런 문장들은 말로만 나오는 것이 아니다. **자막**을 켠다면, 동시에 발음을 듣고 철자를 보게 될 것이다. **3** 우리의 이전 체육관이 화재로 소실된 이후 지난 2년 동안 학생들은 체육 수업을 할 적당한 시설이 없었고, 우리는 겨울 동안 그러한 수업들을 **유보해야** 했다. **4** 브로콜리를 끓는 물에 데친 후에는 얼음물에 **담가** 익히는 과정을 멈추어라.

C 그녀는 내 상사에게 나에 관한 불만을 이야기해서 내 권위를 **약화시키려고** 했다. **2** 정부는 특정 작물을 생산하도록 농부들에게 **보조금**을 지급한다. **3** 그 교량은 일련의 변경을 **거쳤고** 2주 후에 재개통될 것이다. **4** 당신을 지지해주는 친구, 가족, 그리고 연인이 있다는 것은 좋은 일이지만, 당신이 그들에게 너무 **의지한** 나머지 그들의 도움 없이는 제 역할을 해내지 못하게 되는 것을 원하지는 않을 것이다.

D ① 장시간 일을 할 때는 의자가 목까지 척추 전체를 **지지할** 수 있도록 만들어지는 것이 중요하다.
② 그녀는 4년형을 선고받았고 현재 항소를 **기다리는 동안** 보석으로 나와 있다.
③ 동물원이 제공하는 환경들은 야생을 **흉내 낸** 것일 수 있지만, 동물들이 먹이와 잠자리, 포식동물로부터의 안전에 대해 걱정할 필요가 없다.

④ 생산자들은 너무나 자주 수요를 **과소평가하는데(→ 과대평가하는데)**, 이는 팔리지 않고 남아 있는 많은 재고품을 야기한다.
⑤ 사람들은 때때로 병에 **걸렸으면** 하고 마음속으로 바란다. 그들은 다른 사람들의 관심, 사랑, 그리고 염려를 원하면서 만약에 병에 걸리면 사람들이 자신을 어떻게 다르게 대할 것인지를 궁금해 한다.

16강

Exercises

본문 253쪽

A 1 polarize 2 magnetic 3 velocity 4 gravitate 5 atom 6 molecule 7 particle 8 thermal 9 kinetic 10 electrify 11 conductor 12 radiant 13 expression 14 descent 15 자손, 후손 16 관성; 타성; 무력(증) 17 굴절(작용) 18 발광성의 19 추론하다; 연역하다 20 전압 21 전자의; 전자 공학의 22 온도계, 체온계 23 (가치에 대한) 평가, 감정 24 (원자)핵; 중심 25 적외선(의) 26 (타이어 등의) 공기를 빼다; (물가를) 끌어내리다 27 속이다 28 가치 하락; 경시

B 1④ 2① 3① 4①

C ③

D 1 declined 2 demolished

E ③ (descended → ascended)

해석

B 1 중국 문화에서 사람들은 으레 처음에는 선물을 거절하는데, 몇 번 **거절한** 후에 선물을 받을 것이라는, 주는 사람과 받는 사람 사이의 이해가 있기 때문이다. 2 사람들은 평론을 읽을 때 주로 '증거'를 찾는다. 독자들은 결론에 이르게 해주는 추리, 분석, **추론**의 모든 과정에 접하기를 원한다. 3 체중계 위에 올라서면 그 안에 체중계의 바늘과 연결되어 있는 용수철을 **누르게 된다**. 그 바늘이 움직임을 멈추면 체중을 나타내는 수치를 가리키게 된다. 4 무중력 때문에 우주비행사들은 보통 걸어 다니는 데 다리를 사용하지 않아서 일정 기간 후에 근육이 **약화되기** 시작한다.

C "건강식을 먹자!"라는 말은 우리 모두 익숙하게 들어온 표현이고 그럴 만한 이유가 있다. 비만은 유행병 수준까지 이르렀고, 지나치게 가공한 정크푸드의 광고들이 우리에게 계속해서 몰려들고 있으며, 바쁜 일정으로 인해 사람들은 집에서 식사를 준비하지 않고 맥도날드에 들른다. 하지만 **그 스펙트럼의 다른 쪽 끝**은 어떠한가? 음식에 관해서라면 좋은 것이라도 한두 번인 것일까(지나치면 문제가 될까)? 어떤 경우에 있어서는 그 질문에 대한 답이 '그렇다'인 것 같다. 몇몇 사람들은 건강하거나 바른 식사에 집착을 나타내고 있다. 어떤 경우에는 이것이 심각한 영양실조를 가져온다. 덜 심한 경우라고 해도, 충분한 영양을 제공하지 못하는 식습관을 따르려는 시도는 자존감을 낮출 수 있다. 왜냐하면 그런 식습관을 가진 사람들이, 계속되는 허기와 그로 인해 금지된 음식을 열망하는 것을 자신들의 식습관보다는 자기 자신의 탓으로 돌리기 때문이다.
① 균형 잡힌 식단을 먹는 사람들
② 우리가 가공식품에서 얻는 혜택들
③ 과도한 식이 제한의 부정적 영향
④ 비현실적으로 깡마른 사람들을 보여주는 광고들

D 1 의장 자리를 제안 받았지만, 스미스 씨는 현재 직무를 유지하는 게 더 좋다며 **거절했다**. 2 마을 주민들은 오래된 극장을 **철거하기**보다는 복원하기를 바란다.

E ① 경찰은 시위를 **진압하는** 그들의 역할에 대해 크게 비판받았다.
② 낮아진 이율로 인해 사람들은 은행에 **예금하려는** 욕구를 상실했다.
③ 근면과 인내로 인해 그 직원은 지위가 **내려가(→ 올라가)** 부회장이 되었다.
④ 그 회사는 거래 조건을 **평가하기** 위해 은행가와 변호사들을 고용할 것이다.
⑤ 거절에 관해서 말하자면, 빠른 응답이 거의 항상 **고맙게 여겨진다**. 더 빠르게 거절을 끝낼수록 양측은 더 기분이 낫다.

17강

Exercises

본문 267쪽

A 1 durability 2 acceptance 3 dense 4 refine 5 exceptional 6 ignite 7 saturate 8 forefront 9 tarnish 10 alchemy 11 element 12 absorb 13 interception 14 recipient 15 불연성의 16 휘발성의; 변덕스러운 17 가계, 혈통 18 (금속이) 부식하다 19 자부심; 자만 20 사기; 속임수 21 ~의 마음을 사로잡다 22 연소; 산화 23 강수(량); 침전 24 개념의 25 산화 26 잔여, 나머지; 잔류물 27 지불 능력이 있는; 용해력이 있는; 용매 28 굳어지다

B 1① 2③ 3④ 4② 5③

C ②

D 1 deceive 2 foresight

E ③ (descendants → ancestors)

해석

B 1 타자기, 편지를 봉하는 왁스, 플로피디스크 같은 것들은 모두 현대 사회에서 **구식이 된** 듯하다. 2 연구원들은 레드 와인에 풍부하게 들어 있는 것으로 발견된 화학 물질이 특히 격렬한 호흡기 운동 이후 몸이 감염에 더 **취약할** 때 걸리기 쉬운 유행성 감기로부터 보호해주는 데 도움을 준다고 전했다. 3 컴퓨터 범죄자들은 보통 다른 범죄자들과 상당히 다른 경우가 자주 있다. 그들은 일반적으로 상당히 젊으며, 정보를 훔치거나 추가하거나 바꿔놓으려고 다른 사람들의 컴퓨터에 **침투한다**. 4 중세 시대 동안, 교회는 사람들의 삶에 거의 의심할 여지 없이 절대적인 권력을 **행사했다**. 5 그 직원은 **예상치 못한** 상황으로 인한 항공 업무 중단으로 발이 묶여서 회사로 복귀할 수 없었다.

C 당신은 그다지 (내용이) 일관되지 않은 창의적인 작품을 검토하느라 시간을 보냈을 수 있다. 그때 당신은 취약 부분을 해결하려고 그 부분이 무엇인지 궁금해 한다. 하지만 당신이 깊이 빠져 있는 바로 그 생각이 다른 모든 것의 균형을 깨뜨리는 것일 경우가 자주 있다. 그러므로 담대해져서 심호흡을 하고 가장 중요해 보이는 부분을 지워 버려라. 그다음 나머지 모든 것들이 얼마나 두드러지는지를 봐라. 당신은 그 결과로 나온 요소들이 얼마나 고르고 조화로워졌는지에 놀랄 것이다. 만약 당신의 가족이 견딜 수 있다면, 음식에 이 **교훈**을 시도할 수 있다. 사과를 전혀 넣지 않은 사과 파이를 만들어 보라. 모든 부재료는 있지만 닭고기는 없는, 일요일의 구운 닭요리를 만들어 보라. 갑자기 감자, 그레이비소스, 채소가 모든 사람의 주목을 더 받게 될 것이다. 그 요리의 전반적인 맛과 분위기는 다른 것이 될 것이다.

① 인생의 모든 것을 같은 방식으로 접근하라.
② 당신이 하는 작업에서 주된 요소를 버려라.
③ 다른 이들이 하지 않으려는 일을 기꺼이 시도하라.
④ 필수적 요소만 제외하고 모든 것을 제거하라.

D 1 조심하라! 당신의 눈은 당신을 **속일** 수 있다. 사람들은 자신이 보고 싶어 하는 것을 보는 경향이 있다. 2 그 시장은 항공 산업의 미래를 보는 **선견지명**이 있어서 주요 공항의 건물에 투자함으로써 그 도시를 선두 자리에 위치시켰다.

E ① 모두가 웃음이 **터져서** 주저앉았다.
② 그 해의 폭풍과 비는 불안정한 기상 조건이 장기화할 **조짐을 보여 주었다**.
③ 대부분의 전통 사회에서 사람들은 과거를 바라보는 경향이 있었다. 그들은 **후손(→ 조상)**을 숭배하고 전통을 지키도록 교육받았다.
④ 트웨인은 연회에서 20분간 연설을 하고 청중으로부터 열렬한 환호를 **받았다**.
⑤ 그는 음악계에서 주요 **인물**임이 틀림없다.

18강

Exercises

본문 281쪽

A 1 concede 2 orbit 3 cosmic 4 species 5 mutant 6 nocturnal 7 procedure 8 hibernate 9 breed 10 evolution 11 ferment 12 eclipse 13 proceeding 14 excessive 15 (지구·뇌의) 반구 16 선취하다; 마음을 빼앗다 17 우세한; 두드러진, 눈에 띄는 18 미생물; 세균 19 회전하다; (일을) 교대로 하다 20 (건물·방 등의) 사용자[입주자] 21 사망; 사망하다 22 시들다; 말라 죽다 23 위도 24 적응; 각색 25 싹이 나다 26 유기체 27 하늘의 28 절차상의

B 1③ 2① 3③ 4②

C ②

D 1 proceed 2 successor

E ⑤ (precedented → unprecedented)

해석

B 1 개별화 수업은 교사들이 학생들의 차이에 맞게 수업을 조정해야 한다는 **전제**를 기본으로 하는 교수 철학이다. 2 고객의 요구를 충족시키는 것은 가장 중요한 목표이며 기업의 생존과 성장에 핵심이 되는 것으로 **여겨진다**. 3 우리는 건설업계 **불황**의 지속적인 영향의 결과로 11월에 발표된 실직 사태를 유감스럽게 생각합니다. 4 가을에 잔디가 씨를 맺으면 씨앗은 겨울 내내 흙속에서 **휴면기**에 있다가 봄에 싹을 틔운다.

C 많은 가출자들은 명백한 문제가 있는 가정 출신이다. 어떠한 경우에도 부모들은 그들의 자녀가 가출할 수도 있다는 가능성을 지각하는 것과, 가출에 앞서 종종 나타나는 경고 신호를 아는 것이 중요하다. 한 가지는 행동의 갑작스러운 변화이다. 이러한 변화는 식습관이나 잠자는 습관 중 하나일 수도 있다. 사회적 습관의 변화도 문제를 나타내줄 수 있는데, 특히 보통 때는 사교적이고 느긋한 십 대가 친구들과 외부 접촉을 **기피하게** 될 때가 그렇다.

D 1 맹인안내견이 갖는 한 가지 한계는 개들이 선천적으로 신호등의 다른 색을 구별해내는 능력이 없어서 언제 길을 건너서 **가는** 것이 안전한지 결정할 수 없다는 것이다. 2 캠벨즈 사의 회장이 은퇴하자, 그의 **후계자**로 맥거번이 지명되었다.

E ① 동물과 식물의 종을 식별하는 것은 생태학의 이해를 위한 기본적인 **전제조건**으로 종종 강조된다. 즉, 전체 생태계를 학습하기 전에 그 부분들을 이해해야 한다.
② 어떤 스포츠는 비용이 많이 들어서 주로 부유한 사람들에게 참여가 제한된다. 하지만 축구, 야구, 농구는 모든 소득 계층의 사람들이 **접근하기 쉽다**.
③ 고령자들은 노동력에 그들의 지혜와 경험을 가져다줄 수 있기 때문

에 50세 이상의 사람을 고용하는 것에 대한 **편견**은 불합리하다.
④ 그 저명한 작가는 약간의 역사적 배경을 설명하기 위해 자신의 이야기에 짤막한 **서문**을 썼다.
⑤ 두 암컷 곰 사이에서 자신이 낳지 않은 새끼를 입양하거나 맡아 기르는 것은 흔한 일은 아니지만 **전례가 있는(→ 전례 없는)** 일도 아니다. 이러한 행동은 2008년에 발행된 옐로우스톤 사이언스지의 기사에 기록되어 있다.

19강

Exercises

본문 295쪽

A 1 moral 2 diagonal 3 norm 4 grant 5 constitution 6 rigid 7 dialect 8 legitimate 9 forfeit 10 flat 11 enforcement 12 foster 13 conscience 14 도표, 도해 15 (이름 등을 돌이나 금속에) 새기다 16 탈공업화의, 탈공업화 시대의 17 (법을) 개정하다; (행실 등을) 고치다 18 지속적인, 변치 않는 19 규칙화하다; 합법화하다 20 법률 제정, 입법 21 경전; 성서 22 (법 등을) 유지시키다; (이전의 판결을) 확인하다 23 (법 등의) 준수; (명령 등에) 따름 24 (법률·제도·조직을) 폐지하다 25 망명(자); 추방; 추방하다 26 직경, 지름

B 1④ 2③ 3② 4④

C ④

D 1 establishment 2 conscientious 3 Posterity 4 inscription

E ④ (injustice → justice)

해석

B 1 모든 개발 사업에서 발생했던 지연을 제외하고는 건설은 계획한 대로 꽤 잘 **진행되었다**. 2 어느 정도의 불리한 평판에도 불구하고 대부분의 로비스트들은 법안이 승인되는 **입법** 과정에서 중요한 역할을 한다. 3 네팔에서는 전통적으로 식(蝕)이 불운이라고 여겨지며, 병원 발표에 의하면 예비 부모들이 수술을 **연기하는데**, 자녀가 나쁜 징조 중에 태어나지 않도록 확실하게 하기 위함이다. 4 나는 인터뷰를 녹화하고 (내용을) **기록하는** 것을 허락했고 인터뷰 자료 분석을 위해 조사원들만 사용하도록 허락하였다.

C 패러다임(사고의 틀)은 우리가 가능한 한 가장 좋은 방법으로 자기 자신을 바라보기 위해 올바른 패러다임이 필요하다는 점에서 안경과 같은 것이다. 만일 우리가 자기 자신에 대한 올바른 패러다임을 가지고 있지 않다면, 그것은 잘못 **처방**된 안경을 쓰는 것과 같다. 렌즈는 우리가 모든 것을 바라보는 방식에 영향을 끼친다. 예를 들어, 만일 당신이 자신을 바보라고 생각한다면, 바로 그 생각이 당신을 바보로 만들 것이다. 만일 당신의 여동생을 바보라고 생각한다면, 그 생각을 뒷받침하기 위한 증거를 찾게 될 것이고, 그것을 찾아, 여동생은 당신 마음속에 바보로 남게 될 것이다. 반면에 자신을 똑똑하다고 생각한다면, 그러한 생각은 당신이 하는 모든 일에 장밋빛 색조를 입힐 것(긍정적 영향을 끼칠 것)이다.

D 1 청소년들이 자신의 사생활에 관한 규칙을 만들도록 허용된다면, 그들은 규칙을 **세우는** 것에 참여하는 것을 열망할 수도 있다. 2 그녀는 매우 **성실한** 학생이어서 모든 강의와 세미나에 참석했다. 3 **후세**는 그녀를 용기와 고결함을 지닌 여성으로 기억할 것이다. 4 그 석판에 **새겨진 글**은 수세기 동안 수많은 관광객들의 손에 닳아 없어졌다.

E ① 7월 29일은 반 고흐의 사망일을 기념하며 그의 놀라운 **사후** 성공을 기린다.
② 도서관에 등록함으로써, 독서가들은 시설 사용과 관련한 규정 사항을 **지키는 것**에 동의하는 것으로 간주된다.
③ 만약 제출한 디자인이 지적재산권이나 산업재산권을 **침해한다면**, 그것은 실격될 것입니다.
④ 표준 영어는 영국 시민들에게 즉각적인 **불의(→ 정의)**를 주기 위해 (시민들을 신속하게 재판하려고) 설립된 15세기 법원에서 처음 사용되었을 수 있다.
⑤ 헌법을 **개정**하려면 국회의원 3분의 2의 찬성과 국민투표 결과 과반수의 찬성이 필요하다.

20강

Exercises

본문 309쪽

A 1 confess 2 adhesive 3 advocacy 4 adjustment 5 felony 6 innocent 7 forensic 8 allegedly 9 amnesty 10 administrative 11 accumulation 12 petition 13 approximation 14 assembly 15 verdict 16 체포하다 17 달성 18 기각하다 19 범인, 범죄자; 범죄의, 형사상의 20 (피고인의) 답변; (법원에 제출하는) 사유서; 탄원, 간청 21 증명하다; (법정에서) 증언하다 22 뺄셈 23 유죄 선고; 확신 24 인접한, 가까운 25 기소[고발, 소추]; 검사 측 26 경범죄, 비행 27 기소; 기소장; 비난 28 (약자를) 괴롭히는 사람; 괴롭히다, 따돌리다 29 (한 사람의) 배심원 30 피고인

B 1③ 2② 3② 4①

C ②

D 1 disassemble 2 extract 3 virtue

E ④ (accelerated → decelerated)

해석

B **1** 개를 위한 알레르기 약은 알레르기 유형에 따라 다양하다. 수의사의 지시에 따라 개에게 알레르기 약을 **투여하는** 것이 언제나 낫다. **2** 그 지부는 판매에서 이미 상당히 이익을 내서, 성장과 이윤에 대한 본사의 요구를 **들어주어야** 하는 압박을 더는 느끼지 않아도 되는 것에 대단히 안도했다. **3** '소송을 제기할 수 있는'은 법적 조치나 소송의 근거를 제공하는 것을 **나타내는** 전문 용어다. **4** 두 명의 화가, 피카소와 브라크는 감상자의 내면에 호소하는 데 더 관심이 있었고 사물이 보이는 그대로 정확히 그리는 것은 덜 중요시했다. 그들이 완성한 그림은 사실적이기보다는 **추상적**이었다.

C 싼 가격의 여행을 찾는 것은 매우 복잡하다. 그것은 항공사들이 비행기 좌석을 채움으로써 이익을 극대화하기 위해 복잡한 재고 관리의 공식을 가지고 있기 때문이다. 성수기에 예약이 많을 때에는 항공사들이 더 높은 가격을 매길 수 있고 가격이 얼마가 되더라도 누군가는 그들의 서비스를 여전히 필요로 하리라는 것을 확신한다. 이에 반해 비수기에는 수요가 적어서 항공사들은 일반적으로 그 시기에 여행하지 않는 이들을 **유인하기** 위해 가격을 할인한다. 이런 막바지 할인을 발견하기 좋은 곳이 인터넷이다.

D **1** 그들은 내부 배선에 무슨 문제가 있는지를 보려고 텔레비전 세트를 **분해해야** 했다. **2** 수사관들은 그 회사의 재무 기록으로부터 유용한 정보를 **뽑아낼** 수 있었다. **3** **미덕**은 도덕적으로 선한 것으로 간주되어 선한 도덕적 존재의 기초로 평가되는 특성 또는 자질이다.

E ① 우리는 교통 혼잡 문제를 **고심해야** 한다.
② 당신의 컴퓨터에서 최고의 성능을 얻으려면 반드시 모니터의 밝기와 명암을 면밀히 **조정하세요**.
③ 경찰은 그 관료가 조직범죄 인물로부터 뇌물을 받은 **혐의**를 조사하고 있다.
④ 그녀는 어린이 보호구역에 들어서자 어린이들의 안전이 걱정되어 차의 속력을 **높였다(→ 줄였다)**.
⑤ 코 고는 사람의 많은 배우자들이 다른 방에서 자기로 결정하는데, 그 결과로 발생하는 취침 전 대화 부족과 신체적 친밀함의 결여가 불편한 관계로 **이어질** 수 있다.

21강

Exercises

본문 323쪽

A 1 prophesy 2 glare 3 grin 4 prospect 5 inspector 6 prominent 7 speculation 8 festive 9 motivation 10 lament 11 aspect 12 commitment 13 mobility 14 retort 15 introspective 16 (특히 스포츠 행사의) 관중; 구경꾼 17 아주 우스운[재미있는] 18 극도로 화가 난, 노발대발하는 19 불붙이다; (감정을) 자극하다 20 짜증을 (잘) 내는 21 크게 슬퍼하다; 비통해하다 22 아주 신나는 23 위로하다 24 한탄하다 25 크게 기뻐하다 26 (표정이) 약간 놀란[재미있어하는] 듯한 27 울다, 눈물을 흘리다 28 난폭한; 매우 모욕적인; 터무니없는 29 기질; 신경질적임 30 운동의, 이동의; 기관차

B 1 ① 2 ② 3 ① 4 ③

C ③

D ④ (inconspicuous → conspicuous)

해석

B **1** 밖에서 기다리다가, 그녀의 친구는 홀 안에서 나는 매우 **소란스러운 소리**에 이어 이내 우렁찬 박수소리를 들었다. **2** 만약 아이가 과체중이 될까 걱정하는 부모라면, 아이가 나가서 운동하도록 **동기부여를 해야** 한다. **3** 차고나 차 주위에서 어슬렁거리거나 **수상한** 행동을 하는 사람을 보면 616-300-3200으로 전화해 경찰에 알려주시기 바랍니다. **4** 신호등에서 나는 너무 늦게 정지해서 내 앞에 있는 밴을 받았다. 그 밴의 운전자는 즉시 차에서 내려 자기 차가 손상됐는지 **점검했다**.

C 어떤 사람들은 바쁘든 바쁘지 않든 일반적으로 늦는 경향이 있다. 늦는 것을 그만두기 위해서 해야 하는 것은 모든 상황에서 시간을 지키는 것이 어떤 다른 고려 대상보다도 최우선일 것이라고 결정함으로써 동기를 바꾸는 것이다. 짠! 당신은 이제 비행기를 타기 위해 뛰어 가야 하거나 약속을 놓치는 일이 절대 없을 것이다. 그것이 평생 지각생이었던 내가 나 자신을 고친 방법이다. **시간 엄수**가 대단히 중요하다고 결정을 내리고 나니, 나는 "내가 치과에 가기 전에 잡무를 한 가지 더 할 짬을 낼 수 있을까?" 또는 "내가 지금 공항으로 출발해야 하나?"와 같은 질문에 대한 대답이 자동으로 나오는 것을 알게 되었다. 대답은 항상 '아니' 그리고 '그래'이다. 시간을 잘 지키기로 선택하는 것은 당신의 생활뿐만 아니라 가족, 친구, 동료의 생활까지 훨씬 더 수월하게 만들 것이다.

D ① 번개에 맞거나 과전류에 노출된 많은 사람들은 **신속하고** 적절한 인공호흡, 즉 심폐소생술로 생명을 구할 수 있다.
② 가스 누출이 **의심된다면**, 성냥불을 붙이지 말고 전기불조차도 켜지 마십시오.
③ 과학자들은 **움직이는** 꽃들이 그렇지 않은 꽃들보다 꽃가루 매개 곤충들이 더 자주 찾아온다는 것을 알아냈다. 그들은 또한 길고

가는 줄기의 꽃들이 넓은 활동 범위 때문에 더 많은 곤충들을 불러 모은다고 결론지었다.

④ 먹잇감이 그들의 주변 환경에 비해 너무 잘 보이게 하는 **눈에 잘 띄지 않는(→ 눈에 잘 띄는)** 색 패턴을 드러내는 것은 위험하다.

⑤ DNA 증거가 유효한 이유는, 같은 DNA를 갖고 있는 쌍둥이를 제외하고, 각 사람이 갖고 있는 고유한 일련의 유전인자에 그것의 근거가 있기 때문이다. 조사관들이 범죄 현장에서 혈액이나 타액과 같은 **샘플**을 수거하면, 그들은 이러한 증거들을 실험 담당 부서에 넘겨준다.

22강

Exercises

본문 337쪽

A 1 hatred 2 recline 3 burdensome 4 recite 5 reproduce 6 cherish 7 disgusted 8 reflex 9 content 10 retrieve 11 reconcile 12 renovation 13 detention 14 retention 15 매력; 미끼; 유혹하다 16 (대단한) 존경; (대단히) 존경하다 17 재개 18 어두침침함; 우울 19 비참(함); (심신의) 고통 20 사랑받게 하다 21 (흠모하여) 모방하다 22 흠모하다; 아주 좋아하다 23 연민 어린, 동정하는 24 회복시키다; 재활 치료를 하다 25 짜증이 난; (몸에) 염증이 난 26 고마움, 감사 27 싫어하는, 반대하는 28 (노력 끝에) 얻다

B 1④ 2④ 3③ 4①

C ①

D 1 retain 2 abstain

E ④ (retrograde → progressive)

해석

B 1 나는 과제물을 쓰는 일이 아주 어려웠음을 누구에게도 **말하지** 않았다. 반 친구들이 내가 멍청하다고 생각할 것 같아 두려워서였다. 2 웨스트잉글랜드 내 세 곳의 대학들은 모두 그 도시를 **지속 가능하고** 친환경적으로 만들기 위한 교육과 연구에 중요한 역할을 한다. 3 나는 웹 사이트에 관한 어떤 것에도 완전히 **초보자**였기 때문에 그녀의 안내에 의지해야만 했고, 그녀는 고맙게도 차근차근 그 과정을 끝까지 안내해 주었다. 4 그는 병원이 충분한 시간을 들여 그에 대해 올바르게 판단하고 치료 계획을 세우기 위해 적어도 2주간 병원에 **붙들려 있었다**.

C 월스트리트는 기업의 탐욕, 사회 불평등, 대형 은행과 다국적 기업들의 좀먹는 권력에 대항하는 시위자들에 의해 점령당했다. 증권 거래소 근처의 한 투자기업의 수석부사장이고 또 그 지역에 거주하는 24세의 마이클 카플란 씨는 시위가 그의 근무 시간대에 거의 영향을 미치지 않았다고 말했다. 하지만 몇몇 시위 참가자들의 저녁 일과, 즉 떠들썩하게 술집을 드나들며 때로 뿔피리가 등장하는 것은 무시하기 어려워졌다. "전 축구 경기장에서 자는 것 같아요."라고 그는 말했다. 월스트리트 은행가들과 투자가들을 대표하는 많은 이들처럼, 카플란 씨는 시위에 관해 **반대 감정이 병존했다**. 그는 시위자들의 언론 자유의 권리를 인정했지만, 그들이 개인의 책임을 정확히 이해하지 못했다고 말했다. "저는 이 젊은이들과 같은 나이대입니다. 똑같은 학비 대출금이 있습니다. 하지만 저는 기회를 찾아 정진했습니다."라고 그는 말했다.

D 1 건조해지면 선인장은 태양에 노출되는 표면적을 최소화하고 가능한 한 많은 물을 **보유하기** 위해 아코디언처럼 수축한다. 2 우리는 지방과 단 음식을 너무 많이 먹지 않도록 **삼가야** 하는데, 특히 이 같은 음식을 자주 먹을 수 있는 휴일에 그러하다.

E ① 빛 공해는 밤에 수컷 개구리의 짝짓기 울음을 방해해서 **번식**률을 낮춘다.

② 주(州) 법은 판매되는 모든 알루미늄 캔에 5센트의 보증금을 요구한다. 빈 캔은 재활용센터에서 보증금과 **교환될** 수 있다.

③ 아름다운 생명체인 인어에 대한 전설이 있다. 전설에 의하면 인어는 감미로운 목소리를 가졌고 인어의 노래는 모든 어부들을 **매혹한다**.

④ 1996년에 설립된 RPC는 스스로를 사회의 변화를 위해 싸우는 **퇴보(→ 진보)** 단체라고 말한다. 이 단체의 소명은 국가와 세계를 사회적, 인종적, 경제적 정의로 이끄는 것이다.

⑤ 정말이지 멀리서 들려오는 개 짖는 소리 말고는 어떠한 생명의 흔적이나 기색도 없었으며, 그 소리는 **쓸쓸한** 광경을 두드러지게 했다.

23강

Exercises

본문 351쪽

A 1 transient 2 loyalty 3 transit 4 leisurely 5 merciful 6 spontaneous 7 tolerance 8 vibrant 9 transcontinental 10 regression 11 agile 12 exemplary 13 hospitable 14 유순한, 온순한 15 대담한, 용감한; (윤곽선·글자체 등이) 굵은 16 솔직한; (사진이) 자연스러운 모습 그대로 찍은 17 겸손한; 미천한 18 꾸준한; 변함없는; 한결같은 19 격렬한, 열렬한; 몹시 힘든 20 진실, 성실 21 귀족의; 고귀한 22 세련된; 정교한 23 적절한; 품위 있는 24 비하; 강등; 저하; (화학적) 분해 25 헌신적인 26 세심한, 꼼꼼한

B 1② 2③ 3② 4④

C ①

D 1 transparent 2 gradual 3 transactions

E ② (progressive → conservative)

해석

B **1** 오랫동안 의사들은 **수혈**을 하려고 시도해왔지만 환자들이 종종 사망했다. 그 이유를 알기 위해 오스트리아 출신의 한 의사가 각기 다른 사람들의 혈액 혼합물로 셀 수 없이 많은 실험을 했다. **2** 그녀의 천사 같은 목소리는 음악의 장르를 **초월하므로**, 그녀가 모든 음악적인 영역에서 많은 팬이 있는 것은 당연하다. **3** 고릴라는 **공격적인** 동물이 아니다. 침입자가 자신들을 방해하면 시끄럽게 소리를 낼지는 모르지만, 다른 동물과 거의 맞서지 않는다. **4** 이 여관의 요금은 대단히 저렴해서, 손님들이 **서비스 받을** 것을 기대해서는 안 된다. 손님들이 스스로 잠자리를 정돈하고 아침 식사도 직접 마련해야 한다.

C '인격 함양 우선'은 오클라호마 주(州)에 위치한 어느 회사가 힘든 경제 상황에서 고전 분투하여 혁명적인 새로운 종류의 기업으로 **변신**한 것을 내용으로 하는 책이다. 저자 톰 힐은 성공을 이루는 데 인격이 중요한 역할을 한다는 자신의 발견을 시간순으로 설명하는데, 그에게는 이를 증명할, 자신의 회사에서 일어난 결정적 계기가 있다. 그가 단 하나지만 아주 중요한 변화를 인사부에 일으켰을 때 돌파구가 찾아왔다. 힐은 기술과 경험 위주로 직원을 고용하는 것을 그만두었다. 지금은 훌륭한 인격을 가진 개개인을 고용하고 보상한다. 직관에 반하는 이 결정이 힐의 사업과 그의 삶을 극적으로 바꾸었고, 그 후 지금까지 전 세계로 퍼져 다른 이들의 삶과 회사를 변화시키고 있다.
① 기술과 경험 대신 인격을 강조하기
② 일과 관련된 능력에 중요성 두기
③ 인사부에 최우선권 주기
④ 어려운 경제 속에서 밝은 전망 찾기

D **1** 시민은 더욱 **투명하고** 민주적인 정부를 요구하고 있다. **2** 나이가 들면 많은 사람들이 너무 늦기 전에 알아차리기 어려울 수 있는, **점진적인** 몸무게 증가를 경험한다. **3** 온라인 뱅킹 사이트는 대개 ATM(현금 자동 입출금기)의 처리 속도보다 더 빠르게 **거래**를 실행하고 확인한다.

E ① 그 쇼는 많은 관객을 유인하는 데 필요한 모든 **요소**를 갖추고 있다.
② 어떤 사람들은 접근 방식이 **진보적(→ 보수적)**이다. 그들은 사회의 전통적인 가치관에 따르지 않는 행동을 거부하는 경향이 있다.
③ 언론사 간의 경쟁이 점점 과열된 결과, 그 지역 언론은 범죄를 보도하는 것과 가해자의 이름을 밝히는 일에 **열성적**이 되었다.
④ **생분해되는** 봉투가 개발되어 쓰레기를 줄이는 일상의 과제가 더 쉬우면서도 환경에 더 안전하고 더 좋아졌다.
⑤ 정당의 재설립을 논의하기 위한 **회의**를 소집하는 절차가 진행되었다.

24강

Exercises

본문 365쪽

A 1 transmission 2 indecisive 3 coward 4 pervade 5 pessimistic 6 hesitate 7 emission 8 timid 9 complacent 10 egocentric 11 naive 12 omission 13 cynical 14 perspective 15 dismissal 16 까다로운 17 (오랫동안) 끊임없이 계속되는 18 무자비한; 인정사정없는 19 망원경 20 남자의; 사내다운 21 못된, 사악한; 짓궂은 22 엄격한, 단호한 23 사악한, 해로운; 불길한 24 경멸하는 25 냉혹한, 잔인한; 수그러들지 않는 26 사나운, 맹렬한; (기상 조건이) 극심한 27 인색한 28 불쌍한; 비참한; 한심한 29 느릿느릿한; 부진한 30 (표정이) 근엄한; (행동 등이) 엄숙한

B 1③ 2① 3③

C ④

D 1 perspiration 2 remittance 3 admission

E ③ (antipathy → empathy)

해석

B **1** 커피나무 한 그루는 매 성장 시기 동안 분쇄 커피로 1파운드짜리 한 캔을 채우기에 충분한 양의 커피콩을 **생산할** 것이다. **2** 신청서를 제출하기 전에 모든 서류를 다 작성했는지 확인하십시오. 수정할 기회는 주어지지 않으므로, 만약 신청서에 어떠한 세부사항이라도 **빠뜨리셨다면** 처음부터 시작해서 작성을 다시 완료해야 할 것입니다. **3** 사람들은 시간의 압박을 느끼고 있을 때 창의력도 더 높아진다는 허상을 갖고 살아간다. 이는 시간의 압박이 **만연하게** 된 이유를 설명하고, 우울증 발병률의 증가를 어느 정도 설명해 준다.

C '배움'의 적은 '아는 것'이다! 잠깐만 이 의견에 대해 생각해 보라. 안다는 것은 당신이 생각하고 알고 있는 것 이면에 존재하는 가정을 보려 하지 않을 것임을 의미한다. 이는 앎으로 이끄는 사고 과정이 결코 다시 이루어지지 않을 것임을 의미한다. 그 결과는 결심이 바뀌어야 한다는 모든 증거에도 불구하고, 하나의 신념을 고수하려는 고집스러운 결심이 될 수 있다. 이와 같은 '눈먼 사람'은 자신이 알고 있는 것을 바꿀 수 있는 모든 새로운 증거를 거부하는 것을 택한다. 그 사람은 **고집스러워**진다. 이러한 눈먼 상태는 그 사람이 개인의 성장에 필수적인 삶의 교훈을 배우는 것을 방해할 것이다.

D **1** 몇몇 과학적 발견들은 탁상공론식의 연구를 통해 이루어진다. 하지만 과학적 발견들 중 대부분은 상당한 실험을 필요로 하며 많은 인내와 **노력**을 나타낸다. **2** 그녀는 항상 **송금**액을 제때에 보내기 때문에 전기요금 고지서에 연체료를 절대 부과 받지 않을 것이다. **3** 여러 곳의 의대에 **입학 허가**를 받으려고 애쓴 끝에 그녀는 마침내 필라델피아 주에 있는 한 의대로부터 입학 허가를 받았다.

E ① 아이들이 너무 **장난이 심했기** 때문에 우리는 아이 봐 주는 사람에게 추가로 돈을 더 주고 나서 어질러진 것을 치워야 했다.
② 제1막이 끝난 후 15분간의 **중간 휴식**이 있었는데, 밴드의 음향 기사들이 몇몇 악기를 조율해야 해서 그 시간이 조금 늘어났다.
③ 타인들의 이기심으로 인한 피해자들을 잊지 말자. 그들은 **반감 (→ 공감)**, 연민, 세심함을 받아보지 못했다.
④ 듣기는 음파가 공기를 통해 귀로 들어와서 청각신경에 의해 뇌로 **전달될** 때 일어난다.
⑤ 14세기 영국에서는 사회적인 지위에 따라 **허용되는** 뾰족한 구두코의 길이를 법으로 규제하였다.

25강

Exercises

본문 379쪽

A 1 envious 2 agonize 3 stun 4 pulse 5 compilation 6 forgo 7 impulse 8 commemoration 9 indulge 10 command 11 repellent 12 complicate 13 deter 14 겁을 주다, 위협하다 15 (괴로움 등을) 가하다 16 복잡함 17 실망한, 낙담한 18 애원[간청]하다 19 모사품, 복제품 20 어리둥절하게 하다; 틀렸음을 입증하다 21 초조해하다, 안달하다 22 강박적인; 조절이 힘든 23 경악시키다, 큰 충격을 주다 24 어리둥절하게 만들다, 당황하게 하다 25 (사상·작품 등을) 설명하다, 해석하다 26 (크기나 액수가) 어울리는, 상응하는, 적당한

B 1③ 2② 3④ 4③

C ③

D 1 complementary 2 impelled 3 compulsory

E ④ (explicit → implicit)

해석

B **1** 만일 직무 분석표를 요구하면, 당신이 면접 보는 직무에 **수반하는** 책임과 의무에 관한 목록을 받게 될 것이다. **2** 아황산가스는 유아 사망의 주요 원인으로 밝혀졌으며, 분진은 폐렴과 유행성 감기로 인한 사망과 **관련이 있다**. **3** 대부분의 새들은 몸을 들어 올려서 공기를 가르고 앞으로 **나아가기** 위해 날개를 사용하지만, 펭귄은 주로 수영하는 데 날개를 사용한다. **4** 박쥐 떼가 머물렀던 것임을 알게 되자 그 이상한 소음의 미스터리가 **설명되었다**.

C 새들은 수백만 년의 시간이 흐르면서 매우 효율적인 동물로 진화해왔다. 새의 결정적인 특징인 비행은 단순한 것과 **복잡한 것** 두 개의 주요 범주로 나누어질 수 있다. 높이 날아오르는 새들이 단순하게 나는 것들의 예이다. 그것들은 말 그대로 날개를 움직이지 않고서도 오랜 시간 동안 공중에 떠 있을 수 있다. 반면, 복잡한 비행은 먹잇감을 곤충을 잡는 것에 의존하는 새들의 비행을 통해 잘 드러난다. 제비가 땅 가까이 초점을 맞추고 돌진하는 것을 보면 여러분은 진정한 에어쇼를 보게 되는 것이다. 날개를 거의 끊임없이 움직이면서 제비는 하늘로 날아올랐다가 곤두박질친다.
① 날개의 움직임 없이 하늘 높이 솟아오르는 것
② 적극적으로 사냥하지 않을 때 일어나는 비행
③ 날갯짓을 요하는 대단한 곡예비행
④ 먼 거리에서 먹잇감을 찾기 위해 시력을 이용하는 것

D **1** 인쇄물과 온라인 출판물은 경쟁적인 것이 아니라 **상호 보완적**이다. **2** 누군가가 "당신답지 않아 보여요."와 같은 말을 계속 한다면 당신은 의사에게 가서 검진을 받아봐**야 한다**고 느낄 수 있다. **3** 교복을 입는 것은 많은 영국 학교들에서 더는 **의무적**이지 않다. 이러한 학교의 학생들은 자유롭게 자신이 좋아하는 옷을 입을 수 있다.

E ① 세계인권선언은 전 세계의 대표자들에 의해 기안되었으므로 이 권리는 각기 다른 문화권 및 종교와 **양립할 수 있다**.
② 그들은 올바른 사용법 교육에 적어도 3일이 필요한 **복잡한** 기계를 설치했다.
③ 허용적이고 지시하지 않는 양육으로도 불리는 **방임적** 양육은 아동의 행동에 대한 기대가 거의 없는 것이 특징이다.
④ 그 문단은 작가의 경솔하고 사려 깊지 못하며 빈번한 대명사의 사용으로 인해 **명백하게(→ 암시적으로)** 표현되었다.
⑤ 자석은 다른 자석이나 특정 금속들을 끌어당기거나 **밀어내지만**, 알루미늄에는 어떤 영향도 주지 않는다.

26강

Exercises

본문 393쪽

A 1 priority 2 flip side 3 confront 4 optional 5 condemn 6 logic 7 consistency 8 concentration 9 classified 10 causal 11 stereotype 12 fallacy 13 concerted 14 odd 15 gender 16 (한 점으로의) 집중 17 의식하지 못하는 상태; 망각 18 구별되는; 뚜렷한, 분명한 19 구성하는; 구성 성분; (특정 선거구) 유권자 20 세대; (전기·열 등의) 발생 21 자신도 모르게 22 사고방식 23 모이다 24 (본질적으로) 다른; 이종의 25 일반적인, 포괄적인; 통칭의 26 통합하다; (권력·지위 등을) 강화하다, 굳건하게 하다 27 (규칙·관습 등에) 따름, 순응; 일치 28 집착; 강박 상태 29 (판단) 기준, 표준 30 기원; 발생; 창세기

B 1③ 2④ 3③ 4①

C ①

D 1 converged 2 congenial

E ⑤(consistent → inconsistent)

해석

B 1 뱀파이어 에너지란 대기 전력이라고도 하는데, 가전제품들이 꺼져 있거나 사용되지 않을 때조차도 **소모되는** 전력을 말한다. 2 과테말라는 아메리카 대륙의 국가 중에서 **토착**민들의 비율이 가장 높은 곳 중 하나인데, 인구의 40% 이상의 조상이 고대 과테말라인이다. 3 우리는 대체로 법과 사회 규범을 **지킨다**. 그렇게 하지 않으면 다른 사람들과의 관계를 위태롭게 할 수 있기 때문이다. 4 '동물원성 감염증'은 조류독감 같이 동물에게서 발견되고 사람에게 전이될 수 있는 **전염성** 질병이다.

C 제2차 세계대전 당시 미국 해군정보국은 몇 달에 걸쳐 일본군의 암호를 해독하여 특정 문자 'AF'가 계속 반복되는 것을 발견했다. 미국 측은 이 글자가 '미드웨이 섬'을 가리키며 일본이 그곳을 공격할 계획을 세우는 중이라고 생각했다. 하지만 이 추측을 확인할 방법이 없었다. 그때, 어느 젊은 장교의 **기발한 제안**으로 일본의 계획을 알아내게 되었다. 그의 아이디어는 쉬운 영어로 미드웨이 섬에 식수가 고갈되고 있다는 거짓 정보를 무전으로 연락하는 것이었다. 만약 일본이 자신들의 암호에서 이 내용을 그 암호명을 사용해 언급한다면, 일본이 미드웨이를 공격하려고 계획 중이라는 미국의 추측이 사실이 될 것이다. 일본은 미국 해군정보국의 덫에 걸려들었다.

① 자신들이 추정한 것을 확인하기 위해 거짓 정보를 퍼뜨리는 것
② 일본에 대응하기 위해 자신들의 암호 보안을 강화하는 것
③ 일본군이 자원 부족에 처해 있는 곳을 공격하는 것
④ 미드웨이 섬의 기습 방위를 위해 비밀 병력을 준비하는 것

D 1 많은 회사가 전화 기능이 되고, 사진을 찍고, 이메일을 보낼 수 있는 하나의 기기로 통신기술을 **집중시켰다**. 2 만일 당신이 그 레스토랑에서 저녁 식사를 해보았다면, 당신은 아마도 주방장을 만나봤을 것이다. 그는 항상 주방 밖으로 나와 테이블을 오가며 손님들과 대화하면서 레스토랑을 돌아다니는 **친절한** 주인이다.

E ① 연구자들은 알코올 **섭취**와 암 사이의 연관성을 밝혀내는 데 어려움이 있다.
② 만약 **맑은 정신**으로 활동적이기를 원한다면, 하품하는 것이 필요하다. 하루에 가능한 한 많이 하품을 하라.
③ 언젠가는 우리가 모든 식물과 동물의 완벽한 **유전** 정보와 그러한 생명의 세부사항들을 컴퓨터에 영원히 저장하는 능력을 갖게 될 것이다.
④ 듣기, 말하기, 읽기, 그러고 나서 쓰기가 언어 학습의 기본적인 순서를 **구성한다**.
⑤ 갑작스러운 자동차 사고가 일어나서, 여러 명의 목격자가 일어난 일에 대한 **일관된(→ 일관성이 없는)** 묘사를 했다. 불행히도 일어난 일들에 대한 다양한 해석을 모두 조합시킬 희망은 거의 없어 보였다.

27강

Exercises

본문 407쪽

A 1 symmetry 2 disability 3 synthesis 4 chronological 5 contemporary 6 obesity 7 vulnerability 8 metabolize 9 collaborative 10 acoustic 11 coexistence 12 tactile 13 colloquial 14 complexion 15 직관에 의한; 직관력이 있는 16 소리가 울려 퍼지다, 공명이 잘되다 17 (특히 건강·안전에) 위험한 18 동시에 일어나다; (의견 등이) 일치하다 19 (몹시) 지친; (~에) 싫증 난 20 충돌하다; (의견 등이) 상충하다 21 기력이 없는; 움직이지 않는 22 위생의; 위생적인 23 원기 왕성한; 튼튼한 24 노쇠한; 부서지기 쉬운 25 해로운 26 신진대사의 27 예방 접종하다; (사상 등을) 주입하다 28 증상을 보이는

B 1③ 2① 3② 4④

C ④

D 1 correspondence 2 synthesized 3 Chronic

E ⑤(incoherent → coherent)

해석

B 1 그들의 언쟁은 아이 양육에 관한 두 가지 대립하는 철학의 **충돌**로 인한 것이다. 2 산업은 빠르게 발전하고 있지만, 노동을 줄여주는 기계들 때문에 임금은 상승하는 생활비에 **상응하게** 오르지 않고 있다. 3 그녀는 아무런 할 일 없이 집에 있거나 **(별일 없이) 어슬렁거리는** 것이 따분하고 불만스럽다. 그녀는 자신의 일을 계속하고 싶어 한다.

4 경매 회사들이 가격을 올리고 예술가들의 평판을 부풀리기 위해 예술가, 비평가, 큐레이터들과 **공모**한다는 비난을 받고 있다.

C 많은 연극 관객들에게 '웨스트사이드 스토리', '왕과 나', '드라큘라'를 포함한 많은 훌륭한 연극들이 수십 년간 제공되어 왔다. 그러나 그들은 새로운 작품을 접할 기회가 드문데, 많은 제작자들이 새로운 작품을 회피해왔기 때문이다. 부분적인 이유는 요즈음 새로운 작품을 만드는 데에 드는 막대한 비용 때문일 수도 있다. 작품에 수십만 달러의 제작비를 투자하도록 요청받는 많은 제작자들은 검증되지 않은 새로운 작품보다는 우수성을 인정받고 과거에 성공한 작품들을 선호한다. 이것은 합리적인 이유 같지만, 사실 **이러한 관행**은 바람직하지 않은 상황을 야기한다. 만약 새로운 작품들에게 현재 기회가 주어지지 않는다면, 장차 재공연할 작품이 아무것도 없을 것이다.

① 개선하기 위해 무언가를 반복해서 공연하는 과정
② 옛날 연극을 재공연하고 새로운 방식으로 개작하는 전통
③ 새로운 제작을 위해 투자금이 마련되는 방법
④ 잠재적 위험 때문에 제작자들이 새로운 연극을 피하는 경향

D **1** 그들은 회사의 확장 계획을 담은 기밀 **서신**으로 가득한 파일을 발견했다. **2** 비타민 D는 햇빛, 특히 태양의 자외선에 노출된 후 몸에서 **합성되는** 지용성 비타민이다. **3 만성** 인후염은 비교적 오래 지속되며 가벼운 염증에서 극심한 통증에 이르기까지 (증상이) 다양하다.

E ① 매일 조금씩이라도 하는 운동도 도움은 되겠지만 더 나은 결과를 위해서는 **격렬한** 운동을 약간 해보라.
② 이 도시에는 다양한 산업이 서로 의존하면서 **공존하고 있다**.
③ 성공적인 통합은 모두에게 이익이 되며, 안전하고 **화합하는** 공동체의 발전에 기여한다.
④ 눈 수술 직후에 시야가 약간 **흐릿한** 것은 정상이며 이후 수일에 걸쳐 점차 깨끗해질 것이다.
⑤ 학생들의 성취를 높이기 위해서는 연관성 없는 노력의 목록보다 **일관성 없는(→ 일관성 있는)** 계획을 갖는 것이 중요하다.

28강

Exercises

본문 421쪽

A 1 abusive 2 enact 3 medicinal 4 embodiment 5 calligraphy 6 hospitalize 7 ingest 8 dose 9 encompass 10 embattled 11 automatic 12 diabetes 13 trauma 14 biological 15 ail 16 치명적인, 죽음을 초래하는 17 (손실·부상 등이) 회복할 수 없는 18 그림 문자; 상형 문자 19 완화 20 메스꺼움 21 부작용 22 (필연적 결과로) 수반하다 23 (변경이 어렵게) 단단히 자리 잡게 하다 24 치료(약); 해결책; 바로잡다; 개선하다 25 소독한; 척박한; 불임의 26 생물권 27 불면증 28 (규칙적으로) 고동치다; 욱신거리다; 진동; 욱신거림 29 자주적인, 자율적인 30 감각을 잃은, 마비된

B 1④ 2① 3④ 4③

C ③

D 1 polygraph 2 symbiosis

E ② (automatic → manual)

해석

B **1** 더 큰 **자율성**을 향한 국민의 요구는, 결국 격렬한 갈등으로 이어졌고 정부의 점점 더 억압하는 정책이 이에 기름을 붓는 격이 되었다. **2** 최근 연구에 따르면 박테리아는 **항생제**에 대한 내성이 생길 수 있고, 이 같은 위험한 박테리아는 육류에 흔하다. **3** 중독으로 고통 받는 많은 사람들은 그들의 고통을 다른 이들과 나눌 수 있고 진정으로 남이 이야기를 들어준다고 느낄 때 최초의 **안도감**을 경험한다. **4** 매니저는 건강보험에 들지 않은 모든 직원에게 이달 말까지 **가입하라는** 통지서를 보낼 것이다.

C 사람들은 용도나 크기에 상관없이 숙련된 사용을 필요로 하는 모든 종류의 도구에 자신의 신체 감각을 투사한다. 건설 노동자들이 자신의 큰 기계와의 일체감을 말하는 것을 듣는 것이 놀라움으로 다가올 수도 있지만, 그들이 경험하는 신체적 유대감은 실재이다. 한 기계 작동자는 "당신은 기계의 일부입니다. 기계는 당신으로부터 분리되지 않습니다."라고 말했다. 마찬가지로 자동차는 그 차의 운전자를 **구현한다**. 당신이 어떤 것에도 부딪히지 않고 작은 공간에 차를 세우거나 주차장에 집어넣을 만큼 당신 차의 크기에 대해 얼마나 잘 알고 있는지 생각해 보라. 당신은 차의 바깥 면을 실제로 볼 수 없지만 당신 차의 크기와 모양을 안다. 그때 당신의 차는 당신의 손동작에 즉각적으로 반응하고 당신이 운전대를 조종하는 대로 움직인다. 차가 당신 몸의 확장처럼 느껴진다.

D **1 거짓말 탐지기** 테스트에서 얻은 결과의 타당성에는 의문이 제기되어 왔는데, 가끔 테스트는 거짓말을 하지 않았는데 거짓말을 하고 있다고 나타냈다. **2** 아카시아 개미는 중앙아메리카 전역의 불호른 아카시아 나무와 **공생관계**로 사는 것으로 잘 알려져 그렇게 이름 지어졌

다. 개미와 아카시아 나무는 서로 의존하는 종(種)이 공진화(共進化)하는 전형적인 예가 된다.

E ① 병원의 도구와 가구를 **소독해서** 환자 간에 세균이 퍼지지 않도록 하는 것이 중요하다.
② 18세기 말 이전에는 대부분의 제조 과정이 **자동(→ 수동)** 업무였고 완성되기까지 수년이 소요되었기 때문에 악기는 매우 비쌌다.
③ 주로 인간이 북극을 위험에 처하게 한다는 비난을 받아왔다. 하지만 빙하를 녹이는 북극 온난화의 많은 부분을 **설명해줄** 수 있는 자연적인 원인이 있다.
④ 아기들은 쉽게 **질식할** 수 있기 때문에 아기들이 작은 장난감이나 다른 물건들을 입안에 넣지 못하도록 해야 한다.
⑤ 우리에게 **맡겨진** 개인정보는 고객 서비스를 수행하기 위해 필요한 목적 이외에는 사용되지 않을 것입니다.

29강

Guess What!

본문 428쪽

1⑥ 2② 3⑤ 4④ 5⑧ 6① 7⑦ 8③

Exercises

본문 435쪽

A 1 chore 2 malnutrition 3 benefactor 4 feast 5 misbehavior 6 edible 7 fabric 8 fast 9 malignant 10 drape 11 grain 12 gourmet 13 portion 14 dietary 15 diction 16 악의, 적의 17 (음료를) 홀짝거리다 18 수혜자; (유산) 수령인 19 (일시적인) 유행 20 저주, 비방 21 조리법 22 제자리에 두지 않다 23 누더기가 된; (표면이) 고르지 못한 24 즙이 많은 25 선행하는, 자비로운 26 쓸모없는 물건, 폐물; 폐물로 처분하다 27 (곡식을) 분쇄하다, (날을) 갈다 28 순응성이 없는, 부적응의 29 받아쓰게 하다; 지시[명령]하다; 영향을 주다 30 (전문 직종에서의) 위법 행위; 의료 과실

B 1② 2② 3③ 4④

C ③

D 1 malevolent 2 malformation 3 misled

E ③ (beneficial → harmful)

해석

B 1 그녀는 남편에게 수년간 심리적으로 **학대받고** 무시당해서, 오래전부터 애정 없는 결혼생활에 체념했다. 2 수메르 인들은 생각을 표현하기 위해 그림들을 결합하였다. 예를 들어, 눈물과 함께 그려진 눈은 '슬픔'을 **나타내기** 위해 이용된 것인지도 모른다. 이와 유사하게, 주름이 있는 얼굴은 '늙음'을 나타내기 위해 이용된 것일 수도 있다. 3 이 자동차 보험은 경미하게 찌그러지거나 긁힌 것을 포함한 **작은 사고들**의 범위를 보장한다. 4 그 기업은 판매가 계속 저조한, **이익이 나지 않는** 유럽의 35개 지점을 닫을 예정이다.

C 어느 왕이 적과의 전쟁에서 이길 수 있는지 알아보려고 한 신관에게 물었다. 적국은 그의 왕국과 강을 사이에 두고 나뉘어 있었다. 왕은 신관에게 이런 답변을 받았다. "당신이 강을 건넌다면 거대한 제국을 파멸시키게 될 것입니다." 그는 이것을 자신이 승리한다는 의미로 해석했다. 그는 승리를 굳게 믿으면서 참전했지만 패했다. 적에게 포로로 잡힌 그는 전령을 보내서 **틀린 예언**에 대해 신관에게 항의했다. 신관이 그에게 답했다. "당신은 신들께 어느 제국을 말씀하신 것인지, 당신의 제국인지 아니면 적국인지를 질문하셨어야 합니다."
① 계산 오류 ② 저주 ③ 틀린 예언 ④ 정확한 질문 ⑤ 배의 기능 불량

D 1 그 소설은 가차 없이 **사악한** 악당 편과 반대편의 결점 없는 성인 사이의 갈등을 박진감 있게 묘사한다. 2 그녀는 심장 **기형**을 고치려고 수술을 받았다. 3 라벨에 '신선'이라는 단어가 있는 제품에 **속지** 마라. 그것은 실제로 상품이 냉동이나 통조림 가공, 혹은 화학 처리 방법으로 보존되지 않았음을 의미한다. 하지만 그것은 가공이나 운송하는 데 시간이 걸렸을 수도 있다.

E ① **잘못된 통념**을 가진 어떤 이들은 자신의 생각이 틀리거나 사실과 다르다는 것조차도 모른다. 그들은 틀리다는 지적을 받아도 자신의 관점을 포기하는 것이 보통 아주 힘들다.
② 부모는 모든 식품군을 포함한 **영양가 높은** 식사를 하루 세 끼 준비해서 아이들에게 건강한 식생활 방식을 증진해야 한다.
③ 기존의 청소 약품과 도구의 사용이 우리 건강에 아주 **이롭다고 (→ 해롭다고)** 밝혀졌다. 이것은 가벼운 알레르기, 치명적인 암, 그리고 그 중간의 모든 병과 연관된다.
④ 그 **독재자**는 시민의 삶을 모든 면에서 통제하고 그들이 가난과 무지에 빠지게 하면서 혹독하게 국민의 목을 졸랐다.
⑤ 옛날에는 사람들이 알려지지 않은 여러 가지 **질병**을 자주 앓았다.

30강

Exercises
본문 449쪽

A 1 unanimous 2 perennial 3 estate 4 unilateral 5 trim 6 vent 7 utility 8 insulate 9 monogamy 10 peddler 11 resident 12 mow 13 inhabitant 14 binary 15 drained 16 조명; 계몽 17 세입자, 임차인 18 장식용의 19 통일 20 이중성, 표리부동 21 쌍안경 22 임대(료); 임대물 23 100주년; 100년마다의 24 단조로운; 지루한 25 설비, 설치 26 편안한; 친밀한 27 (특정한 곳에) 살다, 거주하다 28 누출 29 임대차 계약; 임대[임차/대여]하다 30 (가구를) 비치하다

B 1④ 2② 3② 4④

C ①

D 1 monopoly 2 inhibit

E ④ (monolingual → multilingual)

해석

B 1 당신은 약점이 당신 인생의 심각한 **장애**라고 생각할 수 있다. 그러나 당신이 이 약점을 극복하려고 시도할 때 당신 안에 있는 놀라운 강점이나 능력을 발견할 수도 있다. 2 만약 당신이 실수로 열쇠를 차에 두고 내리는 경향이 있다면, 만약을 대비해서 **복제** 열쇠를 가지고 다니는 것이 좋다. 3 그들의 작품은 서양 예술을 받아들이는 동시에 그들의 전통적인 예술 정체성을 유지하는 **이중성**을 내포하고 있다. 4 연기, 열기, 그리고 위험한 가스를 내보내기 위해서 그들은 창문을 열고 심지어 지붕과 벽에 구멍을 내서 그 건물을 **환기시켰다**.

C 상담 의뢰인들은 얼굴 표정, 몸의 움직임, 목소리의 높낮이로 단서와 메시지를 꾸준한 흐름으로 전달한다. 상담자들은 의뢰인들과의 관계를 확립하고 유지하기 위해 이러한 메시지들을 왜곡하거나 과도하게 해석하지 않고 이해하는 법을 알 필요가 있다. 예를 들어, 데니스가 제니에게 "너는 너 자신에 대해 말하는 것을 어려워하는 것 같아."라고 말하는데 제니는 "아니, 나는 전혀 그렇지 않은데."라고 말한다. 그러나 진정한 답변은 아마도 그녀의 비언어적 행동에 있을 것이다. 왜냐하면 그녀가 눈길을 돌리고 얼굴을 찡그리면서 주저하듯이 말을 하기 때문이다. 그러한 단서를 읽는 것이 데니스가 제니를 더 잘 이해하는 데 도움이 된다. 우리의 비언어적 행동은 흔히 우리가 진정으로 무엇을 의미하는가에 대한 **메시지를 '유출'**하게 한다. 비언어적 행동의 무계획한 특성으로 인해 심지어 매우 방어적인 의뢰인의 경우에도 이러한 (감정) 유출이 일어난다.

① 우리의 진정한 감정을 드러내는 것
② 상담 의뢰인에게 비밀 정보를 전달하는 것
③ 과도한 질문에 대해 부정적으로 반응하는 것
④ 우리의 말과 행동을 주변 사람들에게 맞추는 것

D 1 저작권은 그 보유자에게 일종의 **독점권**을 제공하는데, 이것은 오직 (저작권) 보유자만이 그 저작물의 수익을 관리할 수 있음을 의미한다. 2 렙틴은 장기간에 걸쳐 정상 체중을 유지하도록 돕는 호르몬이다. 그것은 배고픔을 **억제하고** 에너지 균형을 조절하는 데 도움을 준다.

E ① 전기자동차는 배터리의 동력으로 조용히 달리기 때문에 소음공해가 덜하다. 이는 전기자동차의 소리를 듣는 것을 어렵게 만드는데, 몇몇 사람들은 이것이 **보행자들**, 특히 시각장애인들에게 위험할 수 있다고 생각한다.
② 전쟁을 없애는 가장 효과적인 방법은 국가 간의 합의를 통해 국제 갈등을 **해결하는** 것이다.
③ 전 세계의 온도가 상승함에 따라, 과학자들은 지구에서 **살 수 있는** 기후대 역시 대체로 적도에서 멀어져서 극지방을 향해 이동하기 시작할 것이라고 주장한다.
④ 어떤 문화에서는 사람들 모두가 두 가지 이상의 언어를 구사한다. 이러한 문화권에 있는 사람들을 2개 국어 사용자 혹은 **단일 언어 사용자(→ 다중 언어 사용자)**라고 한다.
⑤ 1924년, 영국 **탐험대**의 일원이 에베레스트 정상에서 불과 900피트 아래까지 도달했다.

31강

Guess What!
본문 456쪽

1② 2⑤ 3④ 4⑦ 5① 6③ 7⑧ 8⑥

Exercises
본문 463쪽

A 1 triple 2 intermediate 3 harbor 4 wreck 5 trillion 6 multitasking 7 medieval 8 landing 9 runway 10 compartment 11 stake 12 postal 13 (선박·비행기의) 화물 14 넓은 가로수길; 대로 15 접합(점); 교차로 16 비행, 항공 17 3인조, 3개가 한 조로 된 것 18 중앙값; 중앙의; 중간값의 19 다산의; 풍부한 20 여러 가지 종류의 21 (책·영화 등의) 3부작 22 5각형 23 (자동차 경적을) 울리다 24 횡단보도

B 1③ 2④ 3② 4③

C 1 Underpasses 2 multilateral 3 multitude 4 aptitude 5 meditate 6 redundant

D ② (loaded → unloaded)

해석

B 1 당신의 상점은 더 눈에 띄고 찾기 쉬워야 합니다. 잠재 고객이 당신의 상점을 **지나칠** 틈을 주지 마세요. 2 혹시라도 당신의 차량이 경찰

에 의해 **견인되었다**는 것을 알게 된다면 당신의 차량을 되찾기 위해 양도 계약서를 받아둘 필요가 있을 수 있다. **3** 도시에 내리쬐는 태양의 복사열은 도로와 주차장과 건물에 의해 흡수된다. **포장도로**, 강철, 콘크리트는 달구어졌다가 에너지를 다시 대기로 복사한다. **4** 교환 **수단**으로 돈을 고안하고 수용한 것은 통상 무역의 발전에 커다란 전환점이었다.

C **지하도**는 지면과 관련된 위치 때문에 홍수 기간에 잦은 피해를 본다. **2** 탄소 중립은 기후 변화를 완화하기 위해 국가들이 **다자간** 노력에 동참하도록 북돋는 데 한몫을 할 수 있다. **3** 훼손되지 않은 **수많은** 정박지와 보존된 만(灣)은 모험을 즐기는 보트 타는 사람들이 탐험하기를 그저 기다리고 있다. **4** **적성**이 부족한 것은 열의가 높은 것으로 보완될 수 있고, 반대의 경우도 마찬가지다. **5** **명상**을 할 때, 당신은 매일 쌓여서 스트레스의 원인이 되는 정보 과부하를 없앨 수 있다. **6** 경기가 안 좋아짐에 따라 점점 더 많은 일자리가 **정리해고될** 것이다.

D ① 중재는 둘 이상의 당사자 사이의 분쟁을 해결하는 한 가지 방법이다. 제삼자인 **중재자**는 당사자들이 합의를 성사시키도록 돕는다.

② 그 배송기사는 목적지에 도착하여, 트럭에서 짐을 **싣고(→ 내리고)**, 그것들을 현관으로 가져갔다.

③ 그 영화는 많은 사람들이 보지는 않았는데, 그 영화는 훌륭한 SF 영화의 속편으로서, 속편은 종종 **평범한 수준**에 머무는 식이기 때문이었다.

④ 8일간 동반자 없이 구명정을 타고 **표류한** 후에 그는 마침내 구조되어 병원에 실려 갔다.

⑤ 그 운전자는 질척한 도로에서 (차를) 제어할 수 없었고 차량은 도로 밖으로 **미끄러졌다**.

32강

Exercises

본문 477쪽

A 1 dignify 2 clarify 3 fertilize 4 patron 5 exquisite 6 protagonist 7 dramatic 8 chant 9 evacuation 10 tune 11 anthem 12 notate 13 sequel 14 (다른 언어로) 재녹음하다, 더빙하다; 별명을 붙이다 15 지휘대; 연단 16 연극의; 연극조의, 과장된 17 레퍼토리, 공연[연주] 목록 18 처벌하다; 벌칙을 부과하다 19 서정적인; (표현이) 아름다운 20 (음악 연주의) 거장; 기교가 뛰어난 21 그리다; 나타내다 22 경매; 경매로 팔다 23 합창의 24 꼭두각시, 인형 25 알리다, 통지하다 26 환호, 박수갈채

B 1 ① 2 ③ 3 ④ 4 ①

C ④

D 1 mandatory 2 amplified 3 evacuated

E ③ (weaken → strengthen)

해석

B **1** 세금 인하 공약으로 선거운동을 한 후, 그는 당선되었고 즉시 15퍼센트 감세를 **지시하였다**. **2** 아남극물개와 남방코끼리바다표범은 육지에서 발견되는 해양 포유류 두 종이다. 둘 다 개체 수가 많았지만 18세기 말 시작된 물개잡이 이후 두 종 모두 100년 내에 거의 **전멸하였다**. **3** GNP(국민총생산)는 한 나라 안에서 일어나는 경제적 활동의 측정 수단이다. 그것은 인간 활동 중 많은 면의 적절한 척도이지만, 행복, 존경이나 인간 **존엄성**은 측정하지 못한다. **4** 동물 권리 운동가들은 밍크 몇 마리를 비인간적인 밍크 사육장에서 **풀어주려고** 시도했다.

C 왜 어떤 고객들이 빈손으로 소매점을 떠나는지를 궁금해 한 적이 있는가? 이것은 쇼핑 공간 설계와 관련이 있을지도 모른다. 사람들이 어떻게 쇼핑하는지를 생각해 본다면, 소매점 환경은 판매를 극대화하도록 설계되어야 한다. 우선, 고객은 개인 공간을 가진다는 것을 생각해 봐라. 이곳은 고객들이 침범을 받으면 불편함을 느끼는 공간이다. 소매점의 환경에서, 이것은 쇼핑객들이 상품을 구경하다 부딪치거나 밀쳐지면 불편해지고 흥미를 잃거나 그곳을 떠날 수 있다는 점을 시사한다. 짜증이 난 구매자들은 쇼핑을 계속하려 하지 않는다. 실제로 그들은 종종 사러 온 물건을 사기도 전에 그곳을 떠난다. 고객을 위해 **움직일 공간**을 만드는 것은 이러한 문제를 없애거나 상당히 줄여준다.

① 고객들이 쇼핑 중에 휴식을 취할 장소

② 상품을 깔끔하게 전시할 충분한 공간

③ 매장 배치를 설계하는 것에 있어서의 융통성

④ 쇼핑객이 편안함을 느낄 충분한 공간

D **1** 비록 재판관은 자신의 판결에 대해 착잡한 감정을 느꼈지만, 무기징역이라는 **법적** 선고를 내렸다. **2** 시간이 흐름에 따라 기억의 불쾌한 면들이 사라지고 좋은 부분은 계속 남아 강화되는데, 심지어 실제를 넘어 **증폭된다**. **3** 해변에 사는 사람들이 허리케인이 다가옴에 따라 **대피하는** 중이다.

E ① 만약 우리가 어떤 관계에서든 **다루기 어려운** 사람에게 대처하기를 진심으로 원한다면, 그들과 우선 공감해야 한다. "왜 그들이 그렇게 행동하는가?"

② 조직 내에서 공유 폴더의 파일을 삭제할 **권한이 부여된** 개인의 수는 제한하는 것이 좋다.

③ 우리의 목표는 우리 웹사이트를 모든 사람이 더 쉽게 이용할 수 있도록 하고 온라인 보안을 **약화시키는(→ 강화시키는)** 것이다.

④ 이 램프들은 방을 밝히는 목적으로는 거의 선택되지 않는다. 이것들은 기능적이기보다는 **미적**이다.

⑤ 그가 무대 위로 나오자 열렬한 **박수**로 환영받았다.

33강

Exercises

본문 491쪽

A 1 constructive 2 advisory 3 accessible 4 vault 5 architect 6 craftsmanship 7 apprentice 8 sentimental 9 collapse 10 optimize 11 flawless 12 affirm 13 창설, 설립; 기초, 토대 14 조각(품) 15 (가격이) 알맞은 16 긍정하는, 동의하는; 긍정, 동의 17 목재 18 말기의; 종점 19 강당; 객석 20 느낌, 감각; 선풍적 반응, 센세이션 21 틀, 거푸집; 곰팡이; (틀에 넣어) 만들다 22 수공예(품) 23 기둥; 기둥으로 장식하다[받치다] 24 (건물 등의) 뼈대, 골조; 틀, 구조; 체계

B 1④ 2① 3① 4③ 5②

C ③

D 1 sensible 2 fruitless 3 assent

E ⑤(audible → inaudible)

해석

B 1 문서를 온라인 신청을 통해 전송한 다음에는, '문서 보기' 버튼을 눌러 전송된 문서를 **읽을 수 있는지** 확인할 수 있습니다. 만일 그렇지 않다면, 다시 시도해 보세요. 2 그 도시는 월요일에 3일째 봉쇄에 들어갔다. 학교와 쇼핑몰, 대중교통, 그리고 시장은 여전히 닫혀 있었고 호텔과 술집은 **적막했다**. 3 온 가족이 추수감사절에 무엇을 먹을 것인지를 논의했지만, 요리하고 싶은 사람이 아무도 없었기 때문에 결국 **합의**에 이르러 저녁을 외식하러 나갔다. 4 회사는 **최상의** 수익을 달성하려는 목표로 최근 여러 광고회사 및 마케팅 담당자들과 상담하고 있다. 5 최근 해고된 동료에게 안타까운 마음을 갖지 않기는 어렵지만, 비즈니스의 세계에서는 **감정**이 들어갈 여지가 없다.

C 작곡가들은 소리를 사용하여 자신들의 개인 세계를 묘사한다. 그러한 묘사를 구체적이고 상세하게 하는 것은 영감뿐만 아니라 특정한 실용적인 도구와 기술을 필요로 한다. 당신이 어떤 종류의 음악을 작곡하든 화음과 리듬의 사용뿐만 아니라 강약법과 속도도 이해해야 한다. 또한, 당신은 악기의 음역과 성능, 사람 목소리의 가능성, 그리고 음향 상태의 문제를 알 필요가 있다. 당신은 당신이 공연되기를 원하는 것이 무엇인지를 음악가들에게 전달할 **청사진**을 고안할 수 있어야 한다. 작곡가의 역할을 빨리 하려고 이러한 기술적 훈련에서 지름길을 택하는 작곡가 지망생은 아주 빨리 사라져버릴 것이다. 적절한 기법을 먼저 배운다면, 열정은 그것이 진실하다면 전해질 것이다.
① 위대한 작곡가들에게 공통적인 재능과 독창성
② 작곡가의 미래 작품 계획
③ 기술적이고 실용적인 기법으로 작성된 악보
④ 음악가의 교육을 위한 자세한 수업

D 1 그는 자신이 먹는 것에 대해 정말로 **현명하다**. 그는 절대로 과식하지 않고 정크푸드에는 손도 대지 않는다. 2 토머스 에디슨이 전구를 발명하는 데 너무나 여러 번 실패하자 많은 사람은 그에게 **성과 없는** 시도를 포기하라고 충고했다. 3 어떤 중요한 결정을 하기 전에 상사의 **동의**를 확보하는 것은 군대와 같은 명령 지향적인 조직에서 필수적이다.

E ① 그의 화내는 말을 보면 자신이 팀에서 제외된 것에 **분개하는** 것이 분명하다.
② 그들은 화재에 책임이 있다고 주장하며 결함이 있는 히터를 제조한 회사를 상대로 **소송**을 제기했다.
③ 대부분의 아이들은 낯선 사람들에 대한 공포를 자연스럽게 극복하지만, 어떤 아이들은 더욱 **예민해서** 공포를 극복하려면 도움이 필요할 수도 있다.
④ 샐리는 자신의 말이 그를 기분 상하게 할까 봐 **조심스러웠다**.
⑤ 그녀는 너무 조용하게 말해서 그녀 옆에 앉아 있던 사람들을 제외하고 모두에게 거의 **들렸다(→ 들리지 않았다)**.

34강

Exercises

본문 504쪽

A 1 factionalism 2 geometry 3 delicacy 4 authorship 5 mastery 6 trial 7 interviewee 8 ownership 9 procrastinate 10 geography 11 burial 12 toll 13 horizon 14 다시 채움; 보충 15 지질학자 16 캠핑용 자동차; (사막의) 대상 17 여행일정표 18 (액체에) 담그다; (~에) 몰두하다 19 (물건의) 한 벌; (호텔의) 스위트룸 20 산책; 산책하다, 한가로이 거닐다 21 시차증 22 취미 23 소풍; (짧은) 여행 24 기념품 25 직업, 천직; 소명 의식 26 광대함; 막대함

B 1④ 2② 3④ 4④

C ③

D 1 geostationary 2 vertical

E ④(reconfirmed → canceled)

해석

B 1 적은 예산으로 여행하는 사람에게 농장 체험 민박은 다른 종류의 **숙박 시설**과 비교했을 때 훨씬 경제적일 것입니다. 떠날 때 즈음이면 여러분은 손님이라기보다 가족의 구성원 같은 기분을 느끼게 될 것입니다. 2 물은 부두 아래에 **잔물결을 이루었고**, 가장 바깥쪽 기둥에 매인 보트를 흔들거리게 하였다. 보트가 한가로이 흔들거리면서 보트의 주황색 줄무늬는 물속에 잠겼다. 3 **지열**은 지하 수 미터 지점의 온도를 10℃에서 20℃ 정도의 거의 일정한 온도로 유지하는 데 도움을 준다. 4 **미루기**를 발생시키는 활동에는 업무, 집안일, 공부하기 또는 우리가 지금 당장 하고 싶지 않은 다른 것들이 포함된다.

C 일반적으로 오류와 고장은 인간의 모든 설계들을 못 쓰게 만든다. 실

제로 자동차 엔진 부품 중 단 하나만이라도 고장 나면 당신은 견인트럭을 불러야 할 것이다. 마찬가지로 컴퓨터 회로의 배선에 있어서 작은 오류는 컴퓨터 전체를 내버려야만 한다는 것을 의미할 수 있다. 하지만 자연계는 다르다. 지구에 생명이 시작했을 때부터 (생물의) 종은 계속 멸종되어 왔고, 현재의 멸종 속도는 증가하는 것 같다. 그러나 그러한 자연의 멸종은 거의 해를 끼치지 않는 것 같다. 수백만 년 이상 동안 생태계는 실수와 잘못에 대해 놀라울 정도의 **무감각**을 발휘하여, 수만 종을 파멸시켰던 유카탄에 떨어진 운석의 충격 같은 극단적인 사건에서도 살아남았다.

D 1 **지구 정지 궤도 상에 있는** 위성은 지구 표면 위의 한 장소 바로 위에 머무르므로 지속적 관측이 가능하다. 2 불곰은 놀라울 정도로 빠를 뿐만 아니라 몸집이 그렇게 큰 짐승치고는 경이로울 만큼 민첩하다. 그들은 거의 **수직인** 경사면을 오르내릴 수 있다.

E ① 마사이족은 케냐와 탄자니아 국경을 따라 살고 자신들의 **생계** 원천인 소떼를 따라 때때로 집을 이동한다.

② 한국의 독특한 **지리적** 위치 때문에 고대 중국 문화는 한국을 통하여 일본으로 스며들어 갔다.

③ 직장에서 소진되는 것을 피하는 가장 효과적인 방법 중 하나는 스트레스를 처리하는 데 도움이 되는 즐거운 **취미**를 개발하는 것이다.

④ 심한 감기로 여행을 **재확인했기(→ 취소했기)** 때문에 나는 휴일에 그저 집에 있었다.

⑤ 현재의 관점에서 우리는 '예술가의 개성'이 보편적인 생각이라고 믿는 경향이 있다. 그러나 예술가의 개성보다는 전통을 **따르는 것**이 우선시 되던 시기가 있었다.

35강

전략 적용 훈련

본문 511쪽

01 비용 대비 효율적인 **02** 수식어구 **03** 출입할 수 없는 **04** 본래 컨디션을 되찾다 **05** 이주하지 않는 **06** 사기가 꺾이는 **07** 긴장을 풀다 **08** 전형적인 특징 **09** (일직선으로) 맞추다 **10** 실패[무효]로 돌아가다 **11** 단일 농작물 경작 **12** 난해한 **13** 고용 관계를 청산하다 **14** 약삭빠른 **15** 나눠주다 **16** 여러 학문 분야가 관련된 **17** 문화의 전파 **18** 제거하다 **19** 양적인 **20** 대단치 않게 생각하다 **21** 침술 **22** 먹어버리다 **23** 실수를 범하다 **24** (부채의) 할부상환(액) **25** 사소한 **26** 두드러지는 **27** 전조 **28** 맞서다 **29** 경제적으로 어려운 **30** 털이 빠지지 않는 **31** 요구하다 **32** 가소성

해석

01 디지털 시대에 이미지는 정보를 구성하는 필수 단위이며, 사진 기술을 효과적으로 사용하는 법을 아는 것은 그 어느 때보다 중요합니다. 다행히도, 호비튼 사진 학원에 등록하는 것은 사진 기술을 한 단계 업그레이드하는 가장 쉽고도 가장 cost-effective한 방법 중 하나입니다.

☑ 비용 대비 효율적인 ☐ 비용이 많이 드는

02 똑같은 주장이 두 가지의 사회적 맥락에서 표현되면 서로 다른 qualifiers를 가질 수 있다. 친구들과 이야기할 때, 당신은 "뤼세가 세계 최고의 레스토랑이야."라고 말할지 모른다. 한 무리의 프랑스 요리사들에게 말할 때, 당신은 "뤼세는 프랑스 최고의 몇몇 레스토랑에 견줄 수 있는 훌륭한 레스토랑입니다."라고 말하는 자신을 발견하게 될지도 모른다. 왜 당신은 다르게 말했을까? 아마도 당신이 그 두 집단에서 서로 다르게 (위의 주장에 대해) 검토할 것임을 예상했기 때문일 것이다. 어쩌면 당신의 주장에 대한 자신감이 친구들에게는 충분히 강했지만, 가장 식견 있는 사람들 사이에서는 그렇게 강하지 않았기 때문일 것이다.

☑ 수식어구 ☐ 영향력

03 네팔과 티베트 사이의 경계를 나타내는 에베레스트는 빛나는 얼음과 짙은 색의 바위로 이루어진 삼면의 피라미드 형태로 불쑥 나타난다. 최초 여덟 팀의 에베레스트 원정대는 영국인들이었으며, 그 원정대들은 모두 산의 북쪽, 즉 티베트 쪽에서 등반을 시도했다. 이는 그곳이 산 정상의 만만찮은 방어에 있어서 가장 눈에 띄는 약점을 보였기 때문이 아니라, 1921년 티베트 정부는 외국인들에게 국경을 개방했지만 네팔은 off limits로 남아 있었기 때문이었다.

☐ 한계가 정해지지 않은 ☑ 출입할 수 없는

04 나는 약속을 잡을 때 자신의 신체 리듬을 고려하도록 사람들에게 항상 요청한다. 내 경험으로, 대부분의 사람들은 아침에 훨씬 더 생산적이지만, 이와 다르고 하루의 후반부에 hit their stride하는 사람들이 있다.

☐ 업무 성과가 낮다 ☑ 본래 컨디션을 되찾다

05 같은 종의 새들이 한 지역에서는 이주할 수도(철새일 수도) 있지만, 다른 곳에서는 sedentary일 수도 있다.

☐ 무리를 형성하지 않는 ☑ 이주하지 않는

06 기본적으로 자신에 대한 평판은 가장 가치 있는 자산이므로 그것을 잘 유지하라. 하지만 그러다 실수를 좀 한다고 해서 심하게 demoralized하지 마라. 시간이 지나면 얼룩진 평판을 회복할 수 있다.

☑ 사기가 꺾이는 ☐ 교훈을 얻는

07 스트레스를 받은 날에는 어떻게 wind down하고 마음을 편하게 하는가? 안락한 의자에서 휴식 취하기, 위로가 되는 음악 듣기, 가볍고 재미있는 것 읽기는 모두 편안한 잠을 청할 준비를 하는 좋은 방법들이다.

☑ 긴장을 풀다 ☐ 정신을 집중하다

08 현장 연구는 문화 인류학의 hallmark이다. 그것은 인간 문화와 개별 행동의 방대하게 세부적이고 복잡한 내용을 분석하고 연구하는 방법이다. 그리고 중요한 것으로는 그것은 대부분의 문화 인류학자들이 전문가의 지위를 획득하고 유지하는 방법이다.

☐ 보완할 약점 ☑ 전형적인 특징

09 행복해지려면 불행한 시기가 있으리라는 것을 깨닫고 때로는 삶이 끔찍하다는 것을 인식하는 것이 필요하다. 당신이 소위 완벽한 삶이라는 것에 대한 기대치를 낮추거나 목표를 축소해야 한다고 말하는 것이 아니다. 다만, 우리는 당신이 위기에 직면할 것을 각오함으로써 자신의

기대를 조금 더 현실과 **align**할 수 있다면, 당신이 마침내 더 잘살게 될 것이라고 생각한다.

□ 높게 조정하다 ☑ (일직선으로) 맞추다

10 삶은 항상 위험으로 가득해 왔고, 이는 원시인들에게도 결코 다르지 않았다. 질병, 적, 굶주림은 인간의 모든 지식, 힘, 그리고 자원이 종종 **come to naught**였다는 것을 의미했다. 이러한 냉혹한 교훈에도 불구하고, 인간은 어떻게든 계속 분투했으며 심지어 삶의 즐거움을 찾아내었다.

□ 발전을 거듭하다 ☑ 실패[무효]로 돌아가다

11 녹색 혁명은 (나쁜 것이) 뒤섞인 축복이었다. 시간이 흐르면서 농부들은 널리 도입된 고수확 작물들에 크게 의존하면서 지역 조건에 맞는 품종들은 배제하게 되었다. 넓은 밭을 유전적으로 일치하는 똑같은 종자로 **monocropping**하는 것은 수확량을 증가시켜 주고 당장의 배고픈 욕구를 충족시키는 데 도움이 된다. 하지만 고수확 품종들은 비싼 화학비료와 독성 살충제를 필요로 하는, 유전적으로 약한 작물이기도 하다.

☑ 단일 농작물 경작 □ 일모작

12 그 소설의 구성은 마치 주인공의 마음처럼 **convoluted**하다. 그는 매우 이상하고 뒤틀린 생각을 갖고 있다.

☑ 난해한 □ 평범한

13 2009년 2월의 어느 날, 스테파니는 제일 친한 친구 베티를 불렀는데, 그녀는 스테파니의 회사 '베스트 웨딩'의 유일한 직원이었다. 다시 한 번 그들은 회사의 지출과 감소하는 매출에 대해 의논했다. 그러나 이번에 스테파니는 자신이 무엇을 해야 하는지 알았다. 그녀는 용기를 내서 그녀의 친구이자 동료에게 이야기했다. "나는 이 사업을 성공시켜야 해. 너를 내보낼 수밖에 없어." 베티는 상처받았지만 특별히 놀라지는 않았다. 사업적인 방식으로 두 여성은 어떻게 **disengage**할지 생각하기 시작했다.

☑ 고용 관계를 청산하다 □ 수익을 올리다

14 붉은여우는 매우 **crafty**한 것처럼 보이는 방식으로 종종 행동한다. 붉은여우를 잡으려고 덫을 놓는 사냥꾼들은 인간의 냄새를 없애기 위해 자신들의 장비를 깨끗이 잘 닦아놔야 한다. 그렇지 않으면 여우들은 가까이 오지 않을 것이다.

□ 어리석은 ☑ 약삭빠른

15 많은 효율성 관련 전문가들이 런던에서 사업을 시작했는데, 자신들이 새로운 제조 과정, 매매, 그리고 영업에 대한 모든 유형을 잘 알고 있다고 광고했다. 그들은 상당한 보수를 받고 의뢰인들에게 자신들의 지식을 **impart**하곤 했다.

□ 감추다 ☑ 나눠주다

16 오늘날 교육에서 긍정적인 추세는 **interdisciplinary**한 학습이다. 예를 들면, 수학을 과학에 적용해서 가르치는 것이나 다양한 인문학을 서로 연결하는 것이다.

□ 징계 처리를 받은 ☑ 여러 학문 분야가 관련된

17 한 집단이 사상, 가치관, 음식, 혹은 건축 양식과 같은 것을 다른 집단으로부터 차용할 때, **diffusion**을 통해 변화가 일어난다. **diffusion**은 한 문화권이나 사회가 다른 것(문화권이나 사회)으로부터 빌려 오는 과정이다.

□ 문화 충돌 ☑ 문화의 전파

18 과학에서 독특한 것은 부정적인 사례를 찾는 것이다. 즉, 어떤 이론이 사실임을 확인해 주기보다는 그것이 틀리다는 것을 입증해 주는 방법을 찾는 것이다. 과학적 검증의 실질적인 힘은 긍정에 있는 것이 아니라 부정에 있다. 검증으로 인해 우리의 이론이 사실임을 확인할 수 있을 뿐만 아니라 그 증거를 충족하지 않는 것들을 **weed out**할 수도 있다.

□ 탐색하다 ☑ 제거하다

19 **quantitative**하고 측정 가능한 단위로 표현될 수 있는 문제는 쉽게 나눌 수 있다. 예를 들어, 보상 요구는 시간당 센트의 증가로 나누거나 임대료는 평방피트당 달러로 시세를 매길 수 있다.

□ 질적인 ☑ 양적인

20 나는 내 아들에게 작은 괴물이 되라고 무심코 가르치고 있었다는 것을 깨달았다. 나는 그가 바르게 행동했을 때 거의 관심을 보이지 않았지만, 옳지 않게 행동했을 때는 많이 주목했던 것이다! 이제 나는 아들의 올바른 행동에 관심을 기울여 보상을 주고 그의 실수에 대한 나의 반응을 **downplay**하려고 열심히 노력하고 있다.

□ 주목하다 ☑ 대단치 않게 생각하다

21 **acupuncture**는 가는 바늘을 몸 안으로 넣는 것이며 고대부터 중국 의술의 일부였다.

☑ 침술 □ 자수

22 2007년에 과학자들은 아주 이상한 육식 식물을 발견했다. 그 식물은 네펜테스 애튼버러기인데, 너무나 커서 쥐를 통째로 삼켜서 **devour**할 수 있다.

□ 발견하다 ☑ 먹어버리다

23 **err**하는 것, 즉 실수를 저지르는 것은 참으로 인간적이다. 그러나 대부분의 사람은 자신의 실수에 대한 책임을 지고 싶지 않은 것 같다. 오히려 그들은 정반대로 행동할 가능성이 큰데, 즉 비난을 떠넘길 다른 누군가를 찾는 것이다.

☑ 실수를 범하다 □ 실수를 인정하다

24 속담에도 있듯이 친구에게 돈을 빌려주면 당신은 친구와 돈, 둘 다 잃을 위험에 놓인다. 그렇다면 가까운 사람이 돈을 빌려달라고 부탁할 땐 어떻게 해야 할까? 우선, 당신의 재정 능력을 살펴라. 만약 돈을 줄 형편이 안 된다면 당신은 빌려주어선 안 된다. 그다음으로 (거래 관계를) 문서화하는데 금액이 큰 경우 그 차용금을 완전히 **amortization**하는 마지막 날짜뿐만 아니라 정기적인 분납 날짜도 적어두도록 한다. 이것은 그 거래 관계를 합법화하고 (빌려준 사람과 빌린 사람) 둘 다 마음이 좀 더 편안해지도록 한다. 왜냐하면 이러한 방식으로 인해 어느 쪽도 그 차용금을 기부금으로 여기지 않을 수 있기 때문이다.

□ 만기 연장 ☑ (부채의) 할부 상환(액)

25 충분한 크기가 아니면 어떤 물체도 패턴이나 지각 가능한 구조로 배열될 수 있는 부분들을 가진 것으로 인식될 수 없다. 따라서 사자나 상어는 아름다울 수 있다. 왜냐하면 그것들의 부분이 유의미하고 잘 구조화된 전체를 형성하기 때문이다. 하지만 벼룩은 **trifling**하고 불쾌한 동물이어서가 아니라, 육안으로 유의미하게 구성된 부분들을 인식하기에는 너무 작기 때문에 아름다울 수 없다.

☑ 사소한 □ 소중한

26 지난 20년 동안, 잡지의 광고들은 점점 더 요란스럽고 obtrusive해진 반면, 실제 기사에 주어진 공간은 줄어들었고 때로는 소멸될 지경이다.

□ 줄어드는 ☑ 두드러지는

27 병을 앓고 있는 사랑하는 사람을 잃을 수 있다는 위협과 같은, 정신적 충격이 큰 사건에 대해 염려하는 사람들은 그렇지 않은 경우보다 그 사랑하는 사람에 대한 꿈을 더 많이 꿀 것이라는 것은 분명 사실이다. 만약 꿈을 꾼 사람이 그러고 나서 사랑하는 사람이 죽은 것을 알게 되면, 그 꿈이 죽음에 대한 premonition이었다고 생각하는 것도 이해할 법하다. 하지만 이것은 착각이다.

☑ 전조 □ 예방

28 쓰기와 그리기를 통해 일기를 작성하는 과정은 의사와 약을 defy했던 나의 알 수 없는 질병을 치료하는 데 도움이 되었다.

□ 필요로 하다 ☑ 맞서다

29 고등학교를 졸업한 뒤 나는 대학에 진학해 미술을 전공하고 영어를 부전공했다. 전문 화가가 된 후에 결혼했고, 두 딸이 태어났다. 그 후 로스앤젤레스의 빈곤 지역에서 underprivileged한 어린아이들을 가르치게 되는 직업상의 변화가 있었다.

☑ 경제적으로 어려운 □ 공부에 흥미 없어 하는

30 당신에게 적합한 개를 고를 때 고려할 몇 가지 조언이 있습니다. 우선, 당신의 집과 잘 맞는 개를 고르세요. 큰 개는 당신이 개에게 넓은 공간을 제공할 수 있는 경우에만 집으로 데려오세요. 두 번째로, 당신이 알레르기가 있으면 털이 덥수룩한 개는 구입하지 마세요. 털이 빠지는 것이나 자녀의 알레르기를 걱정한다면 non-shedding한 개를 선택하는 것이 좋습니다.

□ 잘 짖지 않는 ☑ 털이 빠지지 않는

31 실행된 목표는 그 실행에 소요된 시간과 에너지가 결과적으로 나타난 자산과 균형을 이루는 처리 과정이다. 그리고 이상적인 경우는, 전자(시간과 에너지)가 0에 근접하고 후자(결과적으로 나타난 자산)는 무한대에 가까운 경우이다. 그러므로 목표는 결실에 의해서만 목표가 exact하는 노력을 조건부로 정당화한다.

☑ 요구하다 □ 받아들이다

32 물벼룩이라는 흥미로운 종은 진화생물학자들이 '적응적 plasticity'라고 부르는 일종의 유연성을 보여 준다. 만일 새끼 물벼룩이 성체로 자라는 곳이 물벼룩을 잡아먹고 사는 생물의 화학적인 특징을 포함하는 물속이라면, 그것은 자신을 포식자로부터 지키기 위해 투구와 가시 모양 돌기를 발달시킨다. 만일 자신을 둘러싼 물이 포식자의 화학적인 특징을 포함하지 않으면, 그 물벼룩은 이러한 보호 장치를 발달시키지 않는다.

☑ 가소성 □ 불변성

Exercises

본문 519쪽

A 1 qualifier 2 obtrusive 3 off limits 4 incensed 5 naught 6 cost-effective 7 acupuncture 8 asthma 9 premonition 10 monocropping 11 가소성; 유연성, 적응성 12 불안정해지다, 흔들리다 13 특징, 특질; 품질 보증 마크 14 대단히 난해한[복잡한]; 구불구불한 15 약삭빠른, 교활한 16 발산, 유포; 확산 (작용); (문화 등의) 전파, 보급 17 경시하다, 대단치 않게 생각하다 18 게걸스레 먹다; 삼켜버리다 19 학제 간의 20 흘리지[떨어지지] 않는; 발산하지 않는

B 1 ③ 2 ④ 3 ②

C ⑤

D ④ (Quantitative → Qualitative)

해석

B 1 일류 공과 대학원에 들어가는 것은 매우 경쟁이 치열하고, 자격 없는 지원자들을 **추려내기** 위한 첫 번째 기준으로 특정한 시험 점수를 이용하는 경우가 자주 있다. 2 그는 인내심 있고 관대한 선생님이었으며 법의 세부 사항뿐만 아니라 그 뒤에 있는 철학도 **전하려고** 했다. 3 사람들이 말하듯이, 아무도 냉혹한 시간의 흐름을 **거역할** 수 없으니 그도 예전만큼 강하고 회복이 빠르지 않다.

C 만약 목표 달성을 강력하게 바라지 않는다거나 잘못된 이유로 목표를 추구하고 있다면 그것을 끝까지 완성해내거나 시작할 동기부여조차 되지 않을 것이다. 목표는 당신을 흥분시킬 수 있어야 하고 대부분의 시간을 생각하게 하는 무언가여야 한다. 또한 목표는 당신이 정말로 원하는 것이어야 하고 다른 누군가가 원하거나 당신이 가져야 한다고 생각하는 것은 아니어야 한다. 그러므로 목표를 설정할 때는 **당신의 기본 가치관과 나란히 되도록** 노력하라. '내게 중요한 것은 무엇인가?', '내가 정말로 관심을 가지는 것은 무엇인가?', '내가 진정으로 원하는 것은 무엇인가?' 그리고 '내가 믿는 것은 무엇인가?'에 대해 자문하라. 당신의 목표가 당신의 기본 가치관과 유사할수록 그 목표를 달성하려는 욕망이 더 강해질 것이다.

① 일반적인 동기를 발견하고 계속해서 나아가도록
② 사람들이 실패하는 이유를 검토하도록
③ 당신이 해야 할 일들에 긴장을 풀도록
④ 최선을 다해 준비하도록
⑤ 그것이 당신의 기본 가치관과 나란히 되도록

D ① **사회경제적으로 어렵거나** 자신들의 삶을 향상시킬 기회나 목소리를 내지 못한 사람들의 삶이 더 나아지도록 하는 것이 그녀 인생의 사명이었다.

② 압력은 어떤 특정한 수준 아래로 유지되면 높은 성과로 이어질 수 있다. 하지만 해고에 대한 압력이 지속되면 직원들의 **사기를 저하시켜** 성과도 떨어지게 된다.

③ 내 동료들은 누가 커피를 엎질렀느냐에 대해 끊임없이 말다툼을 했는데, 나는 우리가 가지고 있는 다른 문제들의 심각성을 고려해봤을 때 그것은 **사소한** 문제라고 생각했다.

④ **정량적(→ 정성적)** 연구는 단어, 이미지 및 소리와 같은 비수치 데이터를 수집한다. 주로 관찰과 인터뷰를 통해 주관적인 경험, 의견, 태도를 탐구하는 데 초점을 맞춘다.
⑤ 그들은 나라가 지난 정권의 혼란에서 완전히 **벗어나야만** 되살아날 것임을 인식했다.

INDEX

Word Complete

B

INDEX

D

E

F

INDEX

G

H

INDEX

I

INDEX

J

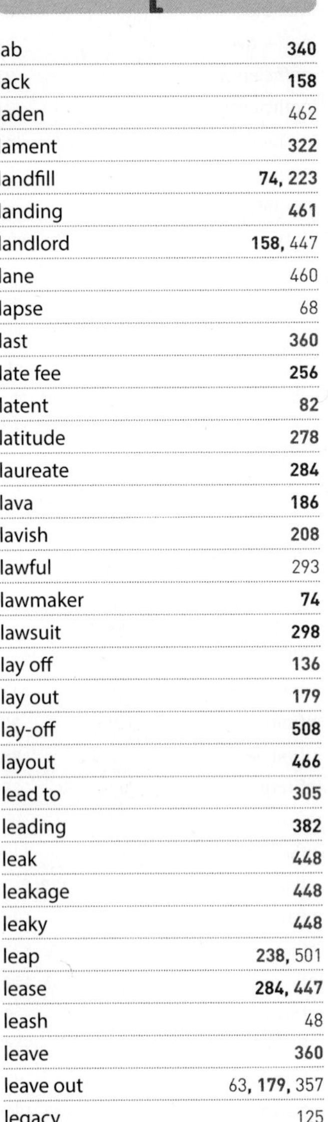

K

L

n

o

P

INDEX

Q

R

S

INDEX

T

INDEX

'나'에게 딱! 맞는 암기&문제모드만 골라서 학습!

5가지 암기모드

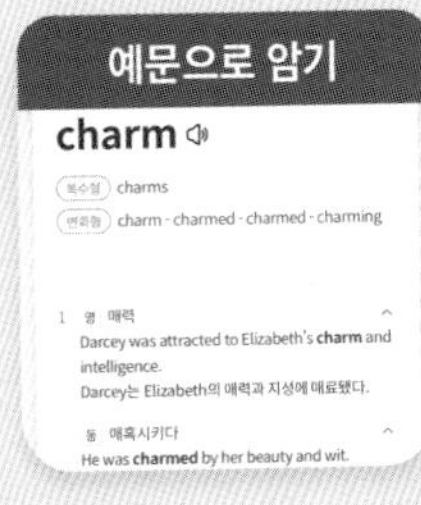

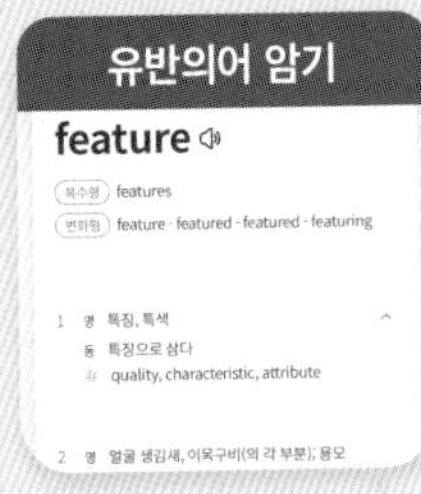

8가지 문제모드

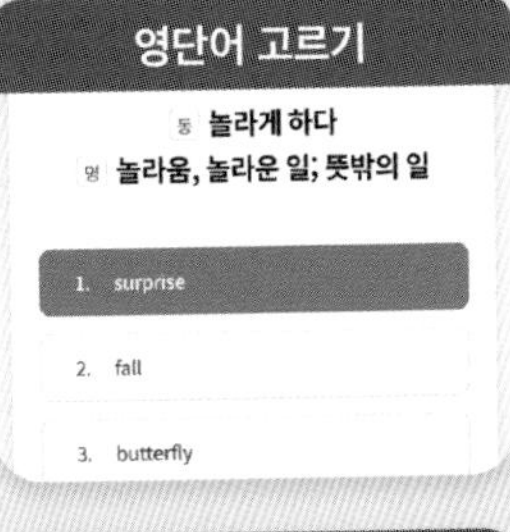

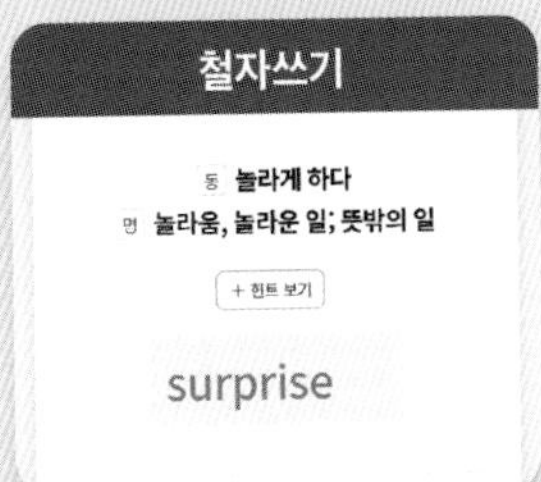

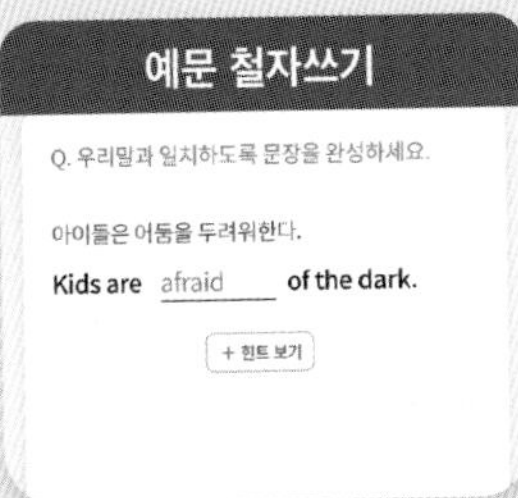

암기모드를 선택하면, 최적의 문제 모드를 자동 추천!

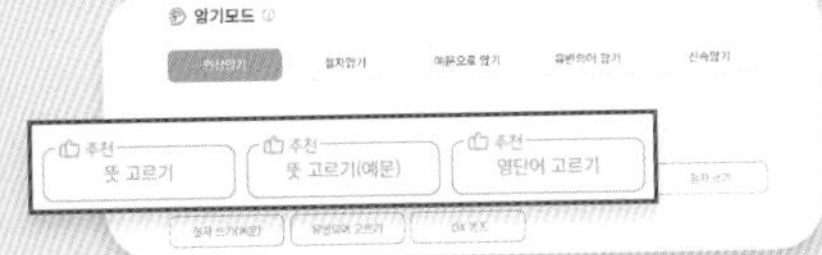

2 미암기 단어는 단어장에! 외워질 때까지 반복 학습 GO!

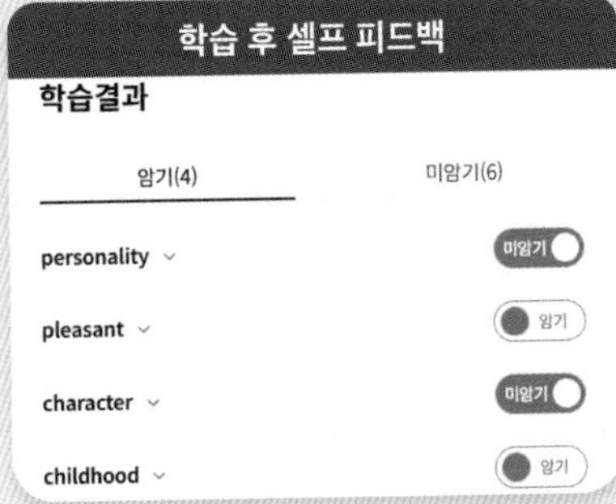

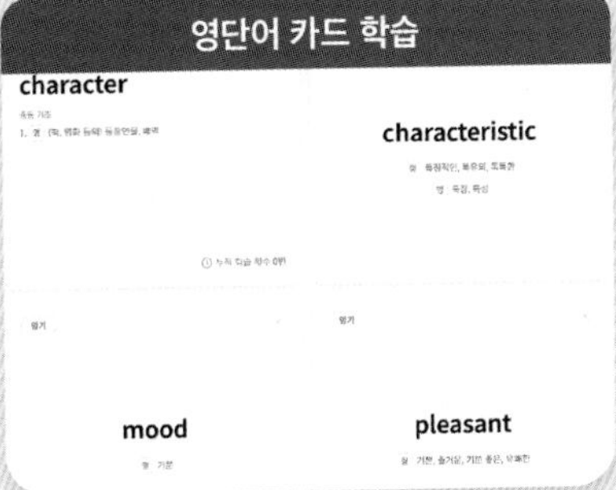

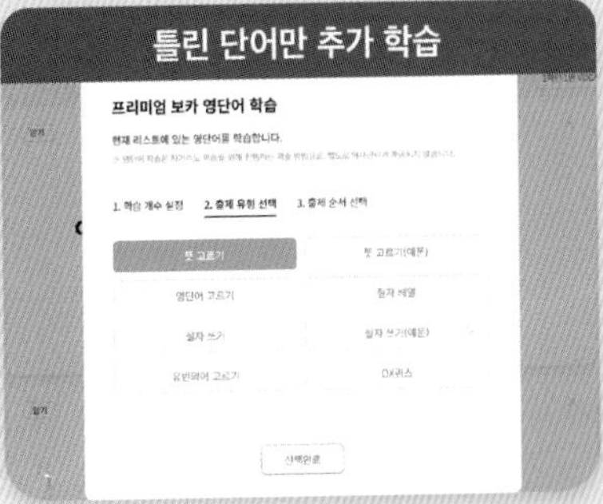